新公司法

条文详解 · 理论探讨 · 典型案例

NEW COMPANY LAW

DETAILED EXPLANATION OF PROVISIONS · THEORETICAL DISCUSSION · TYPICAL CASES

王艳丽　何新容　刘安琪　秦康美　编著

法律出版社 LAW PRESS·CHINA | 北京

图书在版编目(CIP)数据

新公司法：条文详解·理论探讨·典型案例/王艳丽等编著. -- 北京：法律出版社, 2024(2024.3 重印)
ISBN 978-7-5197-8763-9

Ⅰ. ①新… Ⅱ. ①王… Ⅲ. ①公司法－研究－中国
Ⅳ. ①D922.291.914

中国国家版本馆 CIP 数据核字(2024)第 005181 号

新公司法:条文详解·理论探讨·典型案例
XIN GONGSIFA: TIAOWEN XIANGJIE · LILUN TANTAO · DIANXING ANLI

王艳丽　何新容
刘安琪　秦康美　编著

策划编辑　邢艳萍
责任编辑　邢艳萍
装帧设计　汪奇峰

出版发行　法律出版社
编辑统筹　法律应用出版分社
责任校对　朱海波
责任印制　刘晓伟
经　　销　新华书店

开本　710 毫米×1000 毫米　1/16
印张　37.75　　**字数**　640 千
版本　2024 年 1 月第 1 版
印次　2024 年 3 月第 4 次印刷
印刷　北京金康利印刷有限公司

地址:北京市丰台区莲花池西里 7 号(100073)
网址:www.lawpress.com.cn
投稿邮箱:info@lawpress.com.cn
举报盗版邮箱:jbwq@lawpress.com.cn

销售电话:010-83938349
客服电话:010-83938350
咨询电话:010-63939796

书号:ISBN 978-7-5197-8763-9
定价:138.00 元
凡购买本社图书,如有印装错误,我社负责退换。电话:010-83938349

法律在不断修订中完善

法律人在不断学习中成长

王艳丽 何新容 刘安琪 秦康美

前　　言

《公司法》于2023年12月29日完成了大幅修订，自2024年7月1日起施行。本书根据2023年修订的《公司法》（以下简称2023年《公司法》）进行编写，紧跟2023年《公司法》的思路和精神，对2023年《公司法》进行逐条解读，对相关理论争议进行解析，并配以典型案例，可供理论界与实务界共鉴。本书有以下突出特色：

1. 内容新颖完备，融法条、理论与实务于一体。

本书以2023年《公司法》条文为主线，根据"规则—理解—应用"的基本逻辑，编写体例安排包括法条、释义、案例三大板块，不仅有对2023年《公司法》条文的解读，还对《公司法》修订中学界出现争议的内容进行了理论阐释，重点法条配以典型案例，帮助读者更好地理解和运用，内容全面、深入。其中尤其突出法条修订之处，根据法条的文义、修订背景、所处篇章结构撰写"法条释义"并提示案例在修订后的可能结果，读者可以第一时间将公司法知识更新至最新版本。

2. 法条纵横关联，法律、法规、规章、司法解释等全覆盖。

本书法条与释义部分围绕2023年《公司法》条文，穿插了与之相关联的、现行有效的法律、行政法规、部门规章、司法解释、请求答复等，以方便读者了解不同法律文件的内容，明确各相关法律规则之间的适用关系，无需再另行查找相关条文内容，使用更加高效、便捷。

3. 案例经典翔实，诉讼与非诉相结合。

本书的经典案例部分，一方面，在公开的裁判文书中整理典型案件的裁判要点，与法条建立紧密联系，展现法条在诉讼争议中的运用；另一方面，整理了大量的非诉典型案例，让读者进一步了解法条在非诉讼领域的作用和价值。

4. 编写团队优化，教学科研人员与实务人员深度协作。

本书编写团队由资深的一线教学科研教师和公司法领域实务经验丰富的律师组成，力求实现理论与实务的深度融合，让读者全面领略《公司法》的魅力，读这本书不仅能有所得，而且能实际应用。

本书由王艳丽、何新容、刘安琪、秦康美编著，本着文责自负的原则，具体的编

写分工列示如下:

王艳丽:第四章、第七章、第八章、第九章、第十章;何新容:第一章、第二章、第三章;刘安琪:第五章、第六章;秦康美:第十一章、第十二章、第十三章、第十四章、第十五章。

因编写时间紧促,书中难免存在疏漏之处,恳请读者批评指正。

——读一本好书,离成功更进一步。

目 录

第一章　总　　则

公司是市场经济中最为重要的主体之一，对市场经济的发展起着至关重要的作用，作为规范公司各种制度的《公司法》是社会主义市场经济制度的基础性法律。也被称为经济生活中的根本大法、投资兴业的总章程。[①] 党的十八大以来，以习近平同志为核心的党中央统筹推进"五位一体"总体布局，协调推进"四个全面"战略布局，在深化国有企业改革、优化营商环境、加强产权保护、促进资本市场健康发展等方面作出一系列重大决策部署。上述决策部署推动了我国公司制度和实践的进一步完善和发展，对《公司法》提出了新的要求。此次《公司法》的修改，全面反映了党中央的决策部署，旨在提高公司制度供给质量，培育企业家精神，推动经济高质量发展，打造投资者及利益相关者友好型法治化营商环境。[②] 修订的内容主要体现在：完善了公司设立、退出制度，优化了公司组织机构设置，完善了公司资本制度，强化了控股股东和经营管理人员的责任，加强了公司社会责任的规定，加强了党对国有企业的领导，完善了有关国家出资公司特别规定等。上述修改为完善中国特色现代企业制度，打造更有活力的中国市场提供了坚实的法治保障。

本章是在2018年修正的《公司法》（以下简称2018年《公司法》）第一章的基础上修订而来，主要规定了《公司法》的立法目的及调整范围、公司的法律地位、股东责任形式与股东权利、公司章程、公司名称、公司住所、经营范围、法定代表人、公司形式变更、公司转投资、职工权益保护、公司党组织、公司社会责任、股东禁止行为与关联交易规制、法人人格否认制度等公司基本法律制度。

在本章中，2023年《公司法》在原来的基础上进一步完善了关于公司名称、公司法定代表人职权和责任的规定，进一步明确了有关公司社会责任以及对公司股东滥用公司法人独立地位和股东有限责任的规制的内容。

---

① 参见刘俊海：《论新〈公司法〉的四项核心原则》，载《北京理工大学学报（社会科学版）》2022年第5期。

② 参见钱玉林：《我国〈公司法〉体系的重构——一种解释论的观点》，载《政治与法律》2021年第2期。

第一条 【立法目的】

为了规范公司的组织和行为,保护公司、股东、职工和债权人的合法权益,完善中国特色现代企业制度,弘扬企业家精神,维护社会经济秩序,促进社会主义市场经济的发展,根据宪法,制定本法。

►【法条释义】

《公司法》第一条开宗明义规定了本法的立法目的,根据第一条,制定《公司法》主要有以下四个目的:

1. 规范公司的组织和行为。《公司法》制定的首要目的是推进公司这一现代企业组织形式的规范运作。因此《公司法》首先是通过提供切实可行的制度设计对公司的组织和行为作出规定,从而确保公司能够依照法定的规则去设立和运行,并推进其充分发挥制度优势,以高效的方式从事经营活动,不断促进市场经济的发展。

2. 保护公司、股东、职工和债权人的合法权益。公司具有独立的企业法人资格,以公司的名义独立进行民事活动,以公司的财产独立承担民事责任;股东是公司的出资者,对公司的财产享有股权;职工是公司发展的决定力量,以人为本是企业发展的本质和核心;公司的债权人是以公司作为债务人所形成的债的关系中有权请求公司为一定行为的权利主体。公司、股东、职工、债权人的合法权益都应当受到法律的保护。制定《公司法》要明确公司的权利与义务,对内规范公司与其出资者,即与股东的关系;同时公司应当强化职工民主管理、保护职工合法权益。对外规范公司与交易对方,即与债权人的关系。确保公司的合法权益、股东及职工的正当利益不受侵害,确保涉及公司的交易应当有安全保证,防止侵害债权人的合法权益,这是公司健康发展的基础。

3. 完善中国特色现代企业制度,弘扬企业家精神。这是2023年《公司法》新增的内容。党的十九大报告明确提出:激发和保护企业家精神,鼓励更多社会主体投身创新创业。2023年《公司法》修订将“完善中国特色现代企业制度,弘扬企业家精神”写入立法目的,既是对党和国家号召的回应,也是基于对企业家精神既是企业成功的关键要素,也是企业长久发展的动力源泉的深刻认识。

4. 维护社会经济秩序,促进社会主义市场经济的发展。通过《公司法》可以为公司提供公平、有序的市场环境,将其活动纳入法治轨道,从而形成良好的社会经济秩序,最终可以推进社会主义市场经济的发展。《公司法》是增强民族经济竞争力的必要条件，是衡量营商环境优劣的试金石，是构建和谐社会的法律基石。①

第二条 【调整范围】

本法所称公司，是指依照本法在中华人民共和国境内设立的有限责任公司和股份有限公司。

►【法条释义】

本条是有关《公司法》调整范围的规定。基于我国的实际情况，《公司法》规制的公司不包括其他国家采用的无限公司以及两合公司等形式，在上述两种公司形式中由全部或者部分股东对公司债务承担无限责任。公司作为现代企业制度的组织形式，其典型特征是产权清晰、权责明确、管理科学，它的产生是社会化大生产和市场经济发展的必然结果。受大陆法系有关有限责任公司与股份公司的两分法的传统的影响，我国《公司法》将公司划分为股份有限公司与有限责任公司两种，又把股份有限公司分成上市公司与非上市公司的子范畴。有限责任公司是指股东以其认缴的出资额为限对公司债务承担有限责任，公司以其全部资产对公司债务承担责任的企业法人。股份有限公司是将公司的全部资本分为等额股份，股东以其所持股份为限对公司债务承担责任，公司以其全部资产对公司的债务承担责任的企业法人。有限责任公司与股份有限公司之间的核心区别在于有限责任公司的闭锁性与股东的人合性。

第三条 【公司法律地位】

公司是企业法人，有独立的法人财产，享有法人财产权。公司以其全部财产对公司的债务承担责任。

公司的合法权益受法律保护，不受侵犯。

►【法条释义】

本条是有关公司法律地位的规定。《公司法》规定公司的法律地位是企业法人。公司的法人资格是指公司作为法人所具有的独立法律主体资格，其基本内容包括：公司作为法人有独立表达意思的权利；公司财产与作为出资人的股东的财产彼此分离；公司在责任承担上，体现为出资人的有限责任和公司独立承担责任

---

① 参见刘俊海：《推动公司法现代化，优化营商法律环境》，载《法律适用》2020 年第 1 期。

的统一,公司具有独立的法人资格是公司得以独立对外承担责任的前提;在公司经营上,体现为出资人对出资财产经营管理权的放弃与公司法人经营自主权的确立。

根据《民法典》的规定,法人分为营利法人、非营利法人和特别法人。所谓营利法人,是指以取得利润并分配给股东等出资人为目的成立的法人。公司设立的目的是为其股东谋取利益,所以营利性成为公司存在及行动的最高价值理念。公司的营利性特征将其与承担着行政与社会职能的非商事企业以及其他组织区别开来,成为正确区分商事公司与非商事公司及其他组织的标准。① 营利法人包括有限责任公司、股份有限公司和其他企业法人等。公司作为营利法人,具有以下特征:(1)公司拥有独立财产,对其财产享有法人财产权。公司作为营利法人,必须拥有由其控制与支配的财产,这是公司得以从事经营活动的物质基础。公司的财产范围较为广泛,既包括设备、材料等动产和土地、房屋等不动产,也包括企业名称、商标、专利等无形财产。公司财产的一个重要特征就是公司的财产与股东的个人财产相分离,公司对公司财产享有法人财产权,这样才能体现公司的法人人格,才能实现公司的权利能力和行为能力。(2)公司以其全部财产对公司的债务承担法律责任。独立财产与独立责任是法人独立人格的两根基本支柱,而独立责任是独立财产的最终体现。不管是有限责任公司还是股份有限公司,在对公司债务的偿还责任上是没有区别的,都是用公司的全部财产来对债务承担责任。这里所谓的“有限责任”指的是不需要股东用个人财产承担公司的债务,即股东只以出资额为限对公司债务承担有限责任。

►【关联法条】

1.《中华人民共和国民法典》

第 57 条　法人是具有民事权利能力和民事行为能力,依法独立享有民事权利和承担民事义务的组织。

第 58 条　法人应当依法成立。

法人应当有自己的名称、组织机构、住所、财产或者经费。法人成立的具体条件和程序,依照法律、行政法规的规定。

设立法人,法律、行政法规规定须经有关机关批准的,依照其规定。

第 59 条　法人的民事权利能力和民事行为能力,从法人成立时产生,到法人终止时消灭。

---

① 参见范健、王建文:《商法学》,法律出版社 2012 年版,第 85 页。

第60条 法人以其全部财产独立承担民事责任。

第76条 以取得利润并分配给股东等出资人为目的成立的法人,为营利法人。

营利法人包括有限责任公司、股份有限公司和其他企业法人等。

2.《最高人民法院执行工作办公室关于攀枝花市国债服务部与重庆市涪陵财政国债服务部证券回购纠纷执行请示案的复函》

根据《公司法》第四条第二款规定:"公司享有由股东投资形成的全部法人财产权,依法享有民事权利,承担民事责任。"因此,具有独立法人资格的重庆市涪陵国有资产经营公司(以下简称经营公司)对其持有的"长丰通信"国家股股票享有全部的财产权。被执行人重庆涪陵区财政局虽然投资开办了经营公司,并占有公司100%的股权,但其无权直接支配经营公司的资产,其权力只能通过处分其股权或者收取投资权益来实现。因此,执行法院只能执行涪陵区财政局在经营公司的股权或投资权益,而不能直接执行经营公司所有的股票。

▶【典型案例】

杜某春、熊某诉北京恒通冠辉投资有限公司(以下简称恒通公司)案

[北京市第一中级人民法院(2016)京01民终第6676号]

恒通公司在成立前与10名投资者作了有关投资款项在公司成立后即收回的约定,2016年6月4日恒通公司召开股东会,股东会决议第1项规定:将恒通公司账面资金300万元分给10名股东,其他股东不服上述股东会决议提起诉讼。

法院经审理后认为:因恒通公司系企业法人,有独立的法人财产,上述资产属于恒通公司资金,在未经全体股东同意的情况下,股东会决议将公司资产分给部分股东,损害了恒通公司及其他股东的合法权益。公司成立前与部分投资者约定有关投资款要在公司成立后收回,公司成立后召开股东会,作出决议以"履行各方此前签署的相关决议"为由将公司资产返还给投资者的,属于通过股东会决议的形式将公司财产返还给部分股东,从而让公司用自己的法人财产对不属于公司的债务承担法律责任,该决议直接损害了公司和其他股东的利益,应当认定上述股东会决议为无效。

第四条 【股东责任形式与股东权利】

有限责任公司的股东以其认缴的出资额为限对公司承担责任;股份有限公司的股东以其认购的股份为限对公司承担责任。

公司股东对公司依法享有资产收益、参与重大决策和选择管理者等权利。

▶【法条释义】

本条是有关股东责任形式和股东权利的规定。就股东责任形式而言,与公司法人资格相伴而生的是公司股东的有限责任。股东有限责任是指股东以投资(出资额或者股份)为限对公司债务承担责任,即股东不必以自己个人的财产对公司债务承担责任。公司的股东承担有限责任的最大优点在于能够使投资者预先确定其投资风险,即一般情况下,其承担的最大风险仅限于其出资额的损失,从而实现对投资者利益的保障,这也是公司能够吸引投资者进行投资的一个重要原因。现代公司法律制度的形成与完善均与股东的有限责任密切关联,股东的有限责任可谓是现代公司法律制度的基石,其对公司制度的进一步发展起到了巨大的推动作用。

2023年《公司法》规定:有限责任公司的股东以其认缴的出资额为限对公司承担责任;股份有限公司的股东以其认购的股份为限对公司承担责任。公司注册资本认缴制是2013年全国人大常委会在对《公司法》进行修正时确定的,自2014年3月1日起施行。根据该规定,允许公司成立时股东只实际缴付一定比例的认缴资本,其余认缴的资本在公司成立后的一定期限内缴清即可。资本认缴制是现代市场经济发展的必然产物,立法者给予投资者最便捷的公司设立条件,满足股东追逐投资回报率的天性,是各国公司法追寻的目标。资本认缴制改革赋予股东出资自治权,可以激励投资数量,促进股东逐利。若去除股东投资成本的门槛,灵活分散投资使股东或公司获得更多利润,对债权人来说也是福音。然而,商人有逐利的天性,股东出资自治权与有限责任保护,会引发更大的道德风险,股东可能将高风险经营的成本转嫁给债权人。所以在公司资本实行认缴制的情况下,必须加强事中、事后监管,以保护债权人的利益。①

就股东权利而言,该权利是由股东作为公司出资者这一身份决定的,《公司

---

① 参见张磊:《认缴制下公司存续中股东出资加速到期责任研究》,载《政治与法律》2018年第5期。

法》确立了股东的下列权利：(1)资产收益权。是指股东通过盈余分配这一方式从公司获取红利的权利。一般情况下，有限责任公司股东按照其出资比例、股份有限公司股东按照其持股比例进行分红。(2)参与公司重大决策权。是指股东通过股东会决议的形式，对公司的重大事项，如公司的合并与分立、公司组织形式变更、增减公司注册资本等作出表决。(3)选择管理者的权利。是指股东通过股东会决议的方式选举产生公司的决策机构和管理者，决定管理者的薪酬等权利。①

►【关联法条】

《最高人民法院关于适用〈中华人民共和国公司法〉若干问题的规定(四)》②(2020年修正)

第13条　股东请求公司分配利润案件，应当列公司为被告。

一审法庭辩论终结前，其他股东基于同一分配方案请求分配利润并申请参加诉讼的，应当列为共同原告。

第14条　股东提交载明具体分配方案的股东会或者股东大会的有效决议，请求公司分配利润，公司拒绝分配利润且其关于无法执行决议的抗辩理由不成立的，人民法院应当判决公司按照决议载明的具体分配方案向股东分配利润。

第15条　股东未提交载明具体分配方案的股东会或者股东大会决议，请求公司分配利润的，人民法院应当驳回其诉讼请求，但违反法律规定滥用股东权利导致公司不分配利润，给其他股东造成损失的除外。

►【典型案例】

1. 居立门业公司诉太一热力公司、李某军盈余分配纠纷案

[最高人民法院(2016)最高法民终第528号，
《最高人民法院公报》2018年第12期]

居立门业公司是太一热力公司的股东，现太一热力公司有巨额盈余，而法定代表人李某军恶意不召开股东会、转移公司资产，严重损害居立门业公司的股东权益，故居立门业公司提起诉讼，要求公司进行盈余分配。

法院经审理后认为：公司股东有证据证明公司有盈余且存在其他股东变相分配、隐瞒及转移公司利润的情况下，即使其未提交载明具体利润分配方案的股东

---

① 参见宋燕妮、赵旭东主编：《中华人民共和国公司法释义》，法律出版社2019年版，第6~7页。

② 本书所涉公司法相关司法解释中所指《公司法》均为2018年《公司法》。

会或者股东大会决议,上述股东亦有权行使资产收益权,请求公司进行盈余分配。在确定利润分配数额时,应当严格公司的举证责任,权衡保护小股东、公司债权人、债务人的利益等。

2. 万丰公司诉广力公司、丁某焜等买卖合同纠纷案

[江苏省高级人民法院(2015)苏商终字第00140号,
《最高人民法院公报》2018年第12期]

2009年,原告万丰公司与被告广力公司签订《硅料销售合同》,合同签订后,原告依约履行了供货义务,现被告尚欠货款236万元未还。被告公司注册资本2500万元,但股东丁某焜、丁某均只交纳应交出资额的20%。2010年11月19日,被告公司对原注册资本进行了减资,将注册资本减资至500万元,但被告公司只在当地报纸上进行公告,并未依照《公司法》规定通知原告,原告以被告减资行为存在瑕疵为由提起诉讼,要求公司清偿所欠货款,并要求公司股东在减资范围内承担补充赔偿责任。

法院经审理后认为:注册资本作为公司资产的主要组成部分,既是公司从事生产经营活动的经济基础,亦是公司对外承担民事责任的担保。注册资本的不当减少将直接影响公司对外偿债能力,危及债权人的利益。公司在股东认缴的出资期限届满前,作出减资决议而未依法通知债权人,该行为免除了股东的出资义务,损害了债权人利益。债权人起诉请求公司股东在减资范围内承担补充赔偿责任的,人民法院应予支持。

3. 张某强诉上海群大家具市场经营管理有限公司公司决议纠纷案

[上海市第一中级人民法院(2020)沪01民终第10383号]

上海群大家具市场经营管理有限公司于2020年1月2日召开股东会会议,以75%的表决权通过了部分股东以承包经营的方式获得公司管理权的决议,股东张某强(占股20%)对上述决议表示不同意。公司认为同意该项决议的表决权比例超过总表决权的2/3,为有效决议,后张某强不服,提起诉讼。

法院经审理后认为:为保障商事活动的效率,我国《公司法》采取资本多数决的规则,但该规则有其具体的适用范围,并不意味着涉及公司经营管理的所有事项都可以采取资本多数决的方式解决。本案中部分股东通过约定以承包经营的方式获得公司管理权,有关约定内容涉及公司经营权的转移及对分红方式的约

定,其实质是要求其他股东让渡其获取资产收益、参与重大决策和选择管理者等基本权利,而非仅仅涉及公司经营方针的调整。因此,上述决议所涉内容并不能采取资本多数决的方式解决,而是需经全体股东一致同意。

第五条 【公司章程】

设立公司应当依法制定公司章程。公司章程对公司、股东、董事、监事、高级管理人员具有约束力。

▶【法条释义】

公司章程,是公司股东共同一致的意思表示,是规定公司组织及活动的基本规则等重大事项的基本文件,是公司设立的最主要条件和最重要的文件,也是公司对外进行经营交往的基本法律依据。公司章程既是公司成立的基础,也是公司组织与运营的基本准则。公司章程具有法定性、真实性、自治性等特点:(1)法定性。法定性主要体现为公司章程的法律地位、制定和修改的程序等都由法律强制规定。(2)真实性。真实性体现为公司章程所记载的内容必须是客观存在的事实。(3)自治性。自治性体现为公司章程是公司的内部规章,是全体股东意思表示一致的产物,其效力仅及于公司及相关当事人。

公司章程一经生效,即产生法律约束力。公司章程是公司社团的内部规章,这也决定了其不具有普遍约束力,效力仅及于公司及相关当事人,包括股东、董事、监事、高级管理人员。(1)对公司的效力。公司章程是公司组织与行为的基本准则,公司章程是公司自治的宪章性文件,公司必须严格遵守公司章程。一旦公司违背章程侵犯股东权益,股东可以依法对公司提起诉讼。(2)对股东的效力。章程是全体股东意思表示一致制定的自治规章,所有股东必须遵守公司章程的规定履行对公司的义务以及对其他股东的义务,一旦股东违反章程的规定侵犯公司权益以及其他股东的合法权益,要承担相应的赔偿责任。(3)对公司高级管理人员的效力。公司章程规定了高级管理人员,包括董事、监事、经理的职责和义务,当公司的董事、监事、经理违反公司章程规定的职责和相关义务时,公司可以依据公司章程对其提出诉讼并要求赔偿。

▶【关联法条】

《中华人民共和国民法典》

第 79 条 设立营利法人应当依法制定法人章程。

▶【典型案例】

南京安盛财务顾问有限公司诉祝某股东会决议罚款纠纷案

[南京市鼓楼区人民法院(2010)鼓商初字第174号,
《最高人民法院公报》2012年第10期]

被告祝某为原告南京安盛财务顾问有限公司股东,并在公司从事审核会计工作。2008年2月被告提出辞职并与原告解除了劳动关系。后原告查明被告有严重违反公司章程的行为,2009年1月原告召开股东会,依据公司章程的规定,通过了对被告处罚50,000元的决议。后被告拒不交纳有关处罚款项,原告对其提起诉讼。

法院经审理后认为:公司章程是实现公司自治的载体,对公司、股东、董事、监事、高级管理人员均具有约束力。原告公司章程作出了股东会有权对股东处以罚款的规定,该规定是全体股东所预设的对违反公司章程的股东的一种制裁措施,是全体股东的合意,且不违反法律法规的禁止性规定,对全体股东有拘束力,应认定为合法有效,但公司章程规定对股东罚款的,应当明确规定罚款的标准和幅度。股东会在章程没有明确罚款标准和幅度的情况下处罚股东,超出章程规定的处罚事项范围或金额范围,属于法定依据不足,因此认定股东会作出相应罚款决议无效。

第六条 【公司名称权】

公司应当有自己的名称。公司名称应当符合国家有关规定。

公司的名称权受法律保护。

第七条 【公司名称要求】

依照本法设立的有限责任公司,应当在公司名称中标明有限责任公司或者有限公司字样。

依照本法设立的股份有限公司,应当在公司名称中标明股份有限公司或者股份公司字样。

▶【法条释义】

本法第6条、第7条是有关公司名称的规定,其中第6条是2023年《公司法》

新增的条款。本条虽属新增，但该条内容事实上在《民法典》中已有体现，只是《民法典》有关名称权的规定针对的是更大范畴的法人、非法人组织。公司作为法人的一种，亦应当享有名称权。

公司名称是一个公司区别于其他公司的标志，公司名称既是公司章程的必要记载事项，也是公司登记的绝对必要事项。公司名称一般由以下四个部分组成：(1)公司的住所地名称。(2)具体名称。公司具体名称的选取要符合法律法规的相关规定，如公司名称不得损害国家尊严或者利益以及损害社会公共利益或者妨碍社会公共秩序等。(3)营业种类。公司名称应当与其营业规模与营业种类相匹配。(4)公司的组织形式。这样公众通过公司名称即可了解到公司的性质与责任形式等，进而评价公司的信用并决定是否与其进行交易，达到保障交易安全，维护交易相对人的合法权益的目的。

对公司名称的保护并不仅限于《民法典》与《公司法》的规定，擅自使用他人的企业名称的，构成不正当竞争中的冒用行为，要受到《反不正当竞争法》的规制。

►【关联法条】

1.《中华人民共和国民法典》

第1013条　法人、非法人组织享有名称权，有权依法决定、使用、变更、转让或者许可他人使用自己的名称。

第1014条　任何组织或者个人不得以干涉、盗用、假冒等方式侵害他人的姓名权或者名称权。

2.《中华人民共和国反不正当竞争法》

第6条　经营者不得实施下列混淆行为，引人误认为是他人商品或者与他人存在特定联系：

(一)擅自使用与他人有一定影响的商品名称、包装、装潢等相同或者近似的标识；

(二)擅自使用他人有一定影响的企业名称(包括简称、字号等)、社会组织名称(包括简称等)、姓名(包括笔名、艺名、译名等)；

(三)擅自使用他人有一定影响的域名主体部分、网站名称、网页等；

(四)其他足以引人误认为是他人商品或者与他人存在特定联系的混淆行为。

3.《企业名称登记管理规定》

第4条　企业只能登记一个企业名称，企业名称受法律保护。

第5条　企业名称应当使用规范汉字。民族自治地方的企业名称可以同时使用本民族自治地方通用的民族文字。

第6条　企业名称由行政区划名称、字号、行业或者经营特点、组织形式组成。跨省、自治区、直辖市经营的企业,其名称可以不含行政区划名称;跨行业综合经营的企业,其名称可以不含行业或者经营特点。

第7条　企业名称中的行政区划名称应当是企业所在地的县级以上地方行政区划名称。市辖区名称在企业名称中使用时应当同时冠以其所属的设区的市的行政区划名称。开发区、垦区等区域名称在企业名称中使用时应当与行政区划名称连用,不得单独使用。

第8条　企业名称中的字号应当由两个以上汉字组成。

县级以上地方行政区划名称、行业或者经营特点不得作为字号,另有含义的除外。

第9条　企业名称中的行业或者经营特点应当根据企业的主营业务和国民经济行业分类标准标明。国民经济行业分类标准中没有规定的,可以参照行业习惯或者专业文献等表述。

第10条　企业应当根据其组织结构或者责任形式,依法在企业名称中标明组织形式。

第11条　企业名称不得有下列情形:

(一)损害国家尊严或者利益;

(二)损害社会公共利益或者妨碍社会公共秩序;

(三)使用或者变相使用政党、党政军机关、群团组织名称及其简称、特定称谓和部队番号;

(四)使用外国国家(地区)、国际组织名称及其通用简称、特定称谓;

(五)含有淫秽、色情、赌博、迷信、恐怖、暴力的内容;

(六)含有民族、种族、宗教、性别歧视的内容;

(七)违背公序良俗或者可能有其他不良影响;

(八)可能使公众受骗或者产生误解;

(九)法律、行政法规以及国家规定禁止的其他情形。

第12条　企业名称冠以“中国”、“中华”、“中央”、“全国”、“国家”等字词,应当按照有关规定从严审核,并报国务院批准。国务院市场监督管理部门负责制定具体管理办法。

企业名称中间含有“中国”、“中华”、“全国”、“国家”等字词的,该字词应当是行业限定语。

使用外国投资者字号的外商独资或者控股的外商投资企业,企业名称中可以含有“(中国)”字样。

第13条 企业分支机构名称应当冠以其所从属企业的名称,并缀以“分公司”、“分厂”、“分店”等字词。境外企业分支机构还应当在名称中标明该企业的国籍及责任形式。

第14条 企业集团名称应当与控股企业名称的行政区划名称、字号、行业或者经营特点一致。控股企业可以在其名称的组织形式之前使用“集团”或者“(集团)”字样。

第15条 有投资关系或者经过授权的企业,其名称中可以含有另一个企业的名称或者其他法人、非法人组织的名称。

4.《国务院办公厅关于公司名称冠以“中国”等字样问题的通知》

今后,除国务院决定设立的公司外,其他新设立的公司(包括其他各类经济实体)一律不得在名称中冠以“中国”、“中华”、“全国”、“国家”、“国际”等字样。

5.《中华人民共和国市场主体登记管理条例》

第10条 市场主体只能登记一个名称,经登记的市场主体名称受法律保护。

市场主体名称由申请人依法自主申报。

6.《中华人民共和国市场主体登记管理条例实施细则》

第8条 市场主体名称由申请人依法自主申报。

►【典型案例】

北京智联三珂人才服务有限公司、北京网聘咨询有限公司诉魔方网聘(北京)科技有限公司不正当竞争纠纷案

[北京市知识产权法院(2021)京73民终第1092号]

原告北京智联三珂人才服务有限公司、北京网聘咨询有限公司诉称:被告魔方网聘(北京)科技有限公司在其公众号使用“智联招聘”字样,在“智联招聘”网站上以虚假简历方式投放广告,通过诱导用户下载安装“省钱招”插件在“智联招聘”网站插入链接,进行比价以截取“智联招聘”网站的用户流量,读取用户从“智联招聘”网站上下载的简历信息,将其收录到自身数据库继而向其用户提供,其行为属于不正当竞争行为,严重损害了其利益,并要求赔偿相关损失。

法院经审理后认为:被告利用同行业具有一定影响力的企业名称进行宣传,将原告提供的服务混同为自身提供的服务,可能导致用户误以为二者之间存在某种合作关系或关联关系,应认定为属于《反不正当竞争法》规制的不正当竞争行为。

第八条 【公司住所】

公司以其主要办事机构所在地为住所。

►【法条释义】

公司住所是指公司的主要办事机构所在地。和公司名称一样,公司住所既是公司章程的必要记载事项,也是公司登记的绝对必要事项。根据《公司法》的规定,公司住所是唯一的。确立公司住所的意义包括:(1)可以依据公司住所,确认诉讼管辖及司法文书的送达;(2)可以依据公司住所,确认登记、税收及其他管理关系;(3)可以依据公司住所,确认合同的履行地;(4)可以依据公司住所,确认准据法。①

►【关联法条】

1.《中华人民共和国民法典》

第63条 法人以其主要办事机构所在地为住所。依法需要办理法人登记的,应当将主要办事机构所在地登记为住所。

2.《中华人民共和国民事诉讼法》(2023年修正)

第22条第2款 对法人或者其他组织提起的民事诉讼,由被告住所地人民法院管辖。

3.《最高人民法院关于适用〈中华人民共和国民事诉讼法〉的解释》(2022年修正)

第3条 公民的住所地是指公民的户籍所在地,法人或者其他组织的住所地是指法人或者其他组织的主要办事机构所在地。

法人或者其他组织的主要办事机构所在地不能确定的,法人或者其他组织的注册地或者登记地为住所地。

4.《中华人民共和国市场主体登记管理条例》

第11条 市场主体只能登记一个住所或者主要经营场所。

电子商务平台内的自然人经营者可以根据国家有关规定,将电子商务平台提供的网络经营场所作为经营场所。

省、自治区、直辖市人民政府可以根据有关法律、行政法规的规定和本地区实际情况,自行或者授权下级人民政府对住所或者主要经营场所作出更加便利市场主体从事经营活动的具体规定。

---

① 参见施天涛:《商法学》,法律出版社2018年版,第131页。

5.《中华人民共和国市场主体登记管理条例实施细则》

第10条 申请人应当根据市场主体类型依法向其住所(主要经营场所、经营场所)所在地具有登记管辖权的登记机关办理登记。

►【典型案例】

何某伦诉国海证券股份有限公司股权纠纷案

[广西壮族自治区高级人民法院(2019)桂民辖终第28号裁定]

上诉人何某伦因与被上诉人国海证券股份有限公司质押式证券回购纠纷一案,不服南宁市中级人民法院(2018)桂01民初第809号民事裁定,向广西壮族自治区高级人民法院提出上诉,并提出了一审南宁市中级人民法院不具有管辖权的上诉意见,其指出通过国家企业信用信息公示系统查询,被上诉人住所地为广西壮族自治区桂林市,并非南宁市。

二审法院经审理后认为:被上诉人主要办事机构所在地及对外公布的联系地址均为南宁市滨湖路××号,而且案涉协议中载明的公司住址也是上述地址,公司的主要办事机构所在地与公司登记注册地不一致的,公司的主要经营地、对外公布的联系地址以及涉案协议中载明的地址均为同一个的,可以确定上述地址为公司主要办事机构所在地,同时优先确认该主要办事机构所在地是公司住所地。因此,一审南宁市中级人民法院对本案具有管辖权。上诉人有关本案应由桂林市中级人民法院管辖或者移送上诉人的经常居住地成都市中级人民法院管辖的主张,依据不足,不予支持。

第九条 【公司经营范围】

公司的经营范围由公司章程规定。公司可以修改公司章程,变更经营范围。

公司的经营范围中属于法律、行政法规规定须经批准的项目,应当依法经过批准。

►【法条释义】

本条是有关公司经营范围的规定。本条对应的是2018年《公司法》第12条的规定。该规定内容如下:公司的经营范围由公司章程规定,并依法登记。公司可以修改公司章程,变更经营范围,但是应当办理变更登记。公司的经营范围中属于法律、行政法规规定必须经批准的项目,应当依法经过批准。与原法条相比,2023 年《公司法》删除了 2018 年《公司法》有关“公司的经营范围要依法登记以及改变经营范围要办理变更登记”的内容。这是不是意味着上述事项不需要登记了呢?结合 2023 年《公司法》第 32 条将经营范围列入公司登记事项的规定以及第 34 条有关“公司登记事项发生变更的,应当依法办理变更登记”的规定,可见上述登记仍然是法律所强制要求的。公司的经营范围决定了公司可以从事哪些生产经营与服务项目,它反映的是公司业务活动的内容和生产经营方向,是公司可以开展的业务活动范围的法律界限。尽管现代公司法中经营范围的绝对性受到了质疑,但在我国《公司法》中经营范围依然是公司登记的绝对必要记载事项。

► 【关联法条】

1.《中华人民共和国民法典》

第 505 条　当事人超越经营范围订立的合同的效力,应当依照本法第一编第六章第三节和本编的有关规定确定,不得仅以超越经营范围确认合同无效。

2.《中华人民共和国公司法》(2023 年修订)

第 32 条　公司登记事项包括:

(一)名称;

(二)住所;

(三)注册资本;

(四)经营范围;

(五)法定代表人的姓名;

(六)有限责任公司股东、股份有限公司发起人的姓名或者名称。

公司登记机关应当将前款规定的公司登记事项通过统一的企业信息公示系统向社会公示。

第 34 条　公司登记事项发生变更的,应当依法办理变更登记。

公司登记事项未经登记或者未经变更登记,不得对抗善意相对人。

3.《中华人民共和国市场主体登记管理条例》

第 14 条　市场主体的经营范围包括一般经营项目和许可经营项目。经营范围中属于在登记前依法须经批准的许可经营项目,市场主体应当在申请登记时提交有关批准文件。

市场主体应当按照登记机关公布的经营项目分类标准办理经营范围登记。

4.《中华人民共和国市场主体登记管理条例实施细则》

第 12 条　申请人应当按照国家市场监督管理总局发布的经营范围规范目

录，根据市场主体主要行业或者经营特征自主选择一般经营项目和许可经营项目，申请办理经营范围登记。

▶【典型案例】

上海惟精商业保理公司诉宁国市裕民商贸易有限公司（以下简称裕民公司）、刘某等金融借款合同纠纷案

［上海市浦东新区法院（2018）沪0115民初第36585号］

2018年1月12日，被告裕民公司通过上海高风金融信息服务有限公司的网络平台与原告上海惟精商业保理公司签订《借款合同》，约定原告将本金30万元出借给被告裕民公司，借期3个月，借期内由裕民公司按年利率10%按月归还利息，借款到期后归还本金，被告刘某、程某红承担连带担保。如逾期拒不归还本金的，逾期利率按照年利率15%计算。后被告裕民公司于借期内未依约支付利息，借款到期后被告裕民公司也未归还本金、利息，经原告催告后仍拒不归还，原告因此起诉至法院。

法院经审理后查明：原告为商业保理公司，商业保理公司应在监管机构允许的经营范围内从事业务，贷款发放业务属于特许经营的范围，必须由监管机构允许的取得相应资质的金融机构及准金融机构从事发放。涉案商业保理公司通过P2P平台向不特定对象发放贷款，属于超越经营范围并违反国家有关限制经营、特许经营的法律、行政法规的强制性规定，应当认定相关借款合同无效。应当按照无效合同的规定明确有关双方当事人的法律责任以及有关担保人的担保责任的承担。

第十条　【法定代表人的选任与辞任】

公司的法定代表人按照公司章程的规定，由代表公司执行公司事务的董事或者经理担任。

担任法定代表人的董事或者经理辞任的，视为同时辞去法定代表人。

法定代表人辞任的，公司应当在法定代表人辞任之日起三十日内确定新的法定代表人。

▶【法条释义】

法定代表人是依照法律或者法人章程的规定，代表法人以法人名义从事民事活动的人，其法律后果由法人承担。公司法定代表人是对外代表公司意志的机关，法定代表人的行为构成公司的代表行为。就公司内部而言，公司和法定代表人之间的法律关系为委托关系，法定代表人行使代表人职权的基础来自公司权力机关的授权。与其他国家的法定代表人制度相比，我国的代表权制度独具特色。在形式上其表现为法定的唯一制，法人的代表人由法律规定，法人有且只能有一个法定代表人。在实践中，法定代表人时常作为公司的唯一代表、当然代表。[①] 如我国《民事诉讼法》第51条第2款规定，法人由其法定代表人进行诉讼，由此可以看出法院、政府管理机关将法定代表人确认为公司的代表，甚至是唯一代表，法定代表人的权限渗透到企业的全部活动。[②] 而国外公司立法有关法定代表人的规定，分为单一代表制和共同代表制两种模式。日本是单一代表制的代表，《日本有限公司法》规定代表权由每个董事单独为之，其中各董事地位平等，每个董事均有权代表公司。[③] 德国是共同代表制的代表，《德国股份公司法》规定由多个董事共同代表公司。[④]

本条对应的是2018年《公司法》第13条的规定。该规定内容如下：公司法定代表人依照公司章程的规定，由董事长、执行董事或者经理担任，并依法登记。公司法定代表人变更，应当办理变更登记。《公司法》有关公司法定代表人的选任的规定，采用的是在法律限定的人选范围内由公司章程作出规定的做法，这种做法体现了法律赋予公司在其法定代表人的选任上的自主选择权。公司是意思自治的实体，公司章程是其自治的规范，当事人可以用灵活的章程合理处理代表权的行使问题，允许当事人以章程约定代表权的行使，其体现了对私权的尊重。

相较2018年《公司法》的规定，2023年《公司法》规定由代表公司执行公司事务的董事或者经理担任，而不是采用原法条中有关“由董事长、执行董事或者经理担任”的规定，相较而言，2023年《公司法》采用了概括性的规定，扩大了法定代表人的选任范围。另外，《民法典》第81条第3款规定：执行机构为董事会或者执行董事的，董事长、执行董事或者经理按照法人章程的规定担任法定代表人；未设董事会或者执行董事的，法人章程规定的主要负责人为其执行机构和法定代表人。《民法典》中有关“法人章程规定的主要负责人为其执行机构和法定代表人”的规

---

① 参见曹兴权、荣振华：《公司代表人制度“法定性”的弱化——法律与社会良性互动视角的分析》，载《北方法学》2013年第1期。

② 参见王毓莹：《公司法定唯一代表制：反思与改革》，载《清华法学》2022年第5期。

③ 参见《日本有限公司法》第27条：“董事代表公司；有数人为董事时，各自代表公司。”

④ 参见《德国股份公司法》第78条：“(1)董事会在法院内外代表公司；(2)如果董事会由若干成员组成，那么，如果章程没有其他规定，全体董事会成员只有权集体代表公司。”

定与2023年《公司法》规定在一定程度上相吻合。

另外2023年《公司法》删除了2018年《公司法》有关"公司法定代表人变更，应当办理变更登记"的规定，这也并不意味着根据新法，法定代表人的变更不需要登记，结合2023年《公司法》第32条将法定代表人的姓名列入公司登记事项的规定以及第34条有关"公司登记事项发生变更的，应当依法办理变更登记"的规定，可见公司法定代表人变更，依然应当依法办理变更登记。

有关"担任法定代表人的董事辞任的，视为同时辞去法定代表人"的规定，主要是针对实践中存在的以下问题：第一，担任法定代表人的董事已经辞任，但公司却拒不办理变更登记，导致该董事被迫继续担任挂名法定代表人，因此承担着相关法律风险（包括诉讼风险以及成为失信被执行人等）；第二，部分董事已经辞任但仍然以董事名义行事，可能损害公司利益；第三，可能存在原法定代表人拒绝辞任同时新法定代表人无法确定的僵局。

►【关联法条】

1.《中华人民共和国公司法》(2023年修订)

第32条　公司登记事项包括：

（一）名称；

（二）住所；

（三）注册资本；

（四）经营范围；

（五）法定代表人的姓名；

（六）有限责任公司股东、股份有限公司发起人的姓名或者名称。

公司登记机关应当将前款规定的公司登记事项通过统一的国家企业信用信息公示系统向社会公示。

第34条　公司登记事项发生变更的，应当依法办理变更登记。

公司登记事项未经登记或者未经变更登记，不得对抗善意相对人。

2.《中华人民共和国市场主体登记管理条例》

第12条　有下列情形之一的，不得担任公司、非公司企业法人的法定代表人：

（一）无民事行为能力或者限制民事行为能力；

（二）因贪污、贿赂、侵占财产、挪用财产或者破坏社会主义市场经济秩序被判处刑罚，执行期满未逾5年，或者因犯罪被剥夺政治权利，执行期满未逾5年；

（三）担任破产清算的公司、非公司企业法人的法定代表人、董事或者厂长、经

理,对破产负有个人责任的,自破产清算完结之日起未逾3年;

(四)担任因违法被吊销营业执照、责令关闭的公司、非公司企业法人的法定代表人,并负有个人责任的,自被吊销营业执照之日起未逾3年;

(五)个人所负数额较大的债务到期未清偿;

(六)法律、行政法规规定的其他情形。

第25条　公司、非公司企业法人的法定代表人在任职期间发生本条例第十二条所列情形之一的,应当向登记机关申请变更登记。

▶【典型案例】

韦某兵诉新疆宝塔房地产开发有限公司(以下简称宝塔房地产公司)等请求变更公司登记纠纷案

[最高人民法院(2022)最高法民再第94号]

2017年7月18日,新疆宝塔石化集团免去韦某兵宝塔房地产公司董事长、法定代表人职务及在宝塔石化集团的一切职务。宝塔房地产公司在对韦某兵作出免职决定,韦某兵离开公司并解除双方劳动关系的情况下,怠于和拒绝为韦某兵办理变更法定代表人登记,损害了韦某兵的权益,韦某兵因此提起诉讼,要求依法判令宝塔房地产公司办理公司法定代表人工商变更登记。一审法院判决驳回韦某兵的上述诉讼请求,韦某兵不服提出上诉,二审法院维持原判,后韦某兵提请最高人民法院再审。

最高人民法院经审理后认为:法定代表人是对外代表公司意志的机关之一,经工商登记的法定代表人依法具有公示效力。公司法定代表人被免职后,则意味着法定代表人对外代表公司从事民事活动的职权终止,公司依法应当及时办理工商变更登记,原法定代表人个人不具有办理变更登记的主体资格。本案中公司在法定代表人变更后,不依法及时向公司注册所在地的工商机关提交变更申请以及相关文件,导致原法定代表人在被免职后仍然对外登记公示为公司法定代表人,并导致其在与公司相关诉讼判决中被限制消费等,给其生活造成实际影响,侵害了其合法权益。原法定代表人除提起诉讼请求公司办理工商变更登记外,已无其他救济途径,故其诉讼请求合法有据,应予支持。至于本案判决后公司是否再选任新的法定代表人,属于公司自治范畴,本案不予处理。

第十一条 【法定代表人的职权与责任承担】

法定代表人以公司名义从事的民事活动,其法律后果由公司承受。

公司章程或者股东会对法定代表人职权的限制,不得对抗善意相对人。

法定代表人因执行职务造成他人损害的,由公司承担民事责任。公司承担民事责任后,依照法律或者公司章程的规定,可以向有过错的法定代表人追偿。

►【法条释义】

本条是2023年《公司法》新增的有关公司法定代表人职权与责任承担的规定。该规定与《民法典》有关法人的法定代表人的规定相一致。法定代表人是指依法律或章程规定代表法人行使职权的负责人。就公司而言,其法定代表人对内处于公司管理的核心地位,在法律法规和章程规定的职权范围内对公司的生产经营和管理全面负责,并同时接受本公司有关机关和人员的监督;对外则以公司名义代表公司实施相关行为,该行为的法律后果由公司承担。法定代表人因执行职务造成他人损害的,由法人承担民事责任;法人在承担民事责任后,依法可以向有过错的法定代表人追偿。

在2018年《公司法》框架内,有关法定代表人的定位较为模糊。法定代表人的地位近乎公司的"发言人",其产生、变更的程序以及责任承担等均无明确的规定。相较于2018年《公司法》,此次2023年《公司法》有关法定代表人的规定更为具体和完善。主要体现为以下几个方面:(1)明确了法定代表人行使职权对公司产生的法律后果以及有关法定代表人责任的承担。2023年《公司法》第11条规定:法定代表人以公司名义从事的民事活动,其法律后果由公司承受。公司章程或者股东会对法定代表人职权的限制,不得对抗善意相对人。关于相对人善意的认定,可以参考《全国法院民商事审判工作会议纪要》(以下简称《九民纪要》)第18条的规定,即相对人不知道或者不应当知道法定代表人超越权限代表公司从事民事活动。一般而言,相对人对公司机关决议内容的审查只要求尽到必要的注意义务,进行了形式审查即可,一般不应苛求相对人进行实质性审查。法定代表人因执行职务造成他人损害的,由公司承担民事责任。公司在承担民事责任后,依照法律或者公司章程的规定,可以向有过错的法定代表人追偿。(2)明确了公司在申请变更登记时,要提交由法定代表人签署的变更登记申请书等文件;在变更法定代表人时,变更登记申请书由变更后的法定代表人签署。2023年《公司法》第35条规定:公司申请变更登记,应当向公司登记机关提交公司法定代表人签署的变更登记申请书、依法作出的变更决议或者决定等文件。公司变更登记事项涉及修改公司章程的,应当提交修改后的公司章程。公司变更法定代表人的,变更登记申请书由变更后的法定代表人签署。而 2018 年《公司法》则无此规定。(3)明确了公司章程要规定法定代表人的变更和产生办法。2023 年《公司法》第 46 条规定:有限责任公司章程应当载明法定代表人的产生和变更办法,而 2018 年《公司法》只是笼统地规定要载明法定代表人。2023 年《公司法》这一修订在尊重公司自治的前提下,使得法定代表人的产生和变更程序更为规范,可以避免因法定代表人变更带来的纠纷。(4)明确了出资证明书应由法定代表人签名。2023 年《公司法》第 55 条规定:出资证明书由法定代表人签名,并由公司盖章。而 2018 年《公司法》则无此规定。(5)明确了担任法定代表人的董事辞任的,就视为其同时辞去法定代表人。2023 年《公司法》第 10 条规定:担任法定代表人的董事辞任的,视为同时辞去法定代表人。2018 年《公司法》没有这一规定,这一规定一定程度上把法定代表人的选择权交还给了公司,避免了公司陷入对内想要换法定代表人,对外却改不了的窘境。

从 2023 年《公司法》对法定代表人的相关规定的修订内容来看,其一方面进一步明晰了法定代表人的法律地位:即对外代表公司进行民事活动以及进行工商行政管理事务,其行为产生的法律后果由公司承担,2023 年《公司法》的规定使得法定代表人在对外事务中的代表地位进一步突出;2023 年《公司法》有关出资证明书必须由法定代表人签字的规定也强化了法定代表人在公司内部治理中的地位,使得法定代表人在对内事务中的地位也进一步凸显。另一方面有关法定代表人产生、变更的程序更为规范,有关法定代表人责任承担的规定也进一步明确,2023 年《公司法》在提高法定代表人法律地位的同时,也进一步压实了其法律责任,体现了权责一致的原则。

另外值得注意的是,2019 年最高人民法院印发《九民纪要》,该纪要第 17 条、第 18 条、第 20 条、第 21 条、第 23 条、第 41 条分别对法定代表人越权代表的问题进行了规定,其内容涉及了法定代表人越权担保的效力及相对人善意的认定、越权担保的民事责任及对公司权利的救济等。这些规定不仅对司法机关统一裁判思路具有重要的指引作用,也被后面出台的《最高人民法院关于适用〈中华人民共和国民法典〉有关担保制度的解释》加以确认。《九民纪要》及《最高人民法院关于适用〈中华人民共和国民法典〉有关担保制度的解释》的内涵在于,担保行为并非法定代表人所能单独决定的事项,其必须以公司股东会、董事会等公司机关的决议作为授权的基础和来源,同时以债权人是否善意来区分合同效力。可以明确的是,《九民纪要》的发布,反映了对法定代表人态度的转变,是在司法层面以一种更为科学理性的视角,看待和考量法定代表人的对外代表行为。换言之,法定代表人的角色已经开始回归其基本的对外表意窗口之上,同时也折射出司法部门对法定代表人之法定性在司法裁判中加以弱化的倾向。[①]

▶【关联法条】

1.《中华人民共和国民法典》

第61条 依照法律或者法人章程的规定,代表法人从事民事活动的负责人,为法人的法定代表人。

法定代表人以法人名义从事的民事活动,其法律后果由法人承受。

法人章程或者法人权力机构对法定代表人代表权的限制,不得对抗善意相对人。

第62条 法定代表人因执行职务造成他人损害的,由法人承担民事责任。

法人承担民事责任后,依照法律或者法人章程的规定,可以向有过错的法定代表人追偿。

第504条 法人的法定代表人或者非法人组织的负责人超越权限订立的合同,除相对人知道或者应当知道其超越权限外,该代表行为有效,订立的合同对法人或者非法人组织发生效力。

2.《最高人民法院关于适用〈中华人民共和国民法典〉有关担保制度的解释》

第7条 公司的法定代表人违反公司法关于公司对外担保决议程序的规定,超越权限代表公司与相对人订立担保合同,人民法院应当依照民法典第六十一条和第五百零四条等规定处理:

(一)相对人善意的,担保合同对公司发生效力;相对人请求公司承担担保责任的,人民法院应予支持。

(二)相对人非善意的,担保合同对公司不发生效力;相对人请求公司承担赔偿责任的,参照适用本解释第十七条的有关规定。

法定代表人超越权限提供担保造成公司损失,公司请求法定代表人承担赔偿责任的,人民法院应予支持。

第一款所称善意,是指相对人在订立担保合同时不知道且不应当知道法定代表人超越权限。相对人有证据证明已对公司决议进行了合理审查,人民法院应当认定其构成善意,但是公司有证据证明相对人知道或者应当知道决议系伪造、变造的除外。

---

① 参见刘道远:《公司法定代表人的角色、制度渊源及其完善》,载《比较法研究》2022年第4期。

3.《全国法院民商事审判工作会议纪要》

(六)关于公司为他人提供担保

关于公司为他人提供担保的合同效力问题,审判实践中裁判尺度不统一,严重影响了司法公信力,有必要予以规范。对此,应当把握以下几点:

17.【违反《公司法》第16条构成越权代表】为防止法定代表人随意代表公司为他人提供担保给公司造成损失,损害中小股东利益,《公司法》第16条对法定代表人的代表权进行了限制。根据该条规定,担保行为不是法定代表人所能单独决定的事项,而必须以公司股东(大)会、董事会等公司机关的决议作为授权的基础和来源。法定代表人未经授权擅自为他人提供担保的,构成越权代表,人民法院应当根据《合同法》第50条关于法定代表人越权代表的规定,区分订立合同时债权人是否善意分别认定合同效力:债权人善意的,合同有效;反之,合同无效。

18.【善意的认定】前条所称的善意,是指债权人不知道或者不应当知道法定代表人超越权限订立担保合同。《公司法》第16条对关联担保和非关联担保的决议机关作出了区别规定,相应地,在善意的判断标准上也应当有所区别。一种情形是,为公司股东或者实际控制人提供关联担保,《公司法》第16条明确规定必须由股东(大)会决议,未经股东(大)会决议,构成越权代表。在此情况下,债权人主张担保合同有效,应当提供证据证明其在订立合同时对股东(大)会决议进行了审查,决议的表决程序符合《公司法》第16条的规定,即在排除被担保股东表决权的情况下,该项表决由出席会议的其他股东所持表决权的过半数通过,签字人员也符合公司章程的规定。另一种情形是,公司为公司股东或者实际控制人以外的人提供非关联担保,根据《公司法》第16条的规定,此时由公司章程规定是由董事会决议还是股东(大)会决议。无论章程是否对决议机关作出规定,也无论章程规定决议机关为董事会还是股东(大)会,根据《民法总则》第61条第3款关于"法人章程或者法人权力机构对法定代表人代表权的限制,不得对抗善意相对人"的规定,只要债权人能够证明其在订立担保合同时对董事会决议或者股东(大)会决议进行了审查,同意决议的人数及签字人员符合公司章程的规定,就应当认定其构成善意,但公司能够证明债权人明知公司章程对决议机关有明确规定的除外。

债权人对公司机关决议内容的审查一般限于形式审查,只要求尽到必要的注意义务即可,标准不宜太过严苛。公司以机关决议系法定代表人伪造或者变造、决议程序违法、签章(名)不实、担保金额超过法定限额等事由抗辩债权人非善意的,人民法院一般不予支持。但是,公司有证据证明债权人明知决议系伪造或者变造的除外。

21.【权利救济】法定代表人的越权担保行为给公司造成损失,公司请求法定代表人承担赔偿责任的,人民法院依法予以支持。公司没有提起诉讼,股东依据《公司法》第151条的规定请求法定代表人承担赔偿责任的,人民法院依法予以支持。

►【典型案例】

中国东方资产管理股份有限公司诉云南龙润茶业集团有限公司(以下简称龙润茶叶集团公司)、云南盘龙云海药业有限公司(以下简称盘龙云海药业公司)等金融借款合同纠纷案

[云南省高级人民法院(2019)云民终第243号]

2016年3月7日,富滇银行营业部与龙润茶叶集团公司签订《借款合同》,借款金额为8000万元,借期为1年,利息合同期内执行利率(月息)4.75‰,逾期年利率按8.55%执行,复息按逾期利率计。龙润茶叶集团公司、盘龙云海药业公司分别与富滇银行营业部签订《担保保证合同》,为上述债务承担连带担保责任。后龙润茶叶集团公司逾期不归还上述欠款,富滇银行营业部起诉至法院要求盘龙云海药业公司等连带保证人承担担保责任,一审法院支持了原告的主张,后盘龙云海药业公司以其法定代表人涉嫌刑事犯罪,不认可其签订的担保合同效力为由提出上诉。

二审中,因富滇银行营业部将本案债权转让给东方资产公司并申请变更本案当事人,法院依法裁定东方资产公司替代富滇银行营业部作为本案被上诉人参加诉讼。二审法院经审理后认为:2016年时任盘龙云海药业公司的法定代表人代表公司与富滇银行营业部签订了《担保保证合同》,同意为龙润茶业集团公司债权提供连带保证担保,债权人主张公司法定代表人代表公司与其签订的担保合同有效,并证明该合同符合《公司法》有关公司向他人提供担保的规定,且其在签订担保合同时已经履行了《公司法》规定的适当合理审查义务。债权人在已经履行适当合理的形式审查义务的情况下,可认定其为善意相对人,公司在此情形下以其法定代表人涉嫌刑事犯罪进行抗辩,并不影响公司承担担保民事责任。本案中,盘龙云海药业公司不能举证其法定代表人与富滇银行营业部之间存在恶意串通,损害其合法利益。故此,有关《担保保证合同》应当认定合法有效。盘龙云海药业公司应当根据合同约定承担连带保证责任。

第十二条 【公司形式变更】

有限责任公司变更为股份有限公司,应当符合本法规定的股份有限公司的条件。股份有限公司变更为有限责任公司,应当符合本法规定的有限责任公司的条件。

有限责任公司变更为股份有限公司的,或者股份有限公司变更为有限责任公司的,公司变更前的债权、债务由变更后的公司承继。

►【法条释义】

本条是有关公司形式变更的规定。所谓公司的形式变更,是指在不中断公司法人资格的情况下,对公司的组织形式进行变更,使之成为另一种类型的公司的法律行为。我国公司形式变更分为两种:一种是有限责任公司变更为股份有限公司,另一种是股份有限公司变更为有限责任公司。两种公司形式之间存在不少相同之处,如均为营利法人、股东都以出资为限对公司承担责任、公司都以全部资产对外承担责任等,故本条规定二者之间可以相互变更。当然两种公司形式也存在不少差异,有限责任公司在学理上属于人合兼资合的公司,股东间的合作信任关系往往较资金的联合更为重要;而股份有限公司则属资合公司,更看重的是资本的联合因素。股份有限公司与有限责任公司在设立方式、股权表现形式、股东人数、组织机构设置等方面存在差异,由于股份有限公司社会性更为广泛,为强化对社会公众利益的保护,其在设立条件和程序上要比有限责任公司严格。所以在变更相应的公司形式时,应当符合相应的公司的设立条件,并按照法律规定履行有关的法律手续。

有限责任公司与股份有限公司发生组织形式变更的,变更组织形式前的债权、债务不因为上述变更而受到影响,而是应当由变更后的公司继续承受。

►【关联法条】

1.《中华人民共和国公司法》(2023 年修订)

第 108 条　有限责任公司变更为股份有限公司时,折合的实收股本总额不得高于公司净资产额。有限责任公司变更为股份有限公司,为增加注册资本公开发行股份时,应当依法办理。

2.《最高人民法院关于审理与企业改制相关的民事纠纷案件若干问题的规定》

二、企业公司制改造

第 4 条　国有企业依公司法整体改造为国有独资有限责任公司的,原企业的债务,由改造后的有限责任公司承担。

第5条 企业通过增资扩股或者转让部分产权,实现他人对企业的参股,将企业整体改造为有限责任公司或者股份有限公司的,原企业债务由改造后的新设公司承担。

第6条 企业以其部分财产和相应债务与他人组建新公司,对所转移的债务债权人认可的,由新组建的公司承担民事责任;对所转移的债务未通知债权人或者虽通知债权人,而债权人不予认可的,由原企业承担民事责任。原企业无力偿还债务,债权人就此向新设公司主张债权的,新设公司在所接收的财产范围内与原企业承担连带民事责任。

第7条 企业以其优质财产与他人组建新公司,而将债务留在原企业,债权人以新设公司和原企业作为共同被告提起诉讼主张债权的,新设公司应当在所接收的财产范围内与原企业共同承担连带责任。

三、企业股份合作制改造

第8条 由企业职工买断企业产权,将原企业改造为股份合作制的,原企业的债务,由改造后的股份合作制企业承担。

第9条 企业向其职工转让部分产权,由企业与职工共同组建股份合作制企业的,原企业的债务由改造后的股份合作制企业承担。

第10条 企业通过其职工投资增资扩股,将原企业改造为股份合作制企业的,原企业的债务由改造后的股份合作制企业承担。

第11条 企业在进行股份合作制改造时,参照公司法的有关规定,公告通知了债权人。企业股份合作制改造后,债权人就原企业资产管理人(出资人)隐瞒或者遗漏的债务起诉股份合作制企业的,如债权人在公告期内申报过该债权,股份合作制企业在承担民事责任后,可再向原企业资产管理人(出资人)追偿。如债权人在公告期内未申报过该债权,则股份合作制企业不承担民事责任,人民法院可告知债权人另行起诉原企业资产管理人(出资人)。

►【典型案例】

1. 中国农业银行 IPO 案

中国农业银行是我国四大国有银行之一,是中国网点最多、业务范围最大的大型商业银行。2004年,农行第一次上报股份制改革方案。2007年1月召开的全国金融工作会议确定农行改革方向为"面向'三农'、整体改制、商业运作、择机上市"。2008年10月,《农业银行股份制改革实施总体方案》获国务院批准,同年汇金公司向农行注资1300亿元。2009年1月9日,农业银行股份有限公司于北京召开创立大会。农业银行股份有限公司的成立,标志着农业银行股份制改革的完成。中国农业银行在改制前,即股份有限公司设立之前的全部资产、负债等依法由设立后的中国农业银行股份有限公司承继。2010年7月15日,中国农业银行A股在上海证券交易所挂牌上市,同年7月16日中国农业银行H股在我国香港证券交易所上市。

2. 北京优帆科技有限责任公司(以下简称优帆科技)IPO案

优帆科技成立于2012年,公司从事技术开发、技术推广等服务,2019年公司为扩大规模,拟转变为股份有限公司。2019年5月13日,容诚会计师事务所就优帆科技整体变更设立股份有限公司事项出具了《审计报告》,并确认了优帆科技于审计基准日的净资产审计值。5月17日,优帆科技通过董事会决议、股东会决议审议折股比例,签署了发起人协议。5月27日,公司召开创立大会,决定整体变更为股份有限公司,通过公司章程。5月30日,容诚会计师事务所出具《验资报告》,同日经北京市工商行政管理局朝阳分局核准变更登记为北京青云科技股份有限公司。2021年3月16日,北京青云科技股份有限公司于上海证券交易所科创板上市。

第十三条 【子公司与分公司】

公司可以设立子公司,子公司具有法人资格,依法独立承担民事责任。

公司可以设立分公司。分公司不具有法人资格,其民事责任由公司承担。

▶【法条释义】

本条是有关子公司、分公司与母公司关系的规定。就母公司与子公司的关系而言:(1)子公司受母公司的实际控制。所谓子公司,是指一定数额的股权被母公司控制或依照协议被母公司实际控制支配的公司。母公司对子公司的实际控制体现在对子公司重大事项拥有实际决定权,如经营管理机构的设置、重大人事安排等。(2)母公司、子公司各自具有独立法人资格。子公司虽然处于受母公司实际控制的地位,但其仍拥有独立的财产,以自己的名义开展经营活动,独立承担民事责任。母公司仅以其对子公司的出资额为限对子公司的债务承担有限责任。

分公司是与总公司相对应的概念。总公司是指具有独立法人地位，拥有对分公司生产经营、财务、人事等方面的控制权的总机构。总公司与分公司的关系是：(1)总公司是独立的企业法人，而分公司不具有法人资格，其不拥有独立的财产，在人事、生产经营上要受总公司的控制，其行为产生的民事责任由总公司承担；(2)分公司虽然在生产经营、人事等方面受总公司的控制，但也可以以自己的名义从事民事活动。其在法律地位上属于其他组织，即合法成立、有一定的组织机构和财产，但又不具备法人资格的组织。2023年《公司法》的本条规定与2018年《公司法》的规定相比，删除了原先有关"设立分公司，应当向公司登记机关申请登记，领取营业执照"的规定。

►【关联法条】

1.《中华人民共和国民法典》

第74条 法人可以依法设立分支机构。法律、行政法规规定分支机构应当登记的，依照其规定。

分支机构以自己的名义从事民事活动，产生的民事责任由法人承担；也可以先以该分支机构管理的财产承担，不足以承担的，由法人承担。

2.《最高人民法院关于适用〈中华人民共和国民事诉讼法〉的解释》(2022年修正)

第52条 民事诉讼法第五十一条规定的其他组织是指合法成立、有一定的组织机构和财产，但又不具备法人资格的组织，包括：

(一)依法登记领取营业执照的个人独资企业；

(二)依法登记领取营业执照的合伙企业；

(三)依法登记领取我国营业执照的中外合作经营企业、外资企业；

(四)依法成立的社会团体的分支机构、代表机构；

(五)依法设立并领取营业执照的法人的分支机构；

(六)依法设立并领取营业执照的商业银行、政策性银行和非银行金融机构的分支机构；

(七)经依法登记领取营业执照的乡镇企业、街道企业；

(八)其他符合本条规定条件的组织。

第53条 法人非依法设立的分支机构，或者虽依法设立，但没有领取营业执照的分支机构，以设立该分支机构的法人为当事人。

3.《中华人民共和国市场主体登记管理条例》

第23条 市场主体设立分支机构，应当向分支机构所在地的登记机关申请登记。

▶【知识拓展】

1. 中国电信股份有限公司及其分支机构

中国电信股份有限公司与地方电信分公司的关系,如中国电信股份有限公司与江苏电信分公司之间的法律关系是总公司与分公司的关系。我国电信行业采取的总公司与分公司的设立模式,其原因在于:首先,电信行业对资质、技术、设备等要求较高,设立分公司可以充分利用总公司的资金、技术、资质、信誉、市场等各种资源,充分发挥竞争优势,促进各个分公司业务的快速发展;其次,分公司设立程序相对比较简单,这对于需要经常性增设营业厅、服务点的电信公司而言更为便利;最后,分公司财务会计制度等要求相对简单,便于经营管理,需要的成本费用也相对比较少。

2. 工商银行、中国银行、农业银行、交通银行、兴业银行等多家大型商业银行成立金融科技子公司

2015 年 12 月,兴业银行的金融科技子公司兴业数字金融服务股份有限公司成立,成为中国首家银行系科技子公司,此后多家银行相继成立金融科技子公司。这些商业银行之所以采取设立子公司的模式发展金融科技,目的在于:首先,商业银行正在推进金融科技创新和数字化转型,而金融科技对于商业银行提供的金融服务来说是新的业务类型,设立子公司是强化主业分离辅业的最佳选择;其次,金融科技是数据化背景下商业银行重点发展的业务领域,设立子公司可以使金融科技得到长足稳定的发展,从而强化集团企业的核心竞争力;最后,通过确立子公司的独立法人地位,可以有效防范子公司经营风险波及母公司。

第十四条 【转投资】

公司可以向其他企业投资。

法律规定公司不得成为对所投资企业的债务承担连带责任的出资人的,从其规定。

►【法条释义】

本条是有关公司转投资的规定。本条对应的是2018年《公司法》第15条规定:公司可以向其他企业投资;但是,除法律另有规定外,不得成为对所投资企业的债务承担连带责任的出资人。对比原先的规定,可以发现2023年《公司法》与2018年《公司法》在立法上的变化。按照原先的规定,公司原则上不得成为对所投资企业的债务承担连带责任的出资人,除非法律另有规定。2018年《公司法》这样规定主要是考虑到公司对外投资既有成功的可能,同时也存在失败的风险,如果允许公司对其投资企业的债务承担无限责任,可能会导致公司破产或利益遭受重大损失,进而损害到公司股东以及债权人的利益,并且可能危害社会经济秩序的稳定。所以2018年《公司法》采取的是原则上不允许公司成为对所投资企业的债务承担连带责任的出资人,除非法律另有规定。这里的"另有规定"在《合伙企业法》中有体现,我国《合伙企业法》第3条规定:"国有独资公司、国有企业、上市公司以及公益性的事业单位、社会团体不得成为普通合伙人。"按照上述规定,就公司而言,除国有独资公司、国有企业、上市公司之外的公司是可以成为所投资企业的普通合伙人的。

根据2023年《公司法》的规定,公司一般情况下可以成为对所投资企业的债务承担连带责任的出资人,除非法律另有规定。这一规定体现了《公司法》在公司对外投资立法理念上的改变。从原则上不能成为对所投资企业的债务承担连带责任的出资人,到一般情况下可以成为对所投资企业的债务承担连带责任的出资人。对外投资属于公司自治事项,公司可以向其他企业投资是公司享有独立法人资格以及自主经营自由的体现,公司可以自行决定是向公司投资,还是向合伙企业投资,因为公司作为法人能够独立进行判断并自行承担责任。运用自己的财产进行投资是公司发展的正常要求,在有关公司治理和运营以及对外投资和风险的商业决策方面,政府应该相信股东、董事和高级管理人员的职业判断,至于债权人是否愿意与这样进行对外投资的公司交易,可以由债权人自己决定。2023年《公司法》的这一规定将投资决策权交给公司,是尊重公司自治的一种体现,当然其他法律基于需要可以对公司的对外投资进行一定的限制。

►【关联法条】

《中华人民共和国合伙企业法》

第3条　国有独资公司、国有企业、上市公司以及公益性的事业单位、社会团体不得成为普通合伙人。

▶【典型案例】

1. 腾讯入股京东案

腾讯加盟京东,是该公司对外投资的一大经典案例。2014 年 3 月,腾讯以 2.15 亿美元入股京东,占股 15%,成为京东第一大股东,并将旗下的 QQ 网购、拍拍网等资产、业务一并相赠,双方还签署为期五年的战略合作协议,腾讯向京东提供微信的一级入口和二级入口,并提供流量支持。这一投资实现了双赢:加盟京东是腾讯进军电商领域战略布局的重要一环,其可以利用当时继天猫之后排名第二的京东弥补自身在电商市场竞争力不足的短板;而京东则可以借助腾讯强大的社交流量,通过微信平台和微信支付,实现由 PC 端向移动端的转变。得益于接入腾讯全平台资源,京东成为电商龙头企业,与阿里巴巴并称一极,发展势头强劲;腾讯以投资而不控股的并购方式,不只坐享投资收益,还实现了建设互联网生态圈的战略目标。2021 年 12 月 31 日,腾讯宣布以中期派息的方式将约 4.57 亿的京东股权发放给股东,腾讯对京东的持股比例降至 2.3%。腾讯和京东双方又成功续签了战略合作协议,意味着腾讯与京东的合作还将继续。

2. 潘某军、李某坤等诉连云港共济化工有限公司（以下简称共济化工）、孙某源等追偿权纠纷案

[江苏省连云港市中级人民法院(2021)苏 07 民终第 232 号]

2013 年 8 月 31 日,共济化工的孙某源等 5 位股东,经协商共同出资购买 5 辆天然气运输车,购买完成后均登记在共济化工名下,与共济化工原有的一辆天然气运输车一起运营,用于运输天然气。后其中两辆运输车先后发生交通事故,并被受害者起诉,自 2016 年 12 月 2 日至 2019 年 3 月 27 日,共济化工共赔偿相关损失及诉讼费合计 2,037,700.04 元。后共济化工以其与孙某源等 5 位股东为合伙关系为由,向其追偿上述款项。一审法院审理后认为:共济化工与其 5 位股东作为平等主体,对案涉 6 辆天然气运输车在经营期间产生的收益、支出、债权、债务进行了统一核算,并在运营亏损的情形下,各主体按购车出资比例进行了分担,可以看出具有共同经营、共享利润、共担风险的特点,符合合伙的特征。案涉 6 辆天然气运输车对外经营的收益并非共济化工单独享有,因此导致的损失亦不应由共济化工单独承担,共济化工在承担赔偿责任后有权向其他合伙人追偿。后 5 名股东不服一审判决,以其与公司不构成合伙关系,是共济化工向部分股东融资购车

后用于自身经营,因而股东与公司之间存在借款合同关系为由提起上诉。

二审法院审理后认为:有限责任公司可以对外投资成为普通合伙人,并与其股东形成事实上的合伙关系。根据《合伙企业法》第3条的规定,除国有独资公司、国有企业、上市公司以及公益性的事业单位、社会团体等特定主体外,其他公司可以成为普通合伙人。涉案公司为有限责任公司,且不属于国有独资公司或者国有企业,因此,其可以对外投资成为普通合伙人。此外,《公司法》也未禁止股东与公司从事同类业务,所以有限责任公司可以与其股东形成事实上的合伙关系。一审法院判决于法有据,应予支持。

第十五条 【公司对外投资和担保】

公司向其他企业投资或者为他人提供担保,按照公司章程的规定,由董事会或者股东会决议;公司章程对投资或者担保的总额及单项投资或者担保的数额有限额规定的,不得超过规定的限额。

公司为公司股东或者实际控制人提供担保的,应当经股东会决议。

前款规定的股东或者受前款规定的实际控制人支配的股东,不得参加前款规定事项的表决。该项表决由出席会议的其他股东所持表决权的过半数通过。

▶【法条释义】

本条是有关公司对外投资和担保的规定。2023年《公司法》的这一规定基本沿用了2018年《公司法》第16条的规定,只是2023年《公司法》不再将有限责任公司、股份有限公司的权力机构分别称为股东会、股东大会,而是统一为股东会,所以该条规定删除了有关"股东大会"的内容,但文义仍保持不变。该条是对公司进行对外投资及提供担保的限制,要求该项决议须经董事会或者股东会决议;为了防止股东或者实际控制人损害公司利益,要求若为他们提供担保则须经股东会决议,且该股东或者实际控制人不得参与表决,该项表决应由出席会议的其他股东所持表决权的过半数通过,这一规定体现了对中小股东利益的保护。公司的对外担保问题长期以来一直困扰着我国的理论界与实务界,2019年《九民纪要》的发布,明确了《公司法》第16条是对法定代表人的代表权进行的限制,解决了有关公司对外担保的效力问题、如何认定相对人是否善意以及有关相对人的审查义务等问题,一定程度上统一了有关公司对外担保问题的裁判思路。2020年12月31日颁布的《最高人民法院关于适用〈中华人民共和国民法典〉有关担保制度的解释》第 7 条明确指出越权担保适用法律依据为《民法典》第 61 条、第 504 条。上述两条法律规定了有关法定代表人行为的法律后果及其越权订立合同的效果。在有关相对人善意的规定上一定程度上类推适用了《民法典》的无权代理机制，从《民法典》的编排体系来看，越权代表类推适用无权代理的法律后果似乎也是应有之义。《民法典》中代理制度规定在总则编第 171 条、第 172 条，而代表制度规定在合同编第 504 条，这区别于《合同法》(已失效)中代理和代表规则并列编排的方式，从《民法典》的潘德克顿编纂技术及体系解释来看，在越权代表制度资源枯竭时，自然可以类推适用越权代理规则。[①]

►【关联法条】

1.《最高人民法院关于适用〈中华人民共和国民法典〉有关担保制度的解释》

第 17 条　主合同有效而第三人提供的担保合同无效，人民法院应当区分不同情形确定担保人的赔偿责任：

(一)债权人与担保人均有过错的，担保人承担的赔偿责任不应超过债务人不能清偿部分的二分之一；

(二)担保人有过错而债权人无过错的，担保人对债务人不能清偿的部分承担赔偿责任；

(三)债权人有过错而担保人无过错的，担保人不承担赔偿责任。

主合同无效导致第三人提供的担保合同无效，担保人无过错的，不承担赔偿责任；担保人有过错的，其承担的赔偿责任不应超过债务人不能清偿部分的三分之一。

2.《最高人民法院关于执行担保若干问题的规定》

第 5 条　公司为被执行人提供执行担保的，应当提交符合公司法第十六条规定的公司章程、董事会或者股东会、股东大会决议。

3.《全国法院民商事审判工作会议纪要》

19.【无须机关决议的例外情况】存在下列情形的，即便债权人知道或者应当知道没有公司机关决议，也应当认定担保合同符合公司的真实意思表示，合同有效：

(1)公司是以为他人提供担保为主营业务的担保公司，或者是开展保函业务的银行或者非银行金融机构；

(2)公司为其直接或者间接控制的公司开展经营活动向债权人提供担保；

---

① 参见刘俊海：《公司法定代表人越权签署的担保合同效力规则的反思与重构》，载《中国法学》2020 年第 5 期。

(3)公司与主债务人之间存在相互担保等商业合作关系；

(4)担保合同系由单独或者共同持有公司三分之二以上有表决权的股东签字同意。

20.【越权担保的民事责任】依据前述3条规定，担保合同有效，债权人请求公司承担担保责任的，人民法院依法予以支持；担保合同无效，债权人请求公司承担担保责任的，人民法院不予支持，但可以按照担保法及有关司法解释关于担保无效的规定处理。公司举证证明债权人明知法定代表人超越权限或者机关决议系伪造或者变造，债权人请求公司承担合同无效后的民事责任的，人民法院不予支持。

22.【上市公司为他人提供担保】债权人根据上市公司公开披露的关于担保事项已经董事会或者股东大会决议通过的信息订立的担保合同，人民法院应当认定有效。

23.【债务加入准用担保规则】法定代表人以公司名义与债务人约定加入债务并通知债权人或者向债权人表示愿意加入债务，该约定的效力问题，参照本纪要关于公司为他人提供担保的有关规则处理。

►【典型案例】

1. 安某诉郭某、安通控股股份有限公司（以下简称安通公司）担保纠纷案

[最高人民法院(2019)最高法民终第1524号]

郭某是安通公司法定代表人，仁建公司的实际控制人。2017年，安某(自然人)与郭某、仁建公司达成信托协议设立一信托计划，安某通过该计划向仁建公司发放2亿元的信托贷款，郭某为安某提供13%年化收益的差额补足义务。随后，郭某又代表安通公司与安某签订《保证合同》，约定公司对上述收益差额补足义务承担连带保证责任。2018年，信托贷款到期后，郭某未履行差额补足义务。安某起诉郭某和安通公司，要求郭某与安通公司履行义务。

河南省高级人民法院一审认为：根据《民法总则》(已失效)第61条的规定，法定代表人有权代表公司对外签订一切合同。《公司法》第16条的规定应属于管理性规范，为公司内部有关法定代表人签约代表权的规定，对第三人应当不具有约束力，因此涉案《保证合同》合法有效，判决支持安某的全部诉讼请求。安通公司不服上诉至最高人民法院。最高人民法院二审认为：《公司法》第16条规定了公

司提供关联担保,必须经股东大会同意,而安某在签订担保合同时并未审查是否有股东大会决议,应当不属于善意相对人,关联担保的道德风险很高,相对于其他担保其相对人应承担更高的注意义务。故而判决《保证合同》无效,撤销一审判决,又因安通公司内控制度不严,亦有过错,故判决安通公司向安某承担债务的1/2的赔偿责任。

2. 湖南天润数字娱乐文化传媒股份有限公司诉恒旺管理咨询(深圳)有限公司等其他合同纠纷案

[上海市金融法院(2020)沪74民终第289号]

本案涉及公司法定代表人签署的《担保函》的法律效力问题。法院审理后认为:根据《公司法》第16条的规定,公司为股东、实际控制人提供担保的,需要经过股东会或股东大会决议通过。涉案担保是上市公司为其实际控制人提供的担保,属于法律规定的关联担保。公司法定代表人未经公司股东大会决议通过,擅自签署《担保函》,属于公司法定代表人超越权限订立合同的行为。债权人未对上市公司内部有效决议做审慎审查,不属于善意相对人,故涉案《担保函》无效。

第十六条 【职工权益保护与职业教育】

公司应当保护职工的合法权益,依法与职工签订劳动合同,参加社会保险,加强劳动保护,实现安全生产。

公司应当采用多种形式,加强公司职工的职业教育和岗位培训,提高职工素质。

▶【法条释义】

公司职工是直接从事生产经营的劳动者,在生产经营活动的过程中保护职工的合法权益是公司作为用人单位应尽的法定义务。本条是有关公司职工合法权益的概括规定,具体规定要根据《公司法》与《劳动法》、《劳动合同法》等相关规定来执行。另外,随着社会经济的发展,对公司员工素质的要求也越来越高。公司应当采取多种形式,切实加强公司员工的职业教育和岗位培训,以适应经济社会发展对职工素质的要求。

▶【典型案例】

全某忠诉浩之鸣不锈钢制品有限公司（以下简称浩之鸣公司）确认劳动关系纠纷案

［江苏东台市人民法院(2019)苏0981民初第1378号］

浩之鸣公司于2017年8月15日成立，该公司经营范围为不锈钢制品、特钢加工。2017年2月，全某忠被聘用至筹备阶段的浩之鸣公司从事相关工作，其工作岗位为电工，双方一直未签订书面劳动合同。2018年5月，全某忠以浩之鸣公司拖欠工资为由口头与其解除劳动关系，并向当地劳动人事争议仲裁委员会申请仲裁，请求：1.浩之鸣公司支付2017年4月至2018年4月工资差额26,340元；2.浩之鸣公司支付全某忠未签订劳动合同的二倍工资72,000元。后全某忠对劳动仲裁裁决不服提起诉讼。

法院经审理后认为：筹备阶段的公司虽尚未具备独立的法人资格，但具有与设立行为相关的有限权利能力，能够从事一定的法律行为，享有一定权利并承担一定义务。公司筹备阶段招用劳动者，设立后公司继续沿用原工作场所、设备等，要求相关人员从事与设立前相同的工作安排，应当认定双方之间形成事实上的劳动关系。公司成立后应自设立之日起1个月内与有关劳动者订立书面劳动合同。否则，应自公司设立之日的次月起向劳动者每月支付2倍工资。

第十七条　【工会与民主管理】

公司职工依照《中华人民共和国工会法》组织工会，开展工会活动，维护职工合法权益。公司应当为本公司工会提供必要的活动条件。公司工会代表职工就职工的劳动报酬、工作时间、休息休假、劳动安全卫生和保险福利等事项依法与公司签订集体合同。

公司依照宪法和有关法律的规定，建立健全以职工代表大会为基本形式的民主管理制度，通过职工代表大会或者其他形式，实行民主管理。

公司研究决定改制、解散、申请破产以及经营方面的重大问题、制定重要的规章制度时，应当听取公司工会的意见，并通过职工代表大会或者其他形式听取职工的意见和建议。

▶【法条释义】

本条是有关公司职工组织工会与参与民主管理的规定。公司的工会是由公司职工组成的群众组织,其最基本的职责是维护职工合法权益。工会实现这一职责的重要体现是公司工会代表职工就职工的劳动报酬、工作时间等事项依法与公司签订集体合同。根据《工会法》的规定,企业、事业单位、社会组织违反集体合同,侵犯职工劳动权益的,工会可以依法要求其予以改正并承担责任。就职工民主管理而言,职工可以通过职工代表大会或者其他形式,参与企业的民主管理,发挥职工参与公司管理的作用。有关通过"职工代表大会或者其他形式"的规定意味着,公司既可以选择职工代表大会的民主管理形式,亦可以选择其他民主管理形式。这种立法表述尊重了公司治理的高度自治权,也为探索民主管理的其他形式预留了空间。①

2023 年《公司法》将听取工会意见的要求扩展到公司解散、申请破产等情形,进一步加强了对职工权益的保护。

▶【关联法条】

1.《中华人民共和国劳动法》

第 33 条　企业职工一方与企业可以就劳动报酬、工作时间、休息休假、劳动安全卫生、保险福利等事项,签订集体合同。集体合同草案应当提交职工代表大会或者全体职工讨论通过。

集体合同由工会代表职工与企业签订;没有建立工会的企业,由职工推举的代表与企业签订。

第 34 条　集体合同签订后应当报送劳动行政部门;劳动行政部门自收到集体合同文本之日起十五日内未提出异议的,集体合同即行生效。

第 35 条　依法签订的集体合同对企业和企业全体职工具有约束力。职工个人与企业订立的劳动合同中劳动条件和劳动报酬等标准不得低于集体合同的规定。

2.《中华人民共和国劳动合同法》

第 51 条　企业职工一方与用人单位通过平等协商,可以就劳动报酬、工作时间、休息休假、劳动安全卫生、保险福利等事项订立集体合同。集体合同草案应当提交职工代表大会或者全体职工讨论通过。

集体合同由工会代表企业职工一方与用人单位订立;尚未建立工会的用人单

---

① 参见刘俊海:《职工参与公司治理的体系化设计:立法宗旨、制度重构与股权纽带的三重视角》,载《北方法学》2023 年第 4 期。

位，由上级工会指导劳动者推举的代表与用人单位订立。

第52条　企业职工一方与用人单位可以订立劳动安全卫生、女职工权益保护、工资调整机制等专项集体合同。

第53条　在县级以下区域内，建筑业、采矿业、餐饮服务业等行业可以由工会与企业方面代表订立行业性集体合同，或者订立区域性集体合同。

第54条　集体合同订立后，应当报送劳动行政部门；劳动行政部门自收到集体合同文本之日起十五日内未提出异议的，集体合同即行生效。

依法订立的集体合同对用人单位和劳动者具有约束力。行业性、区域性集体合同对当地本行业、本区域的用人单位和劳动者具有约束力。

第55条　集体合同中劳动报酬和劳动条件等标准不得低于当地人民政府规定的最低标准；用人单位与劳动者订立的劳动合同中劳动报酬和劳动条件等标准不得低于集体合同规定的标准。

第56条　用人单位违反集体合同，侵犯职工劳动权益的，工会可以依法要求用人单位承担责任；因履行集体合同发生争议，经协商解决不成的，工会可以依法申请仲裁、提起诉讼。

3.《中华人民共和国工会法》

第20条　企业、事业单位、社会组织违反职工代表大会制度和其他民主管理制度，工会有权要求纠正，保障职工依法行使民主管理的权利。

法律、法规规定应当提交职工大会或者职工代表大会审议、通过、决定的事项，企业、事业单位、社会组织应当依法办理。

第21条　工会帮助、指导职工与企业、实行企业化管理的事业单位、社会组织签订劳动合同。

工会代表职工与企业、实行企业化管理的事业单位、社会组织进行平等协商，依法签订集体合同。集体合同草案应当提交职工代表大会或者全体职工讨论通过。

工会签订集体合同，上级工会应当给予支持和帮助。

企业、事业单位、社会组织违反集体合同，侵犯职工劳动权益的，工会可以依法要求企业、事业单位、社会组织予以改正并承担责任；因履行集体合同发生争议，经协商解决不成的，工会可以向劳动争议仲裁机构提请仲裁，仲裁机构不予受理或者对仲裁裁决不服的，可以向人民法院提起诉讼。

▶【典型案例】

北京纵横环球科技股份有限公司(以下简称纵横环球公司)诉于某劳动纠纷案

[北京市第一中级人民法院(2011)京一中民终字第12121号]

2009年11月11日,于某到纵横环球公司工作,岗位为质检员,月工资为1500元,双方未签订劳动合同。2010年10月26日,于某以工资太低为由申请离职,纵横环球公司同意其离职,但未与其结清2010年9月和10月的工资。后于某向当地仲裁委员会提出申诉,要求纵横环球公司支付拖欠工资2700元、加班费10,656元、经济补偿金3400元以及未签订劳动合同双倍工资18,700元、垫付保险费用6000元。2011年4月6日,仲裁委员会作出裁决:一、纵横环球公司支付于某工资2700元;二、纵横环球公司支付于某未订立劳动合同二倍工资的一倍部分16,872.42元;三、驳回于某的其他仲裁请求。

后纵横环球公司不同意该裁决的第二项,诉至法院。一审法院判决:一、原告纵横环球公司于本判决生效后10日内支付被告于某工资2700元;二、原告于本判决生效后10日内支付被告于某2009年12月11日至2010年10月26日期间未签订劳动合同双倍工资中的一倍工资16,872.42元。宣判后,纵横环球公司以其公司与工会签订过集体劳动合同,该合同亦适用于于某,不应当支付其未签订劳动合同的双倍工资为由,提出上诉。二审法院经审理后认为:用人单位与工会即使签订了集体劳动合同,也要与劳动者个人签订劳动合同。纵横环球公司未与于某签订劳动合同,应当按照《劳动合同法》第82条第1款的规定支付其未签订劳动合同的双倍工资。一审法院判决于法有据,应予支持。

第十八条 【党组织】

在公司中,根据中国共产党章程的规定,设立中国共产党的组织,开展党的活动。公司应当为党组织的活动提供必要条件。

▶【法条释义】

本条是有关在公司中设立中国共产党的组织以及有关党组织活动的规定。党的十九大报告指出:中国共产党的领导是中国特色社会主义最本质的特征。党政军民学,东西南北中,党是领导一切的。中国共产党是中国特色社会主义事业的坚强领导核心,是国家最高政治领导力量。我国《宪法》明确了中国共产党在我国政治生活和经济建设中的领导地位,《公司法》依据《宪法》规定,对公司中党的基层组织的建立及活动进一步加以具体规定,是为了更好地发挥公司党组织在公司发展以及国家经济建设中的作用。公司中党的基层组织,应当发挥政治引领作用,不断加强党组织的自身建设,保证和监督党和国家的方针政策在本公司的贯彻执行;应当全心全意依靠职工群众,领导公司的思想政治工作。《公司法》中加强党对公司领导的规定,集中体现在加强党对国家出资公司的领导的有关规定上,如《公司法》第170条规定:国家出资公司中中国共产党的组织,按照中国共产党章程的规定发挥领导作用,研究讨论公司重大经营管理事项,支持公司的组织机构依法行使职权。坚持党对国有企业的领导是重大政治原则,必须一以贯之;建立现代企业制度是国有企业改革的方向,也必须一以贯之。前者是"立企之魂",后者是"兴企之策"。①

►【关联法条】

1.《中国共产党章程》

第33条第2款　国有企业党委(党组)发挥领导作用,把方向、管大局、保落实,依照规定讨论和决定企业重大事项。国有企业和集体企业中党的基层组织,围绕企业生产经营开展工作。保证监督党和国家的方针、政策在本企业的贯彻执行;支持股东会、董事会、监事会和经理(厂长)依法行使职权;全心全意依靠职工群众,支持职工代表大会开展工作;参与企业重大问题的决策;加强党组织的自身建设,领导思想政治工作、精神文明建设、统一战线工作和工会、共青团、妇女组织等群团组织。

2.《国务院办公厅关于进一步完善国有企业法人治理结构的指导意见》

要明确党组织在国有企业法人治理结构中的法定地位,将党建工作总体要求纳入国有企业章程,明确党组织在企业决策、执行、监督各环节的权责和工作方式,使党组织成为企业法人治理结构的有机组成部分。要充分发挥党组织的领导核心和政治核心作用,领导企业思想政治工作,支持董事会、监事会、经理层依法履行职责,保证党和国家方针政策的贯彻执行。

---

①　参见潘世庆、韩宗桂、杨柳毅:《坚持加强党的领导和完善公司治理相统一》,载《党建研究》2022年第7期。

第十九条 【公司义务】

公司从事经营活动，应当遵守法律法规，遵守社会公德、商业道德，诚实守信，接受政府和社会公众的监督。

►【法条释义】

本条是有关公司经营活动基本原则的规定。公司作为社会经济活动的基本单位，其合法权益受法律保护，但公司在经营活动中必须遵守一定的基本原则。首先，公司必须遵守法律、法规，这是公司最重要的义务。2018 年《公司法》规定的内容是“必须遵守法律、行政法规”，2023 年《公司法》规定的是“法律法规”，其外延进一步扩大，表述也更为规范。其次，公司必须遵守社会公德、商业道德。公司遵守社会公德和商业道德，有利于树立公司商业信誉，维护社会经济秩序。最后，公司从事经营活动，必须诚实守信。诚实守信地从事经营活动本身就是公司遵守社会公德、商业道德的体现。在公司履行上述义务的过程中，政府和社会公众有权对其进行监督，公司也必须接受政府和社会公众的监督。

►【典型案例】

北京市朝阳区自然之友环境研究所、中华环保联合会诉中国石油天然气股份有限公司、中国石油天然气股份有限公司吉林油田分公司环境污染公益诉讼案

[最高人民法院(2018)最高法民再第 177 号]

原告北京市朝阳区自然之友环境研究所为专门从事环境保护公益活动的社会组织，对被告多次超标向大气排放二氧化硫、氮氧化物、烟(粉)尘等污染物，且经行政管理部门多次行政处罚仍未改正的行为提起公益诉讼。该案经一审、二审以及再审程序，案件的裁判要点如下：

1. 有关本案原、被告的适格问题

本案中原告北京市朝阳区自然之友环境研究所为民办非企业单位，是专门从事环境保护公益活动的社会组织，其对污染环境、破坏生态、损害社会公共利益的行为，有权进行监督并提起公益诉讼，其为适格的原告。被告多次超标向大气排放二氧化硫、氮氧化物、烟(粉)尘等污染物，经行政管理部门多次行政处罚仍未改正，其行为属于法律规定的“具有损害社会公共利益重大风险的行为”，故具备被告的主体身份。环境民事公益诉讼案件中，原告将实施环境污染行为的法人分支

机构以及设立该分支机构的法人一并列为被告提起诉讼,应当确认该法人系适格被告。

2. 有关案件管辖问题

在数个法院对案件有管辖权时,应当遵循环境公益诉讼的特殊规律,将案件交由污染行为实施地、损害结果地人民法院管辖,以便准确查明事实,依法确定责任,保障受损生态环境得到及时有效修复。

3. 案件判决结果

按照环境有价、损害担责,"谁污染、谁治理"的原则,判决被告支付专项用于生态环境修复及相关费用的资金。资金原则上应用于该项生态环境损害的修复,如该项生态环境损害不可修复或者无法修复必要的可用于该区域同类环境要素其他污染治理和生态环境损害修复。

第二十条 【公司社会责任】

公司从事经营活动,应当充分考虑公司职工、消费者等利益相关者的利益以及生态环境保护等社会公共利益,承担社会责任。

国家鼓励公司参与社会公益活动,公布社会责任报告。

▶【法条释义】

所谓公司社会责任,是指公司不能仅仅以股东利益最大化为唯一目的,公司在创造利润、对股东和员工承担法律责任的同时,还要强调其对消费者、社会和环境的责任。公司的社会责任要求公司超越把追求利润的增加作为唯一目标的传统理念,要求其在生产经营过程中加强对人的价值的关注,强调其对环境、消费者和对社会的贡献。有关公司社会责任的理论表述有很多,但其核心内容都体现了对公司营利性之外的社会性的关注,强调资本的社会性与伦理性,要求公司取得财富、使用和处分财富的过程均要符合法律和商业伦理的要求。公司社会责任原则的法理基础有三:一是公司有不同于其他民事主体的巨大经济力量且存在风险外溢;二是公司应尊重与保护利益相关者享有的经济、社会和文化权利;三是公司应弘扬以人为本、义利并举、理性自治的中外优秀文化。①

党的十六届六中全会《决定》指出,要"着眼于增强公民、企业、各种组织的社

① 参见刘俊海:《论新〈公司法〉的四项核心原则》,载《北京理工大学学报(社会科学版)》2022 年第 5 期。

会责任”。党的十八届四中全会《决定》再次要求“加强公司社会责任建设”。中共中央印发的《法治社会建设实施刚要(2020—2025)》也重申了要“完善企业社会责任制度,增强企业社会责任意识”。

2018年《公司法》第5条第1款规定:公司从事经营活动,必须遵守法律、行政法规,遵守社会公德、商业道德,诚实守信,接受政府和社会公众的监督,承担社会责任。2018年《公司法》将公司的经营活动基本原则与社会责任放在一起规定,同时只是提及有关社会责任的概念,并没有对其内容进行具体阐述。2023年《公司法》加强了对有关公司社会责任的规定,专门增加了一条规定,对社会责任的内容进行了具体阐述。首先,2023年《公司法》首次引入了企业社会责任中核心的“利益相关者”的概念,要求公司在遵守法律法规规定义务的基础上,充分考虑公司职工、消费者等“利益相关者”的利益,企业承担社会责任思想来源于利益相关者理论,该理论要求公司应当承担社会责任,重视保护公司利益相关者权益;①其次,扩大了社会责任的范围,从商业道德、公共利益扩大至包含生态环境保护、公益活动在内的全面责任,有关生态环境责任的落实也是《民法典》第9条绿色原则的体现;最后,《公司法》同时还鼓励公司参与社会公益活动,公布社会责任报告。

▶【关联法条】

1.《中华人民共和国民法典》

第9条　民事主体从事民事活动,应当有利于节约资源、保护生态环境。

2.《中华人民共和国公司法》(2023年修订)

第262条　利用公司名义从事危害国家安全、社会公共利益的严重违法行为的,吊销营业执照。

▶【典型案例】

1. 中国邮政储蓄银行发布《2021年社会责任(环境、社会、管治)报告》

2022年3月30日,中国邮政储蓄银行发布了《2021年社会责任(环境、社会、管治)报告》。该份报告全面展现了2021年中国邮政储蓄银行认真贯彻落实党中央和国务院决策部署,坚守服务“三农”、城乡居民和中小企业定位,以金融力量助

---

① 参见李耕坤:《论公司社会责任法律制度——以〈公司法〉(修订草案)第十九条的理解展开》,载《北京科技大学学报(社会科学版)》2022年第4期。

力经济、社会与环境可持续发展的生动实践与取得的成效。2021 年中国邮政储蓄银行进一步推进涉农贷款、小额贷款发放，助力乡村振兴；发展绿色金融，推进绿色银行建设；为员工搭建职业平台，切实保护广大消费者权益；积极投身社会公益，与各方共享发展成果。该社会责任报告披露了中国邮政储蓄银行在环境保护、消费者权益保护、促进乡村振兴、维护社会公益等社会责任承担方面的贡献。当前越来越多的公司主动披露其社会责任报告，报告的具体内容一般涉及公司在促进经济、环境、社会、可持续发展等方面所做的工作，该报告的披露逐渐成为促进企业披露信息、接受公众监督、主动承担社会责任的一种行之有效的方式。

2. 李某针诉青岛杰盛置业有限公司（以下简称杰盛公司）、薛某明公司解散纠纷案

[山东省高级人民法院(2015)鲁民再字第 5 号]

2012 年 7 月 4 日，原告李某针诉至法院称：2010 年 2 月 1 日，李某针、薛某明共同发起设立杰盛公司，各出资 500 万元，分别持股 50%。杰盛公司成立后至今，已经超过两年无法召开股东会，经营管理发生严重困难；公司股东不能就公司经营管理事宜达成一致意见，而且无法通过其他方法解决等。李某针认为，如果杰盛公司继续存续，将使其权益受到重大损失，且僵局无法通过其他途径解决。故依据《公司法》及相关司法解释之规定，请求判令解散杰盛公司。

杰盛公司辩称，公司至今经营正常，除了股东之间的纠纷外，公司不符合《公司法》规定的公司解散的条件。且公司开发的旨在解决 500 多户购房者的历史遗留问题的房地产项目正常进行，如果公司解散，会给股东和业主带来巨额亏损，完成房地产项目反而能保证公司股东的合法权利。该案经一审、二审、再审，均作出了不支持原告有关解散公司的诉讼请求的判决。

裁判要点：在判断公司应否解散时，不仅要考虑股东的利益还要考虑到公司解散对社会公众利益的影响。本案虽然因为股东之间的矛盾导致公司持续两年以上无法召开股东会，可以认定公司经营发生严重困难，符合法定解散事由。但是，若此时公司解散，将会导致公司正在经营的项目无法进一步开展，因此会阻却众多消费者的合法权益的实现，影响社会稳定。在股东利益和社会利益发生冲突时，应当优先保护社会公众的利益。此种情况下请求解散公司的，法院不予支持。

第二十一条 【股东禁止行为】

公司股东应当遵守法律、行政法规和公司章程,依法行使股东权利,不得滥用股东权利损害公司或者其他股东的利益。

公司股东滥用股东权利给公司或者其他股东造成损失的,应当承担赔偿责任。

►【法条释义】

本条是有关股东禁止行为的规定。本条对应的是2018年《公司法》第20条的规定,该条规制了两种股东滥用权利的行为,一种是股东滥用权利损害公司或者其他股东的利益;另一种是滥用公司法人独立地位和股东有限责任损害公司债权人的利益。2023年《公司法》第21条将2018年《公司法》第20条规制的滥用公司法人独立地位和股东有限责任损害公司债权人利益的行为单列在第23条进行规制。

有关股东滥用权利损害公司或者其他股东利益的问题,根据《公司法》的规定,股东对公司依法享有资产收益、参与重大决策、选择管理者以及知情权等权利。上述权利的不正当行使可能构成滥用权利并损害公司或者其他股东的利益,应当承担相应的赔偿责任。如公司股东享有知情权,公司股东可以查阅公司会计账簿、会计凭证,如股东基于不正当目的,通过查阅窃取公司商业秘密的,就构成对股东权利的滥用。

►【典型案例】

姚某城诉鸿大(上海)投资管理有限公司(以下简称鸿大公司)、章某等公司决议纠纷案

[上海市第二中级人民法院(2019)沪02民终第8024号,
《最高人民法院公报》2021年第3期]

2017年7月17日,鸿大公司制定新的章程,明确章某认缴出资700万元,姚某城认缴出资150万元,蓝某球、何某松各认缴出资75万元。2018年11月18日,公司在未依法通知姚某城,并在其未出席的情况下,召开了临时股东大会,以85%的表决权通过有关修改出资期限的决议。后姚某城起诉公司及控股股东章某等,并请求确认该股东会决议无效。法院经审理后认为:有限责任公司章程或股东出资协议确定的公司注册资本出资期限系股东之间达成的合意。除法律规

定或存在其他合理性、紧迫性事由需要修改出资期限的情形外，股东会会议作出修改出资期限的决议应经全体股东一致通过。公司控股股东滥用其控制地位，以多数决方式通过修改出资期限的决议，损害了其他股东的期限权益，其他股东请求确认该项决议无效的，人民法院应予支持。

第二十二条 【关联交易规制】

公司的控股股东、实际控制人、董事、监事、高级管理人员不得利用关联关系损害公司利益。

违反前款规定，给公司造成损失的，应当承担赔偿责任。

▶【法条释义】

本条是有关公司的控股股东、实际控制人、董事、监事、高级管理人员关联交易规制的规定。本条对应的是2018年《公司法》第21条的规定，该条规制的是公司的控股股东、实际控制人、董事、监事、高级管理人员利用关联关系损害公司利益的行为。

有关公司关联交易规制的问题，《公司法》对决定关联交易的关联关系以及规制关联交易的基本原则和措施作出了基本的规定。关联交易有利有弊，一方面，它是可以促进资本市场发展的交易活动之一；另一方面，它可能损害公司、少数股东及债权人的利益，所以要建构起法律规范对不当的关联交易行为进行适当的制约，优化营商法治环境。《公司法》的这一规定体现了法律对关联交易的基本态度，即不禁止所有的关联交易，但是对不公正的关联交易，即损害公司利益给公司造成损失的关联交易予以禁止。之所以要运用《公司法》对关联交易进行规制，是因为关联交易牵涉多层法益：有关联方之间的确认交换的个体利益；有公司股东及公众投资者对公司的投资利益；也有影响市场秩序和社会运行的公共利益。这些法益的存在，仅靠关联方的自觉约束难以保障，还需要法律的介入予以调整。①

▶【关联法条】

1.《中华人民共和国公司法》(2023年修订)

第265条 本法下列用语的含义：

(一)高级管理人员，是指公司的经理、副经理、财务负责人，上市公司董事会秘书和公司章程规定的其他人员。

---

① 参见汪青松：《关联交易规制的世行范式评析与中国范式重构》，载《法学研究》2021年第1期。

(二)控股股东,是指其出资额占有限责任公司资本总额超过百分之五十或者其持有的股份占股份有限公司股本总额超过百分之五十的股东;出资额或者持有股份的比例虽然低于百分之五十,但依其出资额或者持有的股份所享有的表决权已足以对股东会的决议产生重大影响的股东。

(三)实际控制人,是指通过投资关系、协议或者其他安排,能够实际支配公司行为的人。

(四)关联关系,是指公司控股股东、实际控制人、董事、监事、高级管理人员与其直接或者间接控制的企业之间的关系,以及可能导致公司利益转移的其他关系。但是,国家控股的企业之间不仅因为同受国家控股而具有关联关系。

2.《最高人民法院关于适用〈中华人民共和国公司法〉若干问题的规定(五)》(2020年修正)

第1条　关联交易损害公司利益,原告公司依据民法典第八十四条、公司法第二十一条规定请求控股股东、实际控制人、董事、监事、高级管理人员赔偿所造成的损失,被告仅以该交易已经履行了信息披露、经股东会或者股东大会同意等法律、行政法规或者公司章程规定的程序为由抗辩的,人民法院不予支持。

公司没有提起诉讼的,符合公司法第一百五十一条第一款规定条件的股东,可以依据公司法第一百五十一条第二款、第三款规定向人民法院提起诉讼。

▶【典型案例】

上市公司控股股东占用公司资产、利用关联交易损害公司利益——乐视案

2004年贾某亭创立乐视,为第一控股股东,2010年乐视在中国创业板市场实现上市。2016年乐视网被曝出拖欠贷款,2019年深圳证券交易所对乐视网以及贾某亭等人给予通报批评、纪律处分等处罚。其中,乐视网的关联交易是深圳证券交易所问询并作出处罚的重点内容,对乐视网的处分决定中显示:关联企业多、关联交易涉及金额大、关联交易方式多样,这是乐视关联交易的三大特点。其中乐视控股股东贾某亭利用其在集团中的控股地位,通过购买或销售商品、资产、提供或接受劳务、租赁、担保、资金拆借等关联交易侵占乐视网资产。乐视的有关关联交易行为导致乐视网与其关联方资金、人格混同,给公司经营带来巨大的风险,严重侵害了中小股东的利益。

第二十三条 【公司人格否认】

公司股东滥用公司法人独立地位和股东有限责任，逃避债务，严重损害公司债权人利益的，应当对公司债务承担连带责任。

股东利用其控制的两个以上公司实施前款规定行为的，各公司应当对任一公司的债务承担连带责任。

只有一个股东的公司，股东不能证明公司财产独立于股东自己的财产的，应当对公司债务承担连带责任。

►【法条释义】

本条是关于公司"法人人格否认制度"的规定。该制度在英美法系被称为"揭开公司面纱"或"刺破公司面纱"。原则上，公司是独立法人，并非股东的附属，公司名义独立、财产独立、责任独立。公司成立后，股东仅以认缴的出资额对公司债务承担有限责任。但在特殊情形下，如果股东不尊重公司的独立性，滥用其有限责任，目的是逃避债务，造成严重损害公司债权人利益的结果，此时公司的独立人格将会被打破，股东应当对公司债务承担连带责任。

本条分为三款，第 1 款是股东对公司债务承担连带责任，称为"纵向否认"。在实践中，许多股东在出资之后，无视公司法人独立地位，通过各种途径控制着其所出资的公司，擅自挪用公司的财产或者与自己的财产混同，同时又以股东的有限责任为掩护逃避责任，严重损害了债权人的合法权益，导致债权人面临极大的交易风险。此时可以适用"揭开公司面纱"的规定，将股东和公司视为一体，追究二者共同的法律责任。第 2 款是关联公司之间承担连带责任，称为"横向否认"。该第 2 款规定是 2023 年《公司法》在吸收《九民纪要》第 11 条第 2 款规定的基础上增加的规定，根据《九民纪要》的精神，只有在股东实施了滥用公司法人独立地位及股东有限责任的行为，且该行为严重损害了公司债权人利益的情况下，才能适用法人人格否认制度。[①] 第 3 款是对一人公司法人人格否认的特殊规定，该条规定将适用于所有形式的一人公司，且一人公司的法人人格否认采取举证责任倒置规则。

在实践中，公司的大股东、实际控制人要特别注意股东和公司、集团公司和各子公司以及各子公司之间的边界，避免出现股东和公司的财产混同。司法实践中，认定公司人格与股东人格是否存在混同，主要是从资产、财务、业务、人员及其

---

① 参见李建伟：《关联公司法人人格否认的实证研究》，载《法商研究》2021 年第 6 期。

人事任免、经营决策、销售途径、组织机构、办公场所、生产经营场所、企业公示信息、债权债务、融资担保进行综合考量的。[①]

►【关联法条】

1.《中华人民共和国民法典》

第83条 营利法人的出资人不得滥用出资人权利损害法人或者其他出资人的利益;滥用出资人权利造成法人或者其他出资人损失的,应当依法承担民事责任。

营利法人的出资人不得滥用法人独立地位和出资人有限责任损害法人债权人的利益;滥用法人独立地位和出资人有限责任,逃避债务,严重损害法人债权人的利益的,应当对法人债务承担连带责任。

2.《全国法院民商事审判工作会议纪要》

(四)关于公司人格否认

公司人格独立和股东有限责任是公司法的基本原则。否认公司独立人格,由滥用公司法人独立地位和股东有限责任的股东对公司债务承担连带责任,是股东有限责任的例外情形,旨在矫正有限责任制度在特定法律事实发生时对债权人保护的失衡现象。在审判实践中,要准确把握《公司法》第20条第3款规定的精神。一是只有在股东实施了滥用公司法人独立地位及股东有限责任的行为,且该行为严重损害了公司债权人利益的情况下,才能适用。损害债权人利益,主要是指股东滥用权利使公司财产不足以清偿公司债权人的债权。二是只有实施了滥用法人独立地位和股东有限责任行为的股东才对公司债务承担连带清偿责任,而其他股东不应承担此责任。三是公司人格否认不是全面、彻底、永久地否定公司的法人资格,而只是在具体案件中依据特定的法律事实、法律关系,突破股东对公司债务不承担责任的一般规则,例外地判令其承担连带责任。人民法院在个案中否认公司人格的判决的既判力仅仅约束该诉讼的各方当事人,不当然适用于涉及该公司的其他诉讼,不影响公司独立法人资格的存续。如果其他债权人提起公司人格否认诉讼,已生效判决认定的事实可以作为证据使用。四是《公司法》第20条第3款规定的滥用行为,实践中常见的情形有人格混同、过度支配与控制、资本显著不足等。在审理案件时,需要根据查明的案件事实进行综合判断,既审慎适用,又当用则用。实践中存在标准把握不严而滥用这一例外制度的现象,同时也存在因法

---

① 参见徐工集团工程机械股份有限公司诉成都川交工贸有限责任公司等买卖合同纠纷案、黑龙江省黑河市爱辉区人民法院(2014)爱民再字第1号民事判决书、江苏省高级人民法院(2013)苏商终字第0269号民事判决书。

律规定较为原则、抽象，适用难度大，而不善于适用、不敢于适用的现象，均应当引起高度重视。

10.【人格混同】认定公司人格与股东人格是否存在混同，最根本的判断标准是公司是否具有独立意思和独立财产，最主要的表现是公司的财产与股东的财产是否混同且无法区分。在认定是否构成人格混同时，应当综合考虑以下因素：

(1)股东无偿使用公司资金或者财产，不作财务记载的；

(2)股东用公司的资金偿还股东的债务，或者将公司的资金供关联公司无偿使用，不作财务记载的；

(3)公司账簿与股东账簿不分，致使公司财产与股东财产无法区分的；

(4)股东自身收益与公司盈利不加区分，致使双方利益不清的；

(5)公司的财产记载于股东名下，由股东占有、使用的；

(6)人格混同的其他情形。

在出现人格混同的情况下，往往同时出现以下混同：公司业务和股东业务混同；公司员工与股东员工混同，特别是财务人员混同；公司住所与股东住所混同。人民法院在审理案件时，关键要审查是否构成人格混同，而不要求同时具备其他方面的混同，其他方面的混同往往只是人格混同的补强。

11.【过度支配与控制】公司控制股东对公司过度支配与控制，操纵公司的决策过程，使公司完全丧失独立性，沦为控制股东的工具或躯壳，严重损害公司债权人利益，应当否认公司人格，由滥用控制权的股东对公司债务承担连带责任。实践中常见的情形包括：

(1)母子公司之间或者子公司之间进行利益输送的；

(2)母子公司或者子公司之间进行交易，收益归一方，损失却由另一方承担的；

(3)先从原公司抽走资金，然后再成立经营目的相同或者类似的公司，逃避原公司债务的；

(4)先解散公司，再以原公司场所、设备、人员及相同或者相似的经营目的另设公司，逃避原公司债务的；

(5)过度支配与控制的其他情形。

控制股东或实际控制人控制多个子公司或者关联公司，滥用控制权使多个子公司或者关联公司财产边界不清、财务混同，利益相互输送，丧失人格独立性，沦为控制股东逃避债务、非法经营，甚至违法犯罪工具的，可以综合案件事实，否认子公司或者关联公司法人人格，判令承担连带责任。

12.【资本显著不足】资本显著不足指的是,公司设立后在经营过程中,股东实际投入公司的资本数额与公司经营所隐含的风险相比明显不匹配。股东利用较少资本从事力所不及的经营,表明其没有从事公司经营的诚意,实质是恶意利用公司独立人格和股东有限责任把投资风险转嫁给债权人。由于资本显著不足的判断标准有很大的模糊性,特别是要与公司采取"以小博大"的正常经营方式相区分,因此在适用时要十分谨慎,应当与其他因素结合起来综合判断。

13.【诉讼地位】人民法院在审理公司人格否认纠纷案件时,应当根据不同情形确定当事人的诉讼地位:

(1)债权人对债务人公司享有的债权已经由生效裁判确认,其另行提起公司人格否认诉讼,请求股东对公司债务承担连带责任的,列股东为被告,公司为第三人;

(2)债权人对债务人公司享有的债权提起诉讼的同时,一并提起公司人格否认诉讼,请求股东对公司债务承担连带责任的,列公司和股东为共同被告;

(3)债权人对债务人公司享有的债权尚未经生效裁判确认,直接提起公司人格否认诉讼,请求公司股东对公司债务承担连带责任的,人民法院应当向债权人释明,告知其追加公司为共同被告。债权人拒绝追加的,人民法院应当裁定驳回起诉。

3.《全国法院破产审判工作会议纪要》

六、关联企业破产

会议认为,人民法院审理关联企业破产案件时,要立足于破产关联企业之间的具体关系模式,采取不同方式予以处理。既要通过实质合并审理方式处理法人人格高度混同的关联关系,确保全体债权人公平清偿,也要避免不当采用实质合并审理方式损害相关利益主体的合法权益。

关联企业实质合并破产的审慎适用。人民法院在审理企业破产案件时,应当尊重企业法人人格的独立性,以对关联企业成员的破产原因进行单独判断并适用单个破产程序为基本原则。当关联企业成员之间存在法人人格高度混同、区分各关联企业成员财产的成本过高、严重损害债权人公平清偿利益时,可例外适用关联企业实质合并破产方式进行审理。

33.实质合并申请的审查。人民法院收到实质合并申请后,应当及时通知相关利害关系人并组织听证,听证时间不计入审查时间。人民法院在审查实质合并申请过程中,可以综合考虑关联企业之间资产的混同程序及其持续时间、各企业之间的利益关系、债权人整体清偿利益、增加企业重整的可能性等因素,在收到申请之日起三十日内作出是否实质合并审理的裁定。

34. 裁定实质合并时利害关系人的权利救济。相关利害关系人对受理法院作出的实质合并审理裁定不服的，可以自裁定书送达之日起十五日内向受理法院的上一级人民法院申请复议。

35. 实质合并审理的管辖原则与冲突解决。采用实质合并方式审理关联企业破产案件的，应由关联企业中的核心控制企业住所地人民法院管辖。核心控制企业不明确的，由关联企业主要财产所在地人民法院管辖。多个法院之间对管辖权发生争议的，应当报请共同的上级人民法院指定管辖。

36. 实质合并审理的法律后果。人民法院裁定采用实质合并方式审理破产案件的，各关联企业成员之间的债权债务归于消灭，各成员的财产作为合并后统一的破产财产，由各成员的债权人在同一程序中按照法定顺序公平受偿。采用实质合并方式进行重整的，重整计划草案中应当制定统一的债权分类、债权调整和债权受偿方案。

37. 实质合并审理后的企业成员存续。适用实质合并规则进行破产清算的，破产程序终结后各关联企业成员均应予以注销。适用实质合并规则进行和解或重整的，各关联企业原则上应当合并为一个企业。根据和解协议或重整计划，确有需要保持个别企业独立的，应当依照企业分立的有关规则单独处理。

38. 关联企业破产案件的协调审理与管辖原则。多个关联企业成员均存在破产原因但不符合实质合并条件的，人民法院可根据相关主体的申请对多个破产程序进行协调审理，并可根据程序协调的需要，综合考虑破产案件审理的效率、破产申请的先后顺序、成员负债规模大小、核心控制企业住所地等因素，由共同的上级法院确定一家法院集中管辖。

39. 协调审理的法律后果。协调审理不消灭关联企业成员之间的债权债务关系，不对关联企业成员的财产进行合并，各关联企业成员的债权人仍以该企业成员财产为限依法获得清偿。但关联企业成员之间不当利用关联关系形成的债权，应当劣后于其他普通债权顺序清偿，且该劣后债权人不得就其他关联企业成员提供的特定财产优先受偿。

►【典型案例】

1. 徐工集团工程机械股份有限公司（以下简称徐工机械公司）诉成都川交工贸有限责任公司（以下简称川交工贸公司）等买卖合同纠纷案

[江苏省高级人民法院(2011)苏商终字第0107号，
最高人民法院15号指导案例]

原告徐工机械公司诉称:川交工贸公司拖欠其货款未付,而成都川交工程机械有限责任公司(以下简称川交机械公司)、四川瑞路建设工程有限公司(以下简称瑞路公司)与川交工贸公司人格混同,三家公司实际控制人王某礼以及川交工贸公司股东等人的个人资产与公司资产混同,均应承担连带清偿责任。请求判令:川交工贸公司支付所欠货款10,916,405.71元及利息;川交机械公司、瑞路公司及王某礼等个人对上述债务承担连带清偿责任。

法院经审理后查明:一是三家公司人员混同,三家公司的经理、财务负责人、出纳会计、工商手续经办人均相同,其他管理人员亦存在交叉任职的情形,川交工贸公司的人事任免存在由川交机械公司决定的情形;二是三家公司业务混同,三家公司实际经营中均涉及工程机械相关业务,经销过程中存在共用销售手册、经销协议的情形,对外进行宣传时信息混同;三是三家公司财务混同,三家公司使用共同账户,以王某礼的签字作为具体用款依据,对其中的资金及支配无法证明已作区分,三家公司与徐工机械公司之间的债权债务、业绩、账务及返利均计算在川交工贸公司名下。上述关联公司的人员、业务、财务等方面交叉或混同,导致各自财产无法区分,丧失独立人格,构成人格混同。关联公司人格混同,严重损害债权人利益的,关联公司相互之间应当对外部债务承担连带责任。

2. 北京斯普乐电线电缆有限公司（以下简称斯普乐公司）诉德州锦城电装股份有限公司（以下简称德州锦城公司）、第三人天津市日拓高科技有限公司（以下简称日拓公司）股东损害公司债权人利益责任纠纷案

[北京市第三中级人民法院(2019)京03民终第2577号]

德州锦城公司系日拓公司的一人法人股东。2014年4月24日,斯普乐公司基于生效判决向北京市怀柔区人民法院申请强制执行日拓公司的财产用于偿还对其的债务,2014年12月17日因被执行人暂无其他财产可供执行而终结执行程

序。2017年12月4日,斯普乐公司提起诉讼,要求判令日拓公司的一人法人股东德州锦城公司对日拓公司拖欠斯普乐公司货款本金8,275,705.53元及利息、案件受理费70,966元承担连带清偿责任。理由是德州锦城公司在担任股东期间将日拓公司主要业务转移至自身,且两家公司法定代表人为同一人,形成资产、业务、人员严重混同。

法院审理后查明德州锦城公司确实存在原告斯普乐公司指控的行为。如福田公司是日拓公司的长期客户资源,在2014年1月双方刚签订采购合同后,德州锦城公司在日拓公司未进行股东书面决议情况下,将日拓公司的重要业务转移给其自身公司。法院审理后认为:公司是法律拟制的具有独立法人资格的主体,其独立的意思表示是维系自身利益的前提和基础。母公司、子公司各自具有独立法人资格,子公司虽处于被母公司实际控制的地位,但其仍拥有独立的财产,独立开展民事活动并承担民事责任。母公司代替子公司承受合同预期利益,应当具有合理的理由并支付合理对价。母公司利用对子公司的绝对控制权,在持股期间将子公司的重要客户资源以无对价方式转移至自己名下,造成子公司偿债能力下降,进而造成对子公司债权人利益损害时,已经构成滥用公司法人独立地位和股东有限责任严重损害公司债权人利益的情形,故母公司应当对子公司债权人未受偿债权承担连带清偿责任。

3. 特毅系关联企业破产清算案

上海特毅企业有限公司系由英属维尔京群岛金克莱斯勒有限公司出资设立的外商独资企业。上海特毅通用动力机械有限公司和上海美浩电器有限公司则是由我国香港特别行政区億毅集团有限公司出资设立的独资有限责任公司。三家公司虽名义上是三个独立的法人,但实际均属同一自然人实际控制,存在经营地址相同、经营范围近似、生产办公场所和资产均混同使用的情况。2008年年初,三家公司因资金链断裂,引发严重的债务问题。2008年5月,上述三家公司债权人向上海市金山区人民法院同时申请公司破产,法院分别受理了上述三家公司的破产案件。在审理过程中,管理人发现三家公司存在高度的资产混同和债权债务混同,如进行分别清算,不但不能实现公平清偿的目的,而且存在清算时间过长、成本增加的问题,不利于保护债权人的合法权益。为此,管理人提出了将三家公司破产财产合并清算、统一清偿的建议,该建议被法院采纳。在经历了管理人申请、债权人会议表决、法院裁定等步骤后,上述破产清算案件得以顺利进行,该关联企业合并破产案的处理提高了破产清算的效率,降低了成本,也保护了各方债权人的利益。该案是合并破产或重整案件最常见的类型,体现为关联企业各成员同时或先后进入破产程序,后经管理人或债权人申请,或依法裁定,将各成员企业纳入合并破产或重整程序。

4. 海航集团破产重整案

海南省航空公司于1989年创立。2017年海航集团爆发经营危机,无力偿还巨额债务,只能申请破产重组。2021年2月,海南省高级人民法院受理海航集团等7家公司及海航集团下属3家上市公司及其子公司的重整申请,并于3月裁定对海航集团等321家公司实施实质合并重整,形成三家上市公司内部协同重整、非上市公司实质合并重整、上市公司与非上市公司同步重整、联动推进的模式。该案经法院裁定确认的债权共计约7467.02亿元,暂缓确定的债权共计约895.66亿元。2021年10月,海南省高级人民法院顺利审结案件,裁定批准重整计划。2022年4月24日,海航集团发布公告称,确定由中信信托有限责任公司和光大兴陇信托有限责任公司组成的联合体为信托受托人成立海航集团破产重整专项服务信托。同时,海航集团等321余项实质合并重整计划已经执行完毕并获得法院裁定确认。通过重整,海航集团既化解了债务危机,又解决了上市公司的合规问题,实现对业务、管理、资产、负债、股权的全方位重组,实现了法律、社会以及经济效果的统一。

第二十四条 【会议召开及表决方式】

公司股东会、董事会、监事会召开会议和表决可以采用电子通信方式,公司章程另有规定的除外。

▶【法条释义】

本条是有关通过电子通信方式召开股东会、董事会、监事会会议和进行表决的规定,此规定是2023年《公司法》的新增条款。该做法符合当下电子网络时代的社会发展现状,同时该做法在疫情期间也得到了广泛使用,提高了公司决策的便利性和效率。2023年《公司法》充分体现了对信息化建设成果的应用,如明确电子营业执照与纸质营业执照具有同等法律效力、要求通过统一的企业信息公示系统发布有关公告的方式进行信息公示、明确采用电子通信方式作出决议的法律效力等。

▶【典型案例】

江苏吴江中国东方丝绸市场股份有限公司
2022年第五届董事会第十三次会议决议公告

该公司在公告内容中指出：股份有限公司以专人送达、传真或电子邮件形式发出会议通知，并顺利召开会议。在保障所有董事充分表达意见的情况下，董事会采用电子通信方式进行表决。董事会会议材料同时提交公司监事及高级管理人员审阅。

第二十五条 【公司决议无效】
公司股东会、董事会的决议内容违反法律、行政法规的无效。

▶【法条释义】

本条是有关公司股东会、董事会决议无效的规定。公司决议是由股东、董事通过出席股东会、董事会形成股东会决议和董事会决议等代表公司意志的决议。公司决议对外表现为公司意思，对内以全体股东、董事的集体利益最大化为行为指导。① 2023年《公司法》第25条至第28条是在2018年《公司法》第22条规定的基础上，吸纳了《最高人民法院关于适用〈中华人民共和国公司法〉若干问题的规定（四）》的有关规定，对有关内容进行的修改和扩充。将2018年《公司法》第22条公司决议无效和撤销"二分法"的法律规定，修订完善为公司决议无效、撤销、不成立的"三分法"。第25条基本沿用了2018年《公司法》第22条第1款的规定，即公司股东会或者股东大会、董事会的决议内容违反法律、行政法规的无效。新法删去了"或者股东大会"的表述，但条款的文义并无变化，该规定明确了股东会和董事会决议无效的情形。

▶【关联法条】

《最高人民法院关于适用〈中华人民共和国公司法〉若干问题的规定（四）》（2020年修正）

第1条 公司股东、董事、监事等请求确认股东会或者股东大会、董事会决议无效或者不成立的，人民法院应当依法予以受理。

---

① 参见刘毅：《股东权利保护研究》，北京大学出版社2016年版，第69～77页。

第 3 条第 1 款　原告请求确认股东会或者股东大会、董事会决议不成立、无效或者撤销决议的案件,应当列公司为被告。对决议涉及的其他利害关系人,可以依法列为第三人。

第 6 条　股东会或者股东大会、董事会决议被人民法院判决确认无效或者撤销的,公司依据该决议与善意相对人形成的民事法律关系不受影响。

▶【典型案例】

姚某城诉鸿大(上海)投资管理有限公司、章某等公司决议纠纷案

[上海市第二中级人民法院(2019)沪 02 民终第 8024 号,《最高人民法院公报》2021 年第 3 期]

本案涉及公司股东会决议效力的问题。从法院查明的事实来看,公司临时股东会决议的第二项要求股东完成注册资本的缴纳期限从 20 年左右缩减到不到半个月的时间,却未对要求提前缴纳出资的紧迫性等作出说明,不具有合理性;要求自然人于短期内完成 100 余万元资金的筹措,亦不符合常理。有限责任公司章程或者股东出资协议确定的出资期限系股东之间的合意,除法律规定或者有合理性、紧迫性事由需对出资期限进行修改外,股东会会议作出修改出资期限的决议需经全体股东一致同意。涉案公司股东滥用控制地位,以多数决的方式通过修改出资期限协议,侵害了其他股东基本利益,该项决议内容违反了法律法规的规定,故涉案临时股东会决议中第二项决议无效。

第二十六条　【公司决议撤销】

公司股东会、董事会的会议召集程序、表决方式违反法律、行政法规或者公司章程,或者决议内容违反公司章程的,股东自决议作出之日起六十日内,可以请求人民法院撤销。但是,股东会、董事会的会议召集程序或者表决方式仅有轻微瑕疵,对决议未产生实质影响的除外。

未被通知参加股东会会议的股东自知道或者应当知道股东会决议作出之日起六十日内,可以请求人民法院撤销;自决议作出之日起一年内没有行使撤销权的,撤销权消灭。

►【法条释义】

本条是有关股东会、董事会会议决议撤销的规定。本条吸纳了《最高人民法院关于适用〈中华人民共和国公司法〉若干问题的规定(四)》的内容,对 2018 年《公司法》第 22 条第 2 款、第 3 款的规定进行了补充和完善。2018 年《公司法》规定:股东会或者股东大会、董事会的会议召集程序、表决方式违反法律、行政法规或者公司章程,或者决议内容违反公司章程的,股东可以自决议作出之日起 60 日内,请求人民法院撤销。与 2018 年《公司法》相比,就有关股东提请撤销决议的除斥期间的规定而言,2023 年《公司法》区分了被通知参加股东会以及未被通知参加股东会的情况,对公司决议撤销之诉的除斥期间的起算点作了调整:被通知参加股东会的股东应在决议作出之日起 60 日内请求人民法院撤销;未被通知参加股东会的股东则应在知道或应当知道决议作出之日起 60 日内请求人民法院撤销,该撤销权行使的最长期间是 1 年,这一调整与原来规定相比更为合理。

公司治理在追求公平公正的基础上,亦需兼顾效率,在追求程序公正的同时应当维护公司决议的稳定性。2023 年《公司法》为防止上述撤销之诉给公司带来的不利影响,对于有关撤销权的行使作出限制:即对于股东会、董事会会议召集程序或者表决方式有轻微瑕疵,未对决议产生实质影响的公司决议不得主张撤销。

►【关联法条】

1.《中华人民共和国民法典》

第 85 条　营利法人的权力机构、执行机构作出决议的会议召集程序、表决方式违反法律、行政法规、法人章程,或者决议内容违反法人章程的,营利法人的出资人可以请求人民法院撤销该决议。但是,营利法人依据该决议与善意相对人形成的民事法律关系不受影响。

2.《最高人民法院关于适用〈中华人民共和国公司法〉若干问题的规定(四)》(2020 年修正)

第 2 条　依据民法典第八十五条、公司法第二十二条第二款请求撤销股东会或者股东大会、董事会决议的原告,应当在起诉时具有公司股东资格。

第 3 条　原告请求确认股东会或者股东大会、董事会决议不成立、无效或者撤销决议的案件,应当列公司为被告。对决议涉及的其他利害关系人,可以依法列为第三人。

一审法庭辩论终结前,其他有原告资格的人以相同的诉讼请求申请参加前款规定诉讼的,可以列为共同原告。

第 4 条　股东请求撤销股东会或者股东大会、董事会决议,符合民法典第八十五条、公司法第二十二条第二款规定的,人民法院应当予以支持,但会议召集程序或者表决方式仅有轻微瑕疵,且对决议未产生实质影响的,人民法院不予支持。

3.《最高人民法院关于适用〈中华人民共和国公司法〉若干问题的规定(五)》(2020年修正)

第4条　分配利润的股东会或者股东大会决议作出后,公司应当在决议载明的时间内完成利润分配。决议没有载明时间的,以公司章程规定的为准。决议、章程中均未规定时间或者时间超过一年的,公司应当自决议作出之日起一年内完成利润分配。

决议中载明的利润分配完成时间超过公司章程规定时间的,股东可以依据民法典第八十五条、公司法第二十二条第二款规定请求人民法院撤销决议中关于该时间的规定。

▶【典型案例】

1. 北京鼎驰融达投资管理有限公司诉致生联发信息技术股份有限公司公司决议纠纷案

[北京市朝阳区人民法院(2018)京0105民初第73522号]

本案涉及有关股东会决议的撤销问题。法院审理后认为:股东大会是股东参与公司经营管理的重要途径,是全体股东特别是中小股东能够参与公司治理最主要的途径,因此股东大会的召集程序、表决方式和决议内容必须严格遵循《公司法》和公司章程的规定。但是,如果股东会召集程序或表决方式仅存在轻微瑕疵,且对决议未产生实质影响,则不应当予以撤销。本案中,临时股东大会的召集程序和表决程序存在瑕疵,虽然已经通过适当方式予以补正,且未对决议内容产生实质性影响,但是由于该股东会决议内容违反了公司章程的规定,因而仍应当对决议予以撤销。

2. 马某诉北京某某科技有限公司公司决议撤销纠纷案

[北京市朝阳区人民法院(2018)京0105民初第15755号]

本案涉及有关股东会决议的撤销问题。法院审理后认为:本案中召集临时股东会的通知是在股东会召开之前5日送达,时间比较紧迫,在会议涉及多项议题且内容繁多、复杂的情况下,无法保障股东能够充分行使相应的权利。因此,该次股东会在召集程序方面存在瑕疵，同时该瑕疵不属于轻微瑕疵，其会对股东的权利行使造成实质性影响且无法进行补正，为保障股东的权利得以行使，应当对该股东会会议决议予以撤销。

第二十七条 【公司决议不成立】

有下列情形之一的，公司股东会、董事会的决议不成立：

（一）未召开股东会、董事会会议作出决议；

（二）股东会、董事会会议未对决议事项进行表决；

（三）出席会议的人数或者所持表决权数未达到本法或者公司章程规定的人数或者所持表决权数；

（四）同意决议事项的人数或者所持表决权数未达到本法或者公司章程规定的人数或者所持表决权数。

►【法条释义】

本条是有关股东会、董事会会议决议不成立的规定。本条吸纳了《最高人民法院关于适用〈中华人民共和国公司法〉若干问题的规定（四）》第5条的内容，只不过没有保留“导致决议不成立的其他情形”这一兜底条款的规定。本条列举了司法实践中常见的公司决议不成立的几种情形，第一项、第二项列举了未召开有关会议、未进行表决导致的理论上决议不存在的情况；第三项、第四项列举了出席有关会议的人数或表决权比例不符合法律、公司章程规定导致未形成有效决议的情况。该条款确立了公司决议不成立制度，将我国现行瑕疵决议制度完善为无效、撤销、不成立的“三分法”格局，使得公司决议不成立纠纷的处理有法可依，是公司决议纠纷处理制度的重大进步。

►【典型案例】

王某诉北京古德天下家具有限公司等公司决议纠纷案

［北京市第三中级人民法院（2022）京03民终第4571号］

本案涉及有关股东会决议不成立的问题。法院审理后认为：根据法律规定，有限责任公司的股东会作为股东行使股东权利、参与公司经营决策的重要形式，其作出的决议应当符合法律及公司章程关于议事程序、表决规则的规定，当公司决议欠缺成立要件时，则决议不成立。本案中，公司章程明确规定召开股东会应当提前15日通知全体股东,对于案涉股东会决议的内容,公司章程也规定需要召开股东会才能作出决议,相关证据表明公司股东会并没有实际召开,应当认定未召开股东会导致的股东会决议不成立。

第二十八条 【决议被宣告无效、撤销或者确认不成立的法律后果】

公司股东会、董事会决议被人民法院宣告无效、撤销或者确认不成立的,公司应当向公司登记机关申请撤销根据该决议已办理的登记。

股东会、董事会决议被人民法院宣告无效、撤销或者确认不成立的,公司根据该决议与善意相对人形成的民事法律关系不受影响。

►【法条释义】

本条是有关股东会、董事会决议被人民法院宣告无效、撤销或者确认不成立的法律后果的规定。本条是在2018年《公司法》第22条第3款规定的基础上,结合《民法典》第85条、《最高人民法院关于适用〈中华人民共和国公司法〉若干问题的规定(四)》第6条的规定,进行了补充和完善。本条规定一方面确认了股东会、董事会决议无效、撤销、不成立的,相关决议涉及已经完成的变更登记应当予以撤销;另一方面基于保护交易安全以及善意相对人的信赖利益的考虑,明确上述决议的无效、撤销、不成立对善意相对人不具有约束力。

►【典型案例】

陈某亮诉沈阳富雅厨房设备有限公司等股东资格确认纠纷案

[辽宁省沈阳市中级人民法院(2022)辽01民终第3856号]

本案涉及有关股东会决议不成立的法律后果问题。法院经审理后认为:本案中公司未召开股东会会议而形成股东会决议,同时决议上的股东签名并非股东本人所签,因而股东会决议中有关转让股份的决议不成立,但该决议不成立并不影响公司与善意相对人基于该不成立的股东会决议,而形成的有关股权转让的民事法律关系的效力。受让人对于该股东会决议并不知情,不具有故意受让股权的恶意,因而应当确认股东会决议不成立,但股份转让行为的效力不受该决议的影响。

第二章　公司登记

公司登记是指公司在设立、变更、终止时，由申请人依法向公司注册登记机关提出申请，主管机关审查无误后予以核准并记载法定登记事项的行为。公司登记具有创设公司的功能，通过设立登记将具备规定条件的公司在法律上对其身份加以确认，允许其开始营业；公司登记具有确立公司法人资格的功能，自公司登记之日起，公司拥有了股东投资形成的全部法人财产权，并以其独立的财产承担责任，从而确定了股东、公司和公司债权人之间的关系，保护了社会交易各方的安全；公司登记具有规范公司行为的功能，公司在设立、变更、终止时，必须按照相应的法律规定，办理设立、变更、终止登记；公司登记还承担着为国家宏观经济调控提供信息支持的功能，国家主管部门可以通过公司登记收集有关公司的信息数据，实现宏观经济调控。

公司登记制度的设计对优化营商环境具有非常重要的意义。良好的法治环境是优质营商环境的基础和根本。公司设立登记制度是法治环境的重要组成部分，而与社会经济要求相适应的公司设立登记制度是推动优质营商环境形成的主要法律规范基础之一。[①] 基于公司登记制度的重要性，2023 年《公司法》增设第二章公司登记专章，其有关公司登记的规定深入总结了党的十八大以来持续优化营商环境的改革成果，对 2018 年《公司法》以及《市场主体登记管理条例》等有关公司登记的内容进行吸收整合，系统规定公司的设立登记、变更登记、注销登记的有关事项和程序，优化了登记流程，提高了登记效率，这也标志着我国的商事主体登记制度从部门规章、行政法规上升到法律层面，体现出立法者对商事主体登记的高度重视，从顶层设计角度全面规范商事主体登记。

---

① 参见张景峰：《营商环境优化的公司设立登记模式重构探讨》，载《海峡法学》2020 年第 1 期。

第二十九条　【公司设立登记】

设立公司，应当依法向公司登记机关申请设立登记。

法律、行政法规规定设立公司必须报经批准的，应当在公司登记前依法办理批准手续。

▶【法条释义】

公司登记是指公司基于为设立、变更或终止商事主体资格，或者公示某种关系和事实的目的向登记机关提出申请，登记机关依法将上述事项记载于登记簿册并予以公示的法律制度。2022 年 3 月 1 日，《市场主体登记管理条例》的实施，标志着我国在统一市场主体登记领域迈出了关键一步，即我国商事主体登记制度立法模式转变为“商事主体单行法 + 统一的商事主体登记法规”模式。[①]

本条是有关公司设立登记的规定，就其内容而言并非新增，其中部分内容是在 2018 年《公司法》第 6 条规定的基础上进行修订的。设立登记是指商事主体的创设人为设立商事主体而向登记机关提出申请，并由登记机关办理登记的法律行为。[②] 就设立公司而言，我国实行的是准则主义与核准主义相结合的原则，法律、行政法规规定必须报经批准的公司的设立采用核准主义的做法，这类公司集中在银行、信托、保险、证券等金融行业，其他一般公司采用准则主义的做法，只要符合设立条件，即允许设立公司。公司设立登记是公司设立行为的最后阶段，旨在通过登记的形式巩固公司信誉并保障交易安全。

▶【知识拓展】

公司的核准设立

> **中国银保监会关于筹建辽沈银行股份有限公司的批复**
>
> 辽沈银行股份有限公司筹备组：
>
> 《关于筹建辽沈银行股份有限公司的请示》（辽沈银筹〔2021〕6 号）收悉。经审核，现批复如下：

---

① 参见刘凯湘：《我国商事主体登记制度改革的难题与路径——以登记效力的考察为中心》，载《中国法律评论》2022 年第 3 期。

② 参见《商法学》编写组：《商法学》，高等教育出版社 2019 年版，第 74 页。

续表

<table>
<tr><td>
一、同意在辽宁省沈阳市筹建辽沈银行，银行类别为城市商业银行，发起人股东资格由辽宁银保监局按照有关法律法规审批。
二、你筹备组应严格按照有关法律法规要求办理筹建事宜，自批复之日起 6 个月内完成筹建工作。
三、筹建期间接受辽宁银保监局的监督指导，不得从事金融业务活动。
四、筹建工作完成后，应按照有关规定和程序向辽宁银保监局提出开业申请。
中国银保监会
2021 年 5 月 21 日
</td></tr>
<tr><td>
中国银保监会关于筹建国民养老保险股份有限公司的批复
国民养老保险股份有限公司筹备组：
《关于筹建设立国民养老保险股份有限公司的请示》（国民筹发〔2021〕1 号）及相关补正材料收悉，经审核，现批复如下：
一、同意工银理财有限责任公司、农银理财有限责任公司、中银理财有限责任公司、建信理财有限责任公司、交银理财有限责任公司、中邮理财有限责任公司、信银理财有限责任公司、招银理财有限责任公司、兴银理财有限责任公司、民银金投资本管理（北京）有限公司、华夏理财有限责任公司、北京市基础设施投资有限公司、北京熙诚资本控股有限公司、国新资本有限公司、中信证券投资有限公司、泰康人寿保险有限责任公司、中金浦成投资有限公司 17 家公司共同发起筹建国民养老保险股份有限公司，注册资本 111.5 亿元人民币，注册地北京市。拟任董事长叶海生，拟任总经理黄涛。
二、筹备组应当自收到筹建批复之日起 1 年内完成筹建工作，筹建期间不得从事保险经营活动，未经批准不得变更投资人、拟任董事长和拟任总经理。
三、筹备组应当严格依照有关法律法规办理筹建事宜，并将筹建过程中的有关情况报告银保监会。
四、筹建工作完成后，筹备组应当及时上报开业申请，在银保监会依法验收合格并下达开业批复后，依法办理工商注册登记。
中国银保监会
2021 年 9 月 2 日
</td></tr>
</table>

第三十条　【设立登记材料提交】

申请设立公司,应当提交设立登记申请书、公司章程等文件,提交的相关材料应当真实、合法和有效。

申请材料不齐全或者不符合法定形式的,公司登记机关应当一次性告知需要补正的材料。

►【法条释义】

本条就公司设立登记提交材料的要求及有关补正告知作了规定,本条第 1 款对 2018 年《公司法》的相关条款进行了修订,2018 年《公司法》第 29 条规定:股东认足公司章程规定的出资后,由全体股东指定的代表或者共同委托的代理人向公司登记机关报送公司登记申请书、公司章程等文件,申请设立登记。本条第 1 款明确了公司设立登记必须提交设立登记申请书、公司章程等文件,同时明确了公司提交的材料应当真实、合法和有效,这一规定与《市场主体登记管理条例》第 17 条的要求一致。本条第 2 款要求对因申请材料不齐全或者不符合法定形式需要补正的,登记机关应一次性告知,这一规定与《市场主体登记管理条例》第 19 条的要求一致,体现了优化营商环境的要求,这样可以避免申请人浪费不必要的时间。

►【关联法条】

《中华人民共和国市场主体登记管理条例》

第 15 条　市场主体实行实名登记。申请人应当配合登记机关核验身份信息。

第 16 条　申请办理市场主体登记,应当提交下列材料:

(一)申请书;

(二)申请人资格文件、自然人身份证明;

(三)住所或者主要经营场所相关文件;

(四)公司、非公司企业法人、农民专业合作社(联合社)章程或者合伙企业合伙协议;

(五)法律、行政法规和国务院市场监督管理部门规定提交的其他材料。

国务院市场监督管理部门应当根据市场主体类型分别制定登记材料清单和文书格式样本,通过政府网站、登记机关服务窗口等向社会公开。

登记机关能够通过政务信息共享平台获取的市场主体登记相关信息,不得要求申请人重复提供。

第17条　申请人应当对提交材料的真实性、合法性和有效性负责。

第18条　申请人可以委托其他自然人或者中介机构代其办理市场主体登记。受委托的自然人或者中介机构代为办理登记事宜应当遵守有关规定，不得提供虚假信息和材料。

第19条　登记机关应当对申请材料进行形式审查。对申请材料齐全、符合法定形式的予以确认并当场登记。不能当场登记的，应当在3个工作日内予以登记；情形复杂的，经登记机关负责人批准，可以再延长3个工作日。

申请材料不齐全或者不符合法定形式的，登记机关应当一次性告知申请人需要补正的材料。

►【典型案例】

1.张某诉南京市工商行政管理局栖霞分局等工商登记纠纷案

［江苏省南京市中级人民法院(2019)苏01行终第719号］

2015年7月24日，宝之灵公司全体股东委托代理人朱某向南京市工商行政管理局栖霞分局申请设立登记，提交了名称预先核准通知书、公司设立登记申请书、法定代表人信息等材料，其中张某被申请登记为该公司法定代表人、股东、执行董事。在公司设立登记申请书、法定代表人信息、指定代表或者共同委托代理人授权委托书、公司章程股东签字页、股东会决议、租赁合同等材料上均有“张某”手写签名字样。2015年7月24日，工商局发出《公司准予设立登记通知书》，公司领取了相关的营业执照。后张某以设立登记材料中“张某”的笔迹并非其签名为由，要求撤销公司登记。在工商机关拒绝纠正的情况下，张某起诉至法院。

一审中，张某申请对宝之灵公司登记材料中涉及“张某”的签名进行笔迹鉴定，鉴定意见为公司设立登记档案材料中所有“张某”签名字迹与本人提供的字迹样本不是同一人书写。一审法院审理后认为：公民对其身份证件有妥善保管的义务，张某无证据证明宝之灵公司登记材料中其身份证系被人冒用，考虑到有关公司登记的相关规定允许他人代办登记，故其有关签名的笔迹鉴定的意见并不能证明设立宝之灵公司并非其本人的真实意思表示。综上，在案证据不足以证明宝之灵公司在设立登记中提交虚假材料且情节严重。因此原告张某的诉讼请求，无事实和法律依据，不予支持。张某不服一审判决，提起上诉。

二审法院审理后认为：在诉请撤销公司设立登记案件中，利害关系人若有充分证据证明确实存在冒用其身份信息办理公司登记的行为，且工商登记机关在诉讼中拒绝纠正的,人民法院应当综合考量违法行为对现实利益的侵害程度、受害人是否知情或追认、社会危害程度等因素,情节严重的,应当撤销该登记行为。综上,法院认为上诉人的上诉请求和理由具有事实和法律依据,法院应予支持。原审判决驳回张某的诉讼请求错误,依法应予以撤销。最后二审法院作出了撤销上述设立登记中关于张某为公司股东和法定代表人的登记的判决。二审行政诉讼判决仅仅对工商登记机关设立登记中存在错误的部分作出裁判,并未作出撤销公司设立登记行为的判决。

2. 袁某琪等诉成都市郫都区行政审批局其他行政管理纠纷案

[四川省成都市中级人民法院(2021)川01行终第139号]

原告袁某琪诉称,2018年9月,原告发现其被新青创公司登记为该公司的股东和经理。经查,新青创公司登记时提交的《股东决议》《公司章程》中袁某琪的签字经成都联合司法鉴定中心鉴定均不是其本人签字。袁某琪未入股过新青创公司也未授权过任何人登记注册公司,原告在向被告郫都区行政审批局说明情况后,被告拒不撤销登记。原告认为,被告拒绝撤销的行为给其生活及生产经营带来巨大的影响,侵犯了其合法权益。故起诉至法院请求撤销被告于2016年2月26日作出的将原告登记为新青创公司的股东、经理的决定。

法院审理后认为:虽然设立登记的申请人新青创公司向被告提交的公司章程、股东会决议上"袁某琪"签名经鉴定不是出自其本人笔迹。但结合原告与设立新青创公司的三名股东之间系校友关系,且原告并未提供充分证据证明其身份证明被谁冒用、如何被冒用等事实,不能排除公司登记有关事项非其真实意思表示。故原告以公司登记设立时的申请材料中的签名并非本人所签为由诉请撤销登记其为公司股东的要求不能成立,法院不予支持。

第三十一条　【公司登记】

申请设立公司,符合本法规定的设立条件的,由公司登记机关分别登记为有限责任公司或者股份有限公司;不符合本法规定的设立条件的,不得登记为有限责任公司或者股份有限公司。

►【法条释义】

本条是有关公司登记的要求,基本沿用了2018年《公司法》第6条第1款的规定。该条规定实际上是对登记机关的要求，根据上述规定，可以看出我国对一般公司设立采取的是准则主义原则，公司登记机关只是对申请人提交的有关申请材料和证明文件是否齐全进行形式审查，以及是否符合有关登记管理法律法规的规定，凡符合法定条件的，不必经国家主管机关批准，一经登记即可设立公司并取得法人资格。在形式审查下，登记机关仅审查申请材料的完整性、相互之间的一致性和是否符合法定形式，以决定是否准予登记，不需要考虑其他信息。采取形式审查标准，登记行为的效率高、结果可预期性强。①

►【关联法条】

《中华人民共和国市场主体登记管理条例》

第20条 登记申请不符合法律、行政法规规定，或者可能危害国家安全、社会公共利益的，登记机关不予登记并说明理由。

►【典型案例】

上海艾久投资管理股份有限公司（以下简称艾久投资公司）诉上海市静安区市场监督管理局（以下简称静安区市场监管局）公司设立登记纠纷案

［上海市第三中级人民法院(2018)沪03行终第495号］

2015年11月12日，案外人邹某向静安区市场监管局提交了《公司登记（备案）登记申请书》等公司设立登记文件，申请设立艾久信息公司，登记的股东为艾久投资公司。静安区市场监管局经审查，认定艾久信息公司的申请登记材料齐备，申请材料齐全，符合法定形式，决定准予设立/开业登记。2017年10月，艾久投资公司以“上海艾久信息技术有限公司冒用上海艾久投资管理有限公司公章”为由，向静安区市场监管局提出撤销艾久信息公司设立登记的要求，在其所求未果后，艾久投资公司向法院起诉。经鉴定，艾久信息公司登记时提供的印章与艾久投资公司提供的样本印章不一致。

法院审理后查明：艾久投资公司于2016年向上海股交中心申报挂牌时，提交了艾久信息公司的设立登记材料，并在之后的信息披露中公布了艾久信息公司的历史沿革，承认其为艾久投资公司的控股子公司，故可认定艾久投资公司事先知

---

① 刘凯湘：《我国商事主体登记制度改革的难题与路径——以登记效力的考察为中心》，载《中国法律评论》2022年第3期。

晓或者事后追认了艾久信息公司的设立行为,且认可自身的股东身份,艾久信息公司的设立系其真实意愿。关于艾久投资公司提出的其公章被伪造的主张,法院认为,因艾久投资公司曾存在多枚公章的情况,故其提出的印章印文差异尚不足以证明其公章被伪造。据此,一审法院作出了驳回原告起诉的判决。原告不服,提起上诉。

二审法院对一审法院查明的事实予以认定,指出原审案件的争议焦点为,静安区市场监管局收到的设立登记申请材料是否符合法定要求,登记机关是否尽到审慎审查义务。登记机关要对照相关法律法规,审慎审查公司设立登记申请材料是否齐全,是否符合法定形式等。登记机关的审慎审查义务应理解为,基于一般人的理性、经验、常识,即可以对申请材料是否齐全,形式是否合法,内容是否真实,作出正确判断的义务。只要登记机关对于申请材料真实性已在理性、经验、常识范围内尽到了注意义务,就可以认定其已经尽到了审慎审查义务。据此,原审判决驳回艾久投资公司的诉讼请求正确,应予维持。

第三十二条 【公司登记事项】

公司登记事项包括:

(一)名称;

(二)住所;

(三)注册资本;

(四)经营范围;

(五)法定代表人的姓名;

(六)有限责任公司股东、股份有限公司发起人的姓名或者名称。

公司登记机关应当将前款规定的公司登记事项通过国家企业信用信息公示系统向社会公示。

►【法条释义】

本条是有关公司登记事项的规定,与2018年《公司法》相比,本条属新增内容,但本条内容在《市场主体登记管理条例》第8条的规定中也均有体现。值得注意的是,本条规定了6项公司法定的登记事项,前5项对于有限责任公司与股份有限公司都是相同的,就第6项内容而言,有限责任公司的全体股东均属于公司登记的法定事项,就股份有限公司而言,除发起人外的其他股东,不属于登记的法定事项。

▶【关联法条】

《中华人民共和国市场主体登记管理条例》

第8条　市场主体的一般登记事项包括：

（一）名称；

（二）主体类型；

（三）经营范围；

（四）住所或者主要经营场所；

（五）注册资本或者出资额；

（六）法定代表人、执行事务合伙人或者负责人姓名。

除前款规定外，还应当根据市场主体类型登记下列事项：

（一）有限责任公司股东、股份有限公司发起人、非公司企业法人出资人的姓名或者名称；

（二）个人独资企业的投资人姓名及居所；

（三）合伙企业的合伙人名称或者姓名、住所、承担责任方式；

（四）个体工商户的经营者姓名、住所、经营场所；

（五）法律、行政法规规定的其他事项。

▶【典型案例】

易某萍诉萍乡市富新节能服务有限公司（以下简称富新节能公司）等案外人执行异议纠纷案

［最高人民法院（2018）最高民申第3511号裁定］

2014年9月30日，太红洲公司与富新节能公司签订股金转让协议书，将其在萍乡农商行的股金500万股转让给富新节能公司，但该股权转让并未办理登记手续。2015年6月11日，当地法院就太红洲公司与易某萍借款合同纠纷作出判决，要求太红洲公司支付易某萍借款本金369万元及相应利息，易某萍提出了执行上述股权的要求。在该案的执行过程中，富新节能公司等对执行标的提出异议，一审法院于2016年7月25日作出裁定驳回了该异议，富新节能公司等不服，于2016年8月15日提起执行异议之诉。一审法院审理后认为：即使原告为萍乡农商行的实际出资人、股东，在其未进行股东变更之前，萍乡农商行的股权仍为登记股东太红洲公司的责任财产，当太红洲公司因其未能清偿到期债务而成为被执行人时，其债权人依据工商登记中记载的股权归属，有权向人民法院申请对该股权进行强制执行,因此,一审法院判决驳回原告的诉讼请求。原告不服,提起上诉。

二审法院认为:对本案所涉执行标的,上诉人具有民事实体权益,太红洲公司没有民事实体权益。本案所涉执行标的并不是太红洲公司的财产,且工商登记的内容没有对抗上诉人实体权益的效力。因此,二审判决撤销一审法院判决,不得执行本案所涉执行标的。易某萍于是向最高人民法院申请再审。

再审法院审理后认为:本案再审审查的重点有两点:一是富新节能公司对执行标的是否享有实体权益,本案二审判决认定富新节能公司是萍乡农商行的股东,其享有500万股份的实体权益并无不当。二是其享有的实体权益能否足以排除易某萍基于对太红洲公司的债权而申请执行相关股份的权利。本案中太红洲公司仅是基于登记外观享有股东身份,虽有股东之名却无股东之实,太红洲公司对案涉股权并无支配权利,实体股东权利为富新节能公司等所享有。易某萍申请执行的是实体权利已经虚化的股东权,不能对抗已经查明的富新节能公司对执行标的所享有的实体权益。易某萍仅依据对滞后的公司股东登记信赖申请执行案涉股权,不能对抗富新节能公司等的实体权利。最后,最高人民法院认定易某萍的再审请求不符合规定,裁定驳回易某萍的再审请求。

第三十三条 【营业执照】

依法设立的公司,由公司登记机关发给公司营业执照。公司营业执照签发日期为公司成立日期。

公司营业执照应当载明公司的名称、住所、注册资本、经营范围、法定代表人姓名等事项。

公司登记机关可以发给电子营业执照。电子营业执照与纸质营业执照具有同等法律效力。

►【法条释义】

本条是有关公司营业执照的规定。营业执照是市场监督管理部门颁发给企业等营利法人,准许其从事某项生产经营活动的凭证。本条第1款、第2款规定沿用了2018年《公司法》第7条第1款、第2款的规定。第1款规定了公司营业执照签发日期为公司成立日期,公司等营利法人经登记主管机关核准登记注册,领取营业执照后,即取得相应的主体资格,公司营业执照签发日期就是公司的成立日期。营业执照的签发意味着公司既取得法人资格,又取得经营资格,公司可以持营业执照开立银行账户、签订合同,进行有关的经营活动等。第2款规定了公司营业执照应当载明的内容，包括公司的名称、住所、注册资本、经营范围、法定代表人姓名等。就经营范围而言，公司经营活动应在登记载明的经营范围内进行，但这并不意味着超出登记经营范围的行为当然无效。第 3 款有关电子营业执照的规定为新增的规定，该内容在《市场主体登记管理条例》第 22 条的规定中有体现，体现了《公司法》等相关法律法规适应信息化时代与无纸化趋势的要求，既给公司等市场主体提供了便利，又提高了自身的工作效率。

►【关联法条】

1.《中华人民共和国民法典》

第 505 条　当事人超越经营范围订立的合同的效力，应当依照本法第一编第六章第三节和本编的有关规定确定，不得仅以超越经营范围确认合同无效。

2.《中华人民共和国市场主体登记管理条例》

第 21 条　申请人申请市场主体设立登记，登记机关依法予以登记的，签发营业执照。营业执照签发日期为市场主体的成立日期。

法律、行政法规或者国务院决定规定设立市场主体须经批准的，应当在批准文件有效期内向登记机关申请登记。

第 22 条　营业执照分为正本和副本，具有同等法律效力。

电子营业执照与纸质营业执照具有同等法律效力。

营业执照样式、电子营业执照标准由国务院市场监督管理部门统一制定。

第 35 条　市场主体应当按照国家有关规定公示年度报告和登记相关信息。

第 36 条　市场主体应当将营业执照置于住所或者主要经营场所的醒目位置。从事电子商务经营的市场主体应当在其首页显著位置持续公示营业执照信息或者相关链接标识。

第 37 条　任何单位和个人不得伪造、涂改、出租、出借、转让营业执照。

营业执照遗失或者毁坏的，市场主体应当通过国家企业信用信息公示系统声明作废，申请补领。

登记机关依法作出变更登记、注销登记和撤销登记决定的，市场主体应当缴回营业执照。拒不缴回或者无法缴回营业执照的，由登记机关通过国家企业信用信息公示系统公告营业执照作废。

第三十四条　【变更登记】

公司登记事项发生变更的，应当依法办理变更登记。

公司登记事项未经登记或者未经变更登记，不得对抗善意相对人。

▶【法条释义】

本条是有关公司变更登记的规定。有关变更登记,2018 年《公司法》第 32 条第 3 款规定:公司应当将股东的姓名或者名称向公司登记机关登记;登记事项发生变更的,应当办理变更登记。未经登记或者变更登记的,不得对抗第三人。2018 年《公司法》提及的变更登记仅涉及对股东姓名或名称的变更登记,而 2023 年《公司法》上述有关变更登记的事项包括该法第 32 条规定的所有的法定公司登记事项的变更,其适用范围更为广泛。该条规定符合《民法典》第 64 条有关"法人存续期间登记事项发生变化的,应当依法向登记机关申请变更登记"的规定。公司存续期间,有关登记事项的变更会对交易安全产生重大影响,所以要求必须进行变更登记。

本条第 2 款规定:公司登记事项未经登记或者未经变更登记,不得对抗善意相对人。而 2018 年《公司法》规定:未经登记或者变更登记的,不得对抗第三人。2023 年《公司法》将"对抗第三人"改成了"对抗善意第三人",该规定与《民法典》第 65 条有关"法人的实际情况与登记的事项不一致的,不得对抗善意第三人"的规定相一致,有关"善意第三人"的规定显然比"第三人"的规定更为合理和严谨。上述规定体现了公司登记具有对外公示效力,且产生了公信力,不知情的第三人基于对公司已经登记的事项的信任而作出的行为,应当推定其具有相应的法律效力。如此规定,系基于"商事外观"原则的考虑,既体现了公权力的可信任性,又体现了交易安全的需要。而实践中有关第三人"善意"的判断,一般情况下,第三人基于一般人的理性、经验、常识,在实际查阅了登记簿的内容后进行交易的,其交易行为与登记内容相符合,即可以推定该第三人属"善意"。

▶【典型案例】

上海触控科技发展有限公司诉金华多胜网络科技有限公司计算机软件开发合同纠纷案

[最高人民法院(2020)最高法知民辖终第 291 号裁定]

上海触控科技发展有限公司因与被上诉人金华多胜网络科技有限公司计算机软件开发合同纠纷一案,不服上海知识产权法院于 2020 年 5 月 21 日作出的民事裁定,向最高人民法院知识产权法庭提起上诉。要求依法撤销原审裁定,将该案移送北京知识产权法院审理。理由是其虽然公司登记地在上海,但其主要办事机构在北京,所以该案应由北京知识产权法院管辖。

最高人民法院审理后认为:公司设立时在登记机关所作的登记具有对外公示效力,并产生公信力,善意的第三人基于对登记机关就法人登记事项所作的公示而产生的信赖利益应受保护。一旦公司原先登记的事项在存续期间发生变化,其应当依法履行有关变更登记的手续,否则不得以此对抗善意不知情的第三人。根据法律规定,公司登记的住所是确定民事诉讼地域管辖地的依据。合同一方当事人基于对登记部门公示的登记信息的信赖而认定该公司住所所在地,进而在与该公司发生合同纠纷时以此确定管辖法院寻求司法救济之行为不仅为具体法律规定所允许,也是民事活动应当遵循诚信原则的体现。据此,法院裁定:上海触控科技发展有限公司的上诉请求及理由不能成立,应予驳回。原审裁定认定事实清楚,适用法律正确,应予维持。

第三十五条 【变更登记申请材料】

公司申请变更登记,应当向公司登记机关提交公司法定代表人签署的变更登记申请书、依法作出的变更决议或者决定等文件。

公司变更登记事项涉及修改公司章程的,应当提交修改后的公司章程。

公司变更法定代表人的,变更登记申请书由变更后的法定代表人签署。

▶【法条释义】

本条是有关公司变更登记申请提交材料的规定,本条属于 2023 年《公司法》新增条款,但其内容在《市场主体登记管理条例》《市场主体登记管理条例实施细则》等相关法律中已有规定。本条第 3 款“公司变更法定代表人的,变更登记申请书由变更后的法定代表人签署”在《市场主体登记管理条例实施细则》第 33 条中有体现,该规定主要是为了解决实践中存在的在公司法定代表人变更后,原法定代表人不积极配合办理变更登记导致的控制权僵局问题。除上述法律法规有涉及有关公司变更登记的规定外,《最高人民法院关于适用〈中华人民共和国公司法〉若干问题的规定(三)》第 27 条对股权转让后尚未向公司登记机关办理变更登记,原股东以股权转让、质押或者以其他方式处分该股权的法律后果进行了规定,首先对该无权处分股权行为的效力按照《民法典》第 311 条有关善意取得的规定处理。如果第三人因依善意取得制度获得该股权时,受让股东有权请求原股东承担赔偿责任,同时对未及时办理变更登记有过错的董事、高级管理人员或者实际控制人也要承担相应责任;受让股东对于未及时办理变更登记也有过错的,受让方应根据其过失程度承担相应后果,可以适当减轻上述董事、高级管理人员或者实际控制人的责任。

► 【关联法条】

1.《中华人民共和国民法典》

第311条　无处分权人将不动产或者动产转让给受让人的,所有权人有权追回;除法律另有规定外,符合下列情形的,受让人取得该不动产或者动产的所有权:

(一)受让人受让该不动产或者动产时是善意;

(二)以合理的价格转让;

(三)转让的不动产或者动产依照法律规定应当登记的已经登记,不需要登记的已经交付给受让人。

受让人依据前款规定取得不动产或者动产的所有权的,原所有权人有权向无处分权人请求损害赔偿。

当事人善意取得其他物权的,参照适用前两款规定。

2.《中华人民共和国市场主体登记管理条例实施细则》

第32条　申请办理变更登记,应当提交申请书,并根据市场主体类型及具体变更事项分别提交下列材料:

(一)公司变更事项涉及章程修改的,应当提交修改后的章程或者章程修正案;需要对修改章程作出决议决定的,还应当提交相关决议决定;

(二)合伙企业应当提交全体合伙人或者合伙协议约定的人员签署的变更决定书;变更事项涉及修改合伙协议的,应当提交由全体合伙人签署或者合伙协议约定的人员签署修改或者补充的合伙协议;

(三)农民专业合作社(联合社)应当提交成员大会或者成员代表大会作出的变更决议;变更事项涉及章程修改的应当提交修改后的章程或者章程修正案。

第33条　市场主体更换法定代表人、执行事务合伙人(含委派代表)、负责人的变更登记申请由新任法定代表人、执行事务合伙人(含委派代表)、负责人签署。

第34条　市场主体变更名称,可以自主申报名称并在保留期届满前申请变更登记,也可以直接申请变更登记。

▶【典型案例】

海口泰丰国兴水产有限公司与林某某等工商变更登记行政纠纷案

[最高人民法院(2016)最高法行申第262号裁定]

再审申请人海口泰丰国兴水产有限公司与被申请人林某某等及一审被告文昌市工商行政管理局等工商变更登记纠纷一案,不服海南省高级人民法院(2015)琼行终字第158号行政判决,向最高人民法院申请再审。海口泰丰国兴水产有限公司认为其变更登记手续合法,法院不应作出撤销登记的判决。林某某等认为文昌市工商行政管理局没有尽到审慎审查义务,文昌市工商行政管理局对权利人股权比例减少、股东会决议以及委托书等事项没有履行基本的审查义务,且明知案涉股东权益民事诉讼尚未结案,却直接办理工商变更登记的行为违法。文昌市工商行政管理局作出变更登记依据的《股东大会纪要》及相关证据材料是虚假的,法院作出撤销登记的判决于法有据,因此请求依法驳回海口泰丰国兴水产有限公司的再审申请。

最高人民法院审理后认为:公司申请股权变更登记未提交该公司法定代表人签署的变更登记申请书,也未提交依照《公司法》作出的有关变更决议或者决定等文件,但登记机关却予以登记的,可以据此认定公司登记机关未尽到审慎审查职责。无论股东转让公司股权是否通知其他股东行使优先购买权以及股权转让是否符合法律规定,均不能免除登记机关在履行公司变更登记行为中应当尽到的审慎审查职责。原审法院判决于法有据,因此裁定驳回海口泰丰国兴水产有限公司的再审申请。

第三十六条 【换发营业执照】

公司营业执照记载的事项发生变更的,公司办理变更登记后,由公司登记机关换发营业执照。

▶【法条释义】

本条是有关公司换发营业执照的规定。本条规定基本上沿用了2018年《公司法》第7条第3款的规定。2023年《公司法》将原来的一款单立成一条,体现了变更登记后换发营业执照的必要性。应当注意的是,只有在公司营业执照记载的事项发生变更的情况下,即有关公司名称、住所、注册资本、经营范围、法定代表人姓名等事项变更的情况下,在依法办理变更登记后,才由公司登记机关换发营业执照。

▶【关联法条】

《中华人民共和国市场主体登记管理条例》

第28条　市场主体变更登记涉及营业执照记载事项的,登记机关应当及时为市场主体换发营业执照。

▶【知识拓展】

公司变更登记公告

××科技股份有限公司关于
完成工商变更登记并取得新营业执照的公告

××科技股份有限公司(以下简称公司)及董事会全体成员保证公告内容的真实、准确和完整,没有虚假记载、误导性陈述或重大遗漏。

一、本次变更的基本情况

经中国证券监督管理委员会(以下简称中国证监会)《关于同意北京××科技股份有限公司向特定对象发行股票注册的批复》(证监许可〔2021〕××号)注册同意,公司向11名特定投资者发行股票××股,根据××华会计师事务所(特殊普通合伙)出具的××验字[2020]××号验资报告,本次发行后,公司的注册资本由××元变更为××元。

公司于2021年10月14日召开第四届董事会第二十八次会议,审议通过了《关于2020年限制性股票激励计划首次授予部分第一个归属期归属条件成就的议案》,根据公司《2020年限制性股票激励计划(草案)》的规定和公司2020年第二次临时股东大会的授权,董事会同意向符合条件的31名激励对象办理××万股第二类限制性股票归属事宜。截至2022年2月18日止,经××会计师事务所(特殊普通合伙)审验,公司共计收到31名激励对象缴纳增资款人民币××元(大写:人民币××元整),其中计入"股本"人民币××元(大写:××元整),计入"资本公积—股本溢价"人民币××元(大写:××元整)。公司股本由××股变更为××股。本次股份登记后,公司的注册资本由××元变更为××元。

续表

二、本次变更的审批程序 公司于2022年5月31日召开第五届董事会第八次会议、第五届监事会第八次会议，并于2022年7月6日召开2022年第四次临时股东大会，审议通过了《关于变更注册资本及修订公司章程的议案》。根据相关法律、法规及规范性文件的规定，公司拟变更公司注册资本、修订《公司章程》并办理相关工商变更登记事项。 三、新取得营业执照的基本信息 公司于近日完成了工商变更登记手续，并取得了××市××区市场监督管理局换发的营业执照。新营业执照基本信息如下： 企业名称：××科技股份有限公司 统一社会信用代码：×××××××× 法定代表人：×× 类型：股份有限公司（上市、自然人投资或控股） 成立日期：20××年×月×日 营业期限：20××年×月×日至长期 注册资本：××万元 住所：××市××区××路××院××楼一层××室 经营范围：技术开发、技术推广、技术服务、技术咨询；计算机系统服务；数据处理；基础软件服务；应用软件服务；销售计算机、软件及辅助设备、电子产品；出租商业用房；机械设备、电子产品租赁；技术进出口、货物进出口、代理进出口；经营电信业务。（市场主体依法自主选择经营项目，开展经营活动；经营电信业务以及依法须经批准的项目，经相关部门批准后依批准的内容开展经营活动；不得从事国家和本市产业政策禁止和限制类项目的经营活动） 四、备查文件 ××科技股份有限公司营业执照（正本） 特此公告。 ××科技股份有限公司 董事会 2022年7月27日

第三十七条 【注销登记】

公司因解散、被宣告破产或者其他法定事由需要终止的,应当依法向公司登记机关申请注销登记,由公司登记机关公告公司终止。

▶【法条释义】

本条是有关公司注销登记的规定,本条规定了公司注销登记的事由。根据2023年《公司法》第239条的规定,公司清算结束后,应当由清算组申请注销公司登记。另根据《最高人民法院关于适用〈中华人民共和国公司法〉若干问题的规定(二)》的规定,公司未经清算即办理注销登记,导致公司无法进行清算,债权人可以主张有限责任公司的股东、股份有限公司的董事和控股股东,以及公司的实际控制人对公司债务承担清偿责任。公司未经依法清算即办理注销登记,股东或者第三人在公司登记机关办理注销登记时承诺对公司债务承担责任,债权人可以主张其对公司债务承担相应民事责任。

《市场主体登记管理条例》第32条第2款规定:清算组应当自清算结束之日起30日内向登记机关申请注销登记。另外,2023年《公司法》第240条以及《市场主体登记管理条例》第33条还规定了公司在符合一定条件的情况下,可以采取简易注销登记程序,以提高工作效率、便利投资者,简易注销制度为公司退出市场提供了快速通道,是实践中行之有效的做法。

▶【关联法条】

1.《中华人民共和国民法典》

第72条 清算期间法人存续,但是不得从事与清算无关的活动。

法人清算后的剩余财产,按照法人章程的规定或者法人权力机构的决议处理。法律另有规定的,依照其规定。

清算结束并完成法人注销登记时,法人终止;依法不需要办理法人登记的,清算结束时,法人终止。

第73条 法人被宣告破产的,依法进行破产清算并完成法人注销登记时,法人终止。

2.《中华人民共和国公司法》(2023年修订)

第239条 公司清算结束后,清算组应当制作清算报告,报股东会或者人民法院确认,并报送公司登记机关,申请注销公司登记。

第240条 公司在存续期间未产生债务,或者已清偿全部债务的,经全体股东承诺,可以按照规定通过简易程序注销公司登记。

通过简易程序注销公司登记，应当通过国家企业信用信息公示系统予以公告，公告期限不少于二十日。公告期限届满后，未有异议的，公司可以在二十日内向公司登记机关申请注销公司登记。

公司通过简易程序注销公司登记，股东对本条第一款规定的内容承诺不实的，应当对注销登记前的债务承担连带责任。

3.《最高人民法院关于适用〈中华人民共和国公司法〉若干问题的规定（二）》（2020年修正）

第19条　有限责任公司的股东、股份有限公司的董事和控股股东，以及公司的实际控制人在公司解散后，恶意处置公司财产给债权人造成损失，或者未经依法清算，以虚假的清算报告骗取公司登记机关办理法人注销登记，债权人主张其对公司债务承担相应赔偿责任的，人民法院应依法予以支持。

第20条　公司解散应当在依法清算完毕后，申请办理注销登记。公司未经清算即办理注销登记，导致公司无法进行清算，债权人主张有限责任公司的股东、股份有限公司的董事和控股股东，以及公司的实际控制人对公司债务承担清偿责任的，人民法院应依法予以支持。

公司未经依法清算即办理注销登记，股东或者第三人在公司登记机关办理注销登记时承诺对公司债务承担责任，债权人主张其对公司债务承担相应民事责任的，人民法院应依法予以支持。

4.《中华人民共和国市场主体登记管理条例》

第31条　市场主体因解散、被宣告破产或者其他法定事由需要终止的，应当依法向登记机关申请注销登记。经登记机关注销登记，市场主体终止。

市场主体注销依法须经批准的，应当经批准后向登记机关申请注销登记。

第32条　市场主体注销登记前依法应当清算的，清算组应当自成立之日起10日内将清算组成员、清算组负责人名单通过国家企业信用信息公示系统公告。清算组可以通过国家企业信用信息公示系统发布债权人公告。

清算组应当自清算结束之日起30日内向登记机关申请注销登记。市场主体申请注销登记前，应当依法办理分支机构注销登记。

第33条　市场主体未发生债权债务或者已将债权债务清偿完结，未发生或者已结清清偿费用、职工工资、社会保险费用、法定补偿金、应缴纳税款（滞纳金、罚款），并由全体投资人书面承诺对上述情况的真实性承担法律责任的，可以按照简易程序办理注销登记。

市场主体应当将承诺书及注销登记申请通过国家企业信用信息公示系统公示，公示期为20日。在公示期内无相关部门、债权人及其他利害关系人提出异议的,市场主体可以于公示期届满之日起20日内向登记机关申请注销登记。

个体工商户按照简易程序办理注销登记的,无需公示,由登记机关将个体工商户的注销登记申请推送至税务等有关部门,有关部门在10日内没有提出异议的,可以直接办理注销登记。

市场主体注销依法须经批准的,或者市场主体被吊销营业执照、责令关闭、撤销,或者被列入经营异常名录的,不适用简易注销程序。

第34条　人民法院裁定强制清算或者裁定宣告破产的,有关清算组、破产管理人可以持人民法院终结强制清算程序的裁定或者终结破产程序的裁定,直接向登记机关申请办理注销登记。

5.《中华人民共和国市场主体登记管理条例实施细则》

第44条　市场主体因解散、被宣告破产或者其他法定事由需要终止的,应当依法向登记机关申请注销登记。依法需要清算的,应当自清算结束之日起30日内申请注销登记。依法不需要清算的,应当自决定作出之日起30日内申请注销登记。市场主体申请注销后,不得从事与注销无关的生产经营活动。自登记机关予以注销登记之日起,市场主体终止。

第45条　市场主体注销登记前依法应当清算的,清算组应当自成立之日起10日内将清算组成员、清算组负责人名单通过国家企业信用信息公示系统公告。清算组可以通过国家企业信用信息公示系统发布债权人公告。

第46条　申请办理注销登记,应当提交下列材料:

(一)申请书;

(二)依法作出解散、注销的决议或者决定,或者被行政机关吊销营业执照、责令关闭、撤销的文件;

(三)清算报告、负责清理债权债务的文件或者清理债务完结的证明;

(四)税务部门出具的清税证明。

除前款规定外,人民法院指定清算人、破产管理人进行清算的,应当提交人民法院指定证明;合伙企业分支机构申请注销登记,还应当提交全体合伙人签署的注销分支机构决定书。

个体工商户申请注销登记的,无需提交第二项、第三项材料;因合并、分立而申请市场主体注销登记的,无需提交第三项材料。

第47条　申请办理简易注销登记,应当提交申请书和全体投资人承诺书。

第48条　有下列情形之一的,市场主体不得申请办理简易注销登记:

(一)在经营异常名录或者市场监督管理严重违法失信名单中的;

(二)存在股权(财产份额)被冻结、出质或者动产抵押,或者对其他市场主体存在投资的；

（三）正在被立案调查或者采取行政强制措施，正在诉讼或者仲裁程序中的；

（四）被吊销营业执照、责令关闭、撤销的；

（五）受到罚款等行政处罚尚未执行完毕的；

（六）不符合《条例》第三十三条规定的其他情形。

第49条　申请办理简易注销登记，市场主体应当将承诺书及注销登记申请通过国家企业信用信息公示系统公示，公示期为20日。

在公示期内无相关部门、债权人及其他利害关系人提出异议的，市场主体可以于公示期届满之日起20日内向登记机关申请注销登记。

▶**【典型案例】**

黄某月与成都小瑜科技有限公司（以下简称小瑜公司）等计算机软件开发合同纠纷案

［最高人民法院（2021）最高法知民终第2123号］

上诉人黄某月因与被上诉人小瑜公司、原审被告黄某、黄某1、罗某、李某军、吴某国计算机软件开发合同纠纷一案，不服四川省成都市中级人民法院于2020年12月14日作出的（2019）川01知民初474号民事判决，向最高人民法院知识产权法庭提起上诉。经查国康公司成立于2009年11月13日，黄某月为公司股东及法定代表人，2019年1月18日，公司申请注销，盖有国康公司印章以及有法定代表人黄某月签名的《公司注销登记申请书》中载明，公司注销原因为"股东决定、股东会决议解散"，适用简易注销情形为"债权债务已清算完毕"。2017年，小瑜公司与国康公司签订涉案软件开发合同，国康公司一直未清偿合同款项，因国康公司被注销，小瑜公司起诉黄某月等股东要求偿还合同款项并承担违约责任。一审法院根据《最高人民法院关于适用〈中华人民共和国公司法〉若干问题的规定（二）》的规定，判令黄某月等股东向小瑜公司清偿国康公司应当向小瑜公司支付的涉案合同款项并承担相应的违约责任。黄某月不服，提起上诉。

二审期间，黄某月主张其不是国康公司的实际控制人，国康公司注销过程中的"黄某月"签名是假冒名的，其对国康公司债务不应承担清偿责任，并对签名的真实性申请鉴定。法院审理后认为：对于公司债权人而言，公司注销事宜是否由他人具体经办、法定代表人签名是否真实属于公司注销中的内部责任问题，不影响公司股东对未经依法清算注销公司而应对外承担的责任。因此，本案也不存在对法定代表人签名真实性进行司法鉴定的必要性。并且,黄某月无正当理由拒不到庭参加原审诉讼,未作答辩亦未提交质证意见,已放弃原审诉讼权利,其在二审中提出鉴定申请不具有正当性。综上,法院对黄某月上述主张和鉴定申请均不予支持。

第三十八条 【分公司的登记】

公司设立分公司,应当向公司登记机关申请登记,领取营业执照。

►【法条释义】

本条是有关分公司登记的规定。本条是在2018年《公司法》规定的基础上修改而来的。2018年《公司法》第14条第1款规定:公司可以设立分公司。设立分公司,应当向公司登记机关申请登记,领取营业执照。分公司不具有法人资格,其民事责任由公司承担。2018年《公司法》中有关"分公司不具有法人资格,其民事责任由公司承担"的内容则体现在2023年《公司法》第13条第2款的规定中。

►【关联法条】

1.《中华人民共和国市场主体登记管理条例》

第23条 市场主体设立分支机构,应当向分支机构所在地的登记机关申请登记。

2.《中华人民共和国市场主体登记管理条例实施细则》

第21条 公司或者农民专业合作社(联合社)合并、分立的,可以通过国家企业信用信息公示系统公告,公告期45日,应当于公告期届满后申请办理登记。

非公司企业法人合并、分立的,应当经出资人(主管部门)批准,自批准之日起30日内申请办理登记。

市场主体设立分支机构的,应当自决定作出之日起30日内向分支机构所在地登记机关申请办理登记。

第30条 申请办理分支机构设立登记,还应当提交负责人的任职文件和自然人身份证明。

第三十九条 【虚假登记的撤销】

虚报注册资本、提交虚假材料或者采取其他欺诈手段隐瞒重要事实取得公司登记的,公司登记机关应当依照法律、行政法规的规定予以撤销。

►【法条释义】

本条是有关撤销登记的规定。本条是在2018年《公司法》第198条规定的基础上修改而来的。该条是我国关于瑕疵设立公司的唯一规定，该规定创设了瑕疵设立公司行政撤销制度。①

2018年《公司法》第198条规定：违反本法规定，虚报注册资本、提交虚假材料或者采取其他欺诈手段隐瞒重要事实取得公司登记的，由公司登记机关责令改正，对虚报注册资本的公司，处以虚报注册资本金额5%以上15%以下的罚款；对提交虚假材料或者采取其他欺诈手段隐瞒重要事实的公司，处以5万元以上50万元以下的罚款；情节严重的，撤销公司登记或者吊销营业执照。该条规定了以欺诈手段，包括虚报注册资本、提交虚假材料或者采取其他欺诈手段隐瞒重要事实取得公司登记的，在情节严重的情况下，撤销公司登记或者吊销营业执照。2023年《公司法》将原第198条分成两条，分别规定了虚假登记的纠错机制和行政处罚措施：一条为第39条，该条被修改为凡以上述欺诈手段取得公司登记的，公司登记机关应当撤销公司登记，不以情节严重为条件，这样规定更为合理，可以及时撤销不实的登记。撤销公司登记就本质上而言是对错误行为的一种纠错机制，并非行政处罚措施，虚假登记行为因缺乏合法性基础应当予以撤销。另一条为第250条，基本沿用了2018年《公司法》第198条的有关规定，明确了欺诈登记的行政处罚措施，包括责令改正、罚款、吊销营业执照等。

►【关联法条】

1.《中华人民共和国公司法》(2023年修订)

第250条　违反本法规定，虚报注册资本、提交虚假材料或者采取其他欺诈手段隐瞒重要事实取得公司登记的，由公司登记机关责令改正，对虚报注册资本的公司，处以虚报注册资本金额百分之五以上百分之十五以下的罚款；对提交虚假材料或者采取其他欺诈手段隐瞒重要事实的公司，处以五万元以上二百万元以下的罚款；情节严重的，吊销营业执照；对直接负责的主管人员和其他直接责任人员处以三万元以上三十万元以下的罚款。

2.《关于审理公司登记行政案件若干问题的座谈会纪要》

为进一步规范公司登记行政案件的审理，维护正常的市场主体登记管理秩序，保护公司、股东以及利害关系人的合法权益，最高人民法院对公司登记行政案件中存在的有关问题进行了专题调研，并征求了有关部门的意见。2011年10月

---

① 参见施天涛：《公司法论》(第4版)，法律出版社2018年版，第93页。

15日,最高人民法院在广东东莞与部分地方法院和相关部门召开座谈会,根据《中华人民共和国行政诉讼法》、《中华人民共和国公司法》等相关法律规定,对审理公司登记行政案件中亟须解决的若干问题如何处理达成共识。现将有关内容纪要如下:

一、以虚假材料获取公司登记的问题

因申请人隐瞒有关情况或者提供虚假材料导致登记错误的,登记机关可以在诉讼中依法予以更正。登记机关依法予以更正且在登记时已尽到审慎审查义务,原告不申请撤诉的,人民法院应当驳回其诉讼请求。原告对错误登记无过错的,应当退还其预交的案件受理费。登记机关拒不更正的,人民法院可以根据具体情况判决撤销登记行为、确认登记行为违法或者判决登记机关履行更正职责。

公司法定代表人、股东等以申请材料不是其本人签字或者盖章为由,请求确认登记行为违法或者撤销登记行为的,人民法院原则上应按照本条第一款规定处理,但能够证明原告此前已明知该情况却未提出异议,并在此基础上从事过相关管理和经营活动的,人民法院对原告的诉讼请求一般不予支持。

因申请人隐瞒有关情况或者提供虚假材料导致登记错误引起行政赔偿诉讼,登记机关与申请人恶意串通的,与申请人承担连带责任;登记机关未尽审慎审查义务的,应当根据其过错程度及其在损害发生中所起作用承担相应的赔偿责任;登记机关已尽审慎审查义务的,不承担赔偿责任。

二、登记机关进一步核实申请材料的问题

登记机关无法确认申请材料中签字或者盖章的真伪,要求申请人进一步提供证据或者相关人员到场确认,申请人在规定期限内未补充证据或者相关人员未到场确认,导致无法核实相关材料真实性,登记机关根据有关规定作出不予登记决定,申请人请求判决登记机关履行登记职责的,人民法院不予支持。

三、公司登记涉及民事法律关系的问题

利害关系人以作为公司登记行为之基础的民事行为无效或者应当撤销为由,对登记行为提起行政诉讼的,人民法院经审查可以作出如下处理:对民事行为的真实性问题,可以根据有效证据在行政诉讼中予以认定;对涉及真实性以外的民事争议,可以告知通过民事诉讼等方式解决。

四、备案行为的受理问题

备案申请人或者备案事项涉及的董事、监事、经理、分公司和清算组等备案关系人,认为登记机关公开的备案信息与申请备案事项内容不一致,要求登记机关予以更正,登记机关拒绝更正或者不予答复,因此提起行政诉讼的,人民法院应予受理。

备案申请人以外的人对登记机关的备案事项与备案申请人之间存在争议,要求登记机关变更备案内容,登记机关不予变更,因此提起行政诉讼的,人民法院不予受理,可以告知通过民事诉讼等方式解决。

五、执行生效裁判和仲裁裁决的问题

对登记机关根据生效裁判、仲裁裁决或者人民法院协助执行通知书确定的内容作出的变更、撤销等登记行为,利害关系人不服提起行政诉讼的,人民法院不予受理,但登记行为与文书内容不一致的除外。

公司登记依据的生效裁判、仲裁裁决被依法撤销,利害关系人申请登记机关重新作出登记行为,登记机关拒绝办理,利害关系人不服提起行政诉讼的,人民法院应予受理。

多份生效裁判、仲裁裁决或者人民法院协助执行通知书涉及同一登记事项且内容相互冲突,登记机关拒绝办理登记,利害关系人提起行政诉讼的,人民法院经审理应当判决驳回原告的诉讼请求,同时建议有关法院或者仲裁机关依法妥善处理。

3.《中华人民共和国市场主体登记管理条例》

第40条　提交虚假材料或者采取其他欺诈手段隐瞒重要事实取得市场主体登记的,受虚假市场主体登记影响的自然人、法人和其他组织可以向登记机关提出撤销市场主体登记的申请。

登记机关受理申请后,应当及时开展调查。经调查认定存在虚假市场主体登记情形的,登记机关应当撤销市场主体登记。相关市场主体和人员无法联系或者拒不配合的,登记机关可以将相关市场主体的登记时间、登记事项等通过国家企业信用信息公示系统向社会公示,公示期为45日。相关市场主体及其利害关系人在公示期内没有提出异议的,登记机关可以撤销市场主体登记。

因虚假市场主体登记被撤销的市场主体,其直接责任人自市场主体登记被撤销之日起3年内不得再次申请市场主体登记。登记机关应当通过国家企业信用信息公示系统予以公示。

第41条　有下列情形之一的,登记机关可以不予撤销市场主体登记:

(一)撤销市场主体登记可能对社会公共利益造成重大损害;

(二)撤销市场主体登记后无法恢复到登记前的状态;

(三)法律、行政法规规定的其他情形。

第42条　登记机关或者其上级机关认定撤销市场主体登记决定错误的,可以撤销该决定,恢复原登记状态,并通过国家企业信用信息公示系统公示。

第44条　提交虚假材料或者采取其他欺诈手段隐瞒重要事实取得市场主体登记的,由登记机关责令改正,没收违法所得,并处5万元以上20万元以下的罚款;情节严重的,处20万元以上100万元以下的罚款,吊销营业执照。

第45条　实行注册资本实缴登记制的市场主体虚报注册资本取得市场主体登记的,由登记机关责令改正,处虚报注册资本金额5%以上15%以下的罚款;情节严重的,吊销营业执照。

实行注册资本实缴登记制的市场主体的发起人、股东虚假出资,未交付或者未按期交付作为出资的货币或者非货币财产的,或者在市场主体成立后抽逃出资的,由登记机关责令改正,处虚假出资金额5%以上15%以下的罚款。

4.《中华人民共和国市场主体登记管理条例实施细则》

第50条　对涉嫌提交虚假材料或者采取其他欺诈手段隐瞒重要事实取得市场主体登记的行为,登记机关可以根据当事人申请或者依职权主动进行调查。

第51条　受虚假登记影响的自然人、法人和其他组织,可以向登记机关提出撤销市场主体登记申请。涉嫌冒用自然人身份的虚假登记,被冒用人应当配合登记机关通过线上或者线下途径核验身份信息。

涉嫌虚假登记市场主体的登记机关发生变更的,由现登记机关负责处理撤销登记,原登记机关应当协助进行调查。

第52条　登记机关收到申请后,应当在3个工作日内作出是否受理的决定,并书面通知申请人。

有下列情形之一的,登记机关可以不予受理:

(一)涉嫌冒用自然人身份的虚假登记,被冒用人未能通过身份信息核验的;

(二)涉嫌虚假登记的市场主体已注销的,申请撤销注销登记的除外;

(三)其他依法不予受理的情形。

第53条　登记机关受理申请后,应当于3个月内完成调查,并及时作出撤销或者不予撤销市场主体登记的决定。情形复杂的,经登记机关负责人批准,可以延长3个月。

在调查期间,相关市场主体和人员无法联系或者拒不配合的,登记机关可以将涉嫌虚假登记市场主体的登记时间、登记事项,以及登记机关联系方式等信息通过国家企业信用信息公示系统向社会公示,公示期45日。相关市场主体及其利害关系人在公示期内没有提出异议的,登记机关可以撤销市场主体登记。

第54条　有下列情形之一的,经当事人或者其他利害关系人申请,登记机关可以中止调查:

(一)有证据证明与涉嫌虚假登记相关的民事权利存在争议的;

(二)涉嫌虚假登记的市场主体正在诉讼或者仲裁程序中的;

(三)登记机关收到有关部门出具的书面意见,证明涉嫌虚假登记的市场主体或者其法定代表人、负责人存在违法案件尚未结案,或者尚未履行相关法定义务的。

第55条　有下列情形之一的，登记机关可以不予撤销市场主体登记：

（一）撤销市场主体登记可能对社会公共利益造成重大损害；

（二）撤销市场主体登记后无法恢复到登记前的状态；

（三）法律、行政法规规定的其他情形。

第56条　登记机关作出撤销登记决定后，应当通过国家企业信用信息公示系统向社会公示。

第57条　同一登记包含多个登记事项，其中部分登记事项被认定为虚假，撤销虚假的登记事项不影响市场主体存续的，登记机关可以仅撤销虚假的登记事项。

第58条　撤销市场主体备案事项的，参照本章规定执行。

第71条　提交虚假材料或者采取其他欺诈手段隐瞒重要事实取得市场主体登记的，由登记机关依法责令改正，没收违法所得，并处5万元以上20万元以下的罚款；情节严重的，处20万元以上100万元以下的罚款，吊销营业执照。

明知或者应当知道申请人提交虚假材料或者采取其他欺诈手段隐瞒重要事实进行市场主体登记，仍接受委托代为办理，或者协助其进行虚假登记的，由登记机关没收违法所得，处10万元以下的罚款。

虚假市场主体登记的直接责任人自市场主体登记被撤销之日起3年内不得再次申请市场主体登记。登记机关应当通过国家企业信用信息公示系统予以公示。

▶【典型案例】

林某娇、陈某钗、陈某广等与闽清县市场监督管理局工商行政管理纠纷案

［福建省福州市中级人民法院（2021）闽01行终第133号］

2019年9月，林某娇等原告以黄某声、谢某秀、福建省闽清玉山蜜饯有限公司为被告向闽清县人民法院提起股权转让纠纷诉讼，法院认定登记材料中的股东签名系伪造而来，并判决涉案股权转让协议无效。原告依据生效的法院判决，请求闽清县市场监督管理局撤销有关的公司登记。闽清县市场监督管理局根据《市场监督管理行政处罚程序暂行规定》第43条第1款的规定，决定中止案件调查。林某娇等不服被告闽清县市场监督管理局的上述答复，遂诉至一审法院。一审法院判决：一、撤销被告闽清县市场监督管理局作出的中止调查行为。二、被告闽清县市场监督管理局应当在法定期限内对原告林某娇等五人的变更登记申请作出准予或不准予变更登记的具体行政行为。被告不服，提起上诉。

二审法院审理后认为:公司登记机关在有证据证明取得公司登记的材料中的股东签名系伪造而来的,应当依法对公司涉嫌提交虚假材料取得变更登记的违法行为进行立案调查,并依据《行政处罚法》等相关规定组织听证,而涉案登记机关适用《市场监督管理行政处罚程序暂行规定》规定的行政许可听证程序的做法,属于适用法律错误,应当认定为行政程序违法,人民法院应予撤销,并责令登记机关重新作出行政行为。因此,上诉人闽清县市场监督管理局应当在法定期限内对被上诉人林某娇等提出的请求撤销谢某秀股东身份,恢复公司原始登记的申请,重新作出行政行为。

第四十条 【国家企业信用信息公示系统公示事项】

公司应当按照规定通过国家企业信用信息公示系统公示下列事项:

(一)有限责任公司股东认缴和实缴的出资额、出资方式和出资日期,股份有限公司发起人认购的股份数;

(二)有限责任公司股东、股份有限公司发起人的股权、股份变更信息;

(三)行政许可取得、变更、注销等信息;

(四)法律、行政法规规定的其他信息。

公司应当确保前款公示信息真实、准确、完整。

►【法条释义】

本条是有关公司企业信息公示系统公示事项的规定,本条是2023年《公司法》的新增条款,本条吸收了《企业信息公示暂行条例》第10条的规定,同时又新增了公司对下列非登记事项如有限责任公司股东认缴和实缴的出资额、出资方式和出资日期等进行公示的规定。增加上述规定的原因是上述事项对于提高交易效率、保护交易安全有着举足轻重的作用,通过公示可以方便交易相对人及时高效获取相关公司信息,可以清楚地了解公司的状况并决定是否同其进行交易,可以降低公司的交易成本。在推行商事登记制度改革的背景下,建立企业信息公示制度旨在通过将企业基本信息面向社会公示,用以保护商事交易双方合法权益,防范交易风险,维护市场秩序。①

►【关联法条】

《企业信息公示暂行条例》

第10条 企业应当自下列信息形成之日起20个工作日内通过企业信用信

---

① 参见石一峰:《论商事登记第三人效力》,载《法商研究》2018年第6期。

息公示系统向社会公示：

（一）有限责任公司股东或者股份有限公司发起人认缴和实缴的出资额、出资时间、出资方式等信息；

（二）有限责任公司股东股权转让等股权变更信息；

（三）行政许可取得、变更、延续信息；

（四）知识产权出质登记信息；

（五）受到行政处罚的信息；

（六）其他依法应当公示的信息。

工商行政管理部门发现企业未依照前款规定履行公示义务的，应当责令其限期履行。

►【知识拓展】

公司信息公示示例

吉林×××商贸有限公司　存续（在营、开业、在册）

统一社会信用代码：9122×××65L

注册号：220×××3023

法定代表人：×××

登记机关：×××市市场监督管理局×××新区分局

成立日期：2014 年 3 月 25 日

营业执照信息

统一社会信用代码：9122×××5L	企业名称：×××商贸有限公司
注册号：×××023	法定代表人：×××
类型：其他有限责任公司	成立日期：2014 年 3 月 25 日
注册资本：300.000000 万元	核准日期：2021 年 2 月 9 日
营业期限自：2014 年 3 月 25 日	营业期限至：2024 年 3 月 17 日

登记机关：×××市场监督管理局×××分局

登记状态：存续（在营、开业、在册）

住所：×××高新开发区×××路×××号

经营范围：服装鞋帽、体育用品、文化用品、办公设备及用品批发、零售，商务信息咨询服务（依法须经批准的项目，经相关部门批准后方可开展经营活动）

续表

股东及出资信息

序号	股东名称	股东类型	证照/证件号码	证照/证件号码	详情
1	×××	自然人股东	非公示项	非公示项	
2	×××有限公司	企业	企业法人营业执照（公司）	×××8709	

股权变更信息

序号	变更前内容	变更后内容	变更日期
1		股东名称：×××商贸有限公司	2014年10月16日
2	股东名称：×××；股东名称：×××	股东名称：×××；股东名称：×××	2014年10月16日
3	股东名称：×××；股东名称：×××	股东名称：×××	2015年1月12日
4	股东（发起人）名称：×××，证件(照)类型：中华人民共和国居民身份证，证件（照）号码：××××××，认缴出资额：144万，币种：认缴出资额折万美元，认缴出资方式：货币，认缴出资时间：×××；股东（发起人）名称：×××商贸有限公司，证件（照）类型：企业法人营业执照（公司），证件（照）号码：××××××，认缴出资额：156万，币种：认缴出资额折万美元，认缴出资方式：货币，认缴出资时间：2024-03-17	股东（发起人）名称：×××，证件(照)类型：中华人民共和国居民身份证，证件（照）号码：××××××，认缴出资额：51万，币种：认缴出资额折万美元，认缴出资方式：货币，认缴出资时间：×××；股东（发起人）名称：×××商贸有限公司，证件(照)类型：企业法人营业执照（公司），证件（照）号码：××××××，认缴出资额：249万，币种：认缴出资额折万美元，认缴出资方式：货币，认缴出资时间：2020-04-01	2021年1月13日
5	股东（发起人）名称：×××，证件（照）类型：中华人民共和国居民身份证，证件（照）号码：××××××，认缴出资额：51万，币种：认缴出资额折万美元，认缴出资方式：货币，认缴出资时间：2024-03-17；股东（发起人）名称：×××商贸有限公司，证件（照）类型：企业法人营业执照（公司），证件（照）号码：××××××，认缴出资额：249万，币种：认缴出资额折万美元，认缴出资方式：货币，认缴出资时间：2020-04- 01	股东（发起人）名称：×××商贸有限公司，证件(照)类型：企业法人营业执照（公司），证件（照）号码：××××××，认缴出资额：249万，币种：认缴出资额折万美元，认缴出资方式：货币，认缴出资时间：2020-04-01；股东（发起人）名称：×××，证件（照）类型：中华人民共和国居民身份证，证件（照）号码：××××××，认缴出资额：51万，币种：认缴出资额折万美元，认缴出资方式：货币，认缴出资时间：2020-04-01	2021年2月9日

第四十一条　【公司登记的优化】

公司登记机关应当优化公司登记办理流程，提高公司登记效率，加强信息化建设，推行网上办理等便捷方式，提升公司登记便利化水平。

国务院市场监督管理部门根据本法和有关法律、行政法规的规定，制定公司登记注册的具体办法。

►【法条释义】

本条是有关进一步优化公司登记的规定。优化公司登记是全面深化改革，优化营商环境的要求。营商环境是一个地方的重要软实力，也是政府经济治理能力的重要体现。党的十九届四中全会《决定》强调，要“深入推进简政放权、放管结合、优化服务，深化行政审批制度改革，改善营商环境，激发各类市场主体活力”。公司登记机关优化公司登记办理流程，加强信息化建设以及网上办理便捷方式的推行，必将提高公司登记效率，提升公司登记便利化水平。《公司法》的上述规定有利于减少登记过程中的行政障碍，鼓励企业主动登记，有利于市场主体的培育壮大以及激发市场活力，有利于提升优化营商环境，有利于提高经济的综合竞争力和完善政府治理体系。

第三章　有限责任公司的设立和组织机构

本章是在2018年《公司法》第二章的基础上修订而来，主要规定了有限责任公司的设立与组织机构。2018年《公司法》第二章有关“有限责任公司的设立与组织机构”的内容有四部分，包括设立、组织机构、一人有限责任公司的特别规定、国有独资公司的特别规定。2023年《公司法》不再对一人有限公司专门加以特别规定，但将有关“国家出资公司组织机构的特别规定”单列为一章，体现了对国家出资公司的重视。

就有关“有限责任公司的设立与组织机构”的规定而言，与2018年《公司法》相比，2023年《公司法》从以下几个方面优化了有限责任公司的规定：一是允许公司选择单层制治理模式（即只设董事会、不设监事会），规定公司选择只设董事会的，应当在董事会中设置由董事组成的审计委员会行使监事会的职权。二是进一步简化公司组织机构设置，对于规模较小或者股东人数较少的有限责任公司，可以不设董事会，设一名董事，行使本法规定的董事会的职权。规模较小或者股东人数较少的有限责任公司，可以不设监事会，设一名监事，行使本法规定的监事会的职权；经全体股东一致同意，也可以不设监事。三是进一步明确了股东欠缴出资的责任与股东抽逃出资的责任。总体来说，《公司法》的上述修改深入贯彻落实了党中央关于完善中国特色现代企业制度的要求，全面吸取了我国公司制度创新实践的经验，在组织机构设置方面赋予公司更大的自主权。

第一节　设　　立

第四十二条　【股东人数】

有限责任公司由一个以上五十个以下股东出资设立。

►【法条释义】

本条是有关有限责任公司股东人数的规定，本条是对2018年《公司法》第24

条(一般有限责任公司)和第57条(一人有限责任公司)规定的整合。2023年《公司法》不再专章规定一人有限责任公司,所以将一般的有限责任公司与一人有限责任公司合并规定。该条基于有限责任公司具有人合性的特点,规定了其股东人数上限是50个。人合性也是有限责任公司稳定性的基础,是有限责任公司有序经营的必要条件,有学者认为这是一种"依赖",即"外部交易者倾向将股东个人品质的好坏等同于公司资质与能力的高低"。①

第四十三条　【公司发起人的设立协议】

有限责任公司设立时的股东可以签订设立协议,明确各自在公司设立过程中的权利和义务。

►【法条释义】

本条是有关有限责任公司发起人协议的规定,本条是新增的条款。该规定一定程度上吸收了《最高人民法院关于适用〈中华人民共和国公司法〉若干问题的规定(三)》中关于公司设立时相关权利义务的规定,体现了《公司法》鼓励公司发起人签订设立协议的立法态度。该设立协议的签署,有利于促进公司顺利地组建,也有利于促进商业交易,有利于保护与设立中公司发生交易的外部债权人权益。

►【典型案例】

谈某诉苏州禾田农业科技有限公司(以下简称禾田公司)公司设立纠纷案

[江苏省高级人民法院(2015)苏审二商申字第00549号裁定]

2013年5月11日,禾田公司与谈某签订了书面《合作协议》,约定由双方各出资25万元,成立苏州瑞草生态灵芝有限公司(以下简称灵芝公司)。2013年6月24日,灵芝公司依法成立。根据灵芝公司的章程规定,公司注册资本50万元人民币,由股东谈某和禾田公司各自出资人民币25万元设立。后禾田公司单方面提出提前终止合作关系,谈某以禾田公司在签订协议后,出资款项至今未到位,亦未按照《合作协议》的约定履行自己的合同义务,故禾田公司单方面提出提前终止合作关系的行为属于根本性违约行为,禾田公司应承担相应违约责任为由,起诉至

① 周友苏:《新公司法论》,法律出版社2006年版,第27页。

法院,请求判令解除禾田公司与谈某于2013年5月11日签订的《合作协议》并承担相应的赔偿责任。法院审理后认为:股东之间签署的《合作协议》订立于公司发起设立阶段,目的是发起设立公司,公司的成立就是履行《合作协议》的结果。公司依法成立后,发起人之间订立设立协议的目的已经实现,发起人之间原本依《合作协议》设立的权利义务关系已经变更为依章程约定和《公司法》规定的权利义务关系,股东应当依照《公司法》的规定主张相应的权利。股东无法定事由,主张解除《合作协议》、退还出资款的诉讼请求不应支持。据此,一审法院认定谈某与禾田公司之间的《合作协议》依法成立有效。谈某诉请解除合同、要求禾田公司返还投资款、承担违约责任均缺乏事实和法律依据,法院不予支持。原告不服提起上诉,二审法院维持原判。后申请再审,裁定驳回。

第四十四条 【先公司交易及法律后果承受】

有限责任公司设立时的股东为设立公司从事的民事活动,其法律后果由公司承受。

公司未成立的,其法律后果由公司设立时的股东承受;设立时的股东为二人以上的,享有连带债权,承担连带债务。

设立时的股东为设立公司以自己的名义从事民事活动产生的民事责任,第三人有权选择请求公司或者公司设立时的股东承担。

设立时的股东因履行公司设立职责造成他人损害的,公司或者无过错的股东承担赔偿责任后,可以向有过错的股东追偿。

►【法条释义】

本条是与设立公司有关的责任的承担问题,是吸收了《民法典》《最高人民法院关于适用〈中华人民共和国公司法〉若干问题的规定(三)》(2020年修正)的相关规定整合而来的。总体来说有关设立时的债务,公司如果设立的,其法律后果由公司承受,没有设立的,由各发起人承担连带责任;股东在履职过程中有过错的,公司或者无过错的股东承担赔偿责任后,可以向有过错的股东追偿;股东为设立公司以自己的名义从事民事活动所欠的债务,第三人有权选择请求公司或者公司设立时的股东承担,这一规定对《最高人民法院关于适用〈中华人民共和国公司法〉若干问题的规定(三)》(2020年修正)的规定作了修改,该司法解释规定:发起人为设立公司以自己名义对外签订合同,合同相对人请求该发起人承担合同责任的,人民法院应予支持;公司成立后合同相对人请求公司承担合同责任的,人民法院应予支持。

► 【关联法条】

1.《中华人民共和国民法典》

第75条　设立人为设立法人从事的民事活动，其法律后果由法人承受；法人未成立的，其法律后果由设立人承受，设立人为二人以上的，享有连带债权，承担连带债务。

设立人为设立法人以自己的名义从事民事活动产生的民事责任，第三人有权选择请求法人或者设立人承担。

2.《最高人民法院关于适用〈中华人民共和国公司法〉若干问题的规定（三）》（2020年修正）

第1条　为设立公司而签署公司章程、向公司认购出资或者股份并履行公司设立职责的人，应当认定为公司的发起人，包括有限责任公司设立时的股东。

第2条　发起人为设立公司以自己名义对外签订合同，合同相对人请求该发起人承担合同责任的，人民法院应予支持；公司成立后合同相对人请求公司承担合同责任的，人民法院应予支持。

第3条　发起人以设立中公司名义对外签订合同，公司成立后合同相对人请求公司承担合同责任的，人民法院应予支持。

公司成立后有证据证明发起人利用设立中公司的名义为自己的利益与相对人签订合同，公司以此为由主张不承担合同责任的，人民法院应予支持，但相对人为善意的除外。

第4条　公司因故未成立，债权人请求全体或者部分发起人对设立公司行为所产生的费用和债务承担连带清偿责任的，人民法院应予支持。

部分发起人依照前款规定承担责任后，请求其他发起人分担的，人民法院应当判令其他发起人按照约定的责任承担比例分担责任；没有约定责任承担比例的，按照约定的出资比例分担责任；没有约定出资比例的，按照均等份额分担责任。

因部分发起人的过错导致公司未成立，其他发起人主张其承担设立行为所产生的费用和债务的，人民法院应当根据过错情况，确定过错一方的责任范围。

第5条　发起人因履行公司设立职责造成他人损害，公司成立后受害人请求公司承担侵权赔偿责任的，人民法院应予支持；公司未成立，受害人请求全体发起人承担连带赔偿责任的，人民法院应予支持。

公司或者无过错的发起人承担赔偿责任后，可以向有过错的发起人追偿。

▶【典型案例】

1. 四川天府微讯电子商务有限公司诉成都顶联互动信息产业有限公司计算机软件开发合同纠纷案

[最高人民法院(2021)最高法知民终第878号裁定]

该案确立的裁判要旨为发起人为设立公司以自己名义对外订立的合同,原则上应当坚持合同的相对性和名义主义原则,即合同只在特定的当事人之间发生法律效力,合同相对人应向发起人主张合同权利,而不能向合同关系以外的公司主张合同权利。但是,公司成立后如果确认了该合同或者公司已实际成为合同一方主体,且主动作为合同一方主体提起诉讼的情况下,可以视为符合合同法中代理的一般原理,应由公司来主张合同权利或是承担合同责任。

2. 河南智工机械制造有限公司（以下简称智工公司）、郑州富之雅商贸有限公司（以下简称富之雅公司）等公司设立纠纷案

[河南省高级人民法院(2021)豫民申第8234号裁定]

智工公司与富之雅公司于2018年1月15日签订了《合作协议书》,约定引进圣戈班项目并设立大嘉公司,后该项目未引进成功,公司也未设立。《合作协议书》第3条第8款约定:如果富之雅公司引进圣戈班项目失败,本协议自动解除,智工公司将收到的300万元返还给富之雅公司,富之雅公司将持有的新乡市豪仕实业有限公司33%的股权,返还给智工公司。之后富之雅公司向法院起诉请求:要求智工公司返还不当得利200万元及逾期利息,案件经历两审,均支持了原告的诉讼请求。后智工公司以圣戈班项目失败的原因在于富之雅公司未按照约定缴纳土地出让金导致土地被拍卖,亦未按照约定履行引进圣戈班项目的义务,智工公司以不应当返还该200万元为由提请再审,再审法院认为:公司未设立,对设立中的债务应当由全体发起人承担连带责任。对于因部分发起人过错导致公司未成立时的内部责任分担,应在发起人对外承担连带责任后,由无过错发起人选择通过诉讼的方式向存在过错的发起人提出主张,该主张应当在一审而不是在再审中提出,故部分发起人提出的由存在过错的发起人承担全部责任的主张,再审法院不予支持。

第四十五条　【公司章程的制定】

设立有限责任公司,应当由股东共同制定公司章程。

▶【法条释义】

本条是有关有限责任公司章程的制定的规定,该条明确了有限责任公司的章程应当由全体股东来制定。

▶【典型案例】

尹某明诉驻马店市统领墙体新型材有限公司(以下简称统领公司)及第三人刘某桥、崔某等公司决议撤销、股东资格确认纠纷案

[河南省驻马店市中级人民法院(2012)驻民四终字第78号裁定]

原告尹某明诉称:2007年11月原告与第三人刘某桥出资成立被告统领公司。2011年6月2日,刘某桥在没有通知原告的情况下召开股东会并作出决议,决定增加崔某等其他5位第三人为新股东,并将原告的出资全部转让给崔某,原告不再是公司的股东。原告主张,根据上述事实,上述股东会的会议召集程序、表决方式违反法律和公司章程,决议内容违反法律。据此,请求撤销被告作出的上述股东会决议,恢复原告的股东身份。被告公司辩称:本案原告不具备公司股东资格,也不是本案适格的原告,其没有诉权,应当驳回原告的起诉。

法院经审理查明:在被告统领公司成立时的工商登记档案上显示,原告尹某明为公司股东,且股东身份被登记在股东名册中,但上述成立公司中所有文件包括章程上"尹某明"的签名均不是尹某明所签,而是由刘某桥代签;同时尹某明的出资,系由刘某桥借用他人的资金而出资。法院经审理后认为:根据《公司法》的规定,股东应当在公司章程上签名、盖章。同时,《公司法》规定,有限责任公司的注册资本为在公司登记机关登记的全体股东认缴的出资额。由此可知,确认股东身份需具备两个要件:一是向公司出资;二是股东姓名被记载在公司股东名册并签署公司章程。虽然涉案当事人在公司章程及股东名册上被记载为公司成立时的股东,但由于其没有签署公司章程,也没有认缴公司出资额并实际出资,因而不符合《公司法》及司法解释的相关规定,故其不具备该公司的股东身份。

第四十六条 【有限责任公司章程法定记载事项】

有限责任公司章程应当载明下列事项:

(一)公司名称和住所;

(二)公司经营范围;

(三)公司注册资本;

(四)股东的姓名或者名称;

(五)股东的出资额、出资方式和出资日期;

(六)公司的机构及其产生办法、职权、议事规则;

(七)公司法定代表人的产生、变更办法;

(八)股东会认为需要规定的其他事项。

股东应当在公司章程上签名或者盖章。

►【法条释义】

本条是有关有限责任公司章程法定记载事项的规定。公司章程,是公司必备的由公司股东或发起人共同制定并对公司、股东、公司经营管理人员具有约束力的调整公司内部关系和经营行为的自治规则,是以书面形式固定下来的反映全体股东共同意思表示的基本法律文件。[①] 按照2023年《公司法》第46条的规定,上述所列事项必须在有限责任公司章程中予以记载,否则该章程就是不符合法律的相关规定的。

公司章程记载的事项包括必要记载事项和任意记载事项,必要记载事项是按照《公司法》规定必须记载到公司章程里面的事项,主要是一些与公司相关的基础事项,必要记载事项包括绝对必要记载事项与相对必要记载事项。以2023年《公司法》第46条为例,以上第1项至第5项内容,即公司名称和住所,公司经营范围,公司注册资本,股东的姓名或者名称,股东的出资额、出资方式和出资日期为有限责任公司章程的绝对必要记载事项,上述内容公司章程必须如实记载,不记载则会导致章程无效而不予登记。而以上第6项和第7项内容,即公司的机构及其产生办法、职权、议事规则以及公司法定代表人的产生、变更办法则属于相对必要记载事项,该部分事项也属于法律要求公司章程必须记载的事项,但具体内容由公司根据其实际情况决定并记载于章程之中,如董事会、监事会的产生办法及组成人数、议事方式和表决程序,董事、监事的任期等。2018年《公司法》有关第7

---

① 参见范健、王建文:《商法学》,法律出版社2012年版,第124页。

项记载事项的内容为“公司法定代表人”，而2023年《公司法》将其修改为“公司法定代表人的产生、变更办法”，相较于2018年《公司法》的规定，2023年《公司法》有关法定代表人事项的记载要求更为具体明确。

公司章程的任意记载事项是指公司股东根据情况认为有必要记载到公司章程里的事项，任意记载事项写入章程是公司股东的自由权利的体现。《公司法》第46条第8项有关“股东会认为需要规定的其他事项”的规定是一个兜底条款，表明法律允许由公司自行决定相关事项是否在章程中予以记载，包括体现公司自主决定权的一些任意记载事项。对于上述任意记载事项，如果章程中没有规定，则按照《公司法》的一般规定执行，如果章程中有规定，且章程的规定不违反法律法规的规定，则应按照章程执行，该部分事项散见于《公司法》的各个条款之中。章程中的任意记载事项条款包括本法第59条有关股东会法定职权外的其他职权的规定，第64条有关股东会会议召开通知时间的规定，第65条有关股东会决议可以不按出资比例行使表决权的规定，以及第66条有关股东会的议事方式和表决程序的规定，第67条有关董事会职权的规定，第68条有关董事长、副董事长的产生办法的规定，第69条有关在董事会中设审计委员会的规定，第74条有关经理职权授权的规定，第78条有关监事法定职权外的其他职权的规定，第84条有关有限责任公司股权转让的规定，第90条有关自然人股东死亡后其股东资格继承的规定，第215条公司聘用、解聘承办公司审计业务的会计师事务所的规定，第229条有关公司解散事由的规定，第265条有关公司高级管理人员的界定等。以上事项均属公司章程的任意记载事项，公司都可以在法律规定的范围内，在章程中自由进行决定。

▶【典型案例】

中静实业（集团）有限公司（以下简称中静实业公司）诉安徽皖信典当有限责任公司（以下简称皖信典当公司）与公司有关的民事纠纷案

［安徽省合肥市中级人民法院(2019)皖01民终第2868号］

2009年3月16日，皖信典当公司登记设立，股东包括安徽省皖投信用担保有限责任公司、安徽华鑫拍卖有限公司、中静实业公司。2012年6月14日，浙江省绍兴市中级人民法院作出执行裁定，将中静实业公司在皖信典当公司26%的股权作价1848万元抵偿给绍兴市金昌投资发展有限公司。同年10月18日，皖信典当公司修改章程,主要内容为将公司股东、出资情况及董事会组成中的中静实业公司修正为绍兴市金昌投资发展有限公司并办理了有关登记手续。2013 年 5 月 21 日,浙江省绍兴市中级人民法院作出(2011)浙绍执民字第 271 号执行裁定,裁定绍兴市金昌投资发展有限公司应向中静实业公司返还已取得的皖信典当公司 26% 的股权。2017 年 4 月 7 日,中静实业公司在工商登记中恢复为皖信典当公司股东。后中静实业公司要求公司在章程中恢复记载为股东身份并进行工商登记。在与公司协调无果的情况下,向一审法院起诉,诉讼请求:判令皖信典当公司在章程中恢复记载中静实业公司股东身份,并将上述章程进行工商登记备案。

一审法院认为:根据《公司法》的相关规定,章程是公司自治的最高准则,修改公司章程属于公司股东会的职权。虽然皖信典当公司未按照中静实业公司的申请召开股东会并修改公司章程,但并不影响中静实业公司行使股东权利,司法权并不能直接干涉公司内部事务,公司股东在权益受到侵害的情形下可以通过其他救济途径解决,而非直接要求法院判令恢复股东身份及董事席位,中静实业公司的诉请没有法律依据,也有违公司法的立法精神,不予支持。中静实业公司不服,提出上诉。

二审法院审理认为:因人民法院执行行为变更登记为股东后,公司股东名册的记载必须据此作出相应的变更。股东变更后,修改公司章程中有关股东身份事项的内容为公司的法定义务,非公司股东会协商决定可以排除,也非其可以自行选择的范围。若公司未将新股东置备于股东名册,可以采取司法介入的方式保护股东的合法权益。因此,股东有权诉求在公司章程中记载其股东身份,人民法院应予支持。一审法院认定事实清楚,但适用法律不当。判令撤销一审判决,改判皖信典当公司于本判决生效后一个月内在公司章程中恢复记载中静实业公司股东身份,并进行工商备案登记。

第四十七条　【注册资本认缴制与最长认缴期限】

有限责任公司的注册资本为在公司登记机关登记的全体股东认缴的出资额。全体股东认缴的出资额由股东按照公司章程的规定自公司成立之日起五年内缴足。

法律、行政法规以及国务院决定对有限责任公司注册资本实缴、注册资本最低限额、股东出资期限另有规定的,从其规定。

▶【法条释义】

本条是有关有限责任公司的注册资本的规定，2013 年修订的《公司法》取消了法定的最低注册资本制，同时规定采用股东注册资本认缴制，允许公司成立时股东只实际缴付一定比例的认缴资本，其余认缴的资本在公司成立后的一定期限内缴清即可。这一规定的目的在于降低公司的设立门槛，实现“大众创业、万众创新”。认缴制赋予公司融资自治的本意是，公司可以通过自主决定和安排出资债权的变现时间和方式来满足资金需求。①

本条依然沿用了 2018 年《公司法》第 26 条有关股东注册资本认缴制的规定，但是增加了有关全体股东认缴的出资额由股东按照公司章程的规定自公司成立之日起 5 年内缴足的规定。资本认缴制是现代市场经济发展的必然产物，是立法者给予投资者最便捷的公司设立条件，满足了股东追逐投资回报率的天性，是各国公司法追寻的目标。允许股东自由约定认缴出资的期限，固然可使投资者从公司经营成本中解放出来，激发创办中小企业的热情，但放松对公司资本监管的结果是弱化了公司资本对交易安全的信用担保功能。② 随着《公司法》对出资期限和首次出资额的放开，个别地区以政策性文件的方式，将认缴注册资本缴足期限放宽至 50 年，而一些公司凭借股东“自治”，随意延长出资期限，并以出资期限未到期对抗债权人。③ 自我国实行认缴制改革以来，实践中涌现出不少“注册资本注水”的公司。公司责任财产的减少必然会影响公司的偿债能力，一定程度上影响了债权人对公司注册资本的信赖，对公司债权人的利益保护不力，此次《公司法》设置 5 年的最长认缴期限规则，目的在于激励股东在履行出资义务时更为理性地评估公司未来的经营需求与投资风险，同时也考虑债权人获得偿付的合理预期。当然，本条第 2 款提出“法律、行政法规以及国务院决定对股东出资期限另有规定的，从其规定”，为设置短于 5 年的认缴期限留下了接口。

《公司法》放宽了对公司注册资本的限制，这并不意味着对所有的有限责任公司均没有注册资本限制，如根据《保险法》的规定，设立保险公司，其注册资本的最低限额为人民币 2 亿元。

---

① 参见丁勇：《认缴制后公司法资本规则的革新》，载《法学研究》2018 年第 2 期。

② 参见张磊：《认缴制下公司存续中股东出资加速到期责任研究》，载《政治与法律》2018 年第 5 期。

③ 参见丁勇：《认缴制后公司法资本规则的革新》，载《法学研究》2018 年第 2 期。

►【关联法条】

表1　各类公司最低注册资本汇总

序号	公司类别	最低注册资本	相关法条
一、金融、保险、证券及其中介服务类			
1	全国性商业银行	10亿元	《中华人民共和国商业银行法》(2015年修正)第13条　设立全国性商业银行的注册资本最低限额为十亿元人民币。设立城市商业银行的注册资本最低限额为一亿元人民币,设立农村商业银行的注册资本最低限额为五千万元人民币。注册资本应当是实缴资本。 国务院银行业监督管理机构根据审慎监管的要求可以调整注册资本最低限额,但不得少于前款规定的限额
2	城市商业银行	1亿元	
3	农村商业银行	5000万元	
4	外资银行合资银行	10亿元	《中华人民共和国外资银行管理条例》(2019年修订)第8条第1款　外商独资银行、中外合资银行的注册资本最低限额为10亿元人民币或者等值的自由兑换货币。注册资本应当是实缴资本
5	财务公司	10亿元	《企业集团财务公司管理办法》(2022年)第7条第4项　设立财务公司法人机构应当具备下列条件:……(四)注册资本为一次性实缴货币资本,最低限额为10亿元人民币或等值的可自由兑换货币,银保监会根据财务公司的发展情况和审慎监管的需要,可以调整财务公司注册资本金的最低限额
6	金融资产管理公司	100亿元	《金融资产管理公司条例》第5条　金融资产管理公司的注册资本为人民币100亿元,由财政部核拨
7	融资担保公司	2000万元	《融资担保公司监督管理条例》第7条第2项　设立融资担保公司,应当符合《中华人民共和国公司法》的规定,并具备下列条件:……(二)注册资本不低于人民币2000万元,且为实缴货币资本

续表

序号	公司类别	最低注册资本	相关法条
8	证券公司	5000 万元 1 亿元 5 亿元	《中华人民共和国证券法》(2019 年修订)第 121 条　证券公司经营本法第一百二十条第一款第(一)项至第(三)项业务的,注册资本最低限额为人民币五千万元;经营第(四)项至第(八)项业务之一的,注册资本最低限额为人民币一亿元;经营第(四)项至第(八)项业务中两项以上的,注册资本最低限额为人民币五亿元。证券公司的注册资本应当是实缴资本。 国务院证券监督管理机构根据审慎监管原则和各项业务的风险程度,可以调整注册资本最低限额,但不得少于前款规定的限额
9	基金管理公司	1 亿元	《中华人民共和国证券投资基金法》(2015 年修正)第 13 条　设立管理公开募集基金的基金管理公司,应当具备下列条件,并经国务院证券监督管理机构批准:……(二)注册资本不低于一亿元人民币,且必须为实缴货币资本
10	保险公司	2 亿元	《中华人民共和国保险法》(2018 年修正)第 69 条　设立保险公司,其注册资本的最低限额为人民币二亿元。 国务院保险监督管理机构根据保险公司的业务范围、经营规模,可以调整其注册资本的最低限额,但不得低于本条第一款规定的限额。 保险公司的注册资本必须为实缴货币资本
11	保险代理公司	5000 万元 2000 万元	《保险代理人监管规定》第 10 条　经营区域不限于注册登记地所在省、自治区、直辖市、计划单列市的保险专业代理公司的注册资本最低限额为 5000 万元。 经营区域为注册登记地所在省、自治区、直辖市、计划单列市的保险专业代理公司的注册资本最低限额为 2000 万元。 保险专业代理公司的注册资本必须为实缴货币资本
12	合资保险公司 独资保险公司	2 亿元	《外资保险公司管理条例》(2019 年修订)第 7 条第 1 款　合资保险公司、独资保险公司的注册资本最低限额为 2 亿元人民币或者等值的自由兑换货币;其注册资本最低限额必须为实缴货币资本

续表

序号	公司类别	最低注册资本	相关法条
13	期货公司	3000 万元	《期货交易管理条例》(2017 年修订)第 16 条第 1 款第 1 项　申请设立期货公司,应当符合《中华人民共和国公司法》的规定,并具备下列条件:(一)注册资本最低限额为人民币 3000 万元
14	典当行	300 万元 500 万元 1000 万元	《典当管理办法》第 8 条　典当行注册资本最低限额为 300 万元;从事房地产抵押典当业务的,注册资本最低限额为 500 万元;从事财产权利质押典当业务的,注册资本最低限额为 1000 万元。典当行的注册资本最低限额应当为股东实缴的货币资本,不包括以实物、工业产权、非专利技术、土地使用权作价出资的资本
15	信托公司	3 亿元	《信托公司管理办法》第 10 条第 1 款　信托公司注册资本最低限额为 3 亿元人民币或等值的可自由兑换货币,注册资本为实缴货币资本
二、其他类			
1	劳务派遣公司	200 万元	《中华人民共和国劳动合同法》(2012 年修正)第 57 条第 1 款第 1 项　经营劳务派遣业务应当具备下列条件:(一)注册资本不得少于人民币二百万元
2	拍卖公司	100 万元 1000 万元	《中华人民共和国拍卖法》(2015 年修正)第 12 条第 1 项　企业申请取得从事拍卖业务的许可,应当具备下列条件:(一)有一百万元人民币以上的注册资本。 第 13 条　拍卖企业经营文物拍卖的,应当有一千万元人民币以上的注册资本,有具有文物拍卖专业知识的人员
3	直销公司	8000 万元	《直销管理条例》(2017 年修订)第 7 条第 2 项　申请成为直销企业,应当具备下列条件:……(二)实缴注册资本不低于人民币 8000 万元

续表

序号	公司类别	最低注册资本	相关法条
4	外商投资电信企业	10 亿元 1000 万元 1 亿元 100 万元	《外商投资电信企业管理规定》(2022 年修订)第 5 条　外商投资电信企业的注册资本应当符合下列规定: (一)经营全国的或者跨省、自治区、直辖市范围的基础电信业务的,其注册资本最低限额为 10 亿元人民币;经营增值电信业务的,其注册资本最低限额为 1000 万元人民币; (二)经营省、自治区、直辖市范围内的基础电信业务的,其注册资本最低限额为 1 亿元人民币;经营增值电信业务的,其注册资本最低限额为 100 万元人民币
5	国际货物运输代理企业	500 万元 300 万元 200 万元	《国际货物运输代理业管理规定》第 8 条　国际货物运输代理企业的注册资本最低限额应当符合下列要求: (一)经营海上国际货物运输代理业务的,注册资本最低限额为 500 万元人民币; (二)经营航空国际货物运输代理业务的,注册资本最低限额为 300 万元人民币; (三)经营陆路国际货物运输代理业务或者国际快递业务的,注册资本最低限额为 200 万元人民币。 经营前款两项以上业务的,注册资本最低限额为其中最高一项的限额。 国际货物运输代理企业每设立一个从事国际货物运输代理业务的分支机构,应当增加注册资本 50 万元

第四十八条　【股东出资方式】

股东可以用货币出资,也可以用实物、知识产权、土地使用权、股权、债权等可以用货币估价并可以依法转让的非货币财产作价出资;但是,法律、行政法规规定不得作为出资的财产除外。

对作为出资的非货币财产应当评估作价,核实财产,不得高估或者低估作价。法律、行政法规对评估作价有规定的,从其规定。

▶【法条释义】

本条是有关公司出资方式的规定。相较于2018年《公司法》第27条有关"股东可以用货币出资,也可以用实物、知识产权、土地使用权等可以用货币估价并可以依法转让的非货币财产作价出资"的规定,2023年《公司法》扩大了可用作出资的财产范围,增加了可以用"股权、债权"出资的规定,这是2023年《公司法》适应现实需要对公司出资方式进行的修改,这一规定增加了企业融资渠道,有效降低了企业融资成本。

目前我国《公司法》规定的可以用于公司出资的方式是较为广泛的,根据《公司法》的规定股东可以用货币出资,公司设立时需要一定的货币来支付有关的开支和经营管理费用;公司也可以用实物、知识产权、土地使用权等出资,实物包括房屋、机器设备、原材料等有形资产,知识产权包括专利权、商标权、著作权等无形资产,土地使用权是指出资人依照法律规定或者约定对国有土地或农村集体土地所享有的占有、使用、收益等权利;公司也可以用其他可以用货币估价并可以依法转让的非货币财产,如股权、债权等作价出资,但是法律、行政法规规定不得作为出资的财产除外。如根据《市场主体登记管理条例》第13条规定,股东不得以劳务、信用、自然人姓名、商誉、特许经营权或者设定担保的财产等作价出资。

▶【关联法条】

1.《中华人民共和国市场主体登记管理条例》

第13条　除法律、行政法规或者国务院决定另有规定外,市场主体的注册资本或者出资额实行认缴登记制,以人民币表示。

出资方式应当符合法律、行政法规的规定。公司股东、非公司企业法人出资人、农民专业合作社(联合社)成员不得以劳务、信用、自然人姓名、商誉、特许经营权或者设定担保的财产等作价出资。

2.《最高人民法院关于适用〈中华人民共和国公司法〉若干问题的规定(三)》(2020年修正)

第7条　出资人以不享有处分权的财产出资,当事人之间对于出资行为效力产生争议的,人民法院可以参照民法典第三百一十一条的规定予以认定。

以贪污、受贿、侵占、挪用等违法犯罪所得的货币出资后取得股权的,对违法犯罪行为予以追究、处罚时,应当采取拍卖或者变卖的方式处置其股权。

▶【典型案例】

1. 天津滨海泰达酒店开发有限公司诉天津中盈置业有限公司（以下简称中盈公司）等股东出资纠纷案

［最高人民法院(2020)最高法民再第85号］

中盈公司为天津滨海泰达酒店开发有限公司股东，依据《增资协议书》，被告中盈公司自愿以涉诉的86套房屋进行出资，且该房屋已经评估作价，但中盈公司并未依约履行涉案房屋的所有权转让手续。法院经审理后认为：我国法律允许用能以货币估价并可以进行依法转让的非货币财产作价出资，同时规定对非货币财产在出资时应该评估作价。涉案公司以其享有所有权的商品房出资，并经评估机构的评估确定了房产的价值，符合《公司法》关于实物出资的要求，但股东并未按照《公司法》的规定履行实物出资的所有权转让手续，应当承担相应的法律责任。

2. 扬州晶新微电子有限公司（以下简称晶新公司）诉伊川县人民政府（以下简称伊川县政府）、洛阳市鼎晶电子材料有限公司（以下简称鼎晶公司）合同纠纷案

［最高人民法院(2019)最高法民终第1781号］

2013年6月24日，晶新公司、伊川县政府、鼎晶公司签订《合作协议》。该协议载明：经过实地考察和充分协商，晶新公司、鼎晶公司决定设立公司联合在伊川县产业集聚区园投资建设微电子产业园项目。后因合同纠纷起诉至法院。案件的争议焦点之一为鼎晶公司的实物出资是否违约的问题。法院审理后认为：按照合同约定，股东应当以公司需要的包括设备、工装、材料、产品、半成品等在内的有效资产出资，但出资资产需经双方认可并且需进行验资，本案中鼎晶公司作为股东，其出资的设备部分滞留海关，部分存放于仓库，并未按照出资协议约定组装成符合公司需要的完整生产线，亦未经过验资，故应认定股东的出资义务并未得到全面履行。

第四十九条 【出资缴纳】

股东应当按期足额缴纳公司章程规定的各自所认缴的出资额。

股东以货币出资的,应当将货币出资足额存入有限责任公司在银行开设的账户;以非货币财产出资的,应当依法办理其财产权的转移手续。

股东未按期足额缴纳出资的,除应当向公司足额缴纳外,还应当对给公司造成的损失承担赔偿责任。

▶【法条释义】

本条是有关股东出资缴纳义务的规定。所谓股东的出资缴纳义务,是指股东按照法律和公司章程的规定,按期足额向公司缴纳出资的义务。这一义务的履行是投资人取得股东资格的前提条件,如果投资人违反这一出资义务给公司造成损失的,应当承担赔偿责任,另外可能导致其股东权利受限甚至丧失股东资格。

▶【关联法条】

《最高人民法院关于适用〈中华人民共和国公司法〉若干问题的规定(三)》(2020年修正)

第8条　出资人以划拨土地使用权出资,或者以设定权利负担的土地使用权出资,公司、其他股东或者公司债权人主张认定出资人未履行出资义务的,人民法院应当责令当事人在指定的合理期间内办理土地变更手续或者解除权利负担;逾期未办理或者未解除的,人民法院应当认定出资人未依法全面履行出资义务。

第9条　出资人以非货币财产出资,未依法评估作价,公司、其他股东或者公司债权人请求认定出资人未履行出资义务的,人民法院应当委托具有合法资格的评估机构对该财产评估作价。评估确定的价额显著低于公司章程所定价额的,人民法院应当认定出资人未依法全面履行出资义务。

第10条　出资人以房屋、土地使用权或者需要办理权属登记的知识产权等财产出资,已经交付公司使用但未办理权属变更手续,公司、其他股东或者公司债权人主张认定出资人未履行出资义务的,人民法院应当责令当事人在指定的合理期间内办理权属变更手续;在前述期间内办理了权属变更手续的,人民法院应当认定其已经履行了出资义务;出资人主张自其实际交付财产给公司使用时享有相应股东权利的,人民法院应予支持。

出资人以前款规定的财产出资,已经办理权属变更手续但未交付给公司使用,公司或者其他股东主张其向公司交付、并在实际交付之前不享有相应股东权利的,人民法院应予支持。

第 11 条 出资人以其他公司股权出资,符合下列条件的,人民法院应当认定出资人已履行出资义务:

(一)出资的股权由出资人合法持有并依法可以转让;

(二)出资的股权无权利瑕疵或者权利负担;

(三)出资人已履行关于股权转让的法定手续;

(四)出资的股权已依法进行了价值评估。

股权出资不符合前款第(一)、(二)、(三)项的规定,公司、其他股东或者公司债权人请求认定出资人未履行出资义务的,人民法院应当责令该出资人在指定的合理期间内采取补正措施,以符合上述条件;逾期未补正的,人民法院应当认定其未依法全面履行出资义务。

股权出资不符合本条第一款第(四)项的规定,公司、其他股东或者公司债权人请求认定出资人未履行出资义务的,人民法院应当按照本规定第九条的规定处理。

第五十条 【出资不足的责任承担】

有限责任公司设立时,股东未按照公司章程规定实际缴纳出资,或者实际出资的非货币财产的实际价额显著低于所认缴的出资额的,设立时的其他股东与该股东在出资不足的范围内承担连带责任。

►【法条释义】

本条是有关股东未足额缴纳出资或者作为出资的非货币财产的实际价额显著低于所认缴的出资额的责任承担问题。2023 年《公司法》的这条规定是对 2018 年《公司法》第 28 条、第 30 条进行的整合。2018 年《公司法》第 28 条第 2 款规定:股东不按照前款规定缴纳出资的,除应当向公司足额缴纳外,还应当向已按期足额缴纳出资的股东承担违约责任。第 30 条规定:有限责任公司成立后,发现作为设立公司出资的非货币财产的实际价额显著低于公司章程所定价额的,应当由交付该出资的股东补足其差额;公司设立时的其他股东承担连带责任。2023 年《公司法》明确了在股东未实际缴纳出资,或者作为实际出资的非货币财产的实际价额显著低于所认缴的出资额的情况下,违反出资义务应承担的责任,注意《公司法》中有关“显著低于”的表述,是指有关非货币财产的实际价值明显低于原先所定的价值。另外根据《公司法》司法解释的规定:出资人以符合法定条件的非货币财产出资后,因市场变化或者其他客观因素导致出资财产贬值,公司、其他股东或者公司债权人请求该出资人承担补足出资责任的,人民法院不予支持。但是,当事人另有约定的除外。同时《公司法》还规定设立时的其他股东,要承担连带责任。

基于维护社会经济秩序的考虑,有关公司或者其他股东请求违反出资义务的股东全面履行出资义务的诉讼是不适用诉讼时效的。股东出资义务的履行涉及其投资设立的公司的资本充实度,而公司等企业法人的资本充实度,是市场经济有序运行的基本要素和保证,它不仅涉及股东和股东之间的利益关系,而且涉及公司企业与债权人的关系,关系公司对其债务的履行能力,还影响到公司广大员工的利益等,可以说其涉及的利益主体相当广泛。

► 【关联法条】

1.《最高人民法院关于适用〈中华人民共和国公司法〉若干问题的规定(三)》(2020 年修正)

第 13 条　股东未履行或者未全面履行出资义务,公司或者其他股东请求其向公司依法全面履行出资义务的,人民法院应予支持。

公司债权人请求未履行或者未全面履行出资义务的股东在未出资本息范围内对公司债务不能清偿的部分承担补充赔偿责任的,人民法院应予支持;未履行或者未全面履行出资义务的股东已经承担上述责任,其他债权人提出相同请求的,人民法院不予支持。

股东在公司设立时未履行或者未全面履行出资义务,依照本条第一款或者第二款提起诉讼的原告,请求公司的发起人与被告股东承担连带责任的,人民法院应予支持;公司的发起人承担责任后,可以向被告股东追偿。

股东在公司增资时未履行或者未全面履行出资义务,依照本条第一款或者第二款提起诉讼的原告,请求未尽公司法第一百四十七条第一款规定的义务而使出资未缴足的董事、高级管理人员承担相应责任的,人民法院应予支持;董事、高级管理人员承担责任后,可以向被告股东追偿。

第 15 条　出资人以符合法定条件的非货币财产出资后,因市场变化或者其他客观因素导致出资财产贬值,公司、其他股东或者公司债权人请求该出资人承担补足出资责任的,人民法院不予支持。但是,当事人另有约定的除外。

第 19 条　公司股东未履行或者未全面履行出资义务或者抽逃出资,公司或者其他股东请求其向公司全面履行出资义务或者返还出资,被告股东以诉讼时效为由进行抗辩的,人民法院不予支持。

公司债权人的债权未过诉讼时效期间,其依照本规定第十三条第二款、第十四条第二款的规定请求未履行或者未全面履行出资义务或者抽逃出资的股东承担赔偿责任,被告股东以出资义务或者返还出资义务超过诉讼时效期间为由进行抗辩的,人民法院不予支持。

第20条　当事人之间对是否已履行出资义务发生争议,原告提供对股东履行出资义务产生合理怀疑证据的,被告股东应当就其已履行出资义务承担举证责任。

2.《最高人民法院关于审理民事案件适用诉讼时效制度若干问题的规定》

第1条　当事人可以对债权请求权提出诉讼时效抗辩,但对下列债权请求权提出诉讼时效抗辩的,人民法院不予支持:

(一)支付存款本金及利息请求权;

(二)兑付国债、金融债券以及向不特定对象发行的企业债券本息请求权;

(三)基于投资关系产生的缴付出资请求权;

(四)其他依法不适用诉讼时效规定的债权请求权。

►【典型案例】

1. 郑某泉与余某明、余某青、余某辉及一审第三人陕西铜川凤凰建材有限公司(以下简称凤凰公司)等与公司有关的纠纷案

[最高人民法院(2019)最高法民终第469号]

郑某泉系凤凰公司股东,其以其他股东在增资时虚构债权,公司增资行为引起其出资比例减少,进而引起其股权比例降低,损害其合法权益为由提起诉讼要求返还股权。法院经审理后认为:股东主张其他股东在增资时虚构债权,必须有足够的证据证明,在未提供足够证据的情况下,应当认定其他股东按照增资要求履行了义务。在股东未完全出资的情况下,其他股东可以诉请未完全出资股东补足出资、承担违约责任,而非返还股权。

2. 滁州市公路管理局与李某广等股东出资纠纷案

[最高人民法院(2019)最高法民申第4665号]

再审申请人滁州市公路管理局因与被申请人李某广,一审被告、二审上诉人蒋某明、邹某岁,一审被告、二审被上诉人王某军,一审第三人安徽省明光市洪武玄武岩有限责任公司股东出资纠纷一案,不服安徽省高级人民法院(2018)皖民终第269号民事判决,向最高人民法院申请再审。最高人民法院审理后认为:本案有两个争议焦点:1. 本案原告主体资格是否适格。《最高人民法院关于适用〈中华

人民共和国公司法〉若干问题的规定(三)》(2014 年修正)第 13 条第 1 款规定:“股东未履行或者未全面履行出资义务,公司或者其他股东请求其向公司依法全面履行出资义务的,人民法院应予支持。”本案中原告李某广作为公司已经履行了出资义务的股东,要求其他股东全面履行出资义务,符合司法解释的有关规定,故作为本案原告主体资格适格。2. 本案是否存在超过诉讼时效期间问题。《最高人民法院关于适用〈中华人民共和国公司法〉的解释(三)》(2014 年修正)第 19 条第 1 款规定:“公司股东未履行或者未全面履行出资义务或者抽逃出资,公司或者其他股东请求其向公司全面履行出资义务或者返还出资,被告股东以诉讼时效为由进行抗辩的,人民法院不予支持。”本案被告认为原告起诉超过了诉讼时效期间,其诉讼请求应予以驳回的理由不能成立,其应继续履行出资义务,原审法院判决其缴纳有关出资款项并无不当。

3. 青海威德生物技术有限公司诉北京威德生物科技有限公司等公司增资纠纷案

[最高人民法院(2019)最高法民终第 959 号]

被告北京威德生物科技有限公司作为青海威德生物技术有限公司股东,以相关知识产权作价 1300 万元进行增资,出资完成后该知识产权被宣告无效,原告青海威德生物技术有限公司向法院提起诉讼,要求被告补充出资 1300 万元。一审法院经审理后认为:股东严格遵守了《公司法》对于知识产权出资的要求,以知识产权形式进行出资,且履行了有关资产评估手续并完成了知识产权的转让手续,应当认定股东的出资义务已依法履行完毕。股东出资完成后该知识产权被宣告无效,该股东对知识产权被宣告无效不具有主观恶意,同时公司和股东之间对于知识产权无效的处理也未有约定,因而在股东完成出资之后,即便知识产权被宣告无效,股东也不应承担有关补足出资的责任。二审法院也支持了上述判决。

第五十一条　【董事会资本充实责任】

有限责任公司成立后,董事会应当对股东的出资情况进行核查,发现股东未按期足额缴纳公司章程规定的出资的,应当由公司向该股东发出书面催缴书,催缴出资。

未及时履行前款规定的义务,给公司造成损失的,负有责任的董事应当承担赔偿责任。

第五十二条 【股东失权制度】

股东未按照公司章程规定的出资日期缴纳出资，公司依照前条第一款规定发出书面催缴书催缴出资的，可以载明缴纳出资的宽限期；宽限期自公司发出催缴书之日起，不得少于六十日。宽限期届满，股东仍未履行出资义务的，公司经董事会决议可以向该股东发出失权通知，通知应当以书面形式发出，自通知发出之日起，该股东丧失其未缴纳出资的股权。

依照前款规定丧失的股权应当依法转让，或者相应减少注册资本并注销该股权；六个月内未转让或者注销的，由公司其他股东按照其出资比例足额缴纳相应出资。

股东对失权有异议的，应当自接到失权通知之日起三十日内，向人民法院提起诉讼。

►【法条释义】

2023年《公司法》第51条、第52条是有关公司对出资不足的股东进行催缴出资的规定，该规定为《公司法》新增的条款。在当前实行注册资本认缴制的背景下，股东可以先完成部分资金的实缴，剩余资金根据章程有关出资期限的规定逐步缴纳，这也导致一些股东错误地理解为可以免除剩余的出资义务，从而出现了出资不到位的情况，损害了公司和债权人的利益。在认与缴分离的制度下，2013年《公司法》的改革集中在“认”的阶段赋予股东以更大的自治。但在“缴”的阶段，认而不缴的现象越发严重。“尤其是一些博人眼球的完全没有出资能力却认缴巨额出资，或者约定无法实现的远期出资等股东自治行为，更激化了‘缴’的问题”①。

2018年《公司法》仅规定了有关股东出资不足的责任承担问题，没有规定相关的出资催缴制度。《最高人民法院关于适用〈中华人民共和国公司法〉若干问题的规定（三）》（2020年修正）第17条对公司催缴出资进行了规定，主要涉及未履行出资义务或者抽逃全部出资的股东在催缴后仍未缴纳的股东的责任承担问题，司法解释对未完全履行出资义务的股东催缴问题没有涉及，对有关催缴的方式、程序、期限以及最终的法律后果的规定也不是很明确。

2023年《公司法》借鉴有关催缴制度的规定，首先明确了催缴的主体为公司，规定公司应当对股东的出资情况进行核查，发现股东未按期足额缴纳出资，或者

---

① 袁碧华：《“认”与“缴”二分视角下公司催缴出资制度研究》，载《中国法学》2019年第2期。

作为出资的非货币财产的实际价额显著低于所认缴的出资额的,应当向该股东催缴出资。其次明确了催缴的形式、程序和有关期限,催缴的形式是发出书面催缴通知书,在通知书中可以载明缴纳出资的宽限期,宽限期自公司发出出资催缴书之日起,不得少于60日。最后规定了催缴期满后仍未缴足出资的法律后果,宽限期届满,股东仍未缴纳出资的,公司经董事会决议可以向该股东发出失权通知,通知应当以书面形式发出,自通知发出之日起,该股东丧失其未缴纳出资的股权。依照前款规定丧失的股权,公司应当在6个月内依法转让,或者相应减少注册资本并注销该股权。根据上述规定股东在被催缴后仍未缴纳出资的,其承担的法律后果是丧失其未缴纳出资的股权。

有关股东失权制度,也是此次《公司法》新增的内容,《最高人民法院关于适用〈中华人民共和国公司法〉若干问题的规定(三)》(2020年修正)规定了股东未履行出资义务或者抽逃全部出资情形下可以解除股东资格的相关内容。相较于《最高人民法院关于适用〈中华人民共和国公司法〉若干问题的规定(三)》(2020年修正),2023年《公司法》新增的股东失权制度更为灵活,不仅适用于股东全部未出资的情形,也适用于股东部分未出资的情形。根据该条规定,在股东部分出资未缴足的情况下,股东丧失其未缴纳出资部分的股权。所谓失权,顾名思义,是指丧失股权。从《最高人民法院关于适用〈中华人民共和国公司法〉若干问题的规定(三)》(2020年修正)第17条第1款到2023年《公司法》第52条第2款,从股东资格解除到股东丧失股权,表述更加准确,其背后的实质是厘清了股东资格和股权之间的关系。另外《公司法》规定的股东失权程序也较为简便,只需公司向未缴纳出资股东发出书面通知即可,不需要召开股东会,这样更便于公司对"僵尸股东"的清理。同时股东失权会对公司股东以及公司的权益带来直接影响,如果股东失权不满足有关实体条件或者未遵循程序正当原则,有异议股东可以向人民法院提起诉讼。

►【典型案例】

斯曼特微显示科技(深圳)有限公司(以下简称深圳斯曼特公司)与胡某生、薄某明、史某文、贺某明、王某波、李某滨损害公司利益责任纠纷案

[最高人民法院(2018)最高法民再第366号]

2005年1月11日,深圳斯曼特公司成立,系外国法人独资的有限责任公司。

后公司因资不抵债破产,经查公司的唯一股东存在出资不到位的情况,计欠缴出资5,000,020美元,胡某生等6人为公司的董事。公司以胡某生等6名董事违反勤勉义务,未履行追缴股东欠缴出资的义务造成公司利益受损为由提起诉讼。该案经一审、二审及再审程序。

一审法院认为:根据《公司法》第147条第1款规定,向未履行或未全面履行出资义务的股东催缴出资属于董事勤勉义务的范畴。本案中6名董事虽消极未履行追缴股东欠缴出资的义务,但该行为与股东欠缴出资之后果并不存在必然联系,其消极未履行勤勉义务的行为与公司所受损失并无直接因果关系,董事不应当受到追责,所以驳回公司的诉讼请求。

二审法院认为:在股东未全面履行出资义务时,如果董事仅仅以消极不作为的方式,怠于向未全面履行出资义务的股东催缴出资,且该不作为与公司所受损失之间没有直接因果关系,那么要求董事对股东未履行全面出资义务承担责任,则缺乏事实和法律依据。故原审判决并无不当,二审判决维持原判。

再审法院认为:在公司实行注册资本认缴制的情况下,董事、高级管理人员负有向未履行或未全面履行出资义务的股东催缴出资的义务,这是董事勤勉义务的体现。本案中6名董事具备监督股东履行出资义务的便利条件,股东未全面履行出资行为与该6名董事的消极不作为共同造成了损害后果的发生,与公司所受损失之间存在法律上的因果关系。该6名董事对公司遭受的因股东出资未到位造成的损失,应承担相应的赔偿责任。

第五十三条　【股东抽逃出资的责任】

公司成立后,股东不得抽逃出资。

违反前款规定的,股东应当返还抽逃的出资;给公司造成损失的,负有责任的董事、监事、高级管理人员应当与该股东承担连带赔偿责任。

▶【法条释义】

本条是关于股东抽逃出资的责任的规定。就公司的角度而言,股东的出资一旦完成,便成为公司法人的资产,它是公司进行经营活动的物质基础,禁止股东抽逃出资是公司资本维持原则的体现,同时禁止股东抽逃出资更是为了切割股东与公司之间的财产关系,明确公司的独立法人地位。就股东的角度而言,禁止股东抽逃出资、维持公司资本是维护股东有限责任的保障。就债权人角度而言,禁止股东抽逃出资、维持公司资本也是为公司对外承担责任提供物质保证。股东在公司成立以后,若要收回其投资,只能依法依约进行,如可以采取股权转让或者请求公司回购股权的方式进行,但是不得随意抽逃出资。

2018 年《公司法》有关抽逃出资的规定较为简单,仅规定了“公司成立后,股东不得抽逃出资”。2023 年《公司法》增加了股东在抽逃出资后的法律责任的规定,首先股东应当返还抽逃的出资;给公司造成损害的,还应当承担赔偿责任。同时还增加了有关强化董事、监事、高级管理人员维护公司资本充实的责任的规定,即负有责任的董事、监事、高级管理人员应当承担连带赔偿责任。

《公司法》并未明确抽逃出资的具体构成要件,《最高人民法院关于适用〈中华人民共和国公司法〉若干问题的规定(三)》(2020 年修正)第 12 条明确了抽逃出资的实质要件和形式要件。根据该条规定,构成抽逃出资的实质要件为损害公司权益。构成抽逃出资的形式要件包括:(1)制作虚假财务会计报表虚增利润进行分配;(2)通过虚构债权债务关系将其出资转出;(3)利用关联交易将出资转出;(4)其他未经法定程序将出资抽回的行为。

►【关联法条】

1.《最高人民法院关于适用〈中华人民共和国公司法〉若干问题的规定(三)》(2020 年修正)

第 12 条　公司成立后,公司、股东或者公司债权人以相关股东的行为符合下列情形之一且损害公司权益为由,请求认定该股东抽逃出资的,人民法院应予支持:

(一)制作虚假财务会计报表虚增利润进行分配;

(二)通过虚构债权债务关系将其出资转出;

(三)利用关联交易将出资转出;

(四)其他未经法定程序将出资抽回的行为。

第 14 条　股东抽逃出资,公司或者其他股东请求其向公司返还出资本息、协助抽逃出资的其他股东、董事、高级管理人员或者实际控制人对此承担连带责任的,人民法院应予支持。

公司债权人请求抽逃出资的股东在抽逃出资本息范围内对公司债务不能清偿的部分承担补充赔偿责任、协助抽逃出资的其他股东、董事、高级管理人员或者实际控制人对此承担连带责任的,人民法院应予支持;抽逃出资的股东已经承担上述责任,其他债权人提出相同请求的,人民法院不予支持。

第 16 条　股东未履行或者未全面履行出资义务或者抽逃出资,公司根据公司章程或者股东会决议对其利润分配请求权、新股优先认购权、剩余财产分配请求权等股东权利作出相应的合理限制，该股东请求认定该限制无效的，人民法院不予支持。

第17条 有限责任公司的股东未履行出资义务或者抽逃全部出资，经公司催告缴纳或者返还，其在合理期间内仍未缴纳或者返还出资，公司以股东会决议解除该股东的股东资格，该股东请求确认该解除行为无效的，人民法院不予支持。

在前款规定的情形下，人民法院在判决时应当释明，公司应当及时办理法定减资程序或者由其他股东或者第三人缴纳相应的出资。在办理法定减资程序或者其他股东或者第三人缴纳相应的出资之前，公司债权人依照本规定第十三条或者第十四条请求相关当事人承担相应责任的，人民法院应予支持。

第19条 公司股东未履行或者未全面履行出资义务或者抽逃出资，公司或者其他股东请求其向公司全面履行出资义务或者返还出资，被告股东以诉讼时效为由进行抗辩的，人民法院不予支持。

公司债权人的债权未过诉讼时效期间，其依照本规定第十三条第二款、第十四条第二款的规定请求未履行或者未全面履行出资义务或者抽逃出资的股东承担赔偿责任，被告股东以出资义务或者返还出资义务超过诉讼时效期间为由进行抗辩的，人民法院不予支持。

2.《全国法院民商事审判工作会议纪要》

5.【与目标公司“对赌”】投资方与目标公司订立的“对赌协议”在不存在法定无效事由的情况下，目标公司仅以存在股权回购或者金钱补偿约定为由，主张“对赌协议”无效的，人民法院不予支持，但投资方主张实际履行的，人民法院应当审查是否符合公司法关于“股东不得抽逃出资”及股份回购的强制性规定，判决是否支持其诉讼请求。

投资方请求目标公司回购股权的，人民法院应当依据《公司法》第35条关于“股东不得抽逃出资”或者第142条关于股份回购的强制性规定进行审查。经审查，目标公司未完成减资程序的，人民法院应当驳回其诉讼请求。

投资方请求目标公司承担金钱补偿义务的，人民法院应当依据《公司法》第35条关于“股东不得抽逃出资”和第166条关于利润分配的强制性规定进行审查。经审查，目标公司没有利润或者虽有利润但不足以补偿投资方的，人民法院应当驳回或者部分支持其诉讼请求。今后目标公司有利润时，投资方还可以依据该事实另行提起诉讼。

▶【典型案例】

1. 上海富电科技有限公司诉西北工业集团有限公司等公司增资纠纷案

[上海市第一中级人民法院(2019)沪01民终第11265号]

本案中,各方当事人解除了有关增资的协议,但未予明确资本退出的具体方式,如通过股权转让、股权回购、公司减资、公司解散等,也未经相应的法定程序,原告股东提起诉讼要求返还出资。法院审理后认为:股东缴纳第一期增资款之后,公司已经完成对相关股东资格的变更登记,即便后来解除了有关增资的协议,股东尚未履行的增资款缴纳义务可以终止履行,但增资协议解除之前已经缴纳的增资款已经转化为公司资产。2018年《公司法》第35条规定公司成立后,股东不得抽逃出资,为了维持资本稳定,在公司未对股东除名以及实施减资程序之前,股东无权要求公司返还增资款,否则构成抽逃出资。

2. 贺某梅等诉魏某股东损害公司债权人利益责任纠纷案

[北京市第一中级人民法院(2022)京01民终第4404号]

本案中,公司债权人主张公司股东抽逃出资侵害其合法权益,要求股东承担相应的赔偿责任。法院审理后认为:债权人主张股东抽逃出资,股东认可了款项流转的事实,且未能证明款项流转是为了公司的正常经营,应认定该股东的行为构成抽逃出资。根据2018年《公司法》的规定,公司成立之后,股东不得抽逃出资。股东抽逃出资会导致公司资本的减少,违反了公司资本维持原则,损害了债权人的利益,债权人可以直接追究抽逃出资股东的责任。因而,股东应当在抽逃出资的本息范围内对公司债务不能清偿的部分向债权人承担补充赔偿责任。

第五十四条　【股东出资加速到期】

公司不能清偿到期债务的,公司或者已到期债权的债权人有权要求已认缴出资但未届出资期限的股东提前缴纳出资。

▶【法条释义】

本条是有关股东出资加速到期的规定,是《公司法》的新增条款。根据原公司法律制度的规定,公司无法清偿到期债务且股东又未违反章程设定的出资义务的，公司债权人可以通过主张公司法人人格否认、申请企业破产两种方式保护自己的权益。这两种方式虽然能在某些情形下给予公司债权人利益一定的保护，但司法成本极高，保护范围、适用范围也存在一定局限性。[①]《九民纪要》第6条的规定为股东出资加速到期提供了司法指引。根据该条规定，在公司不能清偿到期债务的情况下，符合特定条件的债权人可以请求未届出资期限的股东在未出资范围内对公司不能清偿的债务承担补充赔偿责任。而“公司作为被执行人的案件，人民法院穷尽执行措施无财产可供执行，已具备破产原因，但不申请破产的”的情况便是上述特定条件之一，《九民纪要》有关上述“股东出资加速到期”的特别规定，也是为了与《企业破产法》中公司破产制度相衔接。

2023年《公司法》增设有关股东出资义务加速到期的规定主要是为了保护债权人的利益。当公司出现无法清偿个别债权人到期债务的情况时，公司的经营一般也已经或者将要陷入困境。此时若仍然固守公司章程所预先约定的股东出资期限，只会使债权人、公司、股东三方的利益均受到损害。所以在一定条件下支持债权人直接请求公司股东提前履行缴资义务以获得到期债权的清偿。[②] 在注册资本认缴制的背景下，股东依法享有期限利益，股东不需要一次性缴清所有出资，也不需要提前缴纳出资，但也有例外，在公司不能清偿到期债务，且明显缺乏清偿能力的情况下，按照《企业破产法》的有关规定，出现上述情况表明公司已经资不抵债，已经具备破产的条件，只是未申请破产，此时要求已认缴出资但未届缴资期限的股东提前缴纳出资，是为了增强公司的偿债能力，保护公司和债权人的利益。

相较于《九民纪要》中“未届出资期限的股东在未出资范围内对公司不能清偿的债务承担补充赔偿责任”的规定，2023年《公司法》作出了有关“公司或者已到期债权的债权人有权要求已认缴出资但未届缴资期限的股东提前缴纳出资”的规定，前者是“对债权人承担补充赔偿责任”，后者是要求“提前缴纳出资”，《公司法》的规定似乎是回归了股东出资加速到期的本源，该规定会导致在此情形下，公司和债权人的相关诉讼路径和诉讼主张可能会随之发生改变。

►【关联法条】

1.《中华人民共和国企业破产法》

第35条　人民法院受理破产申请后，债务人的出资人尚未完全履行出资义务的，管理人应当要求该出资人缴纳所认缴的出资，而不受出资期限的限制。

---

① 参见朱慈蕴、皮正德：《公司资本制度的后端改革与偿债能力测试的借鉴》，载《法学研究》2021年第1期。

② 参见刘铭卿：《股东出资义务加速到期研究》，载《政治与法律》2019年第4期。

2.《最高人民法院关于适用〈中华人民共和国公司法〉若干问题的规定(二)》(2020年修正)

第22条　公司解散时,股东尚未缴纳的出资均应作为清算财产。股东尚未缴纳的出资,包括到期应缴未缴的出资,以及依照公司法第二十六条和第八十条的规定分期缴纳尚未届满缴纳期限的出资。

公司财产不足以清偿债务时,债权人主张未缴出资股东,以及公司设立时的其他股东或者发起人在未缴出资范围内对公司债务承担连带清偿责任的,人民法院应依法予以支持。

3.《全国法院民商事审判工作会议纪要》

6.【股东出资应否加速到期】在注册资本认缴制下,股东依法享有期限利益。债权人以公司不能清偿到期债务为由,请求未届出资期限的股东在未出资范围内对公司不能清偿的债务承担补充赔偿责任的,人民法院不予支持。但是,下列情形除外:

(1)公司作为被执行人的案件,人民法院穷尽执行措施无财产可供执行,已具备破产原因,但不申请破产的;

(2)在公司债务产生后,公司股东(大)会决议或以其他方式延长股东出资期限的。

►【典型案例】

北京市文科投资顾问有限公司等与霍尔果斯蓝港影业有限公司与公司有关的纠纷案

[北京市第一中级人民法院(2022)京01民终第4942号]

本案涉及公司进入破产清算程序,但有关股东出资尚未缴清,法院经审理后认为:当公司进入解散或者破产清算程序中,应当认定股东所认缴的出资加速到期,其应向公司提前履行出资义务。本案中,虽然股东所认缴的出资尚未届出资期限,但是公司未能清偿到期债务,经过强制执行程序后,仍然无法清偿对债权人的所负债务,应当认定公司不能清偿到期债务且明显缺乏清偿能力,即便公司未经申请进入破产清算程序,股东仍应当在尚未缴纳出资的范围内对公司不能清偿的债务承担补充赔偿责任。

第五十五条 【出资证明书】

有限责任公司成立后，应当向股东签发出资证明书，记载下列事项：

（一）公司名称；

（二）公司成立日期；

（三）公司注册资本；

（四）股东的姓名或者名称、认缴和实缴的出资额、出资方式和出资日期；

（五）出资证明书的编号和核发日期。

出资证明书由法定代表人签名，并由公司盖章。

▶ **【法条释义】**

本条是有关出资证明书的规定。出资证明书是证明投资人已经依法履行出资义务，成为有限公司股东的法律文书，是股东在公司享有权利、承担义务的法律凭证。出资证明书的签发日期是有限责任公司成立后，出资证明书要载明的事项包括：公司名称，成立日期，注册资本，股东的姓名或者名称、缴纳的出资额和出资日期，出资证明书的编号和核发日期。2023 年《公司法》对出资证明书的形式要件进行了规定，即要求：出资证明书由法定代表人签名，公司盖章。2018 年《公司法》只是要求出资证明书由公司盖章，没有有关法定代表人签名的要求，2023 年《公司法》有关出资证明书必须由法定代表人签字的规定一定程度上强化了法定代表人在公司内部治理中的地位，更凸显了法定代表人在公司对内事务中的重要性。

在商事实践中，由于各种原因，有限责任公司出资证明书所记载的股东（名义上的股东）与真正的出资人（实质意义上的股东）相分离的情形较为常见，此种情形下双方难免会就股权以及投资收益的归属发生争议。实践中对于名义股东与实际出资人的纠纷处理规则如下：

（1）名义股东与实际股东之间合同效力的认定。实际出资人与名义股东订立合同，约定由实际出资人出资并享有投资权益，以名义出资人为名义股东，实际出资人与名义股东对该合同效力发生争议的，如无《民法典》规定的民事法律行为无效的情形（《民法典》第 143 条、第 146 条、第 153 条、第 154 条相关规定），人民法院应当认定该合同有效。实际出资人与名义股东因投资权益的归属发生争议，实际出资人以其实际履行了出资义务为由向名义股东主张权利的，人民法院应予支持。名义股东以公司股东名册记载、公司登记机关登记为由否认实际出资人权利的，人民法院不予支持。

(2)实际出资人主张成为公司的股东的认定——按股权转让处理。实际出资人未经公司其他股东半数以上同意,请求公司变更股东、签发出资证明书、记载于股东名册、记载于公司章程并办理公司登记机关登记的,人民法院不予支持。

(3)名义股东处分股权的效力——第三人按善意取得处理。名义股东将登记于其名下的股权转让、质押或者以其他方式处分,实际出资人以其对于股权享有实际权利为由,请求认定处分股权行为无效的,人民法院可以参照物权法有关善意取得的规定处理(受让方可善意取得该股权)。

(4)名义股东的法律责任。第一,名义股东处分股权造成实际出资人损失,要向实际出资人承担赔偿责任。第二,公司债权人以登记于公司登记机关的股东未履行出资义务为由,请求名义股东对公司债务不能清偿的部分在未出资本息范围内承担补充赔偿责任,名义股东以其仅为名义股东而非实际出资人为由进行抗辩的,人民法院不予支持。名义股东根据前款规定承担赔偿责任后,向实际出资人追偿的,人民法院应予支持。所以名义股东不仅仅是挂名那么简单,名义股东要承担相应的法律责任是由商事外观主义原则决定的。规定名义股东的法律责任是为了保护善意第三人的合法权益,维护商业活动的交易秩序。对于善意第三人而言,其基于商事登记外观的信任,并因此作出了交易决定,即使该权利外观与实际不一致,出于保证善意相对人的信赖利益以及维护交易安全的考虑,也应该推定该权利外观真实有效。所以在成为“名义股东”之前,应当谨慎考虑其可能带来的商业隐患与法律风险。当然名义股东在向第三人承担赔偿责任后,可以向实际出资人追偿。

►【关联法条】

1.《中华人民共和国民法典》

第 143 条　具备下列条件的民事法律行为有效:

(一)行为人具有相应的民事行为能力;

(二)意思表示真实;

(三)不违反法律、行政法规的强制性规定,不违背公序良俗。

第 144 条　行为人与相对人以虚假的意思表示实施的民事法律行为无效。

以虚假的意思表示隐藏的民事法律行为的效力,依照有关法律规定处理。

第 153 条　违反法律、行政法规的强制性规定的民事法律行为无效。但是,该强制性规定不导致该民事法律行为无效的除外。

违背公序良俗的民事法律行为无效。

第 154 条　行为人与相对人恶意串通,损害他人合法权益的民事法律行为无效。

2.《最高人民法院关于适用〈中华人民共和国公司法〉若干问题的规定(三)》(2020年修正)

第22条　当事人之间对股权归属发生争议,一方请求人民法院确认其享有股权的,应当证明以下事实之一:

(一)已经依法向公司出资或者认缴出资,且不违反法律法规强制性规定;

(二)已经受让或者以其他形式继受公司股权,且不违反法律法规强制性规定。

第23条　当事人依法履行出资义务或者依法继受取得股权后,公司未根据公司法第三十一条、第三十二条的规定签发出资证明书、记载于股东名册并办理公司登记机关登记,当事人请求公司履行上述义务的,人民法院应予支持。

第24条　有限责任公司的实际出资人与名义出资人订立合同,约定由实际出资人出资并享有投资权益,以名义出资人为名义股东,实际出资人与名义股东对该合同效力发生争议的,如无法律规定的无效情形,人民法院应当认定该合同有效。

前款规定的实际出资人与名义股东因投资权益的归属发生争议,实际出资人以其实际履行了出资义务为由向名义股东主张权利的,人民法院应予支持。名义股东以公司股东名册记载、公司登记机关登记为由否认实际出资人权利的,人民法院不予支持。

实际出资人未经公司其他股东半数以上同意,请求公司变更股东、签发出资证明书、记载于股东名册、记载于公司章程并办理公司登记机关登记的,人民法院不予支持。

第25条　名义股东将登记于其名下的股权转让、质押或者以其他方式处分,实际出资人以其对于股权享有实际权利为由,请求认定处分股权行为无效的,人民法院可以参照民法典第三百一十一条的规定处理。

名义股东处分股权造成实际出资人损失,实际出资人请求名义股东承担赔偿责任的,人民法院应予支持。

第26条　公司债权人以登记于公司登记机关的股东未履行出资义务为由,请求其对公司债务不能清偿的部分在未出资本息范围内承担补充赔偿责任,股东以其仅为名义股东而非实际出资人为由进行抗辩的,人民法院不予支持。

名义股东根据前款规定承担赔偿责任后,向实际出资人追偿的,人民法院应予支持。

第27条　股权转让后尚未向公司登记机关办理变更登记,原股东将仍登记于其名下的股权转让、质押或者以其他方式处分,受让股东以其对于股权享有实际权利为由,请求认定处分股权行为无效的,人民法院可以参照民法典第三百一十一条的规定处理。

原股东处分股权造成受让股东损失,受让股东请求原股东承担赔偿责任、对于未及时办理变更登记有过错的董事、高级管理人员或者实际控制人承担相应责任的,人民法院应予支持;受让股东对于未及时办理变更登记也有过错的,可以适当减轻上述董事、高级管理人员或者实际控制人的责任。

第28条　冒用他人名义出资并将该他人作为股东在公司登记机关登记的,冒名登记行为人应当承担相应责任;公司、其他股东或者公司债权人以未履行出资义务为由,请求被冒名登记为股东的承担补足出资责任或者对公司债务不能清偿部分的赔偿责任的,人民法院不予支持。

▶【典型案例】

1. 艾某林诉辉县市掌上网络科技有限公司股东出资纠纷案

[河南省新乡市中级人民法院(2019)豫07民终第3460号]

本案中,原告艾某林起诉辉县市掌上网络科技有限公司,提出有关确认其股东身份的请求。法院审理后认为:工商登记、股东名册、出资证明书等均是认定是否具有股东身份的法律凭证,本案中,公司的工商登记资料、公司章程、股东名册均未记载原告的股东身份,也未向原告签发出资证明书或股权证明等表明股东身份的书面材料,从外观上并不能显示原告系公司股东,同时原告有关受让股权的主张,因其不能提供有关股权转让协议,也不能合理说明其如何受让的股份以及证明其实质上获得了相关股权,因而认定原告不具备法律规定的股东资格要件。

2. 郑某升与广州市索柔生物科技有限公司、肖某远等与公司有关的纠纷案

[广东省广州市中级人民法院(2022)粤01民终第9778号]

本案涉及有关股权的归属以及隐名股东显名与继受股权问题。法院经审理认为:(1)股权权属问题。本案中,首先实际出资人与名义出资人形成了代为持有股权的合意;其次实际出资人已经完成向公司的出资义务,因而符合《最高人民法

院关于适用〈中华人民共和国公司法〉若干问题的规定(三)》第22条的规定,应当认定为股权归属于实际出资人。

(2)隐名股东显名与继受股权问题。实际出资人已经死亡,其股权由其继承人按照《最高人民法院关于适用〈中华人民共和国公司法〉若干问题的规定(三)》第23条依法继承,同时公司股东均同意对股东进行变更,签发出资证明书、记载于股东名册及公司章程并办理公司登记,因而对实际出资人的继承人进行相应的股权变更登记符合法律规定。

第五十六条　【股东名册】

有限责任公司应当置备股东名册,记载下列事项:

(一)股东的姓名或者名称及住所;

(二)股东认缴和实缴的出资额、出资方式和出资日期;

(三)出资证明书编号;

(四)取得和丧失股东资格的日期。

记载于股东名册的股东,可以依股东名册主张行使股东权利。

►【法条释义】

股东名册是公司依照法律规定,记载有关股东及其股权状况的簿册,也是股东身份或资格的法定证明文件,记载于股东名册的股东,可以依股东名册主张行使股东权利。2018年《公司法》规定的有限责任公司股东名册法定的记载事项包括:股东的姓名或者名称及住所;股东的出资额;出资证明书编号。相较而言,2023年《公司法》在股东名册的法定记载事项中增添了有关股东认缴和实缴的出资额、出资方式和出资日期以及取得和丧失股东资格的时间的规定,其记载的事项内容更为完善,同时该规定对于完善股权退出机制有重大意义。2005年修订的《公司法》正式确定了将股东名册作为股东资格的认定依据的规定,股东只有在完成股东名册的登记之后,才能对公司主张行使股东权利,同时股东名册一经登记,便发生公示的效果,产生公信力。

►【关联法条】

《最高人民法院关于适用〈中华人民共和国公司法〉若干问题的规定(三)》(2020年修正)

第23条　当事人依法履行出资义务或者依法继受取得股权后,公司未根据公司法第三十一条、第三十二条的规定签发出资证明书、记载于股东名册并办理公司登记机关登记,当事人请求公司履行上述义务的,人民法院应予支持。

▶【典型案例】

陈某国诉朱某华、浙江一树环保科技有限公司股东出资纠纷案

[湖州市南浔区人民法院(2020)浙0503民初第2586号]

本案涉及实际出资人与名义股东之间有关股东身份的争议。法院审理后认为:根据《公司法》第32条的规定,有限责任公司实行股东名册法定主义,只有记载于股东名册的股东才能根据股东名册主张行使股东权利。本案中实际出资人与名义出资人订立委托合同,约定由实际出资人出资并享有投资权益的行为实属委托合同法律关系的范畴,但实际出资人并未记载于公司股东名册,所以不应当认定为公司的股东,登记于股东名册的名义股东才是公司的股东,可以依照股东名册主张行使股东权利。实际出资人与名义股东之间的具体争议按照其约定处理。

第五十七条 【股东查阅、复制权】

股东有权查阅、复制公司章程、股东名册、股东会会议记录、董事会会议决议、监事会会议决议和财务会计报告。

股东可以要求查阅公司会计账簿、会计凭证。股东要求查阅公司会计账簿、会计凭证的,应当向公司提出书面请求,说明目的。公司有合理根据认为股东查阅会计账簿、会计凭证有不正当目的,可能损害公司合法利益的,可以拒绝提供查阅,并应当自股东提出书面请求之日起十五日内书面答复股东并说明理由。公司拒绝提供查阅的,股东可以向人民法院提起诉讼。

股东查阅前款规定的材料,可以委托会计师事务所、律师事务所等中介机构进行。

股东及其委托的会计师事务所、律师事务所等中介机构查阅、复制有关材料,应当遵守有关保护国家秘密、商业秘密、个人隐私、个人信息等法律、行政法规的规定。

股东要求查阅、复制公司全资子公司相关材料的,适用前四款的规定。

▶【法条释义】

本条是与股东知情权有关的查阅、复制权规定。股东知情权是指公司股东了解公司相关信息的权利。股东知情权是一个权利体系,其权利的中心内容是股东对公司事务有充分获得相关信息的权利。知情权是股东的一项基础性权利,其对于公司股东,特别是对于那些不参与公司经营管理的股东意义重大。现代公司经营奉行所有权与控制权相分离的原则,股东一般不直接参与公司事务的运营,但股东可以对公司管理者的行为进行监管,而监管的前提是要充分获取与公司经营有关的信息,可以说股东知情权是实现股东其他权利的前提,是股东依法行使资产收益、参与重大决策和选择管理者等权利的重要基础。股东知情权的正确行使,不仅直接关系到股东自身权益的实现,而且也是公司管理规范化程度的体现。因而,各个国家在制定公司法时都对股东的知情权作出一定的规范。

2023 年《公司法》有关查阅、复制权的规定,与 2018 年《公司法》的规定相比,呈现出以下变化:

(1)规定公司股东可以查阅会计凭证、会计账簿。2018 年《公司法》规定有限责任公司的股东可以查阅公司会计账簿,但没有规定股东可以查阅会计凭证。这一规定给司法实践带来了很大的困惑,导致司法实践中在面对股东有关查阅会计凭证的诉求时,有的法院以法律没有授予股东查阅会计凭证的权利为由予以驳回,有的法院则支持了这一诉求。实际情况是经审核无误的会计凭证是登记会计账簿的依据,另外相对于会计凭证而言,会计账簿造假的可能性高,而会计凭证通常情况下难以伪造,特别是在公司业务往来时产生的原始凭证(如银行转账凭证),篡改之可能性极小,允许股东可以查询会计凭证,更加有助于实现股东对公司财务状况的知情权,所以 2018 年《公司法》没有规定股东可以查阅会计凭证存在漏洞。2023 年《公司法》的上述规定填补了该项漏洞,即有限责任公司的股东可以查阅会计凭证。设计股东会计凭证查阅权的原因就是想要使股东了解公司相关的财务信息,若是信息不对称可以被消除在股东和管理者之间,那就能帮助股东有效地行使其股权,也会大大增强公司在股东心目中的透明度,这样对于保护股东的权益就有很大的帮助。①

(2)修改了 2018 年《公司法》有关"公司拒绝提供查阅的,股东可以请求人民法院要求公司提供查阅"的规定。2023 年《公司法》的表述为"公司拒绝提供查阅的,股东可以向人民法院提起诉讼",该规定明确了股东可以通过诉讼的方式实现查阅权。

(3)增加了股东可以委托会计师事务所、律师事务所等中介机构进行查阅、复

---

① 参见李美云:《有限责任公司股东会计账簿查阅权问题研究——兼对〈公司法司法解释四〉(征求意见稿)评析》,载《中国政法大学学报》2013 年第 4 期。

制有关材料的规定,以及上述机构应当遵守有关保护国家秘密、商业秘密、个人隐私、个人信息等法律、行政法规的规定。2023 年《公司法》有关股东可以委托会计师事务所、律师事务所等行使查阅、复制权的规定实际上是吸收了《最高人民法院关于适用〈中华人民共和国公司法〉若干问题的规定(四)》(2020 年修正)第 10 条规定的内容,该条规定:股东依据人民法院生效判决查阅公司文件材料的,在该股东在场的情况下,可以由会计师、律师等依法或者依据执业行为规范负有保密义务的中介机构执业人员辅助进行。《公司法》增设有关股东可以委托中介机构进行查阅、复制有关材料的规定,主要是基于有关资料很可能涉及法律、财务等方面的专业知识,股东作为非专业人士难以获取有效信息、发现存在问题的考虑,所以需要有关专业人员提供帮助。另根据《最高人民法院关于适用〈中华人民共和国公司法〉若干问题的规定(四)》(2020 年修正)的规定,委托他人进行查阅时,股东应当在场,而 2023 年《公司法》则无此规定,从实际操作来看,其实会计师、律师作为专业人士,可以独立执行委托事务,另外《公司法》又规定了他们应当保守有关国家秘密、商业秘密、个人隐私、个人信息,所以规定委托股东必须在场实无必要。

现代公司的矛盾分为股东相互间的矛盾、股东与管理经营者的矛盾、公司整体与外部人员的矛盾。股东与公司在查阅范围上的争议属于股东与经营公司的管理者的矛盾。① 股东知情权的行使会涉及股东权益和公司利益之间的冲突,法律允许公司在特定条件下对股东知情权的行使给予适当的限制。对于股东而言,在行使相关知情权时,要遵循诚实信用原则,正确适当地行使知情权;对于公司而言,当公司有合理根据认为股东查阅会计账簿、会计凭证有不正当目的,可能损害公司合法利益的,可以拒绝提供查阅。在面对“股东行使知情权”与“公司拒绝查阅权”之冲突时,要把握的标准是股东有关权利的行使是否可能损害公司的合法权益。

►【关联法条】

1.《中华人民共和国公司法》(2023 年修订)

第 110 条　股东有权查阅、复制公司章程、股东名册、股东会会议记录、董事会会议决议、监事会会议决议、财务会计报告,对公司的经营提出建议或者质询。

连续一百八十日以上单独或者合计持有公司百分之三以上股份的股东要求查阅公司的会计账簿、会计凭证的,适用本法第五十七条第二款、第三款、第四款的规定。公司章程对持股比例有较低规定的,从其规定。

---

① 参见赵旭东:《公司治理中的控股股东及其法律规制》,载《法学研究》2020 年第 4 期。

股东要求查阅、复制公司全资子公司相关材料的，适用前两款的规定。

上市公司股东查阅、复制相关材料的，应当遵守《中华人民共和国证券法》等法律、行政法规的规定。

2.《最高人民法院关于适用〈中华人民共和国公司法〉若干问题的规定(四)》(2020 年修正)

第 7 条　股东依据公司法第三十三条、第九十七条或者公司章程的规定，起诉请求查阅或者复制公司特定文件材料的，人民法院应当依法予以受理。

公司有证据证明前款规定的原告在起诉时不具有公司股东资格的，人民法院应当驳回起诉，但原告有初步证据证明在持股期间其合法权益受到损害，请求依法查阅或者复制其持股期间的公司特定文件材料的除外。

第 8 条　有限责任公司有证据证明股东存在下列情形之一的，人民法院应当认定股东有公司法第三十三条第二款规定的"不正当目的"：

(一)股东自营或者为他人经营与公司主营业务有实质性竞争关系业务的，但公司章程另有规定或者全体股东另有约定的除外；

(二)股东为了向他人通报有关信息查阅公司会计账簿，可能损害公司合法利益的；

(三)股东在向公司提出查阅请求之日前的三年内，曾通过查阅公司会计账簿，向他人通报有关信息损害公司合法利益的；

(四)股东有不正当目的的其他情形。

第 9 条　公司章程、股东之间的协议等实质性剥夺股东依据公司法第三十三条、第九十七条规定查阅或者复制公司文件材料的权利，公司以此为由拒绝股东查阅或者复制的，人民法院不予支持。

第 10 条　人民法院审理股东请求查阅或者复制公司特定文件材料的案件，对原告诉讼请求予以支持的，应当在判决中明确查阅或者复制公司特定文件材料的时间、地点和特定文件材料的名录。

股东依据人民法院生效判决查阅公司文件材料的，在该股东在场的情况下，可以由会计师、律师等依法或者依据执业行为规范负有保密义务的中介机构执业人员辅助进行。

第 11 条　股东行使知情权后泄露公司商业秘密导致公司合法利益受到损害，公司请求该股东赔偿相关损失的，人民法院应当予以支持。

根据本规定第十条辅助股东查阅公司文件材料的会计师、律师等泄露公司商业秘密导致公司合法利益受到损害，公司请求其赔偿相关损失的，人民法院应当予以支持。

第12条　公司董事、高级管理人员等未依法履行职责,导致公司未依法制作或者保存公司法第三十三条、第九十七条规定的公司文件材料,给股东造成损失,股东依法请求负有相应责任的公司董事、高级管理人员承担民事赔偿责任的,人民法院应当予以支持。

▶【典型案例】

1. 杨某诉厦门市烽胜餐饮管理有限公司股东知情权纠纷案

[福建省厦门市中级人民法院(2020)闽02民终第5584号]

原告杨某作为被告公司股东,书面请求公司查阅公司会计账簿等财务资料,公司未作答复,因此起诉至法院。法院经审理后认为:股东书面请求公司查阅公司财务资料,公司未作书面答复且公司未举证证明股东查阅公司财务资料存在不正当目的以及可能损害公司合法利益的,应当认定股东有权查阅公司财务资料。公司会计账簿的登记是以会计凭证为基础,会计凭证的填制需以公司实际发生经济业务事项为基础,会计账簿的外延应当包括会计凭证和与会计凭证形成有关的基础性材料。股东请求查阅公司所有的会计账簿和会计凭证符合法律规定,公司应当提供有关的财务资料以供股东查阅。

2. 黄某诉上海弘光储运有限公司(以下简称弘光公司)股东知情权纠纷案

[上海市第一中级人民法院(2018)沪01民终第8044号]

原告黄某通过司法拍卖程序竞得弘光公司10.42%的股权,经法院执行受让相应股权成为弘光公司的股东。现黄某起诉至法院,请求弘光公司提供自公司成立之日起至2018年4月24日的股东会会议记录、董事会会议决议、监事会会议决议及财务会计报告(资产负债表、损益表、现金流量表、财务情况说明书、利润分配表),供其查阅、复制。法院审理后认为:公司股东有权行使股东知情权,有权查阅、复制公司章程、股东会会议记录、董事会会议决议、监事会会议决议和财务报告。但本案原告股东身份特殊,其还是上海另外三家物流公司的股东,与被告公司存在潜在的竞业风险,因而对其行使股东知情权应当加以限制。首先对该股东行使知情权的范围进行限制,仅允许其查阅公司所有公示于工商行政主管机关的特定文件;其次对该股东行使知情权的内容进行限制,即不允许股东查阅会计账簿和会计凭证等可能会产生实质性竞争关系的信息。

第二节　组织机构

第五十八条　【股东会的组成及地位】

有限责任公司股东会由全体股东组成。股东会是公司的权力机构，依照本法行使职权。

►【法条释义】

本条是有关有限责任公司股东会的一般性规定。有限责任公司的股东会是指由全体股东组成的，决定公司经营管理重大事项的机构。股东会是公司的权力机构，其他机构如董事会和监事会成员由它选举产生并对它负责。股东会是企业经营管理和股东利益的决策机关，有关公司的重大经营决策和股东的利益分配等都要得到股东会的批准。

第五十九条　【股东会职权】

股东会行使下列职权：

（一）选举和更换董事、监事，决定有关董事、监事的报酬事项；

（二）审议批准董事会的报告；

（三）审议批准监事会的报告；

（四）审议批准公司的利润分配方案和弥补亏损方案；

（五）对公司增加或者减少注册资本作出决议；

（六）对发行公司债券作出决议；

（七）对公司合并、分立、解散、清算或者变更公司形式作出决议；

（八）修改公司章程；

（九）公司章程规定的其他职权。

股东会可以授权董事会对发行公司债券作出决议。

对本条第一款所列事项股东以书面形式一致表示同意的，可以不召开股东会会议，直接作出决定，并由全体股东在决定文件上签名或者盖章。

►【法条释义】

本条是有关有限责任公司股东会职权的规定。主要包括有关人事任免及报酬决定权、审批权、决议权、修改公司章程权以及公司章程规定的其他职权等内容。从上述内容看有关股东会职权的规定基本沿用了 2018 年《公司法》第 37 条关于股东会职权范围的规定,删除了有关"决定公司的经营方针和投资计划"以及"审议批准公司的年度财务预算方案、决算方案"的权力,同时增加了有关股东会可以授权董事会对发行公司债券作出决议的规定,将公司实际经营的职权从股东会转移至董事会手中,强化董事会的主观能动性与决策能力。另外本条还赋予了有限责任公司股东形成决议的灵活性,全体股东可通过书面形式一致表示同意的方式来行使职权,该一致意思表示与股东会决议效力是同等的。在有关对上述书面决定文件的签名和盖章的规定上,2023 年《公司法》作了调整,2018 年《公司法》规定的是"对前款所列事项股东以书面形式一致表示同意的,可以不召开股东会会议,直接作出决定,并由全体股东在决定文件上签名、盖章",2023 年《公司法》将"签名、盖章",即"签名并盖章"的表述调整为"签名或者盖章"。

►【典型案例】

1. 北京众谊投资中心(有限合伙)等诉北京怡合春天科技有限公司等公司决议效力确认纠纷案

[北京市第三中级人民法院(2020)京 03 民终第 644 号]

本案涉及有关公司决议效力的问题。法院经审理后认为:《公司法》赋予了有限责任公司股东形成决议的灵活性,全体股东可通过书面一致表示同意的方式来对有关事项进行决议,由此作出的决定与股东会决议产生同等效力。同时《公司法》规定了修改公司章程系股东会的职权。公司章程是股东集体意志的体现,属于公司股东之间的合意。当公司章程内容不能体现为公司股东之间的合意时,公司章程的相关规定不能产生约束公司行为的应然之效力。本案中股东会决议与公司章程有关执行董事的规定存在冲突,此时公司章程的规定已然不能体现全体股东的合意,因而章程中有关于执行董事的规定不能对抗各股东之间的合意。

2. 于某英诉常州中南会计师事务所有限公司公司决议效力确认纠纷案

[江苏省高级人民法院(2020)苏民申第 9233 号裁定]

原告为被告公司股东,其向法院提起诉讼,主张公司与其他股东恶意串通,未通知其参加股东会会议,导致其未能对公司增资决议进行表决,侵犯了其权益,请求判令涉案股东会决议无效。法院经审理后认为:根据《公司法》的相关规定,公司股东会或者股东大会、董事会的决议内容违反法律、行政法规的无效;股东会的议事方式和表决程序,除法律另有规定外,由公司章程规定;股东会会议作出增加或减少注册资本的决议必须经代表2/3以上表决权的股东通过。案件事实查明,公司已经按照召开股东会程序规定通知了全体股东,而涉案股东自行放弃有关权利未进行表决,案涉股东会决议对于公司增加注册资本的决议经由持股比例超出2/3表决权的股东通过,且决议内容并不违反法律、行政法规的规定,因而股东请求确认股东会决议无效于法无据。

第六十条 【一人公司的股东决议】

只有一个股东的有限责任公司不设股东会。股东作出前条第一款所列事项的决定时,应当采用书面形式,并由股东签名或者盖章后置备于公司。

►【法条释义】

本条是有关一人有限责任公司股东决议的书面形式的要求。为了保证公司债权人的利益,2018年《公司法》第61条规定只有一个股东的有限责任公司股东在行使职权作出重大决定时,包括在行使有关人事任免及报酬决定权、审批权、决议权、修改公司章程权以及公司章程规定的其他职权作出决议时应具备相应的公示制度。本条在沿用2018年《公司法》第61条规定的基础上,对部分条文的表述作了调整。2018年《公司法》第61条规定:一人有限责任公司不设股东会。股东作出本法第37条第1款所列决定时,应当采用书面形式,并由股东签名后置备于公司。2023年《公司法》将"并由股东签名后置备于公司"的表述改为"并由股东签名或者盖章后置备于公司",这条规定与2023年《公司法》第59条有关一般有限责任公司全体股东决议应当由全体股东"签名或者盖章"的规定相一致。同时这一修改显然是考虑到法人股东签署文件的实际,比原来规定的适用范围更为适当。

另外,2018年《公司法》在第三章"有限责任公司的设立和组织机构"部分专列第三节"一人有限责任公司的特别规定"对有限责任公司进行了特别规制。与2018年《公司法》相比,2023年《公司法》有关一人有限责任公司的规定发生了重大变化。体现为:

(1)2018年《公司法》规定的一人公司仅指一人有限责任公司,2023年《公司法》第92条新增了有关一人股份有限公司的规定,即“设立股份有限公司,应当有一人以上二百人以下为发起人,其中应当有半数以上的发起人在中华人民共和国境内有住所。”该规定突破了2018年《公司法》有关股份公司最低由两人设立的限制,这一修改进一步降低了股份公司设立的门槛。

(2)删除了“一个自然人只能投资设立一个一人有限责任公司。该一人有限责任公司不能投资设立新的一人有限责任公司”的规定。这一修改意味着《公司法》允许一个自然人设立多个一人公司,且该一人公司也可以设立多个一人公司。《公司法》的上述修改是基于目前实践中存在一个自然人或者一个一人公司投资设立多个一人公司的需求,现实生活中或通过代持,或通过邀请关联方以极小比例参股方式绕开上述限制性规定。2023年《公司法》本着堵不如疏的原则取消了上述限制,迎合了实践需求,降低了企业经营的管理成本。

(3)删除了“一人有限责任公司应当在公司登记中注明自然人独资或者法人独资,并在公司营业执照中载明”的内容,按照2023年《公司法》第32条的规定,有限责任公司在登记时的登记事项包括有限责任公司股东、股份有限公司发起人的姓名或者名称,所以通过登记事项的公示也能明晰一人公司是自然人独资或者法人独资。

(4)删除了“一人有限责任公司章程由股东制定”的规定。根据《公司法》第45条的规定:设立有限责任公司,应当由股东共同制定公司章程。第94条规定:设立股份有限公司,应当由发起人共同制订公司章程。所以不管是一人有限责任公司还是一人股份有限公司,其章程均由股东制定。

(5)删除了“一人有限责任公司的股东不能证明公司财产独立于股东自己的财产的,应当对公司债务承担连带责任”的内容,当然这一内容的删除并不意味着此种情况一人公司不适用公司法人人格否认制度。2023年《公司法》第23条规定:“公司股东滥用公司法人独立地位和股东有限责任,逃避债务,严重损害公司债权人利益的,应当对公司债务承担连带责任。股东利用其控制的两个以上公司实施前款规定行为的,各公司应当对任一公司的债务承担连带责任。只有一个股东的公司,股东不能证明公司财产独立于股东自己的财产的,应当对公司债务承担连带责任。”第192条规定:公司的控股股东、实际控制人指示董事、高级管理人员从事损害公司或者股东利益的行为的,与该董事、高级管理人员承担连带责任。所以在一人公司存在上述情况时,仍然会导致“刺破公司面纱”规则的适用。

(6)删除了“一人有限责任公司应当在每一会计年度终了时编制财务会计报告,并经会计师事务所审计”的规定,取消了对一人公司财务会计报告进行审计的要求,放宽了对一人公司的限制。

▶【关联法条】

1.《最高人民法院关于民事执行中变更、追加当事人若干问题的规定》

第20条　作为被执行人的一人有限责任公司,财产不足以清偿生效法律文书确定的债务,股东不能证明公司财产独立于自己的财产,申请执行人申请变更、追加该股东为被执行人,对公司债务承担连带责任的,人民法院应予支持。

2.《最高人民法院关于适用〈中华人民共和国民法典〉有关担保制度的解释》

第10条　一人有限责任公司为其股东提供担保,公司以违反公司法关于公司对外担保决议程序的规定为由主张不承担担保责任的,人民法院不予支持。公司因承担担保责任导致无法清偿其他债务,提供担保时的股东不能证明公司财产独立于自己的财产,其他债权人请求该股东承担连带责任的,人民法院应予支持。

第六十一条　【首次股东会会议】

首次股东会会议由出资最多的股东召集和主持,依照本法规定行使职权。

▶【法条释义】

本条是有关有限责任公司首次股东会会议的规定,该条规定完全沿用了2018年《公司法》第38条的规定,明确了由出资最多的股东召集和主持有限责任公司的首次股东会。

第六十二条　【定期股东会会议和临时股东会会议】

股东会会议分为定期会议和临时会议。

定期会议应当按照公司章程的规定按时召开。代表十分之一以上表决权的股东、三分之一以上的董事或者监事会提议召开临时会议的,应当召开临时会议。

▶【法条释义】

本条是有关股东会会议制度的规定,股东会会议分为定期会议和临时会议。定期会议是指由全体股东出席的按照公司章程规定的时间召开的例会,其召开具有确定性;临时会议是指根据公司实际情况需要临时召开的股东会会议,其召开具有不确定性。2023年《公司法》有关股东会会议制度的规定基本沿用了2018年《公司法》第39条的规定,但对有关临时股东会会议召集人的表述进行了修改。

2018 年《公司法》规定临时股东会会议的召集人包括：代表 1/10 以上表决权的股东、1/3 以上的董事，监事会或者不设监事会的公司的监事。2023 年《公司法》删去了“不设监事会的公司的监事”的内容，但这并不意味着根据规定，不设监事会的公司的监事无权提议召开临时股东会议。根据 2023 年《公司法》第 83 条的规定：规模较小或者股东人数较少的有限责任公司，可以不设监事会，设一名监事，行使本法规定的监事会的职权；经全体股东一致同意，也可以不设监事。按照这一规定，不设监事会的公司监事行使监事会的职权，包括提议召开临时股东会会议的职权。

▶【典型案例】

魏某萍诉北京京鲁伟业科技发展有限公司等公司决议撤销纠纷案

［北京市第一中级人民法院(2014)京一中民(商)终字第 9092 号］

原告为被告公司董事，以公司临时股东会召集主体不合法为由，提起撤销相关公司决议之诉。法院经审理后认为：虽然根据公司章程规定，股东会会议由董事会召集，董事长主持。但涉案公司董事长因去世无法履行职务，原告作为董事与公司其他 4 名董事已经产生分歧并发生诉讼，以董事会名义召集股东会亦不具备可行性。在公司章程未对上述情况作出规定时，其他 4 名董事作为合计持有公司 49% 股权的股东提议召开临时股东会解决公司经营状况及未来发展规划问题，是股东行使经营决策职权以维护公司正常经营的客观需要，亦符合《公司法》(2013 年修正)第 39 条关于“代表十分之一以上表决权的股东提议召开临时会议的，应当召开临时会议”、第 40 条关于“董事会或者执行董事不能履行或者不履行召集股东会会议职责的，由监事会或者不设监事会的公司的监事召集和主持；监事会或者监事不召集和主持的，代表十分之一以上表决权的股东可以自行召集和主持”的规定。故对原告关于临时股东会召集主体不合法的上诉意见不予支持。

第六十三条　【股东会会议的召集与主持】

股东会会议由董事会召集，董事长主持；董事长不能履行职务或者不履行职务的，由副董事长主持；副董事长不能履行职务或者不履行职务的，由过半数的董事共同推举一名董事主持。

董事会不能履行或者不履行召集股东会会议职责的，由监事会召集和主持；监事会不召集和主持的，代表十分之一以上表决权的股东可以自行召集和主持。

►【法条释义】

本条是有关股东会会议的召集与主持的规定。与2018年《公司法》相比，2023年《公司法》在沿用2018年《公司法》第40条规定的基础上，对原条文的内容进行了两处修改：(1)2018年《公司法》规定：有限责任公司不设董事会的，股东会会议由执行董事召集和主持，2023年《公司法》删去了上述内容。(2)2018年《公司法》规定：董事会或者执行董事不能履行或者不履行召集股东会会议职责的，由监事会或者不设监事会的公司的监事召集和主持，2023年《公司法》删去了由不设监事会的公司监事召集和主持股东会会议的内容。但根据2023年《公司法》第75条和第83条有关有限责任公司的独任董事和不设监事会的公司的监事分别行使董事会和监事会职权的规定，可以明确2023年《公司法》仍然是将独任董事和不设监事会的公司的监事纳入有权召集和主持股东会的主体之内的。

►【典型案例】

长沙市东升阀门科技有限公司诉长沙佳欣投资开发有限公司等公司决议效力确认纠纷案

[湖南省长沙市中级人民法院(2022)湘01民终第1650号]

本案涉及有关公司决议效力的认定问题。法院经审理后认为：涉案公司执行董事未按《公司章程》规定按期召开定期股东会会议，其在参与并主持临时股东会现场会议后拒绝将临时股东会会议议案纳入讨论范围，已以其行动表明不履行召集并主持股东会会议的职责，公司监事在执行董事不履行职务的情况下，亦离席不主持临时股东会会议，故代表1/10以上表决权的股东可以自行召集和主持。在临时股东会现场会议无法继续进行的情况下，主持会议的股东要求各位参会股东以书面形式参与表决临时股东会议案，并未影响其他股东行使表决权，本案中部分股东拒不参与书面表决，应视为其弃权，不影响书面表决临时股东会议案的正常进行。

第六十四条　【股东会会议的通知与记录】

召开股东会会议，应当于会议召开十五日前通知全体股东；但是，公司章程另有规定或者全体股东另有约定的除外。

股东会应当对所议事项的决定作成会议记录，出席会议的股东应当在会议记录上签名或者盖章。

▶【法条释义】

本条是有关股东会会议通知期限与记录的规定。2023 年《公司法》这一规定沿用了 2018 年《公司法》第 41 条的规定。有关股东会会议通知的期限问题,《公司法》要求召开股东会会议,应当于会议召开 15 日前通知全体股东;但是,公司章程另有规定或者全体股东另有约定的除外。这一规定允许股东可以以公司章程或者全体股东协议的方式自由约定有关通知期限。有关股东会会议通知的内容,应是具体明确的,以便于股东事前做好准备,明确自己的应对方案,更好地保护自己的合法权益。有关股东会会议记录的问题,《公司法》要求股东会应当对所议事项的决定作成会议记录,出席会议的股东应当在会议记录上签名或者盖章。

▶【典型案例】

厦门瑞城投资开发有限公司诉湖南高峰实业发展有限公司等公司决议纠纷案

[湖南省长沙市中级人民法院(2022)湘 01 民终第 3265 号]

本案中,法院认为:涉案公司湖南高峰实业发展有限公司已按照《公司法》的规定提前 15 日将股东会召开的时间、议程告知股东,股东享有充分的时间酝酿意见,股东会会议时长以及举手表决的形式也均未违反法律、法规规定,会后形成了股东会决议记录,除部分股东不同意该决议未签字之外,其余股东均在股东会决议上盖章或签字,并且表决权超过了《公司法》对普通事项所要求的 1/2 的规定。因而股东会根据《公司法》及公司章程的相关规定,按照资本多数决的原则形成的股东会决议于法有据。但股东会决议中的部分事项的通过未达到《公司法》第 43 条规定的"必须经代表三分之二以上表决权的股东通过"的要求,就该部分事项应当认定为决议不成立。

第六十五条 【股东的表决权】

股东会会议由股东按照出资比例行使表决权;但是,公司章程另有规定的除外。

▶【法条释义】

本条是有关股东表决权的规定。股东表决权是指股东对公司事务进行表决的权力,表决权是股东权利实现的前提。股东表决权作为一种固有权,除非依据法律规定,不允许公司章程或通过股东会决议的方式予以剥夺。股东表决权的大小,一般取决于其所掌握的股权。有限责任公司股东会会议由股东按照出资比例行使表决权,基于有限公司的人合性特征,公司章程可以基于公司发展、经营决策等考虑,规定不按照出资比例行使表决权。

▶【典型案例】

霍尔果斯丽日文化发展有限公司等诉北京晟廷文化发展有限公司决议撤销纠纷案

［北京市第二中级人民法院(2021)京02民终第17045号］

本案中,原告作为被告公司的股东,提出了有关撤销股东会决议的诉讼请求。法院经审理后认为:《公司法》第42条规定股东按照出资比例行使表决权,但是公司章程另有规定的除外。涉案公司章程规定股东会会议由股东按照出资比例行使表决权。本案中,涉案公司股东会决议有关表决事项内容并不违反法律法规和公司章程,召集程序、表决方式亦不违反法律、行政法规和公司章程,且表决事项属于一般表决事项,只需要代表1/2以上表决权的股东即可通过。涉案股东会决议表决通过的两位股东合计持有公司超过1/2的表决权,因此,涉案股东会决议的表决结果符合《公司法》及公司章程规定,该股东会决议应认定为依法成立。

第六十六条　【股东会的议事方式和表决程序】

股东会的议事方式和表决程序,除本法有规定的外,由公司章程规定。

股东会作出决议,应当经代表过半数表决权的股东通过。

股东会作出修改公司章程、增加或者减少注册资本的决议,以及公司合并、分立、解散或者变更公司形式的决议,应当经代表三分之二以上表决权的股东通过。

▶【法条释义】

本条是有关股东会的议事方式和表决程序的规定,该条规定沿用了2018年《公司法》第43条的规定。所谓“议事方式”,是指股东会对公司的重大问题进行讨论并作出决议的方式;所谓“表决程序”,是指股东如何行使表决权,不同的决议通过需要占多少表决权的股东赞成等。基于有限责任公司具有人合性的特征,2023年《公司法》规定有关股东会的议事方式和表决程序,除《公司法》另有规定的外,由公司章程规定。2023 年《公司法》对于一些特别事项的表决作了专门规定,即修改公司章程、增加或者减少注册资本的决议,以及公司合并、分立、解散或者变更公司形式的决议,必须经代表 2/3 以上表决权的股东通过。上述事项与公司、股东、债权人利益有重大影响,所以《公司法》对其表决有专门的强制性要求,各有限责任公司的章程规定不得与上述要求相抵触。

▶【典型案例】

华某伟诉圣甲虫公司公司决议纠纷案

[上海市第一中级人民法院(2018)沪 01 民终第 11780 号]

本案涉及有关公司股东会作出的公司定向减少注册资本决议的效力问题,法院审理后认为:公司定向减少注册资本会突破公司设立时的股权分配情况,如只需经 2/3 以上表决权的股东通过即可作出减资决议,实际上是以多数决形式改变公司设立时经发起人一致决所形成的股权架构,任何未经股东一致同意而改变股权比例的行为都是对部分股东财产权的侵害。同时本案中公司已经处于严重亏损的情况,如果允许公司以减资方式向个别股东定向返还股资,将会导致公司的资产大规模减少,同时会使该股东优先于债权人和其他股东获得清偿,因而法院认定股东会决议部分内容违反了《最高人民法院关于适用〈中华人民共和国公司法〉若干问题的规定(四)》第 5 条第 5 项"导致决议不成立的其他情形",应当判定决议该部分内容不成立。

第六十七条　【董事会职权】

有限责任公司设董事会,本法第七十五条另有规定的除外。

董事会行使下列职权:

(一)召集股东会会议,并向股东会报告工作;

(二)执行股东会的决议;

(三)决定公司的经营计划和投资方案;

(四)制订公司的利润分配方案和弥补亏损方案;

(五)制订公司增加或者减少注册资本以及发行公司债券的方案;

(六)制订公司合并、分立、解散或者变更公司形式的方案;

(七)决定公司内部管理机构的设置;

(八)决定聘任或者解聘公司经理及其报酬事项,并根据经理的提名决定

聘任或者解聘公司副经理、财务负责人及其报酬事项；

（九）制定公司的基本管理制度；

（十）公司章程规定或者股东会授予的其他职权。

公司章程对董事会职权的限制不得对抗善意相对人。

►【法条释义】

本条是有关董事会职权的规定。与 2018 年《公司法》第 46 条有关有限责任公司董事会职权的规定相比，基本沿用了原法的列举式规定，但是删除了有关制订公司的年度财务预算方案、决算方案的职权的规定。这项职权的删除体现了 2023 年《公司法》在一定程度上对股东会中心主义立场的倾向。当前，学界对公司治理模式的选择尚存分歧，有学者质疑股东会中心主义治理模式，主张董事会中心主义或总经理中心主义。[①] 但我国《公司法》已将股东会中心主义预设为公司治理常态模式，确认股东会为权力机构，并赋予其一系列终极控制权。股东会中心主义立足中国国情，久经市场锤炼，接轨国际惯例，尊重股东主权，鼓励股东自治，惠及全体股东，弘扬企业家精神，促进公司可持续发展，贯穿公司治理全过程，是公司治理体系的“压舱石”与“定海神针”，是经典、公平、理想、现实的公司治理模式，是具有全球竞争力的公司治理方案。[②]

另外，2023 年《公司法》还规定了“公司章程对董事会职权的限制不得对抗善意相对人”。也就是说，公司不能以其章程对董事会权力作出限制为由，向不知道或不应当知道该限制存在的善意相对人主张董事会决议对公司没有约束力，上述规定体现了 2023 年《公司法》加强了对善意相对人的保护。

►【典型案例】

杭州正淘易谷科技有限公司诉浙江天权商业经营管理有限公司决议纠纷案

［浙江省杭州市余杭区人民法院（2021）浙 0110 民初第 17815 号］

本案的争议焦点为涉案公司股东会的召集程序是否合法以及股东会会议作

---

① 参见赵旭东：《股东会中心主义抑或董事会中心主义？——公司治理模式的界定、评判与选择》，载《法学评论》2021 年第 3 期。

② 参见刘俊海：《论股东会中心主义治理模式的勃兴：评〈公司法（修订草案）〉中股东会的权力机构地位》，载《法学杂志》2023 年第 5 期。

出更换经理的决议是否符合规定的问题,法院审理后认为:1.涉案公司股东会的召集程序不合法。公司章程中有关股东会会议的召集程序的规定与《公司法》的规定一致。本案中股东会的召集程序有三项内容不符合法律规定:第一,召开股东会的期限不符合公司章程中关于提前15日通知的规定;第二,未能向所有股东送达股东会召开通知不符合章程中的有关规定;第三,未经董事会而由股东直接自行召集股东会的做法不符合章程规定。2.股东会会议作出更换经理的决议不符合规定。公司章程中载明,公司设经理,由董事会聘任或者解聘;公司的法定代表人由经理担任,根据章程内容,公司法定代表人,即经理的聘任和解聘应属于董事会职权,股东会会议越权作出更换经理的决议不符合法律规定。综上应当认定该股东会决议不能成立。

第六十八条 【董事会的组成与职工代表】

有限责任公司董事会成员为三人以上,其成员中可以有公司职工代表。职工人数三百人以上的有限责任公司,除依法设监事会并有公司职工代表的外,其董事会成员中应当有公司职工代表。董事会中的职工代表由公司职工通过职工代表大会、职工大会或者其他形式民主选举产生。

董事会设董事长一人,可以设副董事长。董事长、副董事长的产生办法由公司章程规定。

▶【法条释义】

本条是有关有限责任公司董事会的组成的规定。2023年《公司法》这条规定在沿用2018年《公司法》第44条规定的基础上,作了如下修改:(1)2018年《公司法》规定有限责任公司董事会成员为三人至十三人,而2023年《公司法》的规定是三人以上,该修改意味着《公司法》将不再设有限责任公司的董事会成员的人数的上限。(2)2018年《公司法》规定:两个以上的国有企业或者两个以上的其他国有投资主体投资设立的有限责任公司,其董事会成员中应当有公司职工代表。2023年《公司法》新增的第六章"国家出资公司的特别规定"中要求国有独资公司的董事会成员中应当有公司职工代表。本条新增的有关职工董事的规定体现了增强公司的职工权益保障的立法目的,同时对大中型民营企业的董事人选增加了要求,另外2023年《公司法》也规定了职工董事的选举产生方式。2021年5月25日,万科公司发布董事会决议公告,其在《关于修订公司章程的议案》中披露,拟在章程第四条增加"董事会设职工代表担任的董事1名"的内容,这是该公司在A股上市30年以来，首次设立职工代表董事，该做法引起了市场的广泛关注。

►【典型案例】

任某诉南京罂胤辰企业管理有限公司请求变更公司登记纠纷案

［南京市秦淮区人民法院（2021）苏0104民初第9218号］

原告为被告公司董事，现任期已满，遂要求公司办理涤除其董事职务的登记。公司未予答复，原告因此诉至法院。法院经审理后认为：根据《公司法》（2018年修正）第44条和第45条的规定，有限责任公司设董事会，成员人数为三人至十三人，董事任期由公司章程进行规定，且每届任期不得超过三年，董事任期届满应当及时进行改选。本案中，原公司董事任期已经届满，其请求公司办理涤除其董事职务的登记不违反公司章程和法律规定。但原董事辞任会使公司董事会人数低于法定人数，公司应当及时召开相关会议选举新的董事，在新董事就任前，原董事仍应当依照法律法规和公司章程履行职务。

第六十九条 【审计委员会】

有限责任公司可以按照公司章程的规定在董事会中设置由董事组成的审计委员会，行使本法规定的监事会的职权，不设监事会或者监事。公司董事会成员中的职工代表可以成为审计委员会成员。

►【法条释义】

本条是2023年《公司法》的新增条款。根据该条的规定，实际上是允许有限责任公司可以选择单层制治理模式，即公司可以只设立董事会而不设立监事会或监事，但必须在董事会中设立由董事组成的审计委员会，行使监事会的职权。上述规定是2023年《公司法》对我国公司治理模式作出的重大变革。英美国家的公司治理模式长期采用的是单层制治理模式，公司的最高权力机关是股东会，公司设董事会，但不设监事会，监督职能则由独立董事以及主要由独立董事构成的审计委员会、提名委员会、薪酬委员会等负责。英美国家的单层制治理模式与英美公司股份分散，“弱股东、强管理层”，需要借助外部监督机制发挥对公司的监督作用等公司发展的实际相适应。而德日国家的公司治理模式采用的是双层制治理模式，公司既设有董事会，也设有监事会。这种治理模式与德日国家股权相对集中，企业间交叉持股现象较为普遍的公司发展实际相适应，在该种模式下，股东等通过公司董事会参与公司治理实务,通过监事会发挥监督作用。当然通过考察主要国家和地区公司监督机构的演进可以发现,双层制国家立足于强化监事会职权以及完善监事任职资格,并逐步引入单层制。单层制国家的董事会逐渐由执行机构转为监督机构,并提高董事会成员中独立董事的比例,强化审计委员会的监督职权。① 而中国原先的公司治理模式则是博采众长,对公司采用董事会和监事会并存的双层制治理模式,同时也通过独立董事的设置和监事会共同发挥监督职能,还明确了上市公司必须设立独立董事的有关制度。有关审计委员会的规定,证监会发布的《上市公司治理准则》第38条明确了上市公司董事会应当设立审计委员会,对其他公司则无强制性要求。

完善公司治理是2023年《公司法》修改的重要目标之一。我国学界对于监事会实际运行的实际效果评价相对较低,认为监事会制度形同虚设。② 根据2023年《公司法》的规定:在董事会中设审计委员会的有限责任公司,不设监事会或者监事。审计委员会的确立始于我国2002年的《上市公司治理规则》,这次《公司法》将其适用于有限责任公司,目的在于增强董事会的独立性并更好地履行其受托义务,这也意味着我国公司的治理模式由原先的双层制到"单、双"并行,这必将给公司治理带来重大变革。当然,我们可以看到,在2023年《公司法》中,在董事会中设立审计委员会也是一个选择性规定,并非强制性规定。

►【关联法条】

《上市公司治理准则》

第38条　上市公司董事会应当设立审计委员会,并可以根据需要设立战略、提名、薪酬与考核等相关专门委员会。专门委员会对董事会负责,依照公司章程和董事会授权履行职责,专门委员会的提案应当提交董事会审议决定。

专门委员会成员全部由董事组成,其中审计委员会、提名委员会、薪酬与考核委员会中独立董事应当占多数并担任召集人,审计委员会的召集人应当为会计专业人士。

第39条　审计委员会的主要职责包括:

(一)监督及评估外部审计工作,提议聘请或者更换外部审计机构;

(二)监督及评估内部审计工作,负责内部审计与外部审计的协调;

(三)审核公司的财务信息及其披露;

---

① 参见林一英:《公司监督机构的立法完善:超越单层制与双层制》,载《法学杂志》2022年第4期。

② 参见朱锦清:《公司法学》,清华大学出版社2019年版,第273页;赵旭东:《商法学》,高等教育出版社2019年版,第224~225页。

（四）监督及评估公司的内部控制；

（五）负责法律法规、公司章程和董事会授权的其他事项。

第七十条　【董事任期及辞任】

董事任期由公司章程规定，但每届任期不得超过三年。董事任期届满，连选可以连任。

董事任期届满未及时改选，或者董事在任期内辞任导致董事会成员低于法定人数的，在改选出的董事就任前，原董事仍应当依照法律、行政法规和公司章程的规定，履行董事职务。

董事辞任的，应当以书面形式通知公司，公司收到通知之日辞任生效，但存在前款规定情形的，董事应当继续履行职务。

►【法条释义】

本条是有关董事任期的规定。2023 年《公司法》在沿用 2018 年《公司法》第 45 条规定的基础上，增加了第 3 款、第 4 款、第 5 款的内容，2018 年《公司法》仅规定了有关董事选任与改选的规定，2023 年《公司法》则增加了有关董事卸任的规定，其中第 3 款有关“董事辞任的，应当以书面形式通知公司，公司收到通知之日辞任生效……”的规定是将董事辞职认定为单方的民事法律行为，基于董事对公司施以的单方意思表示而发生效力，并不需要公司批准。①

►【典型案例】

1. 张某诉上海航特投资咨询有限公司（以下简称航特公司）、第三人上海鼎利信息科技有限公司（以下简称鼎利公司）、上海火眼技术有限公司（以下简称火眼公司）请求变更公司登记纠纷案

［上海市第一中级人民法院（2021）沪 01 民终第 7923 号］

本案中，张某于 2016 年 9 月 24 日经航特公司股东会决议被选举为董事长。航特公司章程第 28 条规定：“公司的法定代表人由董事长担任。”据此，张某于 2016 年 11 月 1 日经市场监督管理部门核准登记为航特公司法定代表人。后张某

① 参见刘道远：《公司法定代表人的角色、制度渊源及其完善》，载《比较法研究》2022 年第 4 期。

担任董事长的任期届满,向航特公司、鼎利公司和火眼公司等提交辞去航特公司董事长和法定代表人的报告,公司未予答复,因此起诉至法院。法院经审理后认为:本案中,虽然董事长任期已经届满,但依照公司章程的规定,在由董事会作出关于更换董事长的决议之前,公司原董事长仍应该按照法律和公司章程的规定继续履行职责。但如果公司对于更换董事长的请求恶意回避或者消极对待,使公司董事长不得不依法继续履行职务造成其实际损失的,公司董事长可以另案主张赔偿。

2. 诸某四诉陈某涌股权转让纠纷案

[浙江省嘉兴市中级人民法院(2021)浙04民终第3736号]

本案涉及执行董事的任期问题。法院经审理后认为:本案中的执行董事自公司重组后担任执行董事及法定代表人至今已逾三年,期满后公司股东会并未对执行董事进行选举,该执行董事的任职期限已届满,虽然可以连选连任,但亦须经过股东会选举并作出决议,而非"终身制"。本案的执行董事主张其任期终身制,此种主张极大限制了其他股东可行使的法定权利以及公司根据实际情况制定灵活可变的经营决策的权利,对此主张法院不予认可。

第七十一条　【董事的解任】

股东会可以决议解任董事,决议作出之日解任生效。

无正当理由,在任期届满前解任董事的,该董事可以要求公司予以赔偿。

▶【法条释义】

本条是有关公司解任董事的规定,该条规定是《公司法》新增的条款。《最高人民法院关于适用〈中华人民共和国公司法〉若干问题的规定(五)》第3条规定了有关"董事无因解除"制度,该规定弥补了我国现行《公司法》的漏洞,建立了透明的股东权利保护规则,与国际上的通行立法接轨。有利于改善我国营商环境、保护中小股东利益、防范内部人控制等。①

2023年《公司法》第71条吸纳了《最高人民法院关于适用〈中华人民共和国公司法〉若干问题的规定(五)》中的"董事无因解除"制度,赋予了有限责任公司

① 参见袁坚:《董事无因解任的体系评析和制度完善——兼评关于适用〈中华人民共和国公司法〉若干问题的规定(五)第三条》,载《东北大学学报(社会科学版)》2020年第3期。

股东会在存在正当理由的情况下,可以通过决议方式解任董事的权力,但如果股东会的解任决议不符合有"正当理由"的限制性条件,被解任的董事可以要求公司予以赔偿,但到底什么是正当理由,立法并未进一步明确。最高人民法院曾在个案中对公司与董事之间的关系进行了阐述,明确二者之间法律关系实为委托合同关系。根据《民法典》的规定:委托人或者受托人可以随时解除委托合同。因解除合同造成对方损失的,除不可归责于该当事人的事由外,无偿委托合同的解除方应当赔偿因解除时间不当造成的直接损失,有偿委托合同的解除方应当赔偿对方的直接损失和合同履行后可以获得的利益,《民法典》对不当解除委托合同规定的是赔偿相关损失和利益。当然,如果董事除了担任董事职务外,还和公司建立了劳动关系负责公司具体经营管理事务,从公司领取工资报酬,则双方劳动关系解除的,公司还应按《劳动法》的规定支付经济补偿。

►【关联法条】

1.《中华人民共和国民法典》

第919条 委托合同是委托人和受托人约定,由受托人处理委托人事务的合同。

第929条 有偿的委托合同,因受托人的过错造成委托人损失的,委托人可以请求赔偿损失。无偿的委托合同,因受托人的故意或者重大过失造成委托人损失的,委托人可以请求赔偿损失。

受托人超越权限造成委托人损失的,应当赔偿损失。

2.《中华人民共和国劳动合同法》

第46条 有下列情形之一的,用人单位应当向劳动者支付经济补偿:

(一)劳动者依照本法第三十八条规定解除劳动合同的;

(二)用人单位依照本法第三十六条规定向劳动者提出解除劳动合同并与劳动者协商一致解除劳动合同的;

(三)用人单位依照本法第四十条规定解除劳动合同的;

(四)用人单位依照本法第四十一条第一款规定解除劳动合同的;

(五)除用人单位维持或者提高劳动合同约定条件续订劳动合同,劳动者不同意续订的情形外,依照本法第四十四条第一项规定终止固定期限劳动合同的;

(六)依照本法第四十四条第四项、第五项规定终止劳动合同的;

(七)法律、行政法规规定的其他情形。

第47条 经济补偿按劳动者在本单位工作的年限,每满一年支付一个月工资的标准向劳动者支付。六个月以上不满一年的,按一年计算;不满六个月的,向劳动者支付半个月工资的经济补偿。

劳动者月工资高于用人单位所在直辖市、设区的市级人民政府公布的本地区上年度职工月平均工资三倍的,向其支付经济补偿的标准按职工月平均工资三倍的数额支付,向其支付经济补偿的年限最高不超过十二年。

本条所称月工资是指劳动者在劳动合同解除或者终止前十二个月的平均工资。

第 48 条　用人单位违反本法规定解除或者终止劳动合同,劳动者要求继续履行劳动合同的,用人单位应当继续履行;劳动者不要求继续履行劳动合同或者劳动合同已经不能继续履行的,用人单位应当依照本法第八十七条规定支付赔偿金。

3.《最高人民法院关于适用〈中华人民共和国公司法〉若干问题的规定(五)》(2020 年修正)

第 3 条　董事任期届满前被股东会或者股东大会有效决议解除职务,其主张解除不发生法律效力的,人民法院不予支持。

董事职务被解除后,因补偿与公司发生纠纷提起诉讼的,人民法院应当依据法律、行政法规、公司章程的规定或者合同的约定,综合考虑解除的原因、剩余任期、董事薪酬等因素,确定是否补偿以及补偿的合理数额。

►【典型案例】

1. 丁某诉莱芜中天绝缘材料有限公司等请求变更公司登记纠纷案

[山东省高级人民法院(2022)鲁民申第 6770 号裁定]

本案是原告作为被告公司的执行董事和法定代表人,在辞职后提出的请求终止其与公司之间法定代表人的委任关系而产生的请求变更公司登记纠纷。法院经审理后认为:董事与公司之间的关系,应认定为委托关系,是基于公司股东会的选任决议和董事同意而成立的委托合同法律关系。委托合同的双方均有任意解除权,股东会有权解除涉案董事的职务,涉案董事也有权解除委托合同法律关系,辞去执行董事职务,不再担任法定代表人。因而本案中的执行董事解除委托合同关系,辞去执行董事与法定代表人的职务的做法符合法律规定。

2. 孙某祥诉吉林麦达斯轻合金有限公司劳动争议案

[最高人民法院(2020)最高法民再第50号]

原告为被告公司董事,被告在解聘原告后,原告提出公司应当给予其合理补偿。法院经审理后认为:公司行使董事解任权解聘董事后,为平衡双方利益,应综合考虑解聘原因、董事薪酬、剩余任期等因素,确定是否补偿及补偿的合理数额。本案中,涉案董事担任董事长长期在公司工作,被解聘也并非因自身过错而导致,现其已接近退休年龄,法院综合考虑上述情形,酌定公司应参照该董事任职时的薪酬对其给予合理补偿。

第七十二条 【董事会会议的召集与主持】

董事会会议由董事长召集和主持;董事长不能履行职务或者不履行职务的,由副董事长召集和主持;副董事长不能履行职务或者不履行职务的,由过半数的董事共同推举一名董事召集和主持。

▶【法条释义】

本条是有关董事会会议的召集和主持的规定。董事会会议是指董事会在职责范围内研究决策公司重大事项而召开的会议,为保证有关董事会会议运行的效率,许多国家公司法都对董事会会议的召集人和程序作了规定。2023年《公司法》的这一规定沿用了2018年《公司法》第47条的规定,明确了在不同情况下公司董事会会议的召集和主持方法。这一规定的实质是确保在各种情况下董事会会议的顺利召开,以便保证董事会制度的正常运行及其职能的充分发挥。

▶【典型案例】

林某韵诉湘西国盛置业有限公司等公司决议撤销纠纷案

[湖南省湘西土家族苗族自治州中级人民
法院(2021)湘31民终第1761号]

本案涉及有关公司董事会召集程序是否合法的问题。法院经审理后认为:根据《公司法》第47条的规定:董事会会议由董事长召集和主持;董事长不能履行职务或者不履行职务的,由副董事长召集和主持;副董事长不能履行职务或者不履行职务的,由半数以上董事共同推举一名董事召集和主持。本案中,董事长拒不按照法律和公司章程的规定召集董事会,公司无副董事长,三名董事共同推举其中一名董事为董事会会议的召集人和主持人的做法符合法律规定。

第七十三条 【董事会的议事方式和表决程序】

董事会的议事方式和表决程序,除本法有规定的外,由公司章程规定。

董事会会议应当有过半数的董事出席方可举行。董事会作出决议,应当经全体董事的过半数通过。

董事会决议的表决,应当一人一票。

董事会应当对所议事项的决定作成会议记录,出席会议的董事应当在会议记录上签名。

►【法条释义】

本条是有关有限责任公司董事会的议事方式和表决程序的规定。2023 年《公司法》在沿用 2018 年《公司法》第 48 条规定的基础上,在第 2 款中增加了有关“董事会会议应当有过半数董事出席方可举行。董事会作出决议,应当经全体董事的过半数通过”的规定。该规定与 2018 年《公司法》第 111 条第 1 款有关股份有限公司董事会规定的内容一致。《公司法》的这一修订统一了有限责任公司与股份有限公司有关董事会议事方式与表决程序的规定,也更有利于加强有限责任公司的决策安全。

►【典型案例】

1. 杨某芳诉江南园林有限公司等公司决议撤销纠纷案

[江苏省常州市中级人民法院(2021)苏 04 民终第 776 号]

本案涉及董事会决议的效力问题。法院经审理后认为:涉案公司采用通信表决的方式召开董事会临时会议,会议通知及议案亦以微信形式送达全体董事,全体董事对此并未提出异议且悉数参加会议并行使表决权的行为方式表明其同意召开该次临时董事会,并已就相关议题充分行使了其权利,决议最终由 5 位董事中的 3 位表决通过,未违反法律、行政法规或公司章程的规定,即便存在未形成会议记录等程序性瑕疵也不影响该董事会决议的成立,因而以此为由请求撤销董事会决议于法无据。

2. 刘某诉北京五洲行国际旅行社有限责任公司决议纠纷案

［北京市第二中级人民法院(2021)京02民终第13989号裁定］

本案涉及董事会决议的效力问题。法院经审理后认为：涉案公司章程规定董事会会议应由董事本人出席，董事因故不能出席的，可以书面委托其他董事代为出席并行使表决权，委托书中应载明授权范围。董事出席董事会，并在会议上发言、讨论、质询以及投票是董事的权利与义务，本案中未有证据表明公司提前通知了作为公司董事的原告，也没有证据表明原告实际参与了决议讨论并同意决议内容。涉案董事会会议参会董事人数未达到全体董事的半数，董事会决议也未经全体董事的过半数通过。因而公司的行为侵害了原告作为公司董事享有的出席董事会并对会议内容充分表达意见的权利，应当确认涉案决议不成立。

第七十四条　【经理的设立与职权】

有限责任公司可以设经理，由董事会决定聘任或者解聘。

经理对董事会负责，根据公司章程的规定或者董事会的授权行使职权。经理列席董事会会议。

►【法条释义】

本条是有关有限责任公司经理的设立与职权的规定。与2018年《公司法》第49条有关规定相比，2023年《公司法》涉及有关经理的设立的规定并无变化，但是有关经理职权的规定发生了重大变化。2018年《公司法》采取了列举式的方法，逐一罗列了经理的职权事项，包括：主持公司的生产经营管理工作，组织实施董事会决议；组织实施公司年度经营计划和投资方案；拟订公司内部管理机构设置方案；拟定公司的基本管理制度；制定公司的具体规章；提请聘任或者解聘公司副经理、财务负责人；决定聘任或者解聘除应由董事会决定聘任或者解聘以外的负责管理人员；董事会授予的其他职权。而2023年《公司法》则采用了概括式的做法，明确经理对董事会负责，根据公司章程的规定或者董事会的授权行使职权。2023年《公司法》将经理职权的设立交由公司通过章程或者董事会授权的方式来自行决定，这一做法体现了2023年《公司法》对公司自治原则的尊重，也为进一步发挥公司经理的职责作用预留了足够的法律空间。

▶【典型案例】

1. 吴某雄诉广州期货股份有限公司劳动争议案

[广州市中级人民法院(2021)粤01民终第27694号]

本案涉及有关公司经理职权的行使问题。法院经审理后认为:根据《公司法》第46条、第49条的规定,公司经理可以提请聘任或者解聘财务负责人,作出聘任和解除财务负责人的决定则属于公司董事会的职权。涉案公司免除财务负责人职务,是公司的管理行为,属于公司法定的自治权利,相关免除程序亦符合《公司法》的规定,但其未与原财务负责人进行协商就单方面免除其职务且禁止其继续工作,违反了双方签订的劳动合同,应当由公司给予一定的经济补偿。

2. 联泰集群(北京)科技有限责任公司等诉赵某损害公司利益责任纠纷案

[北京市第一中级人民法院(2021)京01民终第7044号裁定]

本案涉及对《公司法》意义上的"经理"的认定问题。法院经审理后认为:"高级管理人员",是指法律或者章程规定的由董事会聘任,对内执行公司业务,对外代表公司的人员。作为公司高级管理人员的"经理",按照《公司法》第49条规定由董事会聘任和解任,享有《公司法》第49条规定的法定概括授权。本案中公司并未提交充分证据证明该劳动者在公司担任实际掌握公司整体经营权或整体性事务的执行决定权的职务,同时劳动合同也仅约定该劳动者担任销售职务,因而该劳动者并非《公司法》意义上的"经理"或其他高级管理人员。

第七十五条 【不设董事会的情形】

规模较小或者股东人数较少的有限责任公司,可以不设董事会,设一名董事,行使本法规定的董事会的职权。该董事可以兼任公司经理。

▶【法条释义】

本条是有关股东人数较少或者规模较小的有限责任公司的内部机构的设置的规定,该规定是在2018年《公司法》的基础上修改而来的。2018年《公司法》第50条规定:股东人数较少或者规模较小的有限责任公司,可以设一名执行董事,不设董事会。执行董事可以兼任公司经理。执行董事的职权由公司章程规定。2023 年《公司法》将“可以设一名执行董事,不设董事会”的内容修改为“可以不设董事会,设一名董事,行使本法规定的董事会的职权”,2023 年《公司法》不再使用“执行董事”这一职位名称。

►【典型案例】

北京众谊投资中心(有限合伙)等诉北京怡合春天科技有限公司等公司决议效力确认纠纷案

[北京市第三中级人民法院(2020)京 03 民终第 644 号]

本案涉及有关公司决议的效力问题。法院经审理后认为:涉案公司属于股东人数较少、规模较小的公司,因而公司章程中规定公司不设董事会,仅设执行董事一人,由执行董事行使董事会的有关职权,该章程规定符合《公司法》的要求,该规定对公司、股东、董事、监事以及高级管理人员均具有约束力。聘任和解聘公司经理、根据经理的提名决定聘任财务负责人等均属于公司章程所规定的执行董事的权限范围,因而涉案决议于法有据,不违反法律法规的强制性规定,应为有效,至于其是否违反了各方的协议则应当另案处理。

第七十六条 【有限责任公司监事会的组成和设立】

有限责任公司设监事会,本法第六十九条、第八十三条另有规定的除外。

监事会成员为三人以上。监事会成员应当包括股东代表和适当比例的公司职工代表,其中职工代表的比例不得低于三分之一,具体比例由公司章程规定。监事会中的职工代表由公司职工通过职工代表大会、职工大会或者其他形式民主选举产生。

监事会设主席一人,由全体监事过半数选举产生。监事会主席召集和主持监事会会议;监事会主席不能履行职务或者不履行职务的,由过半数的监事共同推举一名监事召集和主持监事会会议。

董事、高级管理人员不得兼任监事。

►【法条释义】

本条是有关有限责任公司监事会的组成和设立的规定。监事会是公司全体监事组成的对公司的业务活动进行监督和检查的法定机构。在公司治理实践中,监督机构发挥着公司所有权和经营权分离背景下保障公司股东利益以及公司稳定经营“把关人”的职能,是公司治理结构的重要组成部分。①

监事包括由股东会选举的监事以及由公司职工民主选举的监事。2023 年《公司法》有关监事会的组成和设立的规定基本沿用了 2018 年《公司法》第 51 条的规定,但在内容上作了以下调整:(1)增加了“第六十九条、第八十三条另有规定的除外”的规定,即有限责任公司在董事会设置由董事组成的审计委员会行使监事会的职权的不设监事会或者监事;规模较小或者股东人数较少的有限责任公司,可以不设监事会,设一名监事,行使本法规定的监事会的职权;经全体股东一致同意,也可以不设监事。(2)将 2018 年《公司法》中有关监事会成员“不得少于三人”的表述改为“监事会成员为三人以上”,2023 年《公司法》与 2018 年《公司法》的上述规定的实际意思是相同的,只是文字表述不同。(3)删去了有关“股东人数较少或者规模较小的有限责任公司,可以设一至二名监事,不设监事会”的内容,这一内容修改后被单列为 2023 年《公司法》的第 83 条。

就有关职工监事的规定而言,体现《公司法》有关突出职工权益保护的制度设计。《公司法》在总则与分则中设计了保护职工等利益相关者的核心原则与具体制度,立法者一鼓作气地将对全体利益相关者的保护纳入立法宗旨,有利于宣示立法宗旨、基本原则与具体制度之间的内在逻辑联系,提高公司法规范的科学性、系统性与逻辑性。②

第七十七条 【监事的任期】

监事的任期每届为三年。监事任期届满,连选可以连任。

监事任期届满未及时改选,或者监事在任期内辞任导致监事会成员低于法定人数的,在改选出的监事就任前,原监事仍应当依照法律、行政法规和公司章程的规定,履行监事职务。

▶【法条释义】

本条是有关监事任期的规定,该条沿用了 2018 年《公司法》第 52 条的规定。根据本条规定,监事的任期不同于董事,2023 年《公司法》明确规定监事的任期为

① 参见潘雨祥、蒲俊丞:《论监事列席董事会会议监督权的改革》,载《河南科技大学学报(社会科学版)》2023 年第 3 期。

② 参见刘俊海:《职工参与公司治理的体系化设计:立法宗旨、制度重构与股权纽带的三重视角》,载《北方法学》2023 年第 4 期。

三年,说明监事的任期是法定的。这和董事的任期规定不同,2023 年《公司法》第 70 条规定:董事任期由公司章程规定,但每届任期不得超过三年。根据有关监事任期的规定,在监事任期届满后未及时改选出新的监事,或者监事在任期内辞职这两种情况下,导致监事会成员低于法定人数的,在新的监事就任前,为了达到法律关于监事会人数的规定,同时也是为了防止公司出现监督的空白,原监事仍然应当依照规定履行监事的职责。

▶【典型案例】

1. 刘某云诉江西电化高科有限责任公司公司决议撤销纠纷案

[江西省景德镇市中级人民法院(2021)赣 02 民终第 569 号]

本案涉及有关监事任期的问题。法院经审理后认为:监事会作为有限责任公司法定的常设组织机构,履行对公司及董事、高级管理人员的监督职责,为了防止出现因监事人员的缺失而影响监督职能的发挥的情形,《公司法》第 52 条第 2 款规定监事任期届满未及时改选,在改选出的监事就任前,原监事仍应依照规定,履行监事职务,这也证实了监事会、监事的重要性。涉案公司原监事未提供证据证实公司已经改选了新的监事,故原监事应当按照法律、行政法规和公司章程的规定继续履行监事职责。

2. 武汉市华明达蜂业有限公司诉黄某损害公司利益责任纠纷案

[武汉市中级人民法院(2021)鄂 01 民终第 5672 号裁定]

本案涉及有关监事身份的认定问题。本案的焦点问题为 P 某某在一审起诉时是否具有监事身份,能不能代表公司提起诉讼。法院经审理后认为:公司章程中有关监事任期的规定与《公司法》的规定一致,即公司监事任期为三年,任期届满可以连选连任。但本案中并无证据表明,在原监事 P 某某任期届满之后对其进行了连选连任,相反,公司已经召开了股东会重新选举任命了新的监事,因而此时原监事 P 某某已经不再具有公司监事身份,无权代表公司提起损害公司利益之诉讼,其代表公司提起诉讼属于主体不适格,应裁定驳回起诉。

第七十八条 【监事会职权】

监事会行使下列职权:

(一)检查公司财务;

(二)对董事、高级管理人员执行职务的行为进行监督,对违反法律、行政法规、公司章程或者股东会决议的董事、高级管理人员提出解任的建议;

(三)当董事、高级管理人员的行为损害公司的利益时,要求董事、高级管理人员予以纠正;

(四)提议召开临时股东会会议,在董事会不履行本法规定的召集和主持股东会会议职责时召集和主持股东会会议;

(五)向股东会会议提出提案;

(六)依照本法第一百八十九条的规定,对董事、高级管理人员提起诉讼;

(七)公司章程规定的其他职权。

►【法条释义】

本条是有关监事会职权的规定。2023 年《公司法》的这条规定基本沿用了 2018 年《公司法》第 53 条的规定,只是为了避免重复立法,在条文表述上删去了"不设监事会的公司的监事"的内容,而根据 2023 年《公司法》第 83 条的规定,规模较小或者股东人数较少的有限责任公司,可以不设监事会,设一名监事,行使本法规定的监事会的职权。总体来说,监事会的职权主要包括:对公司财务的监督权;对公司经营状况的调查权、对董事、高级管理人员的监督权、召开股东会提议权、股东会会议提案权、提起诉讼权、公司章程规定的其他职权。

►【关联法条】

《最高人民法院关于适用〈中华人民共和国公司法〉若干问题的规定(四)》(2020 年修正)

第 23 条 监事会或者不设监事会的有限责任公司的监事依据公司法第一百五十一条第一款规定对董事、高级管理人员提起诉讼的,应当列公司为原告,依法由监事会主席或者不设监事会的有限责任公司的监事代表公司进行诉讼。

董事会或者不设董事会的有限责任公司的执行董事依据公司法第一百五十一条第一款规定对监事提起诉讼的,或者依据公司法第一百五十一条第三款规定对他人提起诉讼的,应当列公司为原告,依法由董事长或者执行董事代表公司进行诉讼。

▶【典型案例】

深圳中艺文化投资发展有限公司
诉陈某荣损害公司利益责任纠纷案

［江西省高级人民法院(2020)赣民终第 578 号］

本案涉及监事对公司执行董事因违反忠实义务损害公司利益而提起诉讼时诉讼主体是否合格的问题。法院审理后认为:根据《公司法》第 52 条和第 53 条的规定,公司监事在新改选出的监事就任前,原监事仍应该履行监事职责,同时对于董事违反忠实义务损害公司利益的行为,监事有权向人民法院提起诉讼。本案中,原监事的监事身份虽然超过了任期,但在改选出的监事就任前,其仍应该履行监事职责,因而在公司执行董事违反忠实义务损害公司利益的情况下,原监事以监事身份提起诉讼符合法律规定。

第七十九条 【监事的质询建议权与调查权】

监事可以列席董事会会议,并对董事会决议事项提出质询或者建议。

监事会发现公司经营情况异常,可以进行调查;必要时,可以聘请会计师事务所等协助其工作,费用由公司承担。

▶【法条释义】

本条是有关监事的质询建议权与调查权的规定。本条规定基本沿用了 2018 年《公司法》第 54 条的规定,明确了监事的质询建议权与调查权等,为了避免重复立法,在条文表述上删去了“不设监事会的公司的监事”的内容。

就监事的质询建议权而言,规定通过列席董事会会议,监事可以及时了解董事会的决议情况并就有关决议事项提出质询或者建议,这样可以起到事前监督的作用。就监事会的调查权而言,在发现公司经营情况异常的情况下,监事会可以进行调查,为了确保监事会有效行使监督职权,规定必要时可以聘请会计师事务所等专业机构协助调查,这样可以达到有效维护公司和股东利益的结果。

►【典型案例】

郭某诉湖南中天意成智能机械有限公司与公司有关的纠纷案

[湖南省长沙市中级人民法院(2020)湘01民终第9523号裁定]

本案涉及有关监事提起的知情权纠纷问题。法院审理后认为:《公司法》第54条虽然规定,监事会、不设监事会的公司的监事发现公司经营情况异常,可以进行调查;必要时,可以聘请会计师事务所等协助其工作,费用由公司承担,但根据上述规定,有关监事职权的行使,主要应通过公司内部机制与管理制度在内部履职中实现,并不当然理解为监事有权享有相当于股东知情权的相关权利,或者基于监事身份提起知情权诉讼的权利。当公司不配合监事或监事会行使职权时,监事或监事会应当通过提议召开股东会等方式解决。因此,在法无明文规定的情况下,以监事身份提起知情权诉讼,不具有可诉性。

第八十条　【董事、高级管理人员对监事会的义务】

监事会可以要求董事、高级管理人员提交执行职务的报告。

董事、高级管理人员应当如实向监事会提供有关情况和资料,不得妨碍监事会或者监事行使职权。

►【法条释义】

本条是有关董事、高级管理人员对监事会的义务的规定。本条规定是在对2018年《公司法》第150条第2款的规定上修改而来的。2018年《公司法》第150条第2款规定:董事、高级管理人员应当如实向监事会或者不设监事会的有限责任公司的监事提供有关情况和资料,不得妨碍监事会或者监事行使职权。2023年《公司法》增加了有关"监事会可以要求董事、高级管理人员提交执行职务的报告"的内容,这一规定会进一步保障监事会依法有效行使职权,发挥监事会在公司内部治理中的作用,一定程度上改善了实践中监事会"有名无实"的现状。

第八十一条　【监事会会议制度】

监事会每年度至少召开一次会议,监事可以提议召开临时监事会会议。

监事会的议事方式和表决程序,除本法有规定的外,由公司章程规定。

监事会决议应当经全体监事的过半数通过。

监事会决议的表决，应当一人一票。

监事会应当对所议事项的决定作成会议记录，出席会议的监事应当在会议记录上签名。

► **【法条释义】**

本条是有关监事会会议制度的规定，内容包括：监事会会议即定期会议与临时会议的召开，监事会的议事方式和表决程序，监事会决议通过的要求，监事会的会议记录要求等。该条规定基本沿用了 2018 年《公司法》第 55 条有关监事会会议制度的规定，只是将 2018 年《公司法》有关"监事会决议应当经半数以上监事通过"的表述修改为"监事会决议应当经全体监事的过半数通过"，同时增加了"监事会决议的表决，应当一人一票"的规定。相较而言，2023 年《公司法》的用词更加严谨。

► **【典型案例】**

陈某民诉泰兴石油机械有限公司、股东知情权纠纷案

［江苏省泰州市中级人民法院(2021)苏 12 民终第 2164 号］

本案中，涉案股东提出查阅被告公司监事会会议决议的诉求，法院经审理后认为：《公司法》第 33 条已经明确规定了股东知情权的范围包括监事会会议决议，而《公司法》第 55 条也规定公司每年度至少召开一次监事会会议，监事会会议决议应当经过全体监事过半数通过并形成会议记录，虽然监事会会议记录并不对外公开，但监事会决议应当允许由股东进行查阅，故涉案股东主张行使监事会会议决议知情权的请求符合法律规定。

第八十二条　【监事会行使职权费用承担】

监事会行使职权所必需的费用，由公司承担。

► **【法条释义】**

本条是有关监事会行使职权费用承担的规定。本条规定基本沿用了 2018 年《公司法》第 56 条的规定，明确了监事会行使职权的必要费用由公司承担的法定规则，所谓"必要"应理解为监事会行使职权必不可少的费用。同样为了避免重复立法，删去了 2018 年《公司法》中"不设监事会的公司的监事"的表述。

▶【典型案例】

江苏苏尊容大律师事务所、南京兆润投资发展有限公司与原审第三人乔某因委托代理合同纠纷案

[江苏省南京市中级人民法院(2020)苏01民终第7400号]

本案涉及监事行使职权费用的承担问题。法院经审理后认为:根据《公司法》第56条的规定,监事会行使职权所必需的费用,由公司承担。本案中监事代表公司提起股东代表诉讼未违反法律规定,监事为了诉讼事宜委托具有法律专业知识的律师事务所进行代理诉讼,所涉及的费用属于行使职权所必需的费用,要求公司承担相应的费用并无不当。但根据《公司法》第56条及第147条的规定,并参照《最高人民法院关于适用〈中华人民共和国公司法〉若干问题的规定(四)》(2020年修正)第26条的规定,在诉讼过程中所产生的必要的、合理的费用才应由公司承担,涉案监事要求公司承担的律师费的金额显然超过了必要的、合理的范围,该诉求于法无据。

第八十三条　【不设监事及监事会的情形】

规模较小或者股东人数较少的有限责任公司,可以不设监事会,设一名监事,行使本法规定的监事会的职权;经全体股东一致同意,也可以不设监事。

▶【法条释义】

本条是对规模较小或者股东人数较少的有限责任公司的监事设置的规定。2023年《公司法》在2018年《公司法》第51条第1款的基础上,进行了以下修改:一是将2018年《公司法》有关"可以设一至二名监事"改为"可以设一名监事";二是明确了不设监事会的有限责任公司的监事行使《公司法》规定的监事会的职权;三是规定"经全体股东一致同意,也可以不设监事"。上述规定一是体现了对公司自治的尊重;二是有关"经全体股东一致同意"的规定也有利于保护少数股东的利益。

第四章　有限责任公司的股权转让

本章是在2018年《公司法》第三章的基础上修订而来，主要规定了有限责任公司股权转让的五种类型：股东之间的内部转让，股东将股权转让给非股东，股权被强制执行，异议股东要求公司回购其股权以及股权的继承。这五种类型股权转让的动因不同，受让对象不同，规则也有所不同。

针对股东对外转让股权，2023年《公司法》更加注重股权的流动性，取消了股东对外转让股权须经过其他股东过半数通过的规定，主要强调其他股东同等条件下的优先购买权，同时完善了股东对外转让股权的程序性规则，包括书面通知公司、办理变更登记、签发新的出资证明书、修改公司章程等，并明确了股东转让股权时未足额缴纳出资时的责任。

针对异议股东的回购请求权，2023年《公司法》增加了控股股东滥用权利严重损害公司或其他股东利益的情形。

第八十四条　【股权转让】

有限责任公司的股东之间可以相互转让其全部或者部分股权。

股东向股东以外的人转让股权的，应当将股权转让的数量、价格、支付方式和期限等事项书面通知其他股东，其他股东在同等条件下有优先购买权。股东自接到书面通知之日起三十日内未答复的，视为放弃优先购买权。两个以上股东行使优先购买权的，协商确定各自的购买比例；协商不成的，按照转让时各自的出资比例行使优先购买权。

公司章程对股权转让另有规定的，从其规定。

►【法条释义】

本条是关于有限责任公司股东股权转让的规则，包括向其他股东和非股东转让两类规则。

第1款规定了有限责任公司股东之间股权转让的规则，因股东之间股权转让并不破坏有限责任公司原有的人合性，故完全自由，无须通知其他股东，也不存在其他股东优先购买权的问题。

第2款规定了有限责任公司股东将股权转让给非股东的规则。股东将股权转让给股东以外的第三人,将破坏公司原有的人合性结构,故其规则与第1款不同。转让股东负有通知义务,应当就股权转让的数量、价格、支付方式和期限等事项书面通知其他股东。通知的目的主要保护其他股东同等条件下的优先购买权,而所谓"同等条件",应当考虑转让股权的数量、价格、支付方式及期限等因素。为保障转让股东的权益,其他股东行使同等条件下的优先购买权时间也不能过长,2023年《公司法》要求其他股东应当自接到书面通知之日起30日内作出明确答复,如果30日内未答复的,视为放弃优先购买权。如果两个以上股东都主张行使优先购买权的,先协商,协商不成的,按照转让时各自的出资比例行使优先购买权。

第1款、第2款是2023年《公司法》规定的股权转让的一般规则,除此之外,股东可以根据本公司具体情况,通过公司章程规定股权转让的规则。2023年《公司法》并未具体规定公司章程可以对股权转让作出何种规定,因而对于公司章程中规定的股权转让规则效力如何,学界认为应当分情况处理。首先,2023年《公司法》的该条规定实际上是允许公司章程对股东对外转让股权作出合理限制。有限责任公司具有一定的人合性,公司股东一般都会参与公司的经营管理和重大决策,为了维持公司经营的稳定,公司章程对股权转让作出一定限制属于合理规则。其次,如果公司章程的规定是禁止股权转让或者变相禁止股东转让股权,这样的规则实质上违背了2023年《公司法》允许股权转让的基本精神,应视为无效,①司法实践也倾向于支持这一观点。② 最后,如果公司章程的规定是在特定情况下强制股东转让股权,如股东因死亡、辞职、退休等原因离开公司的时候,必须转让其持有的全部股权,即通常所说的"人走股留"条款,主流观点认为若股东取得股权的先决条件是在公司中的劳动者身份,则这样的强制转让股权条款应视为有

---

① 参见申文君:《有限公司章程限制股权转让的效力认定——以章程类型化区分为视角》,载《社会科学家》2022年第2期。

② 如在大川馨涂料贸易(上海)有限公司诉张某华等股权转让纠纷一案中,法院认为:"股权转让须经董事会决议的程序客观上限制了公司法赋予有限公司股东依法转让股权的法定权利,因此该规定与公司法相悖,而且不具有合理性。"参见上海市第一中级人民法院(2012)沪一中民四(商)终字第S1806号民事判决书。

效。[①] 司法实践的态度亦如此。[②]

► 【关联法条】

《最高人民法院关于适用〈中华人民共和国公司法〉若干问题的规定(四)》(2020 年修正)

第 18 条　人民法院在判断是否符合公司法第七十一条第三款及本规定所称的"同等条件"时,应当考虑转让股权的数量、价格、支付方式及期限等因素。

第 20 条　有限责任公司的转让股东,在其他股东主张优先购买后又不同意转让股权的,对其他股东优先购买的主张,人民法院不予支持,但公司章程另有规定或者全体股东另有约定的除外。其他股东主张转让股东赔偿其损失合理的,人民法院应当予以支持。

第 21 条　有限责任公司的股东向股东以外的人转让股权,未就其股权转让事项征求其他股东意见[③],或者以欺诈、恶意串通等手段,损害其他股东优先购买权,其他股东主张按照同等条件购买该转让股权的,人民法院应当予以支持,但其他股东自知道或者应当知道行使优先购买权的同等条件之日起三十日内没有主张,或者自股权变更登记之日起超过一年的除外。

前款规定的其他股东仅提出确认股权转让合同及股权变动效力等请求,未同时主张按照同等条件购买转让股权的,人民法院不予支持,但其他股东非因自身原因导致无法行使优先购买权,请求损害赔偿的除外。

股东以外的股权受让人,因股东行使优先购买权而不能实现合同目的的,可以依法请求转让股东承担相应民事责任。

---

① 参见申文君:《有限公司章程限制股权转让的效力认定——以章程类型化区分为视角》,载《社会科学家》2022 年第 2 期。

② 如最高人民法院第 96 号指导案例[宋某军诉西安市大华餐饮有限公司股东资格确认纠纷案,陕西省高级人民法院(2014)陕民二申字第 00215 号];戴某艺诉南京扬子信息技术有限责任公司纠纷案[江苏省南京市中级人民法院(2016)苏 01 民终 1070 号];威海新东方钟表有限公司与郭某波股东资格确认纠纷案[山东省威海市中级人民法院(2015)威商终字第 358 号]等都支持这一观点。

③ 根据 2023 年《公司法》的规定,股东对外转让股权,无需再征求其他股东意见。

►【典型案例】

宋某军诉西安市大华餐饮有限公司（以下简称大华公司）股东资格确认纠纷案

［陕西省高级人民法院(2014)陕民二申字第00215号］

大华公司成立于1990年4月5日。2004年5月，大华公司由国有企业改制为有限责任公司，宋某军系大华公司员工，出资2万元成为大华公司的自然人股东。大华公司章程第三章“注册资本和股份”第14条规定：“公司股权不向公司以外的任何团体和个人出售、转让。公司改制一年后，经董事会批准后可在公司内部赠与、转让和继承。持股人死亡或退休经董事会批准后方可继承、转让或由企业收购，持股人若辞职、调离或被辞退、解除劳动合同的，人走股留，所持股份由企业收购……”第十三章“股东认为需要规定的其他事项”下第66条规定：“本章程由全体股东共同认可，自公司设立之日起生效。”该公司章程经大华公司全体股东签名通过。2006年6月3日，宋某军向公司提出解除劳动合同，并申请退回其所持有的公司2万元股份。2006年8月28日，经大华公司法定代表人赵某锁同意，宋某军领到退出股金款2万元整。2007年1月8日，大华公司召开2006年度股东大会，大会应到股东107人，实到股东104人，代表股权占公司股份总数的93%，会议审议通过了宋某军、王某青、杭某国三位股东退股的申请并决议“其股金暂由公司收购保管，不得参与红利分配”。后宋某军以大华公司的回购行为违反法律规定，未履行法定程序且《公司法》规定股东不得抽逃出资等，请求依法确认其具有大华公司的股东资格。最终法院对宋某军的诉讼请求不予支持。

法院认为，国有企业改制为有限责任公司，其初始章程对股权转让进行限制，明确约定公司回购条款，只要不违反《公司法》等法律强制性规定，可认定为有效。有限责任公司按照初始章程约定，支付合理对价回购股东股权，且通过转让给其他股东等方式进行合理处置的，人民法院应予支持。

第八十五条　【强制执行程序中的股权转让】

人民法院依照法律规定的强制执行程序转让股东的股权时，应当通知公司及全体股东，其他股东在同等条件下有优先购买权。其他股东自人民法院通知之日起满二十日不行使优先购买权的，视为放弃优先购买权。

▶【法条释义】

本条是关于依照强制执行程序转让股东股权的规定。

第一，股权作为一种财产权，是可以被法院强制执行的。一般而言在股东不执行人民法院已经生效的判决、裁定等情况下，债权人可以申请法院对股东的股权强制执行。

第二，股权强制执行应当依法进行。首先，人民法院对股东的股权强制执行，应当遵守诉讼法规定的强制执行程序。其次，人民法院强制执行股东的股权应当及时通知公司及全体股东。通知公司主要便于公司协助执行，通知全体股东主要保障其他股东同等条件下的优先购买权。最后，其他股东可以行使同等条件下的优先购买权。需要注意的是，在股权被强制执行转让的情形下，其他股东行使优先购买权的期限为法院通知之日起 20 日，满 20 日不行使优先购买权就视为放弃，与前述股东主动对外转让股权时其他股东行使优先购买权的期限不同。

第八十六条 【股东名册及登记信息变更】

股东转让股权的，应当书面通知公司，请求变更股东名册；需要办理变更登记的，并请求公司向公司登记机关办理变更登记。公司拒绝或者在合理期限内不予答复的，转让人、受让人可以依法向人民法院提起诉讼。

股权转让的，受让人自记载于股东名册时起可以向公司主张行使股东权利。

▶【法条释义】

本条是关于股权转让后续程序的相关规定。

股权转让不仅涉及转让人、受让人两方的利益，还涉及公司结构的变化、股东权利的行使、公司债权人利益保护等方面，故在转让人、受让人签订合同之外，还需要履行一系列程序。

第一，股东转让股权，应当书面通知公司。一方面告知公司股权转让的情况，另一方面公司有协助履行股权变更相关手续的义务。

第二，股东转让股权后需要变更股东名册。股东名册的记载是股东在公司履行出资义务的证明，因而股东转让股权以后应当变更股东名册。同时，需要办理变更登记的，请求公司向公司登记机关办理变更登记。根据《市场主体登记管理条例》的规定，有限责任公司的股东属于有限责任公司的登记事项，登记事项发生变化应当向登记机关申请办理变更登记。因而股东在转让股权以后，涉及股东发生变化,是需要公司向登记机关办理变更登记的。

第三,公司不履行义务的救济。如果公司不履行相关义务或在合理期限内怠于履行,则转让人、受让人可以向人民法院提起诉讼,要求公司履行相关义务。

此外,在股权转让的情况下,受让人于何时开始享有股东权利,2018 年《公司法》并未明确,于是导致现实中诸多纠纷,持支付转让款、变更股东名册、变更商事登记等主张者均有,[①]2023 年《公司法》为避免这一纷争,直接规定受让人自记载于股东名册时起可以向公司主张行使股东权利。这是受让人向公司主张行使股东权利的时间,对于股东变更的对外效力,办理变更登记是对抗要件。由于有限责任公司股东是公司的登记事项,登记在册并公示的股东信息及章程等信息是确认股东资格变动的对抗证据,未经变更登记,不得对抗善意相对人。

▶【关联法条】

《中华人民共和国公司法》(2023 年修订)

第 34 条　公司登记事项发生变更的,应当依法办理变更登记。

公司登记事项未经登记或者未经变更登记,不得对抗善意相对人。

第八十七条　【股权转让的变更记载】

依照本法转让股权后,公司应当及时注销原股东的出资证明书,向新股东签发出资证明书,并相应修改公司章程和股东名册中有关股东及其出资额的记载。对公司章程的该项修改不需再由股东会表决。

▶【法条释义】

本条是关于股权转让后续相关程序性工作的规定。

根据本条规定,有限责任公司股东在完成股权转让后,公司有两项程序性的义务:一是及时注销原股东的出资证明书,向新股东签发出资证明书。出资证明书是证明股东在有限责任公司中具有股东身份的重要凭证,股东将股权转让给他人以后,转让人(原股东)不再具有股东资格,受让人(新股东)取得股东资格,因而公司应当注销原股东的出资证明书,向新股东签发出资证明书。二是修改公司章程和股东名册中有关股东及其出资额的记载。公司章程和股东名册中有关股东及其出资额的记载,也是确定股东身份和股权比例的重要依据。而且,根据《市场主体登记管理条例》的规定,公司章程、有限责任公司股东或者股份有限公司发

---

① 参见李建伟、何健:《有限公司股权转让中的公司意思研究》,载《河南社会科学》2023 年第 9 期。

起人认缴的出资数额属于公司应当依法备案的事项，因而一旦完成备案事项的变更，公司章程和股东名册中关于股东权利的证明便转化为工商登记对于股东权利的证明。有限责任公司只有按照上述程序办理股权转让手续，才能切实保障新股东的完整权益，避免原股东以原有的出资证明书、公司章程、股东名册等将已经转让的股权再转让或质押等。由于股权转让已经依照法定条件和程序完成，故对公司章程的修改只是对已发生的客观事实的确认，无须再由股东会表决。虽然 2023 年《公司法》该条并未明确公司完成上述程序性义务的时间，但根据《市场主体登记管理条例》第 29 条的规定，“市场主体变更本条例第九条规定的备案事项的，应当自作出变更决议、决定或者法定变更事项发生之日起 30 日内向登记机关办理备案。农民专业合作社(联合社)成员发生变更的，应当自本会计年度终了之日起 90 日内向登记机关办理备案。”由此可以推断，股东转让股权以后，公司应当在股权转让完成之日起 30 日内向登记机关办理备案。

►【典型案例】

杭州阳城热电公司（以下简称热电公司）大股东股权转让案

［浙江省杭州市上城区人民法院(2007)上民二初字第 94 号］

热电公司成立于 1995 年，是浙江萧山区内一家重要的公共型企业，其所发电能并入国家电网，所产热能供给周边的用户企业。杭州置地集团拥有其 15% 的股份。2006 年，大股东(系自然人张某夫)决定转让其 78% 的股份。为了转让股份，张某夫先后与不同的受让人签订了两份协议。

第一份协议订立于 2006 年 9 月，张某夫与杭州宏立钢结构制造有限公司(以下简称宏立公司)共同约定，张某夫以 3430 万元将其全部股份转让给后者。同月，张某夫又授权后者处理热电公司一切事务。2006 年 12 月，张某夫又与同为股东的杭州置地集团签订了第二份协议，再度约定转让全部股份。

由于受让双方都不愿放弃，在协商不成的情况下，2007 年 1 月 31 日，杭州置地集团向杭州市上城区人民法院提起诉讼，要求判令公司与张某夫签订的股权转让协议合法有效，并判令张某夫依法履行股权转让引起的工商变更登记手续。

2007 年 2 月 7 日、3 月 22 日，上城区人民法院经两次公开开庭审理后认定张某夫与宏立公司签订股权转让协议未征求其他股东意见，也未就股权转让进行变更登记。判决杭州置地集团与张某夫签订的股权转让协议有效，张某夫应协助杭州置地集团办理股权变更登记手续。

第八十八条 【股权转让时出资义务的承担】

股东转让已认缴出资但未届出资期限的股权的，由受让人承担缴纳该出资的义务；受让人未按期足额缴纳出资的，转让人对受让人未按期缴纳的出资承担补充责任。

未按照公司章程规定的出资日期缴纳出资或者作为出资的非货币财产的实际价额显著低于所认缴的出资额的股东转让股权的，转让人与受让人在出资不足的范围内承担连带责任；受让人不知道且不应当知道存在上述情形的，由转让人承担责任。

►【法条释义】

本条是关于股东转让股权时未缴纳的出资或未足额缴纳出资应当由谁缴纳的规定。

如果股东已经完全履行了出资义务再转让股权，就不存在未缴纳或未足额缴纳的出资应当由谁缴纳的问题，但如果股东的出资义务还没有履行完毕，或者有违反出资义务的情况，就需要明确如何处理。2023 年《公司法》授权公司章程规定股东出资缴纳的期限，因而股东在转让股权时，可能存在两种情况：一是还未届出资缴纳期限，属于合法的未履行出资义务；二是出资已经缴纳完毕，但存在出资不足的情形。针对两种不同的情况，应当分别处理：

第一，股东转让已认缴出资但未届出资期限的股权情况，由于受让人对于出资义务没有履行完毕是知情的，因而在受让股权的同时，也应当承担相应的义务，因而 2023 年《公司法》规定由新股东（受让人）承担缴纳该出资的义务。但如果受让人没有按期足额缴纳出资，转让人对受让人未按期缴纳的出资承担补充责任。所谓补充责任，意思是如果受让人能够按期足额缴纳，则转让人不承担责任；如果受让人未按期足额缴纳，应当先让受让人承担缴纳义务，只有当受让人无力承担时，才能要求转让人承担受让人未能缴纳的部分，一般而言，转让人在承担之后有权利向受让人追偿。

第二，股东未按照公司章程规定的出资日期缴纳出资，也就是未按期足额缴纳出资，或者作为出资的非货币财产的实际价额显著低于所认缴的出资额，都属于股东没有完全履行完毕出资义务，应当承担补缴出资的责任，如果未完全履行出资义务就转让股权，并不能免除其补缴出资的责任。至于受让人是否要为此承担责任关键看受让人在受让股权时对上述问题是否知情。受让人如果知道或应当知道所受让的股权存在出资不足的情况，就应当承担因此带来的不利后果，即在出资不足的范围内与转让人承担连带责任。所谓承担连带责任，是指二者在对外承担责任的时候，如公司要求股东补足出资，或者债权人要求股东在出资不足的本息范围内承担公司债务不能清偿部分的补充清偿责任时，可以在二者之间任意选择，要求转让人或受让人承担全部责任或者要求转让人与受让人各承担任意比例的责任。至于一方在承担责任之后，能否向另一方追偿，《公司法》并未予以明确，笔者认为，应该根据二者之间的约定处理，如果二者之间没有明确约定，根据《最高人民法院关于适用〈中华人民共和国公司法〉若干问题的规定（三）》（2020年修正）的规定，受让人在承担责任以后有权利向转让人追偿。但如果受让人不知道且不应当知道存在上述情形的，说明受让人对此完全不知情且没有过错，那么，只能由转让人承担责任，受让人无须承担任何责任。

►【关联法条】

《最高人民法院关于适用〈中华人民共和国公司法〉若干问题的规定（三）》（2020年修正）

第18条　有限责任公司的股东未履行或者未全面履行出资义务即转让股权，受让人对此知道或者应当知道，公司请求该股东履行出资义务、受让人对此承担连带责任的，人民法院应予支持；公司债权人依照本规定第十三条第二款向该股东提起诉讼，同时请求前述受让人对此承担连带责任的，人民法院应予支持。

受让人根据前款规定承担责任后，向该未履行或者未全面履行出资义务的股东追偿的，人民法院应予支持。但是，当事人另有约定的除外。

►【典型案例】

安达新世纪·巨鹰投资发展有限公司（以下简称巨鹰公司）与北京首都国际投资管理有限责任公司（以下简称首都国际公司）、协和健康医药产业发展有限公司（以下简称协和健康）股东权确权赔偿纠纷案

［最高人民法院（2007）民二终字第93号］

2003年，天津海泰控股集团有限公司（以下简称海泰集团）、首都国际公司、天津新技术产业园区新纪元风险投资有限公司（以下简称新纪元）签订了发起协议，三方分别出资1.3亿元、1.3亿元、0.4亿元，成立天津海泰生物科技发展有限公司（以下简称海泰生物）。2003年5月9～13日，三方将约定的出资金额转入海

泰生物的账户,14日会计师事务所完成验资报告,出具验资报告显示海泰生物收到三方的注册资本3亿元。16日,海泰集团和新纪元将投入海泰生物的1.3亿元和0.3亿元转出账户。

2004年1月15日,海泰集团将自己持有的1.2亿股海泰生物的股权转让给北京协和医药科技开发总公司(以下简称协和医药),首都国际公司将0.2亿股转让给东盛药业,新纪元将持有的0.3亿股转让给东盛药业。海泰生物董事会决议:协和医药应在2005年3月30日前注入资产1.2亿元,海泰集团应在2004年4月30日前注入土地资产0.1亿元,东盛药业应在海泰生物工商变更完成后的7日内注入现金0.5亿元。

2004年4月,海泰生物改名为协和健康。2005年年初,东盛药业、协和医药分别将其持有的0.5亿、1.05亿股转让给巨鹰公司,因为东盛药业的0.5亿元出资不实,所以巨鹰公司对此0.5亿股款不必支付款项给东盛药业,只需要履行出资义务。而对于协和医药的1.05亿元,则是由巨鹰公司顶替协和医药欠协和健康的1.2亿元投资款,以此抵销巨鹰公司欠协和医药的股价款。之后,海泰集团也将其持有的0.1亿股转让给巨鹰公司,并与巨鹰公司、协和健康签订了协议,约定巨鹰公司将股权的价值700万元直接付款给协和健康,用来抵销海泰集团此前拖欠协和健康的土地金额。

截至2005年7月,巨鹰公司从协和医药、东盛药业、海泰集团购买获得协和健康公司股份1.65亿股。9月,巨鹰公司与协和健康签订协议,其所购买的1.65亿股不必向3家卖方支付款项,只需要承接3家卖方欠协和健康的1.65亿元债务,2年还清即可。至此,协和健康实际收到的投资款为首都国际出资的1.1亿元和新纪元出资的0.1亿元,剩余款项实际均未收到。

2006年,首都国际公司收到浙江省宁波市中级人民法院的通知,显示巨鹰公司拖欠浙江巨鹰投资管理有限公司(以下简称浙江巨鹰)4005.33万元,已经进入强制执行阶段,巨鹰公司与浙江巨鹰达成了和解,巨鹰公司以其持有的1.65亿股协和健康的股份折价0.35亿元,一次性抵偿给浙江巨鹰,要求首都国际公司在20日内回复法院,是否行使优先购买权。

拿到通知后,首都国际公司起诉巨鹰公司,要求该公司立即履行对协和健康的出资义务,在此之前,不应享受1.65亿股的股权。巨鹰公司辩解称,出资义务已经由其持股的前手股东履行,公司所承担的是债务,并不是出资的义务。

法院认为,出资义务是法定的,不能因为股东之间或股东与公司之间的协议就免除或者变更。股权转让的受让人明知其受让的股权出资不实,应当补缴。在出资不到位时,其股东权利的行使应当受到限制。

第八十九条　【异议股东回购请求权】

有下列情形之一的,对股东会该项决议投反对票的股东可以请求公司按照合理的价格收购其股权:

(一)公司连续五年不向股东分配利润,而公司该五年连续盈利,并且符合本法规定的分配利润条件;

(二)公司合并、分立、转让主要财产;

(三)公司章程规定的营业期限届满或者章程规定的其他解散事由出现,股东会通过决议修改章程使公司存续。

自股东会决议作出之日起六十日内,股东与公司不能达成股权收购协议的,股东可以自股东会决议作出之日起九十日内向人民法院提起诉讼。

公司的控股股东滥用股东权利,严重损害公司或者其他股东利益的,其他股东有权请求公司按照合理的价格收购其股权。

公司因本条第一款、第三款规定的情形收购的本公司股权,应当在六个月内依法转让或者注销。

►【法条释义】

本条是关于有限责任公司股东遇到特定情形有权要求公司回购其股权从而退出公司的规定。

为了保护公司法人财产权,维持公司经营稳定,一般而言,股东在出资以后是不能要求公司回购其股权的。但是,一方面由于公司股东会在决议时,采取的是资本多数决的方式,就有可能出现大股东操控股东会作出的决议与中小股东的利益或期望不符。另一方面,可能出现公司控股股东直接滥用自己的控股地位损害其他股东特别是中小股东权益。在这种情况下,应当允许中小股东“用脚投票”,以退出公司的方式救济自己的权利。因此,在很多国家的公司法中都有关于小股东回购请求权的规定。一方面是为了保护中小股东的合法权益,另一方面也是给大股东一种制度威慑,促使其在作出决议或决策时充分考虑中小股东的利益。尤其是对于有限责任公司,因为有限责任公司具有一定的人合性质,有较强的封闭性。与股份有限公司作为纯粹的资合公司不同,有限责任公司股东在转让股权方面的自由度和便利性远不及股份公司股东,因而针对有限责任公司小股东所规定的回购请求权的情形在一定程度上超过了股份有限公司。小股东回购请求权包括两类情形:一是在股东会上对特定决议投反对票的;二是由于控股股东滥用权利导致公司或股东利益受到损害的。下面分述之。

(一)有限责任公司异议股东回购请求权

1. 行使条件

不是股东会在作出任何决议的时候,异议股东都有回购请求权。对有限责任公司股东而言,只有股东会在表决通过三类事项时,投反对票的股东才有权要求公司以合理价格收购其股权。具体如下:

(1)公司连续五年不向股东分配利润,而公司该五年连续盈利,并且符合本法规定的分配利润条件。股东投资办公司的目的之一,即获得投资收益,如果公司连续五年盈利,且符合利润分配条件,但一直不分配利润,对股东而言,实际上导致其投资目的无法实现,因而股东有权要求公司回购其股权。

(2)公司合并、分立、转让主要财产。公司合并、分立会对公司股东产生重大影响,公司的规模、股权结构、内部治理、发展方向等都可能发生重大变化,并非每个股东都能够适应合并或分立后的环境,因而允许其退出公司。此外,如果公司转让其主要财产,也可能导致公司的主营业务、发展方向等发生重大变化,导致与股东投资的初衷不符,也应当允许股东要求公司回购股权而退出公司。

(3)公司章程规定的营业期限届满或者章程规定的其他解散事由出现,股东会会议通过决议修改章程使公司存续。当公司章程规定的营业期限届满或其他解散事由出现时,根据《公司法》的规定公司应当解散、清算,公司财产在清偿债务和其他相关税、费之后,应当分配剩余给股东,但公司章程是可以通过法定程序修改的,经有限责任公司股东会全体股东所持表决权的2/3以上表决通过,即可修订,使得公司继续存续。这对于投反对票的股东而言显然是违背其意愿的,强制其继续留在公司并承担由此带来的经营风险明显不公平,因此,允许股东要求公司回购其股权而退出公司。

2. 有限责任公司异议股东回购请求权的行使方式

为了保障有限责任公司异议股东能够顺利行使回购请求权,2023年《公司法》规定了分两步走的程序:

第一,股东有权自股东会决议作出之日起60日内,与公司协商达成股权收购协议,要求公司以合理价格收购自己的股权。

第二,如果股东未能与公司达成收购协议,则股东可以自股东会决议作出之日起90日内向人民法院提起诉讼,要求公司以合理价格收购自己的股权。

概括而言,异议股东行使回购请求权须满足以下要求:首先,股东需在股东会上对特定的决议事项投反对票,如果投的是赞成票,事后反悔要求公司回购股权是不允许的。其次,股东必须向公司明确作出要求公司回购其股权的意思表示。

最后,股东必须在法定期限内行使回购请求权,即股东会决议作出之日起60日内与公司协商。协商不成的需自股东会决议作出之日起90日内向人民法院提起诉讼,超过该期限,股东的回购请求权将无法得到支持。此外,异议股东要求回购股权,公司应当以合理的价格回购,而所谓合理的价格,应当参考公司资产状况、盈利情况、市场状况等因素予以确定。

(二)控股股东滥用权利时小股东回购请求权

2018年《公司法》仅规定了有限责任公司异议股东回购请求权,但在现实中大量存在公司控股股东滥用股东权利损害小股东合法权益的情形,如拒绝小股东行使知情权、恶意拖延不组织临时股东会导致小股东无法行使表决权、大股东之间存在纠纷导致公司经营陷入僵局损害公司和小股东合法权益等,小股东却无法通过"用脚投票"的方式保护自己。因而2023年《公司法》在修订时专门增加了该款规定,对公司控股股东进行规制,明确在公司的控股股东滥用股东权利,严重损害公司或者其他股东利益的情况下,其他股东有权请求公司按照合理的价格收购其股权。从而更加全面地赋予了中小股东"用脚投票"的权利。

(三)有限责任公司小股东回购请求权的行使后果

一般而言,公司不能持有自己公司的股权或股份,因此,公司依照规定收购股东的股权后,应当在六个月内依法转让或者注销。

►【典型案例】

袁某晖与长江置业(湖南)发展有限公司(以下简称长江置业)请求公司收购股份纠纷案

[最高人民法院公报案例①]

2010年3月5日,长江置业形成股东会决议,明确由沈某、钟某光、袁某晖三位股东共同主持工作,确认全部财务收支、经营活动和开支、对外经济行为必须通过申报并经全体股东共同联合批签才可执行,对重大资产转让要求以股东决议批准方式执行。但是,根据长江置业与袁某晖的往来函件表明,在实行联合审批办公制度之后,长江置业对案涉二期资产进行了销售。该资产转让从定价到转让,均未取得股东袁某晖的同意,也未通知其参加股东会。

法院审理认为:根据《公司法》(2005年修订)第74条之规定,对股东会决议

---

① 参见《袁某晖与长江置业(湖南)发展有限公司请求公司收购股份纠纷案[最高人民法院(2014)民申字第2154号民事裁定书]》,载《最高人民法院公报》2016年第1期。

转让公司主要财产投反对票的股东有权请求公司以合理价格回购其股权。本案从形式上看,袁某晖未参加股东会,未通过投反对票的方式表达对股东会决议的异议。但是,《公司法》(2005年修订)第74条的立法精神在于保护异议股东的合法权益,之所以对投反对票作出规定,意在要求异议股东将反对意见向其他股东明示。本案中袁某晖未被通知参加股东会,无从了解股东会决议,并对股东会决议投反对票。此外,袁某晖在2010年8月19日申请召开临时股东会时,明确表示反对二期资产转让,要求立即停止转让上述资产,长江置业驳回了袁某晖的申请,并继续对二期资产进行转让,已经侵犯了袁某晖的股东权益。因此,二审法院依照《公司法》(2005年修订)第74条之规定,认定袁某晖有权请求长江置业以公平价格收购其股权,并无不当。

第九十条　【股东资格的继承】

自然人股东死亡后,其合法继承人可以继承股东资格;但是,公司章程另有规定的除外。

▶【法条释义】

1. 本条是针对有限责任公司股东资格继承问题的规定。股东资格是在公司中出资就具有的法律地位,代表了股东在公司中享有各项权利,同时也应承担相应的义务。根据《公司法》该条规定,如果作为有限责任公司的自然人股东死亡,其股东资格原则上是可以当然继承的,即其合法继承人可以享有股东权利,承担股东义务。但《民法典》规定,继承权是可以放弃的,如果该股东的继承人放弃继承,则其不具有股东资格。此外,继承问题只适用于自然人,法人及非法人组织没有继承问题,因此股东资格继承只限于自然人股东。

2. 有限责任公司股东资格是否可以继承由章程决定。有限责任公司股东间的人合性决定股东进出会受到限制,能否新增股东包括股东的继承人能否因继承而进入公司,应该交给股东们决定,股东们可以在章程中约定股东资格是否可以继承。

3. 章程未规定股东资格是否可以继承的,则股东资格可以继承。章程没有限制股东资格继承,这说明股东们对于股东的继承人是愿意接受的。

4. 章程规定股东资格不可以继承的,则合法继承人应该继承股东财产。如果章程明确股东资格不能继承,则股东去世后其持的股权作为其遗产,其继承人可以继承。

▶【典型案例】

张某梅、徐某、徐某磊诉科林公司二审民事案件纠纷案

［山西省阳泉市中级人民法院(2021)晋03民终152号］

科林公司成立于2003年10月28日,注册资本300万元,徐某某系科林公司股东,出资额为29万元,占科林公司9.67%的股权。2019年1月25日,徐某某因病医治无效去世。张某梅(徐某某之妻)、徐某(徐某某之女)、徐某磊(徐某某之子)是徐某某合法的法定继承人。科林公司是某集团公司的子公司,属国有控股混合所有制企业,国家发展改革委发文《关于国有控股混合所有制企业开展员工持股试点的意见》规定:持股员工因辞职、调离、退休、死亡或被解雇等原因离开本公司的,应在12个月内将所持股份进行内部转让。2019年5月16日科林公司章程修订案中明确规定,股东不得向股东以外的法人或自然人转让股份;股东死亡的,股东需要转让全部股份。徐某某死亡后,其法定继承人张某梅、徐某、徐某磊向科林公司主张股东资格继承未果后向法院提起诉讼。

本案经过两审终审结案,一审法院以公司章程未有规定主张原告三个法定继承人有股东资格继承权。而二审法院认为:虽然科林公司章程中并未明确规定股东死亡后继承人不得继承股东资格,但科林公司章程中明确规定股东不得向股东以外的法人或自然人转让股份,且退休和调离应在公司内部转让全部股份。科林公司系国有控股企业,自然人股东均为公司人员,科林公司具有高度人合性和封闭性特征,因此,本案应当认定公司章程已经排除了股东资格的继承。

从本案来看公司章程是否有规定,不能仅仅从章程有无明确规定来判断,还要综合来看章程是否有对股东资格继承进行排除规定。如果有排除规定的,尽管没有明确说明,也要考虑排除规定的实质意思。

第五章　股份有限公司的设立和组织机构

本章内容是关于股份有限公司的设立和组织结构，与第六章股份有限公司的股份发行与转让共同组成关于股份公司的规定。

注意将股份有限公司的相关内容与有限责任公司进行比较：第一，在设立方式上，有限责任公司只能发起设立；而股份有限公司可以发起设立，也可以募集设立。第二，股东会方面，与有限责任公司相比，股份有限公司召开临时股东会的情形更多；股东会临时提案权的规定，体现了股份有限公司运行规则的规范性。股份有限公司在选举董事、监事时，还有累积投票制的规则，这一点有限责任公司并无规定。第三，在董事会、监事会方面，股份有限公司关于会议的提议、组织都有更详细的规定，体现出更多的规范性。

与 2018 年《公司法》相比，本章有较大的调整，需要引起特别注意：

1. 在股份有限公司中，允许只有一个发起人或股东，打破了过去股份公司发起人、股东必须是两人以上的规定。

2. 在股份有限公司引入股东的"查账权"。

2018 年《公司法》对于股份有限公司股东的知情权和有限责任公司股东知情权的规定有较大的区别，股份有限公司股东不享有查账权。2023 年《公司法》修订，从保护股东权利角度出发，缩小了两类公司股东知情权的差别。

第一节　设　　立

第九十一条　【股份有限公司的设立方式】

设立股份有限公司，可以采取发起设立或者募集设立的方式。

发起设立，是指由发起人认购设立公司时应发行的全部股份而设立公司。

募集设立，是指由发起人认购设立公司时应发行股份的一部分，其余股份向特定对象募集或者向社会公开募集而设立公司。

▶【法条释义】

本条是关于股份有限公司设立方式的规定。股份有限公司的设立包括发起设立和募集设立两种方式。

1. 发起设立

发起设立,公司股份全部由发起人认购,而不向其他人募集。

2. 募集设立

募集设立中,发起人仅认购部分股份,其余股份向特定对象募集或者向社会公开募集。

募集设立包括两种情形——定向募集和公开募集:定向募集中认股人特定;公开募集中其余股份向社会公开募集,认股人不特定,属于公开发行,应符合《证券法》中关于公开发行的规定。

募集设立的本质上是公司设立和股票发行(募集)同时进行,而发起设立则不包含发行行为。[①] 需要注意的是,虽然《公司法》规定了股份公司可以募集设立,但在证券法及相关规定中,明确公开发行的主体必须是已经成立且存续满一定时间的股份有限公司(或有限责任公司改制为股份有限公司,期间自有限责任公司成立之日起算),除非国务院特批,否则不存在股份有限公司以公开募集方式设立的空间。

▶【关联法条】

1.《中华人民共和国证券法》(2019 年修订)

第 9 条　公开发行证券,必须符合法律、行政法规规定的条件,并依法报经国务院证券监督管理机构或者国务院授权的部门注册。未经依法注册,任何单位和个人不得公开发行证券。证券发行注册制的具体范围、实施步骤,由国务院规定。

有下列情形之一的,为公开发行:

(一)向不特定对象发行证券;

(二)向特定对象发行证券累计超过二百人,但依法实施员工持股计划的员工人数不计算在内;

(三)法律、行政法规规定的其他发行行为。

非公开发行证券,不得采用广告、公开劝诱和变相公开方式。

2.《首次公开发行股票注册管理办法》

第 10 条　发行人是依法设立且持续经营三年以上的股份有限公司,具备健

---

① 参见李书玲:《"改制上市"让募集设立名存实亡》,载《商业会计》2014 年第 7 期。

全且运行良好的组织机构,相关机构和人员能够依法履行职责。

有限责任公司按原账面净资产值折股整体变更为股份有限公司的,持续经营时间可以从有限责任公司成立之日起计算。

►【知识拓展】

万科股份有限公司募集设立

万科前身“深圳现代科教仪器展销中心”1984 年在深圳注册,为国营性质公司,法人代表为王某,主营业务为自动化办公设备及专业影视器材的进口销售,是深圳经济特区内最大的摄录像专业器材供应商。为摆脱国有企业经营管理的僵化体制,加快业务的规模化发展,公司管理层于 1986 年形成决议:进行股份化改造,在两年内公开发行股票。1987 年公司更名为“深圳现代企业有限公司”。

1988 年 11 月,深圳市政府批准了万科公司的股份化改造方案,原现代企业公司以净资产 1324.67 万元折合 1324.67 万股,并于 1988 年 12 月 28 日至 1989 年 1 月 27 日向社会公开发售 2800 万股,集资人民币 2800 万元,股份总计 4100 万股。公司上市后定名为“深圳万科企业股份有限公司”,股票代码 0002。原现代企业公司以净资产折抵出资,可认定为深圳万科企业股份有限公司的发起人。

第九十二条 【发起人的限制】

设立股份有限公司,应当有一人以上二百人以下为发起人,其中应当有半数以上的发起人在中华人民共和国境内有住所。

►【法条释义】

本条是关于股份有限公司发起人条件的规定。公司的发起人是为设立公司而签署公司章程、向公司认购股份并履行公司设立职责的人。

发起人人数上限规定为二百人,一是保护社会公众利益,防止通过设立公司的方式实施非法集资行为;二是避免被认定为公开发行。

对发起人并无国籍要求。为了提高设立效率,发起人须有半数以上在我国境内有住所。

与 2018 年《公司法》相比,2023 年《公司法》将股份公司发起人的人数下限从二人调整到一人。

►【典型案例】

付某芳、贾某梅案外人执行异议之诉申请再审案

［四川省高级人民法院(2021)川民申1310号裁定］

股份有限公司设立时因发起人人数超出《公司法》(2018年修正)第78条规定的股份有限公司发起人人数上限,工商行政机关系统只能登记200名以内股东姓名,因此公司将部分自然人股东所持股份登记于另一股东名下,以便进行工商登记。对于该部分自然人是否为案涉股份的实际权利人,不能仅依照工商登记信息,而应当结合案件事实认定。

公司工商登记中未记载部分自然人股东姓名,其原因是受限于法律规定及工商登记系统限制,而根据公司《筹建工作方案》《股权授权委托登记分配表》《股东名册》《股权证》以及股东会决议、股东分红情况等证据相互印证,形成完整证据链,能够证明该部分未记载于工商登记信息中的自然人实际享有股东权利,为案涉股份的实际所有人。

1993年《公司法》

第七十五条　设立股份有限公司，应当有五人以上为发起人，其中须有过半数的发起人在中国境内有住所。

国有企业改建为股份有限公司的，发起人可以少于五人，但应当采取募集设立方式。

↓

2005年《公司法》

第七十九条　【设立发起人的限制】设立股份有限公司，应当有二人以上二百人以下为发起人，其中须有半数以上的发起人在中国境内有住所。

↓

2023年《公司法》

第九十二条　设立股份有限公司，应当有一人以上二百人以下为发起人，其中须有半数以上的发起人在中华人民共和国境内有住所。

图1　股份有限公司发起人数量的变化

第九十三条 【发起人的义务】

股份有限公司发起人承担公司筹办事务。

发起人应当签订发起人协议,明确各自在公司设立过程中的权利和义务。

►【法条释义】

本条是对发起人义务的规定。

发起人应当承担公司筹办的事务。发起人系公司的设立人,应当负责公司筹办的事务。

发起人协议是设立公司的启动性文件,发起人设立股份有限公司,应当签订发起人协议,明确各自权利义务,以避免发生纠纷。

股份有限公司发起人的义务主要包括:1. 签订发起人协议,明确各自权利义务;2. 为设立公司而签署公司章程;3. 向公司认购股份,以发起方式设立的股份有限公司,发起人应认购全部股份,以募集方式设立的股份有限公司,发起人认购部分股份;4. 承担公司筹办事务。

►【典型案例】

中山春源百货贸易商行、深圳市易孝宝文化传媒科技有限公司民间借贷纠纷案

[广东省中山市中级人民法院(2018)粤20民终6996号]

甲方春源百货贸易商行(个人独资企业)、乙方储购商务公司、丙方阿那里科技公司签订《中山市春源储购同城实业股份有限公司筹备合作备忘录》,就成立中山市春源储购同城实业股份有限公司一事,对公司股权架构、费用计划等内容进行了约定。备忘录共有四人签名,分别是刘某春(春源百货贸易商行投资人)、范某溯(阿那里科技公司法定代表人)、张某华(阿那里科技公司前员工)、许某江(阿那里科技公司总经理助理兼行政人事总监)。后刘某春共向阿那里科技公司转账支付50万元。乙方储购商务公司在该备忘录签订之后才设立,春源百货贸易商行以储购商务公司在备忘录上签字盖章为由主张该备忘录未生效。

法院经审理后认为:首先,虽然该合作备忘录中约定了储购商务公司的权利义务,但其在协议签订时并未设立,且其设立之后也未对该协议进行追认,故不能认定其为协议签订主体之一,也不能认定其为公司发起人之一。

其次,协议并未明确张某华、许某江为一方当事人,也未就其在公司设立过程

中的权利义务进行任何约定，两人既非协议的主体，也非为股份有限公司的发起人。

因此，法院认定该发起人协议签订主体和公司发起人仅有春源百货贸易商行、阿那里科技公司两方，双方就设立春源储购同城实业公司达成一致意思表示，且其内容未违反法律、行政法规的强制性规定，可以认定备忘录在春源百货贸易商行、易孝宝文化传媒科技有限公司之间已发生法律效力。

第九十四条　【公司章程的制订】

设立股份有限公司，应当由发起人共同制订公司章程。

▶【法条释义】

章程是规范股份有限公司的组织及运营的基本准则，是公司的自治规范，对公司、股东、董事、监事、高级管理人员具有约束力。发起人共同制定公司章程也是股份有限公司发起人的义务，且公司应当按照法律规定记载必要事项。

第九十五条　【公司章程的内容】

股份有限公司章程应当载明下列事项：

（一）公司名称和住所；

（二）公司经营范围；

（三）公司设立方式；

（四）公司注册资本、已发行的股份数和设立时发行的股份数，面额股的每股金额；

（五）发行类别股的，每一类别股的股份数及其权利和义务；

（六）发起人的姓名或者名称、认购的股份数、出资方式；

（七）董事会的组成、职权和议事规则；

（八）公司法定代表人的产生、变更办法；

（九）监事会的组成、职权和议事规则；

（十）公司利润分配办法；

（十一）公司的解散事由与清算办法；

（十二）公司的通知和公告办法；

（十三）股东会会议认为需要规定的其他事项。

►【法条释义】

本条是对股份有限公司章程应当记载事项的规定。股份有限公司的章程必须记载本条规定的事项,主要是与公司设立或组织活动有重大关系的基础性事项,属强制性规范。

相较于2018年《公司法》,本条对于股份有限公司章程的绝对必要记载事项进行了调整和补充。结合2023年《公司法》有关面额股和无面额股、类别股的规定,要求股份有限公司章程必须记载公司已发行的股份数,设立时应发行的股份数,面额股的每股的金额;发行类别股的,类别股的股份数及其权利和义务。

►【关联法条】

《上市公司治理准则》(2018年修订)

第10条　上市公司应当积极回报股东,在公司章程中明确利润分配办法尤其是现金分红政策。上市公司应当披露现金分红政策制定及执行情况,具备条件而不进行现金分红的,应当充分披露原因。

第18条　上市公司应当在公司章程中规定规范、透明的董事提名、选任程序,保障董事选任公开、公平、公正。

第九十六条　【注册资本】

股份有限公司的注册资本为在公司登记机关登记的已发行股份的股本总额。在发起人认购的股份缴足前,不得向他人募集股份。

法律、行政法规以及国务院决定对股份有限公司注册资本最低限额另有规定的,从其规定。

►【法条释义】

本条是有关股份有限公司注册资本的规定。2023年《公司法》中引入了“授权资本制度”,因此对于股份公司的注册资本的规定也随之发生变化。股份有限公司的注册资本仅指公司在登记机关登记的已发行的股本总额,不包括授权董事会,但尚未发行的股份。

股份有限公司发起人尚未缴足其认购的股份的,不得向他人募集股份。为防止发起人利用募集股份的途径进行投机活动,损害其他投资者的利益,本条对发起人在缴足其认购的股份前向他人募集股份的行为予以禁止。

本条第2款规定,法律、行政法规以及国务院决定对股份有限公司注册资本最低限额另有规定的,从其规定。即在一般情况下,股份有限公司并无最低注册资本要求,但法律、行政法规以及国务院决定对某些特殊情况下股份有限公司最低注册资本另有规定的须从其规定,如商业银行法、证券法、保险法等对相应的股份有限公司最低注册资本的规定。

►【典型案例】

颜某海与华盛众创(珠海)网络科技股份有限公司
(以下简称华盛公司)、曾某合同纠纷案

[广东省珠海市中级人民法院(2020)粤04民终12号]

华盛公司为发起设立的股份有限公司,注册资本10,000万元,实缴注册资本为0,发起人有李某锋、曾某、张某鹏、陈某茂、杨某志共五人,其中曾某为董事。颜某海与华盛公司于2017年12月30日签订《股东众筹协议》。该协议约定,颜某海认购25,000股,每股2元,股份金额人民币50,000元,颜某海于2017年12月29日向曾某支付了股份认购款50,000元。现颜某海请求依法确认其与华盛公司签订的《股东众筹协议》属于无效合同。法院审理后认为:根据《公司法》规定,在发起人认购的股份缴足前,不得向他人募集股份。华盛公司截至目前的实缴注册资本为0,其在此情况下向他人募集股份违反上述强制性规定,故颜某海与华盛公司为募集股份而签订的《股东众筹协议》应认定为无效。

第九十七条 【发起人认购股份的要求】

以发起设立方式设立股份有限公司的,发起人应当认足公司章程规定的公司设立时应发行的股份。

以募集设立方式设立股份有限公司的,发起人认购的股份不得少于公司章程规定的公司设立时应发行股份总数的百分之三十五;但是,法律、行政法规另有规定的,从其规定。

►【法条释义】

本条是关于股份有限公司设立时发起人认购公司股份的规定,分别对发起设立和募集设立方式作出了规定。

对于发起设立的股份有限公司,发起人应当认足公司设立时应发行的股份。

对于募集设立的股份有限公司,由于募集设立是由发起人认购部分股份,其余部分股份向特定对象或社会公众募集的公司设立方式,为了防止发起人仅认购极少部分股份,主要依靠对外募集资本设立公司,利用募集设立公司进行非法集资,损害投资者利益、扰乱社会秩序的情况发生,因此规定了发起人认购股份的最低限额,即公司设立时应发行股份的35%。

同时,本条也作出了但书规定,即法律、行政法规另有规定的,从其规定。

▶【典型案例】

温某轩、王某民与河北华正公路投资发展股份有限公司股东知情权纠纷案

[河北省石家市中级人民法院(2015)石民四终字第00968号]

本案涉及股东知情权纠纷,法院经审理认为:公司发行股票时的招股说明书明确发起人认购股份仅占公司股份的12.8%,不及公司应发行股份的35%,因此公司发行股票的行为违反了国家法律及相关部门关于股份有限公司募集方式的管理规定,属于违规发行股票,应当认定募集行为无效,当事人因此持有的股票属于应当清理的范畴,不能认定其为公司的股东,无权要求行使股东知情权。

第九十八条 【发起人的出资要求】

发起人应当在公司成立前按照其认购的股份全额缴纳股款。

发起人的出资,适用本法第四十八条、第四十九条第二款关于有限责任公司股东出资的规定。

▶【法条释义】

本条是关于股份公司发起人出资的规定。相较于2018年《公司法》,2023年《公司法》有重大调整:股份公司的发起人有实缴出资的义务,而不享有认缴出资的权利。这一点与有限公司发起人截然不同。

股份有限公司发起人的出资适用本法关于有限责任公司股东出资的规定,根据2023年《公司法》第48条的规定,发起人可以用货币出资,也可以用实物、知识产权、土地使用权、股权、债权等可以用货币估价并可以依法转让的非货币财产作价出资;但是,法律、行政法规规定不得作为出资的财产除外。2023年《公司法》修订明确股权、债权可以作价出资,扩大了可用作出资的财产范围。

根据2023年《公司法》第49条的规定,股东应当按期足额缴纳公司章程规定

的各自所认缴的出资额。股东以货币出资的，应当将货币出资足额存入有限责任公司在银行开设的账户；以非货币财产出资的，应当依法办理其财产权的转移手续。

▶【关联法条】

1.《市场主体登记管理条例》

第13条　除法律、行政法规或者国务院决定另有规定外，市场主体的注册资本或者出资额实行认缴登记制，以人民币表示。

出资方式应当符合法律、行政法规的规定。公司股东、非公司企业法人出资人、农民专业合作社（联合社）成员不得以劳务、信用、自然人姓名、商誉、特许经营权或者设定担保的财产等作价出资。

2.《财政部关于〈公司法〉施行后有关企业财务处理问题的通知》

一、关于以非货币资产作价出资的评估问题

根据《公司法》第27条的规定，企业以实物、知识产权、土地使用权等非货币资产出资设立公司的，应当评估作价，核实资产。国有及国有控股企业以非货币资产出资或者接受其他企业的非货币资产出资，应当遵守国家有关资产评估的规定，委托有资格的资产评估机构和执业人员进行；其他的非货币资产出资的评估行为，可以参照执行。

3.《财政部、工商总局关于加强以非货币财产出资的评估管理若干问题的通知》

一、有下列情形之一的，应当进行资产评估：

（一）投资人以非货币财产出资的；

（二）在验资或申请工商登记时，验资机构或投资人发现用作出资的非货币财产与评估基准日时的资产状态、使用方式、市场环境等方面发生显著变化，或者由于评估假设已发生重大变化，可能导致资产价值发生重大变化的；

（三）法律、行政法规规定的其他需要进行资产评估的事项。

二、以非货币财产出资评估，投资人应当委托依法设立的资产评估机构进行。

三、以非货币财产出资的投资人，应当对所提供的非货币财产的真实性、合法性承担责任。

▶【典型案例】

庞某祥与北京房建建筑股份有限公司股东出资纠纷案

［北京市中级人民法院(2020)京02民终4348号］

本案中,股份有限公司的发起人以房屋作为出资,已经实际交付公司使用,但未根据法律规定办理产权变更登记手续,致使房屋建筑物未登记于设立公司名下,发起人关于房屋建筑物的出资行为不符合公司设立时《公司法》关于股东出资的规定,对此发起人应当承担相应责任,依法配合公司办理涉案房屋的财产权转移手续。

关于房屋对应的土地使用权,根据工商档案的记载,发起人出资并不包括对该宗土地使用权的出资,并未对土地使用权评估作价,因此法院对于公司要求发起人将该土地使用权一并转让的请求不予支持。

第九十九条 【其他发起人的连带责任】

发起人不按照其认购的股份缴纳股款,或者作为出资的非货币财产的实际价额显著低于所认购的股份的,其他发起人与该发起人在出资不足的范围内承担连带责任。

▶【法条释义】

本条是关于发起人出资责任的规定。因发起人之间属于民事合伙关系,故发起人存在出资责任之时,其他发起人承担连带责任。

▶【关联法条】

《中华人民共和国民法典》

第577条 当事人一方不履行合同义务或者履行合同义务不符合约定的,应当承担继续履行、采取补救措施或者赔偿损失等违约责任。

▶【典型案例】

新疆叶河阳光农业股份有限公司、朱某良等股东出资纠纷案

［新疆生产建设兵团第(农)六师中级人民法院(2021)兵06民终554号］

本案中股东未按照公司章程规定全面履行出资义务,应当承担相应的民事责

任。虽设立的公司在本案诉讼前,已经股东会决议解散进入清算程序,但根据《最高人民法院关于适用〈中华人民共和国公司法〉若干问题的规定(二)》第22条第1款的规定,"公司解散时,股东尚未缴纳的出资均应作为清算财产。股东尚未缴纳的出资,包括到期应缴未缴的出资,以及依照公司法第二十六条和第八十条的规定分期缴纳尚未届满缴纳期限的出资"。故公司进入清算程序与公司股东履行全面出资义务并不矛盾,瑕疵出资的股东仍然应当根据公司章程约定及法律规定足额缴纳出资款项并承担未按期出资到位的违约责任。

第一百条 【公开募集股份】

发起人向社会公开募集股份,应当公告招股说明书,并制作认股书。认股书应当载明本法第一百五十四条第二款、第三款所列事项,由认股人填写认购的股份数、金额、住所,并签名或者盖章。认股人应当按照所认购股份足额缴纳股款。

►【法条释义】

本条是对发起人公开募集股份必须公告招股说明书并制作认股书的规定。

招股说明书是股份有限公司发行股票时,供社会公众了解发起人和将要设立公司的情况,就公司股份发行的有关事项向公众披露,并向非特定投资人提出购买或销售其股票的要约邀请性文件。

向社会公开募集股份的发起人必须公告招股说明书。本条规定招股说明书须向社会公告,一方面是履行设立中公司的信息披露义务,另一方面也是通过公告方式吸引投资者,同时使投资者能够了解公司情况,从而作出是否投资的决定,以保护投资者利益。

发起人还应当制作认股书,方便公众认购其发行的股份。

►【关联法条】

《中华人民共和国证券法》(2019年修订)

第11条 设立股份有限公司公开发行股票,应当符合《中华人民共和国公司法》规定的条件和经国务院批准的国务院证券监督管理机构规定的其他条件,向国务院证券监督管理机构报送募股申请和下列文件:

(一)公司章程;

(二)发起人协议;

(三)发起人姓名或者名称,发起人认购的股份数、出资种类及验资证明;

(四)招股说明书;

(五)代收股款银行的名称及地址;

(六)承销机构名称及有关的协议。

依照本法规定聘请保荐人的,还应当报送保荐人出具的发行保荐书。

法律、行政法规规定设立公司必须报经批准的,还应当提交相应的批准文件。

第13条　公司公开发行新股,应当报送募股申请和下列文件:

(一)公司营业执照;

(二)公司章程;

(三)股东大会决议;

(四)招股说明书或者其他公开发行募集文件;

(五)财务会计报告;

(六)代收股款银行的名称及地址。

依照本法规定聘请保荐人的,还应当报送保荐人出具的发行保荐书。依照本法规定实行承销的,还应当报送承销机构名称及有关的协议。

►【典型案例】

张某敏、黄某合同纠纷案

[广西壮族自治区南宁市中级人民法院(2020)桂01民终5063号]

本案中发起人签订的《发起人协议书》载明公司注册资本为2000万元,平均划分为100股,由各发起人以“股”为单位进行认缴。该协议关于注册资本的认购方式及股东人数均不符合有限责任公司的成立条件,根据其载明的公司注册资本的认缴方式,实际应是募集方式。

依照2018年《公司法》的规定,股份有限公司采用募集设立方式的,发起人认购的股份不得少于公司股份总数的35%;发起人向社会公开募集股份,必须公告招股说明书,并制作认股书。招股说明书应当附有发起人制定的公司章程。发起人向社会公开募集股份,应当由依法设立的证券公司承销,签订承销协议。

本案中仅有两名发起人在《发起人出资表》中注明各认购20万元,其余发起人均未注明出资数额,亦未按照《公司法》的规定制作公司章程、招股说明书、认股书,并委托证券公司承销,而是由发起人自行将公司股权分割为100股对外出售,故该《发起人协议书》违反《公司法》的相关规定,依法应认定无效。

第一百零一条 【验资要求】

向社会公开募集股份的股款缴足后,应当经依法设立的验资机构验资并出具证明。

▶【法条释义】

本条是关于股份有限公司公开募集股份股款缴足后应依法验资的规定。

股份有限公司向社会公开募集股份,其股款缴足后必须经依法设立的验资机构验资并出具证明,验资报告具有法定证明效力。

验资是法定机构依法对公司股东出资情况进行检验并出具相应证明的行为,会计师事务所是法定的验资机构。

▶【关联法条】

《财政部、国家工商行政管理总局关于进一步规范企业验资工作的通知》

一、依法设立的会计师事务所是从事验资业务的法定机构,其他任何单位和个人不得承办验资业务。

五、验资报告具有法定证明效力,是企业申请设立登记或注册资本(金)变更登记时向企业登记主管机关提交的必备文件。

六、验资报告应当包括以下内容:

(一)标题。标题统一为“验资报告”。

(二)收件人。收件人为验资业务的委托人。验资报告应当载明收件人全称。

(三)范围段。范围段应当说明审验范围、出资者及被审验单位的责任、注册会计师的责任、审验依据和已实施的主要审验程序等。

(四)意见段。意见段应当说明注册会计师的审验意见。注册会计师在发表审验意见时,应当说明已验证的被审验单位注册资本的实收或变更情况。

(五)说明段。说明段应当说明验资报告的用途、使用责任及注册会计师认为应当说明的其他重要事项。

(六)附件。验资报告附件应当包括已验证的注册资本实收情况明细表或注册资本变更情况明细表和验资事项说明等。

验资事项说明应当包括被审验单位组建及审批情况、申请注册资本情况及出资规定、变更注册资本的原因及审批情况、变更注册资本的规定、注册会计师的审验结果及注册会计师认为应当说明的其他事项等内容。

(七)签章和会计师事务所地址。验资报告应当按照国家有关规定由两名具备相关业务资格的注册会计师签名并盖章,加盖会计师事务所公章,标明会计师事务所地址。

有限责任会计师事务所出具的验资报告,签名的注册会计师之一应为会计师事务所主任会计师或其授权的副主任会计师。合伙会计师事务所出具的验资报告,签名的注册会计师之一应为对该报告负最终复核责任的合伙人。

(八)报告日期。验资报告日期是指注册会计师完成外勤审验工作的日期。

第一百零二条 【股东名册】

股份有限公司应当制作股东名册并置备于公司。股东名册应当记载下列事项:

(一)股东的姓名或者名称及住所;

(二)各股东所认购的股份种类及股份数;

(三)发行纸面形式的股票的,股票的编号;

(四)各股东取得股份的日期。

►【法条释义】

本条是关于股份有限公司股东名册的规定。股东名册是指公司制作的,记载股东信息和股权信息的法定文件。股东名册具有推定效力,一般而言,在股东名册上被记载为股东的即推定其为公司股东,股东可以凭借股东名册主张自己为股东并行使股东权利;反之,未记载在股东名册上的人则不是公司的股东,不能向公司主张股东权利;另外,本条规定股东名册置备于公司,即股东名册属于公司内部文件,对公司以外的第三人并不发生法律效力。

►【典型案例】

广东省高速公路发展股份有限公司(以下简称粤高速公司)、佛山市亿信股权托管服务有限公司(以下简称股权托管公司)股东资格确认纠纷案

[广东省珠海市中级人民法院(2021)粤0604民初20153号]

粤高速公司以定向募集方式向社会法人募集股份时,以佛山公路工程有限公司名义出资认购的股份其实际出资人为自然人梁某萍,股权托管公司对出资人进行了实名登记,建立了股东名册,也向出资人出具了《内部证券存折》,粤高速公司历次分红派息均由股权托管公司根据股东名册,派发到实际出资人,佛山公路工

程有限公司从未享有过派息并且从未提出过异议。但股权托管公司并未将各出资人持股的有关情况报送中国证券登记结算有限责任公司深圳分公司(以下简称中登深圳分公司),致使有关股份在中登深圳分公司仍登记在佛山公路工程有限公司名下。经历次送股、配股及转增股份,截至起诉之日,出资人实际出资认购的股份数已变更为1826股,且股份性质因股权分置改革的实施已由募集法人股变更为流通A股。

法院审理后认为:根据案件事实和"谁出资谁享有权益原则",在中登深圳分公司登记在佛山公路工程有限公司名下的1826股股权实际权利人为梁某萍。为保护实际投资者的合法权益,根据证券市场规范管理的要求,对与实际出资情况不符的股东登记名册应予以纠正。公司根据股份实际权利人的请求,提出确认股东身份和变更股东登记名册的诉讼请求理据充分,法院予以支持。

第一百零三条 【成立大会的召开】

募集设立股份有限公司的发起人应当自公司设立时应发行股份的股款缴足之日起三十日内召开公司成立大会。发起人应当在成立大会召开十五日前将会议日期通知各认股人或者予以公告。成立大会应当有持有表决权过半数的认股人出席,方可举行。

以发起设立方式设立股份有限公司成立大会的召开和表决程序由公司章程或者发起人协议规定。

►【法条释义】

本条是关于股份有限公司召开成立大会的规定。2018年《公司法》称为"创立大会",2023年《公司法》修改为"成立大会"。

召开成立大会是募集设立的股份有限公司设立时在公司公开募足股份后由发起人主持召开的决定某些重大事项的法定程序,是审议公司筹办情况报告,表决公司章程并选出首届董事会和监事会,审核公司成立费用及其他决定公司设立过程中以及公司成立之后的重大事项的会议。

成立大会是公司成立前的决议机关,只在公司设立的后期存在,成立大会行使与股东会类似的职权,即对重大事项进行表决。

与募集设立相比,召开成立大会不是发起设立股份有限公司的必经程序。

第一百零四条 【成立大会的职权】

公司成立大会行使下列职权:

(一)审议发起人关于公司筹办情况的报告;

(二)通过公司章程;

(三)选举董事、监事;

(四)对公司的设立费用进行审核;

(五)对发起人非货币财产出资的作价进行审核;

(六)发生不可抗力或者经营条件发生重大变化直接影响公司设立的,可以作出不设立公司的决议。

成立大会对前款所列事项作出决议,应当经出席会议的认股人所持表决权过半数通过。

►【法条释义】

本条是关于公司成立大会职权的规定。根据本条规定,成立大会的职权为:

1. 审议发起人关于公司筹办情况的报告,即发起人在成立大会上应当作出关于公司筹办情况的报告,出席成立大会的股东对报告进行审议并作出决议。

2. 通过公司章程。发起人设立股份有限公司必须制定公司章程,作为公司的最高准则,公司章程还需要得到其他股东的认可,因此成立大会需要通过公司章程。

3. 选举董事、监事。董事是公司经营决策和执行事务的人员,监事是公司内部的监督人员,都对公司具有重要作用,董事和监事的人选应当充分代表和体现股东的意志,因此应当由持有表决权过半数的认股人选举而产生。

4. 对公司的设立费用进行审核。公司的设立费用是发起人为设立公司而支付的、应当由设立后的公司承担的费用,为防止发起人滥支费用,成立大会须对公司的设立费用进行审核,对该费用支出是否合理作出决议。

5. 对发起人非货币财产出资的作价进行审核。根据 2023 年《公司法》第 48 条第 2 款和第 98 条第 2 款的规定,对作为出资的非货币财产应当评估作价,但成立大会召开之前的评估作价并未得到其他认股人的认可,因此成立大会须对发起人用于抵作股款的财产的作价进行审核。

6. 发生不可抗力或者经营条件发生重大变化直接影响公司设立的,可以作出不设立公司的决议,成立大会有权作出不设立公司的决议。

2023 年《公司法》第 103 条规定,成立大会应有持有表决权过半数的认股人出席,本条在此基础上规定,成立大会作出的决议须经出席会议的认股人所持表决权过半数通过。

第一百零五条　【设立失败】

公司设立时应发行的股份未募足,或者发行股份的股款缴足后,发起人在三十日内未召开成立大会的,认股人可以按照所缴股款并加算银行同期存款利息,要求发起人返还。

发起人、认股人缴纳股款或者交付非货币财产出资后,除未按期募足股份、发起人未按期召开成立大会或者成立大会决议不设立公司的情形外,不得抽回其股本。

►【法条释义】

本条是关于认股人不得擅自抽回股本、设立失败的规定。

公司设立时应发行的股份逾期未募足时,发起人应当依法返还认股人股款。公司设立时应发行的股份未募足,则公司无法成立,发起人应当返还认股人股款,同时加算银行同期存款利息;另外,为了防止发起人不召开成立大会,损害认股人利益,在发行股份的股款缴足后,发起人在30日内未召开成立大会的,认股人也可要求发起人返还股款及利息。

根据2023年《公司法》的规定,股份有限公司的注册资本是在公司登记机关登记的已发行股份的股本总额,只有发起人和其他认股人足额缴纳股款公司才能成立。若发起人完成出资后又抽回股本,会导致公司实际资产少于其注册资本,进而会对债权人利益造成损害,因此本条规定禁止发起人、认股人抽回股本。

同时,本条也规定了除外情形,即在发起人、认股人未按期募足股份、发起人未按期召开成立大会或者成立大会决议不设立公司等情形下,发起人、认股人的出资应当依法予以返还。

►【关联法条】

《中华人民共和国刑法》(2020年修正)

第159条　【虚假出资、抽逃出资罪】公司发起人、股东违反公司法的规定未交付货币、实物或者未转移财产权,虚假出资,或者在公司成立后又抽逃其出资,数额巨大、后果严重或者有其他严重情节的,处五年以下有期徒刑或者拘役,并处或者单处虚假出资金额或者抽逃出资金额百分之二以上百分之十以下罚金。

单位犯前款罪的,对单位判处罚金,并对其直接负责的主管人员和其他直接责任人员,处五年以下有期徒刑或者拘役。

▶【典型案例】

蔡某程与福建中旅实业股份有限公司石狮中国旅行社股份有限公司（以下简称石狮中国旅行社）、福建中旅实业股份有限公司（以下简称中旅公司）合同纠纷案

[福建省石狮市人民法院(2014)狮民初字第2680号、福建省泉州市中级人民法院(2015)泉民终字第687号]

石狮宽仁腾发针织品经销站系集体所有制企业,法定代表人为蔡某程。1992年,石狮中国旅行社筹委会发出《招股通函》向社会法人定向募集股份1482万股,向内部职工定向募集578万股。石狮宽仁腾发针织品经销站以自己的名义认购首期法人股1万股,并由其法定代表人蔡某程领取相关股权证。石狮中国旅行社股权结构进行调整和甄别后,1997年其内部职工股委托福建证券交易中心进行集中托管并重新进行登记,石狮宽仁腾发针织品经销站购买的1万股法人股份确认甄别登记在蔡某程名下并由福建证券交易中心进行股份托管,福建证券交易中心签发中旅公司内部职工股股份确认书给蔡某程收执,确认托管股数为1万股。蔡某程并非中旅公司或者石狮中国旅行社的员工,但已经实际领取中旅公司1997年及1998年的公司分红。

蔡某程认为,石狮中国旅行社筹委会发出的《招股通函》个人股募集对象为内部职工,而实际募集时大部分认股人为非内部职工的社会自然人个人,该募集存在违法行为,且之后甄别为"内部职工股"也应属于非法无效;公司没有依照《公司法》的规定创办成立,更没有召开创立大会;公司没有依法成立,其承诺上市向社会公开发行股票未能实现,所募集股金并未按招股通函说明的募资用途使用,招股目的不能实现;石狮中国旅行社是为募集社会资金上市公开发行股票,其占有资金后没有向股民披露任何开支信息及企业经营信息,长期占用蔡某程等人资金十几年,其实际不享有股东权利。故蔡某程诉至法院,要求相关主体立即归还"股金"及利息。

法院审理后认为:1992年石狮宽仁腾发针织品经销站向石狮中国旅行社所认购社会法人股,其认购行为没有违反《招股通函》的有关约定。后石狮中国旅行社依据国家有关法人股个人持有的处理要求,对定向募集公司中法人股个人化问题的处理,将该法人股甄别给作为其法定代表人蔡某程个人作为内部职工股,并委

托福建证券交易中心将登记在蔡某程名下的股份进行股份托管，该社会法人股甄别及股权结构调整已经福建省人民政府批复确认。对此，蔡某程已成为中旅公司（改制变更）合法股东之一，并实际享有公司股东权利，领取1998年前的部分分红。综上，应确认蔡某程系中旅公司的合法股东。按照2013年《公司法》第91条“发起人、认股人缴纳股款或者交付抵作股款的出资后，除未按期募足股份、发起人未按期召开创立大会或者创立大会决议不设立公司的情形外，不得抽回其股本”的规定，蔡某程无权要求退回认缴的股金。

第一百零六条　【申请设立登记】

董事会应当授权代表，于公司成立大会结束后三十日内向公司登记机关申请设立登记。

►【法条释义】

本条是关于股份有限公司申请设立登记的规定。设立公司应当依法向公司登记机关申请设立登记，董事会作为公司日常经营决策机关，应当负责申请设立登记的事项。

根据本条规定，公司依法召开成立大会后，董事会应当授权代表在成立大会结束后30日内申请设立登记。

第一百零七条　【有限责任公司相关规定的准用】

本法第四十四条、第四十九条第三款、第五十一条、第五十二条、第五十三条的规定，适用于股份有限公司。

►【法条释义】

本条是关于股份有限公司发起人责任、股东出资责任、股东失权制度、股东抽逃出资责任的规定。本法关于有限责任公司的前述相关规定适用于股份有限公司。

关于公司股款缴纳情况核查、催缴出资，本法规定公司成立后，应当对股东的出资情况进行核查，发现股东未按期足额缴纳出资，或者作为出资的非货币财产的实际价额显著低于所认缴的出资额的，应当向该股东发出书面催缴书，催缴出资。关于公司设立时股东欠缴出资的责任，2023年《公司法》明确了：（1）股东未按期足额缴纳出资给公司造成损失的，应当承担赔偿责任；（2）董事会未履行催缴义务，给公司造成损失的，负有责任的董事应当承担赔偿责任。

第一百零八条 【公司性质的变更】

有限责任公司变更为股份有限公司时,折合的实收股本总额不得高于公司净资产额。有限责任公司变更为股份有限公司,为增加注册资本公开发行股份时,应当依法办理。

►【法条释义】

本条是关于有限责任公司变更为股份有限公司的规定。

从股份有限公司资本充实的角度出发,《公司法》规定:折合的实收股本总额不得高于公司净资产额。

净资产额等于资产总额减去负债,有限责任公司的资产在转为股份有限公司实收股本时不得大于净资产额的数额,否则该实收股本额就不能反映公司财产真实状况,而会造成资产空洞化,影响债权人的利益。

若实收资本低于净资产额的,可将差额计入资本公积。

第一百零九条 【股份公司材料置备要求】

股份有限公司应当将公司章程、股东名册、股东会会议记录、董事会会议记录、监事会会议记录、财务会计报告、债券持有人名册置备于本公司。

►【法条释义】

本条规定股份有限公司应当将相关材料置备于本公司,使股东能够准确了解公司情况,同时也便于有关机构对公司进行必要监督。

第一百一十条 【股东的知情权】

股东有权查阅、复制公司章程、股东名册、股东会会议记录、董事会会议决议、监事会会议决议、财务会计报告,对公司的经营提出建议或者质询。

连续一百八十日以上单独或者合计持有公司百分之三以上股份的股东要求查阅公司的会计账簿、会计凭证的,适用本法第五十七条第二款、第三款、第四款的规定。公司章程对持股比例有较低规定的,从其规定。

股东要求查阅、复制公司全资子公司相关材料的,适用前两款的规定。

上市公司股东查阅、复制相关材料的,应当遵守《中华人民共和国证券法》等法律、行政法规的规定。

▶【法条释义】

本条是关于股份有限公司知情权的规定。

首先,对于公司的一般材料,股份有限公司股东既可以查阅也可以复制,相较于2018年《公司法》,2023年《公司法》增加了复制的权利,使股份有限公司与有限责任公司的规定相同。

股份有限公司股东具有对公司的经营提出建议或者质询的权利,股东是公司的投资者,虽不参与公司的经营,但其有了解公司经营状况的权利,除享有知情权之外,股东还能通过对公司经营提出建议或质询的方式来监督公司的运营。

2023年《公司法》加入了股份有限公司股东的查账权,股东不仅能查阅会计账簿,还能够查阅会计凭证。

会计账簿,是指由一定格式账页组成的,以会计凭证为依据,全面、系统、连续地记录各项经济业务的簿籍。设置和登记账簿是编制会计报表的基础。会计报表以会计账簿为基础编制出来,而会计凭证是会计账簿的基础。会计凭证是制作会计账簿的基础,其最能反映公司的实际经营情况,是公司运营的必备材料①。

会计凭证的真实性是保证会计账簿真实性的前提。允许股东一并查阅公司会计凭证能够有效防止管理人员损害股东利益,能更好地保护股东的利益。

因股份公司股东人数众多,流动性强,为了防止股东行使查账权影响公司的正常运营,本条从持股比例和时间两个维度,明确了股东行使查账权的条件。公司章程可以规定低于公司法的条件,给了公司自治的空间。同时为了防止股东滥用权利妨碍公司的正常经营活动,股份公司股东的查账权也受到限制,这一点与有限公司股东的查账权相同。

2023年《公司法》规定股份公司的股东知情权可以触达公司的全资子公司,更有利于少数股东权益的保护。

▶【关联法条】

《中华人民共和国公司法》(2023年修订)

第57条　股东有权查阅、复制公司章程、股东名册、股东会会议记录、董事会会议决议、监事会会议决议和财务会计报告。

股东可以要求查阅公司会计账簿、会计凭证。股东要求查阅公司会计账簿、会计凭证的,应当向公司提出书面请求,说明目的。公司有合理根据认为股东查阅会计账簿、会计凭证有不正当目的,可能损害公司合法利益的,可以拒绝提供查

---

①　参见李美云:《有限公司股东会计账簿查阅权问题研究——兼对〈公司法司法解释四(征求意见稿)〉评析》,载《中国政法大学学报》2013年第4期。

阅,并应当自股东提出书面请求之日起十五日内书面答复股东并说明理由。公司拒绝提供查阅的,股东可以向人民法院提起诉讼。

股东查阅前款规定的材料,可以委托会计师事务所、律师事务所等中介机构进行。

股东及其委托的会计师事务所、律师事务所等中介机构查阅、复制有关材料,应当遵守有关保护国家秘密、商业秘密、个人隐私、个人信息等法律、行政法规的规定。

►【典型案例】

同兴药业有限公司(以下简称同兴药业)
与广州王老吉药业股份有限公司(以下简称王老吉公司)
股东知情权纠纷案

[广东省广州市中级人民法院(2015)穗中法民四终字第81号]

2023年《公司法》修订之前,并未将股份有限公司会计账簿及会计凭证列入股份有限公司股东知情权的行使范围。王老吉公司《公司章程》第32条第7项中关于王老吉公司需提供会计账簿进行审计的规定超出了上述法律规定的股东知情权范围。同兴药业应当在法律规定的范围内行使股东知情权,在上述法律规定并未赋予其查阅公司会计账簿及会计凭证权利的情况下,其主张王老吉公司为审计所需提交会计账簿及会计凭证欠缺法律依据,法院不予支持。

此案若适用2023年《公司法》,股份有限公司股东有权查阅公司的会计账簿和会计凭证,则同兴药业的诉请应当能够得到支持。

第二节　股　东　会

第一百一十一条　【股东会的组成和性质】

股份有限公司股东会由全体股东组成。股东会是公司的权力机构,依照本法行使职权。

►【法条释义】

本条是关于股份有限公司股东会的规定。股份有限公司的股东享有了解公司经营状况、就公司重大事项作出决策、监督公司经营活动等股东权利，而股东行使权利最主要的方式就是参加股东会会议并对有关事项进行表决。股东会是股份有限公司必须设立的机构，由股份有限公司全体股东组成。

股份有限公司是公司的权力机构，有权决定公司的重大事项。公司的董事会、监事会由它产生，对它负责。对于股东会作出的决议，董事会、监事会等机构必须执行，且行使职权不得与股东会决议相抵触。

注意，在2018年《公司法》中，该机构被称为股东大会，2023年《公司法》称为股东会。

▶【关联法条】

《上市公司股东大会规则》(2022年修订)

第二条 上市公司应当严格按照法律、行政法规、本规则及公司章程的相关规定召开股东大会，保证股东能够依法行使权利。

公司董事会应当切实履行职责，认真、按时组织股东大会。公司全体董事应当勤勉尽责，确保股东大会正常召开和依法行使职权。

第一百一十二条 【股东会的职权】

本法第五十九条第一款、第二款关于有限责任公司股东会职权的规定，适用于股份有限公司股东会。

本法第六十条关于只有一个股东的有限责任公司不设股东会的规定，适用于只有一个股东的股份有限公司。

▶【法条释义】

本条是关于股份有限公司股东会职权的规定。股东会有权决定公司的重大事项，本法对于公司股东会的职权作出了兜底规定，即公司章程可以对股东会职权作出补充规定。

2023年《公司法》允许设立只有1个股东的股份有限公司，本条也随之作出规定，即该种股份有限公司不设股东会。

▶【关联法条】

1.《中华人民共和国公司法》(2023年修订)

第59条 股东会行使下列职权：

(一)选举和更换董事、监事，决定有关董事、监事的报酬事项；

(二)审议批准董事会的报告；

(三)审议批准监事会的报告;

(四)审议批准公司的利润分配方案和弥补亏损方案;

(五)对公司增加或者减少注册资本作出决议;

(六)对发行公司债券作出决议;

(七)对公司合并、分立、解散、清算或者变更公司形式作出决议;

(八)修改公司章程;

(九)公司章程规定的其他职权。

股东会可以授权董事会对发行公司债券作出决议。

对本条第一款所列事项股东以书面形式一致表示同意的,可以不召开股东会会议,直接作出决定,并由全体股东在决定文件上签名或者盖章。

第六十条　只有一个股东的有限责任公司不设股东会。股东作出前条第一款所列事项的决定时,应当采用书面形式,并由股东签名或者盖章后置备于公司。

2.《上市公司股东大会规则》(2022年修订)

第3条　股东大会应当在《公司法》和公司章程规定的范围内行使职权。

►【典型案例】

武汉汉大集团股份有限公司申请承认与执行法院判决、仲裁裁决案

[湖北省武汉市中级人民法院(2020)鄂01破申4号裁定]

本案中涉及公司清算有关股东的投资权益,根据2018年《公司法》第37条、第99条的规定,对公司清算作出决议,属于应由股份有限公司股东大会行使的职权。公司股东大会未就公司清算作出决议,该公司经营管理者以公司名义申请执行案件移送破产审查,属于越权行为,不能认定该公司作出了申请破产的意思表示。法院据此不予受理公司经营管理者以公司名义提起的破产清算申请。

第一百一十三条　【年会和临时股东会】

股东会应当每年召开一次年会。有下列情形之一的,应当在两个月内召开临时股东会会议:

(一)董事人数不足本法规定人数或者公司章程所定人数的三分之二时;

(二)公司未弥补的亏损达股本总额三分之一时;

(三)单独或者合计持有公司百分之十以上股份的股东请求时;

（四）董事会认为必要时；
（五）监事会提议召开时；
（六）公司章程规定的其他情形。

▶【法条释义】

本条是关于股东会召开时间以及临时股东会的规定。

股东会应当依法每年召开一次，对公司的重大事项作出决议。而在两次年会之间，若出现本条规定情形的，则须召开临时股东会。临时股东会的存在，一是保证股份公司经营的效率，股份公司可随时决定经营中的重大事宜。二是股东可借此实现对董事会的有效牵制。临时股东会制度作为一种权力制衡机制能够保障股东可以及时参与处理公司的重大事宜，这样股东便可以随时保护自己的合法权益不受侵犯①。

除本条明确列明的应当召开临时股东会的情形外，为了赋予公司召开临时股东会的自主权，公司章程可以对应召开临时股东会的事由进行约定。

▶【典型案例】

福建闽东电力股份有限公司（以下简称闽东公司）、宁德市精信小额贷款股份有限公司（以下简称精信公司）公司决议撤销纠纷案

［福建省宁德市中级人民法院（2019）闽09民终1416号］

精信公司股份总数为39,600万股，其中闽东公司持股7920万股，占精信公司总股份的20%。

2018年12月21日，精信公司以电子邮件等方式向股东、董事发出《关于召开2019年第1次临时股东大会的通知》，通知载明：公司于2018年12月18日收到股东新疆新颜投资有限公司、王某雄、李某建、福建石福实业有限公司、福鼎市鼎翔建设工程有限公司、福鼎市祥云贸易有限公司、福鼎标新机械实业有限公司（合计持股28.38%）提交的《关于暂缓处理及暂缓起诉股东额度内担保类贷款的议案》，提请召开临时股东大会予以审议；根据《公司法》和公司章程的有关规定，公

① 参见王彦明、贾翱：《论股东的临时股东大会召集请求权——兼论中国相关公司立法的完善》，载《社会科学战线》2010年第5期。

司董事会同意将上述临时提案提交2019年第1次临时股东大会审议;并载明会议时间、会议地点、召集人、会议方式、出席对象、列席会议人员、会议审议事项等内容。

2019年1月6日,精信公司董事长庄某明主持召开2019年第1次临时股东大会,就前述议案进行审议并表决;到会股东18名,合计持股31,534.8万股,占精信公司全部股份总额的79.63%;大会上,占总股份58.13%的股东表决同意,闽东公司表决反对、占股5%的股东弃权,议案通过。闽东公司诉请撤销精信公司2019年第1次临时股东大会决议。

法院审理后认为:精信公司2019年第1次临时股东大会系根据合计持有公司28.38%股份的股东请求而召开,会议由董事会召集,董事长主持,且精信公司于2018年12月21日向股东发出了《关于召开2019年第1次临时股东大会的通知》,将会议召开的时间、地点、地点和审议的事项通知了各股东。

精信公司2019年第1次临时股东大会召集程序符合2013年《公司法》第100条第3项、第101条第1款和第102条第1款的规定,亦符合《精信公司章程》第17条"股东大会会议一年至少召开一次。当公司出现重大问题时,代表四分之一以上表决权的股东,三分之一以上的董事或者监事会,可提议召开临时会议"、第18条"股东大会会议由董事会召集,董事长主持"和第20条"临时股东大会应当于会议召开15日前通知各股东"的规定。闽东公司请求法院撤销精信公司2019年第1次临时股东大会决议,于法无据,不予支持。

第一百一十四条　【股东会的召集和主持】

股东会会议由董事会召集,董事长主持;董事长不能履行职务或者不履行职务的,由副董事长主持;副董事长不能履行职务或者不履行职务的,由过半数的董事共同推举一名董事主持。

董事会不能履行或者不履行召集股东会会议职责的,监事会应当及时召集和主持;监事会不召集和主持的,连续九十日以上单独或者合计持有公司百分之十以上股份的股东可以自行召集和主持。

单独或者合计持有公司百分之十以上股份的股东请求召开临时股东会会议的,董事会、监事会应当在收到请求之日起十日内作出是否召开临时股东会会议的决定,并书面答复股东。

►【法条释义】

本条是关于股东会会议的召集和主持的规定。

董事会是公司的经营决策和事务执行机构。一般情况下,股东会会议由董事会召集,董事长主持。

如果董事会为大股东所控制,股东会仅能由其召集,则小股东难以通过股东会参与公司重大决策或与大股东展开权力的博弈。与此同时,临时股东会的一项重要职能便是监督、制约甚至罢免董事、监事,审议董事竞业许可、自我交易等异常事项。面对这些问题,董事会显然缺乏主动召集临时股东会的动力。因此,临时股东会的董事会召集原则需要《公司法》的相关制度进行制衡,以克服其滥用的弊端①。

因此,在董事会不能履行或者不履行召集股东会会议职责的,监事会应当及时召集和主持。

作为公司重要机构的董事会和监事会,若都无法召集和主持股东会,为保障公司股东的利益,股东可以自行召集和主持股东会。但基于股份公司股东人数多、股份分散的特点,本条对可以召集和主持股东会的股东作出一定限制,即连续90日以上单独或者合计持有公司10%以上股份的股东可以自行召集和主持股东会。但只有在董事会和监事会都无法召集和主持股东会的情况下,符合前述条件的股东才能行使此权利。

最后为了使股东请求召开、自行召集主持临时股东会具有可操作性,本条第3款明确了董事会、监事会收到请求后的反馈时间。

►【关联法条】

1.《上市公司股东大会规则》(2022年修订)

第27条　股东大会由董事长主持。董事长不能履行职务或不履行职务时,由副董事长主持;副董事长不能履行职务或者不履行职务时,由半数以上董事共同推举的一名董事主持。

监事会自行召集的股东大会,由监事会主席主持。监事会主席不能履行职务或不履行职务时,由监事会副主席主持;监事会副主席不能履行职务或者不履行职务时,由半数以上监事共同推举的一名监事主持。

股东自行召集的股东大会,由召集人推举代表主持。

公司应当制定股东大会议事规则。召开股东大会时,会议主持人违反议事规

---

① 参见王彦明、贾翱:《论股东的临时股东大会召集请求权——兼论中国相关公司立法的完善》,载《社会科学战线》2010年第5期。

则使股东大会无法继续进行的,经现场出席股东大会有表决权过半数的股东同意,股东大会可推举一人担任会议主持人,继续开会。

2.《全国法院民商事审判工作会议纪要》

二、关于公司纠纷案件的审理

29.【请求召开股东(大)会不可诉】公司召开股东(大)会本质上属于公司内部治理范围。股东请求判令公司召开股东(大)会的,人民法院应当告知其按照《公司法》第40条或者第101条规定的程序自行召开。股东坚持起诉的,人民法院应当裁定不予受理;已经受理的,裁定驳回起诉。

►【知识拓展】

万科董事会拒绝履行召集股东大会职责

"宝万之争"前,万科公司第一大股东为华润集团公司。2015年7月,宝能公司的下属公司前海人寿公司和钜盛华公司开始持续增持万科股份,截至2015年8月27日,合计持有万科股份达15.04%,超过华润集团公司成为万科的第一大股东。

8月31日、9月1日,华润集团公司两次增持万科,合计持有股份达15.29%,夺回了万科第一大股东的位置。

随后宝能系公司进一步在二级市场购入万科股票,合计持股达到20.008%,再度成为万科的第一大股东。12月18日,安邦保险公司增持万科1.7亿股,占万科A股股份7.01%。同时,宝能系公司继续通过集中竞价的方式从二级市场购买股份。截至2015年12月31日,宝能系公司合计持有万科股份达24.26%,华润集团公司持股15.29%,安邦保险公司持股6.18%,万科三大股东格局基本形成。

2016年3月14日,万科宣布引入深圳地铁集团,通过向深圳地铁集团发行股份购买深圳地铁集团资产,该增发会稀释所有股东的股份。

6月26日,宝能系公司提起召开临时股东大会,申请罢免王某等七名董事、华某等三名独立董事以及廖某云等两名监事的职务。万科于7月3日发布公告称,公司于2016年7月1日下午在深圳市举行了第十七届董事会第十二次会议,以11票赞成、0票反对、0票弃权通过了"关于不同意深圳市钜盛华股份有限公司及前海人寿保险股份有限公司提请召开2016年第二次临时股东大会的议案"。且公告称会议应到董事11名,出席及授权出席董事11名,会议的召开符合有关法规及《公司章程》的规定。

根据《公司法》(2005 年修订)规定,单独或者合计持有公司 10% 以上股份的股东请求时,公司应当在两个月内召开临时股东会。宝能系公司合计持有万科股份达 24.26%,其提议召开临时股东会,公司应该召开。另外,《公司法》规定股东会会议由董事会召集,董事长主持;董事会不能履行或者不履行召集股东会会议职责的,监事会应当及时召集和主持;监事会不召集和主持的,连续 90 日以上单独或者合计持有公司 10% 以上股份的股东可以自行召集和主持。同时,结合《上市公司股东大会规则》第 9 条的规定,万科董事会拒绝召集临时股东会时,前述股东可以书面形式向监事会提出召开临时股东会的请求。若监事会也拒绝履行召集和主持临时股东会职责的,合计持有万科股份 24.26%,且连续持有已超过 90 日的宝能系公司可以自行召集和主持临时股东会。

第一百一十五条 【股东会的通知与提案】

召开股东会会议,应当将会议召开的时间、地点和审议的事项于会议召开二十日前通知各股东;临时股东会会议应当于会议召开十五日前通知各股东。

单独或者合计持有公司百分之一以上股份的股东,可以在股东会会议召开十日前提出临时提案并书面提交董事会。临时提案应当有明确议题和具体决议事项。董事会应当在收到提案后二日内通知其他股东,并将该临时提案提交股东会审议;但临时提案违反法律、行政法规或者公司章程的规定,或者不属于股东会职权范围的除外。公司不得提高提出临时提案股东的持股比例。

公开发行股份的公司,应当以公告方式作出前两款规定的通知。

股东会不得对通知中未列明的事项作出决议。

►【法条释义】

本条是关于召开股东会的通知、公告以及临时提案的规定。

股东会会议的通知及公告程序必须符合法律规定。根据 2023 年《公司法》第 147 条第 2 款的规定,“公司发行的股票,应当为记名股票”,股份有限公司只能发行记名股票,本条随之进行调整,不再对持有无记名股票股东的通知、公告程序作出规定。

股东会会议的通知分为年会和临时股东会两种情况,分别应在会议召开前 20

日和 15 日通知会议事项。对于公开发行股份的公司,该通知必须以公告形式发出,但公司法层面未明确公告的时限。

股东提出临时提案必须符合法律规定:

第一是股东条件,2023 年《公司法》降低了提出临时提案的股东条件,从单独或者合计持有公司 3% 股份下调为 1% ,给予更多小股东以股东提案权。

同时,近年来,上市公司收购中,常出现原控制方、管理层通过限制收购人的股东权利,以实现"防守"成功的目的。如果任由旨在无限增加收购难度与收购成本的反收购措施随意泛滥,可能导致收购制度的内在功能和控制权市场的外部约束作用被架空,既不利于收购制度作用的发挥,也不利于上市公司控制权市场秩序的维护①。针对这种情形,2023 年《公司法》明确禁止公司章程提高临时提案权的股份比例。

第二是提出的程序,即在股东会召开 10 日前提出并以书面形式提交董事会。

第三是提案内容,必须在股东会职权范围内,并有明确议题和具体决议事项。

第四是股东会召开前一定时日内,依照本条规定发出的通知和公告应载明的事项既包括召集人列明的事项,也包括符合条件的股东提出的临时提案。若临时提出审议事项,股东会不得就其作出决议,否则属于会议的程序瑕疵,导致决议存在被撤销的风险。

▶【关联法条】

《上市公司治理准则》(2018 年修订)

第 12 条　上市公司应当在公司章程中规定股东大会的召集、召开和表决等程序。

上市公司应当制定股东大会议事规则,并列入公司章程或者作为章程附件。

第 13 条　股东大会提案的内容应当符合法律法规和公司章程的有关规定,属于股东大会职权范围,有明确议题和具体决议事项。

---

① 参见陈霖:《上市公司修改章程设置反收购条款的合法性检视与监管探讨》,载《证券法苑》2017 年第 1 期。

▶【典型案例】

芜湖华融渝稳投资中心（以下简称芜湖华融公司）与新疆天山畜牧生物工程股份有限公司（以下简称天山生物公司）公司决议纠纷案

[新疆维吾尔自治区昌吉回族自治州中级人民法院(2020)新23民终231号]

天山生物公司系股份有限公司,芜湖华融公司于2018年5月23日开始持有被告天山生物公司股份13,631,462股,占比4.36%,系被告天山生物公司第四大股东。

2019年4月8日,天山生物公司召开第四届董事会2019年第三次临时会议,决定于2019年4月25日在新疆昌吉市召开2019年第三次临时股东大会,将关于补选第四届董事会非独立董事、独立董事等几项议案提交会议审议,并于2019年4月9日公告发布了上述会议内容。

芜湖华融公司获知公告内容后,于2019年4月15日向天山生物公司提交《关于增补第四届董事会非独立董事候选人的提案》,要求天山生物公司2019年第三次临时股东大会增加"补选徐某为天山生物公司第四届董事会非独立董事候选人的议案"。天山生物公司董事会于当日召开董事会第四次临时会议,以芜湖华融公司提交的临时提案不符合《公司章程》关于公司董事、监事候选人的"提名人应在董事会召开10日前将候选人的简历和基本情况以书面形式提交董事会"的相关规定为由决定对前述提案不予提交公司2019年第三次临时股东大会审议。2019年4月16日,天山生物公司发布《第四届董事会2019年第四次临时会议决议公告》,对决议事项予以公布。

天山生物公司于2019年4月25日召开了2019年第三次临时股东大会,会议未将原告芜湖华融公司提出的提案作为会议内容进行审议。

法院审理后认为:《公司法》(2018年修正)第22条第1～2款规定,"公司股东会或者股东大会、董事会的决议内容违反法律、行政法规的无效。股东会或者股东大会、董事会的会议召集程序、表决方式违反法律、行政法规或者公司章程,或者决议内容违反公司章程的,股东可以自决议作出之日起六十日内,请求人民法院撤销"。第102条第2款规定,"单独或者合计持有公司百分之三以上股份的股东,可以在股东大会召开十日前提出临时提案并书面提交董事会;董事会应当在收到提案后二日内通知其他股东,并将该临时提案提交股东大会审议。临时提案的内容应当属于股东大会职权范围,并有明确议题和具体决议事项”。

根据查明事实,芜湖华融公司于2019年4月15日向天山生物公司提交《关于增补第四届董事会非独立董事候选人的提案》,要求天山生物公司2019年第三次临时股东大会增加“补选徐某为天山生物公司第四届董事会非独立董事候选人的议案”。天山生物公司董事会第四次临时会议决议对芜湖华融公司提交的提案不予提交公司2019年第三次临时股东大会审议。该决议的内容违反了《公司法》第102条关于持股3%以上股东的提名权规定,符合《公司法》第22条规定的决议内容违反法律、行政法规的情形,故该决议无效。

第一百一十六条 【股东表决权】

股东出席股东会会议,所持每一股份有一表决权,类别股股东除外。公司持有的本公司股份没有表决权。

股东会作出决议,应当经出席会议的股东所持表决权过半数通过。

股东会作出修改公司章程、增加或者减少注册资本的决议,以及公司合并、分立、解散或者变更公司形式的决议,应当经出席会议的股东所持表决权的三分之二以上通过。

▶【法条释义】

本条是关于股东表决权以及股东会决议的规定。

股东的表决权是股东对股东会审议事项表达赞成或否决等态度的权利,股份有限公司股东的权利多少是由股东所持股份的数额来表示,因此股东在股东会的表决权也是由其所持股份来计算。表决权是基于股东地位而产生的一项固有权利,除非法律规定,任何人不得限制或剥夺股东行使表决权。一般情况下,所持每一股份有一表决权,2023年《公司法》增加了公司可以发行类别股的规定,本条也据此对于类别股规定了特殊表决权。

公司可以在减少资本、与持有本公司股份的公司合并等情况下依法取得本公司的股份,但作为独立法人的公司,为防止股东与公司之间人格难以区分,公司所持有的自己的股份不享有表决权。

股东会决议分为普通决议和特殊决议。普通决议须经出席会议的股东所持表决权过半数同意通过,即决议的效力与出席会议的股东人数无关,但与出席会议的股东中表示同意的股东所持股份数有关。特殊决议通过条件相对于普通决议要求更高,须经出席会议的股东所持表决权的2/3以上绝对多数表决通过,适用于本条规定的法定事项,原因是这些事项都是关系公司的生存和发展的重要事项,必须经绝对多数股东同意才能通过。

► 【关联法条】

《上市公司股东大会规则》(2022 年修订)

第 23 条 股权登记日登记在册的所有普通股股东(含表决权恢复的优先股股东)或其代理人,均有权出席股东大会,公司和召集人不得以任何理由拒绝。

优先股股东不出席股东大会会议,所持股份没有表决权,但出现以下情况之一的,公司召开股东大会会议应当通知优先股股东,并遵循《公司法》及公司章程通知普通股股东的规定程序。优先股股东出席股东大会会议时,有权与普通股股东分类表决,其所持每一优先股有一表决权,但公司持有的本公司优先股没有表决权:

(一)修改公司章程中与优先股相关的内容;

(二)一次或累计减少公司注册资本超过百分之十;

(三)公司合并、分立、解散或变更公司形式;

(四)发行优先股;

(五)公司章程规定的其他情形。

上述事项的决议,除须经出席会议的普通股股东(含表决权恢复的优先股股东)所持表决权的三分之二以上通过之外,还须经出席会议的优先股股东(不含表决权恢复的优先股股东)所持表决权的三分之二以上通过。

第 31 条 股东与股东大会拟审议事项有关联关系时,应当回避表决,其所持有表决权的股份不计入出席股东大会有表决权的股份总数。

股东大会审议影响中小投资者利益的重大事项时,对中小投资者的表决应当单独计票。单独计票结果应当及时公开披露。

公司持有自己的股份没有表决权,且该部分股份不计入出席股东大会有表决权的股份总数。

股东买入公司有表决权的股份违反《证券法》第六十三条第一款、第二款规定的,该超过规定比例部分的股份在买入后的三十六个月内不得行使表决权,且不计入出席股东大会有表决权的股份总数。

公司董事会、独立董事、持有百分之一以上有表决权股份的股东或者依照法律、行政法规或者中国证监会的规定设立的投资者保护机构可以公开征集股东投票权。征集股东投票权应当向被征集人充分披露具体投票意向等信息。禁止以有偿或者变相有偿的方式征集股东投票权。除法定条件外,公司不得对征集投票权提出最低持股比例限制。

第32条　股东大会就选举董事、监事进行表决时,根据公司章程的规定或者股东大会的决议,可以实行累积投票制。单一股东及其一致行动人拥有权益的股份比例在百分之三十及以上的上市公司,应当采用累积投票制。

前款所称累积投票制是指股东大会选举董事或者监事时,每一普通股(含表决权恢复的优先股)股份拥有与应选董事或者监事人数相同的表决权,股东拥有的表决权可以集中使用。

第33条　除累积投票制外,股东大会对所有提案应当逐项表决。对同一事项有不同提案的,应当按提案提出的时间顺序进行表决。除因不可抗力等特殊原因导致股东大会中止或不能作出决议外,股东大会不得对提案进行搁置或不予表决。

股东大会就发行优先股进行审议,应当就下列事项逐项进行表决:

(一)本次发行优先股的种类和数量;

(二)发行方式、发行对象及向原股东配售的安排;

(三)票面金额、发行价格或定价区间及其确定原则;

(四)优先股股东参与分配利润的方式,包括:股息率及其确定原则、股息发放的条件、股息支付方式、股息是否累积、是否可以参与剩余利润分配等;

(五)回购条款,包括回购的条件、期间、价格及其确定原则、回购选择权的行使主体等(如有);

(六)募集资金用途;

(七)公司与相应发行对象签订的附条件生效的股份认购合同;

(八)决议的有效期;

(九)公司章程关于优先股股东和普通股股东利润分配政策相关条款的修订方案;

(十)对董事会办理本次发行具体事宜的授权;

(十一)其他事项。

第35条　同一表决权只能选择现场、网络或其他表决方式中的一种。同一表决权出现重复表决的以第一次投票结果为准。

第36条　出席股东大会的股东,应当对提交表决的提案发表以下意见之一:同意、反对或弃权。证券登记结算机构作为内地与香港股票市场交易互联互通机制股票的名义持有人,按照实际持有人意思表示进行申报的除外。

未填、错填、字迹无法辨认的表决票或未投的表决票均视为投票人放弃表决权利,其所持股份数的表决结果应计为"弃权"。

第39条　股东大会决议应当及时公告,公告中应列明出席会议的股东和代理人人数、所持有表决权的股份总数及占公司有表决权股份总数的比例、表决方式、每项提案的表决结果和通过的各项决议的详细内容。

发行优先股的公司就本规则第二十三条第二款所列情形进行表决的,应当对普通股股东(含表决权恢复的优先股股东)和优先股股东(不含表决权恢复的优先股股东)出席会议及表决的情况分别统计并公告。

发行境内上市外资股的公司,应当对内资股股东和外资股股东出席会议及表决情况分别统计并公告。

第45条　公司以减少注册资本为目的回购普通股公开发行优先股,以及以非公开发行优先股为支付手段向公司特定股东回购普通股的,股东大会就回购普通股作出决议,应当经出席会议的普通股股东(含表决权恢复的优先股股东)所持表决权的三分之二以上通过。

公司应当在股东大会作出回购普通股决议后的次日公告该决议。

第一百一十七条　【累积投票制】

股东会选举董事、监事,可以按照公司章程的规定或者股东会的决议,实行累积投票制。

本法所称累积投票制,是指股东会选举董事或者监事时,每一股份拥有与应选董事或者监事人数相同的表决权,股东拥有的表决权可以集中使用。

▶【法条释义】

本条是关于股份有限公司累积投票制的规定。

累计投票制是指股份有限公司在选举董事或监事时,股东所享有的一种表决权。根据此种表决权,股东所持的每一股份都拥有与当选的董事和监事总人数相等的投票权,股东既可以把所有的投票权用于集中选举一人,亦可分散选举数人,最后按得票数之多寡决定当选董事和监事。股东的累积投票权,可以有效地保障少数股东将代表其利益和意志的代言人选入董事会和监事会,从而在一定程度上平衡小股东与大股东之间的利益关系。①

【计算公式】$Z = \frac{(N+1)\times(S-1)}{Y}$

① 参见刘俊海:《我国〈公司法〉确认股东累积投票权的理论探讨》,载《江海学刊》1996年第3期。

其中,Z 代表股东凭借其所持有的股份数能够选出的董事或监事的数目;N 代表本次选举将要选出的董事或监事席位数;S 代表股东所持有的股份数;Y 代表投票的股份总数。

例如,某公司要选 5 名董事,公司股份共 1000 股,股东共 10 人,其中 1 名大股东持有 510 股,即拥有公司 51% 股份;其他 9 名股东共计持有 490 股,合计拥有公司 49% 的股份。则 9 名小股东能够选出的董事或监事数目相等,这 9 名股东至少可以选出 2 名董事或监事。

注意,股份公司累积投票制适用的前提是:章程规定或股东会决议,若公司章程未规定或股东会未决议采取累积投票制,则选举董事、监事时,仍由股东按照出资比例行使表决权,按照股东会一般决议事项规则进行表决:经出席会议的股东所持表决权过半数通过(见表 2)。

表 2　累积投票制的适用

公司类型	累积投票制适用规定	
有限责任公司	未作规定	
一般股份有限公司	依照章程规定或股东会决议适用	
上市公司	可以适用	章程规定或股东会决议适用
	应当适用	单一股东及其一致行动人拥有权益的股份比例在 30% 及以上

► 【关联法条】

1.《上市公司治理准则》(2018 年修订)

第 17 条　董事、监事的选举,应当充分反映中小股东意见。股东大会在董事、监事选举中应当积极推行累积投票制。单一股东及其一致行动人拥有权益的股份比例在 30% 及以上的上市公司,应当采用累积投票制。采用累积投票制的上市公司应当在公司章程中规定实施细则。

2.《上市公司股东大会规则》(2022 年修订)

第 32 条　股东大会就选举董事、监事进行表决时,根据公司章程的规定或者股东大会的决议,可以实行累积投票制。单一股东及其一致行动人拥有权益的股份比例在百分之三十及以上的上市公司,应当采用累积投票制。

前款所称累积投票制是指股东大会选举董事或者监事时,每一普通股(含表决权恢复的优先股)股份拥有与应选董事或者监事人数相同的表决权,股东拥有的表决权可以集中使用。

第一百一十八条　【委托代理人出席】

股东委托代理人出席股东会会议的，应当明确代理人代理的事项、权限和期限；代理人应当向公司提交股东授权委托书，并在授权范围内行使表决权。

►【法条释义】

本条是关于股份有限公司股东委托代理人出席股东会的规定。

股东出席股东会并行使表决权是股东固有的权利。但股东可能因为各种原因或情况无法出席股东会，为保证股东能够充分行使股东权利，股东可以委托代理人代其出席股东会并行使表决权。

代理人出席股东会应当提交授权委托书，授权委托书应当写明委托人、代理人、参加哪一次股东会会议、可以就哪些事项行使表决权等内容，且须双方签字盖章。

代理人只能在代理权限范围内行使代理权，其行为才能对被代理人产生法律效力，因此代理人只能在其授权范围内行使相应的表决权。

►【关联法条】

1.《上市公司治理准则》(2018年修订)

第15条　股东大会会议应当设置会场，以现场会议与网络投票相结合的方式召开。现场会议时间、地点的选择应当便于股东参加。上市公司应当保证股东大会会议合法、有效，为股东参加会议提供便利。股东大会应当给予每个提案合理的讨论时间。

股东可以本人投票或者依法委托他人投票，两者具有同等法律效力。

2.《上市公司股东大会规则》(2022年修订)

第20条　公司应当在公司住所地或公司章程规定的地点召开股东大会。

股东大会应当设置会场，以现场会议形式召开，并应当按照法律、行政法规、中国证监会或公司章程的规定，采用安全、经济、便捷的网络和其他方式为股东参加股东大会提供便利。股东通过上述方式参加股东大会的，视为出席。

股东可以亲自出席股东大会并行使表决权，也可以委托他人代为出席和在授权范围内行使表决权。

第24条　股东应当持股票账户卡、身份证或其他能够表明其身份的有效证件或证明出席股东大会。代理人还应当提交股东授权委托书和个人有效身份证件。

第一百一十九条 【股东会会议记录】

股东会应当对所议事项的决定作成会议记录,主持人、出席会议的董事应当在会议记录上签名。会议记录应当与出席股东的签名册及代理出席的委托书一并保存。

▶【法条释义】

本条是对股东会会议记录的规定。

股东会应当对决议事项作会议记录,载明会议对所议事项作出的决议。股东会应当安排人员对会议内容做详细记录。对于会议记录应当载明的事项,中国证监会发布的《上市公司股东大会规则》对上市公司作出了更为细化的规定。

主持人、出席会议的董事应当在会议记录上签名,以表示其出席了股东会且对其在会议上的行为负责。股东会一般由董事会召集并由董事长主持,出席会议的董事对股东会的召开和决议起着重要的见证作用,因此规定主持人、出席会议的董事在会议记录上签名,以保证会议记录内容的真实、准确和完整。

会议记录应当与签名册和委托书一并保存。会议记录应当与股东签名册和委托书一并保存,置备于公司,以便于没有出席会议的股东以及之后加入的新股东查阅了解股东会会议情况。

▶【关联法条】

《上市公司股东大会规则》(2022 年修订)

第 41 条 股东大会会议记录由董事会秘书负责,会议记录应记载以下内容:

(一)会议时间、地点、议程和召集人姓名或名称;

(二)会议主持人以及出席或列席会议的董事、监事、董事会秘书、经理和其他高级管理人员姓名;

(三)出席会议的股东和代理人人数、所持有表决权的股份总数及占公司股份总数的比例;

(四)对每一提案的审议经过、发言要点和表决结果;

(五)股东的质询意见或建议以及相应的答复或说明;

(六)律师及计票人、监票人姓名;

(七)公司章程规定应当载入会议记录的其他内容。

出席会议的董事、监事、董事会秘书、召集人或其代表、会议主持人应当在会议记录上签名,并保证会议记录内容真实、准确和完整。会议记录应当与现场出席股东的签名册及代理出席的委托书、网络及其他方式表决情况的有效资料一并保存，保存期限不少于十年。

第三节　董事会、经理

第一百二十条　【董事会组成、任期、职权及董事的解任】

股份有限公司设董事会，本法第一百二十八条另有规定的除外。

本法第六十七条、第六十八条第一款、第七十条、第七十一条的规定，适用于股份有限公司。

►【法条释义】

本条是关于股份有限公司董事会职权、组成、职工代表、董事任期、辞职和解任的规定。

2023 年《公司法》规定股份有限公司董事会成员为 3 人以上，不再设置人数上限。关于股份有限公司董事会职权、职工代表、董事任期、辞职和解任，都适用本法关于有限责任公司的前述规定（见图 2）。

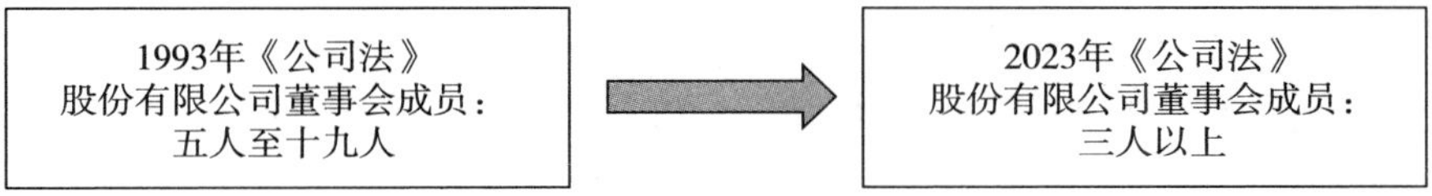

图 2　股份有限公司董事会成员数量的变化

►【关联法条】

1.《中华人民共和国公司法》(2023 年修订)

第 67 条　有限责任公司设董事会，本法第七十五条另有规定的除外。

董事会行使下列职权：

（一）召集股东会会议，并向股东会报告工作；

（二）执行股东会的决议；

（三）决定公司的经营计划和投资方案；

（四）制订公司的利润分配方案和弥补亏损方案；

（五）制订公司增加或者减少注册资本以及发行公司债券的方案；

（六）制订公司合并、分立、解散或者变更公司形式的方案；

（七）决定公司内部管理机构的设置；

(八)决定聘任或者解聘公司经理及其报酬事项,并根据经理的提名决定聘任或者解聘公司副经理、财务负责人及其报酬事项;

(九)制定公司的基本管理制度;

(十)公司章程规定或者股东会授予的其他职权。

公司章程对董事会职权的限制不得对抗善意相对人。

第68条　有限责任公司董事会成员为三人以上,其成员中可以有公司职工代表。职工人数三百人以上的有限责任公司,除依法设监事会并有公司职工代表的外,其董事会成员中应当有公司职工代表。董事会中的职工代表由公司职工通过职工代表大会、职工大会或者其他形式民主选举产生。

董事会设董事长一人,可以设副董事长。董事长、副董事长的产生办法由公司章程规定。

第70条　董事任期由公司章程规定,但每届任期不得超过三年。董事任期届满,连选可以连任。

董事任期届满未及时改选,或者董事在任期内辞任导致董事会成员低于法定人数的,在改选出的董事就任前,原董事仍应当依照法律、行政法规和公司章程的规定,履行董事职务。

董事辞任的,应当以书面形式通知公司,公司收到通知之日辞任生效,但存在前款规定情形的,董事应当继续履行职务。

第71条　股东会可以决议解任董事,决议作出之日解任生效。

无正当理由,在任期届满前解任董事的,该董事可以要求公司予以赔偿。

2.《上市公司治理准则》(2018年修订)

第25条　董事会的人数及人员构成应当符合法律法规的要求,专业结构合理。董事会成员应当具备履行职责所必需的知识、技能和素质。鼓励董事会成员的多元化。

第一百二十一条　【审计委员会】

股份有限公司可以按照公司章程的规定在董事会中设置由董事组成的审计委员会,行使本法规定的监事会的职权,不设监事会或者监事。

审计委员会成员为三名以上,过半数成员不得在公司担任除董事以外的其他职务,且不得与公司存在任何可能影响其独立客观判断的关系。公司董事会成员中的职工代表可以成为审计委员会成员。

审计委员会作出决议，应当经审计委员会成员的过半数通过。

审计委员会决议的表决，应当一人一票。

审计委员会的议事方式和表决程序，除本法有规定的外，由公司章程规定。

公司可以按照公司章程的规定在董事会中设置其他委员会。

►【法条释义】

本条是关于股份有限公司董事会设置审计委员会的规定。

2023年《公司法》首次规定在公司董事会内部设置审计委员会。审计委员会是董事会的一个专门工作机构，除了负责内外审计沟通外，还负责监督检查内部控制制定和执行情况，审核公司财务信息的形成及其披露，对内部控制目标的实现起着重要作用。设立审计委员会与公司绩效显著正相关①。

公司设置审计委员会可以代替监事会的职能。

为了保障审计委员会能够有效行使监督职权，要求审计委员会过半数成员为独立董事。同时本条规定了审计委员会基本的议事规则。

公司可以根据自身情况在董事会中设置其他委员会，如提名委员会、薪酬与考核委员会。

►【关联法条】

《上市公司治理规则》(2018年修订)

第38条　上市公司董事会应当设立审计委员会，并可以根据需要设立战略、提名、薪酬与考核等相关专门委员会。专门委员会对董事会负责，依照公司章程和董事会授权履行职责，专门委员会的提案应当提交董事会审议决定。

专门委员会成员全部由董事组成，其中审计委员会、提名委员会、薪酬与考核委员会中独立董事应当占多数并担任召集人，审计委员会的召集人应当为会计专业人士。

第39条　审计委员会的主要职责包括：

(一)监督及评估外部审计工作，提议聘请或者更换外部审计机构；

(二)监督及评估内部审计工作，负责内部审计与外部审计的协调；

(三)审核公司的财务信息及其披露；

(四)监督及评估公司的内部控制；

---

①　参见程晓陵、王怀明：《公司治理结构对内部控制有效性的影响》，载《审计研究》2008年第4期。

(五)负责法律法规、公司章程和董事会授权的其他事项。

第一百二十二条 【董事会的组成与召集主持】

董事会设董事长一人,可以设副董事长。董事长和副董事长由董事会以全体董事的过半数选举产生。

董事长召集和主持董事会会议,检查董事会决议的实施情况。副董事长协助董事长工作,董事长不能履行职务或者不履行职务的,由副董事长履行职务;副董事长不能履行职务或者不履行职务的,由过半数的董事共同推举一名董事履行职务。

▶【法条释义】

本条是关于股份有限公司董事长、副董事长的产生及其职权,以及董事会的规定。

董事会是股份有限公司常设的负责执行公司经营事务、行使公司经营决策权的机构。2023年《公司法》对于董事会人数不再设置上限,对于由较多人组成的集体,有必要设置董事长,负责董事会的召开和主持等事务。同时,公司根据实际情况可以设置副董事长,以协助董事长工作。董事长和副董事长均须董事会全体董事过半数选举产生,公司的其他机构无权选举董事长、副董事长(见表3)。

表3 有限责任公司与股份有限公司董事长、副董事长产生办法比较

公司类型	董事长、副董事长产生办法
有限责任公司	产生办法由公司章程规定
股份有限公司	董事会全体董事过半数选举产生

董事长的职权主要包括召集和主持董事会会议以及检查董事会决议实施情况。根据2023年《公司法》第114条的规定,董事长还有主持股东会会议的职权。

除此之外,根据《上市公司治理准则》,董事会可以授权董事长在闭会期间行使董事会部分职权,但须符合相关规定。

▶【关联法条】

《上市公司治理准则》(2018年修订)

第33条 董事会授权董事长在董事会闭会期间行使董事会部分职权的,上市公司应当在公司章程中明确规定授权的原则和具体内容。上市公司重大事项应当由董事会集体决策,不得将法定由董事会行使的职权授予董事长、总经理等行使。

第一百二十三条 【董事会的召开】

董事会每年度至少召开两次会议，每次会议应当于会议召开十日前通知全体董事和监事。

代表十分之一以上表决权的股东、三分之一以上董事或者监事会，可以提议召开临时董事会会议。董事长应当自接到提议后十日内，召集和主持董事会会议。

董事会召开临时会议，可以另定召集董事会的通知方式和通知时限。

▶【法条释义】

本条是关于董事会召开、通知、主持以及董事会临时会议的规定。

董事会会议是董事会行使其职权的方式之一，每年度至少召开 2 次，就董事会职权范围内的事项进行决议。若出现涉及董事会职权的事项，公司可以召开临时董事会会议。可以提议召开董事会临时会议的主体包括：(1)代表 1/10 以上表决权的股东；(2)1/3 以上的董事；(3)监事会。

董事会召开定期会议，应当由董事长将会议时间、地点、决议事项等内容依照公司章程规定的方式，在会议召开 10 日以前通知全体董事和监事；而对于董事会临时会议，在出现公司章程规定的应当召开临时会议的情况或前述主体提议召开临时会议时，董事长应当在 10 日内召集和主持临时会议，但其通知可以不依照前述定期会议的通知方式和时限进行。

▶【关联法条】

《上市公司治理准则》(2018 年修订)

第 30 条　董事会应当定期召开会议，并根据需要及时召开临时会议。董事会会议议题应当事先拟定。

第 31 条　董事会会议应当严格依照规定的程序进行。董事会应当按规定的时间事先通知所有董事，并提供足够的资料。两名及以上独立董事认为资料不完整或者论证不充分的，可以联名书面向董事会提出延期召开会议或者延期审议该事项，董事会应当予以采纳，上市公司应当及时披露相关情况。

►【典型案例】

张某平、王某强公司决议纠纷案

[山东省临沂市中级人民法院(2019)鲁13民终7106号]

鲁南制药集团股份有限公司成立于1995年,注册资本8170.5万元人民币。张某民、张某平、李某忠、王某强、张某星为公司董事,其中张某民为董事长;朱某峰、李某、苏某强为公司监事。

公司章程以及董事会议事规则规定:董事长不能履行职务或不履行职务时,可以指定一名董事代为履行或由半数以上董事共同推举一名董事代为履行董事长职务;董事会每年至少召开4次会议,由董事长召集,于会议召开10日以前通知全体董事和监事;代表1/10以上表决权的股东、1/3以上董事或者监事会,可以提议召开董事会临时会议,董事长应当自接到提议后10日内召集和主持董事会会议。

2017年3月2日,张某平、王某强、李某忠共同提出《关于提请鲁南制药集团股份有限公司召开董事会更换董事长、法定代表人及总经理的提案》,要求董事长张某民于2017年3月7日之前发出召集董事会临时会议的通知,并于2017年3月12日召开董事会。张某民在接到提议后10日内,并未召集和主持董事会会议,后王某强于2017年3月11日下午5时许向张某民、张某星的邮箱发送了《董事会会议补充通知》,表明王某强作为张某平、李某忠董事共同推举的召集人,代表三名董事通知召开董事会临时会议。2017年3月12日上午,张某平、王某强、李某忠召开了董事会临时会议,作出了免去张某民董事长职务的决议。

法院认为,张某平、王某强、李某忠共同提出召开董事会临时会议,人数达到董事的1/3,符合《公司法》规定。

董事长张某民未在接到提议后10日内,召集和主持董事会会议,应视为其未履行董事长的该项职务,因此半数以上董事有权共同推举一名董事履行职务,故第三人张某平、王某强、李某忠共同推举一名董事履行召集和主持董事会会议的职务的行为符合法律规定。

在张某民未履行召集和主持会议的职责的情况下,三名董事一致推选王某强作为召集人,其有权召集和主持会议。王某强应当按照章程和议事规则的规定通知全体应参会人员召开会议,但王某强仅于2017年3月11日下午5时许通过电子邮箱向张某民、张某星的邮箱发送了《董事会会议补充通知》,通知张某民、张某星于3月12日召开董事会会议。如果按其主张该补充通知系对2017年3月2日提案的补充,则王某强对3月12日的会议未履行召集和通知程序;如果该补充通知视为召集会议的通知,则通知次日召开会议严重不符合公司章程、议事规则的规定。因此3月12日的董事会召集程序存在重大瑕疵。

综上,会议未按法定及章程规定的程序进行召集、通知和召开,亦未通知公司监事,剥夺或削弱了张某民参加董事会应享有的董事长权利及董事权利,亦限制了监事会对于公司重大决策的监督权、对会议事项的质询和建议权,应当认定对决议产生了实质性影响,故法院判决撤销前述董事会决议。

第一百二十四条 【董事会的议事规则】

董事会会议应当有过半数的董事出席方可举行。董事会作出决议,应当经全体董事的过半数通过。

董事会决议的表决,应当一人一票。

董事会应当对所议事项的决定作成会议记录,出席会议的董事应当在会议记录上签名。

►【法条释义】

本条是关于股份有限公司董事会会议举行、决议效力、会议表决以及会议记录的规定。

董事会通过召开会议的方式行使职权,本条对董事会会议的程序作出要求,一是出席人数,二是表决比例要求。首先,为了保证董事会决议能够代表大多数董事的意思,有利于公司经营以及股东利益,董事会会议应有过半数董事出席方可举行;其次,为了保证董事会决议能反映大多数董事意愿,只有全体董事过半数通过,董事会决议才有效力。

与股东会会议"一股一票"规定不同,董事会实行一人一票的表决方式,每一位董事只享有一票表决权。

董事会举行会议时,应当对会议内容进行记录并制作会议记录,即将董事会会议情况留存真实证据,以便在需要了解时进行查阅。会议记录由出席会议的董事签名,以保证会议内容的真实、准确以及表明董事对其在会议上的言行负责。

►【关联法条】

《上市公司治理规则》(2018年修订)

第32条 董事会会议记录应当真实、准确、完整。出席会议的董事、董事会秘书和记录人应当在会议记录上签名。董事会会议记录应当妥善保存。

第一百二十五条 【董事的赔偿责任】

董事会会议,应当由董事本人出席;董事因故不能出席,可以书面委托其他董事代为出席,委托书应当载明授权范围。

董事应当对董事会的决议承担责任。董事会的决议违反法律、行政法规或者公司章程、股东会决议,给公司造成严重损失的,参与决议的董事对公司负赔偿责任;经证明在表决时曾表明异议并记载于会议记录的,该董事可以免除责任。

►【法条释义】

本条是关于董事会会议的出席、对董事会决议承担责任的规定。

对于董事出席董事会会议的要求,通常情况下,董事应当本人出席,对股东会负责,在董事会上就公司的经营和业务执行发表自己的意见,从而作出有利于公司发展的决议。但在董事出现特殊情况无法本人出席时可以书面委托其他董事代为出席。值得注意的是,董事委托他人代为出席董事会会议必须符合两个条件:(1)只能委托本公司其他董事代为出席,不能委托董事以外的其他人代为出席;(2)应出具书面委托书,且应当载明授权范围。另外,根据《上市公司治理准则》规定,独立董事不得委托非独立董事代为投票。

董事应当对董事会决议承担责任,以保证董事履行对公司的忠实、勤勉义务,防止作出违反法律、行政法规、公司章程的决议,造成重大损失。

董事须对公司负赔偿责任需要满足以下条件:(1)董事会的决议违反法律、行政法规或者公司章程、股东会决议;(2)给公司造成严重损失;(3)该董事参与了董事会决议。作为接受股东委托参与公司经营和业务执行的董事,应当遵守法律和公司章程的规定,勤勉尽责,维护公司和股东的利益。当董事会作出的决议符合前述条件时,对该决议表明异议的董事,能够证明其在表决时曾表明异议并记载于会议记录的,则可以不承担赔偿责任。

►【关联法条】

《上市公司治理准则》(2018 年修订)

第 22 条　董事应当保证有足够的时间和精力履行其应尽的职责。

董事应当出席董事会会议,对所议事项发表明确意见。董事本人确实不能出席的,可以书面委托其他董事按其意愿代为投票,委托人应当独立承担法律责任。独立董事不得委托非独立董事代为投票。

▶【典型案例】

涂某凤、王某、杜某等公司决议撤销纠纷案

［四川省成都市锦江区人民法院(2021)川0104民初4816号］

鹏格公司成立于2007年7月23日,注册资本2000万元,类型为股份有限公司。鹏格公司2013年《股东会决议》载明的董事会成员7人,即张某戎、胡某、雷某、王某、严某、康某梅、吴某涛。

公司2017年12月1日作出《股东会决议》,决议内容包括"选举连某成为董事成员,现任董事成员为雷某、王某、康某梅、吴某涛、连某成5人"。且于同日由连某成主持召开了董事会,雷某、王某、康某梅、连某成、吴某涛参加会议,并作出《董事会决议》,吴某涛、连某成以及他人分别代康某梅、雷某、王某在出席会议董事签名处签字。后公司于2017年作出的《股东会决议》被法院判决认定不成立。

法院审理后认为:公司2017年作出的《股东会决议》被法院判决认定不成立,其关于选举新董事的决议自然不成立,因此公司董事应当为2013年《股东会决议》载明的七人。2017年12月1日鹏格公司《董事会决议》载明的参加人员中连某成并非鹏格公司的董事,且分别代董事康某梅、雷某、王某签字的他人均不是鹏格公司的董事,根据《公司法》(2013年修正)第112条的规定以及公司章程的规定,该董事会仅有符合规定的董事吴某涛出席。

其次,根据《公司法》(2013年修正)第111条的规定未达到法定出席人数,鹏格公司也未能提供有效证据证明该次决议经全体董事的过半数通过。法院据此判决前述《董事会决议》不成立。

第一百二十六条　【经理的产生和职权】

股份有限公司设经理,由董事会决定聘任或者解聘。

经理对董事会负责,根据公司章程的规定或者董事会的授权行使职权。经理列席董事会会议。

▶【法条释义】

经理是指辅助董事会进行日常经营管理、具体执行公司业务的高级管理人员。经理由董事会任免,对董事会负责。

2023年《公司法》,不再以列举的方式规定经理的职权,而是由章程规定或董事会授权。

第一百二十七条 【董事兼任经理】

公司董事会可以决定由董事会成员兼任经理。

▶【法条释义】

本条是关于董事会成员兼任经理的规定。

在我国,股份有限公司的董事会是经营决策机构,通过集体议事作出决定。为了保证董事会在公司经营管理中的核心地位,充分发挥董事的作用,公司可以通过董事会决议,赋予董事会个别成员兼任经理、具体执行公司业务的权利。有助于提高股份公司事务执行的效率。

▶【关联法条】

《上市公司章程指引》(2023 年修正)

第 96 条第 3 款　董事可以由经理或者其他高级管理人员兼任,但兼任经理或者其他高级管理人员职务的董事以及由职工代表担任的董事,总计不得超过公司董事总数的二分之一。

第一百二十八条 【董事会的简化】

规模较小或者股东人数较少的股份有限公司,可以不设董事会,设一名董事,行使本法规定的董事会的职权。该董事可以兼任公司经理。

▶【法条释义】

本条是关于董事会简化的规定,小规模股份公司可以简化决策机构,提高运营效率,降低成本。

2023 年《公司法》修订前,只有符合条件的小规模有限公司才能不设立董事会,而仅设立一名执行董事。此次修订,将这一规定扩大至股份公司,另外也不再使用“执行董事”这一称谓。

第一百二十九条 【高管人员的报酬披露】

公司应当定期向股东披露董事、监事、高级管理人员从公司获得报酬的情况。

▶【法条释义】

本条是关于公司向股东披露董事、监事、高级管理人员从公司获得报酬情况的规定。

向股东披露董事、监事、高级管理人员的报酬情况,有利于加强股东对董事、监事、高级管理人员的监督。

▶【关联法条】

《上市公司信息披露管理办法》(2021 年修订)

第 14 条　年度报告应当记载以下内容:

(一)公司基本情况;

(二)主要会计数据和财务指标;

(三)公司股票、债券发行及变动情况,报告期末股票、债券总额、股东总数,公司前十大股东持股情况;

(四)持股百分之五以上股东、控股股东及实际控制人情况;

(五)董事、监事、高级管理人员的任职情况、持股变动情况、年度报酬情况;

(六)董事会报告;

(七)管理层讨论与分析;

(八)报告期内重大事件及对公司的影响;

(九)财务会计报告和审计报告全文;

(十)中国证监会规定的其他事项。

第四节　监　事　会

第一百三十条　【监事会的组成及任期】

股份有限公司设监事会,本法第一百二十一条第一款、第一百三十三条另有规定的除外。

监事会成员为三人以上。监事会成员应当包括股东代表和适当比例的公司职工代表,其中职工代表的比例不得低于三分之一,具体比例由公司章程规定。监事会中的职工代表由公司职工通过职工代表大会、职工大会或者其他形式民主选举产生。

监事会设主席一人，可以设副主席。监事会主席和副主席由全体监事过半数选举产生。监事会主席召集和主持监事会会议；监事会主席不能履行职务或者不履行职务的，由监事会副主席召集和主持监事会会议；监事会副主席不能履行职务或者不履行职务的，由过半数的监事共同推举一名监事召集和主持监事会会议。

董事、高级管理人员不得兼任监事。

本法第七十七条关于有限责任公司监事任期的规定，适用于股份有限公司监事。

►【法条释义】

本条是关于股份有限公司监事会设立、组成和会议召集与主持以及监事任期的规定。

职工能够了解公司日常运营中的问题，得到其他职工的信任，公司法规定了职工监事制度。监事制度是经济民主的体现①。

监事会是公司内部监督机构，负责监督经营管理者的行为。监事会成员数量、组成、比例以及会议的召集与主持具体由公司章程规定。为保证监事公正客观地行使监督权，董事、高级管理人员不得兼任监事。

股份有限公司监事的任期与有限责任公司相同，每届为3年，监事任期届满，连选可以连任。

►【典型案例】

黄某、清华同方（鞍山）环保设备股份有限公司请求变更公司登记纠纷案

［辽宁省鞍山市中级人民法院(2021)辽03民终4614号］

本案涉及有关监事的任期问题。上诉人黄某虽然已表明辞去监事职务，但在股东会改选出新的监事前，黄某仍应当履行监事职务，对于其要求公司变更登记的请求，法院不予支持。

---

① 参见杨瑞龙、刘诚、党力：《职工监事、经济民主与企业内收入分配——央企上市公司的经验证据》，载《中国人民大学学报》2017年第4期。

第一百三十一条　【监事会的职权】

本法第七十八条至第八十条的规定，适用于股份有限公司监事会。

监事会行使职权所必需的费用，由公司承担。

►【法条释义】

本条是关于股份有限公司监事会职权以及行使职权费用承担的规定。

股份有限公司监事会的职权与有限责任公司相同。

监事会行使职权是为了维护公司利益，因此，监事会行使职权产生的费用由公司承担。

第一百三十二条　【监事会会议】

监事会每六个月至少召开一次会议。监事可以提议召开临时监事会会议。

监事会的议事方式和表决程序，除本法有规定的外，由公司章程规定。

监事会决议应当经全体监事的过半数通过。

监事会决议的表决，应当一人一票。

监事会应当对所议事项的决定作成会议记录，出席会议的监事应当在会议记录上签名。

►【法条释义】

本条是关于监事会会议有关事项的规定。

监事会会议包括定期会议和临时会议两种。定期会议每六个月至少召开一次（注意：与股份有限公司董事会会议每年度至少召开两次不同），当公司经营遇到重大事件时，监事可以提议召开临时监事会会议。

除规定监事会决议应由全体监事过半数通过外，监事会的其他议事方式和表决程序授权由公司章程规定。

会议记录是记载监事会会议所议决事项的书面文件，出席会议的监事应当在会议记录上签名以证明其真实性和效力。

第一百三十三条　【监事会的简化】

规模较小或者股东人数较少的股份有限公司，可以不设监事会，设一名监事，行使本法规定的监事会的职权。

▶【法条释义】

我国公司治理结构一直实施的是董事会、监事会并存的治理架构,2018 年《公司法》允许规模较小的有限责任公司不设董事会、监事会,2023 年《公司法》赋予了股份有限公司这一权利,符合小规模股份有限公司的实际经营状况,降低其治理成本,提高了治理效能。注意,有限责任公司中,若股东人数较少或规模较小,全体股东一致同意,可以不设监事,但股份有限公司中没有该规定。

第五节　上市公司组织机构的特别规定

第一百三十四条　【上市公司的概念】

本法所称上市公司,是指其股票在证券交易所上市交易的股份有限公司。

▶【法条释义】

本条是上市公司的定义。

上市公司是指向社会公开发行股票的股份有限公司,上市公司的股票必须在证券交易所进行集中竞价交易。证券交易所是为证券集中交易提供场所和设施,组织和监督证券交易的事业法人,我国目前有上海证券交易所、深圳证券交易所和北京证券交易所。

第一百三十五条　【上市公司重大交易、担保事项的决议】

上市公司在一年内购买、出售重大资产或者向他人提供担保的金额超过公司资产总额百分之三十的,应当由股东会作出决议,并经出席会议的股东所持表决权的三分之二以上通过。

▶【法条释义】

本条是关于上市公司重大交易、担保事项股东会表决规则的规定。

对于上市公司而言,购买或者出售重大资产,涉及上市公司主要业务的变化,涵盖的金额大,风险系数高,故采取特别决议程序通过;上市公司对外提供大额担保构成或有负债,涉及的金额大,风险系数高,故也需采取特别决议形式通过。

▶【关联法条】

《上市公司章程指引》(2023 年修正)

第 78 条　下列事项由股东大会以特别决议通过：

(一)公司增加或者减少注册资本；

(二)公司的分立、分拆、合并、解散和清算；

(三)本章程的修改；

(四)公司在一年内购买、出售重大资产或者担保金额超过公司最近一期经审计总资产百分之三十的；

(五)股权激励计划；

(六)法律、行政法规或本章程规定的，以及股东大会以普通决议认定会对公司产生重大影响的、需要以特别决议通过的其他事项。

第一百三十六条　【独立董事和专门委员会】

上市公司设独立董事，具体管理办法由国务院证券监督管理机构规定。

上市公司的公司章程除载明本法第九十五条规定的事项外，还应当依照法律、行政法规的规定载明董事会专门委员会的组成、职权以及董事、监事、高级管理人员薪酬考核机制等事项。

▶【法条释义】

本条是关于上市公司设立独立董事和董事会专门委员会的规定。

独立董事是指独立于公司股东且不在公司内部任职，并与公司或公司经营管理者没有重要的业务联系或专业联系，并对公司事务作出独立判断的董事。

我国上市公司内部人控制现象严重，不仅导致公司经营者游离于广大中小股东的监督之外，而且导致公司经营者及大股东肆无忌惮地蚕食上市公司。独立董事制度是根治内部人控制、遏制一股独大(霸)的一剂良药，有利于维护中小股东利益和其他利益相关者利益，充实董事会知识结构，提高董事会决策质量[①]。

上市公司应当设立审计委员会，可以根据需要设立战略、提名、薪酬与考核等相关专门委员会，故在其章程中应当载明专门委员会的相关内容。

---

① 参见刘俊海：《我国〈公司法〉移植独立董事制度的思考》，载《政法论坛》2003 年第 3 期。

►【关联法条】

1.《上市公司独立董事管理办法》

第 2 条　独立董事是指不在上市公司担任除董事外的其他职务,并与其所受聘的上市公司及其主要股东、实际控制人不存在直接或者间接利害关系,或者其他可能影响其进行独立客观判断关系的董事。

独立董事应当独立履行职责,不受上市公司及其主要股东、实际控制人等单位或者个人的影响。

第 4 条　上市公司应当建立独立董事制度。独立董事制度应当符合法律、行政法规、中国证监会规定和证券交易所业务规则的规定,有利于上市公司的持续规范发展,不得损害上市公司利益。上市公司应当为独立董事依法履职提供必要保障。

2.《上市公司治理准则》(2018 年修订)

第 34 条　上市公司应当依照有关规定建立独立董事制度。独立董事不得在上市公司兼任除董事会专门委员会委员外的其他职务。

第 35 条　独立董事的任职条件、选举更换程序等,应当符合有关规定。独立董事不得与其所受聘上市公司及其主要股东存在可能妨碍其进行独立客观判断的关系。

第 36 条　独立董事享有董事的一般职权,同时依照法律法规和公司章程针对相关事项享有特别职权。

独立董事应当独立履行职责,不受上市公司主要股东、实际控制人以及其他与上市公司存在利害关系的组织或者个人影响。上市公司应当保障独立董事依法履职。

第 37 条　独立董事应当依法履行董事义务,充分了解公司经营运作情况和董事会议题内容,维护上市公司和全体股东的利益,尤其关注中小股东的合法权益保护。独立董事应当按年度向股东大会报告工作。

上市公司股东间或者董事间发生冲突、对公司经营管理造成重大影响的,独立董事应当主动履行职责,维护上市公司整体利益。

第一百三十七条　【上市公司审计委员会】

上市公司在董事会中设置审计委员会的,董事会对下列事项作出决议前应当经审计委员会全体成员过半数通过:

(一)聘用、解聘承办公司审计业务的会计师事务所;

(二)聘任、解聘财务负责人;

(三)披露财务会计报告;

(四)国务院证券监督管理机构规定的其他事项。

▶【法条释义】

相较于非上市公司,在公司治理方面对上市公司提出更高的要求。本条首先以列举的方式明确了审计委员会对于审计、财务领域的职权;其次明确了相关事项的审议流程:审计委员会全体成员过半数通过董事会决议。

第一百三十八条　【董事会秘书】

上市公司设董事会秘书,负责公司股东会和董事会会议的筹备、文件保管以及公司股东资料的管理,办理信息披露事务等事宜。

▶【法条释义】

本条是关于上市公司董事会秘书及其职责的规定。

董事会秘书是上市公司高级管理人员,由董事会聘任并对董事会负责,其对内负责筹备股东会和董事会会议、保管文件、管理股东资料;对外负责公司信息披露等事宜。

▶【关联法条】

《上市公司章程指引》(2023 年修正)

第 133 条　公司设董事会秘书,负责公司股东大会和董事会会议的筹备、文件保管以及公司股东资料管理,办理信息披露事务等事宜。

董事会秘书应遵守法律、行政法规、部门规章及本章程的有关规定。

第一百三十九条　【关联董事回避制度】

上市公司董事与董事会会议决议事项所涉及的企业或者个人有关联关系的,该董事应当及时向董事会书面报告。有关联关系的董事不得对该项决议行使表决权,也不得代理其他董事行使表决权。该董事会会议由过半数的无关联关系董事出席即可举行,董事会会议所作决议须经无关联关系董事过半数通过。出席董事会会议的无关联关系董事人数不足三人的,应当将该事项提交上市公司股东会审议。

▶【法条释义】

本条是关于上市公司董事关联交易回避制度的规定。

本条的关联关系是指上市公司董事与董事会决议事项所涉及的企业或者个人之间存在直接或间接的利益关系,这种利益关系往往容易成为规避法律、损害公司和投资者利益的工具,因此有必要要求存在关联关系的董事及时上报关联关系事实以及在董事会会议上进行回避(见表4)。

表4 董事会会议规则比较

	出席	表决
非上市股份公司	过半数董事出席	全体董事过半数通过
上市公司	过半数无关联董事出席	全体无关联董事过半数通过

▶【关联法条】

《上市公司章程指引》(2023年修正)

第一百一十九条　董事与董事会会议决议事项所涉及的企业有关联关系的,不得对该项决议行使表决权,也不得代理其他董事行使表决权。该董事会会议由过半数的无关联关系董事出席即可举行,董事会会议所作决议须经无关联关系董事过半数通过。出席董事会的无关联董事人数不足三人的,应将该事项提交股东大会审议。

▶【知识拓展】

2016年6月18日,"宝万之争"期间,万科发布公告称已于2016年6月17日召开董事会,就《关于公司符合发行股份购买资产条件的议案》等12项议案进行审议并表决,会议出席董事11名,独立董事张某平向董事会书面申明,由于其任职的美国黑石集团正在与公司洽售在中国的一个大型商业物业项目,带来潜在的关联与利益冲突,存在《公司章程》第152条第2款所述之关联关系,不得对该等12项议案予以表决,特此回避本次会议的投票表决。最终表决结果为:同意7票,反对3票,弃权0票。①

对决议是否通过,万科与其大股东华润有完全相反的说法,引发了激烈讨论。

万科认为其发行新股构成增加注册资本,故适用《公司章程》第137条的规

① 参见《万科企业股份有限公司第十七届董事会第十一次会议决议公告》,载新浪财经,https://file.finance.sina.com.cn/211.154.219.97:9494/MRGG/CNSESZ_STOCK/2016/2016-6/2016-06-18/2536750.PDF。

定，该事项必须由董事会2/3以上的董事表决同意。独立董事张某平因存在关联关系，《公司法》第124条得以强制适用，且根据《公司章程》第126条的规定，在董事披露关联关系的情况下，董事会可不将管理关联关系董事计入法定董事人数，故张某平不计入参与表决的董事人数。参与董事会会议的董事同意票占比7/10，已超过《公司章程》第137条规定的2/3比例，故本次决议合法、有效。

而华润则认为应无条件适用《公司章程》第137条的规定，独立董事张某平应计入董事人数。按此计算方式，独立董事张某平不参与投票视为弃权，董事同意票占比为7/11，未达到《公司章程》第137条规定的2/3比例，本次决议无效。

华润表示，6月17日万科第17届董事会第11次会议审议万科重组预案是否通过出现了严重的争议。7月3日，北京市竞天公诚律师事务所会同北京大学企业与公司法研究中心邀请国内13位权威法学专家召开了"万科股权争议论证会"，就董事会决议效力、一致行动人等相关法律问题进行了研讨。

论证会后，专家们形成了以下四点法律意见：

（一）独立董事张某平提出回避表决的理由不符合法律及万科《公司章程》的相关规定，6月17日董事会决议实际上并未有效形成，按照现行法的规定股东可请求人民法院撤销该决议；

（二）从委托方提供的材料以及迄今为止公开披露的信息来看，暂无证据表明华润公司与宝能公司应被认定为一致行动人；

（三）股权分散且以创始人为管理核心的上市公司要避免产生内部人控制、忽视股东合理诉求与合法权益的现象发生；

（四）上市公司信息披露应遵守法律、章程及公司内部规定，董事（含独立董事）个体不宜擅自披露未公开信息，泄露公司秘密。①

第一百四十条　【信息披露义务及禁止违法代持】

上市公司应当依法披露股东、实际控制人的信息，相关信息应当真实、准确、完整。

禁止违反法律、行政法规的规定，代持上市公司股票。

---

① 参见《6·17万科重组预案是否获通过？法学专家论证会形成了最权威的法律意见书》，载微信公众号"华润"2016年7月4日，https://mp.weixin.qq.com/s/_2GNdOR9k9P3ZIJ-gHfiBQ。

▶【法条释义】

本条规定了上市公司信息披露中关于股东、实际控制人信息的要求。

为了保障上市公司治理的规范性,禁止违法违规代持上市公司股票。

▶【关联法条】

《上市公司信息披露管理办法》(2021年修订)

第14条　年度报告应当记载以下内容:

(一)公司基本情况;

(二)主要会计数据和财务指标;

(三)公司股票、债券发行及变动情况,报告期末股票、债券总额、股东总数,公司前十大股东持股情况;

(四)持股百分之五以上股东、控股股东及实际控制人情况;

(五)董事、监事、高级管理人员的任职情况、持股变动情况、年度报酬情况;

(六)董事会报告;

(七)管理层讨论与分析;

(八)报告期内重大事件及对公司的影响;

(九)财务会计报告和审计报告全文;

(十)中国证监会规定的其他事项。

第一百四十一条　【禁止交叉持股】

上市公司控股子公司不得取得该上市公司的股份。

上市公司控股子公司因公司合并、质权行使等原因持有上市公司股份的,不得行使所持股份对应的表决权,并应当及时处分相关上市公司股份。

▶【法条释义】

若上市公司的控股子公司取得上市公司股份,则形成"交叉持股"。上市公司的交叉持股可能造成流通股比例下降,内幕交易、资产虚增、股权结构不清晰等问题[①],若对于交叉持股不加以规制,则在治理水平不高的公司还可能出现管理层利用交叉持股架空股东权利、损害股东利益的情形,故2023年《公司法》增加了禁止上市公司交叉持股的规定。同时要求,若因特殊原因形成交叉持股,应当及时解决。

---

① 参见韩晨曦:《垂直型交叉持股的危害及其法律规制研究》,载《法制博览》2023年第2期。

▶【知识拓展】

2019 年 1 月 23 日，长荣股份公告，拟以 2.68 欧元/股，以现金形式认购德交所上市公司海德堡增发的股票 2574.38 万股，涉及金额约 5.5 亿元。本次交易完成后，长荣股份全资子公司将成为海德堡第一大股东，持有海德堡 8.46% 的股份。公告还表示，海德堡考虑“在长荣股份中建立不超过长荣股份股本 21% 的交叉持股，以加强两家公司之间的战略伙伴关系”。①

交易所通过问询函，询问上市公司是否合规。长荣股份回复称：除了证券公司及其子公司外，目前法律法规并没有明确禁止或限制公司交叉持股，所以该行为合规。

2023 年《公司法》生效后，将在法律层面明确禁止上市公司与其控股子公司交叉持股。

---

① 参见天津长荣科技集团股份有限公司监事会：《天津长荣科技集团股份有限公司第四届监事会第二十九次会议决议的公告》，载深圳证券信息有限公司，http://static.cninfo.com.cn/finalpage/2019-01-23/1205796333.PDF。

第六章 股份有限公司的股份发行和转让

本章内容是关于股份有限公司的股份的发行与转让，与第五章“股份有限公司的设立和组织机构”共同组成了关于股份有限公司的规定。

本章分为两节，包括股份发行和股份转让。

与2018年《公司法》相比，股份有限公司的股份发行、转让制度有较大的调整。需要关注：关于无面额股的规定；授权资本制的引入；类别股内容的丰富；股份有限公司股东异议回购请求权的规定；股份公开发行中注册制的规定。

第一节 股 份 发 行

第一百四十二条 【面额股和无面额股】

公司的资本划分为股份。公司的全部股份，根据公司章程的规定择一采用面额股或者无面额股。采用面额股的，每一股的金额相等。

公司可以根据公司章程的规定将已发行的面额股全部转换为无面额股或者将无面额股全部转换为面额股。

采用无面额股的，应当将发行股份所得股款的二分之一以上计入注册资本。

►【法条释义】

“面额”是指股票、债券等有价证券票面记载的金额。我国《公司法》自1994年施行以来，股份长期存在面额。

无面额股票是指股票票面不记载金额，只记载股数以及占总股本比例的股票。[1] 如在有面额制度下，股本常常这样表述：股本a元，分为b股，每股面额c元（c = a/b）。而在无面额制度下，股本通常表述为：股本a元，分为b股。

---

① 参见范健、王建文：《公司法》（第5版），法律出版社2018年版，第315页。

本条内容是股份有限公司保留面额制度的前提下引入无面额股制度——股份有限公司在发行股份时选择使用面额股或者无面额股，但只能择一采用，而不可部分采用无面额股、部分采用面额股。选择何种类型的股票，由公司章程规定，并不进行强制性的规范。

引入无面额股制度，从根本上使得股份的发行价格更加灵活，克服面额股不得折价发行的弊端。如公司陷入困境时，可不受制于面额低价向战略投资者发行无面额股，使公司得到救助；低价向企业创始人、核心员工发行无面额股，使其在公司中发挥更大作用。①

第 3 款明确规定了无面额股募集资金的财务处理：应当将发行股份所得股款的 1/2 以上计入股本总额。未计入注册资本的部分计入资本公积金。

第一百四十三条　【同股同权】

股份的发行，实行公平、公正的原则，同类别的每一股份应当具有同等权利。

同次发行的同类别股份，每股的发行条件和价格应当相同；认购人所认购的股份，每股应当支付相同价额。

▶【法条释义】

股份有限公司发行股份时，应当对同次发行的同种类股票一视同仁，赋予同等的权利。同一类别内的股东之间，同股同权，禁止出现同类股东权利不平等现象。

第一百四十四条　【类别股】

公司可以按照公司章程的规定发行下列与普通股权利不同的类别股：

（一）优先或者劣后分配利润或者剩余财产的股份；

（二）每一股的表决权数多于或者少于普通股的股份；

（三）转让须经公司同意等转让受限的股份；

（四）国务院规定的其他类别股。

公开发行股份的公司不得发行前款第二项、第三项规定的类别股；公开

---

① 参见朱慈蕴、梁泽宇：《无面额股制度引入我国公司法路径研究》，载《扬州大学学报（人文社会科学版）》2021 年第 2 期。

发行前已发行的除外。

公司发行本条第一款第二项规定的类别股的,对于监事或者审计委员会成员的选举和更换,类别股与普通股每一股的表决权数相同。

►【法条释义】

投资人或股东自身条件不同、利益诉求不同,无差别的普通股并不能满足股东或投资人的多样化需求,故2023年《公司法》增加了类别股制度,允许股份公司发行不同于普通股的类别股,包括优先股/劣后股、表决权具有差异化的股份、转让时受到限制的股份以及其他由国务院规定的股份。为保证公平性,公开发行股份的公司不得发行表决权具有差异化的股份以及转让时受到限制的股份,但是公开发行前已经发行的除外。

同时,若类别股的内容由公司自由创设,可能导致类别股的种类过多,权利方面千差万别,既无必要,也会误导投资者。故本条以列举的方式列明了三种类别股。

►【关联法条】

1.《中华人民共和国证券法》(2019年修订)

第69条第2款　上市公司发行不同种类股份的,收购人可以针对不同种类股份提出不同的收购条件。

2.《优先股试点管理办法》(2023年修订)

第3条　上市公司可以发行优先股,非上市公众公司可以向特定对象发行优先股。

►【知识拓展】

1. 优先股

山东省晨鸣纸业集团股份有限公司是以制浆、造纸为主业的大型企业,是全国第一家同时拥有A、B、H三种股票上市的公司。晨鸣纸业于2016年在深圳证券交易所成功发行优先股,首次发行规模为2250万股,募集资金22.5亿元,这是深圳证券交易所发行的首只非银优先股,晨鸣纸业也因此成为山东省第一家发行优先股的上市公司。①

---

① 参见《山东晨鸣纸业集团股份有限公司非公开发行优先股募集说明书》,载深圳证券信息有限公司,http://static.cninfo.com.cn/finalpage/2016-03-25/1202075991.PDF。

2. 表决权差异

2020 年 1 月 20 日优刻得科技股份有限公司在科创板正式上市，这是科创板首个实行表决权差异化的上市公司。招股说明书显示，发行人在 2019 年召开了第一次临时股东大会，表决通过了《关于〈优刻得科技股份有限公司关于设置特别表决权股份的方案〉的议案》，同时修改了公司章程，设立特别表决权。具体表现为控股股东季某华、华某、莫某峰持有的 A 类股份每股拥有的表决权是其他股东持有的 B 类股份每股拥有的表决权的 5 倍。本次发行前，季某华、莫某峰及华某合计持有发行人 26.8347% 的股份，公司章程修改后，持有发行人 64.7126% 的表决权。

特别表决权设立之后，三位实际控制人共计表决权占比为 64.71%，其中季某华表决权占比为 33.67%，莫某峰和华某表决权占比为 15.52%，能够通过股东大会直接决定公司相关事宜，拥有对公司的绝对控制权。①

第一百四十五条 【章程中关于类别股的记载事项】

发行类别股的公司，应当在公司章程中载明以下事项：

（一）类别股分配利润或者剩余财产的顺序；

（二）类别股的表决权数；

（三）类别股的转让限制；

（四）保护中小股东权益的措施；

（五）股东会会议认为需要规定的其他事项。

►【法条释义】

本条规定仅适用于发行类别股的股份公司，其章程中应当记载有关类别股的相关内容。

第一百四十六条 【类别股股东的双重表决】

发行类别股的公司，有本法第一百一十六条第三款规定的事项等可能影响类别股股东权利的，除应当依照第一百一十六条第三款的规定经股东会决议外，还应当经出席类别股股东会议的股东所持表决权的三分之二以上通过。

公司章程可以对需经类别股股东会议决议的其他事项作出规定。

---

① 参见《优刻得科技股份有限公司 2021 年半年度报告》，载上海证券交易所，http://www.sse.com.cn/disclosure/listedinfo/announcement/c/new/2021-08-07/688158_20210807_14_LCRAyfv7.pdf。

▶【法条释义】

对于公司有关修改章程、增加或减少注册资本、公司合并、分立、解散或变更形式等有可能影响类别股股东权利的事项,需要单独经过类别股股东所持有表决权的 2/3 以上通过。

此外,类别股股东在公司章程规定范围内,可以参与其他事项的表决。

第一百四十七条 【股份的形式】

公司的股份采取股票的形式。股票是公司签发的证明股东所持股份的凭证。

公司发行的股票,应当为记名股票。

▶【法条释义】

股票是股份有限公司用来表示股份的有价证券。记名股票是指在股票票面和股东名册上记载股东姓名或名称的股票。而无记名股票在股票上不记载股东姓名或名称,股东名册上也只需记载发行的无记名股票数量、编号及发行日期。

根据 2018 年《公司法》第 129 条的规定,公司除了必须向发起人和法人发行记名股票外,向其他人发行无记名股票和记名股票均可。

2023 年《公司法》取消了公司发行无记名股票的权利。相较于记名股票,无记名股票具有发行手续简单、流通性强的优点,但同时也存在保存安全性差,一旦遗失便丧失股东权利,增大经营风险等缺点。为配合打击洗钱、贪污腐败、非法融资等金融威胁,防止无记名股票被滥用于洗钱、腐败、非法融资等活动,2023 年《公司法》取消了无记名股票。

▶【关联法条】

《国务院关于股份有限公司境内上市外资股的规定》

第 3 条　公司发行的境内上市外资股,采取记名股票形式,以人民币标明面值,以外币认购、买卖,在境内证券交易所上市交易。

发行境内上市外资股的公司向境内投资人发行的股份(以下简称内资股),采取记名股票形式。

第一百四十八条 【股票的发行价格】

面额股股票的发行价格可以按票面金额,也可以超过票面金额,但不得低于票面金额。

▶【法条释义】

面额股票是指按照公司章程的规定在票面上注明金额的股票，票面金额是指印刷在股票票面上的金额，表示每一单位的股份所代表的资本额。面额股票的发行价格可以等于票面价值（平价发行），也可以超过票面价值（溢价发行），但不得低于票面价值（折价发行）。

若折价发行股份，将导致章程确定的资本虚假，影响资本充实，进而损害公司的财产和债权人的利益，美国公司法将折价发行的股份称为“掺水股”，掺水股股东有补足差额，去除掺水的责任。①

▶【关联法条】

《中华人民共和国证券法》(2019 年修订)

第 32 条　股票发行采取溢价发行的，其发行价格由发行人与承销的证券公司协商确定。

第一百四十九条　【股票的形式及载明的事项】

股票采用纸面形式或者国务院证券监督管理机构规定的其他形式。

股票采用纸面形式的，应当载明下列主要事项：

（一）公司名称；

（二）公司成立日期或者股票发行的时间；

（三）股票种类、票面金额及代表的股份数，发行无面额股的，股票代表的股份数。

股票采用纸面形式的，还应当载明股票的编号，由法定代表人签名，公司盖章。

发起人股票采用纸面形式的，应当标明发起人股票字样。

▶【法条释义】

股票的形式，除了传统的纸面形式外，还可以采取利用计算机存储信息等无纸化股票形式。特殊情况下由国务院证券监督管理机构规定其他形式。

本条规定了股票应当载明的主要事项。

---

① 参见卢宁：《股份面额制度的式微与无面额股的引入》，载《东岳论丛》2018 年第 9 期。

第一百五十条　【交付股票】

股份有限公司成立后,即向股东正式交付股票。公司成立前不得向股东交付股票。

▶【法条释义】

股份有限公司向股东交付股票只能发生于公司成立后。

▶【典型案例】

仲某宏、沈阳鼓风机集团有限公司工会股权转让纠纷案

[辽宁省沈阳市中级人民法院(2021)辽01民终104号]

股份有限公司成立后,即向股东正式交付股票。持股会是股东的依据是持股会章程,只是间接证据,并不是发起人股票认购的凭据,不具有足够的证明力,无法推翻上诉人出具的符合《公司法》规定的原始记名股票股权证。

第一百五十一条　【发行新股的决议】

公司发行新股,股东会应当对下列事项作出决议:

(一)新股种类及数额;

(二)新股发行价格;

(三)新股发行的起止日期;

(四)向原有股东发行新股的种类及数额;

(五)发行无面额股的,新股发行所得股款计入注册资本的金额。

公司发行新股,可以根据公司经营情况和财务状况,确定其作价方案。

▶【法条释义】

本条是关于发行新股,股东会应当决议的内容。新股发行时,公司有自主定价权,可以根据自身的经营状况及财务状况,确定作价方案。

▶【关联法条】

《中华人民共和国证券法》(2019年修订)

第12条　公司首次公开发行新股,应当符合下列条件:

(一)具备健全且运行良好的组织机构;

(二)具有持续经营能力;

(三)最近三年财务会计报告被出具无保留意见审计报告;

(四)发行人及其控股股东、实际控制人最近三年不存在贪污、贿赂、侵占财产、挪用财产或者破坏社会主义市场经济秩序的刑事犯罪;

(五)经国务院批准的国务院证券监督管理机构规定的其他条件。

上市公司发行新股,应当符合经国务院批准的国务院证券监督管理机构规定的条件,具体管理办法由国务院证券监督管理机构规定。

公开发行存托凭证的,应当符合首次公开发行新股的条件以及国务院证券监督管理机构规定的其他条件。

第一百五十二条 【授权董事会发行股份】

公司章程或者股东会可以授权董事会在三年内决定发行不超过已发行股份百分之五十的股份。但以非货币财产作价出资的应当经股东会决议。

董事会依照前款规定决定发行股份导致公司注册资本、已发行股份数发生变化的,对公司章程该项记载事项的修改不需再由股东会表决。

►【法条释义】

2023 年《公司法》修订前,我国一直采用法定资本制;本条是关于股份公司授权资本制的规定,两种资本制的区别见表 5。

表 5 法定资本制与授权资本制的区别

法定资本制	1. 章程规定公司资本总额,公司资本总额必须在公司设立时一次发行,由股东认足后公司方能成立。 2. 增发新股应召开股东会,履行法定的增资程序,修改章程规定的资本总额
授权资本制	1. 章程规定资本总额,且资本总额在公司设立时不必全部发行,只需发行并认足部分即可成立公司,其余部分由董事会决定发行的时间和次数①。 2. 授权资本制下"可发行的资本总额""设立时已发行资本"有不同的含义,"资本总额"可界分董事会与股东会的权力,在授权范围内由董事会决定授权资本的发行,增资决议由董事会作出,授权资本发行完毕,公司欲再行增资的,须经股东会决议②

① 参见冯果:《论授权资本制下认缴制的去与留》,载《政法论坛》2022 年第 6 期。

② 参见李建伟:《授权资本发行制与认缴制的融合——公司资本制度的变革及公司法修订选择》,载《现代法学》2021 年第 6 期。

为了使公司发行股份更加灵活,便于募集资金,引入投资者,2023年《公司法》引入了“授权资本制”:公司不必一次性发行全部股份,而是通过章程或股东会授权董事会发行一定比例的股份。该规定简化了公司增资程序,有助于提升公司发行股份的效率。

同时为了防止实收资本与公司资产的脱节,平衡公司利益与债权人利益,公司法对授权资本制进行了必要的限制:明确董事会决定发行股份的期限为3年、比例为50%。

非货币财产出资,对公司资产质量、其他股东利益均有影响,还应当经股东会决议。

第一百五十三条 【新股发行的董事会决议程序】

公司章程或者股东会授权董事会决定发行新股的,董事会决议应当经全体董事三分之二以上通过。

►【法条释义】

发行新股会带来公司股东结构、资本规模的变化,授权资本制下新股的灵活发行也可能导致公司名义资本与实缴资本的脱节,故对董事会决定发行新股的决议程序设置更严格的要求十分必要:新股发行的董事会决议程序为经全体董事2/3以上通过。

第一百五十四条 【公开募集股份】

公司向社会公开募集股份,应当经国务院证券监督管理机构注册,公告招股说明书。

招股说明书应当附有公司章程,并载明下列事项:

(一)发行的股份总数;

(二)面额股的票面金额和发行价格或者无面额股的发行价格;

(三)募集资金的用途;

(四)认股人的权利和义务;

(五)股份种类及其权利和义务;

(六)本次募股的起止日期及逾期未募足时认股人可以撤回所认股份的说明。

公司设立时发行股份的,还应当载明发起人认购的股份数。

▶【法条释义】

本条是关于公司向社会公开募集股份时必须在国务院证券监督管理机构注册并公告招股说明书的规定。

本条第1款是关于公开发行注册制的规定。注册制是指证券发行申请人依法将与证券发行有关的一切信息和资料公开,制成法律文件送至主管机构审查,主管机构只负责审查发行申请人提供的信息和资料是否履行了信息披露义务的一种制度。注册制与核准制的区别在于,证券发行审核机构只对注册文件进行形式审查,不作实质判断。而核准制是实质管理,证券发行不仅要充分公开,还必须符合证券管理机构制定的发行实质条件。

招股说明书是为募集股份而制定的载明相关信息的文件,其性质属于要约邀请。公司章程应当附在招股说明书中并说明发行的股份总数、面额股的票面金额和发行价格以及无面额股的发行价格、募集资金的用途、认股人的权利义务、股份种类及其权利义务、募股起止日期并对逾期未募足时认股人可以撤回所认股份作出说明。

股份有限公司的设立方式包括发起设立与募集设立。募集设立是指由发起人认购设立公司时应发行股份的一部分,其余股份向特定对象募集或者向社会公开募集而设立公司。采取募集设立方式的,发行股份时应当载明发起人认购的份数。

▶【关联法条】

1.《中华人民共和国证券法》(2019年修订)

第9条　公开发行证券,必须符合法律、行政法规规定的条件,并依法报经国务院证券监督管理机构或者国务院授权的部门注册。未经依法注册,任何单位和个人不得公开发行证券。证券发行注册制的具体范围、实施步骤,由国务院规定。

有下列情形之一的,为公开发行:

(一)向不特定对象发行证券;

(二)向特定对象发行证券累计超过二百人,但依法实施员工持股计划的员工人数不计算在内;

(三)法律、行政法规规定的其他发行行为。

非公开发行证券,不得采用广告、公开劝诱和变相公开方式。

第11条　设立股份有限公司公开发行股票,应当符合《中华人民共和国公司法》规定的条件和经国务院批准的国务院证券监督管理机构规定的其他条件,向国务院证券监督管理机构报送募股申请和下列文件:

(一)公司章程;

(二)发起人协议;

(三)发起人姓名或者名称,发起人认购的股份数、出资种类及验资证明;

(四)招股说明书;

(五)代收股款银行的名称及地址;

(六)承销机构名称及有关的协议。

依照本法规定聘请保荐人的,还应当报送保荐人出具的发行保荐书。

法律、行政法规规定设立公司必须报经批准的,还应当提交相应的批准文件。

第20条 发行人申请首次公开发行股票的,在提交申请文件后,应当按照国务院证券监督管理机构的规定预先披露有关申请文件。

2.《首次公开发行股票注册管理办法》

第15条 发行人股东大会应当就本次发行股票作出决议,决议至少应当包括下列事项:

(一)本次公开发行股票的种类和数量;

(二)发行对象;

(三)定价方式;

(四)募集资金用途;

(五)发行前滚存利润的分配方案;

(六)决议的有效期;

(七)对董事会办理本次发行具体事宜的授权;

(八)其他必须明确的事项。

第34条 发行人申请首次公开发行股票并上市,应当按照中国证监会制定的信息披露规则,编制并披露招股说明书,保证相关信息真实、准确、完整。信息披露内容应当简明清晰,通俗易懂,不得有虚假记载、误导性陈述或者重大遗漏。

中国证监会制定的信息披露规则是信息披露的最低要求。不论上述规则是否有明确规定,凡是投资者作出价值判断和投资决策所必需的信息,发行人均应当充分披露,内容应当真实、准确、完整。

第一百五十五条 【股票承销】

公司向社会公开募集股份,应当由依法设立的证券公司承销,签订承销协议。

► 【法条释义】

本条是关于公开发行股份承销的规定。公司向社会公开募集股份，属于大规模发行，为了保障发行成功，防范不规范操作，必须由证券公司承销，而不能自行发售。

承销是指证券公司与股票发行人约定，由证券公司在规定期限内将股票售出，发行人支付报酬的行为。承销包括包销与代销（见表6）。

表6　证券承销的概念与分类

承销：证券公司与股票发行人约定，由证券公司在规定期限内将股票售出，发行人支付报酬的行为	
包销：证券公司将发行人发行的股票全部购入后向公众出售，承销期结束，未售出的股票由证券公司承担，不能再退还给发行人	代销：证券公司代发行人发行股票，向公众出售，承销期结束，未售出的股票由证券公司退还发行人，自己无须购买未发行出去的部分

► 【关联法条】

《中华人民共和国证券法》(2019年修订)

第26条　发行人向不特定对象发行的证券，法律、行政法规规定应当由证券公司承销的，发行人应当同证券公司签订承销协议。证券承销业务采取代销或者包销方式。

证券代销是指证券公司代发行人发售证券，在承销期结束时，将未售出的证券全部退还给发行人的承销方式。

证券包销是指证券公司将发行人的证券按照协议全部购入或者在承销期结束时将售后剩余证券全部自行购入的承销方式。

第27条　公开发行证券的发行人有权依法自主选择承销的证券公司。

第28条　证券公司承销证券，应当同发行人签订代销或者包销协议，载明下列事项：

（一）当事人的名称、住所及法定代表人姓名；

（二）代销、包销证券的种类、数量、金额及发行价格；

（三）代销、包销的期限及起止日期；

（四）代销、包销的付款方式及日期；

（五）代销、包销的费用和结算办法；

（六）违约责任；

（七）国务院证券监督管理机构规定的其他事项。

第31条　证券的代销、包销期限最长不得超过九十日。

证券公司在代销、包销期内,对所代销、包销的证券应当保证先行出售给认购人,证券公司不得为本公司预留所代销的证券和预先购入并留存所包销的证券。

第33条　股票发行采用代销方式,代销期限届满,向投资者出售的股票数量未达到拟公开发行股票数量百分之七十的,为发行失败。发行人应当按照发行价并加算银行同期存款利息返还股票认购人。

第34条　公开发行股票,代销、包销期限届满,发行人应当在规定的期限内将股票发行情况报国务院证券监督管理机构备案。

第一百五十六条　【代收股款】

公司向社会公开募集股份,应当同银行签订代收股款协议。

代收股款的银行应当按照协议代收和保存股款,向缴纳股款的认股人出具收款单据,并负有向有关部门出具收款证明的义务。

公司发行股份募足股款后,应予公告。

►【法条释义】

公司向社会公开募集股份,为保障募集资金的安全性,还应当与银行签订代收股款协议,证券公司承销股票所得股款由银行代收。按照协议,银行应当及时代为收取公开募集所得股款并保存于本银行,向认股人出具证明其已经缴纳股款的书面证明,并向相关部门出具收款证明。

公司在发行新股募足股款之后,应当将募股情况予以公告,以便于公司股东与社会公众了解公司资本变动情况。

►【关联法条】

1.《中华人民共和国证券法》(2019年修订)

第14条　公司对公开发行股票所募集资金,必须按照招股说明书或者其他公开发行募集文件所列资金用途使用;改变资金用途,必须经股东大会作出决议。擅自改变用途,未作纠正的,或者未经股东大会认可的,不得公开发行新股。

2.《上市公司监管指引第2号——上市公司募集资金管理和使用的监管要求》(2022年修订)

第6条　上市公司募集资金应当按照招股说明书或者其他公开发行募集文件所列用途使用。上市公司改变招股说明书或者其他公开发行募集文件所列资金用途的,必须经股东大会作出决议。

第7条 上市公司募集资金原则上应当用于主营业务。除金融类企业外,募集资金投资项目不得为持有交易性金融资产和可供出售的金融资产、借予他人、委托理财等财务性投资,不得直接或间接投资于以买卖有价证券为主要业务的公司。

科创板上市公司募集资金使用应符合国家产业政策和相关法律法规,并应当投资于科技创新领域。

第8条 暂时闲置的募集资金可进行现金管理,其投资的产品须符合以下条件:

(一)结构性存款、大额存单等安全性高的保本型产品;

(二)流动性好,不得影响募集资金投资计划正常进行。投资产品不得质押,产品专用结算账户(如适用)不得存放非募集资金或用作其他用途,开立或注销产品专用结算账户的,上市公司应当及时报证券交易所备案并公告。

使用闲置募集资金投资产品的,应当经上市公司董事会审议通过,独立董事、监事会、保荐机构发表明确同意意见。上市公司应当在董事会会议后二个交易日内公告下列内容:

(一)本次募集资金的基本情况,包括募集时间、募集资金金额、募集资金净额及投资计划等;

(二)募集资金使用情况;

(三)闲置募集资金投资产品的额度及期限,是否存在变相改变募集资金用途的行为和保证不影响募集资金项目正常进行的措施;

(四)投资产品的收益分配方式、投资范围及安全性;

(五)独立董事、监事会、保荐机构出具的意见。

第9条 暂时闲置的募集资金可暂时用于补充流动资金。暂时补充流动资金,仅限于与主营业务相关的生产经营使用,不得通过直接或间接安排用于新股配售、申购,或用于股票及其衍生品种、可转换公司债券等的交易。闲置募集资金暂时用于补充流动资金的,应当经上市公司董事会审议通过,独立董事、监事会、保荐机构发表明确同意意见并披露。单次补充流动资金最长不得超过十二个月。

第二节 股份转让

第一百五十七条 【股份转让规则】

股份有限公司的股东持有的股份可以向其他股东转让,也可以向股东以外的人转让;公司章程对股份转让有限制的,其转让按照公司章程的规定进行。

►【法条释义】

股份有限公司的股东可以将持有的股份向其他股东以及股东以外的人转让,但在公司章程中可以规定股份转让的限制性内容。

与有限公司相比,股份公司的股东向股东以外的人转让股份,其他股东不享有优先购买权。

第一百五十八条 【股份转让的场所】

股东转让其股份,应当在依法设立的证券交易场所进行或者按照国务院规定的其他方式进行。

►【法条释义】

本条是关于股份有限公司股份转让场所和方式的规定。依法设立的证券交易所是股份有限公司股东进行平等交易的平台,除此之外,国务院还规定了股份转让的其他方式(见表7)。

表7 证券交易场所的分类与交易方式

	证券交易所	新三板	区域性股权交易市场
交易场所	场内交易市场	集中交易的公开型场外市场	非集中交易的场外市场
交易方式	公开的集中交易方式或者国务院证券监督管理机构批准的其他方式	协议方式、做市方式、竞价方式或其他中国证监会批准的转让方式	协议转让、依法进行拍卖

▶【关联法条】

《中华人民共和国证券法》(2019年修订)

第37条　公开发行的证券,应当在依法设立的证券交易所上市交易或者在国务院批准的其他全国性证券交易场所交易。

非公开发行的证券,可以在证券交易所、国务院批准的其他全国性证券交易场所、按照国务院规定设立的区域性股权市场转让。

第38条　证券在证券交易所上市交易,应当采用公开的集中交易方式或者国务院证券监督管理机构批准的其他方式。

▶【典型案例】

荆某国与陈某明、湖南大康国际农业食品股份有限公司(以下简称大康农业公司)股权转让纠纷案

[最高人民法院(2018)最高法民终60号]

2008年8月20日,陈某明(甲方)与荆某国(乙方)签订《湖南大康牧业股份有限公司股东股份转让协议》,约定甲方将其在大康牧业公司股份中的190万股股份转让给乙方,乙方支付给甲方200万元。同日,大康牧业公司向荆某国颁发《股权证》,公司时任董事长陈某明签名并加盖了公司公章。

2008年11月13日,荆某国通过兴业银行向陈某明汇款150万元,注明用途往来款。2008年12月30日,荆某国通过农业银行向陈某明汇款40万元。2008年12月30日,陈某明出具收据,载明:"今收齐我与荆某国2008年8月20日签订的190万股股权转让款壹佰玖拾万元(190万元)。"根据陈某明出具收据载明的内容及荆某国的当庭陈述,对协议约定的股权转让款200万元,双方已经变更为190万元。

2010年11月18日,大康牧业公司在深圳证券交易所上市,股票简称为"大康牧业",股票代码"002505"。陈某明为该公司发起人、控股股东和实际控制人、董事长。在大康牧业公司首次公开发行股票招股说明书中,荆某国未登记在该公司股东名册。

后荆某国请求大康牧业公司分配利润,陈某明以股权转让时未在指定的证券交易所进行或国务院规定的其他方式进行而主张转让行为无效。

法院认为,《公司法》(2018年修正)第137条规定,非上市公司,股东持有的股份可以依法转让,第138条对股份有限公司股东转让股份的场所和方式的规

定，不影响股权转让合同的效力。陈某明作为大康牧业公司股东，有权转让自己的股份，但在《湖南大康牧业股份有限公司股东股份转让协议》签订后，陈某明并未将股份交付，也未明确约定交付期限，而后主张《湖南大康牧业股份有限公司股东股份转让协议》无效，缺乏事实和法律依据，不予支持。

第一百五十九条 【股票转让方式】

股票的转让，由股东以背书方式或者法律、行政法规规定的其他方式进行；转让后由公司将受让人的姓名或者名称及住所记载于股东名册。

股东会会议召开前二十日内或者公司决定分配股利的基准日前五日内，不得变更股东名册。法律、行政法规或者国务院证券监督管理机构对上市公司股东名册变更另有规定的，从其规定。

▶【法条释义】

本条是关于股票转让方式的规定。股票以背书或者法律法规规定的其他方式进行转让。背书是指背书人为将股东权利转让给受让人，而在股票背面或者股票所黏附的粘单上记载有关事项并签章的行为。

▶【典型案例】

王某、吴某等执行异议之诉案

［四川省成都市中级人民法院(2021)川01民终16697号］

法院认为《公司法》(2018年修正)第130条规定，公司发行记名股票的，应当置备股东名册。曾某柱是百联安公司的发起人之一，其持有百联安公司的记名股票，百联安公司应当将其姓名、住所等信息登记在股东名册内，王某在受让曾某柱的股权后，应证明百联安公司已将其姓名、住所等信息登记于股东名册，但其无法证明，故不能印证王某实际受让了曾某柱持有的百联安公司股权。

第一百六十条 【股份转让的限制】

公司公开发行股份前已发行的股份，自公司股票在证券交易所上市交易之日起一年内不得转让。法律、行政法规或者国务院证券监督管理机构对上市公司的股东、实际控制人转让其所持有的本公司股份另有规定的，从其规定。

公司董事、监事、高级管理人员应当向公司申报所持有的本公司的股份及其变动情况，在就任时确定的任职期间每年转让的股份不得超过其所持有本公司股份总数的百分之二十五；所持本公司股份自公司股票上市交易之日起一年内不得转让。上述人员离职后半年内，不得转让其所持有的本公司股份。公司章程可以对公司董事、监事、高级管理人员转让其所持有的本公司股份作出其他限制性规定。

股份在法律、行政法规规定的限制转让期限内出质的，质权人不得在限制转让期限内行使质权。

►【法条释义】

本条是关于股份有限公司股份转让限制的规定（见表8）。

表8　股份有限公司股份转让的限制

种类	限制规定	理由
1. 公开发行股份前已发行的股份	在证券交易所上市交易之日起一年内不得转让	防止低价抢购公司公开发行前的股份，在股份公开发行后高价抛售以赚取差价现象的发生
2. 董事、监事、高级管理人员持有的公司股份	（1）持股情况向公司进行申报； （2）任职期间每年股份转让不得超过其所持有本公司股份总数的25%； （3）持有的本公司股份在上市交易后一年内不得转让； （4）离职后半年内不得转让持有的本公司股份； （5）公司章程有其他限制性规定的，从其规定	防止董事、监事、高级管理人员利用信息优势谋取个人利益
3. 限制转让期内出质的股份	质权人不得在限制转让期内行使质权	行使质权的方式包括拍卖、变卖、折价，会导致“转让”，而这个阶段限制转让

►【关联法条】

《中华人民共和国证券法》（2019年修订）

第40条　证券交易场所、证券公司和证券登记结算机构的从业人员，证券监督管理机构的工作人员以及法律、行政法规规定禁止参与股票交易的其他人员，在任期或者法定限期内,不得直接或者以化名、借他人名义持有、买卖股票或者其他具有股权性质的证券,也不得收受他人赠送的股票或者其他具有股权性质的证券。

任何人在成为前款所列人员时,其原已持有的股票或者其他具有股权性质的证券,必须依法转让。

实施股权激励计划或者员工持股计划的证券公司的从业人员,可以按照国务院证券监督管理机构的规定持有、卖出本公司股票或者其他具有股权性质的证券。

第44条　上市公司、股票在国务院批准的其他全国性证券交易场所交易的公司持有百分之五以上股份的股东、董事、监事、高级管理人员,将其持有的该公司的股票或者其他具有股权性质的证券在买入后六个月内卖出,或者在卖出后六个月内又买入,由此所得收益归该公司所有,公司董事会应当收回其所得收益。但是,证券公司因购入包销售后剩余股票而持有百分之五以上股份,以及有国务院证券监督管理机构规定的其他情形的除外。

前款所称董事、监事、高级管理人员、自然人股东持有的股票或者其他具有股权性质的证券,包括其配偶、父母、子女持有的及利用他人账户持有的股票或者其他具有股权性质的证券。

公司董事会不按照第一款规定执行的,股东有权要求董事会在三十日内执行。公司董事会未在上述期限内执行的,股东有权为了公司的利益以自己的名义直接向人民法院提起诉讼。

公司董事会不按照第一款的规定执行的,负有责任的董事依法承担连带责任。

▶【典型案例】

亚联盟资产管理有限公司、梁某利股权转让纠纷案

[最高人民法院(2020)最高法民终421号]

兰州农商行成立于2015年11月20日,创新公司、致远公司皆为公司发起人及股东。2016年8月31日,创新公司、致远公司、兰州农商行签订了股权转让协议,约定创新公司将2015年11月30日持有的兰州农商行股权从协议签订之日起转让给致远公司。创新公司、致远公司就股权转让及代持事宜达成了补充协议,创新公司支付了股权转让款,兰州农商行在创新公司持有的股金证上添注了受让

股份,但上述行为均发生在兰州农商行成立一年之内,处于公司法规定的股份有限公司发起人股份的限制转让期间,在法定的股份转让限制期限届满前,不产生股权转让交付的法律效力。

第一百六十一条　【异议股东回购请求权】

有下列情形之一的,对股东会该项决议投反对票的股东可以请求公司按照合理的价格收购其股份,公开发行股份的公司除外:

(一)公司连续五年不向股东分配利润,而公司该五年连续盈利,并且符合本法规定的分配利润条件;

(二)公司转让主要财产;

(三)公司章程规定的营业期限届满或者章程规定的其他解散事由出现,股东会通过决议修改章程使公司存续。

自股东会决议作出之日起六十日内,股东与公司不能达成股份收购协议的,股东可以自股东会决议作出之日起九十日内向人民法院提起诉讼。

公司因本条第一款规定的情形收购的本公司股份,应当在六个月内依法转让或者注销。

▶【法条释义】

本条是关于股份有限公司股东可以请求公司回购其股权的情况的规定。

2018 年《公司法》仅在有限责任公司中规定了异议股东回购制度,2023 年《公司法》新增了股份有限公司的异议股东股份回购请求权,原因在于股份有限公司中绝大多数并非上市公司,股东同样缺少能够自由转让股份的机会和平台。

异议股东股权回购请求权旨在保护中小股东利益,给予了中小股东在公司发展方向或者其他重大事项与其意愿不符时及时退出的机会。

若股份有限公司已经公开发行股份,意味着其股份具有充足的流动性,股东完全可以通过转让方式退出,无规定异议股东回购请求权之必要。

第一百六十二条　【本公司股份的收购及质押】

公司不得收购本公司股份。但是,有下列情形之一的除外:

(一)减少公司注册资本;

(二)与持有本公司股份的其他公司合并;

（三）将股份用于员工持股计划或者股权激励；

（四）股东因对股东会作出的公司合并、分立决议持异议，要求公司收购其股份；

（五）将股份用于转换上市公司发行的可转换为股票的公司债券；

（六）上市公司为维护公司价值及股东权益所必需。

公司因前款第一项、第二项规定的情形收购本公司股份的，应当经股东会决议；公司因前款第三项、第五项、第六项规定的情形收购本公司股份的，可以按照公司章程或者股东会的授权，经三分之二以上董事出席的董事会会议决议。

公司依照本条第一款规定收购本公司股份后，属于第一项情形的，应当自收购之日起十日内注销；属于第二项、第四项情形的，应当在六个月内转让或者注销；属于第三项、第五项、第六项情形的，公司合计持有的本公司股份数不得超过本公司已发行股份总数的百分之十，并应当在三年内转让或者注销。

上市公司收购本公司股份的，应当依照《中华人民共和国证券法》的规定履行信息披露义务。上市公司因本条第一款第三项、第五项、第六项规定的情形收购本公司股份的，应当通过公开的集中交易方式进行。

公司不得接受本公司的股份作为质权的标的。

▶【法条释义】

本条是关于股份有限公司股份回购的规定。

公司法以禁止股份回购为原则，以允许为例外，公司可以在满足下列条件时回购股份：

表9　股份有限公司回购股份情形

回购动因	决策机构	处理方式
1. 减少公司注册资本	股东会	收购之日起10日内注销
2. 与持有本公司股份的其他公司合并	股东会	收购之日起6个月内转让或者注销
3. 股东因对股东会作出的公司合并、分立决议持异议，要求公司收购其股份	不需要经过股东会或董事会决议	收购之日起6个月内转让或者注销

续表

回购动因	决策机构	处理方式
4. 将股份用于员工持股计划或者股权激励	可以按照公司章程或者股东会的授权，经 2/3 以上董事出席的董事会会议决议	公司合计持有的本公司股份数不得超过本公司已发行股份总数的 10%，并应当在 3 年内转让或者注销
5. 将股份用于转换上市公司发行的可转换为股票的公司债券		
6. 上市公司为维护公司价值及股东权益所必需		

质押未来会导致流转，甚至抵偿给本公司导致间接的回购，而本条规定，除了法定特殊情况，公司不得拥有本公司股份，因此，本公司股份不能作为质权标的。

►【关联法条】

1.《上市公司股份回购规则》（2023 年修订）

第 2 条　本规则所称上市公司回购股份，是指上市公司因下列情形之一收购本公司股份的行为：

（一）减少公司注册资本；

（二）将股份用于员工持股计划或者股权激励；

（三）将股份用于转换上市公司发行的可转换为股票的公司债券；

（四）为维护公司价值及股东权益所必需。

前款第（四）项所指情形，应当符合以下条件之一：

（一）公司股票收盘价格低于最近一期每股净资产；

（二）连续二十个交易日内公司股票收盘价格跌幅累计达到百分之二十；

（三）公司股票收盘价格低于最近一年股票最高收盘价格的百分之五十；

（四）中国证监会规定的其他条件。

第 5 条　上市公司回购股份，应当依据本规则和证券交易所的规定履行决策程序和信息披露义务。

上市公司及其董事、监事、高级管理人员应当保证所披露的信息真实、准确、完整，无虚假记载、误导性陈述或重大遗漏。

第 17 条　上市公司因本规则第二条第一款第（一）项规定情形回购股份的，应当在自回购之日起十日内注销；因第（二）项、第（三）项、第（四）项规定情形回购股份的，公司合计持有的本公司股份数不得超过本公司已发行股份总额的百分之十，并应当在三年内按照依法披露的用途进行转让，未按照披露用途转让的，应当在三年期限届满前注销。

上市公司因本规则第二条第一款第(四)项规定情形回购股份的,可以按照证券交易所规定的条件和程序,在履行预披露义务后,通过集中竞价交易方式出售。

第20条　上市公司因本规则第二条第一款第(一)项规定情形回购股份的,应当由董事会依法作出决议,并提交股东大会审议,经出席会议的股东所持表决权的三分之二以上通过;因第(二)项、第(三)项、第(四)项规定情形回购股份的,可以依照公司章程的规定或者股东大会的授权,经三分之二以上董事出席的董事会会议决议。

上市公司股东大会对董事会作出授权的,应当在决议中明确授权实施股份回购的具体情形和授权期限等内容。

2.《中国证券监督管理委员会公告〔2018〕35号——关于支持上市公司回购股份的意见》

三、上市公司股价低于其每股净资产,或者20个交易日内股价跌幅累计达到30%的,可以为维护公司价值及股东权益进行股份回购;上市公司因该情形实施股份回购并减少注册资本的,不适用《上市公司回购社会公众股份管理办法(试行)》第八条关于股票上市已满一年的要求和《关于上市公司以集中竞价交易方式回购股份的补充规定》第九条关于特定期间内不得回购股份的条件限制。

四、鼓励上市公司依法回购股份用于股权激励及员工持股计划。

上市金融企业可以在合理确定回购实施价格、切实防范利益输送的基础上,依法回购股份用于实施股权激励或者员工持股计划,并按有关规定做好管理。

上市证券公司实施员工持股计划的,应当依法通过资产管理计划、信托计划等形式进行。

▶【典型案例】

1.云南白药集团股份有限公司(以下简称云南白药)吸收合并白药控股

云南白药前身是成立于1971年6月的云南白药厂,1993年12月在深圳证券交易所上市,股票代码为000538。云南白药控股有限公司(以下简称白药控股)前身是云南省医药总公司,成立于1996年6月,是持股型公司,不从事具体生产经营,主要通过上市公司和其他子公司开展相关业务。为积极推进混合所有制改革,云南省从2016年开始,先后引入新华都实业集团股份有限公司(以下简称新华都)、江苏鱼跃科技有限公司(以下简称江苏鱼跃)对白药控股进行增资,经过两轮增资,白药控股持有云南白药41.52%的股份。

2018年11月,为实现控股股东白药控股的整体上市,云南白药对白药控股进行了吸收合并。吸收合并方案由白药控股定向减资和吸收合并两部分组成,两者互为条件。

(1)白药控股定向减资

白药控股定向回购新华都持有的部分股权并进行减资。

(2)吸收合并

云南白药通过向白药控股的三家股东云南省国资委、新华都及江苏鱼跃发行股份的方式对白药控股实施吸收合并。

吸收合并前,云南白药总股本为1,041,399,718股,为完成本次吸收合并,云南白药需要新发行665,620,240股,并注销白药控股持有的432,426,597股,吸收合并完成后,云南白药总股本为1,274,593,361股,实际新增股份数量为233,193,643股。

该项合并属于换股合并,吸收合并完成后,白药控股的三家股东直接持有上市公司云南白药的股份,白药控股注销法人资格,云南白药作为存续方,承继了白药控股的一切权利义务。

2.格力百亿员工持股计划

2020年4月,格力推出第一期员工持股计划。第一期员工持股计划涉及1.2万人,对象包括公司董事(不含独立董事)、监事、高级管理人员,以及公司及控股子公司经董事会认定对公司整体业绩和中长期发展具有重要作用的中层干部和核心员工。员工持股计划股票来源为公司回购专用账户中已回购的股份,规模不超过股本总额的3%,认购价格为所回购股份均价的50%,计划存续期为3年,锁定期12个月(见表10)。

表10 格力电器员工持股计划业绩考核指标

归属期	业绩考核指标
第一个归属期	2021年净利润较2020年增长不低于10%,且当年每股现金分红不低于2元或现金分红总额不低于当年净利润的50%
第二个归属期	2022年净利润较2020年增长不低于20%,且当年每股现金分红不低于2元或现金分红总额不低于当年净利润的50%

虽然员工可以五折认购格力股票,但此次计划也设置了严格的业绩考核期。考核期分为两期,每期可归属比例最高为50%,并设定公司层面和个人层面的业绩考核指标,达到指标后才能获得权益。

3. 上市公司发行可转债回购股份案

2018年11月9日,《中国证券监督管理委员会公告〔2018〕35号——关于支持上市公司回购股份的意见》明确提出"继续支持上市公司通过发行优先股、债券等多种方式,为回购本公司股份筹集资金"。同年12月1日,创业板上市公司腾邦国际(300178.SZ)发布公告,拟发行8.4亿可转债,其中5.9亿用于回购公司股份,这让腾邦国际成为A股第一个发行可转债回购股份的上市公司。

第一百六十三条　【不得为他人取得本公司的股份提供财务资助】

公司不得为他人取得本公司或者其母公司的股份提供赠与、借款、担保以及其他财务资助,公司实施员工持股计划的除外。

为公司利益,经股东会决议,或者董事会按照公司章程或者股东会的授权作出决议,公司可以为他人取得本公司或者其母公司的股份提供财务资助,但财务资助的累计总额不得超过已发行股本总额的百分之十。董事会作出决议应当经全体董事的三分之二以上通过。

违反前两款规定,给公司造成损失的,负有责任的董事、监事、高级管理人员应当承担赔偿责任。

►【法条释义】

本条是关于股份有限公司在特定情形下向他人取得本公司或其母公司的股份提供财务资助的规定。

为保护股东利益、防范股东抽逃出资,原则上不允许公司为他人取得本公司或母公司股份提供赠与、贷款、担保以及其他财务资助,但将公司实施员工持股计划作为一般性的例外事项。

同时,本条允许股份有限公司经股东会决议或者董事会按照公司章程或者股东会的授权可以决议该公司为他人取得本公司或者母公司的股份提供财务资助,但需要满足以下条件:(1)财务资助累计总额不超过已发行股本总额的10%;(2)董事会作出决议应当经全体董事2/3以上通过;(3)违反规定为他人取得本公司股份提供财务资助,给公司造成损失的,负有责任的董事、监事、高级管理人员应当承担赔偿责任。

▶【关联法条】

1.《非上市公众公司监督管理办法》(2023 年修订)

第 16 条第 1 款　进行公众公司收购,收购人或者其实际控制人应当具有健全的公司治理机制和良好的诚信记录。收购人不得以任何形式从被收购公司获得财务资助,不得利用收购活动损害被收购公司及其股东的合法权益。

2.《公司债券发行与交易管理办法》(2023 年)

第 45 条第 1 款　发行人及其控股股东、实际控制人、董事、监事、高级管理人员和承销机构不得操纵发行定价、暗箱操作;不得以代持、信托等方式谋取不正当利益或向其他相关利益主体输送利益;不得直接或通过其利益相关方向参与认购的投资者提供财务资助;不得有其他违反公平竞争、破坏市场秩序等行为。

3.《上市公司证券发行注册管理办法》

第 66 条　向特定对象发行证券,上市公司及其控股股东、实际控制人、主要股东不得向发行对象做出保底保收益或者变相保底保收益承诺,也不得直接或者通过利益相关方向发行对象提供财务资助或者其他补偿。

第一百六十四条　【股票丢失的救济】

股票被盗、遗失或者灭失,股东可以依照《中华人民共和国民事诉讼法》规定的公示催告程序,请求人民法院宣告该股票失效。人民法院宣告该股票失效后,股东可以向公司申请补发股票。

▶【法条释义】

本条规定了股票被盗、遗失或者灭失后的处理方法。

《民事诉讼法》规定了可以背书转让票据的公示催告程序。票据持有人在票据被盗、遗失或者灭失时,可以向人民法院申请公示催告,由人民法院发布公告,催促利害关系人向人民法院申报权利;无人申报的,由人民法院宣告票据无效。经人民法院公示催告程序宣告股票无效后,股东可以请求公司补发股票。

▶【关联法条】

《中华人民共和国民事诉讼法》(2023 年修正)

第 229 条　按照规定可以背书转让的票据持有人,因票据被盗、遗失或者灭失,可以向票据支付地的基层人民法院申请公示催告。依照法律规定可以申请公示催告的其他事项,适用本章规定。

申请人应当向人民法院递交申请书,写明票面金额、发票人、持票人、背书人等票据主要内容和申请的理由、事实。

第230条　人民法院决定受理申请,应当同时通知支付人停止支付,并在三日内发出公告,催促利害关系人申报权利。公示催告的期间,由人民法院根据情况决定,但不得少于六十日。

第227条　支付人收到人民法院停止支付的通知,应当停止支付,至公示催告程序终结。

公示催告期间,转让票据权利的行为无效。

▶【典型案例】

李某成申请公示催告案

［辽宁省辽阳市白塔区人民法院(2022)辽1002民催10号裁定］

股票被盗、遗失或者灭失的,股东可以依照《民事诉讼法》规定的公示催告程序,请求人民法院宣告股票无效并向公司申请补发股票。本案中,申请人李某成以其持有的股权证遗失为由,向人民法院申请公示催告的请求不符合公示催告的受理条件。

第一百六十五条　【上市公司的股票交易】

上市公司的股票,依照有关法律、行政法规及证券交易所交易规则上市交易。

▶【法条释义】

本条是关于上市公司股票交易的规定。

上市公司,是指发行的股票在依法设立的证券交易所上市交易的股份有限公司。股票上市交易后,应当遵守相关法律、行政法规以及证券交易所业务规则的规定。

▶【关联法条】

《中华人民共和国证券法》(2019年修订)

第46条　申请证券上市交易,应当向证券交易所提出申请,由证券交易所依法审核同意,并由双方签订上市协议。

证券交易所根据国务院授权的部门的决定安排政府债券上市交易。

第47条 申请证券上市交易,应当符合证券交易所上市规则规定的上市条件。

证券交易所上市规则规定的上市条件,应当对发行人的经营年限、财务状况、最低公开发行比例和公司治理、诚信记录等提出要求。

第48条 上市交易的证券,有证券交易所规定的终止上市情形的,由证券交易所按照业务规则终止其上市交易。

证券交易所决定终止证券上市交易的,应当及时公告,并报国务院证券监督管理机构备案。

第一百六十六条 【上市公司的信息披露】

上市公司应当依照法律、行政法规的规定披露相关信息。

▶【法条释义】

本条是关于上市公司信息披露的规定。

上市公司的财务状况、经营状况、涉及的重大诉讼以及公司财务会计报告,对股票价格具有重要影响,与投资者的利益息息相关。因此,上市公司必须依照法律、行政法规的规定,对相关信息进行及时、准确、真实的披露。

▶【关联法条】

1.《中华人民共和国证券法》(2019年修订)

第78条 发行人及法律、行政法规和国务院证券监督管理机构规定的其他信息披露义务人,应当及时依法履行信息披露义务。

信息披露义务人披露的信息,应当真实、准确、完整,简明清晰,通俗易懂,不得有虚假记载、误导性陈述或者重大遗漏。

证券同时在境内境外公开发行、交易的,其信息披露义务人在境外披露的信息,应当在境内同时披露。

第79条 上市公司、公司债券上市交易的公司、股票在国务院批准的其他全国性证券交易场所交易的公司,应当按照国务院证券监督管理机构和证券交易场所规定的内容和格式编制定期报告,并按照以下规定报送和公告:

(一)在每一会计年度结束之日起四个月内,报送并公告年度报告,其中的年度财务会计报告应当经符合本法规定的会计师事务所审计;

(二)在每一会计年度的上半年结束之日起二个月内,报送并公告中期报告。

2.《上市公司治理准则》(2018 年修订)

第 88 条　上市公司应当建立并执行信息披露事务管理制度。上市公司及其他信息披露义务人应当严格依照法律法规、自律规则和公司章程的规定,真实、准确、完整、及时、公平地披露信息,不得有虚假记载、误导性陈述、重大遗漏或者其他不正当披露。信息披露事项涉及国家秘密、商业机密的,依照相关规定办理。

第一百六十七条　【股东资格的继承】

自然人股东死亡后,其合法继承人可以继承股东资格;但是,股份转让受限的股份有限公司的章程另有规定的除外。

►【法条释义】

本条是关于自然人股东死亡后,其股东资格如何承继的规定。

我国《民法典》规定,自然人股东死亡后,其遗留的个人合法财产依法由他人继承,但此规定仅限于财产权的范围,对具有人身专属性的股东资格的承继,并未作出规定。因此本条规定了股东资格继承的一般原则,即自然人股东的合法继承人可以继承股东资格,同时,也允许对股份转让附有限制条件的公司在公司章程中作出例外规定。

►【典型案例】

张某青与某某(大连)科技有限公司公司决议撤销纠纷案

[辽宁省大连市中级人民法院(2020)辽 02 民终 8627 号]

《公司法》(2018 年修正)规定,自然人股东死亡后,其合法继承人可以继承股东资格。继承股东资格意味着继承人不仅继承了股权,而且继承了股东身份,至于是否在市场监督管理部门变更股东登记以产生对外的公信、公示效力,不影响其内部股东权利的正常行使。原告主张只有在完成确认和变更股东资格后才能行使股东表决权的意见,法院不予支持。

第七章　国家出资公司组织机构的特别规定

本章是由 2018 年《公司法》第二章“有限责任公司的设立和组织机构”第四节“国有独资公司的特别规定”演化而来。实际上，在 2023 年《公司法》中，是否继续保留国家出资公司的内容，学界存在一定争议。不少学者认为，应当从 2023 年《公司法》中剥离国有公司的特殊制度，构建“国有公司法”并将其作为调整国有公司的特别法，使国有公司治理中的特殊规则通过专门的“国有公司法”予以系统化体现，为国有公司提供更恰当的制度供给。[①] 但显然这样的观点并未得到支持，2023 年《公司法》进一步完善了 2018 年《公司法》中关于国有公司的规定。2023 年《公司法》所称“国家出资公司”不仅包括国有独资公司，还包括国有资本控股公司，从组织形式上，不仅包括国家出资的有限责任公司，还包括国家出资的股份有限公司。

2023 年《公司法》明确了国家出资公司的监督管理体制，增加了党组织的领导作用、国有独资公司中关于审计委员会的相关规定等，完善了国有资产监督管理机制。

第一百六十八条　【国家出资公司】

国家出资公司的组织机构，适用本章规定；本章没有规定的，适用本法其他规定。

本法所称国家出资公司，是指国家出资的国有独资公司、国有资本控股公司，包括国家出资的有限责任公司、股份有限公司。

---

① 参见孙晋、徐则林：《国有企业党委会和董事会的冲突与协调》，载《法学》2019 年第 1 期；肖海军：《政府董事：国有企业内部治理结构重建的切入点》，载《政法论坛》2017 年第 1 期；胡改蓉：《〈公司法〉修订中国有公司制度的剥离与重塑》，载《法学评论》2021 年第 4 期。

▶【法条释义】

本条是关于国家出资公司的概念和组织机构的规定。

1. 国家出资公司概念与类型

国家出资公司,是指国家出资的国有独资公司和国有资本控股公司。这是从国有资本占比的角度进行的界定,或者公司的全部资本是国有资本,或者国有资本一定要达到控股地位。相较于2018年《公司法》的规定,2023年《公司法》在国有独资公司的基础上增加了国有资本控股公司。而国家出资公司是国家出资企业的下位概念,根据《企业国有资产法》第5条的规定,“本法所称国家出资企业,是指国家出资的国有独资企业、国有独资公司,以及国有资本控股公司、国有资本参股公司”。可见,国家出资公司相较于国家出资企业的范围要小。

根据2023年《公司法》,国家出资公司可以采用有限责任公司或股份有限公司形式,故国有独资公司包括国有独资的有限责任公司和国有独资的股份有限公司;而国有资本控股公司也包括国有控股的有限责任公司和国有控股的股份有限公司。

2. 国家出资公司的组织机构

根据2023年《公司法》的规定,国家出资公司的组织机构,首先适用本章的专门规定;本章没有规定的,适用本法的其他规定,即2023年《公司法》有关有限责任公司和股份有限公司的组织机构的规定。

首先,国有独资公司。国有独资公司在本质上属于一人公司,其设立直接适用前述一人有限责任公司与一人股份有限公司设立的规则,但在公司章程的制定上与一般的一人公司不同,国有独资公司的公司章程由履行出资人职责的机构制定。国有独资公司的组织机构与一般的一人公司相比:首先,国有独资公司与普通的一人公司相同,不设股东会,如果董事会设审计委员会行使监事会职权的,也无须设监事会;其次,国有独资公司董事会的职权与一般公司不同,关系到国有独资公司重大利益的事项,如修改公司章程、增加或减少注册资本,分配利润等,须由履行出资人职责的机构决定。

其次,国有资本控股公司。国有资本控股公司的设立与组织机构与一般的有限责任公司和股份有限公司相同。

▶【知识拓展】

我国典型的国有独资公司如中国石油天然气集团有限公司、中国石油化工集团有限公司、中国海洋石油集团有限公司等;国家出资的有限责任公司如上海通用汽车有限公司、上海大众汽车有限公司等;国家出资的股份有限公司如国家能源集团长源电力股份有限公司、国家绿色发展基金股份有限公司等。

第一百六十九条　【国家出资公司的管理体制】

国家出资公司，由国务院或者地方人民政府分别代表国家依法履行出资人职责，享有出资人权益。国务院或者地方人民政府可以授权国有资产监督管理机构或者其他部门、机构代表本级人民政府对国家出资公司履行出资人职责。

代表本级人民政府履行出资人职责的机构、部门，以下统称为履行出资人职责的机构。

▶【法条释义】

本条是关于国家出资公司管理体制的规定。

本条规定与《企业国有资产法》规定的企业国有资产监督管理体制保持一致。企业国有资产即国家对企业出资形成的权益，企业国有资产属于国有。严格地说，“国家是法律形式意义上的权利主体，国家背后的人民才是实质意义上的权利主体”。[①] 国务院代表国家对企业国有资产行使所有权，国务院和地方人民政府分别代表国家履行出资人职责，国务院或者地方人民政府可以授权国有资产监督管理机构或者其他部门、机构代表本级人民政府对国家出资公司履行出资人职责。从权利主体的代理人角度看，国务院和地方人民政府是代表国家行使国有资产所有权的一级法定代理机构，而国务院和地方人民政府对其下级机构，即履行出资人职责的机构、部门，进行二次授权，对国家出资企业履行出资人职责。经授权履行出资人职责的机构、部门主要是各级国有资产监督管理机构即各级国有资产监督管理委员会，以及各级财政部门。其中，财政部经授权对金融行业、中国邮政集团、国家铁路集团等履行出资人职责。

▶【关联法条】

《中华人民共和国企业国有资产法》

第 11 条　国务院国有资产监督管理机构和地方人民政府按照国务院的规定设立的国有资产监督管理机构，根据本级人民政府的授权，代表本级人民政府对国家出资企业履行出资人职责。

国务院和地方人民政府根据需要，可以授权其他部门、机构代表本级人民政

---

① 参见刘俊海：《公司法学》，北京大学出版社 2020 年版，第 435 页。

府对国家出资企业履行出资人职责。

代表本级人民政府履行出资人职责的机构、部门,以下统称履行出资人职责的机构。

第12条 履行出资人职责的机构代表本级人民政府对国家出资企业依法享有资产收益、参与重大决策和选择管理者等出资人权利。

履行出资人职责的机构依照法律、行政法规的规定,制定或者参与制定国家出资企业的章程。

履行出资人职责的机构对法律、行政法规和本级人民政府规定须经本级人民政府批准的履行出资人职责的重大事项,应当报请本级人民政府批准。

▶【知识拓展】

国务院国有资产监督管理委员会履行出资人职责的国家出资企业如中国核工业集团公司、中国核工业建设集团公司、中国航天科技集团公司、中国航天科工集团公司、中国航空工业集团公司;财政部履行出资人职责的国家出资企业如中国国家铁路集团有限公司、中国邮政集团有限公司、中国烟草总公司等。

第一百七十条 【党对国家出资公司的领导】

国家出资公司中中国共产党的组织,按照中国共产党章程的规定发挥领导作用,研究讨论公司重大经营管理事项,支持公司的组织机构依法行使职权。

▶【法条释义】

本条是关于国家出资公司党组织的规定。

国家出资公司的党组织是党的组织体系的重要组成部分,充分发挥"把方向、管大局、促落实"的领导作用。强化党组织在国家出资企业中的领导作用是深化国有企业改革的重要保障,也是中国特色现代企业制度的典型体现。根据该条规定,党组织的功能是根据党章的规定发挥领导作用,研究讨论公司重大经营管理事项,支持股东会、董事会、监事会、高级管理人员依法行使职权。党的领导主要是思想领导、政治领导和组织领导,尤其要强调党对中国特色社会主义事业的领导,具体到国有企业就是对企业改革发展全局的领导。[①] 根据《中共中央办公厅关于中央企业在完善公司治理中加强党的领导的意见》,国家出资公司党委(党组)

① 参见姚焕:《完善党的领导和国有公司治理有机融合》,载《求是》2022年第18期。

在公司重大问题决策前置研究的重大事项，可概括为三类权利：首先是决定权，在落实党的大政方针、决策部署以及重要人事任免等方面，应由党委（党组）研究决定；其次是建议权，企业生产经营重大事项，由党委（党组）研究讨论后提出建议，公司的治理主体按照规定程序依法决策；最后是监督权，企业重大决策如果存在违反相关纪律、法律法规问题，党委（党组）应当及时提出意见，要求纠正。①

同时，公司应当为党组织开展活动提供各项必要条件。《国务院办公厅关于进一步完善国有企业法人治理结构的指导意见》将党的领导作为一项基本原则："明确国有企业党组织在法人治理结构中的法定地位，发挥国有企业党组织的领导核心和政治核心作用。"根据 2020 年中央深化改革委员会第 17 次会议的有关精神，在公司运营中还需进一步处理好党的组织与董事会、经理层等公司内部治理机构的关系，推动制度优势更好地转化为治理效能。

根据《国有企业公司章程制定管理办法》第 9 条的规定，在国家出资公司的公司章程中应当明确公司党组织的有关内容，"公司党组织条款应当按照《中国共产党章程》《中国共产党国有企业基层组织工作条例（试行）》等有关规定，写明党委（党组）或党支部（党总支）的职责权限、机构设置、运行机制等重要事项。明确党组织研究讨论是董事会、经理层决策重大问题的前置程序。设立公司党委（党组）的国有企业应当明确党委（党组）发挥领导作用，把方向、管大局、保落实，依照规定讨论和决定企业重大事项；明确坚持和完善'双向进入、交叉任职'领导体制及有关要求。设立公司党支部（党总支）的国有企业应当明确公司党支部（党总支）围绕生产经营开展工作，发挥战斗堡垒作用；具有人财物重大事项决策权的企业党支部（党总支），明确一般由企业党员负责人担任书记和委员，由党支部（党总支）对企业重大事项进行集体研究把关。对于国有相对控股企业的党建工作，需结合企业股权结构、经营管理等实际，充分听取其他股东包括机构投资者的意见，参照有关规定和本条款的内容把党建工作基本要求写入公司章程"。

第一百七十一条 【国有独资公司章程】

国有独资公司章程由履行出资人职责的机构制定。

---

① 参见姚焕：《完善党的领导和国有公司治理有机融合》，载《求是》2022 年第 18 期。

►【法条释义】

本条是关于国有独资公司章程产生方式的规定。

国有独资公司章程的制定方式与一般的公司不同,一般的有限公司章程由全体股东共同制定,而一般的股份公司章程由发起人制定,国有独资公司不设股东会,由履行出资人职责的机构行使股东会职权,故公司章程产生的方式只能是由履行出资人职责的机构制定。

《公司法》只规定了国有独资公司章程如何制定,但未对章程的内容作相应规定,根据《国有企业公司章程制定管理办法》第5条的规定,国有独资公司章程一般应当包括但不限于以下主要内容:"(一)总则;(二)经营宗旨、范围和期限;(三)出资人机构或股东、股东会;(四)公司党组织;(五)董事会;(六)经理层;(七)监事会(监事);(八)职工民主管理与劳动人事制度;(九)财务、会计、审计与法律顾问制度;(十)合并、分立、解散和清算;(十一)附则。"同时,第6条规定:"总则条款应当根据《公司法》等法律法规的要求载明公司名称、住所、法定代表人、注册资本等基本信息。明确公司类型(国有独资公司、有限责任公司等);明确公司按照《中国共产党章程》规定设立党的组织,开展党的工作,提供基础保障等。"

►【关联法条】

1.《中华人民共和国企业国有资产法》

第12条　履行出资人职责的机构代表本级人民政府对国家出资企业依法享有资产收益、参与重大决策和选择管理者等出资人权利。

履行出资人职责的机构依照法律、行政法规的规定,制定或者参与制定国家出资企业的章程。

履行出资人职责的机构对法律、行政法规和本级人民政府规定须经本级人民政府批准的履行出资人职责的重大事项,应当报请本级人民政府批准。

2.《国有企业公司章程制定管理办法》

第18条　出资人机构负责修改国有独资公司章程。国有独资公司董事会可以根据企业实际情况,按照法律、行政法规制订公司章程修正案,报出资人机构批准。

第19条　发生下列情形之一时,应当及时修改国有独资公司章程:

(一)公司章程规定的事项与现行的法律、行政法规、规章及规范性文件相抵触的;

(二)企业的实际情况发生变化,与公司章程记载不一致的;

（三）出资人机构决定修改公司章程的；

（四）发生应当修改公司章程的其他情形。

第一百七十二条 【国有独资公司重大事项决定权】

国有独资公司不设股东会，由履行出资人职责的机构行使股东会职权。履行出资人职责的机构可以授权公司董事会行使股东会的部分职权，但公司章程的制定和修改，公司的合并、分立、解散、申请破产，增加或者减少注册资本，分配利润，应当由履行出资人职责的机构决定。

▶【法条释义】

本条是关于国有独资公司组织机构及其职权的规定。

国有独资公司是由国家单独出资设立的，股东唯一，因而无须设立股东会，由履行出资人职责的机构根据本级政府的授权对国有独资公司行使股东会职权。但履行出资人职责的机构管理的国有独资公司数量众多，每一重要事项都由履行出资人职责的机构决定不利于国有独资公司的正常经营管理，也会导致决策的效率低下，故可以授权公司董事会行使股东会的部分职权。根据《国务院国有资产监督管理委员会关于国有独资公司董事会建设的指导意见（试行）》，国有独资公司董事会的职权包括：（1）选聘或者解聘公司总经理（中央管理主要领导人员的企业，按照有关规定执行，下同），并根据总经理的提名，聘任或者解聘公司副总经理、财务负责人；负责对总经理的考核，决定其报酬事项，并根据总经理建议决定副总经理、财务负责人的报酬；（2）决定公司的经营计划、投资方案（含投资设立企业、收购股权和实物资产投资方案），以及公司对外担保；（3）制订公司的年度财务预算方案、决算方案；（4）制订公司的利润分配方案和弥补亏损方案；（5）制订公司增加或者减少注册资本的方案以及发行公司债券的方案；（6）拟订公司合并、分立、变更公司形式、解散的方案；（7）决定公司内部管理机构的设置，决定公司分支机构的设立或者撤销；（8）制定公司的基本管理制度。同时，根据公司具体情况，董事会可以行使以下职权：（1）审核公司的发展战略和中长期发展规划，并对其实施进行监督；（2）决定公司的年度经营目标；（3）决定公司的风险管理体制，包括风险评估、财务控制、内部审计、法律风险控制，并对实施进行监控；（4）制订公司主营业务资产的股份制改造方案（包括各类股权多元化方案和转让国有产权方案）、与其他企业重组方案；（5）除依照《条例》规定须由国务院国有资产监督管理委员会（以下简称国资委）批准外，决定公司内部业务重组和改革事项；（6）除依照《条例》规定须由国资委批准的重要子企业的重大事项外,依照法定程序决定或参与决定公司所投资的全资、控股、参股企业的有关事项;(7)制订公司章程草案和公司章程的修改方案。

根据《企业国有资产法》的规定,国有独资公司的董事长、副董事长、董事(非职工代表担任的)均由履行出资人职责的机构委派或聘任,故董事会在经授权行使股东会部分职权时,也会本着实现国有资产保值增值的原则行事,但公司章程的制定和修改,公司的合并、分立、解散、申请破产,增加或减少注册资本,分配利润,直接影响到出资人的根本权益,因而必须由履行出资人职责的机构决定。对于国有独资公司的内部治理,学界普遍认为实践中董事会不具有选任考核经理层的职权,致使董事会对经理层的监督与制约从根本上失去支撑,是目前国有独资公司董事会制度最大的缺陷。①

▶【关联法条】

《中华人民共和国企业国有资产法》

第31条　国有独资企业、国有独资公司合并、分立,增加或者减少注册资本,发行债券,分配利润,以及解散、申请破产,由履行出资人职责的机构决定。

▶【知识拓展】

2022年7月,湖南省国资委决定湖南黄金集团有限责任公司、湖南有色环保研究院有限公司合并组建湖南有色产业投资集团有限责任公司。②

第一百七十三条　【国有独资公司的董事会】

国有独资公司的董事会依照本法规定行使职权。

国有独资公司的董事会成员中,应当过半数为外部董事,并应当有公司职工代表。

董事会成员由履行出资人职责的机构委派;但是,董事会成员中的职工代表由公司职工代表大会选举产生。

董事会设董事长一人,可以设副董事长。董事长、副董事长由履行出资人职责的机构从董事会成员中指定。

---

① 参见徐乐江:《宝钢董事会运作实践》,上海人民出版社2013年版,第139页;刘晓蕾:《国有独资公司董事会职权之实务考察与法律分析》,载《法学论坛》2016年第3期。

② 参见《有色集团的百年蜕变与新生》,载湖南省人民政府国有资产监督管理委员会官网,http://gzw.hunan.gov.cn/gzw/gzjg/gqdt/202211/t20221121_29131988.html。

►【法条释义】

本条是关于国有独资公司董事会的规定。

国有独资公司不设股东会,但应当设董事会,国有独资公司董事会有三种董事:履行出资人职责的机构委派的董事、聘任的外部董事以及公司职工代表,其中外部董事的人数须过半。在国有独资公司的董事会中,一般的董事由履行出资人职责的机构委派;外部董事由履行出资人职责的机构依法聘用,一般由所任职企业以外的人员担任,且不在公司中担任除董事和董事会专门委员会有关职务以外的其他职务。外部董事具有较强的独立性,其在公司董事会成员中拥有过半数席位,可以使得国有独资公司董事会的决策更加民主和科学。董事会中的职工代表则由职工代表大会民主选举的方式产生。董事会设董事长一人,根据国有独资公司经营管理需要,可以设副董事长,也可以不设。董事长和副董事长都由履行出资人职责的机构从董事会成员中指定。

►【关联法条】

1.《中华人民共和国企业国有资产法》

第22条　履行出资人职责的机构依照法律、行政法规以及企业章程的规定,任免或者建议任免国家出资企业的下列人员:

(一)任免国有独资企业的经理、副经理、财务负责人和其他高级管理人员;

(二)任免国有独资公司的董事长、副董事长、董事、监事会主席和监事;

(三)向国有资本控股公司、国有资本参股公司的股东会、股东大会提出董事、监事人选。

国家出资企业中应当由职工代表出任的董事、监事,依照有关法律、行政法规的规定由职工民主选举产生。

2.《国有企业公司章程制定管理办法》

第10条　董事会条款应当明确董事会定战略、作决策、防风险的职责定位和董事会组织结构、议事规则;载明出资人机构或股东会对董事会授予的权利事项;明确董事的权利义务、董事长职责;明确总经理、副总经理、财务负责人、总法律顾问、董事会秘书由董事会聘任;明确董事会向出资人机构(股东会)报告、审计部门向董事会负责、重大决策合法合规性审查、董事会决议跟踪落实以及后评估、违规经营投资责任追究等机制。

国有独资公司、国有全资公司应当明确由出资人机构或相关股东推荐派出的外部董事人数超过董事会全体成员的半数,董事会成员中的职工代表依照法定程序选举产生。

第一百七十四条 【国有独资公司的经理】

国有独资公司的经理由董事会聘任或者解聘。

经履行出资人职责的机构同意,董事会成员可以兼任经理。

►【法条释义】

本条是关于国有独资公司经理的规定。

国有独资公司的经理是在公司中辅助董事会执行业务的人员,主要负责公司的日常管理事务。其主要职权与一般公司的经理职权相同,包括:主持公司的生产经营管理工作,组织实施董事会决议;组织实施公司年度经营计划和投资方案;拟订公司的基本管理制度;制定公司的具体规章;提请聘任或者解聘公司副经理、财务负责人;聘任或解聘除应由董事会聘任或者解聘以外的负责管理人员等。除上述职权外,公司章程和董事会还可以授权经理行使其他相应职权。国有独资公司经理的选聘与解聘和一般的公司相同,由董事会决定聘任或解聘。而董事会成员如果要兼任经理,须经履行出资人职责的机构同意,这与一般的公司不同,一般公司中董事会成员兼任经理可以由董事会决定。之所以限制董事会成员兼任经理,一般而言是从公司治理的角度考虑。董事兼任经理,尤其是董事长如果兼任经理容易导致公司内部控制不完善,形成治理隐患。董事会是公司的决策机构,而经理主要负责落实和执行董事会的各项决议,负责公司日常生产经营管理,董事兼任经理在一定程度上将导致对经理履职情况监督不到位,如果董事长兼任经理则容易导致公司大权独揽,缺乏有效制约。同时,一个人的精力是有限的,董事兼任经理也容易导致兼顾不暇,不利于公司治理和发展。因此,针对国有独资公司而言,由履行出资人职责的机构根据公司的具体情况决定董事是否能够兼任经理。而从国有独资公司的实践来看,董事与经理层相互兼任,就出现董事会开完后,原班成员基本不变继续再开经理办公会的情况,这样就使原本就不清晰的职权更加混同,①因而学界一般持保留态度,尤其是对于董事长兼任经理的情形。现实中,根据2021年《中国银保监会关于印发银行保险机构公司治理准则的通知》的规定,银行保险机构的董事长不得兼任行长(总经理)。

① 参见徐晓松:《国有独资公司治理法律制度研究》,中国政法大学出版社2010年版,第187页。

第一百七十五条　【国有独资公司董事、高级管理人员兼职限制】

国有独资公司的董事、高级管理人员，未经履行出资人职责的机构同意，不得在其他有限责任公司、股份有限公司或者其他经济组织兼职。

▶【法条释义】

本条是关于国有独资公司董事、高级管理人员兼职限制的规定。

首先，对国有独资公司董事、高级管理人员兼职的限制比对一般公司的董事、高级管理人员兼职限制更严格。一般公司的董事、高级管理人员仅负有竞业禁止的义务，即未经股东会同意，董事、经理不得自营或者为他人经营与其所任职公司同类的业务，如果兼职不存在业务上与原公司相竞争的情形，则不受此限制。国有独资公司的董事、高级管理人员承担着实现国有资产保值增值的职责，为防止其履职风险，无论兼职是否存在竞业禁止的事由，也无论兼职是否损害公司利益，原则上都予以禁止，除非经履行出资人职责的机构同意。其次，兼职限制也有例外，一方面，限制兼职的范围主要是经济组织，包括其他的有限责任公司、股份有限公司和其他经济组织，如果是非经济组织，如学术团体的兼职则不受限制；另一方面，即便是经济组织，如果经过履行出资人职责的机构同意，也可以兼职。现实中存在大量的国有独资公司董事、高级管理人员在该国有独资公司所投资的经济组织中兼任董事及法定代表人的情形。

▶【关联法条】

《中华人民共和国企业国有资产法》

第 25 条第 1 款　未经履行出资人职责的机构同意，国有独资企业、国有独资公司的董事、高级管理人员不得在其他企业兼职。未经股东会、股东大会同意，国有资本控股公司、国有资本参股公司的董事、高级管理人员不得在经营同类业务的其他企业兼职。

▶【典型案例】

饶某安诉涂某萍等侵权纠纷案

［海南省海口市中级人民法院(2000)海中民法初字第 80 号裁定］

原告饶某安诉称，1999 年 9 月 21 日，原告受被告海南农业控股集团有限公司(以下简称农控公司)委派，担任海南六合市场开发股份有限公司(以下简称六合股份公司)董事。经六合股份公司临时股东大会和第二届四次董事会推选，担任了公司董事长,正式主持公司的全面工作。正当原告领导的公司新组织对亟待解决的问题进行处理,提出公司下步发展的基本思路和实施意见时,被告涂某萍为隐瞒问题,与其他两被告共同筹划、实施了一系列针对原告的侵权行为。被告农控公司于2000年3月29日发出《关于撤回饶某安等董事的决定》一文。同年3月19日,已不是六合股份公司股东的被告竟对六合股份公司发出《关于从速召开临时股东会议的通知》,并称“此次会议召开之前,暂由你公司合法法定代表人涂某萍主持全面工作”。同月20日,被告涂某萍强行占用原告的董事长办公室。三被告的行为侵犯了原告的合法权利,六合股份公司的经营活动因此无法正常开展,合法权益受到严重损害。请求判令三被告停止侵权行为,消除恶劣影响,对所造成的严重后果承担相应的责任。

法院审理认为:原告以六合股份公司名义提起的侵权之诉,经查,其诉状既未加盖六合股份公司的法人印章又未得到该公司授权,因此,饶某安不能代表六合股份公司提起诉讼。又经查明,六合股份公司法定代表人并非原告饶某安而是被告涂某萍。根据中华人民共和国国家工商行政管理局《企业法人法定代表人登记管理规定》第3条“企业法人的法定代表人经企业登记机关核准登记,取得法定代表人的资格”的规定,饶某安虽曾被推选为六合股份公司董事长,但未依法向企业登记机关进行登记,尚未合法取得六合股份公司法定代表人的资格。另外,根据《公司法》(1999年修订)第70条“国有独资公司的董事长、副董事长、董事、经理,未经国家授权投资的机构或者国家授权的部门同意,不得兼任其他有限责任公司、股份有限公司或者其他经营组织的负责人”的规定,原告现仍担任经济性质为国有资产的海南赣兴面粉厂的法定代表人,没有证据证明,其出任六合股份公司董事,并担任董事长的职务得到国家授权投资机构的授权与同意,违反了《公司法》的上述规定。因此,原告以六合股份公司名义向人民法院提起诉讼,不符合法律规定,应予驳回。

第一百七十六条　【国有独资公司的审计委员会】

国有独资公司在董事会中设置由董事组成的审计委员会行使本法规定的监事会职权的,不设监事会或者监事。

▶【法条释义】

本条是关于国有独资公司审计委员会的规定。

1. 国有独资公司监督机构的设置。本条规定改变了原来国有独资公司必须设监事会的制度,转为可以以在董事会下设审计委员会的方式设置监督机构,履行监督职能。国有独资公司监督机制的改革与审计管理体制改革以及党和国家监督体制的完善有密切的联系。原有的监事会制度普遍存在履职不到位、监督衔接机制不完善的问题。国有独资公司监事会中除职工代表以外的监事由履行出资人职责的机构派出,代表国家对国有独资公司国有资产保值增值情况及董事、经理等履职情况进行监督,监事主要对履行出资人职责的机构负责,而在国有独资公司内部一般又设有内部审计部门,同时还要接受审计机关的外部审计,其主要领导要接受经济责任审计,因而国有独资公司的监事一度被视为“花瓶”。2023年《公司法》的规定,是要打破原有的双层制模式,如果董事会已经下设审计委员会,就可以取消监事会,将监事会的职能划归审计委员会,以便于审计委员会履行职责及与外部监督机制衔接。

2. 审计委员会的组成。2023年《公司法》并没有对国有独资公司审计委员会的组成作出相应规定。根据《国务院办公厅关于进一步完善国有企业法人治理结构的指导意见》,要求国有独资公司审计委员会成员全都为外部董事,而从前期国有企业监督治理机制改革实践来看,这一要求虽然在形式上实现了审计委员会成员的完全独立性,但全都为外部董事也难免导致信息交流不畅、决策与公司实际经营情况不同步等问题,因而如何完善审计委员会的架构以更加契合国有独资公司监督治理的需要,在保持其独立性的同时,能够更好跟上公司内部经营管理的节奏,是下一步配套法律法规等需要慎重考量的问题。

3. 审计委员会的职能。根据《国务院办公厅关于进一步完善国有企业法人治理结构的指导意见》,董事会应当设立提名委员会、薪酬与考核委员会、审计委员会等专门委员会。因而审计委员会只是董事会下设的各专门委员会之一,与其他专门委员会分工协作,协调董事会内部权利运行,提升公司治理效能。审计委员会的主要职能是负责对公司财务、会计进行监督,同时根据公司章程的规定,行使其他相应职权。

第一百七十七条 【国家出资公司的合规管理】

国家出资公司应当依法建立健全内部监督管理和风险控制制度,加强内部合规管理。

▶【法条释义】

本条是关于国家出资公司内部合规管理的规定。

国家出资公司内部合规主要是指公司与内部人员的经营管理行为应当符合国家法律法规、规章及行业准则等的相关规定。国家出资公司应当建立起完备的内部合规管理体系,包括制度的制定、风险识别与处置、合规审查、责任追究等机制,强化内部监督管理与风险控制,防范合规风险。

►【典型案例】

云南省国有资本运营有限公司原党委书记、董事长刘某严重违纪违法案

2016年至2018年,云南省国有资本运营有限公司通过各种方式融资,未经省国资委批准,投资主业外项目78个,金额巨大。而且,投资布局杂乱无章,职能重叠交叉。2018年1月,该公司无法按时偿还某信托刚性到期债务,导致债务违约。但在此前对省国资委的报告中,公司原党委书记、董事长刘某却刻意隐瞒资金问题,多次表示可以偿还。违约事件发生后,省委、省政府对此作出相关处置要求,刘某表面上表示要认真贯彻、积极推进,但实际工作中阳奉阴违、敷衍塞责,致使公司防风化债工作陷入危机,触发系统性风险,危及某省金融稳定。[①]

① 参见七台河检察:《为谋晋升,他任意糟蹋国有资产——云南省国有资本运营有限公司原党委书记、董事长刘岗严重违纪违法案剖析》,载财中网2023年11月20日,https://www.f-cn.cn/news/show-25566.html。

第八章　公司董事、监事、高级管理人员的资格和义务

本章是在 2018 年《公司法》第六章的基础上修订而来，主要规定了公司董事、监事、高级管理人员的任职资格与义务。公司董事、监事、高级管理人员是公司内部治理中非常重要的主体，关系到公司能否依法依规正常运营，法律明确规定公司董事、监事、高级管理人员的任职资格，旨在要求公司选举和聘任能够正常经营管理公司、能够促进公司健康持续发展的相关人员；明确规定董事、监事、高级管理人员的义务与责任，则能促使其依法履职，维护公司、股东及其他利益相关者的合法权益。

在本章中，2023 年《公司法》在原来的基础上进一步完善了关于董事、监事、高级管理人员任职资格的规定，进一步明确了董事、监事、高级管理人员的忠实义务与勤勉义务的内容。

第一百七十八条　【公司董事、监事、高级管理人员任职资格限制】

有下列情形之一的，不得担任公司的董事、监事、高级管理人员：

（一）无民事行为能力或者限制民事行为能力；

（二）因贪污、贿赂、侵占财产、挪用财产或者破坏社会主义市场经济秩序，被判处刑罚，或者因犯罪被剥夺政治权利，执行期满未逾五年，被宣告缓刑的，自缓刑考验期满之日起未逾二年；

（三）担任破产清算的公司、企业的董事或者厂长、经理，对该公司、企业的破产负有个人责任的，自该公司、企业破产清算完结之日起未逾三年；

（四）担任因违法被吊销营业执照、责令关闭的公司、企业的法定代表人，并负有个人责任的，自该公司、企业被吊销营业执照、责令关闭之日起未逾三年；

（五）个人因所负数额较大债务到期未清偿被人民法院列为失信被执行人。

违反前款规定选举、委派董事、监事或者聘任高级管理人员的,该选举、委派或者聘任无效。

董事、监事、高级管理人员在任职期间出现本条第一款所列情形的,公司应当解除其职务。

►【法条释义】

本条是关于董事、监事、高级管理人员消极任职资格的规定。

1.董事、监事、高级管理人员的基本任职资格。《公司法》对董事、监事、高级管理人员的基本任职资格未予规定,而是采取了列举式立法的方式明确了禁止性条件。这意味着,除法律明确规定的不得担任公司董事、监事、高级管理人员的情形外,其他人员均可以担任公司的董事、监事、高级管理人员。根据本条规定可以推知,担任一般公司董事、监事、高级管理人员的基本资格条件是具有完全民事行为能力的自然人,其教育背景、知识能力、从业经验、资产状况等均在所不问。

2.不得担任公司董事、监事、高级管理人员的情形:

(1)无民事行为能力或者限制民事行为能力。《民法典》根据年龄、智力、精神健康状况的标准,把自然人的行为能力分为完全民事行为能力、限制民事行为能力和无民事行为能力。其中,完全民事行为能力人是指18周岁以上的成年人;但16周岁以上的未成年人,以自己的劳动收入为主要生活来源的,也视为完全民事行为能力人。限制行为能力人是指8周岁以上的未成年人,以及不能完全辨认自己行为的成年人。无行为能力人是指不满8周岁的未成年人,以及不能辨认自己行为的成年人和未成年人。不允许无行为能力或限制行为能力人担任董事、监事、高级管理人员的原因在于其不具有从事公司经营管理活动的能力。

(2)因贪污、贿赂、侵占财产、挪用财产或者破坏社会主义市场经济秩序,被判处刑罚,或者因犯罪被剥夺政治权利,执行期满未逾5年,被宣告缓刑的,自缓刑考验期满之日起未逾2年。该条限制主要针对3种情形:第一,因特殊类型的犯罪被判处刑罚,执行期满未逾5年的。这里特殊类型的犯罪包括5种,贪污、贿赂、侵占财产、挪用财产以及破坏社会主义市场经济秩序,其中破坏社会主义市场经济秩序规定于《刑法》分则第3章,共有92条,涉及8类犯罪:生产、销售伪劣商品罪,走私罪,妨害对公司、企业的管理秩序罪,破坏金融管理秩序罪,金融诈骗罪,危害税收征管罪,侵犯知识产权罪,扰乱市场秩序罪,其中具体的罪名有107

种。但凡自然人因这5种特殊类型的犯罪被判处刑罚的，包括主刑（管制、拘役、有期徒刑、无期徒刑、死刑）和附加刑（罚金、剥夺政治权利、没收财产），执行期满未逾5年都不得担任公司的董事、监事高级管理人员。限制因5种特定犯罪被判处刑罚的人员担任公司董事、监事、高级管理人员的原因在于这些犯罪都属于与财产有关的故意犯罪，在一定时期内不宜承担公司重要的经营管理职责。第二，因犯罪被剥夺政治权利，执行期满未逾5年的。剥夺政治权利属于一种附加刑，可以单独或附加适用。不允许因犯罪被剥夺政治权利的人员在一定时期内担任公司的董事、监事高级管理人员，主要原因在于剥夺政治权利是剥夺下列权利：选举权和被选举权；言论、出版、集会、结社、游行、示威自由的权利；担任国家机关职务的权利；担任国有公司、企业、事业单位和人民团体领导职务的权利。此外，需要注意的是，附加剥夺政治权利的刑期，应从徒刑、拘役执行完毕之日或者从假释之日起计算；而剥夺政治权利的效力当然适用于主刑执行期间。这就意味着，若一个自然人因犯罪被判处有期徒刑10年，附加剥夺政治权利5年，实际上剥夺政治权利的期限为15年，从主刑开始执行时起算。第三，因贪污、贿赂、侵占财产、挪用财产或者破坏社会主义市场经济秩序，被宣告缓刑的，自缓刑考验期满之日起未逾2年。所谓缓刑是对刑罚的暂缓执行，对这5种特殊类型的犯罪，只要宣告定罪，虽暂缓执行，但仍然属于犯罪被判处刑罚的情形，故从缓刑考验期满2年内，也不得担任公司的董事、监事、高级管理人员。

（3）担任破产清算的公司、企业的董事或者厂长、经理，对该公司、企业的破产负有个人责任的，自该公司、企业破产清算完结之日起未逾3年。限制对破产清算负有责任的公司、企业的董事或厂长经理在一定时期内再次担任公司的董事、监事、高级管理人员，主要原因在于由于这些人员的行为导致了公司、企业的破产，说明其不具备正常经营管理一个企业的能力，不利于公司的稳健发展。

（4）担任因违法被吊销营业执照、责令关闭的公司、企业的法定代表人，并负有个人责任的，自该公司、企业被吊销营业执照、责令关闭之日起未逾3年。限制负有责任的法定代表人在一定时期内再次担任公司的董事、监事、高级管理人员，主要原因在于其代表行为或决策导致了公司、企业违法，并因此被吊销营业执照、责令关闭，说明其守法意识不强，不利于公司的合法合规经营。

（5）个人因所负数额较大债务到期未清偿被人民法院列为失信被执行人。此等人员自身欠缺清偿能力，个人信用存在较大缺陷，若让其担任公司的董事、监事、高级管理人员，对公司而言存在资金和资产损失的风险，同时由于其被列入失信被执行人名单，会被采取各种限制措施，将给公司的经营管理造成不便。

相对于一般公司而言,《证券法》对证券公司董事、监事、高级管理人员的任职资格提出了更高的要求,《证券法》第124条规定:"证券公司的董事、监事、高级管理人员,应当正直诚实、品行良好,熟悉证券法律、行政法规,具有履行职责所需的经营管理能力。证券公司任免董事、监事、高级管理人员,应当报国务院证券监督管理机构备案。"除《公司法》规定前述不得担任公司董事、监事、高级管理人员的情形之外,《证券法》还专门增加了不得担任证券公司的董事、监事、高级管理人员的情形,包括:(1)因违法行为或者违纪行为被解除职务的证券交易场所、证券登记结算机构的负责人或者证券公司的董事、监事、高级管理人员,自被解除职务之日起未逾5年;(2)因违法行为或者违纪行为被吊销执业证书或者被取消资格的律师、注册会计师或者其他证券服务机构的专业人员,自被吊销执业证书或者被取消资格之日起未逾5年。

3. 违反该项规定的后果。首先,在选举、委派公司董事、监事或者聘任公司高级管理人员时存在违反上述规定的情形,该选举、委派或者聘任无效。其次,董事、监事、高级管理人员在任职期间若出现不得担任公司董事、监事、高级管理人员的情形,公司应当解除其职务。

►【典型案例】

国美电器黄某裕案

2007年9月至11月,国美电器前董事局主席黄某裕违反国家有关规定,非法兑换8.22亿余港元。2007年4月至9月,黄某裕作为北京中关村科技发展(控股)股份有限公司的实际控制人、董事,在决定该公司与其他公司资产重组、置换事项期间,指使他人使用其实际控制的85个股票账户购入该公司股票,成交额累计人民币14.15亿余元。至上述资产重组、置换信息公告日,上述股票账户的账面收益额为人民币3.09亿余元。此外,2006年至2008年,黄某裕作为国美公司和鹏润房地产开发有限责任公司的法定代表人,为给该两家公司谋取不正当利益,直接或指使他人给予相某珠等5名国家工作人员的款物折合人民币456万余元。因涉嫌违法犯罪,2009年1月18日,黄某裕辞去国美电器董事职务,作为国美董事局主席的身份同时自动终止。

2010年5月18日,经北京市人民检察院第二分院提起公诉,北京市第二中级人民法院以黄某裕犯非法经营罪判处其有期徒刑8年,并处没收个人部分财产人民币2亿元;以犯内幕交易罪判处其有期徒刑9年,并处罚金人民币6亿元;以犯单位行贿罪判处其有期徒刑2年。数罪并罚，决定执行有期徒刑14年，并处罚金人民币6亿元，没收个人财产人民币2亿元。二审维持原判。

2020年6月24日，北京市第一中级人民法院依法裁定对黄某裕予以假释，假释考验期限自假释之日起至2021年2月16日止。2021年4月7日，黄某裕以创始人的身份回归国美，出席了国美零售举行的全球投资人电话会议。现国美13名高级管理人员具体为：张某中（董事会主席，非执行董事）、邹某春（执行董事）、黄某虹（执行董事）、刘某宇（独立非执行董事）、李某卫（独立非执行董事）、王某（独立非执行董事）、王某1（独立非执行董事）、王某2（副总裁）、魏某立（高级副总裁）、方某（首席财务官）、何某禹（首席技术官）、司徒某培（公司秘书）。

第一百七十九条　【董事、监事、高级管理人员的基本义务】

董事、监事、高级管理人员应当遵守法律、行政法规和公司章程。

►【法条释义】

本条规定了公司董事、监事、高级管理人员的基本义务，即遵守法律、行政法规和公司章程的规定。对公司而言，董事、监事、高级管理人员的行为不仅关系到公司经营行为的合法性，同时，还涉及公司和股东的根本利益，因而法律、行政法规和公司章程是其行为的底线。

董事、监事、高级管理人员应当遵守的法律、行政法规不仅仅指公司法领域，而是包括所有与董事、监事、高级管理人员职务相关的法律和行政法规，其中，法律如《刑法》分则第3章第3节“妨害对公司、企业的管理秩序罪”中可能涉及董事、监事、高级管理人员的罪名；行政法规如《市场主体登记管理条例》《企业信息公示暂行条例》等。

同时，作为公司的董事、监事、高级管理人员，还要受到公司章程的约束。公司章程是股东共同意志的体现，也是公司组织和活动的基本准则，被誉为公司的最高准则，当然也是公司的董事、监事、高级管理人员的基本行为准则。

►【典型案例】

扬州维扬豆制食品有限公司诉曲某山、程某银损害公司权益纠纷案

［江苏省高级人民法院(2008)苏民二终字第260号］

根据扬州市广陵区人民法院(2007)扬广刑字第30号刑事判决书认定,2004年至2005年,曲某山作为扬州维扬豆制食品有限公司法定代表人兼董事长,与公司财务科长程某银等人,代表单位意志决定设立"小金库",通过在公司账目上少列收入进行虚假的纳税申报,偷逃税款1,456,709.46元,该违法所得归单位所有,导致单位犯罪。维扬豆制食品有限公司、曲某山、程某银的行为构成偷税罪。扬州市广陵区人民法院判决前述主体应承担相应的刑事责任,其中,判决维扬豆制食品有限公司犯偷税罪,判处罚金146万元。在该刑事案件中,维扬豆制食品有限公司被追缴偷税款146万元,并处罚金146万元。基于该案,扬州维扬豆制食品有限公司诉请曲某山、程某银赔偿公司146万元。

法院经审理认为:曲某山、程某银作为维扬豆制食品公司的董事,在执行职务时设立"小金库"偷逃税款,该行为违反法律规定,导致公司构成犯罪并被处以罚金,造成了公司损失。公司在承担责任后有权要求曲某山、程某银承担赔偿责任,法院对公司的诉讼请求予以支持。

第一百八十条　【董事、监事、高级管理人员的忠实义务与勤勉义务】

董事、监事、高级管理人员对公司负有忠实义务,应当采取措施避免自身利益与公司利益冲突,不得利用职权牟取不正当利益。

董事、监事、高级管理人员对公司负有勤勉义务,执行职务应当为公司的最大利益尽到管理者通常应有的合理注意。

公司的控股股东、实际控制人不担任公司董事但实际执行公司事务的,适用前两款规定。

►【法条释义】

本条规定了公司董事、监事、高级管理人员的忠实义务和勤勉义务。

忠实义务和勤勉义务是一种管理义务,主要适用于基于"委托—代理"关系所

发生的“代理人”对“委托人”的管理责任。[①] 首先，“忠实义务”的概念来源于英国信托法，其主要包含两个规则：一是避免利益冲突规则，即受托人应避免其个人利益与受托义务相冲突；二是不牟利规则，即受托人不得利用其受托人的地位牟利。忠实义务要求董事应避免个人利益与公司利益相冲突，应将公司利益置于个人利益之上。《美国示范商事公司法》将忠实义务表述为两个标准：“任一董事均应（1）诚实善良地，并（2）以其理应相信对公司最有利的方式履行董事责任。”2018年《公司法》并未对“忠实义务”进行解释，2023年《公司法》将“忠实义务”补充解释为“不得利用职权牟取不正当利益”，并在后面的条文中列举了董事、监事、高级管理人员违反忠实义务的主要表现。其次，关于董事、监事、高级管理人员的勤勉义务。“勤勉义务”一词是对普通法董事义务中的 duty of care 或者 duty of skill and diligence 等类似概念的意译。后者的字面意义主要是认真、谨慎、称职、尽职尽责。故有学者将其译为“谨慎行事的义务”或“审慎义务”、“注意义务”等。[②] 2018年《公司法》并未对勤勉义务进行界定，也没有列举违反勤勉义务的行为表现，导致司法实践中对董事、监事、高级管理人员违反勤勉义务的认定标准不一。2023年《公司法》将“勤勉义务”补充解释为“执行职务应当为公司的最大利益尽到管理者通常应有的合理注意”。证监会在《上市公司章程指引》中较为详细地规定了董事的勤勉义务，具体包括谨慎勤勉行使公司赋予的权利，确保公司商业行为合法，公平对待所有股东，了解公司业务经营管理状况，保证公司信息披露真实、准确、完整，不干涉监事会正常履职等几个方面；此外，公司还可根据具体情况的需要，在章程中对董事勤勉义务内容进行增加或进一步细化。该项细化规则可以作为其他公司董事、监事、高级管理人员履行勤勉义务的参考。

一般认为，董事、监事、高级管理人员的忠实义务被强调得重于勤勉义务，主要原因在于，违反忠实义务会导致公司的利益明显受损，而违反勤勉义务可能与公司的利益并不存在直接冲突，违反忠实义务的行为往往比违反勤勉义务的行为给公司造成的损害更大。而在违反忠实义务与违反勤勉义务的判断上，违反忠实义务时只需要拿出伦理价值的天平进行利益衡量即可，违反勤勉义务时伦理价值的判断标准可能就会失灵。[③] 关于董事违反勤勉义务的主观过错问题，笔者赞同这样的观点，通常情况下，在董事无违反忠实义务之嫌时，勤勉义务之违反以董事

---

① 参见施天涛：《公司法论》（第4版），法律出版社2018年版，第406页。

② 参见王军：《中国公司法》（第2版），高等教育出版社2017年版，第367～368页、第388～389页。

③ 参见刘俊海：《公司法学》（第3版），北京大学出版社2020年版，第261页。

具有重大过失为必要;仅在董事存在违反忠实义务嫌疑时,董事存有普通过失,也构成勤勉义务之违反。[①]

公司的控股股东、实际控制人是否需承担对公司的忠实义务与勤勉义务,学界普遍持肯定态度且由来已久,认为控股股东、实际控制人、董事、高级管理人员(对公司。——笔者注)所负担的法律责任并无本质上的区别,[②]信义义务(包括注意义务、忠实义务。——笔者注)应由传统信义义务人扩大到实际控制人,[③]实际控制人应对自己实际参与决策的事项承担和董事一样的责任。[④] 控股股东和实际控制人在公司治理结构中居于核心地位,直接或间接支配着公司的行为,因而针对控股股东和实际控制人实际执行公司事务的,其地位与董事相当,即便没有在形式上担任公司董事职位,也应当承担与董事相同的忠实义务和勤勉义务。2023年《公司法》在这一点上与英美法系国家公司法的态度有异曲同工之妙,在英美法系国家,"董事"是一个功能性的概念,例如英国1985年《公司法》没有对董事下定义,但认为董事包括"任何在事实上占据董事地位的人而不管这些人在占据此种地位时是如何称呼的。"[⑤]

►【典型案例】

1. 北京百利兴房地产开发有限公司(以下简称百利兴公司)诉张某案

[北京市平谷区人民法院(2008)平民初字第31934号]

百利兴公司诉称:张某为百利兴公司董事。2005年6月17日,时任百利兴公司法定代表人的卢某君与张某订立保管协议,约定:由张某保管百利兴公司支付北京市朝阳区崔各庄乡马泉营村民委员会(以下简称马泉营村委会)1050万元补偿金的原始发票、合同书、红线图两个月,百利兴公司支付欠款260万元,本金付清后,张某将原始发票、合同书、红线图转交给百利兴公司,利息约人民币240万元,于2005年12月31日前付清。后百利兴公司依约付清上述款项,但张某又以手机费用、修车费用等为由拒不履行合同义务。百利兴公司无奈被迫在经营困难

---

① 参见叶金强:《董事违反勤勉义务判断标准的具体化》,载《比较法研究》2018年第6期。

② 参见云闯:《公司法司法实务与办案指引》(第3版),法律出版社2019年版,第307页。

③ 参见汪世虎、杨淦:《实际控制人信义义务的法律机制构建》,载《深圳大学学报(人文社会科学版)》2015年第5期。

④ 参见叶敏、周俊鹏:《公司实际控制人的法律地位、义务与责任》,载《广东行政学院学报》2007年第6期。

⑤ 参见张民安:《公司法上的利益平衡》,北京大学出版社2003年版,第316页。

的情况下借外债，于2007年1月23日前满足了张某的全部要求，对此张某出具了证明确认。但张某却又出尔反尔，仍然拒不交回其保管的文件，严重妨碍了百利兴公司项目开发的经营活动，给百利兴公司造成了重大经济损失。张某身为公司董事，为个人利益不惜牺牲公司利益，故此诉至法院，要求张某立即返还百利兴公司所有的、支付给马泉营村委会1050万元土地补偿金的原始发票、合同书、红线图；要求张某赔偿经济损失20万元。本案审理过程中，百利兴公司依法将要求张某立即返还支付给马泉营村委会1050万元土地补偿金的原始发票的诉讼请求变更为要求张某返还按照旧村改造新村建设合作开发合同项下前期投入1050万元的原始发票。

法院经审理认为：张某在百利兴公司履行还款义务后至2007年7月15日前仍为百利兴公司董事，但其作为公司董事，未按承诺协议约定将百利兴公司向马泉营村委会交纳前期费用的发票、合同书、红线图返还百利兴公司，违反了其作为百利兴公司董事应对百利兴公司负有的忠实义务，损害了公司的利益。张某应履行返还义务。而对于返还的物品，则包括百利兴公司与马泉营村委会签订的旧村改造新村建设合作开发合同1份、红线图[北京市规划委员会意见书附件（选址）及附图，建筑用地钉桩测量成果报告书]。至于百利兴公司要求张某返还其交纳共计1050万元前期投入费用发票的主张，因百利兴公司要求返还的发票中，日期为1999年11月26日的工商企业资金往来专用发票（发票号0693427）上记载的10万元是中凯公司承包游泳池餐厅的订金，百利兴公司又未能提供证据证明该费用与本案所涉旧村改造新村建设合作开发合同有关，为此，张某返还的发票数应为7张，总计金额为1040万元。对于百利兴公司提出的要求张某赔偿损失20万元的诉讼请求，百利兴公司提供的借款合同等仅能证明其与第三方之间存在借款合同关系，但其并未提供证据证明张某之行为致其损失，对此法院不予支持。据此，判决如下：一、张某于本判决生效后10日内返还百利兴公司7张总计金额为1040万元的北京市工商企业资金往来专用发票；二、张某于本判决生效后10日内返还百利兴公司红线图，包括相应的建筑用地钉桩测量成果报告书以及北京市规划委员会规划意见书附件（选址）及附图；三、张某于本判决生效后10日内返还百利兴公司旧村改造新村建设合作开发合同1份，该合同共计3页，甲方一栏签章为：北京市朝阳区崔各庄乡人民政府马泉营村民委员会，乙方一栏签章为：北京百利兴房地产开发有限公司，另有北京市朝阳区崔各庄乡人民政府的签章；四、驳回百利兴公司的其他诉讼请求。

2. 北京妙鼎矿泉水有限公司（以下简称妙鼎公司）诉王某春公司高级管理人员损害公司利益赔偿纠纷案

[北京市门头沟区人民法院(2009)门民初字第4号]

妙鼎公司起诉王某春要求其对担任公司总经理期间导致公司的损失承担赔偿责任。经查,王某春在担任公司总经理期间,公司陆续报废400只水桶,卖废品收入并未入账。同时,王某春承认“因为人员紧张,有的客户拉走水桶后未送回,流失100只空桶”,法院认为,王某春可以通过预收押金等方式避免此情况发生,因其未尽到谨慎的注意义务,应当予以赔偿。因王某春对水桶进行抛光时,旧桶的作价约7元,法院以此作为赔偿标准,即王某春赔偿妙鼎公司水桶流失损失3500元。

第一百八十一条 【董事、监事、高级管理人员的禁止行为】

董事、监事、高级管理人员不得有下列行为:

(一)侵占公司财产、挪用公司资金;

(二)将公司资金以其个人名义或者以其他个人名义开立账户存储;

(三)利用职权贿赂或者收受其他非法收入;

(四)接受他人与公司交易的佣金归为己有;

(五)擅自披露公司秘密;

(六)违反对公司忠实义务的其他行为。

►【法条释义】

本条是关于公司董事、监事、高级管理人员忠实义务的规定。

本条采取列举加兜底条款的方式,规定了禁止公司董事、监事、高级管理人员实施的违反忠实义务的行为,包括:

(1)侵占公司财产、挪用公司资金。公司对其财产和资金享有法人财产权,董事、监事、高级管理人员如果侵占公司财产归自己所有,或将公司资金挪作他用,将直接导致公司财产损失。而作为公司董事、监事、高级管理人员,由于在公司中承担经营管理角色,在侵占公司财产和挪用公司资金上有较为便利的条件,故明确予以禁止。侵占公司财产行为与挪用公司资金行为存在以下区别:首先,侵害的客体不同,侵占公司财产中,针对的客体是公司财产权,包括公司享有所有权的一切财产,不限于资金;而挪用公司资金针对的客体是公司的资金。其次,行为表现不同,侵占公司财产是董事、监事、高级管理人员利用职务上的便利,将公司财物非法据为己有;而挪用公司资金则是上述主体利用职务上的便利,挪用本单位资金归个人或他人使用。最后,主观目的不同,侵占公司财产以非法获得财产所有权为目的;而挪用公司资金目的在于非法获得公司资金的使用权,并没有永久非法占有的企图。

(2)将公司资金以其个人名义或者以其他个人名义开立账户存储。公司资金属于公司所有,应当存放于公司账户,将公司资金存放于董事、监事、高级管理人员或其他个人账户,将导致公司资金失去监管,存在导致资金流失和公司损失的巨大风险,同时,也容易导致公权力对公司监管的失序现象(如公司偷税漏税),[①]故直接予以禁止。

(3)利用职权贿赂或者收受其他非法收入。公司董事、监事、高级管理人员如果利用职权受贿、行贿、索贿或者收受其他非法收入,为自己或为他人谋取非法利益,一般而言将直接或间接导致公司损失,也应予明确禁止。

(4)接受他人与公司交易的佣金归为己有。公司内部人员在代表公司对外进行交易时,交易主体应当认定为公司,所得佣金应当归公司所有,若董事、监事、高级管理人员将该佣金归为己有,则直接损害了公司的利益,应当予以禁止。

(5)擅自披露公司秘密。公司秘密是公司采取了保密措施的相关信息,包括技术秘密、经营信息等,一旦泄露将给公司带来不可估量的损失,如果董事、监事、高级管理人员未经公司许可,擅自对外披露公司秘密,也将直接损害公司的利益。

(6)违反对公司忠实义务的其他行为。此项属于兜底条款。公司董事、监事、高级管理人员违反忠实义务的行为除了前述5种典型的情形外,还有很多,如非法将公司财产赠与他人、将属于公司的交易机会授予他人等,立法不可能一一穷尽,故采取兜底条款的方式以防挂一漏万。一般而言,但凡与公司利益存在直接冲突的情形都属于违反忠实义务的行为。

▶【典型案例】

张某背信损害上市公司利益案

[上海市浦东新区人民法院(2007)浦刑初字第1521号]

被告人张某系上海宽频科技股份有限公司(以下简称上海科技)董事长,2003

① 参见刘俊海:《公司法学》(第3版),北京大学出版社2020年版,第262页。

年7月、8月在上海科技大股东南京斯威特集团有限公司(以下简称斯威特集团)实际控制人严某群的要求下,未经公司董事会同意,并在未告知财务经理胡某资金最终去向的情况下,指使胡某先后两次将上海科技账外账户中的人民币1亿元和6800万元划至上海科技下属南京宽频科技有限公司(以下简称南京宽频)账户。

法院认为:根据我国《公司法》(2005年修订)的规定:董事、监事、高级管理人员应当遵守法律、行政法规和公司章程,对公司负有忠实义务和勤勉义务。董事、高级管理人员不得有下列行为:(1)挪用资金;(2)违反公司章程的规定,未经股东会、股东大会或者董事会同意,将公司资金借贷给他人或者以公司财产为他人提供担保。这里的忠实义务,是指董事、监事、高级管理人员对公司事务应忠诚尽力、忠实于公司;当其自身利益与公司利益相冲突时,应以公司的利益为重,不得将自身利益置于公司利益之上;他们必须为公司的利益善意地处理公司事务、处置其所掌握的公司财产,其行使权力必须是为了公司的利益,尤其不得受大股东或者关联企业的支配掏空公司财产、损害公司利益。上海科技也明确将此点纳入本公司章程中。本案中的被告人张某个人决定将本公司资金挪用给斯威特集团使用的行为即违背了对公司的忠实义务。

第一百八十二条 【董事、监事、高级管理人员与本公司交易的程序】

董事、监事、高级管理人员,直接或者间接与本公司订立合同或者进行交易,应当就与订立合同或者进行交易有关的事项向董事会或者股东会报告,并按照公司章程的规定经董事会或者股东会决议通过。

董事、监事、高级管理人员的近亲属,董事、监事、高级管理人员或者其近亲属直接或者间接控制的企业,以及与董事、监事、高级管理人员有其他关联关系的关联人,与公司订立合同或者进行交易,适用前款规定。

▶【法条释义】

本条是关于公司董事、监事、高级管理人员自我交易和关联交易的规定。

首先,所谓自我交易,是指公司董事、监事、高级管理人员与本公司订立合同或进行交易的行为,是公司中利益冲突交易的一种典型形式。如果董事、监事、高级管理人员与本公司交易,未经董事会或股东会决议通过,极有可能导致公司利益受损,因此,《公司法》要求董事、监事、高级管理人员自我交易时,应当事先向董事会或股东会报告,按照公司章程的规定经过董事会或股东会表决通过,至于到底是由董事会还是股东会决议通过,关键看公司章程如何规定。

其次,所谓关联交易,是指董事、监事、高级管理人员的近亲属,董事、监事、高级管理人员或者其近亲属直接或者间接控制的企业,以及与董事、监事、高级管理人员有其他关联关系的关联人,与公司订立合同或者进行交易,其性质实际上是一种特殊的自我交易,也是一种利益冲突交易。与自我交易相比,关联交易更具有隐蔽性,因此,对关联交易的要求与自我交易应当一致。对此,学界认为,从公司的消极利益即避免利益减损出发,基于自我交易的隐蔽性或董事行为被操控的间接性,化解利益冲突的董事忠实义务实有必要且必须穿透到隐藏其后的近亲属、关联人或控制股东,以求得交易的实质公平。①

根据本条规定可知,《公司法》并没有绝对禁止董事、监事、高级管理人员的自我交易与关联交易行为,因为合法的自我交易与关联交易具有节约成本、便捷高效的作用,还可以在关联企业之间分摊成本,实现合理节税,而违法的自我交易与关联交易则可能损害公司和其他股东的合法权益,因而针对自我交易和关联交易行为应当履行必要的监督程序,由董事会或股东会对行为的正当性予以判别。

▶【关联法条】

《上市公司章程指引》

第119条 董事与董事会会议决议事项所涉及的企业有关联关系的,不得对该项决议行使表决权,也不得代理其他董事行使表决权。该董事会会议由过半数的无关联关系董事出席即可举行,董事会会议所作决议须经无关联关系董事过半数通过。出席董事会的无关联董事人数不足三人的,应将该事项提交股东大会审议。

▶【典型案例】

1. 谢某与冷某峰借款合同纠纷案

[重庆市高级人民法院(2020)渝民终543号]

云创公司于2015年1月4日注册成立,注册资本为2000万元,股东为谢某(持股50%)、冷某峰(持股50%)。冷某峰为云创公司的法定代表人,任执行董事兼总经理,谢某任云创公司的监事。在云创公司经营过程中,冷某峰负责公司日

① 参见傅穹:《公司利益范式下的董事义务改革》,载《中国法学》2022年第6期。

常管理经营,谢某不参与。2016 年 1 月至 3 月,冷某峰将自有资金假借夏某平、陶某、李某容的名义借给云创公司使用。其中,夏某平名下 540 万元,陶某、李某容名下 700 万元,合计 1240 万元。后云创公司按照约定日利率 5% ~6% 的利息,共向冷某峰支付利息合计 883.2 万元。

法院经审理认定:关于冷某峰未经股东会同意,与本公司订立合同或者进行交易,非法获取高额利息的问题,法院认为冷某峰虚构夏某平、陶某、李某容三个名字,以这三个人的名义把钱借给云创公司。谢某虽然在借条上签字,但对出借人实际是冷某峰并不知情。冷某峰未经股东谢某同意,以虚构夏某平、陶某、李某容名字的方式,实际与云创公司订立合同进行交易。故根据《公司法》之规定,冷某峰因此获得的收入即利息收入应当归公司所有。

2. 上海安连信息技术有限公司(以下简称安连公司)诉魏某某、上海安聚投资管理有限公司(以下简称安聚公司)关联交易损害责任纠纷案

[上海市长宁区人民法院(2011)长民二(商)初字第 386 号]

原告安连公司设立经营的“安家网”(域名 anjia.),是一个集新闻、房产咨询、家居设计等为一体的房地产门户网站,已有十年历史,在业内拥有较为广泛的社会影响。为保护自己的知识产权,安连公司还获得了“anjia. com 安家”“安家”等 6 个与该网站经营有关的注册商标。2010 年 8 月,安连公司发现原本为安连公司所有的“anjia. com”域名以及 6 个注册商标均已被转至安连公司股东——安聚公司名下,而安连公司的董事长魏某某同时又是安聚公司的执行董事,在安连公司与安聚公司同时担任法定代表人。

对于系争域名及商标的转让行为是否构成损害公司利益的关联交易,法院经审理认为:“被告安聚公司作为原告的控股股东,且通过其委派为原告公司董事长的被告魏某某能够直接控制原告公司,在应当知晓公司章程规定‘处置公司资产应当经董事会决议’的情况下,未经董事会决议,由被告魏某某作为法定代表人擅自代表原告公司进行交易,受让原告公司重要资产,致使原告丧失无形资产所有权及收益权。因此,该转让行为系损害原告利益的关联交易行为,应当认定无效。”并据此判决系争域名和商标为原告公司所有,同时判令被告魏某某、被告安聚公司赔偿原告实际损失人民币 35,905.7 元,可得利益损失人民币 20 万元。

第一百八十三条 【董事、监事、高级管理人员谋取公司商业机会的禁止与例外】

董事、监事、高级管理人员，不得利用职务便利为自己或者他人谋取属于公司的商业机会。但是，有下列情形之一的除外：

（一）向董事会或者股东会报告，并按照公司章程的规定经董事会或者股东会决议通过；

（二）根据法律、行政法规或者公司章程的规定，公司不能利用该商业机会。

►【法条释义】

本条是关于董事、监事、高级管理人员谋取不正当商业机会及其豁免的规定。

董事、监事、高级管理人员直接侵害公司财产权益属于违反忠实义务的行为，而利用公司的商业机会为自己或他人谋取利益，同样构成对公司忠实义务的违反。不正当地谋取属于公司的商业机会一般而言需要满足以下要件：首先，董事、监事、高级管理人员得知该商业机会是利用职务便利，也就是在履行职务的过程中得知；其次，公司利用该商业机会是现实可能的，并不存在法律上或事实上的障碍；最后，对方不排斥与公司之间进行交易。换句话说，如果董事、监事、高级管理人员并非由于职务原因得知的商业机会，也就不存在“利用职务便利”谋取商业机会的前提；或者公司利用该商业机会不具有现实可能性，或者对方没有与公司进行交易的意愿，对公司而言都不构成商业机会，董事、监事、高级管理人员利用该商业机会属于合法行为。基于此，2023 年《公司法》直接规定了豁免情形，包括：第一，利用该商业机会前，已经事先向董事会或股东会报告，并经过董事会或股东会决议通过。至于具体是由董事会还是股东会决议通过，应当根据公司章程的规定。既然已经事先获得许可，则该种利用并不违反忠实义务。第二，根据法律、行政法规或者公司章程的规定，公司不能利用该商业机会，这就是前面已经提到的，如果公司利用该商业机会存在法律上或事实上的障碍，说明该商业机会原本就不属于公司，董事、监事、高级管理人员利用也就无可厚非。

►【典型案例】

1. 周某琳诉刘某彪、第三人湖南恒志房地产开发有限责任公司（以下简称恒志公司）等损害公司利益责任纠纷案

［湖南省衡东县人民法院（2015）东民二初字第 54 号］

恒志公司与石湾镇政府签订协议，不计成本投入巨额资金拆迁电影院及修通

贯穿电影院的商业步行街等,表明恒志公司在电影院 d1#地块上获取商业机会的强烈意愿。恒志公司法定代表人刘某彪参与前期沟通谈判,后以个人名义通过竞拍取得电影院 d1#地块国有建设用地使用权。恒志公司监事周某琳遂提起诉讼,认为刘某彪的行为是谋取属于公司的商业机会。

法院经审理认为:刘某彪的行为构成利用职务便利谋取属于公司的商业机会,判决被告刘某彪与第三人衡阳顺昌拍卖有限公司签订的《拍卖合同》、与第三人衡东县国土资源局签订的《国有建设用地使用权出让合同》项下的标的物“原衡东县石湾镇电影院 d1#地块 940.7 平米”的国有建设用地使用权归第三人恒志公司享有。①

2. 林某恩与李某山等损害公司利益纠纷案

[最高人民法院(2012)民四终字第 15 号,《最高人民法院公报》2014 年第 11 期]

本案系我国香港特别行政区(以下简称香港)股东代表香港某公司向另一香港股东及他人提起的损害公司利益之诉。原告提起诉讼的基点是认为另一香港股东利用实际控制香港某公司及该公司在内地设立的全资子公司等机会,伙同他人采取非正当手段,剥夺了本属于香港某公司的商业机会,从而损害了香港某公司及其作为股东的合法权益。但原告所称的商业机会并非当然地专属于香港某公司,实际上能够满足投资要求及法定程序的任何公司均可获取该商业机会。原告在内地子公司经营效益欠佳时明确要求撤回其全部投资,其与另一香港股东也达成了撤资协议。鉴于另一香港股东及他人未采取任何欺骗、隐瞒或者其他非正当手段,且商业机会的最终获取系另一股东及他人共同投资及努力的结果,终审判决最终驳回了原告的诉讼请求。

第一百八十四条　【董事、监事、高级管理人员竞业限制】

董事、监事、高级管理人员未向董事会或者股东会报告,并按照公司章程的规定经董事会或者股东会决议通过,不得自营或者为他人经营与其任职公司同类的业务。

---

① 该案一审判决后刘某彪上诉至湖南省衡阳市中级人民法院,上诉法院以本案周某琳不具备适格的诉讼主体资格为由作出裁定,撤销湖南省衡东县人民法院(2015)东民二初字第 54 号民事判决。[参见湖南省衡阳市中级人民法院(2015)衡中法民二终字第 196 号民事裁定书。]

▶【法条释义】

本条是关于董事、监事、高级管理人员竞业限制的规定。

公司董事、监事、高级管理人员的竞业限制与劳动者的竞业限制不同，劳动者的竞业限制是依据《劳动法》，由用人单位以规章制度或协议的方式，禁止或限制在职或离职的劳动者从事竞争业务或在竞争单位从业。董事、监事、高级管理人员的竞业限制是指未经法定程序，不得自营或者为他人经营与其所任职公司同类的业务。公司董事、高级管理人员自营或者与他人经营与所任公司同类的业务极易构成不正当竞争，损害公司利益。因此，公司法虽然不禁止公司董事、高级管理人员自营或者为他人经营与所任职公司同类的业务，但却为此设定了限制条件，即事先向董事会或股东会报告，并按照公司章程的规定经公司董事会或股东会决议通过，否则，就属于违反竞业限制规定的行为，违反了董事、监事、高级管理人员的忠实义务。

▶【典型案例】

上海逸华经贸发展有限公司（以下简称逸华公司）诉刘某军、朱某伟、上海海逸科贸发展有限公司（以下简称海逸公司）董事、经理损害公司利益纠纷案

[上海市第二中级人民法院(2003)沪二中民三(商)终字第41号]

该案中，朱某伟、刘某军作为逸华公司的股东，负责公司的业务经营，包括寻找货源、项目开发和市场销售等。后来，该二人在逸华公司之外，另行投资成立了海逸公司(刘某军任执行董事，朱某伟为监事)，从事和逸华公司相同的营业。

法院经审理后认为：刘某军、朱某伟虽然名义上是逸华公司的业务员，但由于其负责公司的业务经营，又是股东，参与对公司财产的控制和管理活动，从而可以认为他们实际上行使类似于公司董事的职责权限。二人另行投资成立海逸公司，从事与逸华公司相同的营业，已属违反竞业禁止义务的行为。最终，法院判决逸华公司对刘某军、朱某伟在海逸公司中的收益享有归入权。

第一百八十五条　【关联董事回避表决】

董事会对本法第一百八十二条至第一百八十四条规定的事项决议时，关联董事不得参与表决，其表决权不计入表决权总数。出席董事会会议的无关联关系董事人数不足三人的，应当将该事项提交股东会审议。

►【法条释义】

本条是关于关联董事表决权排除的规则。

《公司法》第182～184条规定了董事、监事、高级管理人员不得实施自我交易、关联交易,不得谋取属于公司的商业机会以及竞业禁止等规则,但如果已经向董事会或者股东会报告,并经董事会或者股东会决议的,属于合法行为。本条其实是对前述规则的补充,如果相关事项由董事会进行表决,在表决的时候,关联董事仍然享有表决权,则可能导致关联董事操控董事会以使该事项表决通过,损害公司和其他股东合法权益,从而导致前述规则失去意义,因而必须对关联董事的表决权进行限制,即实施该交易的董事以及与此有关联关系的董事均不能参与表决,其表决权不计入表决权总数。如果出席董事会会议的无关联关系董事人数不足三人的,说明与该事项有关联关系的董事过多,由董事会表决不合理,应当将该事项提交到股东会进行审议,由股东会决议通过方能实施。

►【知识拓展】

江门市科恒实业股份有限公司关于与关联方共同对外投资暨关联交易的公告①

该公告中有一项内容为关联交易。具体公告内容:江门市科恒实业股份有限公司(以下简称科恒)全资子公司广东科明诺科技有限公司(以下简称科明诺)与关联方广州泓科投资有限公司(以下简称泓科投资)、非关联方广州证券创新投资管理有限公司(以下简称广证创投)拟共同发起设立广州广证科恒投资管理合伙企业(有限合伙),合伙企业总认缴出资1000万元人民币,其中科明诺作为普通合伙人以自有资金出资400万元,泓科投资作为有限合伙出资200万元,广证创投作为普通合伙人出资400万元。各方已签署了广州广证科恒投资管理合伙企业(有限合伙)合伙协议。泓科投资为科恒实际控制人万某江及其配偶唐某100%持股的公司,万某江及其配偶唐某分别持股70%、30%,按照《深圳证券交易所创业板股票上市规则》对于关联方的认定规则,万某江作为上市公司的实际控制人,属于上市公司的关联自然人;泓科投资系由关联自然人万某江直接控制的法人,因而属于上市公司的关联法人。科恒第四届董事会第三次会议以8票同意,0票反对,0票弃权通过此议案,关联董事万某江回避表决,独立董事出具了同意的事

---

① 参见《科恒股份:关于与关联方共同对外投资暨关联交易的公告》,载搜狐网2017年6月13日,https://www.sohu.com/a/148439275_545697。

前认可意见和独立意见。根据《深圳证券交易所创业板股票上市规则》，本次共同投资事项构成关联交易。在该公告中，关联交易由董事会表决通过时，关联董事万某江回避表决。

第一百八十六条　【公司归入权】

董事、监事、高级管理人员违反本法第一百八十一条至第一百八十四条规定所得的收入应当归公司所有。

►【法条释义】

本条是关于董事、监事、高级管理人员违反忠实义务所得收入处理的规定。

传统民法法系的商法或者民法中对经理人直接规定有竞业禁止义务。经理人违反该义务为自己或者他人所为之行为，营业主可将之视为自己的行为，取得相关利益；或请求经理人将其所得利益作为损害赔偿。营业主的此一项权利被称为"夺取权"、"归入权"或"介入权"。不仅是违反竞业禁止义务，公司董事、监事、高级管理人员违反忠实义务实施的其他行为所获得的收入，换一个角度看，都是公司因此而遭受的损失，因而公司有权向其主张"归入权"。关于公司"归入权"的性质，学界有形成权说、请求权说、债权说等观点，主流观点认为公司"归入权"是一种形成权，公司单方意思表示即可行使该权利。①

公司主张"归入权"的基本条件是：(1)董事、监事、高级管理人员存在违反忠实义务的行为；(2)董事、监事、高级管理人员因前述行为而获得了收入，此处所指的"收入"不仅指货币收入，还包括股权、证券、实物等非货币财产；(3)董事、监事、高级管理人员获取收入与其违反忠实义务的行为之间存在因果关系。

►【典型案例】

上海某某食品公司（以下简称某某公司）
诉宋海某违反忠实义务，请求行使归入权案②

2011 年 4 月 2 日，某某公司经上海市工商行政管理局批准设立，注册资本为

① 参见任秀芳：《论我国公司归入权的适用规则及其完善》，载《政治与法律》2009 年第 4 期。

② 参见上海高院徐子良等：《董事高管违反忠实义务的"收入"认定》，载搜狐网 2017 年 5 月 3 日，https://www.sohu.com/a/138073516_654986。

55 万美元,系由两名波兰籍居民在中国境内投资设立的外商投资企业。根据公司章程的规定,某某公司的经营范围为:生产、加工肉制品(香肠、火腿),销售本公司自产产品并提供售后服务等。公司章程另规定,公司高级职员不得参与其他经济组织对本公司的商业竞争行为。公司设立后,即聘请宋海某担任公司的总经理,负责公司的经营管理。

2012 年 6 月 7 日,申根贸易(上海)有限公司(以下简称申根公司)经上海市工商行政管理局宝山分局核准设立,注册资本为人民币 50 万元,股东为三人:樊某某(认缴出资 10 万元,持股 20%)、宋成某(系宋海某之父,认缴出资 25 万元,持股 50%)、宋海某(认缴出资 15 万元,持股 30%),由樊某某担任法定代表人。申根公司经营范围为:批发非实物方式:预包装食品(不含熟食卤味、冷冻冷藏);从事货物进出口业务;电子商务;日用百货销售等。2013 年 10 月 23 日,某某公司委托律师向宋海某发函,免除宋海某的总经理职务,并终止所有有关公司事务的授权。2014 年 3 月底,某某公司又为宋海某办理了退工手续。

某某公司诉称,宋海某作为某某公司高级管理人员,违背法律规定的忠实和勤勉义务,在任职期间设立与某某公司经营范围相同的申根公司,并以申根公司名义开设网店销售某某公司的香肠制品,严重侵害了某某公司的合法权益。请求判令:宋海某在职期间(2012 年 6 月 7 日 ~2014 年 3 月 31 日)从申根公司取得的收入归某某公司所有。宋海某辩称,其仅为申根公司 30% 股权的股东,并不参与申根公司的经营决策,亦不知晓申根公司销售的香肠制品的来源,且不清楚申根公司从设立至 2014 年 3 月(宋海某被某某公司办理退工手续的日期)期间销售香肠制品的销售额。法院要求宋海某提供申根公司自 2012 年至 2014 年 3 月的资产负债表,以了解申根公司具体开展何类业务经营,以及统计申根公司销售香肠类制品的数额,宋海某拒绝提供。根据相关网页记载,某某公司统计了截至目前,申根公司在 1 号店网店中已销售某某公司的"百万富翁"品牌香肠制品的销售额为 264, 813 元。

法院结合查明的事实及证据,并参考香肠类制品的一般盈利情况以及宋海某在申根公司 30% 的持股比例,认为应当酌情改判宋海某赔偿某某公司 80, 000 元。

第一百八十七条 【董事、监事、高级管理人员列席股东会的义务】

股东会要求董事、监事、高级管理人员列席会议的,董事、监事、高级管理人员应当列席并接受股东的质询。

►【法条释义】

本条规定了董事、监事、高级管理人员列席股东会的义务。

董事、监事、高级管理人员若非为公司股东，一般而言无须参加公司股东会会议，仅在上市公司中有要求董事、监事、经理和其他高级管理人员应当列席股东会。但公司股东会作为公司的权力机构，对公司的重大事项行使决定权，而了解公司运营中的相关信息是作出决定的基本前提，因而在必要的时候，股东会有权要求董事、监事、高级管理人员列席股东会会议，根据股东的要求提供相关信息并接受股东的质询。

►【关联法条】

1.《上市公司章程指引》(2023 年修正)

第 67 条　股东大会召开时，本公司全体董事、监事和董事会秘书应当出席会议，经理和其他高级管理人员应当列席会议。

2.《上市公司治理准则》

第 48 条　监事会可以要求董事、高级管理人员、内部及外部审计人员等列席监事会会议，回答所关注的问题。

3.《上市公司股东大会规则》

第 26 条　公司召开股东大会，全体董事、监事和董事会秘书应当出席会议，经理和其他高级管理人员应当列席会议。

►【典型案例】

关于对抚顺特殊钢股份有限公司董事长赵某远等有关责任人予以监管关注的决定

(上证公监函〔2014〕0043 号)①

抚顺特殊钢股份有限公司于 2014 年 5 月 26 日召开了 2013 年年度股东大会，但公司董事长赵某远、全体独立董事均未出席会议。董事会秘书孔某生亦未列席会议。上海证券交易所于 2014 年 5 月 30 日发出《关于对抚顺特殊钢股份有限公司董事长赵某远等有关责任人予以监管关注的决定》，对此予以监管关注。认为

---

① 参见《关于对抚顺特殊钢股份有限公司董事长赵某远等有关责任人予以监管关注的决定(上证公监函〔2014〕0043 号)》，载新浪财经 2014 年 5 月 30 日，https://money.finance.sina.com.cn/corp/go.php/vGP_GetOutOfLine/stockid/600399.phtml。

上述事项反映出公司在治理结构和规范运作方面存在一定缺陷。公司相关董事、董事会秘书未勤勉尽责,违反了《上海证券交易所股票上市规则》和《上市公司股东大会规则》的规定。

第一百八十八条 【董事、监事、高级管理人员的赔偿责任】

董事、监事、高级管理人员执行职务违反法律、行政法规或者公司章程的规定,给公司造成损失的,应当承担赔偿责任。

▶【法条释义】

本条是关于公司董事、监事、高级管理人员的损害赔偿责任的规定。

董事、监事、高级管理人员在执行职务过程中,如果违反法律、行政法规或公司章程的规定,属于执行职务时有过错的情形,给公司造成损失,应当赔偿。这其实是董事、监事、高级管理人员侵害公司权益应当承担的侵权责任,其承担赔偿责任的构成要件包括:首先,董事、监事、高级管理人员的行为属于执行职务的行为;其次,客观上,行为人有违反法律、行政法规或公司章程的行为;最后,结果上,给公司造成了损失。

对于该条与前条之间是否能够并用,即公司能否同时向违背忠实义务的董事、监事、高级管理人员主张归入权和损害赔偿请求权,实务界一般认为,"当行使归入权后仍然不能弥补公司损失的,对于超出归入权的损失部分,仍可主张赔偿"。[①] 如果公司在行使归入权以后,仍然不能弥补公司受到的损失,可以在同一案件中一并提起损害赔偿诉讼。

▶【典型案例】

陈某雄与陈某文、凯旋公司损害公司利益责任纠纷案

[最高人民法院(2015)民申字第3333号]

上诉人陈某雄主张,承租人黄某凡、李某兴拖欠房租超过半个月,凯旋公司依据房屋租赁合同的约定起诉要求解除租赁合同并无偿收回酒店及相关设施。陈某文未经股东会讨论,在法院询问笔录上签字同意解除合同并对黄某凡等人投入

---

① 参见林某恩与李某山等损害公司利益责任纠纷案,江西省高级人民法院(2010)赣民四初字第4号民事判决书。

酒店的投资进行审计，该行为导致二审法院认定凯旋公司自行放弃了无偿取得酒店设施的权利，并判令该公司支付装修款2000余万元，这与凯旋公司的诉讼目的和诉讼请求相违背，陈某文依法应承担赔偿责任。上诉人认为本案二审法院以陈某文不存在故意造成公司损失的主观恶性为由认定其不承担侵权责任，混淆了特殊侵权与一般侵权的概念，属适用法律错误。

最高人民法院认为：《公司法》规定的股东滥用权利的责任以及董事、监事、高级管理人员的损害赔偿责任，其责任成立须同时满足行为的违法性、有损害结果以及违法行为与损害结果之间存在因果关系三个构成要件。在凯旋公司诉黄某凡、李某兴解除房屋租赁合同、收回出租房屋及设备设施的案件中，凯旋公司的法定代表人陈某文代表凯旋公司参加诉讼、在询问笔录上签字，系执行公司事务的职务行为，不违反凯旋公司《章程》第26条规定的董事长职权。陈某文代表凯旋公司作出同意解除租赁合同的意思表示，与该公司的诉讼请求和诉讼目的一致，未损害公司利益；其同意对承租人黄某凡、李某兴投入酒店资产进行司法鉴定，是基于法院查明事实的需要以明确承租人投入资产的数额。承租人对租赁房屋的装修投入来源于其向凯旋公司的借款。依据《房屋出租补充协议》第1条第3款的约定，凯旋公司在租期届满或者租赁合同被中途撤销时可取得酒店设施设备，但其应支付相应对价，即应向黄某凡、李某兴支付借款余额，陈某雄主张该公司在租赁合同解除后享有无偿取得酒店设施的权利无事实与法律依据，陈某文同意对承租人的投入资产进行司法鉴定不构成权利放弃。另案江西省高级人民法院(2009)赣民一终字第5号民事判决，判令凯旋公司向黄某凡、李某兴支付酒店装修资产残值2360余万元，黄某凡、李某兴向凯旋公司支付租金、归还借款本金及利息，是在查明案件事实的基础上对双方权利义务作出的认定与划分，依据的是案涉租赁合同及其补充协议的约定，上述判决结果与陈某文是否同意对承租人的投入资产进行司法鉴定没有因果关系，陈某文同意对承租人的投入资产进行司法鉴定未损害该公司的利益。

第一百八十九条　【股东代表诉讼】

董事、高级管理人员有前条规定的情形的，有限责任公司的股东、股份有限公司连续一百八十日以上单独或者合计持有公司百分之一以上股份的股东，可以书面请求监事会向人民法院提起诉讼；监事有前条规定的情形的，前述股东可以书面请求董事会向人民法院提起诉讼。

监事会或者董事会收到前款规定的股东书面请求后拒绝提起诉讼,或者自收到请求之日起三十日内未提起诉讼,或者情况紧急、不立即提起诉讼将会使公司利益受到难以弥补的损害的,前款规定的股东有权为公司利益以自己的名义直接向人民法院提起诉讼。

他人侵犯公司合法权益,给公司造成损失的,本条第一款规定的股东可以依照前两款的规定向人民法院提起诉讼。

公司全资子公司的董事、监事、高级管理人员有前条规定情形,或者他人侵犯公司全资子公司合法权益造成损失的,有限责任公司的股东、股份有限公司连续一百八十日以上单独或者合计持有公司百分之一以上股份的股东,可以依照前三款规定书面请求全资子公司的监事会、董事会向人民法院提起诉讼或者以自己的名义直接向人民法院提起诉讼。

►【法条释义】

本条是关于公司股东代表诉讼的规定。股东诉讼包括两种:代表诉讼和自己诉讼。

股东代表诉讼是因为公司的利益受到损害,符合资格要求的股东在一定条件下可以代表公司对加害人提起诉讼,要求其对公司承担赔偿责任。在股东代表诉讼中需要注意以下几点:

第一,股东代表诉讼的前提。股东代表诉讼的前提条件是因为公司董事、监事、高级管理人员执行职务时违反法律、行政法规或者公司章程的规定,给公司造成损失,应当承担赔偿责任。根据相关司法解释的规定,因关联交易导致公司利益受损时,股东也有代表诉讼的权利。具体而言包括两种情形:首先,关联交易损害公司利益,原告公司依法请求控股股东、实际控制人、董事、监事、高级管理人员赔偿所造成的损失,被告仅以该交易已经履行了信息披露、经股东会或者股东大会同意等法律、行政法规或者公司章程规定的程序为由抗辩的,人民法院不予支持。公司没有提起诉讼的,符合资格条件的股东,可以依据公司法的规定向人民法院提起诉讼。其次,关联交易合同存在无效、可撤销或者对公司不发生效力的情形,公司没有起诉合同相对方的,符合资格条件的股东,可以依据《公司法》的规定向人民法院提起诉讼。

第二,股东代表诉讼的资格。有资格代表公司提起诉讼的股东,包括有限责任公司的全体股东,以及股份有限公司连续 180 日以上单独或者合计持有公司 1% 以上股份的股东。有限责任公司全体股东都有代表诉讼资格,主要原因在于有限责任公司具有一定的人合性，一般而言全体股东都会参与公司的经营管理；而股份有限公司必须连续180日以上单独或者合计持有公司1%以上股份的股东才有代表诉讼资格，是因为股份有限公司是纯粹的资合公司，很多股东投资的目的不在于参与公司经营管理，而在于获得投资收益或资本增值，对代表诉讼的股东资格进行限制可以有效防止股东滥诉的情况。但需要注意的是，根据《证券法》的规定，如果投资者保护机构持有上市公司股份，在作为股东提起股东代表诉讼时，不受《公司法》规定的持股比例和持股期限的限制。

第三，股东代表诉讼的前置程序及其例外。一般而言，股东不能直接代表公司提起诉讼，在代表诉讼之前需履行前置程序，即符合资格条件的股东先书面请求公司内部相关机构对加害人提起诉讼。具体处理如下：首先，如果损害来自公司内部，针对公司董事、高级管理人员损害公司合法权益的情形，符合资格条件的股东应当先书面请求公司监事会或不设监事会的监事对加害人提起诉讼。监事会或不设监事会的监事提起诉讼时，公司为原告，监事会主席或监事代表公司诉讼。针对公司监事损害公司合法权益的情形，符合资格条件的股东应当先书面请求公司董事会或不设董事会的执行董事对加害人提起诉讼。董事会或不设董事会的执行董事提起诉讼时，公司为原告，董事长或执行董事代表公司诉讼。其次，如果损害来自公司外部，则符合资格条件的股东也应当按照前述程序先书面请求公司相关机构提起诉讼。只有当公司相关机构拒绝起诉、怠于起诉（收到书面请求30日内未提起诉讼）时，符合资格条件的股东才能代表公司提起诉讼。此外，《公司法》还规定了股东代表诉讼前置程序的例外情形，即情况紧急、不立即提起诉讼将会使公司利益受到难以弥补的损害时，符合资格条件的股东有权为公司利益以自己的名义直接向人民法院提起诉讼，而无须履行前述前置程序。

第四，股东代表诉讼的具体处理。首先，股东依法直接对董事、监事、高级管理人员或者他人提起诉讼的，应当列股东为原告，公司为第三人参加诉讼。一审法庭辩论终结前，符合资格条件的其他股东，以相同的诉讼请求申请参加诉讼的，应当列为共同原告。其次，股东依法提起代表诉讼的案件，胜诉利益归属于公司。股东请求被告直接向其承担民事责任的，人民法院不予支持。最后，股东代表诉讼的案件，其诉讼请求部分或者全部得到人民法院支持的，公司应当承担股东因参加诉讼支付的合理费用。

股东代表诉讼中有一种特殊的情形，即母公司股东代表全资子公司提起股东代表诉讼。这是2023年《公司法》新增的规则。该规定的主要意义在于防止母公司大股东通过设立全资子公司的方式损害中小股东的合法权益。母公司一旦设立全资子公司，意味着该母公司的大股东就是子公司的实际控制人，控制权集中于母公司大股东手中。由于全资子公司是一人公司,无须设立股东会,而全资子公司的决策也无须通过母公司的股东会,因而该子公司的重大决策均由母公司大股东决定,就极容易发生母公司大股东通过设立全资子公司侵害中小股东合法权益的情形,比如将母公司的业务转至该全资子公司或者与该子公司进行关联交易等。为了防止母公司的大股东通过这样的方式损害中小股东合法权益,2023 年《公司法》专门增加了母公司股东代表全资子公司提起股东代表诉讼的规定,即公司全资子公司的董事、监事、高级管理人员存在损害子公司合法权益的情形,或者他人侵犯公司全资子公司合法权益造成损失的,有限责任公司的股东、股份有限公司连续 180 日以上单独或者合计持有公司 1% 以上股份的股东,可以依照《公司法》第 189 条前三款的规定书面请求全资子公司的监事会、董事会向人民法院提起诉讼或者以自己的名义直接向人民法院提起诉讼。

▶【关联法条】

1.《全国法院民商事审判工作会议纪要》

24.【何时成为股东不影响起诉】股东提起股东代表诉讼,被告以行为发生时原告尚未成为公司股东为由抗辩该股东不是适格原告的,人民法院不予支持。

25.【正确适用前置程序】根据《公司法》第 151 条的规定,股东提起代表诉讼的前置程序之一是,股东必须先书面请求公司有关机关向人民法院提起诉讼。一般情况下,股东没有履行该前置程序的,应当驳回起诉。但是,该项前置程序针对的是公司治理的一般情况,即在股东向公司有关机关提出书面申请之时,存在公司有关机关提起诉讼的可能性。如果查明的相关事实表明,根本不存在该种可能性的,人民法院不应当以原告未履行前置程序为由驳回起诉。

26.【股东代表诉讼的反诉】股东依据《公司法》第 151 条第 3 款的规定提起股东代表诉讼后,被告以原告股东恶意起诉侵犯其合法权益为由提起反诉的,人民法院应予受理。被告以公司在案涉纠纷中应当承担侵权或者违约等责任为由对公司提出的反诉,因不符合反诉的要件,人民法院应当裁定不予受理;已经受理的,裁定驳回起诉。

27.【股东代表诉讼的调解】公司是股东代表诉讼的最终受益人,为避免因原告股东与被告通过调解损害公司利益,人民法院应当审查调解协议是否为公司的意思。只有在调解协议经公司股东(大)会、董事会决议通过后,人民法院才能出具调解书予以确认。至于具体决议机关,取决于公司章程的规定。公司章程没有规定的,人民法院应当认定公司股东(大)会为决议机关。

2.《最高人民法院关于适用〈中华人民共和国公司法〉若干问题的规定(二)》(2020 年修正)

第 23 条　清算组成员从事清算事务时,违反法律、行政法规或者公司章程给公司或者债权人造成损失,公司或者债权人主张其承担赔偿责任的,人民法院应依法予以支持。

有限责任公司的股东、股份有限公司连续一百八十日以上单独或者合计持有公司百分之一以上股份的股东,依据公司法第一百五十一条第三款的规定,以清算组成员有前款所述行为为由向人民法院提起诉讼的,人民法院应予受理。

公司已经清算完毕注销,上述股东参照公司法第一百五十一条第三款的规定,直接以清算组成员为被告、其他股东为第三人向人民法院提起诉讼的,人民法院应予受理。

►【典型案例】

1. 上海高金股权投资合伙企业与许某某、谢某某等损害公司利益责任纠纷案

[最高人民法院(2015)民申字第 2204 号裁定]

法院认为,公司召开股东会并作出决议,以减少注册资本的形式解除了原告股东的股东资格。原告股东并没有依法提出申请撤销股东会决议诉讼或申请确认股东会决议无效诉讼。原告股东在诉讼中丧失了股东资格,无权提起股东代表诉讼,裁定驳回起诉。

2. 李某与周某某、刘某某损害公司利益纠纷案

[最高人民法院(2015)民四终字第 54 号]

法院认为,在股东代表诉讼中,公司所有监事与董事均作为被告的情况下,先诉请求已经无从提起,应当豁免原告股东的前置程序。

3. 海航酒店控股集团有限公司（以下简称海航控股公司）与赵某海、陕西海航海盛投资有限公司（以下简称海航投资公司）、陕西皇城海航酒店有限公司（以下简称皇城酒店公司）损害公司利益责任纠纷案

[陕西省高级人民法院(2016)陕民终228号]

海航投资公司的股东为海航控股公司、赵某海,持股比例分别为60%、40%。皇城酒店公司系海航投资公司的全资子公司,主营业务为高端住宿、餐饮。海航控股公司、赵某海均通过海航投资公司间接持股皇城酒店公司;海航投资公司的董事长及总经理均由海航控股公司委派的董事担任,皇城酒店公司由海航控股公司实际运营。

2009~2013年,赵某海多次致函海航控股公司,要求其结束皇城酒店公司9~11层76间客房的闲置状态,进行装修运营;但是海航控股公司委派的董事长没有将该项事宜提交董事会讨论决定,因此该批客房一直闲置。

2014年1月24日,赵某海致函海航投资公司监事会并主席,请求海航投资公司监事会通过诉讼方式向侵害公司利益的海航控股公司行使索赔权利,但海航投资公司监事会未予回复亦未提起诉讼。据此,赵某海以自己名义提起控股股东滥用股东权利损害皇城酒店公司利益的股东代表诉讼,要求赔偿4029余万元客房闲置损失;海航控股公司辩称赵某海非皇城酒店公司股东无原告资格,且酒店即使装修也不能盈利。

本案经西安市中级人民法院一审,陕西省高级人民法院二审,最终判令:海航控股公司向皇城酒店公司赔偿718.2万元损失。

第一百九十条　【股东自己诉讼】

董事、高级管理人员违反法律、行政法规或者公司章程的规定,损害股东利益的,股东可以向人民法院提起诉讼。

►【法条释义】

本条是关于股东自己诉讼的规定。

当公司董事、高级管理人员违反法律、行政法规或公司章程的规定,损害股东利益时,股东有权利直接向人民法院提起诉讼。股东自己诉讼与股东代表诉讼的

区别在于,股东代表诉讼的前提是公司的利益受到损害,而股东自己诉讼的原因在于股东自己在公司中应当享有的股东权益受到损害,如表决权、收益权、知情权等受到损害。股东自己诉讼的,可以直接向法院起诉,无须经过公司同意,也无须事先告知公司。

▶【典型案例】

韩国TAT公司与陆某成损害公司利益责任纠纷案①

TAT公司诉称:2005年12月,中外合资企业清芯光电公司成立,董事长由股东河北清华发展研究院委派的郑某担任,总经理由TAT公司推荐金某峰担任。2008年7月3日,陆某成在未书面通知TAT公司的情况下召开所谓清芯光电公司董事会会议,在未达成一致意见的情况下,修改了公司章程和改组了董事会,并形成了清芯光电公司第一届董事会第七次会议决议。因该决议内容和程序违法,被开发区管委会、工商行政管理部门②拒绝变更登记,至今未获批准。随后,陆某成违规任命清芯光电公司CEO,安插同方股份人员担任公司各部门负责人,凌驾于总经理之上行使管理权,对清芯光电公司商业技术、商业信息等展开控制和掠夺,破坏公司正常生产经营。陆某成担任董事长职务以来,作出了一系列损害清芯光电公司、损害TAT公司作为投资股东利益的行为,其应赔偿由此给清芯光电公司和股东造成的巨大损失。请求:判令陆某成停止对清芯光电公司及股东利益的损害行为,停止违反忠实义务之行为,禁止在同业竞争公司任董事长职务、董事身份;并赔偿TAT公司205万元。

陆某成答辩称:TAT公司所起诉的事实不属于公司董事、高级管理人员损害股东利益赔偿纠纷,即使TAT公司起诉的事实属实,也是损害清芯光电公司的利益,TAT公司应当提起股东代表诉讼。陆某成在清芯光电公司任职期间没有违反公司章程和相关法律的情况,且其从2008年12月11日以后就不再是清芯光电公司的董事长,故不同意TAT公司的诉讼请求。

法院判决认为:TAT公司虽依据《公司法》(2005年修订)的规定,主张本案属于公司董事、高级管理人员损害股东利益纠纷,但根据TAT公司的诉讼请求与所主张的事实可以认定,其是基于清芯光电公司利益受到损害而提起的诉讼。而依

---

① 参见《韩国TAT公司与陆某成损害公司利益责任纠纷上诉案》,载北京法院审判信息网,https://www.bjcourt.gov.cn/article/newsDetail_fwb.htm?NId=25000031。

② 2018年机构改革后为市场监督管理部门,下同。

据《公司法》(2005年修订)之规定,公司利益受损应当由公司提起诉讼,公司未主张而股东主张的,应为股东代表诉讼。TAT公司的诉讼请求于法无据,法院对此不予支持;判决驳回TAT公司的诉讼请求。

第一百九十一条 【董事、高级管理人员执行职务造成损害的责任承担】

董事、高级管理人员执行职务,给他人造成损害的,公司应当承担赔偿责任;董事、高级管理人员存在故意或者重大过失的,也应当承担赔偿责任。

►【法条释义】

本条是关于董事、高级管理人员职务侵权责任的规定。

对于董事、高级管理人员的此类赔偿责任,仅少数国家以立法的方式明确规定,如日本和韩国。学界认为,明确规定董事、高级管理人员的赔偿责任具有赔偿债权人损失和合理惩戒董事、高级管理人员的双重功能,通过协调两种功能,可以避免过度赔偿带来的问题,同时,也不至于对债权人造成重大不利,以形成合理的董事履职约束机制。① 分析该条,不难看出:

第一,董事、高级管理人员职务行为的责任与一般员工不同,相对于一般员工,董事、高级管理人员应尽更高注意义务。根据《民法典》的规定,员工的职务行为导致他人损害的,应当由用人单位承担责任,单位在承担责任之后,有权向有故意或重大过失的员工追偿。公司董事、高级管理人员执行职务的行为也是典型的职务行为,据此原理,造成他人损害,首先应当由公司对外承担责任。但《公司法》规定了董事、高级管理人员在有故意或重大过失时也应当承担赔偿责任,这意味着受害人有权直接要求公司董事、高级管理人员承担责任,就要求公司董事、高级管理人员在执行职务时,应当承担比一般员工更高的注意义务。

第二,董事、高级管理人员职务侵权责任必须是董事、高级管理人员在执行职务的过程中造成他人损害。如果侵犯第三人利益的行为虽然是由公司的董事、高级管理人员实施的,但该行为纯粹是董事、高级管理人员的个人行为,与职务行为无关,则不构成职务侵权,而是一般的侵权行为,不能依照《公司法》该条进行处理,而应当按照《民法典》侵权责任编的规定处理。董事、高级管理人员执行职务时给他人造成损害的典型表现,如董事、高级管理人员导致公司在信息披露中虚假陈述给第三人造成损害;公司清算时,董事怠于履行清算义务给第三人造成损

---

① 参见叶林、叶冬影:《公司董事连带/赔偿责任的学理考察》,载《法律适用》2022年第5期。

害；以及公司破产或濒临破产的情形下，董事欺诈破产行为给第三人造成的损害，譬如，经营状况或财产状况较差的公司的董事，知道或应当知道公司没有清偿可能，但仍向第三人贷款或开具期满没有支付能力的票据，结果导致公司不能清偿而由此给第三人造成的损害等。①

第三，董事、高级管理人员并非在任何情况下都承担责任，其承担责任的前提是在执行职务时有故意或重大过失，给他人造成损害，如果没有过错或者仅仅是轻微过失导致他人损害的，并不为此承担责任。如果董事、高级管理人员没有故意或重大过失，说明是正当执行职务的行为，即便造成第三人损害，受损害的第三人只能要求公司给予赔偿，而不能要求董事、高级管理人员予以赔偿。根据《公司法》的基本精神，公司在赔偿之后也不能向没有故意或重大过失的董事、高级管理人员追偿。

► 【关联法条】

《中华人民共和国民法典》

第 1192 条第 1 款　用人单位的工作人员因执行工作任务造成他人损害的，由用人单位承担侵权责任。用人单位承担侵权责任后，可以向有故意或者重大过失的工作人员追偿。

► 【典型案例】

康美药业案②

证监会认定康美药业《2016 年年度报告》《2017 年年度报告》《2018 年半年度报告》《2018 年年度报告》中存在虚假记载，康美药业董事、监事、高级管理人员构成《证券法》规定的虚假记载信息披露义务人的直接负责主管人员和其他直接责任人。针对因此给投资者造成的损害，法院对康美药业证券集体诉讼案作出一审判决：康美药业承担 24.59 亿元的赔偿责任；公司实际控制人马某田夫妇及邱某伟等 4 名原董事、监事、高级管理人员组织策划实施财务造假，属故意行为，承担 100% 的连带赔偿责任；另有 13 名董事、监事、高级管理人员按过错程度分别承担 5%、10%、20% 的连带赔偿责任。

---

① 参见［日］前田庸：《公司法入门》（第 12 版），王作全译，北京大学出版社 2012 年版，第 346 页。

② 参见《中国证监会行政处罚决定书（康美药业股份有限公司、马某田、许某瑾等 22 名责任人员）〔2020〕24 号》，载中国证券监督管理委员会 2020 年 5 月 13 日，http://www.csrc.gov.cn/csrc/c101928/c1042341/content.shtml。

第一百九十二条 【控股股东、实际控制人的连带责任】

公司的控股股东、实际控制人指示董事、高级管理人员从事损害公司或者股东利益的行为的，与该董事、高级管理人员承担连带责任。

►【法条释义】

本条是关于公司控股股东、实际控制人责任的规定。

公司的控股股东一方面能够直接影响公司股东会的决议，另一方面还可以通过股东会选举董事的方式，使其自己在公司董事会中居于主导地位，或通过其委派的董事影响董事会的决议，从而支配公司的行为；而实际控制人虽然不是公司股东，但通过投资、协议或其他安排也能够实际支配公司的行为，因而控股股东、实际控制人都可能利用其对公司的影响，指示董事、高级管理人员从事损害公司或股东利益的行为，如让董事、高级管理人员侵害公司财产、实施不正当关联交易、篡夺属于公司的交易机会等，从根本上损害的是中小股东的利益。《公司法》对控股股东、实际控制人加以规制，要求其与被指示的董事、高级管理人员承担连带责任，可以有效防止其实施此类行为，同时也可以防止其利用董事、高级管理人员实施不法行为后逃避责任。本条规定的控股股东、实际控制人责任包括两个方面：首先，指示董事、高级管理人员从事损害公司利益的行为，公司要求董事、高级管理人员承担赔偿责任时，作出指示的控股股东、实际控制人为此承担连带责任；其次，指示董事、高级管理人员从事损害股东利益的行为，受损害的股东要求董事、高级管理人员承担赔偿责任时，作出指示的控股股东、实际控制人为此承担连带责任。所谓承担连带责任，公司或受损害的股东可同时或先后要求连带债务人全体或部分或一人履行全部或部分义务，被请求之债务人不得以超出自己应付份额为由，提出抗辩；只要债务没有全部清偿完毕，每个连带债务人不论其是否清偿过债务，对没有清偿的债务部分，都有清偿的义务。

具体如何追究控股股东、实际控制人的责任呢？根据《公司法》的规定，可以通过股东代表诉讼或股东自己诉讼的方式，在列被告时，可以直接将有过错的控股股东、实际控制人与董事、高级管理人员一起列为共同被告。

第一百九十三条　【董事责任保险】

公司可以在董事任职期间为董事因执行公司职务承担的赔偿责任投保责任保险。

公司为董事投保责任保险或者续保后，董事会应当向股东会报告责任保险的投保金额、承保范围及保险费率等内容。

►【法条释义】

本条是关于公司董事责任保险的规定。

《公司法》强化董事的忠实义务、勤勉义务以及与之相关的法律责任，是为了让董事更好地履行职责，保护公司和中小股东的合法权益。但如果董事的责任过重也可能挫伤董事的积极性，从而导致无人愿意担任董事的现象，康美药业事件后董事离职潮就说明了这一点。[①] 因此，对董事责任予以一定限制，促使董事正常履职尽责还需要有配套的保障措施，董事责任保险即为典型的保障措施。董事责任保险不仅可以有效保障董事与公司的利益，而且还能保障第三人的损失得到赔偿。故《公司法》鼓励公司投保董事责任保险：公司可以在董事任职期间为董事因执行公司职务承担的赔偿责任投保责任保险。从该条规定可见：首先，公司为董事投保责任保险并非强制性规定，公司可以选择投保或者不投保；其次，董事责任保险的保险标的应当是按照保险合同约定被保险人因其不当行为引起第三人的索赔而依法应承担的赔偿责任；最后，被保险人是否仅限于董事？笔者理解，虽然《公司法》仅规定了"董事"责任险，但并没有排除公司为董事以外的其他人员投保责任险，公司也可以根据公司章程或董事会、股东会决议为监事、高级管理人员等投保责任保险。

按照董事薪酬组成说的理论，董事责任保险可以被视为董事、监事、高级管理人员薪酬的一部分，因此投资者有权了解这些重要信息。[②] 因而《公司法》规定，公司为董事投保责任保险或者续保后，董事会应当向股东会报告责任保险的投保金额、承保范围及保险费率等内容，让股东了解董事责任险的相关信息。

---

① 参见徐强胜、王萍萍：《论董事对第三人责任——兼评〈公司法（修订草案）〉第一百九十条》，载《河南社会科学》2023 年第 7 期。

② 参见王民：《完善我国董事责任保险制度的几点建议》，载《保险理论与实践》2023 年第 6 辑。

▶【关联法条】

《上市公司治理准则》(2018 年修订)

第 24 条　经股东大会批准,上市公司可以为董事购买责任保险。责任保险范围由合同约定,但董事因违反法律法规和公司章程规定而导致的责任除外。

▶【知识拓展】

万科为董事和高级管理人员投保责任险①

2002 年 1 月 24 日,我国第一个"公司董事及高级职员责任保险"在北京正式发布,该险种是由中国平安保险股份有限公司(以下简称平安保险公司)与美国丘博保险集团合作推出的。在险种发布会上,万科企业股份有限公司与平安保险公司签订首份保单,成为"董事及高级职员责任保险"的第一买主。

平安保险公司财产险部总经理史某洵介绍说,公司董事和高级职员在行使职权行为时面临因过错行为导致第三者遭受经济损失而依法应承担相应经济赔偿责任的风险。公司董事及高级职员将面临的这种风险转嫁给保险公司,由保险公司按保险合同约定、来承担经济赔偿责任的行为即为公司董事及高级职员责任保险。该险种的保险对象为公司董事、其他单位派驻的独立董事、公司高级职员及可扩展承保公司外兼董事和高级职员(指被保险公司派遣到其他公司的董事和高级职员)。

据了解,该险种是平安保险公司继在业内首家推出会计师执业责任保险、律师执业责任保险、医师执业责任保险以后在高风险、高技术责任保险领域的又一重大产品突破,它进一步完善了国内责任保险产品体系。

---

① 参见《平安保险首推公司董事及高级职员责任保险 万科签下第一份保单》,载营销传播网 2002 年 1 月 24 日,http://www.emkt.com.cn/news/insurance/2002-01-24/4224.html。

第九章　公 司 债 券

本章是关于公司债券及其发行与交易的规定。公司债券是指公司依照法定程序发行的、按照约定还本付息的有价证券。公司债券与股票不同，股票代表的是股权，债券代表的是债权。

公司债券有不同类型。首先，根据公司债券存续的时间，可以将公司债券分为短期公司债券、中期公司债券和长期公司债券。一般而言，存续期限在 1 年以内的，被称为短期公司债券；存续期限 1 年到 5 年的，是中期公司债券；存续期限 5 年以上的，是长期公司债券。其次，根据公司债券是否记名，可以将公司债券分为记名公司债券与无记名公司债券。最后，根据能否转换为股票，可以把公司债券分为普通公司债券与可转换公司债券，普通公司债券是不能转换为公司股票的，在到期时债券持有人有权要求公司还本付息；可转换公司债券在一定条件下可以申请转换为公司股票，简称为可转债。可转债又进一步分为非分离交易的可转债和分离交易的可转债，非分离交易的可转债，转股权不能和可转债分开，两者存续期限一致，同时流通转让，债券持有人一旦行使转股权，申请将债券转换为公司股票，债权人就转变为股东；分离交易的可转债认股权与可转债分离，单独成为一个交易品种，债券持有人行使认股权需另筹资金购买公司股票，在认股权行权以后，债券持有人既持有公司债券，又持有公司股票。

公司债券的发行和交易应当遵守《公司法》和《证券法》的相关规定。

第一百九十四条　【公司债券】

本法所称公司债券，是指公司发行的约定按期还本付息的有价证券。

公司债券可以公开发行，也可以非公开发行。

公司债券的发行和交易应当符合《中华人民共和国证券法》等法律、行政法规的规定。

►【法条释义】

本条是关于公司债券的规定。

1. 公司债券的概念与特点

公司债券是公司依照法定程序发行、按照约定还本付息的有价证券。根据本条规定，公司债券的基本特征有：

第一，公司债券是一种有价证券，是一种债权证券，代表持有人对公司享有债权。公司债券与股票不同，债券持有人为公司的债权人，不享有参与公司经营决策、选择管理者的权利。在公司解散时，向股东分配剩余财产之前，应当先清偿债券持有人的债权。

第二，公司债券意味着公司对债券持有人需按约定还本付息。公司债券表明持有人对公司享有的是债权，不论公司盈利与否，债券持有人都有权在债券期限届满时请求公司还本付息。

第三，公司债券的发行和交易应当符合法律、行政法规的规定。公司发行债券是公司融资的重要手段，本质上是公司与债券持有人之间按照约定产生的债权债务关系，属于合同之债，本应由合同法调整。但由于公司发行债券涉及众多投资者，为了保护投资者的合法权益，《公司法》和《证券法》需对公司发行债券的行为加以规范，对公司债券的发行和交易设定相应的条件和程序，以此促进交易安全。首先，公司债券的发行应当满足法定的条件和程序。《公司法》并没有明确规定公司债券的发行条件，而是规定公司债券的发行应当符合《证券法》等法律、行政法规的规定，也就意味着公司债券发行的主要规则在证券法律制度当中。发行债券应当符合《证券法》的相关规定，不同的公司债券发行条件和程序不同。如普通公司债券与可转换公司债券发行条件有很大区别，而普通公司债券在发行时，仅面向专业投资者发行还是可以面向普通投资者发行条件也不相同。其次，公司债券的交易应当符合法律、行政法规的规定。同样，2023 年《公司法》也没有具体规定公司债券的交易规则，而是规定债券的交易也应当符合《证券法》等法律、行政法规的规定，这就意味着公司债券交易的主要规则也在证券法律制度当中，公司债券的交易方式也有多种，公开发行的公司债券与非公开发行的公司债券在交易方式上也有所区别。（详见公司债券的交易）

2. 公司债券的基本类型

如前所述，根据不同的标准可以把公司债券分为不同的类型。《公司法》根据公司债券发行的方式不同，将公司债券分为公开发行的公司债券和非公开发行的公司债券。根据证券法律制度的规定，公开发行公司债券又进一步可以分为面向专业投资者公开发行和面向普通投资者公开发行，面向普通投资者公开发行的条件相对更为严格；非公开发行公司债券只能面向专业投资者。

▶【关联法条】

1.《中华人民共和国证券法》(2019 年修订)

第 15 条　公开发行公司债券,应当符合下列条件:

(一)具备健全且运行良好的组织机构;

(二)最近三年平均可分配利润足以支付公司债券一年的利息;

(三)国务院规定的其他条件。

公开发行公司债券筹集的资金,必须按照公司债券募集办法所列资金用途使用;改变资金用途,必须经债券持有人会议作出决议。公开发行公司债券筹集的资金,不得用于弥补亏损和非生产性支出。

上市公司发行可转换为股票的公司债券,除应当符合第一款规定的条件外,还应当遵守本法第十二条第二款的规定。但是,按照公司债券募集办法,上市公司通过收购本公司股份的方式进行公司债券转换的除外。

第 17 条　有下列情形之一的,不得再次公开发行公司债券:

(一)对已公开发行的公司债券或者其他债务有违约或者延迟支付本息的事实,仍处于继续状态;

(二)违反本法规定,改变公开发行公司债券所募资金的用途。

2.《公司债券发行与交易管理办法》(2023 年)

第 2 条　在中华人民共和国境内,公开发行公司债券并在证券交易所、全国中小企业股份转让系统交易,非公开发行公司债券并在证券交易所、全国中小企业股份转让系统、证券公司柜台转让的,适用本办法。法律法规和中国证券监督管理委员会(以下简称中国证监会)另有规定的,从其规定。本办法所称公司债券,是指公司依照法定程序发行、约定在一定期限还本付息的有价证券。

第 3 条　公司债券可以公开发行,也可以非公开发行。

第 14 条　公开发行公司债券,应当符合下列条件:

(一)具备健全且运行良好的组织机构;

(二)最近三年平均可分配利润足以支付公司债券一年的利息;

(三)具有合理的资产负债结构和正常的现金流量;

(四)国务院规定的其他条件。

公开发行公司债券,由证券交易所负责受理、审核,并报中国证监会注册。

第 15 条　存在下列情形之一的,不得再次公开发行公司债券:

(一)对已公开发行的公司债券或者其他债务有违约或者延迟支付本息的事实,仍处于继续状态;

(二)违反《证券法》规定,改变公开发行公司债券所募资金用途。

第16条　资信状况符合以下标准的公开发行公司债券,专业投资者和普通投资者可以参与认购:

(一)发行人最近三年无债务违约或者延迟支付本息的事实;

(二)发行人最近三年平均可分配利润不少于债券一年利息的1.5倍;

(三)发行人最近一期末净资产规模不少于250亿元;

(四)发行人最近36个月内累计公开发行债券不少于3期,发行规模不少于100亿元;

(五)中国证监会根据投资者保护的需要规定的其他条件。

未达到前款规定标准的公开发行公司债券,仅限于专业投资者参与认购。

▶【典型案例】

东方园林发债失败案①

2018年5月21日,国内园林行业龙头企业东方园林发布公告,公司原本计划发行的10亿元公司债券,实际发行规模5000万元。按照债券市场的术语,东方园林公司债发行已经接近“流标”,被媒体称为债券发行史上“最惨失败”。受债券发行拖累,东方园林股价也连续两日大幅下跌。

东方园林本期债券发行规模不超过10亿元,其中5亿元用于偿还之前的一笔债务,即2018年5月22日到期的超短融17东方园林SCP002,总规模为8亿元,剩余资金拟用于补充营运资金。

前期,一些民营企业依赖短债,不停滚动发行短债来支持长期投资,一旦停止滚动,流动性压力便凸显。信用市场资金充裕时,企业会觉得短债的成本更低,也因此忽略了负债结构的安全性,但依赖短债的结构更容易受到市场变化影响。当企业融资链收紧时,对于过度依靠外部融资借新还旧的低资质企业而言,信用风险压力便会积聚。

在全市场去杠杆的背景下,借新债还旧债的做法很难持续下去,如果企业借机逃债,可能会引发连锁反应。

---

① 参见《东方园林发债失败“借新还旧”藏风险》,载每日经济新闻2018年5月22日,https://baijiahao.baidu.com/s?id=1601171418566183838&wfr=spider&for=pc。

第一百九十五条　【公司债券募集办法】

公开发行公司债券，应当经国务院证券监督管理机构注册，公告公司债券募集办法。

公司债券募集办法应当载明下列主要事项：

（一）公司名称；

（二）债券募集资金的用途；

（三）债券总额和债券的票面金额；

（四）债券利率的确定方式；

（五）还本付息的期限和方式；

（六）债券担保情况；

（七）债券的发行价格、发行的起止日期；

（八）公司净资产额；

（九）已发行的尚未到期的公司债券总额；

（十）公司债券的承销机构。

►【法条释义】

本条是关于公司债券募集办法的规定。

公司发行公司债券，是向投资者举借债务。为使公司债券的募集规范进行，保护债券持有人的利益，《公司法》和《证券法》要求公司在公开发行债券时应当制作公司债券募集办法，向证券交易所提出发行公司债券的申请，经审核后再报中国证券监督管理委员会注册。公司公开发行债券的，应当将公司债券募集办法报送注册机关。公司债券募集办法是注册机关对公司公开发行债券进行监管的重要内容。公司公开发行债券经注册机关注册后，应当将公司债券募集办法予以公告，作为公司向非特定公司债券认购人发出的要约邀请。公告公司债券募集办法有以下几方面的作用：一是说明公司的基本情况以及将以何种条件发行公司债券，便于投资者在了解公司基本情况、同意债券募集条件的前提下自愿认购；二是可以使公司债券的募集过程公开、透明，以确保公司债券的发行符合公平原则，防止发生欺诈；三是有利于投资者对公司发行债券行为进行监督。

为了规范公司债券的募集，保护债券持有人的利益，《公司法》对公司债券募集办法的记载内容也提出了要求。根据本条规定，公司债券募集办法中应当载明下列主要事项：

（1）公司名称。这是确定公司债券的发行人，从而确定公司债券的偿债主体。

(2)债券募集资金的用途。这是为了明确债券募集资金的使用方向,让投资者对购买该公司债券的风险和收益能够作出基本的评估,从而作出投资选择,同时也便于管理机关监管。

(3)债券总额和债券的票面金额。债券总额,是指本次发行的公司债券的总金额,不包括公司已发行的公司债券的余额;债券的票面金额,是指本次发行的公司债券票面上标明的金额。载明债券总额和债券票面金额,可以让投资者了解本次公司债券的发行规模、债券的票面价值以及发行溢价情况。

(4)债券利率的确定方式。公司债券的利率一般由发行公司根据市场情况确定,这可以让投资者了解债券的预期收益。根据债券存续期间债券的利率是否随市场利率进行调整,公司债券的利率可以分为固定利率和浮动利率。

(5)还本付息的期限和方式。这是公司对所发行债券承担清偿责任的基本依据,也是投资者据以决定是否购买该公司债券的关键因素。

(6)债券担保情况。这是说明公司偿债保障的内容,并非所有的公司债券在发行时都有强制担保的要求,主要根据公司发行债券的类型以及公司的净资产情况等确定。

(7)债券的发行价格、发行的起止日期。这是告知投资者公司债券发行的时间和价格,同时,对债券承销机构也有约束力。

(8)公司净资产额。这是告知投资者发行公司的资产情况、清偿能力,便于投资者作出投资判断。

(9)已发行的尚未到期的公司债券总额。这是告知投资者发行公司已发行、未到期的债券规模,与前述公司的净资产、债券担保情况等结合,便可对认购债券的风险作出基本判断。

(10)公司债券的承销机构。一般而言,发行公司债券应当由具有证券承销业务资格的证券公司承销。但如果是已经取得证券承销业务资格的证券公司、中国证券金融股份有限公司非公开发行公司债券的,其可以自行销售。为使投资者了解发行人与承销的证券公司之间的委托关系,便于认购公司债券,应当在公司债券募集办法中载明公司债券的承销机构。

上述内容是公司债券募集办法中的法定记载事项,公司申请发行公司债券必须完整、真实、准确地作出记载。除上述事项外,公司也可以在债券募集办法中记载其他有关事项。

▶【知识拓展】

中国国际贸易中心股份有限公司公募债券公告

2014年8月17日,中国国际贸易中心股份有限公司公布《公开发行2014年公司债券(第一期)募集说明书》①,该次发行债券的基本条款如下:

(1)债券名称:中国国际贸易中心股份有限公司2014年公司债券(第一期)。

(2)发行规模:5亿元。

(3)债券形式:实名制记账式公司债券。投资者认购的本期债券在登记机构开立的托管账户托管记载。本期债券发行结束后,投资者可按照有关主管机构的规定进行债券的转让、质押等操作。

(4)票面金额和发行价格:本期债券面值100元,按面值平价发行。

(5)债券期限:本期债券的期限为5年,附第3年年末发行人上调票面利率选择权和投资者回售选择权。

(6)发行人上调票面利率选择权:发行人有权决定在本期债券存续期的第3年年末上调本期债券后2年的票面利率。发行人将于第3个计息年度付息日前的第20个交易日,在中国证监会指定的信息披露媒体上发布关于是否上调票面利率以及上调幅度的公告。若发行人未行使利率上调权,则本期债券后续期限票面利率仍维持原有票面利率不变。

(7)投资者回售选择权:发行人发出关于是否上调票面利率及上调幅度的公告后,投资者有权选择在本期债券的投资者回售登记期内进行登记,将持有的本期债券按面值全部或部分回售给发行人;或选择继续持有本期债券。第3个计息年度付息日即为回售支付日,发行人将按照上海证券交易所和登记机构相关业务规则完成回售支付工作。自发行人发出关于是否上调票面利率及上调幅度的公告之日起3个交易日内,债券持有人可通过指定的方式进行回售申报。债券持有人的回售申报经确认后不能撤销,相应的公司债券值份额将被冻结交易;回售登记期不进行申报的,则视为放弃回售选择权,继续持有本期债券并接受上述关于是否上调票面利率及上调幅度的决定。

(8)债券利率及其确定方式:本期债券为固定利率债券,票面利率将根据发行时网下询价结果,由本公司与保荐人(主承销商)按照国家有关规定协商确定。本

---

① 参见《中国国贸:公开发行2014年公司债券(第一期)募集说明书摘要》,载搜狐证券2014年8月18日,https://q.stock.sohu.com/cn,gg,600007,1858089726.shtml。

期债券的票面利率在其存续期的前3年内固定不变。如发行人行使上调票面利率选择权,则未被回售部分债券在其存续期后2年票面利率为存续期前3年票面利率加上上调基点,在其存续期限后2年固定不变;如发行人未行使上调票面利率选择权,则未被回售部分债券在其存续期后2年票面利率仍维持原有票面利率不变。

(9)还本付息的期限和方式:本期债券采用单利按年计息,不计复利。每年付息一次,到期一次还本,最后一期利息随本金一起支付。本息支付方式及其他具体安排按照登记机构的相关规定办理。

(10)支付金额:本期债券于每年的付息日向投资者支付的利息为投资者截至利息登记日收市时各自所持有的本期债券票面总额与票面年利率的乘积,于兑付日向投资者支付的本息为投资者截至兑付登记日收市时持有的本期债券最后一期利息及等于票面总额的本金。

(11)担保人及担保方式:本期债券无担保。

(12)承销方式:本期债券由主承销商组织承销团,认购不足5亿元的部分全部由主承销商余额包销。

第一百九十六条 【公司债券的记载事项】

公司以纸面形式发行公司债券的,应当在债券上载明公司名称、债券票面金额、利率、偿还期限等事项,并由法定代表人签名,公司盖章。

►【法条释义】

本条是关于实物公司债券记载事项的规定。

公司债券是公司向债券认购人出具的债务凭证,是公司债券持有人向公司行使债权的依据。公司债券以纸面形式发行的,应当对表明公司与债券持有人之间债权债务关系的内容作出清楚明确的记载,以便债券持有人行使权利。根据本条规定,纸面形式的公司债券应当记载的事项与前条规定的公司债券募集办法中必须载明的主要事项相近,具体包括公司名称、债券票面金额、利率、偿还期限等。这些事项记载于纸面形式的公司债券上,对作为发行人的公司具有法律约束力。同时,票面上的法定记载事项所载明的内容,应当依据公司股东会或者董事会所作出的决议,并且应当同公司债券募集办法、公司债券持有人名册上所记载的内容相一致。

为了证明公司债券的真实性、合法性,以纸面形式发行的公司债券上应当由公司法定代表人签名，并由公司盖章。

第一百九十七条　【记名公司债券】

公司债券应当为记名债券。

►【法条释义】

本条是关于法律允许发行的公司债券类型的规定。

如前所述，公司债券可以根据不同的标准分为不同的类型。根据是否在公司债券上签署债权人的姓名，公司债券可分为记名债券和无记名债券。记名债券与无记名债券在确认权利人的方式、债券转让、债券兑付等方面均有所不同。

记名债券的基本特征是债券上明确记载认购人的姓名或名称、住所。相应地，在公司债券持有人名册上也应载明记名债券持有人的姓名或名称、住所、取得债券的日期及其债券编号。记名债券与公司债券持有人名册上记载的债券持有人应当一致。当记名债券和公司债券持有人名册上记载的债券持有人相同时，则该持有人是该债券的合法权利人，可以依法享有和行使债权人的权利。如果债券持有人将该债券转让，则必须依法变更记名债券上和公司债券持有人名册上的持有人姓名或名称、住所，否则该转让不发生对抗公司的效力。

无记名债券的基本特征是债券上不记载认购人的姓名或名称、住所。相应地，公司债券持有人名册上也不做相关记载。无记名债券依实际占有来确定其权利人，持有人即被视为债权人，可以依法享有并行使债权人的权利。

记名债券与无记名债券相比各有优劣。记名债券的权属性稳定，灭失或损毁时可以获得挂失、公示催告等法律救济，但转让时需要办理变更持有人的手续，对流通有一定影响；无记名债券便于流通，其转让只需要交付即可生效，可以满足债权人随时变现的需要，但在灭失或损毁时无法得到挂失等救济，权属性上的风险大于记名债券。特别需要注意的是，《公司法》只允许发行记名债券，不允许发行无记名债券。

▶【知识拓展】

2023 年张家界市交通建设投资集团有限公司公司债券募集说明书①

……

二、主要发行条款

12. 发行方式及对象:本次债券为实名制记账式债券,以簿记建档、集中配售的方式,通过中央国债登记结算有限责任公司的簿记建档场所和系统向机构投资者公开发行。在承销团成员设置的发行网点发行的对象为在中央国债登记结算有限责任公司开户的境内机构投资者(国家法律、法规另有规定除外);在上海证券交易所市场的发行对象为持有中国证券登记结算有限责任公司上海分公司基金证券账户或 A 股证券账户的法人、证券投资基金、符合法律规定的其他投资者(国家法律、法规另有规定除外)。

第一百九十八条 【公司债券持有人名册】

公司发行公司债券应当置备公司债券持有人名册。

发行公司债券的,应当在公司债券持有人名册上载明下列事项:

(一)债券持有人的姓名或者名称及住所;

(二)债券持有人取得债券的日期及债券的编号;

(三)债券总额,债券的票面金额、利率、还本付息的期限和方式;

(四)债券的发行日期。

▶【法条释义】

本条是关于公司债券持有人名册的置备和记载事项的规定。

为适应公司债券无纸化的发展需要,2023 年《公司法》将公司应当备置的债券存根簿改为了债券持有人名册。公司债券持有人名册是公司发行公司债券的记录,是确定公司发行债券的规模以及公司与其发行的公司债券的持有人之间权利义务关系的依据,具有确认记名债券权利人的功能,因此,法律要求公司发行债券应当置备公司债券持有人名册,并且对公司债券持有人名册的记载事项作出了

① 参见《2023 年张家界市交通建设投资集团有限公司公司债券募集说明书》,载上海证券交易所,http://www.sse.com.cn/disclosure/bond/announcement/corporate/c/new/2023-06-19/270053_20230619_1242.pdf。

规定。根据《公司法》的规定，允许发行的公司债券为记名债券，债券持有人名册应当记载以下事项：(1)债券持有人的姓名或者名称及住所；(2)债券持有人取得债券的日期及债券的编号；(3)债券总额、债券的票面金额、债券的利率、债券的还本付息的期限和方式；(4)债券的发行日期。

除本条规定应当记载的事项外，发行公司债券的公司也可以根据实际需要，在公司债券持有人名册上记载其他事项。

第一百九十九条 【公司债券的登记结算】

公司债券的登记结算机构应当建立债券登记、存管、付息、兑付等相关制度。

►【法条释义】

本条是关于公司债券登记结算制度的规定。

公司债券是面向投资者长期的、集团性的债务，有些公司债券是可以上市交易的。为了规范公司债券发行和转让过程中涉及的登记、托管、结算业务，保护公司债券持有人的利益，法律设置了公司债券登记结算制度。《证券法》规定，上市交易的证券应当全部存管在证券登记结算机构。中国证监会 2006 年就制定了《证券登记结算管理办法》，后几经修订，规定上市或挂牌证券的发行人应当委托证券登记结算机构办理其所发行证券的登记业务。

《证券法》对证券登记结算机构的职能和基本业务规则作了规定。根据规定，证券登记结算机构履行以下职能：(1)证券账户、结算账户的设立；(2)证券的存管和过户；(3)证券持有人名册登记；(4)证券交易所上市证券交易的清算和交收；(5)受发行人的委托派发证券权益；(6)办理与上述业务有关的查询；(7)国务院证券监督管理机构批准的其他业务。为了保证业务的正常进行，证券登记结算机构应当具有必备的服务设备和完善的数据安全保护措施，建立完善的业务、财务和安全防范等管理制度，建立完善的风险管理系统。证券登记结算机构应当按照规定以投资者本人的名义为投资者开立证券账户；应当妥善保存登记、存管和结算的原始凭证及有关文件和资料，保存期限不得少于 20 年；为证券交易提供净额结算服务时，应当要求结算参与人按照货银对付的原则，足额交付证券和资金，并提供交收担保，交收完成前不得动用用于交收的证券、资金和担保物；必须按照业务规则将收取的各类结算资金和证券存放于专门的清算交收账户，并将其用于成交的证券交易的清算交收。《证券法》的规定为证券登记结算机构建立证券登记、托管、结算等相关制度提供了法律基础,记名公司债券的登记结算机构应当依照《公司法》和《证券法》的规定,建立债券登记、托管、付息、兑付等相关制度,以更好地保护公司债券持有人的合法权益。

►【关联法条】

1.《中华人民共和国证券法》(2019年修订)

第145条　证券登记结算机构为证券交易提供集中登记、存管与结算服务,不以营利为目的,依法登记,取得法人资格。

设立证券登记结算机构必须经国务院证券监督管理机构批准。

第147条　证券登记结算机构履行下列职能:

(一)证券账户、结算账户的设立;

(二)证券的存管和过户;

(三)证券持有人名册登记;

(四)证券交易的清算和交收;

(五)受发行人的委托派发证券权益;

(六)办理与上述业务有关的查询、信息服务;

(七)国务院证券监督管理机构批准的其他业务。

第148条　在证券交易所和国务院批准的其他全国性证券交易场所交易的证券的登记结算,应当采取全国集中统一的运营方式。

前款规定以外的证券,其登记、结算可以委托证券登记结算机构或者其他依法从事证券登记、结算业务的机构办理。

第150条　在证券交易所或者国务院批准的其他全国性证券交易场所交易的证券,应当全部存管在证券登记结算机构。

证券登记结算机构不得挪用客户的证券。

第151条　证券登记结算机构应当向证券发行人提供证券持有人名册及有关资料。

证券登记结算机构应当根据证券登记结算的结果,确认证券持有人持有证券的事实,提供证券持有人登记资料。

证券登记结算机构应当保证证券持有人名册和登记过户记录真实、准确、完整,不得隐匿、伪造、篡改或者毁损。

2.《证券登记结算管理办法》

第2条　在证券交易所和国务院批准的其他全国性证券交易场所(以下统称证券交易场所)交易的股票、债券、存托凭证、证券投资基金份额、资产支持证券等证券及证券衍生品种(以下统称证券)的登记结算,适用本办法。证券可以采用纸面形式、电子簿记形式或者中国证券监督管理委员会(以下简称中国证监会)规定的其他形式。

未在证券交易场所交易的证券,委托证券登记结算机构办理证券登记结算业务的,证券登记结算机构参照本办法执行。

境内上市外资股、存托凭证、内地与香港股票市场交易互联互通等的登记结算业务,法律、行政法规、中国证监会另有规定的,从其规定。

第二百条　【公司债券的转让】

公司债券可以转让,转让价格由转让人与受让人约定。

公司债券的转让应当符合法律、行政法规的规定。

►【法条释义】

本条是关于公司债券交易的规定。

公司依法发行的公司债券与股票等其他有价证券一样,具有流通性,可以转让。依法转让公司债券是债券持有人享有的民事权利。债券交易方式包括通过证券交易所交易、柜台交易、场外交易等。根据本条规定,公司债券的转让价格由转让人与受让人约定。公司债券的转让应当遵循证券交易活动公平、自愿、等价、有偿的原则,由债券转让人与受让人协商决定。由于《公司法》规定公司债券只能是记名债券,因而一般通过协议转让时,转让的价格由转让人与受让人约定。

根据证券法律制度的规定,公开发行的公司债券应当在依法设立的证券交易所上市交易,或在全国中小企业股份转让系统或者国务院批准的其他证券交易场所转让。非公开发行公司债券可以申请在证券交易所、全国中小企业股份转让系统、机构间私募产品报价与服务系统、证券公司柜台转让。非公开发行的公司债券仅限于专业投资者范围内转让。转让后,持有同次发行债券的专业投资者合计不得超过200人。

与股票相比,债券具有风险小、增值潜力小、价格波动小的特点。特殊情况下债券的价格也可能有大的波动,主要受两方面因素的影响:一是市场的利率;二是公司的资信状况。市场利率以银行定期存款利率为参照,是影响债券价格波动的首要因素。一般而言,市场利率与债券的价格变化成反比,市场利率上升,债券的价格下降;市场利率下降,债券的价格上升。相对于股票,债券价格的变化与发行公司经营状况的联系没有股票紧密,但是并不等于债券的价格与发行人的经营状况没有联系。公司的经营状况关系到公司的偿债能力,盈利情况好,偿债能力相对就强,如果公司濒临破产,则债券也将面临无法偿付的风险,因而对债券的价格也有一定影响。

►【关联法条】

1.《中华人民共和国证券法》(2019年修订)

第48条 上市交易的证券,有证券交易所规定的终止上市情形的,由证券交易所按照业务规则终止其上市交易。

证券交易所决定终止证券上市交易的,应当及时公告,并报国务院证券监督管理机构备案。

2.《公司债券发行与交易管理办法》(2023年)

第31条 公开发行的公司债券,应当在证券交易场所交易。

公开发行公司债券并在证券交易场所交易的,应当符合证券交易场所规定的上市、挂牌条件。

第32条 证券交易场所应当对公开发行公司债券的上市交易实施分类管理,实行差异化的交易机制,建立相应的投资者适当性管理制度,健全风险控制机制。证券交易场所应当根据债券资信状况的变化及时调整交易机制和投资者适当性安排。

第33条 公开发行公司债券申请上市交易的,应当在发行前根据证券交易场所的相关规则,明确交易机制和交易环节投资者适当性安排。发行环节和交易环节的投资者适当性要求应当保持一致。

第37条 非公开发行公司债券,可以申请在证券交易场所、证券公司柜台转让。

非公开发行公司债券并在证券交易场所转让的,应当遵守证券交易场所制定的业务规则,并经证券交易场所同意。

非公开发行公司债券并在证券公司柜台转让的,应当符合中国证监会的相关规定。

第38条 非公开发行的公司债券仅限于专业投资者范围内转让。转让后,持有同次发行债券的投资者合计不得超过二百人。

▶【知识拓展】

桂东电力非公开发行公司债券上市交易[①]公告（见图3）

广西桂东电力股份有限公司2019年非公开发行公司债券
(第一期)在上海证券交易所上市的公告

根据上海证券交易所债券挂牌的有关规定,广西桂东电力股份有限公司2019年非公开发行公司债券(第一期)符合上海证券交易所公司债券挂牌条件,将于2019年5月27日起在上海证券交易所交易市场固定收益证券综合电子平台上市并面向合格投资者中的机构投资者交易。债券相关要素如下:

债券名称:	广西桂东电力股份有限公司2019年非公开发行公司债券(第一期)
债券简称:	19桂东01
债券代码:	151517
信用评级:	无
评级机构:	无
是否可参与质押式回购:	否
质押券代码(如可质押):	无
发行总额(亿元):	5.0
债券期限:	5年
票面年利率(%):	6.90
利息种类:	附息式固定利率
付息频率:	按年付息
发行日:	2019年4月24日至2019年4月25日
起息日:	2019年4月25日
上市日期:	2019年5月27日
到期日:	2024年4月25日
发行价格:	100元

广西桂东电力股份有限公司

2019年5月23日

图3 桂东电力非公开发行公司债券上市交易

---

① 参见《桂东电力:2019年非公开发行公司债券(第一期)在上海证券交易所上市的公告》,载搜狐证券2019年5月24日,https://q.stock.sohu.com/cn,gg,600310,3780323458.shtml。

第二百零一条 【公司债券的转让方式】

公司债券由债券持有人以背书方式或者法律、行政法规规定的其他方式转让;转让后由公司将受让人的姓名或者名称及住所记载于公司债券持有人名册。

►【法条释义】

本条是关于公司债券转让方式及效力的规定。

记名公司债券与无记名公司债券的转让方式不同,发生转让效力的要件也不同。

记名公司债券通过债券持有人的意思表示和债券的实际交付完成转让。因此,记名公司债券的持有人转让债券时,应当在债券票面上背书,记载转让人的转让意思,并将其所持债券交付受让人。除这种转让方式外,对记名公司债券,也可以采用法律、行政法规规定的其他方式转让。转让记名公司债券,必须办理过户手续,变更公司债券持有人名册记载事项,也就是变更债券持有人的姓名或者名称及住所等记载事项才能产生转让效力,否则该转让不能对抗公司。

转让记名公司债券一般而言需要经过以下程序:首先,双方当事人达成转让意向,并签署转让协议书或其他书面文件;其次,办理债券转让登记手续,包括填写转让登记簿、提交相关材料等;再次,支付相关费用,如转让费用、印花税等;复次,办理债券过户手续,包括填写过户登记簿、提交相关材料等;最后,债券过户完成后,由债券托管机构或证券公司出具债券过户凭证。

第二百零二条 【可转换公司债券的发行】

股份有限公司经股东会决议,或者经公司章程、股东会授权由董事会决议,可以发行可转换为股票的公司债券,并规定具体的转换办法。上市公司发行可转换为股票的公司债券,应当经国务院证券监督管理机构注册。

发行可转换为股票的公司债券,应当在债券上标明可转换公司债券字样,并在公司债券持有人名册上载明可转换公司债券的数额。

►【法条释义】

本条是关于发行可转换为股票的公司债券(以下简称可转债)的规定。

1. 可转债简介

可转债的持有人，享有在债券发行结束一定期间后将所持有的公司债券转换成股票的权利，通过行使转换权取得公司股票。因此可转债潜在地具有股票的性质，《证券法》规定上市公司发行可转债需符合发行新股的基本条件。

可转债发行时的募集说明书中应当明确可转债转换成股票的具体办法，包括转换的程序，可以转换的股票类型，转换的比例、期限、价格等。债券持有人享有是否将所持有的债券转换为股票的选择权。在可转债转换为股票时，转换每股所需的公司债券的金额为转换价格，一般以发行可转债时的股票价格为标准，债券持有人通常在经过一定时间后，根据股价行情自主选择是否行使转换权。如果债券持有人不行使转换权，一直持有公司债券，则其作为债权人无论公司盈亏，都可以得到确定的利息收益。对发行公司而言，发行可转债是公司筹资的重要手段，因为可转债的利率较一般公司债券利率低，公司可以降低发行债券的成本，而当股价上涨时，又可以吸引债券持有人投资公司股票，减少公司负债，增加公司资本，改善公司的财务状况。

可转债又可以分为非分离交易的可转债和分离交易的可转债。非分离交易的可转债，认股权不能和可转债分离，两者存续期限一致，同时流通、转让，债券持有人一旦行使转股权，申请将债券转换为公司股票，债权人就转变为股东；分离交易的可转债是认股权与可转债分离，单独成为一个交易品种，债券持有人行使认股权需另筹资金购买公司股票，在认股权行权以后，债券持有人既持有公司债券，又持有公司股票。因此，公司发行非分离交易的可转债只有一次融资，但发行分离交易的可转债可以有两次融资。

2. 可转债发行的基本规则

（1）发行主体。根据2023年《公司法》的规定，可转债的发行主体为股份有限公司，不限于上市公司。

（2）发行程序。股份有限公司发行可转债需经公司内部决议。2023年《公司法》规定，股份有限公司经股东会决议或者经公司章程、股东会授权由董事会决议，可以发行可转换为股票的公司债券，并规定了具体的转换办法。这意味着，原则上股份公司发行可转债应当经过股东会决议，但如果公司章程有明确规定或者经过股东会的授权，可以由董事会作出发行可转债的决议。如果是上市公司发行可转债，应当经国务院证券监督管理机构注册。

（3）发行要求。可转债与一般的公司债券不同，满足规定的转换股票条件时，债券持有人可以选择将债权转换为公司股票，因而发行可转债，应当在债券上标明可转换公司债券字样，并在公司债券持有人名册上载明可转换公司债券的数额。

► 【关联法条】

《上市公司证券发行注册管理办法》

第13条 上市公司发行可转债,应当符合下列规定:

(一)具备健全且运行良好的组织机构;

(二)最近三年平均可分配利润足以支付公司债券一年的利息;

(三)具有合理的资产负债结构和正常的现金流量;

(四)交易所主板上市公司向不特定对象发行可转债的,应当最近三个会计年度盈利,且最近三个会计年度加权平均净资产收益率平均不低于百分之六;净利润以扣除非经常性损益前后孰低者为计算依据。

除前款规定条件外,上市公司向不特定对象发行可转债,还应当遵守本办法第九条第(二)项至第(五)项、第十条的规定;向特定对象发行可转债,还应当遵守本办法第十一条的规定。但是,按照公司债券募集办法,上市公司通过收购本公司股份的方式进行公司债券转换的除外。

第14条 上市公司存在下列情形之一的,不得发行可转债:

(一)对已公开发行的公司债券或者其他债务有违约或者延迟支付本息的事实,仍处于继续状态;

(二)违反《证券法》规定,改变公开发行公司债券所募资金用途。

第15条 上市公司发行可转债,募集资金使用应当符合本办法第十二条的规定,且不得用于弥补亏损和非生产性支出。

第22条 上市公司申请发行证券,应当按照中国证监会有关规定制作注册申请文件,依法由保荐人保荐并向交易所申报。

交易所收到注册申请文件后,五个工作日内作出是否受理的决定。

第61条 可转债应当具有期限、面值、利率、评级、债券持有人权利、转股价格及调整原则、赎回及回售、转股价格向下修正等要素。

向不特定对象发行的可转债利率由上市公司与主承销商依法协商确定。

向特定对象发行的可转债应当采用竞价方式确定利率和发行对象。

第62条 可转债自发行结束之日起六个月后方可转换为公司股票,转股期限由公司根据可转债的存续期限及公司财务状况确定。

债券持有人对转股或者不转股有选择权,并于转股的次日成为上市公司股东。

第63条 向特定对象发行的可转债不得采用公开的集中交易方式转让。

向特定对象发行的可转债转股的，所转股票自可转债发行结束之日起十八个月内不得转让。

第64条 向不特定对象发行可转债的转股价格应当不低于募集说明书公告日前二十个交易日上市公司股票交易均价和前一个交易日均价。

向特定对象发行可转债的转股价格应当不低于认购邀请书发出前二十个交易日上市公司股票交易均价和前一个交易日的均价，且不得向下修正。

第二百零三条 【可转换公司债券转换股票】

发行可转换为股票的公司债券的，公司应当按照其转换办法向债券持有人换发股票，但债券持有人对转换股票或者不转换股票有选择权。法律、行政法规另有规定的除外。

►【法条释义】

本条是关于公司债券转换为股票的规定。

公司发行可转债，即承担了按照约定条件向债券持有人换发股票的义务，而债券持有人则享有按照约定条件要求公司将其持有的公司债券转换为股票的权利。公司在发行可转债时，应当根据法律要求在公司债券募集办法中，对公司债券转换为股票的具体办法包括转换程序、转换条件、提出转换的期限等作出明确规定，因此，债券持有人提出可转债转换股票的请求时，公司有义务按照公司债券募集办法中所规定的转换办法为债券持有人换发股票。可转债转换为股票后，债券持有人丧失债权人的地位，转变成公司的股东。

需要注意的是，可转债为债券持有人提供的是由债权人转变为股东的选择权，除非法律、行政法规另有规定，否则债券持有人可以根据自己的意愿处分自己的权利，选择是否将其持有的公司债券转换为股票。如果债券持有人在债券期限届满时不行使转换权，则可以要求公司按照公司债券募集办法的规定还本付息。

▶【典型案例】

深圳宝安公司债转股失败案①

1992 年 11 月 19 日至 12 月 31 日,深圳宝安公司发行了总额 5 亿元、年利率 3%、期限 3 年、初始转换价格 25 元的可转换公司债券,该可转换公司债券于 1993 年 2 月 10 日在深圳证券交易所挂牌交易。宝安可转换公司债券是我国第一只 A 股上市公司可转换公司债券。

从当时国内金融市场的状况来看,三年期银行储蓄存款利率为 8.28%,三年期企业债券利率为 9.94%,1992 年发行的三年期国库券的票面利率为 9.5%,且享有保值贴补。而宝安可转换公司债券仅通过给予投资人转股权(转股溢价率高达 20%)就拿到了只需支付 3% 利息的 5 亿元宝贵资金。国际市场上可转换公司债券的票面利率通常为其普通公司债券利率的 2/3,而宝安可转换公司债券的票面利率却比同期企业债券低了近 7 个百分点。优厚的发行条件为发债企业筹集了大量廉价资金,这无疑表明宝安可转换公司债券的发行是相当成功的。但宝安可转换公司债券的转股却遭遇了失败。1995 年年底,可转换公司债券到期,深圳宝安公司股价在每股 2.8 元左右,而除权除息后的转换价格却高达 19.39 元,在此情况下,宝安可转换公司债券转换成股票的比例只有发行额的 2.7%。因此深圳宝安公司要在 1996 年 1 月债券到期日支付约 5 亿元的现金,对深圳宝安公司的生产经营造成了一定的负面影响。

宝安可转换公司债券能成功发行,根本原因在于当时深圳宝安公司与投资者将可转换公司债券视为认股证之类的高度投机工具,而不是债券,投资者因此对于利率的高低、转换条件及保护条款等问题并不在意。宝安公司及可转换公司债券投资者对宝安 A 股股价上升以及 1993 年行使转换权深信不疑,在此心理状态下,深圳宝安公司将募债资金用于中长期投资项目,最终导致了事与愿违的结果。

---

① 参见《我国可转换公司债券典型案例分析》,载百度文库 2022 年 5 月 26 日,https://wenku.baidu.com/aggs/93394d3043323968011c92d4.html。

第二百零四条　【债券持有人会议】

公开发行公司债券的，应当为同期债券持有人设立债券持有人会议，并在债券募集办法中对债券持有人会议的召集程序、会议规则和其他重要事项作出规定。债券持有人会议可以对与债券持有人有利害关系的事项作出决议。

除公司债券募集办法另有约定外，债券持有人会议决议对同期全体债券持有人发生效力。

►【法条释义】

本条是关于债券持有人会议的规定。

债券持有人会议制度是保护债券持有人利益的重要制度。虽然公司债券相对于股票风险小一些，但并不意味着就不存在风险，尤其是公开发行公司债券涉及诸多普通投资者，因而为了防止公司侵害债权人的合法权益，公开发行公司债券需设立债券持有人会议是各国通行的做法。债券持有人会议的主要职能是对与债券持有人有利害关系的事项作出决议，如变更债券募集说明书的约定、修改债券持有人会议规则、变更债券受托管理人或受托管理协议的主要内容。公开发行公司债券的公司，在公告的债券募集办法中应当明确对债券持有人会议的召集程序、会议规则和其他重要事项作出规定。这样做不仅可以让投资者了解在购买了公司债券以后如何通过债券持有人会议行使权利，同时也可以对发行公司进行相应的监督。

公开发行公司债券涉及不特定投资者，因而在召集债券持有人会议的时候并非所有债券持有人都会参加会议，但一项决议一旦表决通过，就应当对同期全体债券持有人发生效力，除非公司债券募集办法另有约定。

►【关联法条】

《公司债券发行与交易管理办法》(2023 年)

第 61 条　发行公司债券，应当在债券募集说明书中约定债券持有人会议规则。

债券持有人会议规则应当公平、合理。债券持有人会议规则应当明确债券持有人通过债券持有人会议行使权利的范围，债券持有人会议的召集、通知、决策生效条件与决策程序、决策效力范围和其他重要事项。债券持有人会议按照本办法的规定及会议规则的程序要求所形成的决议对全体债券持有人有约束力，债券持有人会议规则另有约定的除外。

第63条　存在下列情形的,债券受托管理人应当按规定或约定召集债券持有人会议:

(一)拟变更债券募集说明书的约定;

(二)拟修改债券持有人会议规则;

(三)拟变更债券受托管理人或受托管理协议的主要内容;

(四)发行人不能按期支付本息;

(五)发行人减资、合并等可能导致偿债能力发生重大不利变化,需要决定或者授权采取相应措施;

(六)发行人分立、被托管、解散、申请破产或者依法进入破产程序;

(七)保证人、担保物或者其他偿债保障措施发生重大变化;

(八)发行人、单独或合计持有本期债券总额百分之十以上的债券持有人书面提议召开;

(九)发行人管理层不能正常履行职责,导致发行人债务清偿能力面临严重不确定性;

(十)发行人提出债务重组方案的;

(十一)发生其他对债券持有人权益有重大影响的事项。

在债券受托管理人应当召集而未召集债券持有人会议时,单独或合计持有本期债券总额百分之十以上的债券持有人有权自行召集债券持有人会议。

▶【典型案例】

"20恒大05"债券持有人会议通过展期及回售议案①

2023年10月19日,恒大地产集团有限公司(以下简称恒大地产)发布"20恒大05"2023年第二次持有人会议决议的公告。

公告显示,债券受托管理人中信建投证券股份有限公司召集了恒大地产"20恒大05"债券持有人会议,会议于2023年10月18日至19日召开。

本次债券持有人会议通过通信方式进行投票表决,本次会议表决结果如下:

议案一《关于变更本期债券持有人会议相关时间的议案》表决结果:同意票13,100,000张,占出席本期债券有表决权债券总数的100%;反对票0张,占出席本期债券有表决权债券总数的0%;弃权票0张,占出席本期债券有表决权债券总

① 参见《恒大地产:"20恒大05"债券持有人会议通过展期及回售议案》,载网易财经网2023年10月20日,https://m.163.com/news/article/IHG23ADH00259DLP.html。

数的0%。

议案二《关于调整"20恒大05"债券本息兑付安排的议案》表决结果：同意票13,100,000张，占出席本期债券有表决权债券总数的100%；反对票0张，占出席本期债券有表决权债券总数的0%；弃权票0张，占出席本期债券有表决权债券总数的0%。债券持有人会议作出的决议经过出席债券持有人会议且有表决权的持有人所持表决权过半数通过，上述两项议案均获通过。

第二百零五条　【债券受托管理人】

公开发行公司债券的，发行人应当为债券持有人聘请债券受托管理人，由其为债券持有人办理受领清偿、债权保全、与债券相关的诉讼以及参与债务人破产程序等事项。

►【法条释义】

本条是关于债券受托管理人的规定。

为了维护债券持有人的合法权益，公开发行公司债券的，除了应当设立债券持有人会议以外，还应当为债券持有人聘请债券受托管理人。根据《公司法》和《公司债券发行与交易管理办法》的规定，债券受托管理人制度的内容包括：第一，如果是公开发行公司债券，为债券持有人聘请受托管理人是发行人的法定义务；如果是非公开发行公司债券，则根据债券募集说明书的约定决定是否聘请债券受托管理人。第二，聘请债券受托管理人的主体应当是公开发行公司债券的发行人，也就是发行债券的公司。第三，能够担任债券受托管理人的主体应当是本次发行的承销机构或其他经中国证监会认可的机构，债券受托管理人应当为中国证券业协会会员，需要注意的是，为本次发行提供担保的机构不得担任本次债券发行的受托管理人。第四，债券受托管理人的主要职责有：接受委托为债券持有人办理与债券有关的事项，如受领清偿、债权保全、与债券相关的诉讼以及参与债务人破产程序等；持续关注发行人和保证人的资信状况、担保物状况、增信措施及偿债保障措施的实施情况，出现可能影响债券持有人重大权益的事项时，召集债券持有人会议；在债券存续期内监督发行人募集资金的使用情况；对发行人的偿债能力和增信措施的有效性进行全面调查和持续关注，并至少每年向市场公告一次受托管理事务报告；在债券存续期内持续督导发行人履行信息披露义务等。

▶【关联法条】

1.《中华人民共和国证券法》(2019 年修订)

第 92 条　公开发行公司债券的,应当设立债券持有人会议,并应当在募集说明书中说明债券持有人会议的召集程序、会议规则和其他重要事项。

公开发行公司债券的,发行人应当为债券持有人聘请债券受托管理人,并订立债券受托管理协议。受托管理人应当由本次发行的承销机构或者其他经国务院证券监督管理机构认可的机构担任,债券持有人会议可以决议变更债券受托管理人。债券受托管理人应当勤勉尽责,公正履行受托管理职责,不得损害债券持有人利益。

债券发行人未能按期兑付债券本息的,债券受托管理人可以接受全部或者部分债券持有人的委托,以自己名义代表债券持有人提起、参加民事诉讼或者清算程序。

2.《公司债券发行与交易管理办法》(2023 年)

第 57 条　开发行公司债券的,发行人应当为债券持有人聘请债券受托管理人,并订立债券受托管理协议;非公开发行公司债券的,发行人应当在募集说明书中约定债券受托管理事项。在债券存续期限内,由债券受托管理人按照规定或协议的约定维护债券持有人的利益。

发行人应当在债券募集说明书中约定,投资者认购或持有本期公司债券视作同意债券受托管理协议、债券持有人会议规则及债券募集说明书中其他有关发行人、债券持有人权利义务的相关约定。

第 58 条　债券受托管理人由本次发行的承销机构或其他经中国证监会认可的机构担任。债券受托管理人应当为中国证券业协会会员。为本次发行提供担保的机构不得担任本次债券发行的受托管理人。

债券受托管理人应当勤勉尽责,公正履行受托管理职责,不得损害债券持有人利益。

对于债券受托管理人在履行受托管理职责时可能存在的利益冲突情形及相关风险防范、解决机制,发行人应当在债券募集说明书及债券存续期间的信息披露文件中予以充分披露,并同时在债券受托管理协议中载明。

第 59 条　公开发行公司债券的受托管理人应当按规定或约定履行下列职责:

(一)持续关注发行人和保证人的资信状况、担保物状况、增信措施及偿债保障措施的实施情况,出现可能影响债券持有人重大权益的事项时,召集债券持有人会议;

（二）在债券存续期内监督发行人募集资金的使用情况；

（三）对发行人的偿债能力和增信措施的有效性进行全面调查和持续关注，并至少每年向市场公告一次受托管理事务报告；

（四）在债券存续期内持续督导发行人履行信息披露义务；

（五）预计发行人不能偿还债务时，要求发行人追加担保，并可以依法申请法定机关采取财产保全措施；

（六）在债券存续期内勤勉处理债券持有人与发行人之间的谈判或者诉讼事务；

（七）发行人为债券设定担保的，债券受托管理人应在债券发行前或债券募集说明书约定的时间内取得担保的权利证明或其他有关文件，并在增信措施有效期内妥善保管；

（八）发行人不能按期兑付债券本息或出现募集说明书约定的其他违约事件的，可以接受全部或部分债券持有人的委托，以自己名义代表债券持有人提起、参加民事诉讼或者破产等法律程序，或者代表债券持有人申请处置抵质押物。

第 60 条　非公开发行公司债券的，债券受托管理人应当按照债券受托管理协议的约定履行职责。

第 61 条　受托管理人为履行受托管理职责，有权代表债券持有人查询债券持有人名册及相关登记信息、专项账户中募集资金的存储与划转情况。证券登记结算机构应当予以配合。

▶【典型案例】

甘肃证监会对东兴证券出具警示函①

2023 年 11 月 29 日早间，甘肃证监局发布公告，对东兴证券采取出具警示函措施。

本次公告事涉兰州黄河生态旅游开发集团有限公司两个债券项目。兰州黄河生态旅游开发集团有限公司未按照募集说明书约定的用途使用债券募集资金，而东兴证券作为受托管理人，未按照债券受托管理协议的约定履职尽责。

甘肃证监局表示，经查，兰州黄河生态旅游开发集团有限公司非公开发行的

① 参见《因担任黄河开发集团债券受托管理人未履职尽责，东兴证券再收警示函》，载每日经济新闻网 2023 年 11 月 29 日，https://baijiahao.baidu.com/s?id=1783876875428473419&wfr=spider&for=pc。

“22 兰旅 02”“22 兰旅 03”公司债券合计 6.46 亿元,于 2022 年 9 月至 2023 年 2 月未按募集说明书约定的用途使用。

东兴证券作为“22 兰旅 02”“22 兰旅 03”的受托管理人,未按照债券受托管理协议的约定履职尽责,违反了《公司债券发行与交易管理办法》,因此,甘肃证监局对东兴证券采取出具警示函的监管措施。

根据《公司债券发行与交易管理办法》,债券受托管理人“应当勤勉尽责,公正履行受托管理职责,不得损害债券持有人利益”。另外,“在债券存续期内监督发行人募集资金的使用情况”也是债券受托管理人的职责之一。

第二百零六条　【债券受托管理人的义务与责任】

债券受托管理人应当勤勉尽责,公正履行受托管理职责,不得损害债券持有人利益。

受托管理人与债券持有人存在利益冲突可能损害债券持有人利益的,债券持有人会议可以决议变更债券受托管理人。

债券受托管理人违反法律、行政法规或者债券持有人会议决议,损害债券持有人利益的,应当承担赔偿责任。

►【法条释义】

本条是关于债券受托管理人的义务与责任的规定。

债券受托管理人是为了维护债券持有人的合法权益而专门设立的,作为接受委托为债券持有人服务的受托人,应当尽到受托人的忠实义务和勤勉义务。

债券受托管理人的忠实义务表现在:债券受托管理人应当为债券持有人的利益行事,避免从事与债券持有人利益相冲突的行为。例如,不得担任同一公司发行的不同期债券受托管理人,由于不同期债券持有人之间的利益是存在冲突的;再如,不得取得同期债券,因为如果债券受托管理人取得同期债券,就与其他债券持有人同为债权人,也会存在利益冲突。《公司债券发行与交易管理办法》第 49 条第 3 款规定:“对于债券受托管理人在履行受托管理职责时可能存在的利益冲突情形及相关风险防范、解决机制,发行人应当在债券募集说明书及债券存续期间的信息披露文件中予以充分披露,并同时在债券受托管理协议中载明。”在受托管理人因存在利益冲突可能损害债券持有人利益、不再适合担任受托管理人的情况下,债券持有人会议可以决议变更债券受托管理人,以彻底解决利益冲突问题,有效维护债券持有人的利益。

债券受托管理人的勤勉义务表现在：受托管理人应当勤勉尽责，依法为债券持有人提供专业的、具有合理谨慎的服务，应持续关注发行人和保证人的资信状况、担保物状况、增信措施及偿债保障措施的实施情况，对发行人的偿债能力和增信措施的有效性进行全面调查和持续关注等，一旦发现可能影响债券持有人利益的情形，特别是可能影响到债券还本付息时，应当及时采取各种保护债券持有人利益的措施，例如，召集债券持有人会议，要求发行人追加担保，依法申请法定机关对发行人采取财产保全措施，以及接受委托及时代表债券持有人提起诉讼等。如果债券受托管理人违反法律、行政法规或者债券持有人会议决议，损害债券持有人利益，应当承担赔偿责任。

第十章　公司财务、会计

本章规定的是公司的财务、会计制度。其中，财务制度主要是公司资金管理、成本计算、收入分配、财务会计报告、税务等方面的相关规则；会计制度主要是公司会计记账、核算等方面的相关规则。

公司建立完善的财务、会计制度，意义广泛：第一，有利于公司自身合法、合规经营，完善公司的内部治理；第二，有利于保护利益相关者的合法权益，通过完备的财务、会计制度，股东可以清楚地了解公司的经营状况，从而有效保护股东权益，同时，也可以使公司资产运作过程清晰、完整，从而有效保护公司资产，保护债权人合法权益；第三，有利于监管机构对公司的监督管理，通过对公司财务、会计资料的检查，监管机构可以了解公司的运营情况，对公司经营的合法合规性进行判断，便于查处公司及相关主体的不法行为。

第二百零七条　【公司财务会计制度】

公司应当依照法律、行政法规和国务院财政部门的规定建立本公司的财务、会计制度。

►【法条释义】

本条是对公司建立财务、会计制度的规定。

公司财务、会计制度是指以货币为主要计量形式，对公司的整个财务活动和经营情况进行记录、报告、分析，为公司管理者和其他利害关系人定期提供公司财务信息而形成的制度。公司财务会计活动的基本内容是编制和提供公司财务经营信息。公司财务会计人员通过对公司生产经营活动中大量的、日常的业务数据进行记录、分类和汇总，定期编制和披露反映公司在一定期间内的经营成果和财务状况的报表，如资产负债表、损益表、现金流量表，为有关利益主体提供公司的财务经营信息。公司财务、会计制度的基本要求是通过会计凭证、账簿、报表等会计资料,系统、真实、准确、全面地反映公司资金运动信息。① 公司财务会计活动是非常重要的活动,对股东而言,公司财务会计活动所提供的信息是其了解公司经营情况的重要渠道;对公司债权人和交易相对人而言,公司财务会计活动所提供的信息是判断公司资信状况以及是否与公司进行交易的重要依据。因此,公司的财务会计行为必须依照法律、行政法规和国务院财政部门的规定进行,才能保证财务会计信息的质量,提高其公信力。

▶【关联法条】

《中华人民共和国会计法》(2017 年修正)

第 3 条 各单位必须依法设置会计帐簿,并保证其真实、完整。

第 4 条 单位负责人对本单位的会计工作和会计资料的真实性、完整性负责。

第 5 条 会计机构、会计人员依照本法规定进行会计核算,实行会计监督。

任何单位或者个人不得以任何方式授意、指使、强令会计机构、会计人员伪造、变造会计凭证、会计帐簿和其他会计资料,提供虚假财务会计报告。

任何单位或者个人不得对依法履行职责、抵制违反本法规定行为的会计人员实行打击报复。

▶【典型案例】

礼来(上海)管理有限公司因未按规定设置会计账簿被财政部处罚②

2021 年,礼来(上海)管理有限公司使用电子计算机进行会计核算,未按照国家统一会计制度的规定设置总账、明细账等会计账簿。财政部依法对礼来(上海)管理有限公司处以 3 万元的罚款。

第二百零八条 【公司财务会计报告的编制】

公司应当在每一会计年度终了时编制财务会计报告,并依法经会计师事务所审计。

财务会计报告应当依照法律、行政法规和国务院财政部门的规定制作。

---

① 参见安建主编:《中华人民共和国公司法释义》,法律出版社 2013 年版,第 258 页。

② 参见《中华人民共和国财政部会计信息质量检查公告(第四十号)》,载财政部网 2021 年 4 月 13 日,https://www.gov.cn/xinwen/2021-04/13/content_5599221.htm。

►【法条释义】

本条是对公司编制年度财务会计报告的规定。

公司的财务会计报告是公司对外提供的反映公司某一特定日期财务状况和某一会计期间经营成果、现金流量的总结性文件。财务会计报告的主体内容是会计报表,主要包括资产负债表、损益表、财务状况变动表等;除会计报表外,财务会计报告还包括会计报表附注等内容,附注主要对会计报表编制的依据、原则、方法、过程、主要项目等进行说明,便于使用者理解会计报表的内容。公司的财务会计报告不仅是公司内部经营决策的重要依据,也是外界了解公司经营成果和财务状况的重要渠道,故《公司法》对公司按规定编制财务会计报告作出了明确要求。

我国会计年度采用公历年制,即从每年公历 1 月 1 日起至 12 月 31 日止。公司应在每一会计年度终了时制作财务会计报告。公司制作的财务会计报告必须由公司负责人签名或者盖章。公司编制财务会计报告,应当遵守国家法律、法规及国务院财政部门的规定,保证内容真实、准确、完整,前后各期信息应具有可比性,并应及时编制。根据《公司法》的最新规定,公司的财务会计报告应交由有资质的会计师事务所审计,由会计师事务所作为独立第三方,对公司的财务会计报告作出公正客观的评价。

►【关联法条】

《企业财务会计报告条例》

第 1 条　为了规范企业财务会计报告,保证财务会计报告的真实、完整,根据《中华人民共和国会计法》,制定本条例。

第 2 条　企业(包括公司,下同)编制和对外提供财务会计报告,应当遵守本条例。

本条例所称财务会计报告,是指企业对外提供的反映企业某一特定日期财务状况和某一会计期间经营成果、现金流量的文件。

第 3 条　企业不得编制和对外提供虚假的或者隐瞒重要事实的财务会计报告。

企业负责人对本企业财务会计报告的真实性、完整性负责。

第 4 条　任何组织或者个人不得授意、指使、强令企业编制和对外提供虚假的或者隐瞒重要事实的财务会计报告。

第 5 条　注册会计师、会计师事务所审计企业财务会计报告,应当依照有关法律、行政法规以及注册会计师执业规则的规定进行,并对所出具的审计报告负责。

► 【典型案例】

乐视财务造假案①

乐视网于2007年至2016年财务造假，其报送、披露的申请首次公开发行股票并上市（IPO）相关文件及2010年至2016年年报存在虚假记载。具体情况如下：乐视网2007年虚增收入939.95万元，虚增利润870.23万元（虚增利润占当期披露利润总额的59.27%，下同）；2008年虚增收入4615.52万元，虚增利润4308.25万元（136.00%）；2009年虚增收入9375.76万元，虚增利润8883.18万元（186.22%）；2010年虚增收入9961.80万元，虚增利润9443.42万元（126.19%）；2011年虚增收入6937.65万元，虚增利润6529.13万元（39.75%）；2012年虚增收入8965.33万元，虚增利润8445.10万元（37.04%）；2013年虚增收入19,998.17万元，虚增利润19,339.69万元（78.49%）；2014年虚增收入35,194.19万元，虚增成本590.38万元，虚增利润34,270.38万元（470.11%）；2015年虚增收入39,922.39万元，虚减成本943.40万元，虚增利润38,295.18万元（516.32%）；2016年虚增收入51,247.00万元，虚增成本3085.15万元，虚增利润43,276.33万元（−131.66%）。针对上述行为，中国证监会对涉案主体分别进行了行政处罚。

第二百零九条　【公司财务会计报告的披露】

有限责任公司应当按照公司章程规定的期限将财务会计报告送交各股东。

股份有限公司的财务会计报告应当在召开股东会年会的二十日前置备于本公司，供股东查阅；公开发行股份的股份有限公司应当公告其财务会计报告。

► 【法条释义】

本条是对公司年度财务会计报告披露的规定。

不同的公司财务会计报告的披露要求不同，有限公司和未上市的股份有限公

① 参见《中国证监会行政处罚决定书（乐视网、贾某亭等15名责任主体）〔2021〕16号》，载中国证券监督管理委员会2021年4月2日，http://www.csrc.gov.cn/csrc/c101928/c490192772b7748f58f089887c76bb662/content.shtml。

司不涉及公众投资者,因而无须向股东以外的第三人披露其财务会计报告。但公开发行股份的股份公司(一般而言我国股份公司申请公开发行股份和上市是联动的,公开发行股份后即会申请上市,故公开发行股份的股份公司一般就是上市公司)涉及大量公众投资者,因而必须公告其财务会计报告。

首先,该条保障了公司股东对公司财务会计报告的知情权。作为公司的股东,有权利了解公司的财务状况和经营成果,并据此作出正确的投资和管理决策。因此,公司有义务让股东了解财务会计报告的内容,如果是有限责任公司,涉及股东人数相对较少,《公司法》要求公司按照章程规定的期限将财务会计报告送交各股东;如果是股份有限公司,涉及股东人数相对较多,《公司法》要求其在召开股东会年会的20日前将财务会计报告置备于本公司,供股东查阅。

其次,该条有利于保障上市公司的规范运作。对资本市场的投资者而言,如何判断一个上市公司是否有投资价值,如何作出投资决策,在很大程度上依靠的是该上市公司公开披露的信息,而其中财务会计报告是最为核心的内容。因此,《公司法》要求上市公司公告其财务会计报告,一方面可以让投资者了解公司的经营情况和经营成果,另一方面也便于监管部门对上市公司的监督管理,提高市场透明度,促进上市公司规范化运作。《证券法》对上市公司的信息披露义务作了更为详细的规定,包括定期披露和临时披露,定期披露即上市公司应当按期披露公司的年度报告和半年度报告;临时披露即上市公司在发生重大事件时,应当及时向公众投资者披露。

►【关联法条】

《中华人民共和国证券法》(2019年修订)

第79条　上市公司、公司债券上市交易的公司、股票在国务院批准的其他全国性证券交易场所交易的公司,应当按照国务院证券监督管理机构和证券交易场所规定的内容和格式编制定期报告,并按照以下规定报送和公告:

(一)在每一会计年度结束之日起四个月内,报送并公告年度报告,其中的年度财务会计报告应当经符合本法规定的会计师事务所审计;

(二)在每一会计年度的上半年结束之日起二个月内,报送并公告中期报告。

▶【典型案例】

上市公司不按期披露年度报告被处罚①

2022年9月6日，中国证券监督管理委员会陕西监管局（以下简称陕西证监局）下发对延安必康制药股份有限公司（以下简称延安必康）以及韩某雄、方某的行政处罚决定书（陕证监处罚字〔2022〕2号），文书显示：作为上市公司，延安必康未在规定时间内披露2021年年报，陕西证监局拟对公司及相关责任人共罚款160万元。

文书显示，延安必康涉嫌违法的事实如下：2022年3月26日，延安必康发布《关于2021年年度报告预约披露日期变更的公告》，称2021年年度报告预约披露时间由2022年3月31日变更至2022年4月27日。2022年4月27日，延安必康发布《关于延期披露2021年年度报告及2022年第一季度报告的公告》，称因受疫情防控影响，根据审计工作进度，公司预计无法按照原计划披露2021年年度报告，披露日期将延期至2022年4月30日。2022年4月30日，延安必康发布《关于无法在法定期限内披露定期报告暨股票停牌的风险提示性公告》，称因在重大事项上与年报审计机构兴昌华所未能达成一致，导致公司在定期报告编制中遇到困难，公司无法在法定期限内披露2021年年度报告。2022年6月30日，延安必康披露2021年年度报告。综上，延安必康未按规定在2021会计年度结束之日起4个月内披露2021年年度报告。

陕西证监局认为：延安必康的上述行为违反了《证券法》第79条第1项的规定，构成该法第197条第1款所述"未按照本法规定报送有关报告或者履行信息披露义务"的行为。对延安必康未在法定期限内披露2021年年度报告的违法行为，公司时任董事长兼董事会秘书韩某雄、财务总监方某是直接负责的主管人员。

根据当事人违法行为的事实、性质、情节与社会危害程度，依据《证券法》第197条第1款的规定，决定：1. 对延安必康给予警告，并处以100万元的罚款；2. 对韩某雄给予警告，并处以30万元的罚款；3. 对方某给予警告，并处以30万元的罚款。

---

① 参见《中国证监会陕西监管局行政处罚决定书（延安必康、韩某雄、方某）〔2022〕2号》，载中国证券监督管理委员会2022年9月6日，http://www.csyc.gov.cn/shaanxi/c104634/c5641914/content.shtml。

第二百一十条 【税后利润分配】

公司分配当年税后利润时,应当提取利润的百分之十列入公司法定公积金。公司法定公积金累计额为公司注册资本的百分之五十以上的,可以不再提取。

公司的法定公积金不足以弥补以前年度亏损的,在依照前款规定提取法定公积金之前,应当先用当年利润弥补亏损。

公司从税后利润中提取法定公积金后,经股东会决议,还可以从税后利润中提取任意公积金。

公司弥补亏损和提取公积金后所余税后利润,有限责任公司按照股东实缴的出资比例分配利润,全体股东约定不按照出资比例分配利润的除外;股份有限公司按照股东所持有的股份比例分配利润,公司章程另有规定的除外。

公司持有的本公司股份不得分配利润。

▶【法条释义】

本条是关于公司税后利润分配的规定。

股东作为投资人,其投资的目的就是获得利润,因而应当依法保障股东的利润分配权益。但同时,《公司法》对公司利润的分配也有严格的要求,股东分配利润,不能损害国家利益和他人的合法权益。公司分配的利润必须是税后利润。所谓税后利润,是企业的营业收入扣除成本、费用以及流转税和缴纳企业所得税后的净利润。根据《公司法》和《企业所得税法》的有关规定,公司的税后利润应当按照下列顺序进行分配:

(1)弥补公司的亏损。公司亏损是指在一个会计年度内,公司的盈利低于公司的全部成本、费用及损失的总和。公司存续期间,应当经常保持与其资本相当的实际资产,因而,当公司有税后利润时,应当首先用利润弥补公司的亏损。根据《企业所得税法》的有关规定,特定情况下经过主管税务部门审核认定,公司可以在缴纳企业所得税之前弥补以前年度的亏损。

(2)提取法定公积金。公司当年的税后利润在弥补亏损后,如果仍有剩余,应当提取税后利润的10%列入法定公积金。当公司的法定公积金累积余额达到公司注册资本的50%后,可以不再提取。在法定公积金累计余额达到注册资本50%以前,公司不得削减法定公积金的提取比例。

(3)提取任意公积金。公司除了提取法定公积金以外,还可以根据公司的实际情况提取任意公积金。之所以叫作任意公积金,是因为该项公积金并非法律规定必须提取,而是在公司提取了法定公积金后,由公司股东会决议再从税后利润中提取一定比例的公积金。任意公积金具体提取多少,可以由公司自行决定。

(4)分配利润。公司利润在缴纳了企业所得税,提取法定公积金及任意公积金(如公司决议提取)之后,如仍有剩余,则可以按股东会确定的利润分配方案向股东分配利润。

如前所述,公司分配的利润必须是税后利润,且必须遵循法律法规、公司章程的规定以及股东会的相关决议。具体而言,首先,公司只能在有利润的情况下才能向股东分配,如果公司没有取得利润,虚增利润向股东分配,那么实际上分配的是股东出资形成的公司资产,将导致股东抽逃出资,相关主体需要承担抽逃出资的责任;其次,公司能够分配的利润,必须是在依法缴纳了各种税款以及提取法定公积金以后的净利润,如果公司在缴纳企业所得税以及提取法定公积金之前分配利润,则股东应当将所分配的利润返还公司,重新按照法律规定对税后利润进行分配;最后,公司分配利润,需以股东会作出分配利润的决议为前提,如果公司有税后利润,但股东会并未作出分配利润的决议,股东也无权要求公司分配利润。

在利润分配比例上,一般而言,根据权责利效相统一的原则,股东能够分配的利润数额应与股东出资的数额相一致。股东出资以后方能取得股东资格,也才具有利润分配权,因而《公司法》规定,一般情况下,有限责任公司按照股东实缴的出资比例分配利润,股份有限公司按照股东所持有的股份比例分配利润。所谓实缴的出资比例,是指按股东实际缴纳的出资占公司资本总额的比例,在股东出资可以分期缴付的情况下,股东认缴出资与实缴出资可能存在不一致的情况,而在分配利润时,从公平的角度出发,应当按照股东实际已经履行的出资义务进行分配,而不是按照认缴的出资比例。同时,本条也给予了股东在利润分配上意思自治的权利,如果有限责任公司全体股东约定不按照出资比例分配利润,或者股份公司的公司章程对利润分配另有规定的,也尊重股东的选择。公司在特定的情况下可能持有本公司股份,如公司依法回购股东的股份,在回购后尚未处置时恰逢公司股东会决议分配利润,公司持有的本公司股份不得参与利润分配。

►【关联法条】

《最高人民法院关于适用〈中华人民共和国公司法〉若干问题的规定(四)》(2020年修正)

第13条 股东请求公司分配利润案件,应当列公司为被告。

一审法庭辩论终结前,其他股东基于同一分配方案请求分配利润并申请参加诉讼的,应当列为共同原告。

第14条 股东提交载明具体分配方案的股东会或者股东大会的有效决议,请求公司分配利润,公司拒绝分配利润且其关于无法执行决议的抗辩理由不成立的,人民法院应当判决公司按照决议载明的具体分配方案向股东分配利润。

第15条 股东未提交载明具体分配方案的股东会或者股东大会决议,请求公司分配利润的,人民法院应当驳回其诉讼请求,但违反法律规定滥用股东权利导致公司不分配利润,给其他股东造成损失的除外。

►【典型案例】

1. 唐山世博大厦有限公司(以下简称世博公司)诉北京科技园置业股份有限公司(以下简称置业公司)等公司决议效力确认纠纷案

[北京市第一中级人民法院(2011)一中民终字第14680号]

世博公司系置业公司的股东,持有该公司47%的股份。另外两股东为持有47%股份的北京科技园建设(集团)股份有限公司(以下简称建设公司),以及持有6%股份的北京海开房地产集团有限责任公司(以下简称海开公司)。2009年年初,建设公司提出向置业公司借款。2009年3月5日,置业公司监事会就建设公司的借款事项取得各方股东同意,并附条件授予世博公司同等借款权利。2009年10月,世博公司主张以同等条件从置业公司处借款1.8亿元,但建设公司提出采取变通方式执行。具体方式为,置业公司先向各股东分红,再由建设公司、海开公司两股东向世博公司提供借款。为此,置业公司于2009年10月23日作出召开该公司2009年度第五次临时股东大会决议。该决议内容包括,分配2008年度未分配利润1.5亿余元,并将2009年预期净利润中的2839万元进行分配。建设公司、海开公司两股东将分得的股利9540万元借给世博公司。世博公司则将其拥有的置业公司的47%股权质押给建设公司、海开公司两股东。上述股东大会决议作出后,置业公司将1.8亿元支付给了世博公司。同时,世博公司与其他两股东建设公司、海开公司分别签署了借款协议和股权质押协议。世博公司认为,上述股东大会决议作出时,置业公司尚未进行当年的审计和利润结算,无法确定可分配利润,且置业公司的地产项目正处于建设期,往年未分配利润远远不足以弥补后续的巨大资金缺口,在无可分配利润的情况下仍然进行分配,并将该公司2009年度的预期净利润2839万元进行分配,该股东大会决议违反法律、行政法规的规定;置业公司在贷款合同中曾向银行承诺在还清上述贷款前,置业公司不得进行利润分配,该股东大会决议亦违反置业公司对其他债权人的承诺,且非该公司各方股东的真实意思表示。世博公司诉至法院,要求判决确认置业公司于2009年10月23日作出的该公司2009年度第五次临时股东大会决议无效。

一审法院判决认定置业公司第五次临时股东大会决议中关于对2009年度预期净利润进行分配的内容无效,但其他内容有效,驳回世博公司其他诉讼请求。世博公司上诉。

二审法院认为,置业公司2009年财务会计年度实际终了后,实现的可分配利润数额高于股东大会决议中分配的当年预期净利润数额,且置业公司在2009年已经补足了应当提取的法定公积金。在此种情况下,世博公司请求确认置业公司2009年第五次临时股东大会决议分配预期净利润的股东大会决议无效的上诉理由不足。一审法院对此部分的股东大会决议效力认定不当,故判决撤销一审民事判决,驳回世博公司的全部诉讼请求。

2. 郭某绪与上海赛洋纺织科技有限公司(以下简称赛洋公司)等股东利润分配纠纷上诉案

[上海市第二中级人民法院(2000)沪二中经终字第280号]

郭某绪与吴某鸣于1998年5月27日签订《赛洋公司章程》,约定共同出资设立赛洋公司。公司注册资本为100万元,其中吴某鸣出资80万元,占公司注册资本的80%;郭某绪出资20万元,占公司注册资本的20%,股东的出资额须在1998年5月24日前足额认缴。在公司申请成立的过程中,吴某鸣出资8万元人民币,其余92万元系找案外人借得。款项借到以后,由某会计师事务所出具验资报告:赛洋公司注册资本100万元,其中吴某鸣出资80万元,郭某绪出资20万元,公司注册资本已到位。1998年6月17日,赛洋公司经上海市工商局嘉定分局核准登记成立。7月3日,赛洋公司以贷记凭证的方式,将92万元划入案外人账户。1999年8月31日,郭某绪持赛洋公司载明该公司1998年未分配利润为3,307,411.58元的资产负债表等材料,以赛洋公司、吴某鸣未按时向其支付该公司红利为由,诉至法院。吴某鸣以在公司成立时郭某绪并未向赛洋公司出资,并且公司成立后其也没有进行投资为由,否认郭某绪的股东资格,要求法院驳回其诉讼请求。

法院经审理后认为:赛洋公司是两个自然人组成的私营性质的公司,郭某绪和吴某鸣共同向案外人借款通过验资并以公司名义归还后,主要通过郭某绪的经营获得利润后已补足注册资本金,并且郭某绪的股东身份已由工商部门登记在册,其具有股东身份。既然郭某绪的股东身份得到确认,自然也就可以行使盈余分配的权利。但由于本案中,赛洋公司的股东会并没有作出分配盈余的决议,法院驳回了上诉人的上诉请求。

第二百一十一条 【公司违规分配利润的责任】

公司违反本法规定向股东分配利润的,股东应当将违反规定分配的利润退还公司;给公司造成损失的,股东及负有责任的董事、监事、高级管理人员应当承担赔偿责任。

►【法条释义】

本条规定了公司违规分配利润的责任。

为保持公司资本稳定,维护债权人合法权益,法律规定公司的税后利润应当先用于弥补亏损、提取法定公积金,然后才能分配给股东。如果公司的股东会或者董事会违反法律的规定分配利润,比如在公司弥补亏损和提取法定公积金之前向股东分配利润,则违反了《公司法》关于税后利润分配的强制性规定,相关股东必须将违反规定分配的利润退还公司。而如果因此给公司造成损失,则负有责任的相关人员,包括股东、相关董事、监事、高级管理人员,都应当承担对公司的赔偿责任。对此需要注意的是,《公司法》规定,但凡违规分配利润给公司造成损失的,股东均应当赔偿,无论其善意恶意;而董事、监事、高级管理人员承担赔偿责任的前提是对此负有责任,也就意味着,如果董事、监事、高级管理人员对于违规分配利润无过错,则无须承担赔偿责任。

►【典型案例】

台州天安砂石有限公司(以下简称天安公司)、陈某玉、甄某花追收非正常收入纠纷案

[浙江省台州市中级人民法院(2019)浙10民终593号]

上诉人甄某花于2013年3月19日与天安公司签订《股权转让协议》,受让天

安公司股权,2014 年 4 月 3 日天安公司变更工商登记确认其丈夫陈某玉享有 20.0608%的公司股权,陈某玉成为天安公司股东。2014 年 9 月至 2016 年 7 月,在公司涉及多起诉讼的情况下,通过公司员工的个人账户分别向陈某玉付款共计 11,272,073.98 元,上诉人未能举证证明该款项属于其他经济往来,且该款项符合公司分红(按股东所持股份比例支付)的特征,故上述款项应认定为天安公司对陈某玉的分红款。根据《公司法》规定,股东分红即公司盈利分配必须按照顺序进行,先清偿债务、弥补亏损,再依照法律规定提取法定公积金及依照股东会决议提取任意公积金,最后方可分红。本案中,上述争议款项系在天安公司涉及多起诉讼的情况下,其为规避债务,通过私人账户向股东分红,并且上述盈余分配亦未先提取法定公积金,违反了《公司法》的相关规定,不管当时公司是否处于亏损状况及陈某玉作为股东是否知晓公司经营状况,均不影响违规分配利润的成立,陈某玉应归还争议款项。

第二百一十二条 【公司利润分配的时限】

股东会作出分配利润的决议的,董事会应当在股东会决议作出之日起六个月内进行分配。

►【法条释义】

本条是关于公司利润分配时间的规定。

为了保障股东的利润分配权,2023 年《公司法》专门规定了利润分配的时间。根据本条规定,公司利润分配的时间应当是股东会决议作出之日起 6 个月内。公司股东会的职权之一,是审议批准公司的利润分配方案,而利润分配方案经股东会决议通过以后,董事会应当按时进行分配,若落实分配时间过长,就有可能出现不能分配利润的风险,如发生不可抗力或者公司出现经营危机等,不利于保障股东的合法权益,故公司法对利润分配时间予以了明确规定。

第二百一十三条 【公司资本公积金】

公司以超过股票票面金额的发行价格发行股份所得的溢价款、发行无面额股所得股款未计入注册资本的金额以及国务院财政部门规定列入资本公积金的其他项目,应当列为公司资本公积金。

▶【法条释义】

本条是关于公司资本公积金的规定。

资本公积金是指直接由资本或资产等原因形成的公积金,主要是由于投资者或者他人投资企业,投入的金额超过了法定资本部分的资本或资产。与盈余公积金不同,资本公积金与公司的经营收益无关。依照本条规定,公司的股票超过票额发行所得的溢价款、发行无面额股所得股款未计入注册资本金的金额以及国务院财政部门规定列入公积金的收入,如接受捐赠的财产,资产评估确认的价值或者合同、协议约定的价值与原账面净值的差额以及资本汇率折算差额等,都应当按照规定列入资本公积金。

▶【关联法条】

《财政部关于〈公司法〉施行后有关企业财务处理问题的通知》

二、关于公益金余额处理问题

从2006年1月1日起,按照《公司法》组建的企业根据《公司法》第167条进行利润分配,不再提取公益金;同时,为了保持企业间财务政策的一致性,国有企业以及其他企业一并停止实行公益金制度。企业对2005年12月31日的公益金结余,转作盈余公积金管理使用;公益金赤字,依次以盈余公积金、资本公积金、以前年度未分配利润弥补,仍有赤字的,结转未分配利润账户,用以后年度实现的税后利润弥补。

企业经批准实施住房制度改革,应当严格按照财政部《关于企业住房制度改革中有关财务处理问题的通知》(财企〔2000〕295号)及财政部《关于企业住房制度改革中有关财务处理问题的补充通知》(财企〔2000〕878号)的相关规定执行。企业按照国家统一规定实行住房分配货币化改革后,不得再为职工购建住房,盈余公积金不得列支相关支出。尚未实行分离办社会职能或者主辅分离、辅业改制的企业,原属于公益金使用范围的内设职工食堂、医务室、托儿所等集体福利机构所需固定资产购建支出,应当严格履行企业内部财务制度规定的程序和权限进行审批,并按照企业生产经营资产的相关管理制度执行。

企业停止实行公益金制度以后,外商投资企业的职工奖励及福利基金,经董事会确定继续提取的,应当明确用途、使用条件和程序,作为负债管理。

▶【典型案例】

浙江新湖集团股份有限公司（以下简称新湖集团）与浙江玻璃股份有限公司（以下简称浙江玻璃）等增资纠纷申请案

［最高人民法院(2013)民申字第326号裁定］

青海碱业原注册资本为人民币54,806万元,股东为浙江玻璃、董某华、冯某珍,分别持股92.737%、6.537%、0.726%。2007年6月21日,新湖集团与浙江玻璃、董某华、冯某珍签订《关于青海碱业有限公司增资扩股协议书》(以下简称《增资协议》),约定新湖集团单方面增资青海碱业,以现金90,460万元认购青海碱业增资后的35%股权,其中29,510.77万元投入注册资本,溢价部分60,949.23万元计入青海碱业的资本公积金。增资完成后,青海碱业注册资本将增加至84,316.77万元,股东及持股比例将变更为浙江玻璃60.279%、新湖集团35%、董某华4.249%、冯某珍0.472%。《增资协议》对出资方式及出资期限、公司治理、违约责任等内容均作了具体约定。《增资协议》签订后,新湖集团按约向青海碱业分批出资了人民币合计5亿元,按照约定比例,其中投入注册资本163,115,023.2元,计入资本公积金336,884,976.79元,尚余40,460万元未投入。而后,青海碱业变更工商登记注册资本为84,316.77万元(经审验,截至2008年8月28日,青海碱业变更后的累计注册资本84,316.77万元,实收资本71,117.5023万元),新湖集团依约持有35%股权,并办理了股东名册的变更记载和相关工商变更登记手续。

因浙江玻璃等对青海碱业的控制,新湖集团未能享受到《增资协议》及公司章程规定的知情权、决策权、参与管理权、财务监督权等股东权利。新湖集团遂于2009年5月26日向浙江省高级人民法院提起诉讼,请求终止继续履行出资40,460万元的义务,并要求浙江玻璃向其支付违约金15,000万元,董某华、冯某珍承担连带责任。审理中,浙江玻璃提起反诉,请求判令新湖集团向青海碱业出资40,460万元,并向浙江玻璃支付违约金15,000万元。

2010年6月4日,浙江省高级人民法院作出(2009)浙商初字第1号民事判决,判令:新湖集团于判决生效后10日内将本案《增资协议》第1条第2款第7项下40,460万元出资义务中的131,992,676.8元交付青海碱业,投入青海碱业注册资本。新湖集团于2010年9月26日向浙江玻璃、董某华、冯某珍寄送了解除《增资协议》的通知,并于同年11月22日向浙江省高级人民法院起诉,请求法院判令浙江玻璃、董某华、冯某珍返还新湖集团出资款中的资本公积金336,884,976.79

元,青海碱业承担连带返还责任。

浙江省高级人民法院(2011)浙商终字第36号民事判决和最高人民法院(2013)民申字第326号民事裁定均已明确《增资协议》已解除,但新湖集团缴付的336,884,976.8元增资溢价款已计入青海碱业的资本公积金,青海碱业的增资已经办理了工商登记,注册资本为84,316.77万元,实收资本为71,117.50232万元,尚有131,992,676.8元注册资本未实际缴付。新湖集团持有35%的股权已在青海碱业的股东名册及工商机关进行了登记,其认缴的29,510.77万元出资额未完全缴纳,尚缺131,992,676.8元应予补足。

浙江省高级人民法院判令新湖集团交付青海碱业131,992,676.8元,投入青海碱业注册资本。异议人新湖集团主张增资溢价款336,884,976.8元可视为对131,992,676.8元出资义务的实际履行,与上述已生效判决相左,不予支持。

第二百一十四条 【公司公积金的用途】

公司的公积金用于弥补公司的亏损、扩大公司生产经营或者转为增加公司注册资本。

公积金弥补公司亏损,应当先使用任意公积金和法定公积金;仍不能弥补的,可以按照规定使用资本公积金。

法定公积金转为增加注册资本时,所留存的该项公积金不得少于转增前公司注册资本的百分之二十五。

►【法条释义】

本条是对公司公积金用途的规定。

由于公司的公积金是按照特定目的提留的,使用时应当做到专款专用。如果公积金的使用违背提取目的,不仅很难发挥其应有的作用,而且会损害公司的股东或其他相关者的利益,因而《公司法》对公积金的用途作了明确规定。依照本条规定,公司公积金应当用于以下事项:

(1)弥补公司的亏损。公司在生产经营中因各种主客观原因出现亏损也是正常现象,通过一定的方式尽快弥补公司的亏损是法律需要正视的问题。根据《企业所得税法》、《公司法》以及有关财务会计制度的规定,公司亏损弥补的方式包括在缴纳企业所得税之前弥补亏损、用公司的税后利润弥补亏损,以及用公积金弥补亏损等。在公司的公积金中,盈余公积金是从公司税后利润中提取的,用于弥补亏损属于其正常用途。但对于资本公积金能否用于弥补亏损,《公司法》有一个转变的历程,2005年《公司法》修订前,所有的公积金均可用于弥补亏损,但2005年《公司法》修订,明确规定资本公积金不得用于弥补亏损,2023年修订的《公司法》又取消了这一限制。对此,学界亦有不同的看法,有观点认为,资本公积金和股本一样,是公司的永久性资本,不应用于弥补公司亏损。① 以资本公积弥补亏损,其实质相当于以资本去弥补亏损,将资本直接转化为利润,在企业正常经营的情况下,用资本公积弥补亏损是不恰当的,仅在企业进行资本重组的情况下,才可以用资本公积弥补亏损。② 也有观点认为,在公司法意义上,资本公积弥补亏损具有其合理性,但应该考虑保护债权人的利益和股东间的权益协调,如考虑像减资补亏那样给予债权人异议权或对今后的利润分配进行限制。③ 还有观点认为,有限责任公司股东对公司承担的有限责任之价值边界就是其注册资本,故其资本公积金的性质是股东可自由合法行使的剩余索取权,资本公积金因此可以用于弥补公司亏损;股份有限公司股东对公司承担的有限责任之价值边界是不清晰的,故其资本公积金的性质也是不明晰的,不能确定其资本公积金可否用于弥补公司亏损。④ 鉴于资本公积金的特定性质及防止公司滥用资本公积金弥补亏损的规则,《公司法》对资本公积金弥补亏损也作了相应的限制:首先,在顺序上,公司应当先用任意公积金和法定公积金弥补亏损,当公司的任意公积金和法定公积金不足以弥补时,方可使用公司的资本公积金弥补亏损;其次,用资本公积金弥补亏损还必须"按照规定",满足规定要求,至于具体规定,《公司法》未予明确,这涉及税务、会计等一系列规则,后面必将一并完善。

(2)扩大公司生产经营。公司发展壮大、扩大生产经营时,当然需要增加投入,而增加投入的方式包括由股东或外部投资者增资扩股,以公积金扩大生产等。由股东或外部投资者增加投资并不容易,不仅需要经过烦琐的增资程序,而且可能存在失败的风险,通过公积金来扩大公司的生产或者经营规模,在程序上相对比较简单,风险小,成本也相对较低。

(3)增加公司的注册资本。用公积金转增注册资本,一方面便于公司发展壮大,另一方面也将增加股东的投资,对公司和股东均有利。至于公积金转增注册

---

① 参见史习民:《资本公积补亏问题的分析》,载《财务与会计》2001年第6期。

② 参见陈文祥、谭劲松:《资本公积能否弥补亏损》,载《财务与会计》2001年第6期。

③ 参见黄亚颖:《资本公积补亏的公司法立场——基于＊ST飞彩的资本公积变相补亏》,载《经济法研究》2015年第1期。

④ 参见谢德仁:《资本公积金可否用于弥补公司亏损?——基于股东对公司承担的有限责任之价值边界的分析》,载《会计之友》2022年第9期。

资本的具体方式,不同的公司可以有不同的做法,一般而言,有限责任公司是按每个股东的出资比例增加其出资额。而股份有限公司,则按股东所持股份比例来增加其出资额,具体包括两种方式,一是增加公司的股份总数;二是在不改变公司的股份总数的情况下,增加每股的面值。

为保证公司法定公积金账户存有一定的余额用于弥补亏损等,本条对以公司法定公积金转增注册资本的数量作出了限制,规定若用法定公积金转增注册资本,所留存的该项公积金余额不得少于转增前公司注册资本的25%。

►【典型案例】

飞彩股份股权分置改革案

飞彩股份(证券代码000887,现名中鼎股份,)2006年7月25日提出了公司的股权分置改革方案,方案的四大要点中最为引人注目的是第四点,即公司先以资本公积金向全体股东每10股转增22股,再由非流通股股东将其获增股份中的29,120,000股转送给流通股股东,最后全体股东每10股减6.7335股减资弥补亏损。这种以企业的注册资本弥补亏损方式在我国证券主板市场上可以说是一种实践上的创新,该方案一出台立即引起了市场上的强烈争议,争议的焦点主要有两个:一是飞彩股份以注册资本弥补亏损是否符合我国法律规定的问题。我国《公司法》(2015年修订)和其他法律法规中均未对注册资本可否弥补亏损作出规定,飞彩股份以注册资本弥补亏损的法律依据存疑,这种行为是否属于抽逃资本也值得探讨。二是飞彩股份用资本公积转增资本后再通过减少注册资本来弥补亏损是否构成实质上用资本公积金弥补亏损。

针对上述问题,安徽承义律师事务所作为安徽飞彩车辆股份有限公司的特聘专项法律顾问,出具了以下法律意见:

1.“减资弥补亏损”没有违反《公司法》的规定。经核查,《公司法》(2005年修订)对公司如何弥补亏损有以下相关规定。第167条规定:“公司分配当年税后利润时,应当提取利润的百分之十列入公司法定公积金。公司法定公积金累计额为公司注册资本的百分之五十以上的,可以不再提取。公司的法定公积金不足以弥补以前年度亏损的,在依照前款规定提取法定公积金之前,应当先用当年利润弥补亏损。”第169条规定:“公司的公积金用于弥补公司的亏损、扩大公司生产经营或者转为增加公司资本。但是,资本公积金不得用于弥补公司的亏损。”律师认为,《公司法》(2005年修订)第167条侧重于对利润分配顺序的规定,其中涉及可以用法定公积金和当年利润弥补亏损,第169条则明确了禁止用资本公积金弥补亏损,但《公司法》(2005年修订)上述条款均未禁止当公司发生巨额亏损后可用减少注册资本的办法来弥补,因此,飞彩股份拟通过减资弥补亏损没有违反《公司法》(2005年修订)的相关规定。

2."减资弥补亏损"与《公司法》(2005年修订)"资本公积金不得用于弥补公司的亏损"的立法本意不冲突。(1)《公司法》(2005年修订)第169条禁止用资本公积金弥补亏损,其立法本意在于:资本公积金主要是资本溢价形成,是企业所有者投资的一部分,具有资本的属性;如果用资本公积金直接补亏,实质上是对资本的抽回,而从程序上看,资本公积金弥补亏损仅需要通过股东大会审议通过后即可实施,不需通知债权人,势必对债权人权益造成损害。因此,为了保护债权人的合法权益,防止股东通过资本公积补亏形式变相抽回投资,《公司法》(2005年修订)规定"资本公积金不得用于弥补公司的亏损"非常必要。(2)飞彩股份本次股权分置改革方案中所涉的"减资弥补亏损",是通过履行《公司法》(2005年修订)所规定的程序来实施,不仅需要经代表2/3以上表决权的股东通过,同时需要编制资产负债表及财产清单,且需自作出减资决议之日起10日内通知债权人,并于30日内在报纸上公告,债权人自接到通知书之日起30日内,未接到通知书的自公告之日起45日内,有权要求飞彩股份清偿债务或者提供相应的担保。由于履行了上述公告债权人程序,且就债权人的债权保全作出安排,故"减资弥补亏损"对债权人的利益不会造成任何损害。综上所述,律师认为,由于"减资弥补亏损"是股东在维护债权人利益的前提下,依法对自身权利的一种处置,与"通过资本公积金弥补亏损"的变相抽回投资的行为有本质上区别。

3."减资弥补亏损"在我国有立法先例,且为国际上通行的一项法律制度。(1)《企业法人登记管理条例实施细则》(1988年)第41条第1款规定:"企业法人实有资金比原注册资金数额增加或者减少超过20%时,应持资金信用证明或者验资证明,向原登记主管机关申请变更登记。"此条规定表明,当企业法人出现严重亏损时,应当通过减少注册资本以弥补亏损。因此,虽然《公司法》未就"减资弥补亏损"作明确规定,但部门立法已确立了"减资弥补亏损"制度。(2)由于"减资弥补亏损"体现了维护债权人利益和股东、公司意思自治原则,且有利于公司财务重整,故"减资弥补亏损"作为一项法律制度被许多国家所采用。例如,《日本公司法》第375条规定:"减少资本时,下列各项规定金额的合计额,不得超过应当减少的资本额:(1)向股东进行返还的情形,应当返还的金额;(2)进行股份消除的情形,应当消除的股份的种类及数量、消除方法及应当消除的金额;(3)弥补亏损的情形,应当弥补的金额。"《德国股份公司法》第230条、第

231条有“除弥补亏损外,公司减资还可用于弥补公积金或储备金的不足”之明确规定。由于“减资弥补亏损”并未导致公司所有者权益的实际减少,《法国商事公司法》只规定了非以亏损为由减资的债权人拥有异议权,其第63条规定:“股东大会非以亏损为由减少资本计划的,在大会审议笔录存放书记室之日前的债权的债权人,可在法令规定的期限内对减少资本提出异议。”第215条规定:“股东大会批准了非因亏损的减资计划的,公司债权人集团的代表人和大会决议笔录送交书记室之日前的债权的债权人,可在法令规定的期限内对减少资本提出异议。”

综上所述,律师认为:“减资弥补亏损”在我国已有立法先例,且为国际上通行的规则,就飞彩股份现有的财务状况而言,在股权分置改革的背景下,用减少注册资本的办法来弥补巨额亏损,实现飞彩股份的财务重整,有利于飞彩股份资产重组的完成,实现对飞彩股份全体股东特别是流通股股东利益的保护,符合《公司法》《证券法》等法律法规的要求。①

第二百一十五条 【聘用、解聘会计师事务所】

公司聘用、解聘承办公司审计业务的会计师事务所,按照公司章程的规定,由股东会、董事会或者监事会决定。

公司股东会、董事会或者监事会就解聘会计师事务所进行表决时,应当允许会计师事务所陈述意见。

►【法条释义】

本条是对公司聘用、解聘承办审计业务的会计师事务所的规定。

公司外聘会计师事务所可能涉及的业务很多,如为公司提供审计服务、代理记账、会计咨询、税务服务等,只有公司在外聘会计师事务所承办公司的审计业务时,才遵循本条规定。即公司聘用、解聘承办公司审计业务的会计师事务所,应当依照公司章程的规定,由股东会、董事会或者监事会决定,公司管理人员不得自行决定聘用或解聘承办公司审计业务的会计师事务所。至于具体由哪个机构决定,应当由公司章程予以明确。同时,为了确保会计师事务所能够独立、客观、公正地进行审计工作,防止公司随意解聘会计师事务所,损害会计

---

① 参见《安徽承义律师事务所关于安徽飞彩车辆股份有限公司股权分置改革方案所涉事宜的专项法律意见书》,载搜狐网2006年8月1日,https://q.stock.sohu.com/cn/gg/109/144/10914499.shtml。

师事务所及相关主体的合法权益,《公司法》又规定,在股东会、董事会或者监事会就解聘会计师事务所进行表决的时候,应当允许会计师事务所陈述自己的意见。

►【关联法条】

1.《上市公司章程指引》(2023 年修正)

第 41 条　股东大会是公司的权力机构,依法行使下列职权:

(一)决定公司的经营方针和投资计划;

(二)选举和更换非由职工代表担任的董事、监事,决定有关董事、监事的报酬事项;

(三)审议批准董事会的报告;

(四)审议批准监事会报告;

(五)审议批准公司的年度财务预算方案、决算方案;

(六)审议批准公司的利润分配方案和弥补亏损方案;

(七)对公司增加或者减少注册资本作出决议;

(八)对发行公司债券作出决议;

(九)对公司合并、分立、解散、清算或者变更公司形式作出决议;

(十)修改本章程;

(十一)对公司聘用、解聘会计师事务所作出决议;

(十二)审议批准第四十二条规定的担保事项;

(十三)审议公司在一年内购买、出售重大资产超过公司最近一期经审计总资产百分之三十的事项;

(十四)审议批准变更募集资金用途事项;

(十五)审议股权激励计划和员工持股计划;

(十六)审议法律、行政法规、部门规章或本章程规定应当由股东大会决定的其他事项。

注释:上述股东大会的职权不得通过授权的形式由董事会或其他机构和个人代为行使。

2.《中华人民共和国证券法》(2019 年修订)

第 56 条　禁止任何单位和个人编造、传播虚假信息或者误导性信息,扰乱证券市场。

禁止证券交易场所、证券公司、证券登记结算机构、证券服务机构及其从业人员,证券业协会、证券监督管理机构及其工作人员,在证券交易活动中作出虚假陈述或者信息误导。

各种传播媒介传播证券市场信息必须真实、客观,禁止误导。传播媒介及其从事证券市场信息报道的工作人员不得从事与其工作职责发生利益冲突的证券买卖。

编造、传播虚假信息或者误导性信息,扰乱证券市场,给投资者造成损失的,应当依法承担赔偿责任。

▶【典型案例】

康美药业财务造假案①

2019年4月29日晚间,康美药业(600518. SH)公告称,2017年公司财报存在虚列货币资金299.44亿元,存货少计195.46亿元,多计营收88.98亿等14个会计差错。不少人将这个事项指向上市公司欺诈,同时,也将焦点指向从事审计业务的中介机构广东正中珠江会计师事务所。

后经调查,上市公司和会计师事务所联合起来弄虚作假,会计师事务所内部人员配合上市公司拦截询证函、将伪造的走访记录作为审计证据,并出具虚假审计报告。该案引发了我国首起证券集体诉讼,涉案的投资人人数超5.2万人,且绝大多数为中小投资者。广东正中珠江会计师事务所于2022年7月21日被注销了执业证书。

第二百一十六条　【公司提供真实信息的义务】

公司应当向聘用的会计师事务所提供真实、完整的会计凭证、会计账簿、财务会计报告及其他会计资料,不得拒绝、隐匿、谎报。

▶【法条释义】

本条是对公司向会计师事务所提供会计资料相关要求的规定。

会计师事务所对公司财务进行审计,出具符合规定的审计报告,前提是公司提供真实、完整的会计资料。一般而言,会计师事务所对公司财务进行审计时,需要公司提供的会计资料包括:(1)会计凭证,包括各类原始凭证和记账凭证;

① 参见《康美药业300亿造假案!财务造假,会计、总监各罚24.59亿元》,载网易2021年12月27日,https://www.163.com/dy/article/GS82TPE80518K2HA.html。

(2)会计账簿,包括总账、明细账、日记账和其他辅助性账簿;(3)年度财务会计报告;(4)其他有关会计资料。如公司涉及注册资本变化的,需要最近一期变更注册资金的相关资料,如涉及对外投资项目的,需要被投资单位的相关验资报告、会计报表等。公司提供会计资料的要求为:(1)真实性。《会计法》要求各单位必须依法设置会计账簿,并保证其真实、完整。为了保证审计报告的真实、准确,公司提供相应的会计资料必须是真实、准确的,不得提供伪造、变造、虚假的会计资料。(2)完整性。若公司提供的会计资料不完整,审计报告也很难做到客观公正、实事求是,因而《公司法》要求公司必须向会计师事务所提供完整的会计资料,不得拒绝、隐匿、谎报。公司违反本条规定的义务,要受到相应的处罚。

►【关联法条】

《中华人民共和国会计法》(2017 年修正)

第 3 条 各单位必须依法设置会计帐簿,并保证其真实、完整。

第 4 条 单位负责人对本单位的会计工作和会计资料的真实性、完整性负责。

第 5 条 会计机构、会计人员依照本法规定进行会计核算,实行会计监督。

任何单位或者个人不得以任何方式授意、指使、强令会计机构、会计人员伪造、变造会计凭证、会计帐簿和其他会计资料,提供虚假财务会计报告。

任何单位或者个人不得对依法履行职责、抵制违反本法规定行为的会计人员实行打击报复。

第 31 条 有关法律、行政法规规定,须经注册会计师进行审计的单位,应当向受委托的会计师事务所如实提供会计凭证、会计帐簿、财务会计报告和其他会计资料以及有关情况。

任何单位或者个人不得以任何方式要求或者示意注册会计师及其所在的会计师事务所出具不实或者不当的审计报告。

财政部门有权对会计师事务所出具审计报告的程序和内容进行监督。

▶【典型案例】

九好集团虚增3亿元银行存款案①

九好集团为上市,虚增3亿元银行存款。九好集团审计报告中披露的2015年12月31日合并资产负债表显示,2015年年末货币资金余额为531,226,736.82元。经查,其中3亿元银行存款系九好集团通过借款形成。2015年1月,九好集团在账面虚构1.7亿元其他应收款已收回,虚构转入银行存款47,702,412.00元,同时转出1亿元资金不入账,账面形成虚假资金317,702,412.00元。利安达会计师事务所在审计过程中,虽实施了函证程序,但在审计报告出具日并未收到回函,而其直接出具的审计意见为"未见异常"。中国证监会查实后对九好集团、利安达会计师事务所等均进行了处罚。

第二百一十七条　【公司的会计账簿与资金】

公司除法定的会计账簿外,不得另立会计账簿。

对公司资金,不得以任何个人名义开立账户存储。

▶【法条释义】

本条是对公司会计账簿设立和账户开立的规定。

会计账簿是由具有一定格式、相互联系的若干账页组成的,以会计凭证为依据,全面、连续、系统、分类地记录各项经济业务的会计簿籍。根据《会计法》的规定,公司必须依法设立会计账簿。会计账簿登记,必须以经过审核的会计凭证为依据,符合有关法律、行政法规和国家统一的会计制度的规定。会计账簿包括总账、明细账、日记账和其他辅助性账簿。会计账簿应当按照连续编号的页码顺序登记。会计账簿记录发生错误或者隔页、缺号、跳行的,应当按照国家统一的会计制度规定的方法更正,并由会计人员和会计机构负责人(会计主管人员)在更正处盖章。所谓私设会计账簿是指公司在依法设置的会计账簿之外另外设立会计账簿进行登记核算的行为,一般而言,公司私设会计账簿都具有非法目的,如转移资金、侵占财产、规避纳税等,严重扰乱社会经济秩序,损害国家、集体或其他利益相

---

① 参见《中国证监会行政处罚决定书(杜某芳、张某、北京科桥嘉永创业投资中心等11名责任人员)〔2017〕33号》,载中国证券监督管理委员会2017年4月21日,http://www.csrc.gov.cn/csrc/c101928/c1042712/content.shtml。

关者的合法权益。故《会计法》对公司设立会计账簿也有明确要求:各单位发生的各项经济业务事项应当在依法设置的会计账簿上统一登记、核算,不得违反本法和国家统一的会计制度的规定私设会计账簿登记、核算。

如果将公司资金以个人名义开立账户存储,一方面,可能导致公司资产流失,损害公司、股东及债权人合法权利;另一方面,也可能导致公司非法逃避有关部门的监管,扰乱经济秩序,损害国家和社会公共利益。因此,为了维护正常的经济秩序,维护公司财产和相关主体合法权益,《公司法》明确禁止将公司财金以任何个人名义开立账户存储。

►【关联法条】

《中华人民共和国会计法》(2017 年修正)

第 16 条　各单位发生的各项经济业务事项应当在依法设置的会计帐簿上统一登记、核算,不得违反本法和国家统一的会计制度的规定私设会计帐簿登记、核算。

►【典型案例】

邵阳市一品商品混凝土搅拌站(以下简称一品搅拌站)等逃税案

[湖南省邵阳市中级人民法院(2015)邵中刑二终字第 91 号]

一品搅拌站成立后,为使单位收益最大化,经公司股东商量,决定采取设置两套账、隐藏销售收入的方式逃税,即分列公司账户及私人账户,将需要开具税务发票的收入存入公司账户并正常纳税,将不开具税务发票的收入存入私人账户并单列账簿以逃避纳税。2011 年,邵阳市国家税务局第一稽查局在日常税务稽查中发现一品搅拌站有逃税行为,对该公司作出税务行政处罚决定书(邵国一稽税罚〔2011〕第 7 号),一品搅拌站因此缴纳行政罚款 16,565.66 元。2012 年,邵阳国税局第一稽查局再次发现一品搅拌站有逃税行为,对该公司作出税务行政处罚决定书(邵国一稽税罚〔2012〕第 19 号),一品搅拌站因此缴纳行政罚款 165,730.59 元。在一品搅拌站接受这 2 次行政处罚后,张某雄仍要求公司财务人员依照上述方式继续逃税。

邵阳国税局稽查局于 2014 年 3 月至 10 月对一品搅拌站纳税情况进行全面检查,发现该公司在被 2 次行政处罚后仍继续逃税,2012 年 6 月至 8 月偷逃增值税 137,707.56 元。该公司在 2009 年 11 月 1 日至 2012 年 8 月 31 日共计偷逃增值税 4,573,905.88 元。该局遂于 2014 年 11 月作出税务行政处罚决定书(邵国税稽罚

〔2014〕第1号),对一品搅拌站处以罚款4,573,905.88元的行政处罚。一品搅拌站不服该行政处罚决定并申请行政复议,湖南省国家税务局于2015年2月28日经复议后予以维持。

第十一章　公司合并、分立、增资、减资

本章在2018年《公司法》第九章的基础上修订而来，内容分为四节，按照公司合并、公司分立、公司减少注册资本和公司增加注册资本的顺序展开。

本章主要规定：公司合并的方式，公司与其持股90%以上的公司合并，被合并的公司不需经股东会决议；公司应当自作出合并决议通知债权人的渠道包括报纸和国家企业信用信息公示系统；合并之后的公司对被合并公司资产及债务全部概括承受。公司分立的公告渠道以及债务的继承。公司增减资的程序、注意事项以及责任承担。

第二百一十八条　【公司合并方式】

公司合并可以采取吸收合并或者新设合并。

一个公司吸收其他公司为吸收合并，被吸收的公司解散。两个以上公司合并设立一个新的公司为新设合并，合并各方解散。

►【法条释义】

本条是关于公司合并的两种方式。公司合并的过程中，可以采用吸收合并或者新设合并两种方式，此外，另有一种“控股合并”方式，但该种方式与法律意义上的公司合并存在差异。①

1. 吸收合并

吸收合并是一公司采用购买或者换取等方式取得其他公司的全部资产或者股份，原公司继续存续，而被购买或者换取资产、股份的公司的法人资格消灭。具体可以表现为“甲公司 + 乙公司 = 甲公司”，两个甲公司的性质一致，名称一样。

---

① 参见王建文：《我国董事信义义务制度的扩张适用：一般规定的确立》，载《当代法学》2023年第1期。

2. 新设合并

新设合并是新公司通过资金购买或者股份转化的方式概括承受两个以上其他公司的全部资产以及负债。被合并公司法人资格消灭,新的公司法人产生。具体可以表现为"甲公司 + 乙公司 = 丙公司"。

▶【典型案例】

河南欣德源建设工程有限公司(以下简称欣德源公司)、河南第一火电建设有限公司(以下简称河南第一火电公司)等建设工程施工合同纠纷案

[新疆维吾尔自治区高级人民法院(2022)新民终第 117 号]

2012 年 3 月,欣德源公司与河南第一火电公司签订《工程施工协议》,第一火电公司将工程承包给欣德源公司施工,双方还约定工程款结算等条款。河南第一火电公司于 1995 年 4 月 5 日成立,原股东为中国电力建设集团有限公司。2016 年 3 月 29 日,中国电力建设集团有限公司发布"中电建(2016)81 号"文件,要求将河南第一火电公司和河南第二火电公司实施重组整合,组建成为电建河南工程公司。中国电力建设集团将所持河南第一火电公司产权以净资产增资方式注入电建河南工程公司。2017 年 12 月 26 日,河南第一火电公司投资人变更为电建河南工程公司,股权为 100%。工程结束后,欣德源公司请求第一火电公司就案涉工程款进行结算,双方就工程量分歧较大最终未形成合意。后欣德源公司起诉第一火电公司、电建河南工程公司共同承担工程款。法院认为一个公司吸收其他公司为吸收合并,被吸收的公司解散。两个以上公司合并设立一个新的公司为新设合并,合并各方解散。第一火电公司并未解散,故"中电建(2016)81 号"文件精神不符合上述公司合并的规定。本案标的为建设工程施工合同关系,合同相对方为欣德源公司与第一火电公司,电建河南工程公司并非合同主体,其仅是第一火电公司持有 100% 股权的股东。且电建河南工程公司亦提供证据证实其与第一火电公司财务、资产、经营均各自独立,故二审法院最终认定欣德源公司主张电建河南工程公司对欠付工程款承担赔偿责任缺乏事实及法律依据。本案中,中国电建集团本意是将两大公司合并,但事实上其最终采用的是股权转让,合并和股权转让区别就是合并会涉及公司解散,而转让不涉及公司解散。如果被吸收的公司未解散的,则不发生公司合并的法律效果。

第二百一十九条　【公司简易合并】

公司与其持股百分之九十以上的公司合并，被合并的公司不需经股东会决议，但应当通知其他股东，其他股东有权请求公司按照合理的价格收购其股权或者股份。

公司合并支付的价款不超过本公司净资产百分之十的，可以不经股东会决议；但是，公司章程另有规定的除外。

公司依照前两款规定合并不经股东会决议的，应当经董事会决议。

►【法条释义】

本条是有关公司合并各方内部程序的规定。公司合并行为对于参与合并公司的股东以及债权人的利益有重大影响，因此在合并过程中，需要对此特别予以重视。

正常情形下，公司合并需要经股东会特别决议，但有两种例外不需要经过股东会决议，一是本公司与另一由本公司持股90%以上公司合并的；二是本公司与其他公司合并时，本公司所支付的合并价款不超过本公司净资产10%的，章程又没有另外规定的情形。第一种例外情形下，为保护另一公司的小股东，2023年《公司法》规定此种情形下合并需要通知其他小股东，并且赋予小股东有要求公司收购其股权或股份的权利。2023年《公司法》新增了两种不需要股东会决议的例外合并情形，但增加了需要由董事会决议的要求。

股东会法定职权条款为效力性规范。[①] 2018年《公司法》第43条第2款规定："股东会会议作出修改公司章程、增加或者减少注册资本的决议，以及公司合并、分立、解散或者变更公司形式的决议，必须经代表三分之二以上表决权的股东通过。"但2018年《公司法》没有例外情形，只要公司合并就属于特别事项，需要股东会特别决议，而股东会决议需要经过法定程序通知、开会和表决，这会增加公司合并成本和降低效率，在一般情况下为保护股东权利此款规定是合理的，但2018年《公司法》没有考虑任何例外情形，公司经过特别决议与没有经过特别决议体现的立法保护是一致的，此时经过特别决议会不效率。因此，2023年《公司法》修改了本条规定，免除了公司与持股90%以上的公司合并中被合并公司的特别决议，因为被合并公司大股东是拟合并的公司，此时即使开股东会，由有表决权的股东

---

① 参见刘俊海：《论股东会中心主义治理模式的勃兴：评〈公司法（修订草案）〉中股东会的权力机构地位》，载《法学杂志》2023年第5期。

决议,此时股东会决议只需要拟合并公司一人同意即可达到2/3以上结果,此种情形下经过股东会决议没有实质意义。但被合并公司被合并会影响其他小股东权利,2023年《公司法》沿用了2018年《公司法》第74条"对公司合并、分立转让主要财产投反对票的股东,有权要求公司以合理的价格收购其股权"的规定,异议股东这一权益在本条规定也得到延续。

2023年《公司法》增加合并情形下免除股东会决议另一情形是合并方需要支付的价款不超过自己公司净资产的10%,这说明此种合并对于合并方公司而言不是重大事项,而股东会主要针对重大事项进行决策,因此,2023年《公司法》从效率角度考虑免除了此种情形下的股东会决议。

当然,2023年《公司法》增加的免除股东会决议事项还作了职权变动修改,即此两种合并需要由董事会决议通过,主要是由于公司合并对于公司而言是公司经营所需要,同时,合并仍然是公司经营中的重要事项,需要经过公司经营机构——董事会决议通过。

►【关联法条】

《中华人民共和国公司法》(2023年修订)

第66条　股东会的议事方式和表决程序,除本法有规定的外,由公司章程规定。

股东会作出决议,应当经代表过半数表决权的股东通过。

股东会作出修改公司章程、增加或者减少注册资本的决议,以及公司合并、分立、解散或者变更公司形式的决议,应当经代表三分之二以上表决权的股东通过。

►【典型案例】

A公司与B公司合并纠纷案

A公司拟与B公司合并,A公司注册资本10,000万元,甲、乙为股东,股权比例分别为70%、30%。B公司注册资本5000万元,A公司和丙、丁为股东,股权比例分别为90%、5%、5%。A公司召开股东会,主题是与B公司合并一事,甲同意,乙在股东会上投反对票;B公司未召开股东会,后A、B两家公司签订合并协议并及时通知了乙、丙、丁,乙、丙、丁三方都提出异议并向法院提起诉讼,要求法院判两家公司不合并。本案中A公司合并为一般情形下合并,已经过2/3以上有表决权的股东同意,合并决议有效,乙反对无效。B公司合并属于公司合并中的特别情形,属于与其持股90%以上的公司合并,被合并的B公司不需要召开股东大会，只要通知其他小股东即可，丙、丁两股东不可以反对合并，只能提出回购主张。

第二百二十条 【合并公告】

公司合并，应当由合并各方签订合并协议，并编制资产负债表及财产清单。公司应当自作出合并决议之日起十日内通知债权人，并于三十日内在报纸上或者国家企业信用信息公示系统公告。债权人自接到通知之日起三十日内，未接到通知的自公告之日起四十五日内，可以要求公司清偿债务或者提供相应的担保。

►【法条释义】

本条是有关合并各方外部程序的规定。公司合并包括内部程序和外部程序，内部程序就是由合并各方在内部形成有效合并决议，外部合并程序包括合并各方间行为和对于债权人的行为。第一，合并各方间的行为主要是合并各方应该签订合并协议，共同编制资产负债表及财产清单。第二，对于债权人的行为包括通知和公告行为，以及债权人保护行为。合并各方应该自合并决议作出之日起 10 日内通知已知的债权人，由于存在未知的债权人，公司应该在决议作出之日起 30 日内在报纸或者国家企业信用信息公示系统公告。债权人对于公司合并有异议权，异议权需要在规定期间内行使，即应该自接到通知之日起 30 日内行使，行使未接到通知的，自公告之日起 45 日内行使。但是异议权的内容只能是要求清偿债务或提供相应担保，公司没有清偿债务或提供担保时，异议债权人才有合并反对权。

本条变化主要在公告方式上，新增了国家企业信用信息公示系统公告，信息时代下，人们对于报纸关注度下降，市场监督管理部门开发的国家企业信用信息公示系统对于每个企业来说信息获知便捷和及时，因此合并公告方式增加了在信息系统公告的新方式。

2018 年《公司法》第 173 条、第 175 条规定了债权人在公司合并分立和减资要求公司偿债或提供相应担保的权利，但并未规定公司拒绝偿债或提供担保时的救济措施，该条内容在 2023 年修订时同样未改动。有学者提出为加大债权人保护力度，可以要求对公司合并、分立和减资决议发挥控制力或影响力的控制股东、实际控制人和董事、高管在公司拒绝偿债或提供担保时承担连带责任。为预防控制权人滥用公司并购重组欺诈债权人，应规定恶意逃避债务的各类并购重组无效，侵权人对公司债权人亦应承担连带赔偿责任。此外,可能遭受侵害的债权人可以申请法院对公司及其控制权人采取行为保全措施。①

►【关联法条】

1.《中华人民共和国民法典》

第529条 债权人分立、合并或者变更住所没有通知债务人,致使履行债务发生困难的,债务人可以中止履行或者将标的物提存。

2.《中华人民共和国个人信息保护法》

第22条 个人信息处理者因合并、分立、解散、被宣告破产等原因需要转移个人信息的,应当向个人告知接收方的名称或者姓名和联系方式。接收方应当继续履行个人信息处理者的义务。接收方变更原先的处理目的、处理方式的,应当依照本法规定重新取得个人同意。

3.《中华人民共和国证券法》(2019年修订)

第76条第2款 收购行为完成后,收购人应当在十五日内将收购情况报告国务院证券监督管理机构和证券交易所,并予公告。

第77条 国务院证券监督管理机构依照本法制定上市公司收购的具体办法。

上市公司分立或者被其他公司合并,应当向国务院证券监督管理机构报告,并予公告。

►【典型案例】

株洲市城建施工图审查中心有限公司、株洲建设施工图审查有限公司公司合并纠纷案

[湖南省株洲市中级人民法院(2021)湘02民终第1323号]

原告株洲市城建施工图审查中心有限公司于2001年8月22日成立,该公司法定代表人为肖某某,股东为肖某某(36.25%股权)、石某等人。被告株洲建设施工图审查有限公司于2013年8月6日成立。2016年10月8日,原告总经理石某代表原告与被告签订《框架协议》,约定:(1)公司合并是双方自愿,法律地位平等而非兼并;(2)合并后新公司双方股东人数不多于3人,双方各占40%的股份,剩

① 参见刘俊海:《债权人友好型〈公司法〉理念和制度重塑》,载《国家检察官学院学报》2022年第3期。

余20%的股份为审查骨干的红利来源,用于保障其收入,并由甲、乙双方平均代持;(3)审查人员及后勤管理人员根据新公司组织人员情况,从甲、乙双方公司并入人数相对平衡,原则上各占50%;(4)新公司依据公司章程运行,由甲方出任董事长,乙方出任总经理;(5)新公司的办公地点暂定;(6)新公司的合并事项及相关工作安排为本协议附件;(7)注册人员一览表。后双方并未签订《框架协议》附件。

2017年1月25日,原告将实收的股金退还给肖某某等16位股东。2017年2月16日,原告法定代表人肖某某函告被告,表明《框架协议》其不知情,因此,必须停止一切合并行为、而由其与贵公司洽谈合并事宜。

2017年3月24日,原告召开股东会,会议的主要内容为:"一、讨论公司注销清算事项;二、听取被授权人石峰等三人与株洲建设施工图审查有限公司所达成的共识和工作进展情况。"经股东会讨论,持股总数超过公司实缴资本总股本71%股东表决同意,并形成决议如下:"一、公司本届董事会任期(2014年1月1日至2016年12月31日)已届满,不再履行相关职能。二、同意启动公司注销清算程序,成立清算小组。清算时间从2017年3月24日起至2017年6月30日止。清算结果应通过股东会议审议。三、同意2016年9月30日之后被授权人石某等三人代表本公司合同到期的原注册人等与株洲建设施工图审查有限公司达成的共识。四、同意按照《劳动法》及相关劳动保护法规规定对公司所聘请后勤员工进行补偿。"该决议未有肖某某签名。

2017年4月7日,肖某某申请公证处向被告送达函件,内容为:"2017年3月24日原告的会议纪要系伪造,除讨论公司注销事宜并当场签订股东大会决议外,未讨论其他内容。"后双方有关合并事宜产生矛盾引发本案诉讼,争议焦点之一是案涉《框架协议》是否有效。一审法院认为石某签订该协议时无股东会的决议作为授权的基础,故构成无权代理,该协议的效力待定。2017年2月16日,原告的法定代表人肖某某函告被告并未明确拒绝追认,仅要求停止合并行为,由其本人代表公司与被告洽谈合并事宜,且公司是否合并属于公司重大决议事项,肖某某亦无权代表公司作出不合并的意思表示,因而肖某某的函告并不产生拒绝追认的法律效力,该协议自成立时产生法律效力。二审法院认为,公司合并的程序为订立合并协议、股东会作出决议并通过、编制资产负债表及财产清单等。本案签署的《框架协议》尚处于公司合并的第一阶段,《框架协议》签订后是否生效待股东会决议表决通过。而原告公司合并事项未获得2/3以上有表决权股东通过,因此可以认定《框架协议》自2017年2月16日肖某某函告被告公司时无效。

本案主要是有关公司合并的内部程序和外部程序,《公司法》分别规定公司合并内部股东权利行使程序以及外部债权人保护程序,但未明确规定内外部程序如何安排,是先签合作协议还是先进行内部决议。本案一审、二审法院都认可了公司合并应该先外部签订合并协议,再内部进行股东会决议,外部合并协议效力需要与内部决议相关联。

第二百二十一条 【合并后的债的承继】

公司合并时,合并各方的债权、债务,应当由合并后存续的公司或者新设的公司承继。

▶【法条释义】

本条是有关公司合并后法律后果的规定。公司合并前各方的债权、债务由合并后公司享有权利和承担义务。

该条规定在《民法典》中早有体现,法人合并的,其权利和义务由合并后的法人享有和承担。但是应当注意的是,公司合并是不同公司主体之间的合并,与公司设立具有本质区别。成立后的公司对设立公司债务的继承,并非公司的合并行为。为避免发起人滥用权利损害成立后的公司,以及避免设立后的公司成为发起人逃避债务的工具,应当对发起人的权利和债务进行限制,成立后的公司也不能继承发起人设立公司的所有债务。①

▶【关联法条】

1.《中华人民共和国民法典》

第67条第1款　法人合并的,其权利和义务由合并后的法人享有和承担。

第556条　合同的权利和义务一并转让的,适用债权转让、债务转移的有关规定。

2.《中华人民共和国证券法》(2019年修订)

第76条第1款　收购行为完成后,收购人与被收购公司合并,并将该公司解散的,被解散公司的原有股票由收购人依法更换。

3.《最高人民法院关于适用〈中华人民共和国民事诉讼法〉的解释》(2022年修正)

第22条　因股东名册记载、请求变更公司登记、股东知情权、公司决议、公司

① 参见许中缘:《论发起人对公司设立中债务的承担》,载《法学》2021年第12期。

合并、公司分立、公司减资、公司增资等纠纷提起的诉讼，依照民事诉讼法第二十七条规定确定管辖。

▶【典型案例】

杭州某互联网有限公司、杭州某信息科技有限公司
计算机软件开发合同纠纷案

［最高人民法院(2021)最高法知民终第2078号］

2019年8月19日，杭州某信息科技有限公司与甲公司签订了涉案协议，约定将由其开发的"赞销宝"微信营销产品开放给甲公司使用，杭州某信息科技有限公司开通微信小程序商城并提供商城首页设计、制作服务和技术支持，服务费用为12,800元，技术支持服务期限为1年。杭州某信息科技有限公司已经向甲公司开通了微信小程序商城、提供了技术支持，并提供了管理后台登录地址、账号、密码等服务，但未能为甲公司提供商城首页设计，存在履行瑕疵的情形，对此甲公司主张杭州某信息科技有限公司应当承担减少价款或报酬的违约责任，但杭州某信息科技有限公司并没有承担相应责任。甲公司于2020年3月22日被杭州某互联网有限公司吸收合并，并于2020年5月7日注销。后杭州某互联网有限公司向法院提起诉讼。法院判决杭州某信息科技有限公司于该判决生效之日起10日内返还杭州某互联网有限公司4000元。

第二百二十二条　【分立公告】

公司分立，其财产作相应的分割。

公司分立，应当编制资产负债表及财产清单。公司应当自作出分立决议之日起十日内通知债权人，并于三十日内在报纸上或者国家企业信用信息公示系统公告。

▶【法条释义】

公司分立后需要做两方面事情，一是公司内部间行为，公司应该将财产在分立公司间作相应的分割，并且要编制资产负债表和财产清单；二是公司外部对于债权人的通知和公告义务，包括在作出分立决议10日内通知已知债权人，并且在30日内在报纸上或者国家企业信用信息公示系统进行公告。

本条是有关公司分立程序性规定，来自2018年《公司法》第175条，与公司合并一样,公司分立对外程序上在通知途径上有所增加,即增加了国家企业信用信息公示系统公告。《公司法》对于公告媒体没有相应要求,公司合并、分立对于上市公司来说属于重大事项,为保证上市公司公告的权威性和公告发布的受众面,上市公司所利用的媒体主要是证券监督管理机构指定的媒体。目前证券监督管理机构指定的上市公司披露的媒体主要包括《中国证券报》《上海证券报》《证券时报》《证券日报》《金融时报》《经济参考报》《中国日报》七大专业性报纸和巨潮资讯网、中证网、中国证券网、证券时报网、中国资本证券网五家网站。当然,上市公司重大事件不仅需要向债权人公告,还需要向证券监督管理部门报告。

►【关联法条】

1.《中华人民共和国民法典》

第529条　债权人分立、合并或者变更住所没有通知债务人,致使履行债务发生困难的,债务人可以中止履行或者将标的物提存。

2.《中华人民共和国证券法》(2019年修订)

第77条　国务院证券监督管理机构依照本法制定上市公司收购的具体办法。

上市公司分立或者被其他公司合并,应当向国务院证券监督管理机构报告,并予公告。

3.《上市公司信息披露管理办法》(2021年修订)

第8条第1款　依法披露的信息,应当在证券交易所的网站和符合中国证监会规定条件的媒体发布,同时将其置备于上市公司住所、证券交易所,供社会公众查阅。

►【典型案例】

洪某龙与徐某斌、徐某红公司分立纠纷案

[广东省东莞市第一人民法院(2016)粤1971民初第270号]

洪某龙与徐某斌、徐某红于2010年共同成立天勤公司,后由于双方经营理念不同,2015年8月3日双方签订《公司分立协议》。该协议约定洪某龙余留60万元应收款给徐某斌、徐某红,并由徐某斌、徐某红从本协议签订后分6个月(每月10万元)支付给洪某龙。后徐某斌、徐某红未将5万元应收款支付给洪某龙,导致纠纷。天勤公司分立没有经过公司股东会决议,没有编制资产负债表,

也没有通知债权人或者在报纸上公告。法院认为，天勤公司的分立不符合《公司法》的规定，而案涉《公司分立协议》为无效合同。基于此，法院未支持洪某龙的诉讼请求。

第二百二十三条 【公司分立前的债务承担】

公司分立前的债务由分立后的公司承担连带责任。但是，公司在分立前与债权人就债务清偿达成的书面协议另有约定的除外。

►【法条释义】

本条规定了公司分立的法律后果。公司分立前的债务承担有两个处理原则，一是有约定的按约定，公司在分立前与债权人达成债务清偿协议的，按约定执行。二是无约定的，公司分立前债务由分立后的公司承担连带责任。

公司分立与合并后果对于债权人并不一样，公司分立一般都会影响全体债权人的利益。这是因为：第一，公司分立会导致公司资产减少。第二，无论是解散分立还是存续分立，分立的公司原则上都可以自由决定如何分配公司财产，包括债权债务的分割。因此，分立的公司完全有可能单方面把债务分割给一个并不拥有与债务等值财产的公司。我国《公司法》存在用连带责任替代连带之债，连带责任与无限责任、补充责任混同使用的现象，给理论与司法实践造成困扰。[①]《公司法》在公司分立与合并情形下对于债权人的权利设置并不相同，合并情形下，债权人有异议权，但在分立情形下，债权人无异议权。究其原因主要是公司分立后果是由分立后公司承担连带责任，此种责任规定对于债权人没有实质影响；而公司合并虽然从表面上看起来公司财产和债务在合并前后未有变化，但合并会改变原来债权人成功受偿率。例如，甲公司有资产 50 万元，债务 30 万元。乙公司有资产 100 万元，债务 110 万元。甲乙两公司新设合并为丙公司，丙公司的资产与债务与原来甲乙两公司加总是一样的，但对于甲公司债权人来说其在合并前与合并后获得清偿的可能性面临下降风险。因此，《公司法》赋予合并的债权人提出异议的权利，而分立的债权人无异议权。

---

① 参见王莹莹：《我国〈公司法〉修订中商事连带责任的重构——基于“连带”的历史发展脉络》，载《政治与法律》2021 年第 3 期。

▶【关联法条】

1.《中华人民共和国民法典》

第67条第2款　法人分立的,其权利和义务由分立后的法人享有连带债权,承担连带债务,但是债权人和债务人另有约定的除外。

2.《财政部、国家税务总局关于继续执行企业事业单位改制重组有关契税政策的公告》

四、公司分立

公司依照法律规定、合同约定分立为两个或两个以上与原公司投资主体相同的公司,对分立后公司承受原公司土地、房屋权属,免征契税。

▶【典型案例】

邓某某、李某香、戚某某、黄某某、劳某某与江某某、王某某、李某达公司分立纠纷案

[广西壮族自治区梧州市中级人民法院(2020)桂04民终第1146号裁定]

2016年1月24日,邓某某、李某香、戚某某、黄某某(甲方)与江某某、李某达、王某某(乙方)签订《分立协议书》,约定:甲、乙双方共同投资合作的龙湖公司名下七宗土地使用权以公司分立形式进行分割,标的公司分成A、B两家公司,甲方持有A公司的全部股份,继续使用A公司的名称,乙方持有B公司的全部股份,B公司另行起新的名称。双方将财产进行了分割,还约定分立公司的债权和债务按基准日(合同生效日)划分,基准日前由甲、乙双方按投资比例分配,基准日后属于甲、乙各自的,各方自行承担和享有,属于标的公司的由双方按投资比例分配。《分立协议书》签订后,各方依据协议办理龙湖公司(A公司)工商变更登记和成立达能公司(B公司)。后因公司分立前的债务甲、乙双方产生纠纷,2018年3月12日,甲方就公司分立债务纠纷向法院起诉。法院认为龙湖公司分立后因公司分立前的债务引起的纠纷,适格的当事人应当是分立后的公司即龙湖公司和达能公司,而非作为《分立协议书》的各方股东,因此,原告、被告不是本案适格的主体,裁定驳回原告诉讼。

第二百二十四条 【公司一般减资】

公司减少注册资本,应当编制资产负债表及财产清单。

公司应当自股东会作出减少注册资本决议之日起十日内通知债权人,并于三十日内在报纸上或者国家企业信用信息公示系统公告。债权人自接到通知之日起三十日内,未接到通知的自公告之日起四十五日内,有权要求公司清偿债务或者提供相应的担保。

公司减少注册资本,应当按照股东出资或者持有股份的比例相应减少出资额或者股份,法律另有规定、有限责任公司全体股东另有约定或者股份有限公司章程另有规定的除外。

►【法条释义】

本条是有关公司减资的程序和对于债权人保护的规定。公司减少注册资本时程序分为内部程序和外部程序。

1. 内部程序

第一,公司编制资产负债表及财产清单。第二,公司需要召开股东会,通过减资决议。第三,公司实施减资行为。正常减资实行按比例原则减少股东的出资或持有的股份,依法另有规定的除外。

2. 外部程序

第一,应该通知和公告债权人。公司应该在股东会作出减资决议之日起10日内通知债权人,并且在30日内在报纸上或者国家企业信用信息公示系统公告。第二,债权人异议权行使。公司减资对于债权人来说是一个不利影响,与公司合并一样,《公司法》赋予了债权人要求清偿债务或提供担保的权利,如果公司未能行使的,债权人可以反对公司减资。

3. 依法另有规定的除外情形

公司减资正常情形按出资或持股比例来进行,依法另有规定有三种情形,分别是法律另有规定、有限责任公司全体股东另有约定或者股份有限公司章程另有规定。

公司在经营过程中,可以根据实际需要减少注册资本。如采用分期出资的方式认缴注册资本额的,在首期出资之后,认为现有出资已经能够维持公司的正常运转,无须再行继续投资,可以就减少注册资本作出股东会决议,对各股东的后续出资义务进行豁免。或者,在公司运营过程中,公司的净资产已经显著低于公司的注册资本,为了调整二者之间的差别,决议使公司注册资本减少至公司净资产的水平。在公司僵局的情况下,由公司收购股东的份额或股份进行减资,也可以视作避免公司被解散的替代方式之一。总之,公司可能基于各种事由减少注册资本。另外,《公司法》第225条为弥补亏损而减资时,股东出资或股款缴纳义务并不减少。

4. 法条变化

本条规定来自2018年《公司法》第177条,修改内容一是在表述上将“公司需要减少注册资本时”改为“公司减少注册资本”,“必须编制”改为“应当编制”,此修改一是在文字表述上减少冗余,使法条更为简洁。二是与整体实现统一,公司重大决议由股东会作出,不再区分有限责任公司和股份有限公司。三是公告方式有改变,增加了国家企业信用信息公示系统。四是新增了第3款减资的具体做法。

►【关联法条】

《中华人民共和国公司法》(2023年修订)

第66条　股东会的议事方式和表决程序,除本法有规定的外,由公司章程规定。

股东会作出决议,应当经代表过半数表决权的股东通过。

股东会作出修改公司章程、增加或者减少注册资本的决议,以及公司合并、分立、解散或者变更公司形式的决议,应当经代表三分之二以上表决权的股东通过。

►【典型案例】

上海数据通信有限公司诉苏州信息科技有限公司、杨某、陈某等买卖合同纠纷案

[上海市高级人民法院(2020)沪民再第28号]

苏州信息科技有限公司股东为杨某、陈某。上海数据通信有限公司向苏州信息科技有限公司出售设备,上海数据通信有限公司按约交付设备,苏州信息科技有限公司尚有50余万元货款由于还款期限未到而未偿还。后苏州信息科技有限公司股东会决议公司注册资本从2000万元减少到1000万元,杨某出资金额由1950万元减少到950万元,陈某出资额维持不变,减资事宜在《苏州日报》上予以公告,上海数据通信有限公司在公告期结束前未看到此公告。上海数据通信有限公司以苏州信息科技有限公司不履行付款义务且未通知减资事宜为由,请求法院判令苏州信息科技有限公司支付货款以及逾期付款违约金，股东杨某、陈某在公司减资范围内对上述债务承担连带清偿责任。法院认为：上海数据通信有限公司是苏州信息科技有限公司的债权人，债权尚未到期不影响其债权人的身份。上海数据通信有限公司是明确的债权人，苏州信息科技有限公司减资应以书面方式通知，公告仅适用于无法找到或者通知到的债权人。杨某减资客观上降低了苏州信息科技有限公司的偿债能力，产生了和股东抽逃出资一致的法律后果，应对上海数据通信有限公司不能清偿的部分在减资范围内承担补充赔偿责任。陈某同意杨某的减资，导致公司出现无法以自身财产清偿债务的后果，陈某应与减资股东杨某在减资范围内承担连带责任，再审除判令公司应该承担偿还责任外，还判令杨某、陈某应对公司债务在减资范围内承担连带清偿责任。

第二百二十五条　【公司简易减资】

公司依照本法第二百一十四条第二款的规定弥补亏损后，仍有亏损的，可以减少注册资本弥补亏损。减少注册资本弥补亏损的，公司不得向股东分配，也不得免除股东缴纳出资或者股款的义务。

依照前款规定减少注册资本的，不适用前条第二款的规定，但应当自股东会作出减少注册资本决议之日起三十日内在报纸上或者国家企业信用信息公示系统公告。

公司依照前两款的规定减少注册资本后，在法定公积金和任意公积金累计额达到公司注册资本百分之五十前，不得分配利润。

▶【法条释义】

1. 新增弥补亏损下减少注册资本的情形

本条所指公司减少注册资本实为形式减资情形，减资并不免除股东的出资或股款缴纳义务，减少的注册资本主要用于弥补公司亏损，并且，减资弥补亏损只适用于公司公积金不足以弥补亏损时。

2. 增加减资弥补亏损外部简易程序

减资弥补亏损适用外部简易程序。“外部简易程序”主要是针对债权人而言，体现在只需要公告即可，不需要再通知债权人，但公告需要在股东会作出减少注册资本决议之日起 30 日内进行。

3. 新增减资弥补亏损的限制情形

本条减资主要目的是弥补公司亏损,为防止公司或股东利用本条简易程序减资而规避公司正常减资程序,2023 年《公司法》对于减资弥补亏损规定了三条限制:一是公司减资不免除股东缴纳出资或股款的义务。二是减少的资本只能用于公司弥补亏损,而不能向股东分配。三是限制股东分红权利。公司采用减资来弥补亏损的,在法定公积金和任意公积金累计额达到公司注册资本 50% 前,公司不得向股东分配利润。这三条限制条款确保了股东不会优于债权人获得分配,能够有效避免经营不善的公司陷入繁杂程序的泥潭而不能自救,失去扭亏为盈的机会。

2023 年《公司法》新增减资弥补亏损适用简易程序制度,不仅在实体上使处于亏损状态下的公司多了一个弥补亏损的途径,还在程序上进行了简化。这一新的制度能够提高公司亏损下的自救效率,增加公司在市场经营中的抗风险能力,同时也保护了债权人的合法利益。

►【关联法条】

《中华人民共和国公司法》(2023 年修订)

第 214 条　公司的公积金用于弥补公司的亏损、扩大公司生产经营或者转为增加公司注册资本。

公积金弥补公司亏损,应当先使用任意公积金和法定公积金;仍不能弥补的,可以按照规定使用资本公积金。

法定公积金转为增加注册资本时,所留存的该项公积金不得少于转增前公司注册资本的百分之二十五。

第二百二十六条　【违法减资的法律责任】

违反本法规定减少注册资本的,股东应当退还其收到的资金,减免股东出资的应当恢复原状;给公司造成损失的,股东及负有责任的董事、监事、高级管理人员应当承担赔偿责任。

►【法条释义】

本条规定是新增内容,明确规定了违法减少注册资本时的责任后果。

公司违法减少注册资本的行为违反了公司资本不变基本原则,减资行为应属于无效行为,基于无效行为后果应该是恢复原状和赔偿损失,《公司法》同样采用了《民法典》合同编的处理原则。第一,违法减资恢复原状。减资已经退给股东的，股东应当向公司退还其收到的资金。减资是基于免除股东出资义务，股东出资义务应该重新恢复，股东继续承担出资义务。当然，此时股东出资义务时间可能已经过了，股东需要即刻履行出资义务。第二，违法减资的赔偿责任。赔偿责任以给公司造成损失为前提，由于减资事项属于股东会决议事项，赔偿责任人首先应该是股东，其责任包括股东获得公司退还资金构成的侵权责任，还包括股东恢复出资义务时出资期限已经超过时的违约赔偿责任。其次，赔偿责任人还包括负有责任的董事、监事、高级管理人员，这些人员协助违法减资给公司造成损失的，应承担赔偿责任。如提出违法减资方案、对于违法减资方案投同意票、对于明知是违法减资决议仍然协助执行。

明确股东应当退还其因减少注册资本而收到的资金，同时减免了股东出资的，还需要恢复原状；如因违法减少注册资本行为给公司造成损失的，相关人员还应当对此承担赔偿责任，其背后的逻辑在于公司法人的独立性，法人财产受到侵害之时，应当要求责任人就此赔偿。

►【关联法条】

1.《中华人民共和国公司法》(2023 年修订)

第 21 条　公司股东应当遵守法律、行政法规和公司章程，依法行使股东权利，不得滥用股东权利损害公司或者其他股东的利益。

公司股东滥用股东权利给公司或者其他股东造成损失的，应当承担赔偿责任。

第 190 条　董事、高级管理人员违反法律、行政法规或者公司章程的规定，损害股东利益的，股东可以向人民法院提起诉讼。

第 253 条　公司的发起人、股东在公司成立后，抽逃其出资的，由公司登记机关责令改正，处以所抽逃出资金额百分之五以上百分之十五以下的罚款；对直接负责的主管人员和其他直接责任人员处以三万元以上三十万元以下的罚款。

2.《最高人民法院关于适用〈中华人民共和国公司法〉若干问题的规定(三)》(2020 年修正)

第 12 条　公司成立后，公司、股东或者公司债权人以相关股东的行为符合下列情形之一且损害公司权益为由，请求认定该股东抽逃出资的，人民法院应予支持：

(一)制作虚假财务会计报表虚增利润进行分配；

(二)通过虚构债权债务关系将其出资转出；

(三)利用关联交易将出资转出;

(四)其他未经法定程序将出资抽回的行为。

第14条第1款 股东抽逃出资,公司或者其他股东请求其向公司返还出资本息、协助抽逃出资的其他股东、董事、高级管理人员或者实际控制人对此承担连带责任的,人民法院应予支持。

▶【典型案例】

朱某某等与邓某某股东损害公司债权人利益责任纠纷案

[北京市第三中级人民法院(2022)京03民终第9208号]

邓某某承包鑫垚公司位于北京市通州区徐尹路北侧翟里村生态农业园内单元号为C310的大棚房,期限自2015年5月30日起至2028年11月30日止,邓某某已将全部的承包费一次性缴清。2017年8月,鑫垚公司建设的大棚被政府强制拆除,双方就租赁赔偿事宜未达成协议而涉诉。2019年2月28日,一审法院出具民事调解书,约定鑫垚公司返还邓某某承包费及如不能按时偿还时的责任,鑫垚公司并未按照约定期限履行给付义务,邓某某于2021年7月8日向一审法院申请强制执行,因鑫垚公司无可供执行的财产,一审法院于2021年8月裁定终结本次执行程序。后邓某某向法院起诉张某某和朱某某,要求其因非法减资应该承担公司未能承担的责任。鑫垚公司于2014年7月29日注册成立,系自然人独资有限责任公司,股东为朱某某且为执行董事,注册资金为100万元,出资期限为2034年7月25日。2016年11月18日,鑫垚公司增加注册资本至1000万元,企业类型变更为自然人投资或控股有限责任公司,股东变更为张某某(认缴出资900万元)、朱某某(认缴出资100万元),出资期限均为2034年7月25日。2018年3月22日,鑫垚公司将注册资本变更至100万元,变更后的出资情况为张某某出资90万元,朱某某出资10万元。鑫垚公司对于减资事项进行了公告,但未通知邓某某。2018年鑫垚公司减资时,公司对外出租的"大棚房"已经出现了部分被拆除的事实,邓某某所涉大棚房当时并未被拆除,却存在将来被拆除整改的极大可能。鑫垚公司已与部分承租人达成了解除合同并退还租金的调解协议,且减资时尚有多起同类型案件正在诉讼中。

法院认为:张某某、朱某某对鑫垚公司减资前,鑫垚公司极有可能因无法履行与邓某某的合同而负有向邓某某退还承包费的金钱给付义务,且张某某、朱某某对此应当知晓。故鑫垚公司减资时负有通知邓某某的义务。综上,张某某、朱某某应在900万元减资范围内对鑫垚公司所负债务承担补充赔偿责任。鑫垚公司减资时未通知债权人属于违法减资,根据本条规定,对于违法减资负有责任的股东出资的应当恢复原状,而公司财产不足以清偿债务时,未缴出资股东应该加速出资,此时债权人有权要求未出资股东承担因非法减资而应该恢复原状后缴纳出资,在未出资范围内承担责任。

第二百二十七条 【公司增资】

有限责任公司增加注册资本时,股东在同等条件下有权优先按照实缴的出资比例认缴出资。但是,全体股东约定不按照出资比例优先认缴出资的除外。

股份有限公司为增加注册资本发行新股时,股东不享有优先认购权,公司章程另有规定或者股东会决议决定股东享有优先认购权的除外。

►【法条释义】

本条是有关公司增资时原有股东的权利设置条款。本条有两层含义,一是一般原则。有限公司增加资本时,为防止原有股东出资比例降低,原有股东享有在原实缴出资比例内优先认购权。股份公司增资时,原有股东无优先认购权。二是例外情形。有限公司增资时,原则上股东有优先认购权,但鉴于有限公司人合性特征,立法规定全体股东可以约定无优先认购权作为例外情形。股份有限公司股东一般无优先认购权,例外情形就是章程或股东会可以赋予股东有优先认购权。

本条规定相较于2018年《公司法》,对公司增资按照企业性质进行了区分,分为有限责任公司和股份有限公司两种情形。对比来看,实际上是对股份有限公司增资进行了特别规定,即除了公司章程特别规定和股东会决议赋予股东优先认购权外,股东并不享有优先认购权,原因在于股份有限公司较于有限责任公司的资合性强于人合性,故不要求对股东权益的特别保护,所以在人合性强的有限责任公司中的保护股东权益做法在此时不再通用。

按照公司增资所吸纳的注册资本来源,公司增资的方式可以分为三类,涉及的优先认购权不同:

(1)利用公司自有资金增资,即公司所增加的注册资本来源为公司的税后可分配利润或者资本公积金。税后可分配利润或资本公积金转增资本的,实为公司将这些利润或资本公积金分配给股东,本质为投资收益,只是投资收益未以现金分配,而是以股本形式分配。由于此种增资是按照出资或股份分红原则进行,不涉及公司股东股权稀释问题,不存在优先认购权之情形。

(2)向股东募集资金增资。即公司增加的注册资本来源于公司股东的追加出资,涉及增加注册资本后股东股权是否被稀释的问题,此种情形就存在优先认购权问题。

(3)向股东以外的主体募集资金增资。公司增资也可以通过吸纳原有股东以外的第三方主体进入实现,此时又有两种情形,一是原有股东和新加入股东都增加出资,二是只有新加入股东出资。无论是哪一种,都可能会涉及优先认购权问题。如果存在优先认购权情形,则需要原股东放弃优先认购权,这样才能有第三方进行出资。

▶【关联法条】

《上市公司证券发行注册管理办法》

第 3 条　上市公司发行证券,可以向不特定对象发行,也可以向特定对象发行。

向不特定对象发行证券包括上市公司向原股东配售股份(以下简称配股)、向不特定对象募集股份(以下简称增发)和向不特定对象发行可转债。

向特定对象发行证券包括上市公司向特定对象发行股票、向特定对象发行可转债。

▶【典型案例】

甲公司诉乙公司之公司决议效力确认纠纷案

[2021 年北京市朝阳区人民法院发布中小股东权利保护十大典型案例之六]

乙公司为有限责任公司,注册资本为 212.57 万元,股东甲公司认缴出资 58.63万元,持股比例为 27.58%。乙公司先后召开两次股东会,甲公司均未参加。两次会议分别同意增加新股东案外人丁公司,并同意注册资本以及经营范围变更,同意修改公司章程。此后,乙公司进行了变更登记。庭审中,乙公司主张,丁公司对乙公司的增资实质为债转股,且乙公司曾将其与丁公司签订的《增资协议》提供给甲公司审阅,并与甲公司进行过沟通。甲公司表示在同等条件下同意认购乙公司的新增资本,并认为其对股东会的召开、决议等均不知情,决议内容致其股权比例被稀释为 22.07%。因此,甲公司要求确认《增资决议》无效。

股东有权优先按照实缴的出资比例认缴出资,但是全体股东约定不按照出资比例优先认缴出资的除外。本案中，甲公司作为乙公司的股东享有优先认缴公司新增注册资本的权利。股东的优先认缴权需要借助公司的通知。乙公司在甲公司未参加股东会、未行使优先权的情况下，通过了由案外人丁公司认缴全部新增股份的股东会决议，损害了甲公司优先认缴新增注册资本的权利。因此，在甲公司明确主张在同等条件下优先认缴新增注册资本的情况下，丁公司认购乙公司的新增注册资本中，涉及甲公司原持股比例的部分无效，涉及新增注册资本中的其余部分，由于乙公司的其他股东均以同意决议的方式放弃行使优先认缴权，发生法律效力。本案涉及有限公司向第三人增资情形，此时会使原股东比例被稀释，原股东有优先认购权，向第三人增资需要原股东放弃优先认购权方才能实现。

第二百二十八条 【股东认缴新增资本的出资】

有限责任公司增加注册资本时，股东认缴新增资本的出资，依照本法设立有限责任公司缴纳出资的有关规定执行。

股份有限公司为增加注册资本发行新股时，股东认购新股，依照本法设立股份有限公司缴纳股款的有关规定执行。

►【法条释义】

本条规定来自2018年《公司法》第178条，内容上没有发生变化。无论是有限责任公司还是股份有限公司，股东在认缴新增资本的出资时，按照设立公司时缴纳出资或股款的规定执行。公司增资一般也采认缴制，法律特别规定实缴制的，按法律特别规定。公司增资时，股东出资方式、出资义务履行都要按照公司设立时的要求缴纳出资或股款。如股东增资的出资方式包括货币、实物、知识产权、土地使用权、股权、债权等可以用货币估价并可以依法转让的非货币财产作价出资，法律特别禁止的除外。股东出资义务具体履行是货币出资应当足额存入公司在银行开设的账户，非货币出资的，则应当评估作价，且应当依法办理财产权转移手续。

►【关联法条】

《中华人民共和国公司法》(2023年修订)

第47条第1款 有限责任公司的注册资本为在公司登记机关登记的全体股东认缴的出资额。全体股东认缴的出资额由股东按照公司章程的规定自公司成立之日起五年内缴足。

第48条　股东可以用货币出资,也可以用实物、知识产权、土地使用权、股权、债权等可以用货币估价并可以依法转让的非货币财产作价出资;但是,法律、行政法规规定不得作为出资的财产除外。

对作为出资的非货币财产应当评估作价,核实财产,不得高估或者低估作价。法律、行政法规对评估作价有规定的,从其规定。

第49条　股东应当按期足额缴纳公司章程规定的各自所认缴的出资额。

股东以货币出资的,应当将货币出资足额存入有限责任公司在银行开设的账户;以非货币财产出资的,应当依法办理其财产权的转移手续。

股东未按期足额缴纳出资,除应当向公司足额缴纳外,还应当对给公司造成的损失承担赔偿责任。

第98条　发起人应当在公司成立前按照其认购的股份全额缴纳股款。

发起人的出资,适用本法第四十八条、第四十九条第二款关于有限责任公司股东出资的规定。

►【典型案例】

海南某房地产开发有限公司(丙公司)与三亚某投资有限公司(甲公司)、张某某等确认合同效力纠纷案

[最高人民法院(2019)最高法民终第960号]

甲公司增资,注册资本由1000万元变更为2000万元,股东由梁某、张某某变更为乙公司、梁某、张某某。乙公司向甲公司转账1000万元,并注明为投资款。但上述资本未进行工商登记。后甲公司作为借款人与委托贷款人丙公司、代理人中国建设银行三亚分行签订《委托贷款合同》,约定丙公司委托中国建设银行三亚分行向甲公司发放贷款3.2亿元,借款期限为12个月。借款到期后,丙公司多次催告甲公司立即返还资金并支付违约金和相应利息,甲公司至起诉前仍未支付。丙公司以甲公司工商登记未登记乙公司出资到位为由,主张张某某、乙公司、梁某应在未出资的1000万元本息范围内对甲公司不能清偿的上述债务承担连带补充赔偿责任。

法院认为,股东以现金出资的,将相应现金存入公司银行账户,即完成出资义务。本案中,甲公司新增股东乙公司认缴的1000万元出资已经实缴到位,且乙公司提供了该笔出资款的银行转账凭证,故可认定乙公司增资已实际缴纳到位。工商登记是完成实质性出资后应办理的登记备案手续,而不是认定股东出资是否到

位的唯一依据。因此,丙公司请求张某某、梁某、乙公司在乙公司未出资的1000万元范围内对甲公司的本案债务承担连带补充赔偿责任的诉讼请求,依法不予支持。

第十二章　公司解散和清算

本章是在2018年《公司法》第十章的基础上修订而来，主要规定了公司解散的法定情形；公司解散后的清算事项，包括清算组成立及职权、清算程序。公司主体从设立到变更再到最后的终止这是公司主体的三种状态，公司主体终止情形之一就是解散，当然公司解散可能涉及公司主体的变更如合并或分立，但更多的是涉及公司主体的终止，包括自愿解散和强制解散。本章明确规定了公司终止中的解散情形，这是公司退出市场的一种非常重要的形式。同时，公司退出市场需要处理好内外法律关系，包括内部决议事项和外部清算事项，尤其外部的清算事项是涉及债权人保护的重要环节，需要明确规定公司清算人员和清算义务、外部债权人的权利和行使权利的程序。

在本章中，2023年《公司法》进一步完善了公司解散对于外部债权人的保护，包括解散后需要在国家企业信用信息公示系统予以公示；修改了清算人员，将股东清算责任修改为董事清算责任，体现了清算义务为公司经营管理机构的义务；将破产管理人受理清算事务提前至人民法院受理破产申请后这一时间节点，增加了公司简易清算程序、强制注销制度，体现了《公司法》的效率性精神。

第二百二十九条　【公司解散原因】

公司因下列原因解散：

（一）公司章程规定的营业期限届满或者公司章程规定的其他解散事由出现；

（二）股东会决议解散；

（三）因公司合并或者分立需要解散；

（四）依法被吊销营业执照、责令关闭或者被撤销；

（五）人民法院依照本法第二百三十一条的规定予以解散。

公司出现前款规定的解散事由，应当在十日内将解散事由通过国家企业信用信息公示系统予以公示。

►【法条释义】

公司解散有两种事由,一是基于公司变更而进行的解散;二是基于公司终止而进行的解散。基于公司变更而进行的解散为本条第3款情形,即公司合并或分立需要解散。公司终止而进行的解散法定情形有四种,分别是章程规定解散情形出现,股东会决议解散,公司因为违法而被吊销营业执照或责令关闭或被撤销,公司因强制解散情形而终止。公司因变更而解散的与公司因终止而解散性质不同,前者属于公司变更情形,后者属于公司终止情形。基于性质不同所带来的结果不同,公司变更的,公司并未终止,由变更后的公司来承继变更前的公司权利和义务,此时不需要进行公司清算。而公司终止需要进行公司清算。当然,无论公司是变更解散还是终止解散,公司出现解散事由后应该在10日内在国家企业信用信息公示系统公示解散情形。

本条规定承继了2018年《公司法》第180条,除了在解散事由中将"股东会或股东大会决议解散"修改为"股东会决议解散",还新增了"……应当在十日内将解散事由通过国家企业信用信息公示系统予以公示"的规定。该条变化首先是在解散事由情形用词上进行优化。对决议解散的权力机构不再进行区分,主要原因是公司权力机构股东会与股东大会无实质区别,因此将公司权力机构的名称统一称为股东会。关于解散事由通过国家企业信用信息公示系统公布的规定同企业的合并、分立相关规定中的公示有着相同的考量,目的即在于使信息的公布和获知更为便捷和提高效率。

根据公司是否自愿解散,公司解散分为自愿解散和强制解散两种情况。自愿解散是依据公司章程约定或者股东会决议而解散,这种解散不受外界因素干扰,股东可以全凭自身意愿选择解散或者不解散公司;强制解散是因政府有关机关的决定或法院判决而发生的解散,该种情形属于外界强制力驱使,通常情况下不容更改。

►【关联法条】

1.《中华人民共和国民法典》

第69条　有下列情形之一的,法人解散:

(一)法人章程规定的存续期间届满或者法人章程规定的其他解散事由出现;

(二)法人的权力机构决议解散;

(三)因法人合并或者分立需要解散;

(四)法人依法被吊销营业执照、登记证书,被责令关闭或者被撤销;

(五)法律规定的其他情形。

2.《中华人民共和国公司法》(2023 年修订)

第 231 条　公司经营管理发生严重困难,继续存续会使股东利益受到重大损失,通过其他途径不能解决的,持有公司百分之十以上表决权的股东,可以请求人民法院解散公司。

►【典型案例】

上海市建设工程总承包有限公司与东华公司等股东损害公司债权人利益责任纠纷案

[上海市第二中级人民法院(2020)沪终 02 第 2123 号]

房山公司于 2016 年 10 月 14 日被上海市杨浦区市场监督管理局处以吊销营业执照的行政处罚,上海市建设工程总承包有限公司与丁某均系房山公司股东。东华公司是房山公司债权人,房山公司营业执照被吊销后,东华公司与上海市建设工程总承包有限公司存在多起诉讼纠纷,多次提及房山公司清算事宜,但房山公司一直未依法成立清算组,且公司财产、账册等一直下落不明。东华公司请求判令上海市建设工程总承包有限公司与丁某对债务未清偿部分及延迟履行期间的利息承担连带清偿责任。

法院认为,公司依法被吊销营业执照的,属于法定解散情形,此时应该进行解散后的清算程序。上海市建设工程总承包有限公司与丁某作为清算义务人,存在怠于履行依法及时启动清算程序和妥善保管公司财产、账册等义务的情况,应当依法对房山公司的债务承担连带清偿责任。本案主要介绍公司终止事由出现时,如果公司相关责任人未进行后续程序,可能带来的不利后果。公司被吊销营业执照是公司终止的常见情形,公司相关责任人怠于进入清算程序也是常见现象,司法裁判对于债权人给予了相应的司法保护。

第二百三十条　【公司存续】

公司有前条第一款第一项、第二项情形,且尚未向股东分配财产的,可以通过修改公司章程或者经股东会决议而存续。

依照前款规定修改公司章程或者经股东会决议,有限责任公司须经持有三分之二以上表决权的股东通过,股份有限公司须经出席股东会会议的股东所持表决权的三分之二以上通过。

▶【法条释义】

当公司出现“章程规定的营业期限届满或者公司章程规定的其他解散事由，或者股东会决议解散”时，根据2023年《公司法》第229条的规定应该终止，如果公司还想继续营业，可以在向股东分配财产前通过修改章程或股东会决议而继续营业；修改章程或公司继续营业而召开的股东会决议属于公司特别决议事项，需要经过有限责任公司2/3以上表决权的股东通过，股份有限公司出席股东会会议的股东所持表决权的2/3以上通过。

本条源自2018年《公司法》第181条，该条变化主要是公司出现营业期限届满或者公司章程规定的其他解散事由，或股东会决议解散公司情形下，可以通过修改公司章程或者经股东会决议而存续，但前提条件是，尚未向股东分配财产的。“尚未向股东分配财产”是新增条件，此条规定主要是为公司继续存续提供法律保障，只要公司愿意继续存续，立法应该用最小的成本保障公司继续存在，即只要通过股东会特别决议就可以，而不需要达到终止情形时经过清算后再重新设立这样复杂的程序。公司达到终止情形时，未进入清算，可经过股东会决议再存续；已经进入清算程序的，只要未向股东分配财产，也可以由股东会决议再存续。

▶【关联法条】

《中华人民共和国公司法》(2023年修订)

第229条 公司因下列原因解散：

(一)公司章程规定的营业期限届满或者公司章程规定的其他解散事由出现；

(二)股东会决议解散；

(三)因公司合并或者分立需要解散；

(四)依法被吊销营业执照、责令关闭或者被撤销；

(五)人民法院依照本法第二百三十一条的规定予以解散。

公司出现前款规定的解散事由，应当在十日内将解散事由通过国家企业信用信息公示系统予以公示。

▶【典型案例】

胜利家具有限公司解散案

胜利家具有限公司2002年3月1日注册成立，公司有三个股东陈某、李某、顾某，出资比例分别是60%、20%、20%。陈某为公司法定代表人和执行董事，李某为公司监事。公司章程规定公司存续时间为20年。2022年3月1日后，公司经营状况良好,陈某与李某希望公司继续存续,但顾某由于未参与公司经营,分红较少而不愿意公司存续。陈某组织召开公司股东会,陈某和李某同意公司存续,顾某反对。陈某和李某向工商提出变更登记使公司继续存续,顾某向法院起诉要求解散公司。本案中公司出现章程规定的营业期限届满情形,达到公司终止法定条件,但股东会特别决议通过公司继续营业,公司没有清算,更没有向股东分配财产,因此胜利家具有限公司可以继续存续营业。

第二百三十一条 【请求法院解散公司】

公司经营管理发生严重困难,继续存续会使股东利益受到重大损失,通过其他途径不能解决的,持有公司百分之十以上表决权的股东,可以请求人民法院解散公司。

►【法条释义】

此条是有关司法强制解散情形,司法强制解散包括四个要件,一是公司经营管理发生严重困难,根据《最高人民法院关于适用〈中华人民共和国公司法〉若干问题的规定(二)》的规定,公司经营管理发生严重困难主要包括以下情形:公司持续两年以上无法召开股东会或者股东大会,公司经营管理发生严重困难的;股东表决时无法达到法定或者公司章程规定的比例,持续两年以上不能作出有效的股东会或者股东大会决议,公司经营管理发生严重困难的;公司董事长期冲突,且无法通过股东会或者股东大会解决,公司经营管理发生严重困难的等情况。这几种情形下,公司无法正常经营下去,会陷入僵局,如果不借助于司法帮助,股东和公司都会处于无助状况。当然,公司出现被吊销营业执照未进行清算等类似情形的,不能提起解散公司诉讼,因为此种情形属于法定终止情形,不需要再强行解散终止。

二是继续存续会使股东利益受到重大损失。公司股东利益受到重大损失不包括两种情形:一是股东知情权、利润分配请求权等权益受到损害,此种情形下股东通过诉讼就能实现权利,不需要解散公司。二是公司亏损、财产不足以偿还全部债务。此种情形是公司正常经营所带来的一种后果,不是公司陷入僵局情形。

三是无法通过其他途径解决的。

四是持有10%以上表决权股东申请的。持有公司10%以上表决权的股东包括单独持有或者合并持有公司10%以上具有表决权的股东。

本条发生的变化在原“持有公司全部股东表决权百分之十以上的股东”修改

为“持有公司百分之十以上表决权的股东”，该点变化在适用以及含义上并未发生变化，体现了立法用语更为简洁易懂。

► 【关联法条】

1.《最高人民法院关于适用〈中华人民共和国公司法〉若干问题的规定(二)》(2020年修正)

第1条 单独或者合计持有公司全部股东表决权百分之十以上的股东，以下列事由之一提起解散公司诉讼，并符合公司法第一百八十二条规定的，人民法院应予受理：

(一)公司持续两年以上无法召开股东会或者股东大会，公司经营管理发生严重困难的；

(二)股东表决时无法达到法定或者公司章程规定的比例，持续两年以上不能做出有效的股东会或者股东大会决议，公司经营管理发生严重困难的；

(三)公司董事长期冲突，且无法通过股东会或者股东大会解决，公司经营管理发生严重困难的；

(四)经营管理发生其他严重困难，公司继续存续会使股东利益受到重大损失的情形。

股东以知情权、利润分配请求权等权益受到损害，或者公司亏损、财产不足以偿还全部债务，以及公司被吊销企业法人营业执照未进行清算等为由，提起解散公司诉讼的，人民法院不予受理。

2.《最高人民法院关于适用〈中华人民共和国公司法〉若干问题的规定(三)》(2020年修正)

第16条 股东未履行或者未全面履行出资义务或者抽逃出资，公司根据公司章程或者股东会决议对其利润分配请求权、新股优先认购权、剩余财产分配请求权等股东权利作出相应的合理限制，该股东请求认定该限制无效的，人民法院不予支持。

► 【典型案例】

陈某与陕西某体育文化传播有限公司、任某成公司解散纠纷案

[最高人民法院(2021)最高法民申第6453号]

陕西某体育文化传播有限公司成立于2015年6月24日，公司股东为陈某、任某成，占股分别为49%(实缴出资只到位5%)、51%，任某成任公司法定代表人、

执行董事兼总经理,陈某任公司监事。后由于两股东发生无法调和的矛盾,且经法院协调仍难以打破公司僵局。2019 年 5 月,陈某提起诉讼,称公司自经营以来,不能按照章程规定召开股东会议,经营管理严重困难;公司及股东无法对公司事项作出决议,经营陷入僵局,无法通过其他途径解决,继续存在已无必要,提求法院判决公司解散。陕西某体育文化传播公司主张陈某未履行出资义务,不能行使包括请求公司解散在内的股东权利。

最高人民法院再审认为:一审、二审法院已查明认定陕西某体育文化传播公司的股东会机制失灵,股东之间的矛盾无法调和,且经法院协调仍难以打破公司僵局;股东因未履行或者未全面履行出资义务而受限的股东权利,并不包括其提起解散公司之诉的权利。法院最终判决公司可以解散。本案争议焦点是股东未履行出资义务,对股东权利作出相应的合理限制是否包括限制提起公司解散之诉的权利。最高人民法院再审承认未出资股东有解散之诉权利,主要是基于公司处于僵局后,公司无法经营下去,如果未出资股东无提起解散公司之诉的权利,则公司僵局将无法打破,不能经营也不能终止。

第二百三十二条 【清算组的成立与组成】

公司因本法第二百二十九条第一款第一项、第二项、第四项、第五项规定而解散的,应当清算。董事为公司清算义务人,应当在解散事由出现之日起十五日内组成清算组进行清算。

清算组由董事组成,但是公司章程另有规定或者股东会决议另选他人的除外。

清算义务人未及时履行清算义务,给公司或者债权人造成损失的,应当承担赔偿责任。

▶【法条释义】

本条中公司清算是指公司解散后,依照法定程序清理公司债权债务、处理公司剩余财产,待了结公司各种法律关系后,向公司登记机关申请注销登记,使公司法人资格消灭的行为。公司清算的目的是保护股东和债权人的利益,公司除因合并或者分立解散,其债权债务已全部由合并或者分立后存续或者新设的公司承继,不需要进行清算外,公司解散必须依法清算,清算是公司终止的必经程序。公司应该在解散事由出现之日起 15 日内进行清算,清算应该成立清算组进行。清算义务人为董事,清算组原则上由董事组成,但公司章程或股东会可以另外安排非董事进入清算组。公司清算义务人未及时履行清算义务造成损失的，应当承担赔偿责任。

本条是关于公司解散时清算的相关规定。内容变化体现在：第一，不再区分有限责任公司和股份有限公司，清算组人员的确定由董事人员组成，但是“公司章程另有规定或者股东会决议另选他人”的除外。该点变化在于明确清算义务由董事承担，以往清算义务人为股东，然而在制度运行中发现不参与公司管理、不掌握实际控制权的小股东无法承担组织清算的义务。实践中，由股东承担清算义务人责任也出现了滥用的苗头。一些“职业债权人”低价收购对公司的债权后，提起诉讼请求股东对已沦为“僵尸企业”的公司的债务承担连带责任。此时，在大股东无力偿债的情况下往往由并未参加公司经营管理的小股东承担责任，这明显利益失衡。而董事会作为公司执行机构，对公司信息掌握更为全面、准确，能够对是否清算作出判断，且董事对公司负有信义义务。① 2023 年《公司法》改变了《民法典》第 70 条与 2018 年《公司法》第 183 条适用冲突的情况，即董事是否为有限公司的清算组成员、有限公司的董事能否提出破产申请，两者规定存在冲突。根据 2023 年《公司法》第 232 条的规定，公司董事为清算义务人，与《民法典》关于清算义务人的规定相一致。除公司章程另有规定或股东会议决定另选他人外，清算组成员为公司董事，因此董事作为清算组的组织者即清算义务人，同时也是清算组成员，若发现公司资不抵债，应当向法院申请破产。

第二，清算义务人未履行清算义务或者履行瑕疵的，需要对所造成损害承担赔偿责任。该点变化与第一点变化是相互促进的，通过明确清算人的责任来督促其义务的承担。有学者指出，控股股东和实际控制人对公司负有信义义务，若滥用股东权利，以操纵董事会方式排除董事履行发起清算职责的，该类行为与董事怠于履行清算义务相同，应当承担赔偿责任。因此控股股东和实际控制人也应当成为清算义务人。②

►【关联法条】

1.《中华人民共和国民法典》

第 70 条　法人解散的，除合并或者分立的情形外，清算义务人应当及时组成清算组进行清算。

---

① 参见刘贵祥：《从公司诉讼视角对公司法修改的几点思考》，载《中国政法大学学报》2022 年第 5 期。

② 参见林一英：《公司清算制度的修改——以经营异常公司的退出为视角》，载《法律适用》2021 年第 7 期。

法人的董事、理事等执行机构或者决策机构的成员为清算义务人。法律、行政法规另有规定的，依照其规定。

清算义务人未及时履行清算义务，造成损害的，应当承担民事责任；主管机关或者利害关系人可以申请人民法院指定有关人员组成清算组进行清算。

2.《最高人民法院关于适用〈中华人民共和国公司法〉若干问题的规定(二)》(2020年修正)

第2条　股东提起解散公司诉讼，同时又申请人民法院对公司进行清算的，人民法院对其提出的清算申请不予受理。人民法院可以告知原告，在人民法院判决解散公司后，依据民法典第七十条、公司法第一百八十三条和本规定第七条的规定，自行组织清算或者另行申请人民法院对公司进行清算。

第7条第1款　公司应当依照民法典第七十条、公司法第一百八十三条的规定，在解散事由出现之日起十五日内成立清算组，开始自行清算。

►【典型案例】

陈某潮、陈某福、曹某红、严某淑与广州园林股份有限公司（以下简称园林公司）清算责任纠纷案

[河北省高级人民法院(2021)冀民终第358号]

莲荷公司作为发包方将工程发包给承包方园林公司，工程竣工验收交付后，双方就工程款结算问题发生争议，未进行结算。莲荷公司成立于2005年9月23日，自然人股东陈长某，法人股东仁和佳业公司。2016年11月15日，莲荷公司股东会决议注销公司。2017年7月27日莲荷公司作出股东会决议，成立清算组，成员为陈某潮、曹某红、严某淑。清算组出具的清算报告记载，公司债权债务已清理完毕，公司债权债务如有遗漏，仍由公司全体股东按出资比例承担责任，清算组成员在清算报告上签字，后工商部门决定准予注销登记。仁和佳业公司股东为陈某潮、陈某福，该公司于2016年9月27日召开股东会决定注销公司，股东一致确认公司注销后的未尽事宜由全体股东承担。2016年11月8日工商部门核定准予注销登记。园林公司向法院起诉请求被告陈某福、陈某潮、曹某红及严某淑连带给付工程款及违约金共计2000余万元。

一审法院支持了原告要求各被告承担连带付款责任的请求。曹某红及严某淑以自己既不是莲荷公司的股东也不是法人股东仁和佳业公司的股东为由，提起上诉，请求不承担付款责任。二审法院改判曹某红、严某淑作为非股东清算组成

员不承担付款责任。本案是有关清算组中非清算义务人是否承担赔偿责任存在争议。持肯定观点方认为，根据《最高人民法院关于适用〈中华人民共和国公司法〉若干问题的规定（二）》（2014年修正）第8条，清算组成员可以从公司股东、董事、监事、高级管理人员及律师事务所、会计师事务所、破产清算事务所等社会中介机构中产生。该司法解释就清算组履行职责及因过失、违法履职应承担的赔偿责任，并没有对清算义务人和非清算义务人进行区分，故二者均应承担赔偿责任。本案一审即是此观点。持否定观点方认为，2018年《公司法》第183条已经将有限责任公司清算组成员限定为股东，而股东是公司的出资人，《最高人民法院关于适用〈中华人民共和国公司法〉若干问题的规定（二）》（2014年修正）中规定的非股东清算组成员，只是接受股东委托行使清算组职责，其行为的法律后果应由股东承担。本案二审判决即是此观点。笔者倾向否定观点，清算组由清算义务人和非清算义务人组成，非清算义务人从事清算工作是基于股东会委托，除非受托人故意行为，否则受托人不应承担赔偿责任。实践中持否定观点的也居多。

第二百三十三条 【申请法院指定清算组】

公司依照前条第一款的规定应当清算，逾期不成立清算组进行清算或者成立清算组后不清算的，利害关系人可以申请人民法院指定有关人员组成清算组进行清算。人民法院应当受理该申请，并及时组织清算组进行清算。

公司因本法第二百二十九条第一款第四项的规定而解散的，作出吊销营业执照、责令关闭或者撤销决定的部门或者公司登记机关，可以申请人民法院指定有关人员组成清算组进行清算。

▶【法条释义】

公司解散清算的，应该由公司清算义务人自行组织清算，但清算义务人未按时组织自行清算的，应该由法院进行指定清算。未按时组织清算包括逾期不成立清算组或成立清算组但不开展清算工作两种情形。利害关系人可以申请法院指定清算人员进行清算。公司被吊销营业执照、责令关闭或者撤销而终止的，决定的部门或者公司登记机关可以申请法院指定清算。

本条规定源于2018年《公司法》第183条，2023年《公司法》第229条和第230条与前条规定内容承继。本条增加了“组成清算组而未清算”情形。同时，将有权申请法院指定清算的人员由原来的“债权人”变为“利害关系人”，后者的范围更广，不仅包括了债权人，还包括利益有可能受损的股东。另外，增加了公司因为被"吊销营业执照、责令关闭或者撤销"情形下,可以由决定的部门或者公司登记机关申请法院指定清算。

▶【关联法条】

1.《中华人民共和国民法典》

第70条第3款　清算义务人未及时履行清算义务,造成损害的,应当承担民事责任;主管机关或者利害关系人可以申请人民法院指定有关人员组成清算组进行清算。

2.《最高人民法院关于适用〈中华人民共和国公司法〉若干问题的规定(二)》(2020年修正)

第2条　股东提起解散公司诉讼,同时又申请人民法院对公司进行清算的,人民法院对其提出的清算申请不予受理。人民法院可以告知原告,在人民法院判决解散公司后,依据民法典第七十条、公司法第一百八十三条和本规定第七条的规定,自行组织清算或者另行申请人民法院对公司进行清算。

第7条第2款　有下列情形之一,债权人、公司股东、董事或其他利害关系人申请人民法院指定清算组进行清算的,人民法院应予受理:

(一)公司解散逾期不成立清算组进行清算的;

(二)虽然成立清算组但故意拖延清算的;

(三)违法清算可能严重损害债权人或者股东利益的。

▶【典型案例】

上海某技术开发中心强制清算案

[上海铁路运输法院破产典型案例(2018~2022年)之四]

上海某技术开发中心于1990年6月5日登记成立,注册资本为30万元,性质为全民所有制联营企业,主要经营范围为轻工、机械、电脑、医疗器械技术服务,供应开发产品,代购、代销与开发有关的机电设备、器材、电脑等业务。进入21世纪后,该中心主要依靠股东投入维持运转,因经营不善、转型困难而逐步陷入困境,2003年10月被工商行政管理部门吊销营业执照。但是,上海某技术开发中心被吊销后却未组织清算,长期处于吊销未注销状态,导致企业公章、账册、财产等逐步流失殆尽。2020年11月2日,主管部门向上海铁路运输法院申请指定清算。上海铁路运输法院查明上海某技术开发中心在具备解散事由后逾期不成立清算组进行清算,故裁定受理对上海某技术开发中心进行强制清算。上海铁路运输法院依法指定相关中介机构成员组成清算组后,识别上海某技术开发中心属于典型的中小型国有“僵尸企业”,指导清算组迅速查明该企业的资产负债情况,最终仅用时3个月就完成该企业的全部强制清算工作,办妥注销手续,实现国有“僵尸企业”快速出清,社会效果良好。

第二百三十四条 【清算组的职权】

清算组在清算期间行使下列职权:

(一)清理公司财产,分别编制资产负债表和财产清单;

(二)通知、公告债权人;

(三)处理与清算有关的公司未了结的业务;

(四)清缴所欠税款以及清算过程中产生的税款;

(五)清理债权、债务;

(六)分配公司清偿债务后的剩余财产;

(七)代表公司参与民事诉讼活动。

►【法条释义】

本条是关于清算组职权的规定。清算组,又称清算人,是指在公司清算期间负责清算事务执行的法定组织。清算组职权包括四个方面:

一是保管职权。清算组是公司清算期间的负责人。公司进入清算程序后,原公司的业务执行机关,如董事会、经理,即失去了原先的业务执行权力,法定代表人也不再对外代表公司。公司由清算组接管后续事务,在清算期间,清算组作为公司业务的执行机构,全面负责公司业务和财产的处理。

二是清理职权。首先,清算组要清理好公司财产,包括现行公司内部财产、对外财产或债权,代表公司取得这些财产或债权。其次,清理公司对外债务,包括一般民事上的债务,也包括公司所欠税款。

三是处分职权。清算组有权代表公司清理公司未了结的业务。清算组有权决定未履行的合同是否继续履行,履行时如何安排债务清偿,不履行时责任如何承担。

四是分配职权。代表公司将公司的财产清偿给债权人或税务部门。在清偿债权和税款后还有剩余财产的,分配剩余资产给股东。

为了保证清算工作顺利进行,提高清算效率,减少清算损失,维护债权人、股东及其他利益关系人的合法权益,应当赋予清算组必要的职权。有观点认为,负责清算的主体类型应当“一元化”,也即只设清算义务人制度,清算义务人承担组织清算以及清算的义务。① 《民法典》第70条第3款规定,清算义务人未及时履行清算义务,造成损害的,应当承担民事责任。这里立法使用"清算义务"而非"组织义务"一词,意在给以后的立法"留白"。"清算义务"包含多种类型,如组织义务、执行义务、监督义务等。因此,立法上采清算义务人没有履行"清算义务"都应当承担民事责任的立场。清算过程中无论出现什么事由,只要导致债权人利益不当受损的,都由清算义务人来承担责任,从而免去"多元化"下债权人的选择成本。尽管基于不同事由,责任是多层次的,但清算义务人对外应承担唯一责任。清算义务人对外承担责任后,可依内部责任关系向其他责任人追偿,这种责任既可以被解读为"替代责任",也可以被认为是"职务责任"。

2023年《公司法》将2018年《公司法》第184条第6项"处理公司清偿债务后的剩余财产"改为"分配公司清偿债务后的剩余财产",强调了清算组清算义务不仅包括对于债的清算,还包括对于股东分配的义务,体现了对债权人、股东等合法权益的保护。

▶【关联法条】

1.《中华人民共和国民法典》

第71条 法人的清算程序和清算组职权,依照有关法律的规定;没有规定的,参照适用公司法律的有关规定。

2.《最高人民法院关于适用〈中华人民共和国公司法〉若干问题的规定(二)》(2020年修正)

第11条 公司清算时,清算组应当按照公司法第一百八十五条的规定,将公司解散清算事宜书面通知全体已知债权人,并根据公司规模和营业地域范围在全国或者公司注册登记地省级有影响的报纸上进行公告。

清算组未按照前款规定履行通知和公告义务,导致债权人未及时申报债权而未获清偿,债权人主张清算组成员对因此造成的损失承担赔偿责任的,人民法院应依法予以支持。

▶【典型案例】

新疆绒业科技股份有限公司(以下简称新疆科技公司)诉张某某等买卖合同纠纷案

[新疆维吾尔自治区乌鲁木齐市新市区人民法院(2019)新0104民初第2503号]

新疆科技公司与河北纺织销售公司签订产品购销合同,约定由新疆科技公司

---

① 参见张旭东:《有限公司清算义务人范围问题研究》,载《南大法学》2022年第2期。

向河北纺织销售公司销售绵羊绒。新疆科技公司按约履行了义务,河北纺织销售公司欠新疆科技公司货款169万元。张某某系河北纺织销售公司股东,将河北纺织销售公司申请注销,其作为清算组负责人与另外两名清算组成员在公司注销清算报告中称"债务已清算完毕",并未向债权人告知清算事实,申请注销前还对新疆科技公司欠款予以确认。

法院认为清算组未按照前款规定履行通知和公告义务,导致债权人未及时申报债权而未获清偿,应对此造成的损失承担赔偿责任。本案中,张某某作为河北纺织销售公司股东和清算组成员未经合法清算,就向工商行政管理局申请注销了该公司,对其公司未经清算的债务应承担赔偿责任。

第二百三十五条　【债权人申报债权】

清算组应当自成立之日起十日内通知债权人,并于六十日内在报纸上或者国家企业信用信息公示系统公告。债权人应当自接到通知之日起三十日内,未接到通知的自公告之日起四十五日内,向清算组申报其债权。

债权人申报债权,应当说明债权的有关事项,并提供证明材料。清算组应当对债权进行登记。

在申报债权期间,清算组不得对债权人进行清偿。

►【法条释义】

本条是有关债权登记的程序性规定。

第一,通知或公告。公司在解散清算时,对公司所负的债务有清偿的义务,当然,清偿债务首先需要知道公司有多少债权人,因此,清算组应当通知各债权人尽快申报债权,以便顺利清偿债务。为了顺利完成债权登记,避免和减少偿债纠纷,本条对清算组催告债权人申报债权的期限和方式作了限定,本条规定了两种催告方式:通知和公告。对于确定且可联系到的债权人,可以用通知书方式通知其申报债权,并且需要在清算组成立之日起10日内通知;对于不确定或虽确定但联系不到的债权人,由于难以用通知书通知其申报债权,因此本条规定采用公告方式催告债权人,并且规定清算组自成立之日起60日内在报纸或者国家企业信用信息公示系统公告。相对于2018年《公司法》,2023年《公司法》新增了国家企业信用信息公示系统这一公告途径。通过在此公示系统进行申报债权的催告,有助于更广泛地传播相关信息,提高债权人获知催告信息的便利性,保证了信息的透明度与公示性。

第二,债权申报。公司通知和公告之后,债权人应及时去申报债权,法律规定接到通知的债权人需要在接到通知之日起30日内申报债权,公告方式催告的债权人应该自公告之日起45日内申报债权。当然债权人申报债权时需要提供相应材料证明自己为债权人以及为哪种类型债权人,如有担保债权还是无担保债权。

第三,不得清偿债权。清算程序主要包括清算组成立,债权申报,公司资产清理,债权清偿,剩余财产分配,公司注销登记。清算程序属于法定程序,每个程序所做的事情不一样,本条是处于债权申报程序,此阶段只可以从事债权通知、公告和债权登记,而不能对于债权人进行个别清偿。债权申报期结束后,清算组会根据公司资产情况确定清算方案,然后才能进行分配清偿。

▶【关联法条】

《最高人民法院关于适用〈中华人民共和国公司法〉若干问题的规定(二)》(2020年修正)

第11条　公司清算时,清算组应当按照公司法第一百八十五条的规定,将公司解散清算事宜书面通知全体已知债权人,并根据公司规模和营业地域范围在全国或者公司注册登记地省级有影响的报纸上进行公告。

清算组未按照前款规定履行通知和公告义务,导致债权人未及时申报债权而未获清偿,债权人主张清算组成员对因此造成的损失承担赔偿责任的,人民法院应依法予以支持。

▶【典型案例】

王某与李某等清算责任纠纷案

[四川省攀枝花市中级人民法院(2019)川04民终第366号裁定]

王某系攀枝花某公司股东,亦任执行董事兼总经理,杨某任攀枝花某公司监事。川鑫公司与攀枝花某公司签订《智慧产品研讨会协议书》,约定参会人员李某报名参加攀枝花某公司组织的研讨会,价格400,000元。购买课程后,攀枝花某公司一直未给李某授课。后攀枝花某公司股东会决议一致同意注销公司,成立清算组,清算组成员为王某、杨某,并在《攀枝花日报》刊登注销公告。李某向法院起诉请求王某、杨某连带支付李某160,000元。

法院经审理后认为:王某、杨某二人应当知晓公司经营情况,在公司清算解散时,对尚未授课的人员,应当通知其申报债权。公告仅是法定程序,并不能替代通知。王某、杨某对于清算组明知对李某的债务尚未完全清偿而未作书面告知,导致李某未能及时申报债权而未获清偿,应对由此造成的李某的财产损失承担赔偿责任。此案中,清算组仅履行了法定的公告义务,而未履行书面通知义务,这两项义务为清算组通知、公告债权人的必要义务,缺一不可,因此法院认定清算组成员应对债权人财产损失承担赔偿责任。2023 年《公司法》中新增了统一的企业信息公示系统这一公告途径,有助于催告信息的广泛传播,可减少债权人因信息获知不及时而遭受损失。因此,对李某要求王某、杨某连带支付课程退款 160,000 元,法院依法予以支持。

第二百三十六条 【清算程序】

清算组在清理公司财产、编制资产负债表和财产清单后,应当制订清算方案,并报股东会或者人民法院确认。

公司财产在分别支付清算费用、职工的工资、社会保险费用和法定补偿金,缴纳所欠税款,清偿公司债务后的剩余财产,有限责任公司按照股东的出资比例分配,股份有限公司按照股东持有的股份比例分配。

清算期间,公司存续,但不得开展与清算无关的经营活动。公司财产在未依照前款规定清偿前,不得分配给股东。

▶【法条释义】

本条是关于清算分配程序的相关规定。清算组在分配程序中的主要职责包括制订清算方案、清偿公司债务、分配剩余财产。

第一,制订清算方案。分配程序第一步是制订清算方案,清算方案是清算组在清理好公司财产后,就如何清偿债务、如何分配公司剩余财产制订的一整套方案。清算组需要先清理公司财产,了解公司财产和债务状况,编制资产负债表和财产清单,在此基础上,清算组才能制订清算方案。

第二,确认清算方案。清算方案涉及各方利益,清算组制订的清算方案需要经过相关机构或部门确认后方能执行。法律规定清算方案应该由股东会确认,如果是由人民法院组织清算的,应报人民法院确认。

第三,执行清算方案,分配财产。

公司财产能够清偿债务的,应当按照本条规定的先后顺序依次清偿:(1)支付清算费用;(2)职工的工资、社会保险费用和法定补偿金;(3)缴纳所欠税款;(4)清偿债务;(5)向股东分配剩余财产,有限责任公司按照股东的出资比例分配,股份有限公司按照股东持有的股份比例分配。本条规定体现了《公司法》对职工和债权人利益的切实保障,分配财产有严格的分配顺序,清算组不得违反顺序进行清算,尤其是不得违反顺序优先向公司股东分配公司财产。

公司进入清算的前提是公司终止,终止的公司不可以再进行经营活动。因此,公司在清算期间,公司法人资格虽未消灭,但其只能开展与清算有关的活动,不得从事与清算无关的经营活动。

▶【关联法条】

《中华人民共和国民法典》

第71条 法人的清算程序和清算组职权,依照有关法律的规定;没有规定的,参照适用公司法律的有关规定。

▶【典型案例】

林某与北科中心(有限合伙)股权转让纠纷案

[北京市第三中级人民法院(2019)京03民终第6335号]

林某、木某、吴某为某电影院线公司股东。2015年,北科中心以630万元签订增资协议,对某电影院线公司投资并完成转账。某电影院线公司的注册资本变更为2755万元,新增的105万元注册资本登记在北科中心名下。各方于补充协议约定,增资协议中的林某、木某、吴某承诺将尽一切努力使某电影院线公司于2016年前完成新三板挂牌并于2019年前完成上市。如该承诺未能如期完成,北科中心可以要求三人承担回购其所持有的某电影院线公司全部股份的责任,回购总价格为本次投资本金630万元及利息。另外,双方还约定"优先清算权"条款,某电影院线公司在分别支付清算费用、职工的工资、社会保险费用和法定补偿金,缴纳所欠税款,清偿公司债务后,北科中心优先于其他股东进行分配。后某电影院线公司并未在2016年完成新三板挂牌,北科中心向法院起诉请求林某回购股权并赔偿损失。林某主张增资协议包含优先清算权条款而不成立。

法院经审理后认为:本案中,案涉该协议约定在支付了法定优先清偿款项后,股东内部对于分配顺序进行约定并不违反《公司法》(2018年修正)第186条的规定。本案主要争议为股东剩余财产分配顺序的约定是否有效。公司清算顺序不能改变,但同一顺序中的清偿顺序可以由该顺序中的主体自行约定,如果没有约定又不能清偿该顺序中的全部主体的,原则是按比例分配。

第二百三十七条　【破产申请】

清算组在清理公司财产、编制资产负债表和财产清单后，发现公司财产不足清偿债务的，应当依法向人民法院申请破产清算。

人民法院受理破产申请后，清算组应当将清算事务移交给人民法院指定的破产管理人。

►【法条释义】

本条是清算程序改为破产程序的规定。清算组在清理公司财产、编制资产负债表和财产清单后，若公司财产足以清偿债务，应当按照公司法规定的顺序依次清偿债务；若发现公司财产不足以清偿债务的，尽管清算期间公司仍然存续，但无法从事与清算无关的经营业务，无法继续经营弥补损失，实际上已不能清偿到期债务，此时公司已处于破产的界限，应当依法向人民法院申请破产清算，并且在法院受理破产申请后，将清算事务移交给破产管理人。本条变化之处是将清算组移交清算事务的时间节点提前，由“裁定宣告破产后”改变为“受理破产申请后”，移交对象由“法院”转变为“破产管理人”。提前了破产管理人接管公司的时间，加速破产管理人对破产公司的管理，使公司业务、资产等早日接受指导，有利于合理管理公司财产、保护股东及债权人利益。

破产管理人的选任上，我国采用法院指定与债权人申请更换的双重模式，为了保证破产管理人的中立、公正，当债权人申请更换破产管理人时，应当注意债权人会议人合性的时间节点，考察破产管理人中立性的维持情况。① 破产管理人具有处分财产的职责，但是应当限制这项权利已经成为共识，例如，限制破产管理人对待履行合同的选择权，区分破产管理人处分的财产为一般财产还是重大财产。破产管理人的法律地位尚不明确，不同破产程序中管理人的地位性质各不相同。在破产清算程序中，破产管理人的作用体现于处置破产财产方面；在破产和解程序中，破产管理人在协议尚未形成前充当协调角色，在协议形成后履行监督义务；在破产重整程序中，管理人管理模式下破产管理人处于公司董事地位，债务人管理模式下破产管理人处于监督人地位；②在个人破产程序中同样需要破产管理人介入，发挥个人破产管理人的信托功能、咨询功能、临时接管功能、监督功能，考量

---

① 参见张旭东：《债权人选任管理人与中国破产法的演进》，载《中国政法大学学报》2021 年第 4 期。

② 参见陈科林：《信义关系视角下破产管理人的法律地位》，载《政治与法律》2023 年第 11 期。

个人破产执业的可行性。①

▶【关联法条】

1.《中华人民共和国企业破产法》

第7条　债务人有本法第二条规定的情形,可以向人民法院提出重整、和解或者破产清算申请。

债务人不能清偿到期债务,债权人可以向人民法院提出对债务人进行重整或者破产清算的申请。

企业法人已解散但未清算或者未清算完毕,资产不足以清偿债务的,依法负有清算责任的人应当向人民法院申请破产清算。

2.《最高人民法院关于适用〈中华人民共和国公司法〉若干问题的规定(二)》(2020年修正)

第17条　人民法院指定的清算组在清理公司财产、编制资产负债表和财产清单时,发现公司财产不足清偿债务的,可以与债权人协商制作有关债务清偿方案。

债务清偿方案经全体债权人确认且不损害其他利害关系人利益的,人民法院可依清算组的申请裁定予以认可。清算组依据该清偿方案清偿债务后,应当向人民法院申请裁定终结清算程序。

债权人对债务清偿方案不予确认或者人民法院不予认可的,清算组应当依法向人民法院申请宣告破产。

▶【典型案例】

债务人的破产清算申请案

[江苏省泗阳县人民法院(2022)苏第1323强清第134号债权申报公告]

某建筑工程劳务分包公司于2014年被吊销营业执照。经该公司主管机关申请,法院裁定受理强制清算申请,并指定清算组。根据清算组提交的强制清算报告,清算组履职过程中未能接管到公司账册、重要文件,也未能联系到公司法定代表人、股东、董事等人员;经过自行调查并申请本院通过网络执行查控系统查询公司名下所有财产后,清算组亦未能接管到任何财产;在公司的债权申报期内,清算组审核确定的债权总额为15万元。清算组以清算过程中发现某建筑工程劳务分

① 参见杜若薇:《个人破产程序中的管理人设置》,载《中国政法大学学报》2021年第4期。

包公司财产不足以清偿债务为由,向法院申请终结某建筑工程劳务分包公司的强制清算程序,并将该案转入破产清算程序。

法院经审理后认为:公司强制清算中,清算组在清理公司财产、编制资产负债表和财产清单时,发现公司财产不足清偿债务的,向法院申请破产清算符合法律规定,故终结某建筑工程劳务分包公司强制清算程序,并受理清算组对其的破产清算申请。

第二百三十八条 【清算组成员的义务和责任】

清算组成员履行清算职责,负有忠实义务和勤勉义务。

清算组成员怠于履行清算职责,给公司造成损失的,应当承担赔偿责任;因故意或者重大过失给债权人造成损失的,应当承担赔偿责任。

►【法条释义】

本条是有关清算组成员的义务和责任的规定。2023 年《公司法》强化了清算组成员的清算职责,强调了其所负有的忠实义务和勤勉义务。清算组成员不得怠于履行清算职责,应该积极主动地履行职责,保管好公司各项资料,保护公司的合法财产不受侵害,积极追回公司的各项债权,否则给公司造成损失的,应当承担赔偿责任。

清算组成员的赔偿责任包括两个方面,一是对于公司的赔偿责任,立法规定清算组成员怠于履行职责,同时给公司造成损失时应承担赔偿责任。二是对于债权人的赔偿责任。立法要求主客观具体要件,主观上需要是故意或重大过失,客观上要给债权人造成损失。其中"故意"是指清算组成员明知自己的行为会产生损害债权人利益的后果,而希望或者放任这种结果发生。如放弃向关系好的公司债务人主张债务。"重大过失"是指清算组成员在处理法律规定有特别注意义务的事项时,因为疏忽大意没有注意,或是注意了却因过于自信而轻信可以避免,以致发生了不该发生的法律后果。例如,2023 年《公司法》第 234 条规定的清算组通知、公告债权人申报债权的义务,若因清算组成员重大过失,导致债权人未及时申报债权,损害债权人合法利益的,清算组成员应对债权人的损失承担赔偿责任。

►【关联法条】

1.《中华人民共和国民法典》

第 70 条第 3 款　清算义务人未及时履行清算义务,造成损害的,应当承担民事责任;主管机关或者利害关系人可以申请人民法院指定有关人员组成清算组进行清算。

2.《最高人民法院关于适用〈中华人民共和国公司法〉若干问题的规定(二)》(2020年修正)

第18条　有限责任公司的股东、股份有限公司的董事和控股股东未在法定期限内成立清算组开始清算,导致公司财产贬值、流失、毁损或者灭失,债权人主张其在造成损失范围内对公司债务承担赔偿责任的,人民法院应依法予以支持。

有限责任公司的股东、股份有限公司的董事和控股股东因怠于履行义务,导致公司主要财产、账册、重要文件等灭失,无法进行清算,债权人主张其对公司债务承担连带清偿责任的,人民法院应依法予以支持。

上述情形系实际控制人原因造成,债权人主张实际控制人对公司债务承担相应民事责任的,人民法院应依法予以支持。

第19条　有限责任公司的股东、股份有限公司的董事和控股股东,以及公司的实际控制人在公司解散后,恶意处置公司财产给债权人造成损失,或者未经依法清算,以虚假的清算报告骗取公司登记机关办理法人注销登记,债权人主张其对公司债务承担相应赔偿责任的,人民法院应依法予以支持。

第20条　公司解散应当在依法清算完毕后,申请办理注销登记。公司未经清算即办理注销登记,导致公司无法进行清算,债权人主张有限责任公司的股东、股份有限公司的董事和控股股东,以及公司的实际控制人对公司债务承担清偿责任的,人民法院应依法予以支持。

公司未经依法清算即办理注销登记,股东或者第三人在公司登记机关办理注销登记时承诺对公司债务承担责任,债权人主张其对公司债务承担相应民事责任的,人民法院应依法予以支持。

▶【典型案例】

李某敏、南京骏发公司与五十五所清算责任纠纷案

[最高人民法院(2017)最高法民申第2428号]

维信公司于2007年4月30日经工商登记设立,股东为南京骏发公司、李某敏。五十五所与维信公司因双方间的业务往来发生纠纷。2010年4月29日,法院判决维信公司给付五十五所6,652,586.02元;该判决生效后,五十五所向法院申请强制执行。维信公司已于2012年12月18日被工商行政管理部门依法吊销法人营业执照,该公司无财产可执行,五十五所于2013年6月24日向法院申请对

维信公司强制清算。该案审理中,维信公司提交了公司部分财务资料,且明确表示公司的财务资料不完整。2014 年 6 月 30 日,五十五所以维信公司提交的财务资料不完整,不具备清算条件为由,向法院申请撤回对该公司强制清算的申请。2014 年 7 月 7 日,法院裁定终结维信公司的强制清算程序。五十五所后向法院起诉,请求维信公司股东对公司债务承担责任。最高人民法院再审认为,维信公司在 2012 年 12 月被吊销营业执照解散后,该公司股东李某敏、骏发公司应在 15 日内成立清算组开始清算。两股东未在法定期限内对维信公司进行清算,系公司股东怠于履行清算义务的情形,应当承担由此产生的民事责任。维信公司部分财务账册已经灭失,李某敏一审提交的清算报告依据的仅是部分财务资料,因此不足采信。酌定李某敏、骏发公司对维信公司涉案债务的 70% 承担连带清偿责任。本案体现的是清算组成员怠于履行清算职责,导致公司无法清算的,清算组成员应该承担赔偿责任,此责任包括对于公司的赔偿责任及转换为对于债权人的赔偿责任。

第二百三十九条　【公司注销】

公司清算结束后,清算组应当制作清算报告,报股东会或者人民法院确认,并报送公司登记机关,申请注销公司登记。

►【法条释义】

本条是有关公司注销登记的规定。公司注销登记有三个程序:

一是公司清算。公司终止前提是依法清算,清算完毕后才能申请办理注销登记。本条强调公司未经清算以及清算未完成不得办理注销登记。

二是清算程序结束。清算组在清算结束后应该制作清算报告,自行清算的清算报告经股东会确认,法院指定清算的清算报告应该经法院确认。清算程序结束的标志是清算报告经确认之日。

三是公司注销登记。公司清算结束后应该向登记机关申请注销登记,注销登记申请时需要向登记机关提交清算报告,证明清算完毕,此时登记机关会注销公司登记。自公司注销登记之日公司法人主体资格消灭。

在实际经济生活中,存在诸多未经清算即办理注销登记的情形,包括:(1)公司已经解散后通过虚假的清算报告申请注销登记。(2)股东或第三人向公司登记机关承诺公司解散后清理债权债务,但实际并未清算却办理了注销登记。公司逃避清算环节办理注销登记导致公司清算不能的,《最高人民法院关于适用〈中华人民共和国公司法〉若干问题的规定(二)》(2020 年修正)规定有限责任公司的股东、股份有限公司的董事和控股股东、公司的实际控制人等应当对公司债务承担连带责任。[①] 2023 年《公司法》已经将清算义务人改为公司董事,改变了股东对于公司未经清算承担责任的规定。股东或第三人承诺承担公司未清偿债务的,由于承诺不违法,因此具有法律效力。

清算是公司终止的法定程序,而注销登记产生法人终止的最终效力。作为设立登记产生的确认商事主体产生效力的对应性制度,注销登记产生商事主体消灭的法律效果,即便在企业无债权债务或者清算程序结束的情形下仍然要求注销登记,[②]这是出于登记公示产生的公信力,是对善意第三人信赖利益进行保护的制度。

►【关联法条】

1.《中华人民共和国民法典》

第 68 条　有下列原因之一并依法完成清算、注销登记的,法人终止:

(一)法人解散;

(二)法人被宣告破产;

(三)法律规定的其他原因。

法人终止,法律、行政法规规定须经有关机关批准的,依照其规定。

2.《最高人民法院关于适用〈中华人民共和国公司法〉若干问题的规定(二)》(2020 年修正)

第 20 条　公司解散应当在依法清算完毕后,申请办理注销登记。公司未经清算即办理注销登记,导致公司无法进行清算,债权人主张有限责任公司的股东、股份有限公司的董事和控股股东,以及公司的实际控制人对公司债务承担清偿责任的,人民法院应依法予以支持。

公司未经依法清算即办理注销登记,股东或者第三人在公司登记机关办理注销登记时承诺对公司债务承担责任,债权人主张其对公司债务承担相应民事责任的,人民法院应依法予以支持。

3.《中华人民共和国市场主体登记管理条例》

第 31 条　市场主体因解散、被宣告破产或者其他法定事由需要终止的,应当依法向登记机关申请注销登记。经登记机关注销登记,市场主体终止。

---

① 参见最高人民法院民事审判第二庭编著:《最高人民法院关于公司法司法解释(一)、(二)理解与适用》,人民法院出版社 2015 年版,第 439 ~ 458 页。

② 参见钱玉林:《商事主体注销登记争点问题讨论》,载《法学论坛》2021 年第 4 期。

市场主体注销依法须经批准的，应当经批准后向登记机关申请注销登记。

▶【典型案例】

B公司与A公司买卖合同纠纷案

［广东省佛山市中级人民法院（2020）粤06民终第9029号］

2014年B有限责任公司（以下简称B公司）成立，股东为黎某、卢某，两人各持50%股份。2018年6月7日，B公司申请注销登记，提供股东会确认清算报告，报告上有黎某、卢某签名。2018年6月14日，B公司被注销登记。2019年6月3日，A公司向人民法院提起与B公司间的买卖合同纠纷之诉，A公司认为B公司股东黎某、卢某未通知解散清算事宜即办理注销公司手续，导致其作为债权人未及时申报债权而未获清偿，故请求两被告对B公司所欠货款承担连带清偿责任。2019年11月14日，卢某以B公司涉嫌使用虚假材料办理注销登记为由向当地监督管理局举报，该局予以受理。2020年7月3日，一审法院判决黎某对B公司所欠货款承担连带清偿责任，卢某承担补充清偿责任。A公司不服一审判决，向二审法院提起上诉，请求卢某承担连带清偿责任。卢某亦提起上诉，请求改判其无须承担补充清偿责任。2020年7月9日，本案二审期间，市场监督管理局作出撤销B公司注销登记决定书。国家企业信用信息公示系统显示B公司的登记状态为“在营（开业）企业”。2020年10月28日，二审法院判决撤销一审判决，并驳回A公司的诉讼请求。二审法院认为：公司登记机关撤销公司注销登记，公司的主体资格即已恢复，债权人以股东未履行清算通知和公告义务即注销公司为由，直接请求股东承担连带清偿责任的，法院不予支持。

第二百四十条 【简易注销登记】

公司在存续期间未产生债务，或者已清偿全部债务的，经全体股东承诺，可以按照规定通过简易程序注销公司登记。

通过简易程序注销公司登记，应当通过国家企业信用信息公示系统予以公告，公告期限不少于二十日。公告期限届满后，未有异议的，公司可以在二十日内向公司登记机关申请注销公司登记。

公司通过简易程序注销公司登记，股东对本条第一款规定的内容承诺不实的，应当对注销登记前的债务承担连带责任。

►【法条释义】

本条是关于简易程序注销登记的新增规定。简易程序注销登记包括三个内容:

一是简易注销登记构成要件。简易注销登记需要满足三个要件:首先,公司存续期间无债务,如企业未开业,或者有债务但已经全部清偿完毕;其次,全体股东承诺;最后,可以通过简易程序注销登记,一般来说如果企业为批准制企业,或者被列入经营异常名录,有严重违法失信行为,存在股权被冻结、出质或动产抵押等情形的,就不能通过简易程序注销登记。简易程序设置条件较严格,体现了对于公司偿债的责任要求以及对于债权人的利益保障。

二是简易注销登记程序。公司如果需要简易程序注销登记的,首先,要在国家企业信用信息公示系统进行公告,公告期限不少于20日;其次,公告期满后无异议;最后,申请注销登记。公司可以在20日内申请登记。

三是责任后果。简易程序主要依靠全体股东的承诺,本条规定如承诺不实的,此处承诺不实可以是某个股东,也可以是全部股东,股东应该对于公司债务承担连带责任,当然此处股东应该是承诺不实的股东还是也包括承诺真实的股东,目前法律未作出明确规定,笔者认为应该仅限于承诺不实的股东,对于承诺真实的股东不应该承担责任,因为股东尤其是小股东不参与公司经营,无从知道其他股东是否真实承诺,只能对于自己知道的情况如实承诺。

简易程序注销登记制度,优化了股东快捷退出情形,完善了公司的退出制度,提高公司登记机关的工作效率。简易注销是"放管服"改革中强化市场主体依法退出的重要举措,与我国公司设立制度和资本制度改革形成呼应。简易注销程序并非越过清算程序,而是在一般清算程序基础上增加了一种简化程序,此种程序适合股东较少的有限公司。对于股份有限公司而言,由于其股东数量众多、变动频繁,特别是小股东在公司日常经营活动时参与程度低,股份有限公司在适用简易注销程序上存在一定难度。

►【关联法条】

1.《中华人民共和国市场主体登记管理条例》

第33条　市场主体未发生债权债务或者已将债权债务清偿完结,未发生或者已结清清偿费用、职工工资、社会保险费用、法定补偿金、应缴纳税款(滞纳金、罚款),并由全体投资人书面承诺对上述情况的真实性承担法律责任的,可以按照简易程序办理注销登记。

市场主体应当将承诺书及注销登记申请通过国家企业信用信息公示系统公

示,公示期为20日。在公示期内无相关部门、债权人及其他利害关系人提出异议的,市场主体可以于公示期届满之日起20日内向登记机关申请注销登记。

个体工商户按照简易程序办理注销登记的,无需公示,由登记机关将个体工商户的注销登记申请推送至税务等有关部门,有关部门在10日内没有提出异议的,可以直接办理注销登记。

市场主体注销依法须经批准的,或者市场主体被吊销营业执照、责令关闭、撤销,或者被列入经营异常名录的,不适用简易注销程序。

2.《中华人民共和国市场主体登记管理条例实施细则》

第47条　申请办理简易注销登记,应当提交申请书和全体投资人承诺书。

第48条　有下列情形之一的,市场主体不得申请办理简易注销登记:

(一)在经营异常名录或者市场监督管理严重违法失信名单中的;

(二)存在股权(财产份额)被冻结、出质或者动产抵押,或者对其他市场主体存在投资的;

(三)正在被立案调查或者采取行政强制措施,正在诉讼或者仲裁程序中的;

(四)被吊销营业执照、责令关闭、撤销的;

(五)受到罚款等行政处罚尚未执行完毕的;

(六)不符合《条例》第三十三条规定的其他情形。

第49条　申请办理简易注销登记,市场主体应当将承诺书及注销登记申请通过国家企业信用信息公示系统公示,公示期为20日。

在公示期内无相关部门、债权人及其他利害关系人提出异议的,市场主体可以于公示期届满之日起20日内向登记机关申请注销登记。

▶【典型案例】

庄某伟与勐腊县市场监督管理局行政登记案

[云南省西双版纳傣族自治州中级人民法院(2019)云28行终第2号]

勐腊县农资有限公司(以下简称农资公司)在国家企业信用信息公示系统(云南)发布简易注销公告(在公告期间无人提出异议),公告期满后向登记机关勐腊县市场监督管理局申请简易注销登记。农资公司提交了公司注销登记申请书,该申请书由时任法定代表人陈某签署。勐腊县市场监督管理局通过省市场主体信用信息共享协作平台将相关信息推送至同级税务、人力资源和社会保障等部门,并利用国家企业信用信息公示系统(云南)进行检索检查后,认为农资公司提交的公司简易注销登记申请材料齐全,符合规定,决定准许简易注销登记,并于同日在国家企业信用信息系统上对该公司简易注销进行公告。后股东庄某发现其并未同意公司注销,其在全体投资人承诺书上的签名、捺印系伪造,庄某向法院提起行政诉讼要求确认注销程序违法,注销结果无效。

一审法院经审理后认为:行政机关只对申请人所提交的材料是否符合法定形式、法定要求进行审查,而申请人对材料实质内容的真实性负责,故农资公司在申请简易注销登记时应对其提供的申请材料的真实性负责,即使股东的签名不是本人所为,对签名真实性的审查为申请人农资公司的义务,不能必然证明勐腊县市场监督管理局的行政行为违法。

二审法院经审理后认为:《云南省工商局印发企业简易注销登记暂行规定》第17条规定:"企业在简易注销登记中隐瞒真实情况、弄虚作假的,登记机关可以依法做出撤销注销登记,在恢复企业主体资格的同时将该企业列入严重违法失信企业名单,并通过国家企业信用信息公示系统(云南)公示,有关利害关系人可以通过民事诉讼主张其相应权利。"上诉人作为公司股东要求撤销被上诉人对农资公司作出的准予简易注销登记通知书的诉求,法院予以支持。

本案主要是论述简易注销程序中股东不实承诺情形下,作为注销登记的行政机关应该是承担形式审查还是实质审查责任,同时,不实承诺注销登记能否撤销。从法院司法裁判观点来看行政机关应该承担形式审查责任,实质审查只是撤销注销登记的前提。

第二百四十一条 【强制注销登记】

公司被吊销营业执照、责令关闭或者被撤销,满三年未向公司登记机关申请注销公司登记,公司登记机关可以通过国家企业信用信息公示系统予以公告,公告期限不少于六十日。公告期限届满后,未有异议的,公司登记机关可以注销公司登记。

依照前款规定注销公司登记的,原公司股东、清算义务人的责任不受影响。

►【法条释义】

本条是有关强制注销登记的新增规定。强制注销也称依职权注销登记。

第一,强制注销登记的构成条件。首先,包括三种法定情形:被吊销营业执照、责令关闭或者被撤销。其次,时间要求:必须是满三年未向公司登记机关申请注销公司登记。

第二,程序。(1)公告。公司登记机关依职权在国家企业信用信息公示系统予以公告。(2)异议。公告期不少于60日,此期限为异议期限。(3)注销登记。对于无异议的公司将被强制注销。

第三,责任承担。强制注销只是消灭了公司主体资格,对于应该承担责任的责任人不因公司被注销而责任消灭,即原公司股东的出资责任、清算责任、赔偿责任等不受注销登记影响。

强制注销制度是行政主导下的市场主体资格终止确认机制、市场规制信息均衡基础上的市场交易机制和“以死促生”功能导向下的市场资源释放整合机制。① 设立强制注销的目的是补充市场主体依申请注销的不足,减少符合公司终止条件却由于相关义务方主观意愿淡薄或受客观条件所限不主动退出市场的情形发生,利用行政力量介入强制符合条件的公司退出,实现“僵尸企业”等商主体资格的剥离。② 强制注销制度改变了以往以清算为前提的注销程序,使无法或者难以进行清算的“三无企业”“僵尸企业”退出市场,不免除通过该程序退出市场企业相应责任的承担。

►【关联法条】

1.《国务院办公厅关于印发全国深化“放管服”改革优化营商环境电视电话会议重点任务分工方案的通知》

(十)提升企业注销便利度,强化税务、社保、金融、市场监管等环节协同办理,扩大简易注销范围,让市场主体进得来、退得出。(市场监管总局牵头,人力资源社会保障部、人民银行、海关总署、税务总局等国务院相关部门及各地区按职责分工负责)

具体措施:

1. 2021年6月底前修改完善《企业注销指引》,推进部门间数据共享和业务协同,优化税务注销等程序,实现办理进度和结果实时共享。进一步扩大简易注销试点地域范围。(市场监管总局牵头,人力资源社会保障部、人民银行、海关总署、税务总局等国务院相关部门及各地区按职责分工负责)

2. 探索开展长期吊销未注销企业强制注销试点,明确强制注销的适用情形、具体条件和办理程序,并依法保障当事人合法权利,进一步提高市场主体退出效

---

① 参见徐晓明:《市场主体强制注销制度的内在取向及其法治建构》,载《行政法学研究》2023年第4期。

② 参见张阳:《商事主体终止的制度检视及其结构优化》,载《交大法学》2022年第2期。

率。(市场监管总局牵头,国务院相关部门及各地区按职责分工负责)

2.《企业注销指引》(2023 年修订)

四、企业办理注销登记

企业在完成清算后,需要分别注销税务登记、企业登记、社会保险登记,涉及海关报关等相关业务的企业,还需要办理海关报关单位备案注销等事宜。

(一)普通注销流程

1. 申请注销税务登记。

纳税人向税务部门申请办理注销时,税务部门进行税务注销预检,检查纳税人是否存在未办结事项。

(1)未办理过涉税事宜的纳税人,主动到税务部门办理清税的,税务部门可根据纳税人提供的营业执照即时出具清税文书。

(2)符合容缺即时办理条件的纳税人,在办理税务注销时,资料齐全的,税务部门即时出具清税文书;若资料不齐,可在作出承诺后,税务部门即时出具清税文书。纳税人应按承诺的时限补齐资料并办结相关事项。具体条件是:

①办理过涉税事宜但未领用发票(含代开发票)、无欠税(滞纳金)及罚款且没有其他未办结事项的纳税人,主动到税务部门办理清税的;

②未处于税务检查状态、无欠税(滞纳金)及罚款、已缴销增值税专用发票及税控设备,且符合下列情形之一的纳税人:

- 纳税信用级别为 A 级和 B 级的纳税人;
- 控股母公司纳税信用级别为 A 级的 M 级纳税人;
- 省级人民政府引进人才或经省级以上行业协会等机构认定的行业领军人才等创办的企业;
- 未纳入纳税信用级别评价的定期定额个体工商户;
- 未达到增值税纳税起征点的纳税人。

(3)不符合承诺制容缺即时办理条件的(或虽符合承诺制容缺即时办理条件但纳税人不愿意承诺的),税务部门向纳税人出具《税务事项通知书》(告知未结事项),纳税人先行办理完毕各项未结事项后,方可申请办理税务注销。

(4)经人民法院裁定宣告破产或强制清算的企业,管理人持人民法院终结破产程序裁定书或强制清算程序的裁定申请税务注销的,税务部门即时出具清税文书。

(5)纳税人办理税务注销前,无需向税务机关提出终止"委托扣款协议书"申请。税务机关办结税务注销后,委托扣款协议自动终止。

(6)注意事项。对于存在依法应在税务注销前办理完毕但未办结的涉税事项的,企业应办理完毕后再申请注销。对于存在未办结涉税事项且不符合承诺制容缺即时办理条件的,税务机关不予注销。例如,持有股权、股票等权益性投资、债权性投资或土地使用权、房产等资产未依法清算缴税的;合伙企业、个人独资企业未依法清算缴纳个人所得税的;出口退税企业未结清出口退(免)税款等情形的不予注销。

2. 申请注销企业登记。清算组向登记机关提交注销登记申请书、注销决议或者决定、经确认的清算报告和清税证明等相关材料申请注销登记。登记机关和税务机关已共享企业清税信息的,企业无需提交纸质清税证明文书;领取了纸质营业执照正副本的,缴回营业执照正副本,营业执照遗失的,可通过国家企业信用信息公示系统或公开发行的报纸发布营业执照作废声明。国有独资公司申请注销登记,还应当提交国有资产监督管理机构的决定,其中,国务院确定的重要的国有独资公司,还应当提交本级人民政府的批准文件复印件。仅通过报纸发布债权人公告的,需要提交依法刊登公告的报纸报样。企业申请注销登记前,应当依法办理分支机构注销登记,并处理对外投资的企业转让或注销事宜。

3. 申请注销社会保险登记。企业应当自办理企业注销登记之日起30日内,向原社会保险登记机构提交注销社会保险登记申请和其他有关注销文件,办理注销社会保险登记手续。企业应当结清欠缴的社会保险费、滞纳金、罚款后,办理注销社会保险登记。

4. 申请办理海关报关单位备案注销。涉及海关报关相关业务的企业,可通过国际贸易“单一窗口”(http://www.singlewindow.cn)、“互联网 + 海关”(http://online.customs.gov.cn)等方式向海关提交报关单位注销申请,也可通过市场监管部门与海关联网的注销“一网”服务平台提交注销申请。对于已在海关备案,存在欠税(含滞纳金)、罚款及其他应办结的海关手续的报关单位,应当在注销前办结海关有关手续。报关单位备案注销后,向市场监管部门申请注销企业登记。

(二)简易注销流程

1. 适用对象。

未发生债权债务或已将债权债务清偿完结的企业(上市股份有限公司除外)。企业在申请简易注销登记时,不应存在未结清清偿费用、职工工资、社会保险费用、法定补偿金、应缴纳税款(滞纳金、罚款)等债权债务。

企业有下列情形之一的,不适用简易注销程序:法律、行政法规或者国务院决定规定在注销登记前须经批准的;被吊销营业执照、责令关闭、撤销;在经营异常名录或者市场监督管理严重违法失信名单中;存在股权(财产份额)被冻结、出质或者动产抵押,或者对其他企业存在投资;尚持有股权、股票等权益性投资、债权性投资或土地使用权、房产等资产的;未依法办理所得税清算申报或有清算所得未缴纳所得税的;正在被立案调查或者采取行政强制,正在诉讼或仲裁程序中;受到罚款等行政处罚尚未执行完毕;不适用简易注销登记的其他情形。

企业存在“被列入企业经营异常名录”“存在股权(财产份额)被冻结、出质或动产抵押等情形”“企业所属的非法人分支机构未办注销登记的”等三种不适用简易注销登记程序的情形,无需撤销简易注销公示,待异常状态消失后可再次依程序公示申请简易注销登记。对于承诺书文字、形式填写不规范的,市场监管部门在企业补正后予以受理其简易注销申请,无需重新公示。

符合市场监管部门简易注销条件,未办理过涉税事宜,办理过涉税事宜但未领用发票(含代开发票)、无欠税(滞纳金)及罚款且没有其他未办结涉税事项的纳税人,免予到税务部门办理清税证明,可直接向市场监管部门申请简易注销。

2. 办理流程。

(1)符合适用条件的企业登录注销“一网”服务平台或国家企业信用信息公示系统《简易注销公告》专栏,主动向社会公告拟申请简易注销登记及全体投资人承诺等信息,公示期为20日。

(2)公示期内,有关利害关系人及相关政府部门可以通过国家企业信用信息公示系统《简易注销公告》专栏“异议留言”功能提出异议并简要陈述理由。超过公示期,公示系统不再接受异议。

(3)税务部门通过信息共享获取市场监管部门推送的拟申请简易注销登记信息后,应按照规定的程序和要求,查询税务信息系统核实相关涉税、涉及社会保险费情况,对经查询系统显示为以下情形的纳税人,税务部门不提出异议:一是未办理过涉税事宜的纳税人;二是办理过涉税事宜但未领用发票(含代开发票)、无欠税(滞纳金)及罚款且没有其他未办结涉税事项的纳税人;三是查询时已办结缴销发票、结清应纳税款等清税手续的纳税人;四是无欠缴社会保险费、滞纳金、罚款。

(4)公示期届满后,公示期内无异议的,企业可以在公示期满之日起20日内向登记机关办理简易注销登记。期满未办理的,登记机关可根据实际情况予以延长时限,宽展期最长不超过30日,即企业最晚应当在公示期满之日起50日内办理简易注销登记。企业在公示后,不得从事与注销无关的生产经营活动。

3. 个体工商户简易注销。

营业执照和税务登记证“两证整合”改革实施后设立登记的个体工商户通过简易程序办理注销登记的,无需提交承诺书,也无需公示。个体工商户在提交简易注销登记申请后,市场监管部门应当在1个工作日内将个体工商户拟申请简易注销登记的相关信息通过省级统一的信用信息共享交换平台、政务信息平台、部门间的数据接口(统称信息共享交换平台)推送给同级税务等部门,税务等部门于10日内反馈是否同意简易注销。对于税务等部门无异议的,市场监管部门应当及时办理简易注销登记。具体请参照《市场监管总局　国家税务总局关于进一步完善简易注销登记便捷中小微企业市场退出的通知》(国市监注发〔2021〕45号)办理。

第二百四十二条　【宣告破产及破产清算】

公司被依法宣告破产的,依照有关企业破产的法律实施破产清算。

▶【法条释义】

本条是关于公司终止清算程序和破产清算程序的适用问题的规定。公司终止时进行终止清算属于《公司法》调整范畴,但如果公司破产案件被法院受理时,清算组应该将清算工作移交给法院,此时应该进行终止清算还是破产清算,需要等待法院对于破产受理的裁判。如果公司最终未被法院宣告破产,则原来的清算程序需要重新恢复,当然,如果公司最终被法院宣告破产,则公司的清算就需要终止,转而进入破产清算。公司破产清算的具体规范不属于《公司法》调整的内容,属于《企业破产法》的范畴,应该依照破产法律制度进行破产清算。

▶【关联法条】

《中华人民共和国企业破产法》

第7条　债务人有本法第二条规定的情形,可以向人民法院提出重整、和解或者破产清算申请。

债务人不能清偿到期债务,债权人可以向人民法院提出对债务人进行重整或者破产清算的申请。

企业法人已解散但未清算或者未清算完毕,资产不足以清偿债务的,依法负有清算责任的人应当向人民法院申请破产清算。

第107条　人民法院依照本法规定宣告债务人破产的,应当自裁定作出之日起五日内送达债务人和管理人,自裁定作出之日起十日内通知已知债权人,并予以公告。

债务人被宣告破产后,债务人称为破产人,债务人财产称为破产财产,人民法院受理破产申请时对债务人享有的债权称为破产债权。

▶【典型案例】

大连房地产公司清算组申请破产清算案

[大连市中级人民法院(2021)辽02强清第4号裁定]

大连房地产公司成立于1997年6月16日,注册资本800万元人民币,其中大连保税区广贤消费卡服务有限公司出资680万元(持股比例85%),大连商贸公司出资120万元(持股比例15%)。据审计报告记载,截至2000年6月,被申请人账面资产5356.9万元,负债190.8万元,所有者权益5166.1万元。目前被申请人已被吊销营业执照,且未在法定期限内组成清算组进行清算。

法院经审理后认为:大连房地产公司因依法被吊销营业执照,长期无经营,且未能于法定期限内成立清算组,大连商贸公司提出的申请符合法律规定,裁定受理申请人大连商贸公司请求人民法院指定清算组对被申请人大连房地产公司进行清算的申请。

第十三章　外国公司的分支机构

第二百四十三条　【外国公司概念】

本法所称外国公司，是指依照外国法律在中华人民共和国境外设立的公司。

►【法条释义】

外国公司是相对于本国公司而言的概念。外国公司是依照外国法律登记成立，经所在国政府许可并依照所在国法律规定进行业务活动的机构。中国境外依据他国法律规定设立的公司，对于我国而言，就是一种外国公司，同样地，依照我国法律规定设立在他国进行业务活动的公司，对他国而言就是外国公司。外国公司设立的依据是外国的法律，依照的是其本国法律规定的条件和程序。外国公司包括各种类型的公司，如有限责任公司、股份有限公司、无限公司、两合公司，只要其本国法律认定，无论形式如何，中国都承认其为外国公司。一般来说，各国在限制外国公司业务范围的前提下，都允许外国公司在其境内开展业务活动，并适用其本国公司法。

►【关联法条】

《中华人民共和国外商投资法》

第2条　在中华人民共和国境内（以下简称中国境内）的外商投资，适用本法。

本法所称外商投资，是指外国的自然人、企业或者其他组织（以下称外国投资者）直接或者间接在中国境内进行的投资活动，包括下列情形：

（一）外国投资者单独或者与其他投资者共同在中国境内设立外商投资企业；

（二）外国投资者取得中国境内企业的股份、股权、财产份额或者其他类似权益；

（三）外国投资者单独或者与其他投资者共同在中国境内投资新建项目；

（四）法律、行政法规或者国务院规定的其他方式的投资。

本法所称外商投资企业，是指全部或者部分由外国投资者投资，依照中国法律在中国境内经登记注册设立的企业。

▶【典型案例】

中化国际（新加坡）有限公司（以下简称中化新加坡公司）诉德国某冶金产品有限责任公司（以下简称德国某公司）国际货物买卖合同纠纷案

［最高人民法院指导案例第107号］

中化新加坡公司与德国某公司签订了购买石油焦的采购合同,约定合同应当根据美国纽约州当时有效的法律订立、管辖和解释。中化新加坡公司按约支付了全部货款,但德国某公司交付的石油焦HGI指数仅为32,与合同中约定的HGI指数典型值为36~46不符。中化新加坡公司认为德国某公司构成根本违约,请求判令解除合同,要求德国某公司返还货款并赔偿损失。

本案为国际货物买卖合同纠纷,双方当事人均为外国公司,案件具有涉外因素。德国某公司实际交付的石油焦HGI低于双方约定的HGI指数典型值的最低值,不符合合同约定,构成违约。但是,卖方交付的货物虽然存在缺陷,但只要买方经过合理努力就能使用货物或转售货物,不应视为构成《联合国国际货物销售合同公约》规定的根本违约的情形。国际货物买卖合同的当事各方所在国为《联合国国际货物销售合同公约》的缔约国,应优先适用该公约的规定,该公约没有规定的内容,适用合同中约定适用的法律。国际货物买卖合同中当事人明确排除适用《联合国国际货物销售合同公约》的,则不应适用该公约。基于此,最高人民法院判决双方合同有效且不构成根本违约,由德国某公司承担违约赔偿责任。

第二百四十四条　【外国公司分支机构的设立程序】

外国公司在中华人民共和国境内设立分支机构,应当向中国主管机关提出申请,并提交其公司章程、所属国的公司登记证书等有关文件,经批准后,向公司登记机关依法办理登记,领取营业执照。

外国公司分支机构的审批办法由国务院另行规定。

▶【法条释义】

外国公司分支机构的设立必须向目标国有关主管部门申请,在中国设立的外国公司分支机构则必须先向中国的主管部门申请,目前中国接受申请的部门是商务部。

外国公司在中国申请设立分支机构时,应在提出申请的同时提交设立分支机构所需的文件,主要包括在中国申请设立分支机构的外国公司的公司章程、公司登记证书、银行出具的资信证明、经法人代表签署的代表人或者代理人的简历和身份证明、在中国从事经营活动的业务计划书,以及审批机关要求的其他材料等。对外国公司申请设立分支机构的审批,属于行政许可,主管部门应在规定期限内作出批准或者不批准的决定。审批机关要依法审查是否符合设立条件,如外国公司法人是否确实依其法律合法存在。经中国政府有关主管部门批准后,申请设立分支机构的外国公司应持有关证件到市场监督管理部门办理营业执照。

▶【关联法条】

《中华人民共和国外商投资法》

第 29 条 外商投资需要办理投资项目核准、备案的,按照国家有关规定执行。

▶【典型案例】

池某某、单某某服务合同纠纷案

[郑州市中级人民法院(2020)豫 01 民再第 152 号]

池某某接受单某某咨询,向其讲解美国 L1 签证办理需要的条件和好处,并向单某某介绍了美国某文化集团。池某某在审核了单某某的相关条件后,确认单某某符合申请签证资格,将美国某文化集团发送给其的《申请 L1 签证服务合同》交由单某某签字。合同签订后,单某某向美国某文化集团的境外银行账户转账 4 万美元。但池某某和美国某文化集团一直未向单某某提供与签证有关的服务,后单某某要求退还上述费用。池某某称"可在合适的时机给予退还费用"。后单某某请求法院判令池某某返还其服务费用。

外国公司在中国境内设立分支机构,经批准后,向公司登记机关依法办理登记,领取营业执照。未经审批机关批准和登记机关核准登记注册,外国企业不得在中国境内从事生产经营活动。本案中,美国某文化集团虽在美国注册成立,但并未在中国境内设立代表机构,池某某直接以美国某文化集团的名义开展经营活动,违反了法律规定,《申请 L1 签证服务合同》应认定无效。美国某文化集团并未向单某某提供签证服务,故应当退还单某某所交款项。池某某系履行职务行为,并未收取涉案款项,也不具有债务承担的意思表示,故单某某要求池某某返还涉案款项的请求法院不予支持。

第二百四十五条　【外国公司分支机构的设立条件】

外国公司在中华人民共和国境内设立分支机构,应当在中华人民共和国境内指定负责该分支机构的代表人或者代理人,并向该分支机构拨付与其所从事的经营活动相适应的资金。

对外国公司分支机构的经营资金需要规定最低限额的,由国务院另行规定。

►【法条释义】

1. 外国公司必须在中国境内指定负责该分支机构的代表人或者代理人,代表人或者代理人是分支机构法律行为的执行人,可以直接代表公司对外签订合同、处理人民法院涉诉案件,代表人或者代理人在合法权限内代表外国公司的分支机构进行民事活动,其行为的法律后果由外国公司承担。外国公司在中国设立分支机构,并通过该机构从事生产经营活动,必须由设立该分支机构的外国公司的法定代表人签署授权证书或者委托书,在中国境内指定代表人或者代理人。代表人或者代理人是分支机构法律行为的执行人,对外代表该外国公司在中国的分支机构参加民事活动和诉讼活动,其行为的法律后果由外国公司承担。需要指出的是,该代表人或者代理人作为该分支机构的负责人,可以是中国公民,也可以是非中国公民。

2. 外国公司必须向该分支机构拨付与其所从事的经营活动相匹配的资金。这是分支机构在中国赖以存在的基础,是外国公司的分支机构开展生产经营活动的物质保障。同时也是分支机构承担法律责任的经济基础。外国公司向其分支机构拨付的资金,必须出具资金信用证明、验资证明或者资金担保等,并经法定登记程序,经登记主管机关核定。

按照本条第 2 款的规定,对外国公司分支机构的经营资金需要规定最低限额的,由国务院另行规定。由于从事不同行业、不同规模的生产经营活动所需要的资金数量是不同的,为合理配置资源,防止经营欺诈,保障交易安全,外国公司分支机构的经营资金并不是外国公司决定向分支机构拨付多少就是多少,外国公司在中国境内设立分支机构所需要的资金规模最低限额应当区分不同情况由国务院规定,以保证外国公司分支机构不但具有实实在在的财产,而且其数量也必须与其所从事的经营活动相适应。外国公司拨付的资金达不到国务院规定的最低限额的,不得在中国境内设立分支机构。

实践中需要注意的问题是,本条中"相适应的资金"和"最低限额"并非该外国公司分支机构承担民事责任的限度。外国公司的分支机构仅仅是其所属的外国公司的组成部分,分支机构的行为就等同于外国公司的行为,因此外国公司分支机构需要依法承担民事责任时,不以该分支机构的经营资金数额及所支配的财产为限,外国公司分支机构的财产不足以清偿全部债务的,应当由设立该分支机构的外国公司承担全部责任。

▶【关联法条】

《中华人民共和国外商投资法》

第30条 外国投资者在依法需要取得许可的行业、领域进行投资的,应当依法办理相关许可手续。

有关主管部门应当按照与内资一致的条件和程序,审核外国投资者的许可申请,法律、行政法规另有规定的除外。

第31条 外商投资企业的组织形式、组织机构及其活动准则,适用《中华人民共和国公司法》、《中华人民共和国合伙企业法》等法律的规定。

▶【典型案例】

申某与以色列迈高安全系统有限公司北京代表处(以下简称迈高北京代表处)等劳动争议案

[北京市高级人民法院(2019)京03民终第11649号]

申某与中智公司签订劳动合同,约定中智公司将申某派遣至迈高北京代表处任首席代表。后申某与迈高公司、中智公司签订了终止协议,约定劳动关系终止,并确定经济补偿金53万元。协议书一式三份,中智公司加盖公章后留存了一份,将另两份均交给了迈高北京代表处。迈高北京代表处认为该协议书未交给过申某,没有完成对申某的送达,不应发生法律效力。此外,迈高北京代表处向中智公司发出解除聘用关系通知书,内容称迈高北京代表处因"申某违法"而将申某退回中智公司。

外国公司对其分支机构在中国境内进行经营活动承担民事责任。本案中,协议书经各方当事主体签章后即应发生法律效力,迈高北京代表处所称协议书未交由申某而不发生效力的意见不符合法律规定。迈高北京代表处属于以色列迈高安全系统有限公司在中国境内设立的从事与其业务有关的非营利性活动的办事机构,虽不具备独立的公司法人资格,但进行了相应的工商登记,具备独立的用工主体资格,迈高北京代表处应按约定支付解除劳动合同补偿金。

第二百四十六条 【外国公司分支机构的名称】

外国公司的分支机构应当在其名称中标明该外国公司的国籍及责任形式。

外国公司的分支机构应当在本机构中置备该外国公司章程。

► **【法条释义】**

本条是关于外国公司分支机构名称及置备公司章程的规定。

外国公司的分支机构也有自己的名称,在名称中应当标明外国公司的国籍以及责任形式。分支机构归属于哪一公司就标明该公司所属国籍,外国公司分支机构所标明的国籍同设立它的外国公司的国籍不一致的行为不被允许。同样在标明和使用该外国公司分支机构的名称时,其名称应当与设立该分支机构所属的外国公司的名称相一致。分支机构名称标明责任形式的同时,还应当注意标明反映分支机构的字样。

外国公司的分支机构应当在本机构中置备该外国公司章程。外国公司应同样将其公司章程置备于我国境内的分支机构,以便于社会公众对该分支机构进行必要的了解,便于我国有关行政机关对该分支机构的监督和管理。

1.公司的名称是公司用以经营并区别于其他公司或者企业的标志。同其他公司或者中国公司的分公司一样,外国公司的分支机构也有自己的名称,这是外国公司分支机构进行活动,与其他主体发生各种法律关系的重要条件。为了使交易对象准确了解其法律性质,本条规定外国公司的分支机构应当在其名称中标明该外国公司的国籍及责任形式。具体而言,外国公司分支机构的名称应当符合以下要求:(1)应当标明其所属外国公司的国籍。一般情况下,公司依据哪国法律在哪国境内登记设立即具有该国国籍。分支机构归属于哪一个公司就应标明哪个公司的国籍,不允许外国公司分支机构名称所标明的国籍不同于设立它的外国公司的国籍。(2)应当标明设立它的外国公司的名称。不得使用与设立该分支机构所属公司不一致的名称,以便于要求外国公司承担法律责任时的责任追究。(3)应当标明设立该分支机构的外国公司的责任形式。《公司法》规定中国的公司可以采取有限责任公司或者股份有限公司的形式。为了保护与该分支机构交易的第三方的利益,《公司法》要求外国公司分支机构名称中应当标明外国公司的责任形式。(4)应当标明反映外国公司分支机构的字样,如标明“分公司”、“代表处”或者“联络处”等,以表明他不是独立的法人,而只是外国公司的分支机构。总之,外国公司分支机构的名称必须完整、清楚、明确,符合法律要求,不得含糊、缺项。

2. 公司章程是规范公司的组织与行为,规定公司与股东之间、股东与股东之间权利义务关系的公司基本法律文件,是公司组织和活动的基本准则。要求外国公司的分支机构将外国公司的章程置备于本机构中,有利于交易相对人及时了解该外国公司的责任形式、资信情况、内部组织机构等具体情况,并根据章程所载明的情况作出自己的判断,从而决定是否与该外国公司分支机构发生经济关系。同时,也有利于公司登记机关、税务机关及其他有关管理机关对外国公司的分支机构进行监督和管理。因此,外国公司的分支机构必须在本机构所在地置备该外国公司的章程,以备查阅或查验。

►【关联法条】

《中华人民共和国公司法》(2023 年修订)

第 5 条　设立公司应当依法制定公司章程。公司章程对公司、股东、董事、监事、高级管理人员具有约束力。

第二百四十七条　【外国公司分支机构的法律地位】

外国公司在中华人民共和国境内设立的分支机构不具有中国法人资格。

外国公司对其分支机构在中华人民共和国境内进行经营活动承担民事责任。

►【法条释义】

本条是关于外国公司分支机构的法律地位。

外国公司设立的分支机构的法律地位可参照我国《公司法》中分公司的概念,并与子公司相区分。分公司和子公司的区别:(1)设立方式不同,子公司按照《公司法》的规定有设立条件和投资方式的要求;分公司则是由总公司向其住所地之外的当地工商部门申请设立公司的分支机构。(2)法律地位不同,子公司是独立的法人,具有法人资格,拥有独立的名称、公司章程和组织机构且对外以自己的名义从事经营活动;分公司不具有法人资格,不能以自己名义对外从事经营活动。(3)控制方式不同,子公司一般不受母公司的直接控制,母公司通过任免子公司的董事会成员、参与子公司的投资决策等方式来间接影响子公司;分公司的人事、业务、财产等受总公司的直接控制。(4)承担债务责任方式不同,子公司可以作为独立法人并以其全部财产对外承担全部责任;分公司因没有独立财产而需与总公司在财务上进行统一核算,总公司以其全部财产对分公司在经营活动中的债务承担全部责任。

外国公司的分支机构作为一种民事主体,其性质属于非法人组织。非法人组织是指合法成立、有一定的组织机构和财产,但又不具备法人资格的组织。非法人组织主要具备以下特征:(1)有自己的名称、组织机构、场所及一定的财产;(2)依法登记;(3)能够以自己的名义从事民事活动;(4)该组织的财产不足以清偿债务时,其出资人或者设立人一般要承担责任。

外国公司的分支机构,是指依照外国法律设立的公司依照本法的规定在中国境内设立的从事生产经营等业务活动的场所或者办事机构。

外国公司的分支机构具有以下法律特征:

1. 外国公司的分支机构隶属于外国公司,是外国公司的组成部分

法人分支机构是法人的组成部分,直属于设立它的法人,这在国际上是一项通行的法律原则。外国公司的分支机构也不例外。因此,外国公司在中国境内成立分支机构之前,必须先在其所属国依法成立并取得公司资格,否则无权到中国境内设立分支机构。外国公司分支机构不能独立于外国公司而存在,如果外国公司因宣告破产、股东会决议解散、被依法撤销等原因而终止时,外国公司分支机构也应撤销。

2. 外国公司的分支机构须依照中国法律在中国境内设立

一是要依法办理登记并领取营业执照。根据《市场主体登记管理条例》的规定,县级以上地方人民政府市场监督管理部门是外国公司的分支机构的登记管理机关。二是从事经营活动时要履行中国法律规定的各项义务,不得损害中华人民共和国的社会公共利益,同时,外国公司的合法权益受中华人民共和国的法律保护。三是撤销时要依照中国《公司法》的有关规定进行清算。违反中国法律从事业务活动的,要依法追究其法律责任。

3. 外国公司的分支机构以营利为目的从事经营活动

只有经依法登记从事经营活动的分支机构才是公司法意义上的外国公司分支机构。经营活动既包括直接以营利为目的的活动,也包括间接以营利为目的的活动。为满足经营活动所需,外国公司的分支机构必须在中国境内有确定的住所、有与其所从事的经营活动相适应的资金、有确定的代表人或者代理人等。

4. 外国公司的分支机构不具有中国法人资格

外国公司的分支机构只是外国公司在中国的一个分公司或者办事处、经营场

所,它在中国境内从事经营活动是以外国公司的名义进行的,由此产生的权利和义务均归属于设立该分支机构的外国公司,其民事责任理应也由所属外国公司来承担。当然,外国公司的分支机构在中国境内从事经营活动产生债务时,一般首先由该分支机构进行清偿,当分支机构不能清偿时,再由所属外国公司来进行清偿。所属外国公司也可以直接清偿。

▶【关联法条】

《中华人民共和国公司法》(2023 年修订)

第 13 条　公司可以设立子公司。子公司具有法人资格,依法独立承担民事责任。

公司可以设立分公司。分公司不具有法人资格,其民事责任由公司承担。

▶【典型案例】

陕西省机械设备进出口公司(以下简称陕西机械公司)诉天津某国际贸易有限公司等海上货物运输合同更换货物纠纷案

[天津海事法院(1999)津海法商初字第 760 号]

天津某国际贸易有限公司与东阳仓库株式会社上海代表处订有代理协议,东阳仓库授权天津某国际贸易有限公司为其在天津新港的签单代理人。陕西机械公司与韩国非铁公司订立买卖合同,货物由天津某国际贸易有限公司以东阳仓库代理人身份签发了抬头为东阳仓库的清洁提单。承运人将集装箱的货物运抵目的港韩国釜山,放入新韩商运仓库。新韩商运仓库对集装箱进行开箱,清点了箱内货物的数量与提单记载一致,入库确认书无货物包装不良、品质不好等其他记载事项。集装箱被开箱时,开箱人未申请商检。东阳仓库未能提供是应收货人要求,还是应保税仓库监管部门决定打开的集装箱。集装箱被开箱第九天,买方韩国非铁公司致信函,称货物质量极为低劣,要求退货,并委托大韩检定公司对货物检验,检验结论为净重和合同规格相差悬殊,不良品系因出口者疏忽引起。陕西机械公司同意退货,回运的集装箱运抵天津新港后申请了商检。检查报告记载,开箱前集装箱铅封号封识良好,与提单记载的一致。陕西机械公司向法院提起诉讼,请求法院判令天津某国际贸易有限公司赔偿货物及运杂费等损失 53 万元。

外国公司对其分支机构在中国境内进行经营活动承担民事责任。本案中,东阳仓库株式会社上海代表处系作为外国公司的被告东阳仓库株式会社在中国境内设立的不具有中国法人资格的分支机构,东阳仓库株式会社应对其分支机构东阳仓库株式会社上海代表处在中国境内从事的经营活动承担民事责任。双方诉争货物的集装箱的确是在东阳仓库责任期间内被开箱,但陕西机械公司主张系开箱后导致货物被更换,应首先证明集装箱内的货物品质是完好的。由于陕西机械公司未能提供货物品质良好的充分证据,故不能证明东阳仓库株式会社上海代表处实施了换货行为。

第二百四十八条 【外国公司分支机构的活动原则】

经批准设立的外国公司分支机构,在中华人民共和国境内从事业务活动,应当遵守中国的法律,不得损害中国的社会公共利益,其合法权益受中国法律保护。

►【法条释义】

本条是关于外国公司分支机构在我国活动应当遵守的原则的规定。事实上,不论是外国公司还是我国公司,在我国领土范围内从事经营活动都应当遵守我国的法律规定,同时不得损害社会公共利益。外国公司分支机构作为经申请在我国经营的主体,其特殊性在于我国的公司法相关法律规定要对该原则进行特别强调。

首先,外国公司依据中国法律在中国境内设立分支机构,从事生产经营活动,就必须遵守中国的法律,这是涉及国家主权的问题,不容置疑,这里的法律包括本法在内的所有现行有效的中华人民共和国法律。

其次,不得损害中华人民共和国的社会公共利益,维护社会公共利益是我国法律规定的一项基本原则。这项原则不仅对中华人民共和国的单位和个人有约束力,对于在中华人民共和国境内的外国的单位和个人也有约束力。社会公共利益是全体社会成员的利益,外国公司在中华人民共和国境内设立的分支机构的利益受中华人民共和国法律保护,其行为也应当受中华人民共和国法律的约束,并且不得损害中华人民共和国的公共利益。

最后,外国公司的分支机构的合法权益受中华人民共和国法律保护。中国法律对中国境内的一切经济组织的合法权益都要依法保护,这也是中国在吸引外资过程中的郑重承诺。外国公司分支机构取得营业执照后,就取得了在中国境内从事生产经营活动的资格,具有与中国公司基本相同的权利。外国公司分支机构在经营活动的合法权益受到不法侵害,享有在中国提起诉讼、请求法律保护的权利。

►【关联法条】

《中华人民共和国外商投资法》

第3条　国家坚持对外开放的基本国策，鼓励外国投资者依法在中国境内投资。

国家实行高水平投资自由化便利化政策，建立和完善外商投资促进机制，营造稳定、透明、可预期和公平竞争的市场环境。

第4条　国家对外商投资实行准入前国民待遇加负面清单管理制度。

前款所称准入前国民待遇，是指在投资准入阶段给予外国投资者及其投资不低于本国投资者及其投资的待遇；所称负面清单，是指国家规定在特定领域对外商投资实施的准入特别管理措施。国家对负面清单之外的外商投资，给予国民待遇。

负面清单由国务院发布或者批准发布。

中华人民共和国缔结或者参加的国际条约、协定对外国投资者准入待遇有更优惠规定的，可以按照相关规定执行。

第5条　国家依法保护外国投资者在中国境内的投资、收益和其他合法权益。

►【典型案例】

盘锦某某实业有限公司（以下简称盘锦某某公司）、联合石油天然气投资有限公司（以下简称联合石油公司）租赁合同纠纷案

［辽宁省高级人民法院（2020）辽民终第124号］

英属维尔京群岛石油天然气公司在盘锦市设立分支机构联合石油公司，经核准取得外商投资企业证照。盘锦某某公司与联合石油公司签订《车辆租赁合同》，盘锦某某公司共提供37台车辆供联合石油公司使用，年租金427万元。联合石油公司已按合同约定支付了至2016年3月的租金，联合石油公司自2016年4月起，不再使用车辆，也拒绝确认盘锦某某公司提交的考勤表，拒绝继续支付租金。故联合石油公司认为双方已于2016年3月解除合同，但盘锦某某公司对此予以否认，请求法院判令联合石油公司给付租金并承担违约责任。

本案中，联合石油公司为外国公司在中国境内设立的分支机构，必须遵守中国的法律，其合法权益受中国法律保护。当事人之间签订的案涉《车辆租赁合同》依法有效。联合石油公司自4月起不再使用车辆并拒绝继续支付租金，可以认定盘锦某某公司应当知道联合石油公司自4月起已经拒绝继续履行合同。联合石油公司作出单方解除合同的意思表示后应当承担的责任并非按期交纳租金的责任,而是赔偿损失的责任。

第二百四十九条 【外国公司分支机构的撤销与清算】

外国公司撤销其在中华人民共和国境内的分支机构时,应当依法清偿债务,依照本法有关公司清算程序的规定进行清算。未清偿债务之前,不得将其分支机构的财产转移至中华人民共和国境外。

►【法条释义】

本条是关于外国公司分支机构撤销与清算的规定。

外国公司撤销的情形一般有两种:一种是所属外国公司自愿撤销;另一种是外国公司在中国境内的分支机构从事违法活动,公司登记机关责令其停止营业,收回营业执照。外国公司撤销其在中国境内的分支机构时,必须依法清偿债务,按照法定的公司清算程序规定进行清算,具体为:成立清算组,通知、公告债权人,清算组在清理公司财产、编制资产负债表和财产清单后,进行债务清偿经清理,资产不足以清偿债务的,由外国公司对自己分支机构的债务承担连带清偿责任。需要说明的是,外国公司的分支机构分别支付清算费用、职工工资、社会保险费用和法定补偿金,缴纳所欠税款,清偿公司债务前,不得将其分支机构的财产转移至中国境外。

外国公司的分支机构是依照中华人民共和国的法律设立的,其撤销与清算自然也应当按照中华人民共和国的法律进行。外国公司撤销其在中国境内的分支机构时,必须依法清偿债务,按照《公司法》有关公司清算程序的规定进行清算。其清算的程序为:首先,成立清算组进行清算。外国公司的分支机构出现撤销情形后,外国公司应当在法律规定的期限内成立清算组,逾期不成立清算组,债权人可以申请人民法院指定有关人员组成清算组进行清算。其次,通知和公告债权人。清算组应当自成立之日起法定期限内通知债权人,并于法定期限内在报纸上进行公告;债权人应当自接到通知书之日起的法定期限内,未接到通知书的自第一次公告之日起的法定期限内,向清算组申报其债权。再次,制订清算方案,清理债权、债务。清算组在清理外国公司分支机构财产、编制资产负债表和财产清单后,应当制订清算方案,进行债务清偿。外国公司分支机构的财产能够清偿其债务的,分别按顺序支付清算费用、职工工资和劳动保险费用以及法定补偿金,缴纳所欠税款,清偿公司债务。分支机构财产不足以清偿债务的,由其所属的外国公司负责清偿。最后,办理注销登记。清算结束后,清算组应当制作清算报告,报有关主管机关确认,并报送原公司登记机关,在法定期限内申请注销登记,由公司登记机关发布公告、缴销营业执照。为防止外国公司逃避债务,本条规定外国公司清偿债务前,不得将其分支机构的财产转移至中国境外。

外国公司分支机构的撤销是指外国公司依法终结其在他国设立的分支机构的业务活动,使已经设立的该分支机构归于消灭的法律行为。外国公司撤销在中国境内设立的分支机构主要分为两种:一种是主动撤销,即所属外国公司自愿把在中国境内的分支机构关闭,不再在中国境内从事经营活动。另一种是被动撤销,即中国政府强令外国公司分支机构撤销。被动撤销主要发生在外国公司分支机构在从事经营活动的过程中违反了中国法律的相关规定,公司登记机关责令其停止营业吊销营业执照等情形。

►【关联法条】

《中华人民共和国公司法》(2023 年修订)

第 241 条　公司被吊销营业执照、责令关闭或者被撤销,满三年未向公司登记机关申请注销公司登记的,公司登记机关可以通过国家企业信用信息公示系统予以公告,公告期限不少于六十日。公告期限届满后,未有异议的,公司登记机关可以注销公司登记。

依照前款规定注销公司登记的,原公司股东、清算义务人的责任不受影响。

►【典型案例】

陈某、青岛市外国企业服务总公司劳务派遣合同纠纷案

[青岛市中级人民法院(2019)鲁 02 民终第 9642 号]

陈某与外企公司签订了劳动合同,被派遣至日本流通会社工作。后陈某又与外企公司签订了无固定期限劳动合同,并继续在日本流通会社工作至其作出解散的决定。在作出关停决定后,日本流通会社实际为企业解散、关停到相关部门办理了手续,但最终因发生争议未完成关停手续。日本流通会社将陈某退回外企公司。陈某诉称,日本流通会社海外总公司董事总经理所作出的停止经营的决议不属于撤销代表处的情形,外国公司撤销其在中国境内的分支机构时,必须依法清偿债务,依照《公司法》有关公司清算程序的规定进行清算。在没有清偿债务即没有对员工进行合法安置时,无权单方撤销代表处。故请求法院判令外企公司、日本流通会社按照其正常在岗标准赔偿其工资,日本流通会社为其提供劳动条件、安排工作岗位。

本案中,日本流通会社存在提前解散的意思表示以及行为。企业可以根据其经营情况自主决定是否解散,至于日本流通会社解散的相关申请手续是否实际得到行政机关的批准,是否已经办理完毕解散相关的行政手续,并不能否定其提前解散的自主决定,法律并未规定企业决定解散必须办理完毕行政审批手续才能将被派遣员工退回。外企公司按照被派遣劳动者退回后在无工作期间的劳动报酬支付标准向陈某支付劳动报酬。日本流通会社无须为其提供劳动条件、安排工作岗位并赔偿其工资等损失。

第十四章　法 律 责 任

本章由2018年《公司法》第十二章“法律责任”演化而来。相较于2018年《公司法》,2023年《公司法》在“法律责任”一章对部分逻辑交叉的条文进行了整合,并且依据社会发展对于部分罚则内容作出了调整,特别注重对公司负有责任的主管人员和其他责任人员的法律责任承担,在源头上促进了公司依法治理。

第二百五十条　【虚报注册资本的法律责任】

违反本法规定,虚报注册资本、提交虚假材料或者采取其他欺诈手段隐瞒重要事实取得公司登记的,由公司登记机关责令改正,对虚报注册资本的公司,处以虚报注册资本金额百分之五以上百分之十五以下的罚款;对提交虚假材料或者采取其他欺诈手段隐瞒重要事实的公司,处以五万元以上二百万元以下的罚款;情节严重的,吊销营业执照;对直接负责的主管人员和其他直接责任人员处以三万元以上三十万元以下的罚款。

►【法条释义】

本条是有关虚报注册资本的规定。2023年《公司法》修订有两点变化,其一,改变了罚款上下限,即公司的罚款范围为5万~200万元。其二,追责至个人。虚报注册资本不仅处罚公司主体,还要求相应直接责任人员承担行政责任。体现了对于虚报注册资本责任惩治从严的立法倾向。

本条所涉及的行为,实质上是在公司登记时的一种欺诈行为,主要表现形式有故意隐瞒有关重要事实、制造假象、掩盖真相,使公司登记机关受蒙骗、发生了错误认识而获取公司登记。虚报注册资本,是指公司实际上没有资本而谎称其具有资本,或公司虽有资本,但实际所有的资本价值少于所申报的资本价值。重要事实是指与虚报注册资本具有相当性并且足以影响公司能否成功登记的事实。构成本条行为具有以下三个特点:第一,欺诈行为应当出于当事人的故意;第二,欺诈目的在于骗取公司登记;第三,公司登记机关完全是基于当事人所进行的欺诈行为对公司登记有关事实产生了错误认知而进行登记。这种“登记”不仅包括设立登记,还包括变更登记、注销登记以及设立分公司登记等。

▶【关联法条】

《中华人民共和国刑法》(2020 年修正)

第 158 条 【虚报注册资本罪】申请公司登记使用虚假证明文件或者采取其他欺诈手段虚报注册资本,欺骗公司登记主管部门,取得公司登记,虚报注册资本数额巨大、后果严重或者有其他严重情节的,处三年以下有期徒刑或者拘役,并处或者单处虚报注册资本金额百分之一以上百分之五以下罚金。

单位犯前款罪的,对单位判处罚金,并对其直接负责的主管人员和其他直接责任人员,处三年以下有期徒刑或者拘役。

▶【典型案例】

胡某、舟山市市场监督管理局定海分局行政监察案

[浙江省舟山市中级人民法院(2019)浙 09 行终第 89 号]

原华利公司股东为胡某和林某,胡某担任法定代表人。因未参加年检,原华利公司被吊销营业执照。由胡某和林某签名并加盖公司印章的《关于公司解散、成立清算组的决议》载明,经全体股东一致同意解散公司并成立由胡某、林某组成的清算组。同日,原华利公司在《舟山日报》上刊登注销公告。后由原华利公司盖章并由胡某和林某签名的《关于同意清算报告和申请公司注销的决议》和《清算报告》载明:全体股东一致同意本公司清算组出具的报告,向工商部门申请注销登记,债权债务已清理完结。后林某向市场监督管理局提交《关于要求撤销华利公司注销的请求》。林某提交由其单方向司法鉴定中心委托的司法鉴定意见书,鉴定报告明确《关于同意清算报告和申请公司注销的决议》和《清算报告》中"林某"签名字迹与现有样本中的"林某"签名字迹不是同一人笔迹。市场监督管理局制作《撤销公司登记立案审批表》,发出撤销登记听证告知书,并按程序组织听证后作出了涉案《撤销登记决定书》。胡某主张"虚报注册资本、提交虚假材料或者采取其他欺诈手段隐瞒重要事实"仅适用于公司设立登记,不适用于公司注销登记。

法院经审理后认为:在《公司法》未列明撤销公司注销登记事由的情形下,市场监督管理局参照适用《公司法》设立登记的相关规定对涉案错误的注销登记行为进行纠正是正确的,因为"公司登记"包含公司注销登记,依照《公司法》(2018 年修正)第 198 条规定,违反本法规定,虚报注册资本、提交虚假材料或者采取其他欺诈手段隐瞒重要事实取得公司登记的,由公司登记机关责令改正,对虚报注

册资本的公司,处以虚报注册资本金额5%以上15%以下的罚款;对提交虚假材料或者采取其他欺诈手段隐瞒重要事实的公司,处以5万元以上50万元以下的罚款;情节严重的,撤销公司登记或者吊销营业执照。因此,胡某的诉讼请求应依法予以驳回。需要注意的是,2023年《公司法》修订后,以欺诈方式骗取公司登记情节严重的,处以罚款并吊销营业执照,删除了"撤销公司登记"的处罚方式。

第二百五十一条 【未依法公示的法律责任】

公司未依照本法第四十条规定公示有关信息或者不如实公示有关信息的,由公司登记机关责令改正,可以处以一万元以上五万元以下的罚款。情节严重的,处以五万元以上二十万元以下的罚款;对直接负责的主管人员和其他直接责任人员处以一万元以上十万元以下的罚款。

►【法条释义】

第一,公司应该通过公示系统公示登记相关事项。具体公示事项按照《公司法》第40条规定。

第二,未公示或未如实公示的行为属于违反《公司法》的行为,需要承担行政责任。

第三,违法责任形式包括:责令改正;对公司处以罚款,一般情形的罚款为1万元以上5万元以下。情节严重的罚款为5万元以上20万元以下;对直接责任人员罚款,罚款为1万元以上10万元以下。

►【关联法条】

《中华人民共和国公司法》

第40条 公司应当按照规定通过国家企业信用信息公示系统公示下列事项:

(一)有限责任公司股东认缴和实缴的出资额、出资方式和出资日期,股份有限公司发起人认购的股份数;

(二)有限责任公司股东、股份有限公司发起人的股权、股份变更信息;

(三)行政许可取得、变更、注销等信息;

(四)法律、行政法规规定的其他信息。

公司应当确保前款公示信息真实、准确、完整。

第二百五十二条 【虚假出资的法律责任】

公司的发起人、股东虚假出资,未交付或者未按期交付作为出资的货币或者非货币财产的,由公司登记机关责令改正,可以处以五万元以上二十万元以下的罚款;情节严重的,处以虚假出资或者未出资金额百分之五以上百分之十五以下的罚款;对直接负责的主管人员和其他直接责任人员处以一万元以上十万元以下的罚款。

►【法条释义】

具备资本是公司存在的基础,而公司最初资本的来源就是股东或者发起人的出资。根据本条的规定,公司的发起人、股东在签订设立公司的协议,制定公司章程,确立公司名称、住所等相关事宜后,需要根据达成的协议和法律的规定,按期足额缴纳各自应当认缴的出资额,经验资机构验资后,确定各股东或者发起人的出资是否达到协议的要求。由于公司的初始资本只能源于股东或者发起人的出资,因此公司股东或者发起人是否按期足额履行出资义务对于公司经营具有至关重要的影响。此外,如果公司的股东或者发起人虚假出资,不仅影响到其他股东或者发起人的合法权益,对于市场经济的稳健发展也是一种破坏,因此,确保股东或者发起人按期足额履行出资义务是《公司法》的重要任务之一。

虚假出资责任后果有三项:一是责令改正。二是对于发起人、股东给予罚款,包括一般情形下的5万元以上20万元以下的罚款,严重情形下的按虚假出资或者未出资金额5%以上15%以下处以罚款。三是对于直接责任人员处以1万元以上10万元以下的罚款。

►【关联法条】

《中华人民共和国刑法》(2020年修正)

第159条 【虚假出资、抽逃出资罪】公司发起人、股东违反公司法的规定未交付货币、实物或者未转移财产权,虚假出资,或者在公司成立后又抽逃其出资,数额巨大、后果严重或者有其他严重情节的,处五年以下有期徒刑或者拘役,并处或者单处虚假出资金额或者抽逃出资金额百分之二以上百分之十以下罚金。

单位犯前款罪的,对单位判处罚金,并对其直接负责的主管人员和其他直接责任人员,处五年以下有期徒刑或者拘役。

▶【典型案例】

南宁市工商行政管理局、傅某、卓某等处罚决定认定案

［广西壮族自治区高级人民法院(2019)桂行终第1099号］

南宁百利公司向南宁市工商行政管理局提交企业变更登记申请，申请增加注册资本至210万美元，并增加傅某、卓某等五位自然人为股东，五位各出资21万美元，新加坡百利公司增加出资3万美元。但上述当事人未按公司章程的约定缴纳注册资本金，而是通过广西大地公司和南宁百利公司之间的相互调账完成，相应款项并没有进入南宁百利公司账户。

法院经审理后认为：上述当事人的行为构成了虚假出资的违法行为。依法对其作出出资的5%的罚款，责令其改正违法行为，并在收到本决定书之日起30日内补缴足应出资额。

第二百五十三条　【抽逃出资的法律责任】

公司的发起人、股东在公司成立后，抽逃其出资的，由公司登记机关责令改正，处以所抽逃出资金额百分之五以上百分之十五以下的罚款；对直接负责的主管人员和其他直接责任人员处以三万元以上三十万元以下的罚款。

▶【法条释义】

第一，出资构成的注册资本是公司信誉及其承担责任的物质基础。为了保证公司资本的真实可靠，防止公司设立中的欺诈和投机，保护债权人权益，维护社会经济秩序的稳定发展，本条规定公司发起人、股东出资后，不得随意抽回出资。实践中，抽逃出资主要包括两种情况：一种是为了达到设立公司的目的，通过向其他企业借款或者向银行贷款等手段取得资金，作为自己出资，待公司登记成立后，又抽回这些资金；另一种是在公司设立时，依法缴纳了自己的出资，但当公司登记成立之后，又将其出资撤回。根据本条的规定，抽逃出资行为的主体为公司发起人和股东，其抽逃出资行为是一种故意的行为。对抽逃出资行为的认定可以从行为的时间和方式两点上把握：(1)抽逃出资行为只发生在公司成立之后，这就与虚报注册资本、虚假出资等行为在时间上有所区别；(2)抽逃出资，是指公司发起人、股东非法抽回自己的出资，减少公司的资本总额，其手段可以是各种各样的。

第二，依据本条追究抽逃出资行为的法律责任包括责令改正和罚款。公司的

发起人、股东在公司成立后,抽逃其出资的,由公司登记机关责令改正,处以所抽逃出资金 5% 以上 15% 以下的罚款。实践中,由于公司登记成立后抽逃出资,难以单独由发起人或者公司股东独立完成,因此,2023 年《公司法》的修改对于协助抽逃出资人员的处罚作了规定:对于对协助或者为股东抽逃出资提供便利的直接负责的主管人员和其他直接责任人员处以 3 万元以上 30 万元以下的罚款。

►【关联法条】

1.《中华人民共和国刑法》(2020 年修正)

第 159 条 【虚假出资、抽逃出资罪】公司发起人、股东违反公司法的规定未交付货币、实物或者未转移财产权,虚假出资,或者在公司成立后又抽逃其出资,数额巨大、后果严重或者有其他严重情节的,处五年以下有期徒刑或者拘役,并处或者单处虚假出资金额或者抽逃出资金额百分之二以上百分之十以下罚金。

单位犯前款罪的,对单位判处罚金,并对其直接负责的主管人员和其他直接责任人员,处五年以下有期徒刑或者拘役。

2.《最高人民法院关于适用〈中华人民共和国公司法〉若干问题的规定(三)》(2020 年修正)

第 12 条 公司成立后,公司、股东或者公司债权人以相关股东的行为符合下列情形之一且损害公司权益为由,请求认定该股东抽逃出资的,人民法院应予支持:

(一)制作虚假财务会计报表虚增利润进行分配;

(二)通过虚构债权债务关系将其出资转出;

(三)利用关联交易将出资转出;

(四)其他未经法定程序将出资抽回的行为。

第 14 条 股东抽逃出资,公司或者其他股东请求其向公司返还出资本息、协助抽逃出资的其他股东、董事、高级管理人员或者实际控制人对此承担连带责任的,人民法院应予支持。

公司债权人请求抽逃出资的股东在抽逃出资本息范围内对公司债务不能清偿的部分承担补充赔偿责任、协助抽逃出资的其他股东、董事、高级管理人员或者实际控制人对此承担连带责任的,人民法院应予支持;抽逃出资的股东已经承担上述责任,其他债权人提出相同请求的,人民法院不予支持。

▶【典型案例】

程某与北京中某房地产开发有限公司合同纠纷执行案

［北京市朝阳区人民法院(2018)京0105执异第1388号裁定］

朗某于北京中某房地产开发有限公司设立时认缴出资2600万元，承诺于公司设立时实缴650万元，再于2015年缴纳剩余出资。朗某的首期出资650万元按时到位。2014年，北京中某房地产开发有限公司召开股东会并决议，在朗某将认缴的出资中未缴纳的600万元出资转让给付某某后，直接将朗某的实缴金额设置为600万元，待缴付金额设置为1400万元，并将出资时间延期至2030年，且就此调整北京中某房地产开发有限公司在股东会决议中未进行任何说明。在北京中某房地产开发有限公司合同纠纷一案中，法院判决北京中某房地产开发有限公司应给付程某200万元。程某申请执行，并申请追加朗某为被执行人，要求朗某在出资未到位的50万元范围内，对北京中某房地产开发有限公司所欠债务承担连带清偿责任。

法院经审理后认为：未经法定程序和事由，股东会决议减少股东实缴出资，应认定为抽逃出资，执行法院可依法追加该股东在出资不实范围内对公司债务承担连带清偿责任。朗某首期出资650万元既已于2013年确认实缴，该资本已充实至北京中某房地产开发有限公司，未经法定程序不得变更，北京中某房地产开发有限公司通过股东会决议，直接将股东朗某已实缴的650万元变更为600万元，减少50万元，在客观上对北京中某房地产开发有限公司的资本充实造成了损害，有违诚实信用原则，构成出资不实。在北京中某房地产开发有限公司无财产可供执行的情况下，程某以朗某出资不实，应在未依法缴纳出资范围内承担责任。法院判决朗某在未缴纳出资50万元的范围内，与被执行人北京中某房地产开发有限公司承担连带清偿责任。

第二百五十四条 【另立会计账簿、提供虚假财会报告的法律责任】

有下列行为之一的，由县级以上人民政府财政部门依照《中华人民共和国会计法》等法律、行政法规的规定处罚：

（一）在法定的会计账簿以外另立会计账簿；

（二）提供存在虚假记载或者隐瞒重要事实的财务会计报告。

►【法条释义】

本条是有关公司另立会计账簿、提供虚假财会报告的法律责任的规定。公司直接负责的主管人员和其他直接责任人员,通过公司向股东和社会公众提供不真实的财务会计报告或另立会计账簿,是行为人在某种不法目的与动机驱动下的一种故意行为。提供虚假财务会计报告与工作过失造成财务会计报告失实行为在客观上有相同之处,即财务会计报告虚假或遗漏。但二者区别的关键在于主观方面不同,本行为主观上表现为行为人故意提供虚假的或者隐瞒重要事实的财务会计报告;而后者在主观上则是行为人由于业务能力、工作经验和态度等方面的原因,导致其所制作的财务会计报告中有错算、错记、漏记等情形,是由于工作过失造成财务会计报告失实的情况。

提供不真实的财务会计报告行为主要表现为违反了如实提供财务会计报告的义务,提供的财务会计报告是虚假的或者隐瞒了重要事实,在财务会计报告中伪造、虚构一些实际不存在的情况,例如,将亏损表述为盈利,把盈利表述为亏损;对重大债权、债务不报告;故意遗漏有关重要事项损害了财务会计报告的真实性、完整性和及时性。另立会计账簿与提供虚假财会报告行为方式虽然不同,但最终的目的是同一的,即故意隐瞒公司财务情况,使股东等利益相关人遭受重大损失。

►【关联法条】

《中华人民共和国刑法》(2020 年修正)

第 161 条　【违规披露、不披露重要信息罪】依法负有信息披露义务的公司、企业向股东和社会公众提供虚假的或者隐瞒重要事实的财务会计报告,或者对依法应当披露的其他重要信息不按照规定披露,严重损害股东或者其他人利益,或者有其他严重情节的,对其直接负责的主管人员和其他直接责任人员,处五年以下有期徒刑或者拘役,并处或者单处罚金;情节特别严重的,处五年以上十年以下有期徒刑,并处罚金。

前款规定的公司、企业的控股股东、实际控制人实施或者组织、指使实施前款行为的,或者隐瞒相关事项导致前款规定的情形发生的,依照前款的规定处罚。

犯前款罪的控股股东、实际控制人是单位的,对单位判处罚金,并对其直接负责的主管人员和其他直接责任人员,依照第一款的规定处罚。

▶【典型案例】

平江县市场监督管理局、吴某非诉执行审查行政裁定案

[湖南省平江县人民法院(2020)湘0626行审第40号裁定]

吴某担任平江县投资有限公司财务主管负责人期间,在2017年和2018年度企业年报信息公示中,为了树立公司的社会形象,在股东未实际缴纳认缴出资额的情况下,隐瞒公司真实情况擅自改变公司财务报表数据,将公司实收股东资本额和资产总额夸大进行年报公示,编造不实的财务数据通过国家企业信用信息公示系统进行年报公示。

法院经审理认为:吴某的行为属在企业信息公示中隐瞒真实情况提交虚假财务会计报告的违法行为。因此对其处罚责令改正违法行为,并处罚款30,000元。2023年《公司法》修订中,不仅就处罚金额标准进行了修改。对于此类故意提供虚假财务会计报告的行为,除直接负责的主管人员和其他直接责任人员需要承担责任外,公司同样需要承担改正虚假财务会计报告和罚款的法律责任。

第二百五十五条　【公司分立、合并、减资、清算中违法行为的法律责任】

公司在合并、分立、减少注册资本或者进行清算时,不依照本法规定通知或者公告债权人的,由公司登记机关责令改正,对公司处以一万元以上十万元以下的罚款。

▶【法条释义】

第一,根据本条规定,公司应当自作出合并、分立决议之日起10日内通知债权人,并于30日内进行公告;公司应当自作出减少注册资本决议之日起10日内通知债权人,并于30日内进行公告;清算组应当自成立之日起10日内通知债权人,并于60日内进行公告,这些规定主要是为了防止公司逃避债务,保护债权人的利益,如果公司不按照本条规定通知或者公告债权人的,会损害债权人的利益,应当承担相应的法律责任。

第二,根据本条规定,公司在合并、分立、减少注册资本或者进行清算时,不按照本条规定通知或者公告债权人的,由公司登记机关责令改正,即要求公司尽快将公司合并、分立、减少注册资本或者进行清算的情况通知或公告债权人,同时对公司处以1万元以上10万元以下的罚款。

►【关联法条】

《中华人民共和国公司法》(2023年修订)

第220条　公司合并,应当由合并各方签订合并协议,并编制资产负债表及财产清单。公司应当自作出合并决议之日起十日内通知债权人,并于三十日内在报纸上或者国家企业信用信息公示系统公告。债权人自接到通知之日起三十日内,未接到通知的自公告之日起四十五日内,可以要求公司清偿债务或者提供相应的担保。

第222条　公司分立,其财产作相应的分割。

公司分立,应当编制资产负债表及财产清单。公司应当自作出分立决议之日起十日内通知债权人,并于三十日内在报纸上或者国家企业信用信息公示系统公告。

第224条　公司减少注册资本,应当编制资产负债表及财产清单。

公司应当自股东会作出减少注册资本决议之日起十日内通知债权人,并于三十日内在报纸上或者国家企业信用信息公示系统公告。债权人自接到通知之日起三十日内,未接到通知的自公告之日起四十五日内,有权要求公司清偿债务或者提供相应的担保。

公司减少注册资本,应当按照股东出资或者持有股份的比例相应减少出资额或者股份,法律另有规定、有限责任公司全体股东另有约定或者股份有限公司章程另有规定的除外。

第235条　清算组应当自成立之日起十日内通知债权人,并于六十日内在报纸上或者国家企业信用信息公示系统公告。债权人应当自接到通知之日起三十日内,未接到通知的自公告之日起四十五日内,向清算组申报其债权。

债权人申报债权,应当说明债权的有关事项,并提供证明材料。清算组应当对债权进行登记。

在申报债权期间,清算组不得对债权人进行清偿。

►【典型案例】

沈某与杭州装饰设计有限公司（以下简称杭州公司）、朴某某装饰装修合同纠纷案

[绍兴市柯桥区人民法院(2018)浙0603民初第6712号]

2017年沈某与杭州公司签订一份《住宅装修施工合同》,约定杭州公司承包沈某某房屋的装修工程。后杭州公司对案涉装修工程进行了部分装修。2018年

杭州公司出具欠条一份交沈某为凭，载明杭州公司因经营出现问题，无法履行与沈某签订的合同，现书面通知解除合同，欠沈某工程款52万元。此前，沈某已支付施工合同项下进度款99万元。经查明，2018年杭州公司注册资本由500万元变更为50万元。沈某主张杭州公司未经法定程序减少注册资本，且未依法通知包括其在内的债权人，故要求朴某某等股东作为减资股东应当对杭州公司债务承担连带责任。

法院经审理后认为：杭州公司在减少注册资本时未依法通知债权人的，所对应的法律后果是由杭州公司登记机关责令改正，并处以罚款，不能得出杭州公司股东对公司债务承担连带责任的结论。

第二百五十六条　【妨害清算行为的法律责任】

公司在进行清算时，隐匿财产，对资产负债表或者财产清单作虚假记载，或者在未清偿债务前分配公司财产的，由公司登记机关责令改正，对公司处以隐匿财产或者未清偿债务前分配公司财产金额百分之五以上百分之十以下的罚款；对直接负责的主管人员和其他直接责任人员处以一万元以上十万元以下的罚款。

►【法条释义】

第一，公司清算与公司股东以及其他债权人、债务人有着直接的利害关系。为保护债权人利益，《公司法》规定公司解散时必须依法成立清算组对公司的财产进行清算，并规定清算组的组成和具体的清算活动都要严格依照法律规定的程序和条件进行。行为人如果在清算组进行清算期间为了隐匿财产而提供虚假的资产负债表或者财产清单，或者在公司债务尚未清算之前私自分配公司财产的，不仅会造成公司清算工作失去真实的、客观的依据，给公司清算工作增加难度，更为严重的是妨害了对公司财产的清算，侵害了公司债权人的合法权益。

第二，违法清算行为的主体是公司，但要追究直接负责的主管人员和其他直接责任人员的法律责任。

第三，违法清算行为主要的表现形式为：隐匿财产；对资产负债表或者财产清单作虚假记载；未清偿债务前私分公司财产。“隐匿财产”，是指将公司财产予以转移、隐藏。公司的财产既包括资金，也包括工具、设备、产品、货物等各种财产。“对资产负债表或者财务清单作虚假记载”是指公司在制作资产负债表或者财产清单时，故意采取隐瞒或者欺骗等方法，对资产负债或者财产清单进行虚报，以达到逃避公司债务的目的。虚报公司的财产,有时可能采取少报、低报等方式,故意隐瞒或者缩小公司的实际财产数额;有时也可能采取夸大的手段,多报公司的实际资产,如将公司的厂房、设备、产品的实际价值高估多报,用以抵销或者偿还债务。总之,隐匿财产、虚报财产的目的是逃避公司的债务,或者使少数股东、债权人在分配公司财产或者清偿公司债务时优于其他股东或者债权人分得财产或者得到抵偿,后果是损害债权人的利益。

►【关联法条】

1.《中华人民共和国公司法》(2023 年修订)

第 233 条 公司依照前条第一款的规定应当清算,逾期不成立清算组进行清算或者成立清算组后不清算的,利害关系人可以申请人民法院指定有关人员组成清算组进行清算。人民法院应当受理该申请,并及时组织清算组进行清算。

公司因本法第二百二十九条第一款第四项的规定而解散的,作出吊销营业执照、责令关闭或者撤销决定的部门或者公司登记机关,可以申请人民法院指定有关人员组成清算组进行清算。

第 234 条 清算组在清算期间行使下列职权:

(一)清理公司财产,分别编制资产负债表和财产清单;

(二)通知、公告债权人;

(三)处理与清算有关的公司未了结的业务;

(四)清缴所欠税款以及清算过程中产生的税款;

(五)清理债权、债务;

(六)分配公司清偿债务后的剩余财产;

(七)代表公司参与民事诉讼活动。

第 235 条 清算组应当自成立之日起十日内通知债权人,并于六十日内在报纸上或者国家企业信用信息公示系统公告。债权人应当自接到通知之日起三十日内,未接到通知的自公告之日起四十五日内,向清算组申报其债权。

债权人申报债权,应当说明债权的有关事项,并提供证明材料。清算组应当对债权进行登记。

在申报债权期间,清算组不得对债权人进行清偿。

第 236 条 清算组在清理公司财产、编制资产负债表和财产清单后,应当制订清算方案,并报股东会或者人民法院确认。

公司财产在分别支付清算费用、职工的工资、社会保险费用和法定补偿金,缴纳所欠税款,清偿公司债务后的剩余财产,有限责任公司按照股东的出资比例分配,股份有限公司按照股东持有的股份比例分配。

清算期间,公司存续,但不得开展与清算无关的经营活动。公司财产在未依照前款规定清偿前,不得分配给股东。

2.《中华人民共和国民法典》

第72条 清算期间法人存续,但是不得从事与清算无关的活动。

法人清算后的剩余财产,按照法人章程的规定或者法人权力机构的决议处理。法律另有规定的,依照其规定。

清算结束并完成法人注销登记时,法人终止;依法不需要办理法人登记的,清算结束时,法人终止。

第二百五十七条 【资产评估、验资或者验证机构违法的法律责任】

承担资产评估、验资或者验证的机构提供虚假材料或者提供有重大遗漏的报告的,由有关机关依照《中华人民共和国资产评估法》、《中华人民共和国注册会计师法》等法律、行政法规的规定处罚。

承担资产评估、验资或者验证的机构因其出具的评估结果、验资或者验证证明不实,给公司债权人造成损失的,除能够证明自己没有过错的外,在其评估或者证明不实的金额范围内承担赔偿责任。

▶【法条释义】

第一,设立公司可以用货币出资,也可以用实物、知识产权、土地使用权等可以用货币估价并可以依法转让的非货币财产作价出资。对作为出资的非货币出资应当评估作价,核实财产价值,不得高估或者低估作价。募集设立股份有限公司、发行附加的股款募足后,必须经法定的验资机构验资并出具验资证明,公司在申请登记时,必须提交验资证明。由于资产评估、验资、验证的机构出具的证明文件,对公司能否取得登记起着重要作用,法律严禁资产评估机构、验资、验证机构提供虚假材料。

第二,承担资产评估、验资或者验证的机构提供虚假材料,是指承担资产评估、验资、验证、会计、审计、法律服务等职责的中介组织及其人员故意提供虚假证明文件。所谓资产评估机构、验资、验证机构,是指资产评估机构、会计师事务所等社会中介机构。所谓虚假证明材料,是指资产评估报告、验资证明、审计报告等中介证明文件的内容不符合事实、不真实,或者杜撰、编造、虚构不实。既可以是全部内容虚假,也可以是其主要部分虚假。

►【关联法条】

《中华人民共和国刑法》(2020年修正)

第229条　【提供虚假证明文件罪】承担资产评估、验资、验证、会计、审计、法律服务、保荐、安全评价、环境影响评价、环境监测等职责的中介组织的人员故意提供虚假证明文件,情节严重的,处五年以下有期徒刑或者拘役,并处罚金;有下列情形之一的,处五年以上十年以下有期徒刑,并处罚金:

(一)提供与证券发行相关的虚假的资产评估、会计、审计、法律服务、保荐等证明文件,情节特别严重的;

(二)提供与重大资产交易相关的虚假的资产评估、会计、审计等证明文件,情节特别严重的;

(三)在涉及公共安全的重大工程、项目中提供虚假的安全评价、环境影响评价等证明文件,致使公共财产、国家和人民利益遭受特别重大损失的。

【提供虚假证明文件罪】有前款行为,同时索取他人财物或者非法收受他人财物构成犯罪的,依照处罚较重的规定定罪处罚。

【出具证明文件重大失实罪】第一款规定的人员,严重不负责任,出具的证明文件有重大失实,造成严重后果的,处三年以下有期徒刑或者拘役,并处或者单处罚金。

►【典型案例】

山东某河务局、山东东某会计师事务所等股东出资纠纷案

[山东省高级人民法院(2022)鲁民终第593号]

黄河工程处于2003年登记设立,出资人为山东某河务局,成立时注册资金2300万元,以一条吸泥船和两条挖泥船为实物出资。三条船舶均未办理产权登记。山东东某会计师事务所对设立登记的注册资金实收情况进行审验,并出具验资报告,载明已收到该项2300万元实物出资。2020年,管理人在对黄河工程处进行破产清算的过程中,聘请会计师事务所核查,审计报告载明未获取评估价值1666万元的此三条船舶。黄河工程处向法院起诉,请求判令山东某河务局补缴出资1666万元,山东东某会计师事务所对上述款项的给付义务承担连带责任。

法院经审理后认为:虽然黄河工程处在进行资产评估时确认了案涉船舶的存在,但涉案船舶并未经过产权登记,不能视为交付,山东某河务局应当承担出资不到位的责任。山东东某会计师事务所出具的验资报告载明山东某河务局涉案船

舶出资到位属验资不实，应当在证明不实的1666万元金额范围内承担赔偿责任。

第二百五十八条 【公司登记机关违法的法律责任】

公司登记机关违反法律、行政法规规定未履行职责或者履行职责不当的，对负有责任的领导人员和直接责任人员依法给予政务处分。

►【法条释义】

第一，以设立了登记为例，公司登记机关在办理公司设立登记事项时，一要审查申请人向公司登记机关提交的申请文件包括设立申请书、公司章程、验资证明等文件是否齐备、真实、合法；二要审查公司拟从事的经营业务是否为法律、行政法规所禁止经营的业务，或者是否是法律、行政法规规定须报经有关部门审批的业务。对设立公司的申请，登记机关应当在法定期限内作出是否登记的决定，对不予登记的，还应当作出书面答复并说明理由。

第二，公司登记机关未履行职责或履行职责不当，如对不符合本法规定条件的登记申请予以登记，或者对符合本法规定条件的登记申请不予登记的，应当对负有责任的领导人员和直接责任人员依法给予政务处分。

第二百五十九条 【假冒公司名义的法律责任】

未依法登记为有限责任公司或者股份有限公司，而冒用有限责任公司或者股份有限公司名义的，或者未依法登记为有限责任公司或者股份有限公司的分公司，而冒用有限责任公司或者股份有限公司的分公司名义的，由公司登记机关责令改正或者予以取缔，可以并处十万元以下的罚款。

►【法条释义】

依照《公司法》设立的公司，必须在公司名称中标明有限责任公司或者股份有限公司字样。公司设立分公司的，同样应当向公司登记机关申请登记，领取营业执照。公司营业执照签发日期为公司成立日期，因此，依法登记是公司取得民事主体资格的形式要件。首先，它表明登记后公司得到了法律的承认；其次，只有经过登记的公司才可以以自己的名义从事经营活动；再次，登记保证了公司的设立符合国家法律的统一要求；最后，登记也有利于国家和社会对公司的监督和维护社会经济秩序的稳定。取得营业执照是公司成立的标志，在领取营业执照前，任何人不得以公司或者分公司的名义从事经营活动。任何人出于主观故意冒用有限责任公司或者股份有限公司或者其分公司的名义,都应当承担假冒公司名义的法律责任。

▶【典型案例】

某佳门窗店不服三明市三元区市场监督管理局行政处罚案

[福建省三明市中级人民法院(2020)闽04行终第99号]

2017年某佳门窗店依法取得个体工商户营业执照。2018年某佳门窗店对外开展经营活动,使用印有"福建某门业有限责任公司"字样的订货合同与消费者订立买卖合同。经营过程中,经营者祝某品使用载明"三明市某佳门业有限责任公司"标识的名片。2019年因与消费者产生纠纷,三明市三元区市场监督管理局立案调查。经查,某佳门窗店系个体工商户,未经依法登记注册为有限责任公司或者股份有限公司,但以公司名义开展经营活动。三明市三元区市场监督管理局作出拟对某佳门窗店罚款8万元的行政处罚听证告知书,举行听证后作出行政处罚决定书,于当日送达某佳门窗店。某佳门窗店对三明市三元区市场监督管理局作出的行政处罚不服,诉至法院。

法院经审理后认为:某佳门窗店系个体工商户,未依法登记为有限责任公司,对外发放印有"三明市某佳门业有限责任公司"的名片,并使用印有"福建某门业有限责任公司"字样的订货合同开展经营活动,属于未依法登记为有限责任公司而冒用有限责任公司名义,三明市三元区市场监督管理局依法在法定幅度内对某佳门窗店进行处罚,适用法律正确,程序合法。

第二百六十条　【逾期开业、停业、不依法办理变更登记的法律责任】

公司成立后无正当理由超过六个月未开业的,或者开业后自行停业连续六个月以上的,公司登记机关可以吊销营业执照,但公司依法办理歇业的除外。

公司登记事项发生变更时,未依照本法规定办理有关变更登记的,由公司登记机关责令限期登记;逾期不登记的,处以一万元以上十万元以下的罚款。

▶【法条释义】

依照《公司法》的规定,公司营业执照的签发日期,为公司成立日期。公司成立后就应该开业,着手开展各项生产经营活动。如果公司自成立起无正当理由超过6个月未开业或者开业后自行停业连续6个月以上的,依法可以给予吊销营业执照并予以注销处理,取消其民事主体资格。"未开业"是指没有正式对外营业,"无正当理由"是一种原则性表述,应当综合合法性、因果性和逻辑性作出判断。2023年《公司法》新增依法办理歇业的例外情形,在《公司法》层面认可地方政府或地方行政机关对特定公司歇业批复函的效力。

▶【典型案例】

无锡某某服饰有限公司(以下简称无锡某某公司)不服无锡市锡山区市场监督管理局行政处罚案

[江苏省无锡市新吴区人民法院(2019)苏02行终第256号]

2016年无锡某某公司因经营发展需要,搬迁了经营、发货地址,并租赁了无锡东商新型建材有限公司的厂房,从事拖鞋网络销售经营活动。无锡某某公司未办理住所变更登记。无锡市锡山区市场监督管理局责令其在收到处罚决定书之日起15日内办理住所变更登记。无锡某某公司不服,向法院起诉。

法院经审理后认为:公司登记事项发生变更时,未依照法律规定办理有关变更登记的,由公司登记机关责令限期登记;逾期不登记的,处以1万元以上10万元以下的罚款。无锡某某公司搬迁其经营地址,却未办理经营地址变更登记,应承担相应的法律责任。

第二百六十一条 【外国公司擅自设立分支机构的法律责任】

外国公司违反本法规定,擅自在中华人民共和国境内设立分支机构的,由公司登记机关责令改正或者关闭,可以并处五万元以上二十万元以下的罚款。

▶【法条释义】

外国公司是指依照外国法律在中国境外登记成立的公司,外国公司在我国设立分支机构,首先需经我国有关主管机关批准,并依法办理核准登记手续。公司登记主管机关对其递交的申请文件需进行合法性、齐备性审查,符合要求的,准予登记,发给其在中国营业的执照,外国公司的分支机构领取营业执照后方可开始营业。外国公司违反本法规定,擅自在中国境内设立分支机构的,由公司登记机关责令改正或者关闭,并可以处5万元以上20万元以下的罚款。责令改正一般适用于情节较轻的违法设立公司行为,具体的形式主要有要求其依法补办有关设立分支机构的手续,也可以要求自行停止设立的分支机构。对于主观恶性较大的违法设立行为,公司登记机关有权关闭外国公司违法设立的分支机构。

▶【典型案例】

全林贸易公司与某纺织品公司买卖合同纠纷案

陈某林为美籍华人,其在美国开了一家贸易公司即全林贸易公司。后其长期居住在上海,他用全林贸易公司上海分公司名义对外进行经营,事实上全林贸易公司上海分公司并没有在登记机关办理登记,陈某林自己刻了分公司公章,对外营业。2022年11月2日,全林贸易公司上海分公司向某纺织品公司采购床上用品,并预付货款100万元,某纺织品公司收钱后并未发货,全林贸易公司上海分公司找律师准备起诉某纺织品公司,律师发现全林贸易公司上海分公司并没有工商登记,该床上用品买卖行为不仅不能得到法院支持,并且还会受到公司登记机关的行政处罚。本案主要涉及外国公司如何在他国进行营业,外国公司如果去他国营业首先需要取得他国政府认可营业资格,即进行工商登记,需要在他国登记设立分公司,才能进行营业。

第二百六十二条　【从事危害国家安全、社会公共利益行为的法律责任】

利用公司名义从事危害国家安全、社会公共利益的严重违法行为的,吊销营业执照。

▶【法条释义】

本法主要针对不法分子利用公司的掩护从事非法活动的现象。这些不法分子成立公司的目的不在于从事正常的生产经营及市场经济活动,而是借助公司外壳,进行危害国家安全、社会公共利益的活动,逃避有关部门的监督和法律制裁。因此,对待这类公司必须吊销其营业执照,维护正常的社会经济秩序,对从事犯罪活动的,应当依法追究其刑事责任。

▶【典型案例】

南京某电子科技股份有限公司（以下简称某公司）不服南京市工商行政管理局（以下简称市工商局）工商行政处罚决定案

［江苏省南京市中级人民法院(2015)宁行终字第125号］

2012年某公司开通蚁酷网网站,通过蚁酷网在网络上宣传“你上网、我给钱”等理念,发展人员加入蚁酷网。注册用户通过购买VIP产品体验包,缴纳岗前培训费,经审核签署“蚁酷网业务代理协议”后升级为业务代理,业务代理通过购买客户管理系统升级为金牌代理,业务代理和金牌代理可按照分配制度获取返利。某公司自成立以来,通过网络共发展注册会员11万人,所得金额为710万元。2013年市工商局接到群众举报,反映某公司进行网络传销。市工商局立案调查后经过听证程序,作出行政处罚决定,吊销某公司营业执照,没收违法所得710万元,罚款150万元。某公司不服,向法院起诉。

法院经审理后认为:某公司经营行为已构成传销。其为谋取不正当利益,通过蚁酷网发展注册会员,再诱导所发展的注册会员缴纳不同数额的费用或购买产品,成为公司不同级别的会员,从而取得加入和发展其他人员加入会员的资格,并从其发展的其他人员所缴纳的费用或购买的产品中获得不同比例的返利,属于利用公司名义从事危害国家安全、社会公共利益的严重违法行为,故判决吊销某公司的营业执照。

第二百六十三条　【民事赔偿优先】

公司违反本法规定,应当承担民事赔偿责任和缴纳罚款、罚金的,其财产不足以支付时,先承担民事赔偿责任。

▶【法条释义】

公司违反《公司法》的相关规定,可能需要承担民事责任、刑事责任和行政责任,这三大责任都可能会涉及金钱责任,如民事责任的金钱赔偿责任,刑事责任中的罚金,行政责任中的罚款。当公司财产不足以承担所有责任时,公司财产应该先清偿民事赔偿责任。

▶【关联法条】

《中华人民共和国民法典》

第187条　民事主体因同一行为应当承担民事责任、行政责任和刑事责任的,承担行政责任或者刑事责任不影响承担民事责任;民事主体的财产不足以支付的,优先用于承担民事责任。

▶【典型案例】

乾县自然资源局与陕西某汽车制动系统有限公司
(以下简称陕西某公司)非诉执行审查案

[陕西省乾县人民法院(2020)陕0424行审第5号裁定]

陕西某公司擅自将已合法取得的30亩国有建设用地使用权出租给西高公司用于开办驾校训练考场,2019年乾县自然资源局对陕西某公司涉嫌违法用地一事立案调查并作出行政处罚决定,责令陕西某公司交还土地30亩,罚款60万元。2020年4月法院受理山东某公司的破产重整申请,并对山东某公司与陕西某公司进行实质合并重整。2020年7月21日乾县自然资源局向法院申请强制执行。

行政机关对行政相对人的行政处罚和民事责任并列时,应首先解决民事争议,本案被申请人已经进入破产程序,只有待破产案件终结后,再行恢复本次行政非诉案件的审查执行。因此法院裁定中止乾县自然资源局该行政处罚决定的审查执行。

第二百六十四条　【刑事责任】
违反本法规定,构成犯罪的,依法追究刑事责任。

▶【法条释义】

依照《刑法》第13条的规定,一切危害国家主权、领土完整和安全,分裂国家、颠覆人民民主专政的政权和推翻社会主义制度,破坏社会秩序和经济秩序,侵犯国有财产或者劳动群众集体所有的财产,侵犯公民私人所有的财产,侵犯公民的人身权利、民主权利和其他权利,以及其他危害社会的行为,依照法律应当受刑罚处罚的,都是犯罪,但是情节显著轻微危害不大的,不认为是犯罪。所谓刑事责任,是指行为人实施了犯罪行为而必须承担的法律后果。

►【典型案例】

高某涉虚假出资、抽逃出资罪案

[上海市普陀区人民法院(2021)沪0107刑初第972号]

2019年6月,高某委托他人注册成立劳务派遣性质公司。经他人联系介绍,由张某名下的A公司作为发起人,帮助高某成立B公司。2019年8月,A公司向B公司验资账户汇入200万元从而取得验资报告,B公司经申请取得劳务派遣经营许可证后公司成立;两周后,张某将B公司200万元注册资本抽逃后汇回A公司账户;2019年9月,B公司股东由A公司变更为高某。高某在明知B公司账户无实缴注册资本的情况下成为B公司法定代表人并取得全部股权,事后亦未补缴注册资本。2021年4月,高某主动至公安机关投案,到案后如实供述犯罪事实。

本案中,被告人高某伙同他人在公司成立后抽逃出资,数额巨大,其行为已构成抽逃出资罪,依法应予处罚。检察院指控被告人高某的犯罪事实和罪名成立。高某自动投案并如实供述了犯罪事实,且自愿认罪认罚,依法可从轻处罚。最终判处被告人高某犯抽逃出资罪,判处有期徒刑10个月,缓刑1年,并处罚金人民币5万元。

第十五章　附　　则

本章由2018年《公司法》第十三章“附则”演化而来，第265条对《公司法》中部分用语在法律层面作出定义；第266条是对于修订后《公司法》生效时间的规定。需要指出的是，相较于2018年《公司法》，2023年《公司法》删除了一条有关外资公司法律适用的法条，在一定程度上表明了我国公司法律制度设计上日益趋向细致。

第二百六十五条　【本法相关用语的含义】

本法下列用语的含义：

（一）高级管理人员，是指公司的经理、副经理、财务负责人，上市公司董事会秘书和公司章程规定的其他人员。

（二）控股股东，是指其出资额占有限责任公司资本总额超过百分之五十或者其持有的股份占股份有限公司股本总额超过百分之五十的股东；出资额或者持有股份的比例虽然低于百分之五十，但依其出资额或者持有的股份所享有的表决权已足以对股东会的决议产生重大影响的股东。

（三）实际控制人，是指通过投资关系、协议或者其他安排，能够实际支配公司行为的人。

（四）关联关系，是指公司控股股东、实际控制人、董事、监事、高级管理人员与其直接或者间接控制的企业之间的关系，以及可能导致公司利益转移的其他关系。但是，国家控股的企业之间不仅因为同受国家控股而具有关联关系。

►【法条释义】

1. 公司高级管理人员是主要管理和经营公司的人，他们对于公司发展及业绩有重要作用。《公司法》对于高级管理人员规定了任职资格要求和相关的义务。但公司高级管理人员到底包括哪些人，需要立法予以明确。本条规定高级管理人员包括两类人员，一类是法定人员，另一类是约定人员。法定人员包括公司经理、副经理、财务负责人，上市公司董事会秘书；约定人员是指由章程来规定的人员。

2. 控股股东是能够控制公司重大事项的股东。公司经营发展中的重大事项主要由控股股东决定，因此，公司的经营与发展与控股股东密切相关，《公司法》明确规定控股股东不能滥用股东权利损害公司和小股东利益。控股股东主要包括两类：

一是资本控股股东。主要指有限责任公司股东出资额占公司资本总额超过50%或者股份有限公司股东其持有的股份占公司股本总额超过50%的股东，这种通过投资而控制公司的股东为绝对控股股东。

二是表决权控股股东。主要指股东出资额或持有的份额虽然未达到50%的绝对控股，但其享有的表决权已足以对股东会的决议产生重大影响的股东，这样的控股又称为相对控股。表决权控制表现在公司章程可以约定表决权不按出资比例确定，约定某一股东拥有足以控制股东会决议的表决权，也可以是通过表决权信托而获得其他股东的表决权实现控制股东会决议。

3. 实际控制人主要是指实际上控制公司人事、财务和经营管理重要事项的人。本条规定与2018年《公司法》规定有一定区别，2018年《公司法》规定实际控制人不是公司股东，但2023年《公司法》没有规定实际控制人不是公司股东，即实际控制人可能是公司股东，也可能不是公司股东。实际控制人可能通过投资关系、协议或者其他安排，来达到实际控制公司的目的。如隐名股东与显名股东，显名股东可能为名义上的控股股东，隐名股东可能是事实上的实际控制人。

4. 关联关系是指公司因为其特定的人员而产生的与其他特定关系人之间的利益关系。由于关联关系存在可能会导致公司利益输送给关联关系人，进而损害公司利益，因此，《公司法》规定公司特定的人员不得利用关联关系损害公司利益。关联关系构成要件：

一是公司特定人员范围，包括公司控股股东、实际控制人、董事、监事、高级管理人员。

二是特定关系，包括与特定人员直接或者间接控制的企业之间的关系，以及可能导致公司利益转移的其他关系。

三是例外情形，国家控股的企业之间不会因为同受国家控股而具有关联关系，即国家作为控股人的各企业之间不存在关联关系。

►【关联法条】

1.《金融机构高级管理人员任职资格管理办法》(部分失效)

第3条　本办法所称金融机构高级管理人员,是指金融机构法定代表人和对经营管理具有决策权或对风险控制起重要作用的人员。

2.《证券基金经营机构董事、监事、高级管理人员及从业人员监督管理办法》

第2条　在中华人民共和国境内,证券基金经营机构董事、监事、高级管理人员及从业人员的任职管理和执业行为,适用本办法。

本办法所称高级管理人员是指证券基金经营机构的总经理、副总经理、财务负责人、合规负责人、风控负责人、信息技术负责人、行使经营管理职责并向董事会负责的管理委员会或执行委员会成员,和实际履行上述职务的人员,以及法律法规、中国证券监督管理委员会(以下简称中国证监会)和公司章程规定的其他人员。

本办法所称从业人员是指在证券基金经营机构从事证券基金业务和相关管理工作的人员。

3.《非银行金融机构行政许可事项实施办法》

第200条　本办法中下列用语的含义:

(一)控股股东,是指根据《中华人民共和国公司法》第二百一十六条规定,其出资额占有限责任公司资本总额百分之五十以上或者其持有的股份占股份有限公司股本总额百分之五十以上的股东;出资额或者持有股份的比例虽然不足百分之五十,但依其出资额或者持有的股份所享有的表决权已足以对股东会、股东大会的决议产生重大影响的股东。

(二)主要股东,是指持有或控制非银行金融机构百分之五以上股份或表决权,或持有资本总额或股份总额不足百分之五但对非银行金融机构经营管理有重大影响的股东。

前款中的"重大影响",包括但不限于向非银行金融机构派驻董事、监事或高级管理人员,通过协议或其他方式影响非银行金融机构的财务和经营管理决策以及国家金融监督管理总局或其派出机构认定的其他情形。

(三)实际控制人,是指根据《中华人民共和国公司法》第二百一十六条规定,虽不是公司的股东,但通过投资关系,协议或者其他安排,能够实际支配公司行为的人。

(四)关联方,是指根据《企业会计准则第36号关联方披露》规定,一方控制、共同控制另一方或对另一方施加重大影响,以及两方或两方以上同受一方控制、共同控制或重大影响的。但国家控制的企业之间不仅因为同受国家控股而具有关联关系。

（五）一致行动，是指投资者通过协议、其他安排，与其他投资者共同扩大其所能够支配的一个公司股份表决权数量的行为或者事实。达成一致行动的相关投资者，为一致行动人。

（六）重大违法违规行为，应依据违法违规行为的事实、性质、情节、危害后果以及行政处罚轻重程度等因素综合考量。行政处罚轻重程度根据处罚种类、处罚金额以及处罚相较非银行金融机构规模大小、对机构的影响程度等因素判定。

（七）重大案件，是指符合《中国银保监会关于印发银行保险机构涉刑案件管理办法（试行）的通知》（银保监发〔2020〕20号）规定的重大案件。

▶【典型案例】

上海某科技发展有限公司与郑州投资控股有限公司（以下简称郑州投资公司）等公司关联交易责任纠纷案

［河南省高级人民法院（2020）豫民终第799号］

郑州投资公司、郑州电缆公司签订股权托管协议，将持有的郑州电缆公司25%股权托管给予中润公司，后中润公司与中科公司签订权利义务转让协议，将该股权转托给中科公司，郑州投资公司、郑州电缆公司书面同意。上海某科技发展有限公司是中科公司全资子公司。在中科公司实际控制郑州电缆公司期间，上海某科技发展有限公司与郑州电缆公司发生多次交易，存在以高于同期市场最高价格向郑州电缆公司供货的情况。郑州投资公司向法院起诉，主张上海某科技发展有限公司与郑州电缆公司之间存在关联关系，因关联交易造成郑州电缆公司采购差价损失4000万元，并要求上海某科技发展有限公司及窦某某等高管承担连带责任。司法会计鉴定报告书显示：郑州电缆公司与上海某科技发展有限公司在关联交易中采购损失金额共计600万元。

法院经审理认为：中科公司是郑州电缆公司股权托管的受托人，在股权托管期间成为其实际控制人，上海某科技发展有限公司是中科公司的全资子公司，因此上海某科技发展有限公司在中科公司作为郑州电缆公司股权受托人期间与郑州电缆公司发生的交易属于关联交易。在关联交易中，郑州电缆公司存在600万元采购损失，对此上海某科技发展有限公司应当承担赔偿责任。

第二百六十六条 【施行日期及出资期限过渡期】

本法自 2024 年 7 月 1 日起施行。

本法施行前已登记设立的公司,出资期限超过本法规定的期限的,除法律、行政法规或者国务院另有规定外,应当逐步调整至本法规定的期限以内;对于出资期限、出资额明显异常的,公司登记机关可以依法要求其及时调整。具体实施办法由国务院规定。

▶【法条释义】

2023 年 12 月 29 日,第十四届全国人民代表大会常务委员会第七次会议通过本法,《公司法》属于调节市场经济活动的重要法律,从通过到施行有个过渡期,自 2024 年 7 月 1 日起施行。

对于 2023 年《公司法》施行前设立的公司,如果按照 2018 年《公司法》的规定,出资期限超过 2023 年《公司法》的规定,则公司应该逐步调整出资期限以符合 2023 年《公司法》的规定。对于出资期限和出资额明显异常的公司,2023 年《公司法》增加了登记机关有权要求调整的行政权。

▶【典型案例】

广州摩托集团物业管理有限公司(以下简称摩托公司)、中国建设银行股份有限公司广州越秀支行(以下简称建行越秀支行)股东损害公司债权人利益责任纠纷案

[广东省广州市中级人民法院(2019)粤 01 民终第 18907 号]

建行越秀支行与某甲公司签订了《借款合同》,约定建行越秀支行向某甲公司发放人民币 4000 万元贷款。建行越秀支行与某乙公司签订了《保证合同》,约定某乙公司对某甲公司借款提供连带保证责任。合同签订后,建行越秀支行依约向某甲公司发放贷款,但贷款到期后,某甲公司只偿还一部分贷款,尚欠建行越秀支行借款本金为 2000 万元,某乙公司没有承担连带清偿责任。某甲公司于 2008 年被吊销营业执照,吊销之后股东没有对该公司进行清算。建行越秀支行追索未果,遂诉至法院。因摩托公司是某甲公司的发起人之一,建行越秀支行要求摩托公司在其他股东未履行出资本息范围内对某甲公司的债务承担连带责任。

本案中,某甲公司成立于 1999 年,其成立时间早于《公司法》(2005 年修订)施行时间,第一次规定有限责任公司发起人连带责任的《最高人民法院关于适用

〈中华人民共和国公司法〉若干问题的规定(三)》在2011年2月16日才施行,由于案发当时的《公司法》及其司法解释并未就发起人在公司注销后承担连带责任作出规定,依据法不溯及既往原则,摩托公司无须在某甲公司注销后,在其未缴足出资的本息范围内对公司债务承担连带责任。

附录　《公司法》新旧对比表

2023 年《公司法》	2018 年《公司法》	司法解释 （司法解释中所指《公司法》系 2018 年《公司法》）
第一章　总则	第一章　总则	
第一条　为了规范公司的组织和行为，保护公司、股东、**职工**和债权人的合法权益，**完善中国特色现代企业制度，弘扬企业家精神**，维护社会经济秩序，促进社会主义市场经济的发展，**根据宪法**，制定本法。	第一条　为了规范公司的组织和行为，保护公司、股东和债权人的合法权益，维~~护社会经济秩序，~~促进社会主义市场经济的发展，制定本法。	
第二条　本法所称公司，是指依照本法在**中华人民共和国**境内设立的有限责任公司和股份有限公司。	第二条　本法所称公司是指依照本法在<u>中国</u>境内设立的有限责任公司和股份有限公司。	
第三条　公司是企业法人，有独立的法人财产，享有法人财产权。公司以其全部财产对公司的债务承担责任。 公司的合法权益受法律保护，不受侵犯。	第三条　公司是企业法人，有独立的法人财产，享有法人财产权。公司以其全部财产对公司的债务承担责任。 ~~有限责任公司的股东以其认缴的出资额为限对公司承担责任；股份有限公司的股东以其认购的股份为限对公司承担责任。~~ 第五条　公司~~从事经营活动，必须遵守法律、行政法规，遵守社会公德、商业道德，诚实守信，接受政府和社会公众的监督，承担社会责任。~~ 公司的合法权益受法律保护，不受侵犯。	

续表

2023 年《公司法》	2018 年《公司法》	司法解释 （司法解释中所指《公司法》系 2018 年《公司法》）
第四条　有限责任公司的股东以其认缴的出资额为限对公司承担责任；股份有限公司的股东以其认购的股份为限对公司承担责任。 公司股东**对公司**依法享有资产收益、参与重大决策和选择管理者等权利。	第三条　~~公司是企业法人，有独立的法人财产，享有法人财产权。公司以其全部财产对公司的债务承担责任。~~ 有限责任公司的股东以其认缴的出资额为限对公司承担责任；股份有限公司的股东以其认购的股份为限对公司承担责任。 第四条　公司股东依法享有资产收益、参与重大决策和选择管理者等权利。	
第五条　设立公司**应当**依法制定公司章程。公司章程对公司、股东、董事、监事、高级管理人员具有约束力。	第十一条　设立公司必须依法制定公司章程。公司章程对公司、股东、董事、监事、高级管理人员具有约束力。	
第六条　公司应当有自己的名称。公司名称应当符合国家有关规定。 **公司的名称权受法律保护。**		
第七条　依照本法设立的有限责任公司，**应当**在公司名称中标明有限责任公司或者有限公司字样。 依照本法设立的股份有限公司，**应当**在公司名称中标明股份有限公司或者股份公司字样。	第八条　依照本法设立的有限责任公司，必须在公司名称中标明有限责任公司或者有限公司字样。 依照本法设立的股份有限公司，必须在公司名称中标明股份有限公司或者股份公司字样。	
第八条　公司以其主要办事机构所在地为住所。	第十条　公司以其主要办事机构所在地为住所。	

续表

2023 年《公司法》	2018 年《公司法》	司法解释 （司法解释中所指《公司法》系 2018 年《公司法》）
第九条　公司的经营范围由公司章程规定。公司可以修改公司章程，**变更**经营范围。 公司的经营范围中属于法律、行政法规规定须经批准的项目，应当依法经过批准。	第十二条　公司的经营范围由公司章程规定，~~并依法登记~~。公司可以修改公司章程，改变经营范围，~~但是应当办理变更登记~~。 公司的经营范围中属于法律、行政法规规定须经批准的项目，应当依法经过批准。	
第十条　公司的法定代表人**按照**公司章程的规定，**由代表公司执行公司事务的董事或者经理担任。** **担任法定代表人的董事或者经理辞任的，视为同时辞去法定代表人。** **法定代表人辞任的，公司应当在法定代表人辞任之日起三十日内确定新的法定代表人。**	第十三条　公司法定代表人依照公司章程的规定，~~由董事长、执行董事或者经理担任，并依法登记。公司法定代表人变更，应当办理变更登记。~~	
第十一条　法定代表人以公司名义从事的民事活动，其法律后果由公司承受。 **公司章程或者股东会对法定代表人职权的限制，不得对抗善意相对人。** **法定代表人因执行职务造成他人损害的，由公司承担民事责任。公司承担民事责任后，依照法律或者公司章程的规定，可以向有过错的法定代表人追偿。**		

续表

2023 年《公司法》	2018 年《公司法》	司法解释 （司法解释中所指《公司法》系 2018 年《公司法》）
第十二条　有限责任公司变更为股份有限公司，应当符合本法规定的股份有限公司的条件。股份有限公司变更为有限责任公司，应当符合本法规定的有限责任公司的条件。 有限责任公司变更为股份有限公司的，或者股份有限公司变更为有限责任公司的，公司变更前的债权、债务由变更后的公司承继。	第九条　有限责任公司变更为股份有限公司，应当符合本法规定的股份有限公司的条件。股份有限公司变更为有限责任公司，应当符合本法规定的有限责任公司的条件。 有限责任公司变更为股份有限公司的，或者股份有限公司变更为有限责任公司的，公司变更前的债权、债务由变更后的公司承继。	
第十三条　公司可以设立子公司。子公司具有法人资格，依法独立承担民事责任。 公司可以设立分公司。分公司不具有法人资格，其民事责任由公司承担。	第十四条　公司可以设立分公司。~~设立分公司，应当向公司登记机关申请登记，领取营业执照~~。分公司不具有法人资格，其民事责任由公司承担。 公司可以设立子公司，子公司具有法人资格，依法独立承担民事责任。	
第十四条　公司可以向其他企业投资。 **法律规定公司**不得成为对所投资企业的债务承担连带责任的出资人**的，从其规定。**	第十五条　公司可以向其他企业投资；~~但是，除法律另有规定外，~~不得成为对所投资企业的债务承担连带责任的出资人。	
第十五条　公司向其他企业投资或者为他人提供担保，**按照**公司章程的规定，由董事会或者股东会决议；公司章程对投资或者担保的总额及单项投资或者担保的数额有限额规定的，不得超过规定的限额。 公司为公司股东或者实	第十六条　公司向其他企业投资或者为他人提供担保，依照公司章程的规定，由董事会或者股东会~~、股东大~~会决议；公司章程对投资或者担保的总额及单项投资或者担保的数额有限额规定的，不得超过规定的限额。 公司为公司股东或者实	

续表

2023年《公司法》	2018年《公司法》	司法解释 （司法解释中所指《公司法》系2018年《公司法》）
际控制人提供担保的,**应当**经股东会决议。 前款规定的股东或者受前款规定的实际控制人支配的股东,不得参加前款规定事项的表决。该项表决由出席会议的其他股东所持表决权的过半数通过。	际控制人提供担保的,必须经股东会~~或者股东大会~~决议。 前款规定的股东或者受前款规定的实际控制人支配的股东,不得参加前款规定事项的表决。该项表决由出席会议的其他股东所持表决权的过半数通过。	
第十六条　公司**应当**保护职工的合法权益,依法与职工签订劳动合同,参加社会保险,加强劳动保护,实现安全生产。 公司应当采用多种形式,加强公司职工的职业教育和岗位培训,提高职工素质。	第十七条　公司必须保护职工的合法权益,依法与职工签订劳动合同,参加社会保险,加强劳动保护,实现安全生产。 公司应当采用多种形式,加强公司职工的职业教育和岗位培训,提高职工素质。	
第十七条　公司职工依照《中华人民共和国工会法》组织工会,开展工会活动,维护职工合法权益。公司应当为本公司工会提供必要的活动条件。公司工会代表职工就职工的劳动报酬、工作时间、**休息休假**、劳动安全卫生和**保险福利**等事项依法与公司签订集体合同。 公司依照宪法和有关法律的规定,**建立健全以职工代表大会为基本形式的民主管理制度,**通过职工代表大会或者其他形式,实行民主管理。 公司研究决定改制、**解散、申请破产**以及经营方面的重大问题、制定重要的规章制度时,应当听取公司工会的意见,并通过职工代表大会或者其他形式听取职工的意见和建议。	第十八条　公司职工依照《中华人民共和国工会法》组织工会,开展工会活动,维护职工合法权益。公司应当为本公司工会提供必要的活动条件。公司工会代表职工就职工的劳动报酬、工作时间、福利、保险和劳动安全卫生等事项依法与公司签订集体合同。 公司依照宪法和有关法律的规定,通过职工代表大会或者其他形式,实行民主管理。 公司研究决定改制以及经营方面的重大问题、制定重要的规章制度时,应当听取公司工会的意见,并通过职工代表大会或者其他形式听取职工的意见和建议。	

续表

2023 年《公司法》	2018 年《公司法》	司法解释 （司法解释中所指《公司法》系 2018 年《公司法》）
第十八条　在公司中，根据中国共产党章程的规定，设立中国共产党的组织，开展党的活动。公司应当为党组织的活动提供必要条件。	第十九条　在公司中，根据中国共产党章程的规定，设立中国共产党的组织，开展党的活动。公司应当为党组织的活动提供必要条件。	
第十九条　公司从事经营活动，**应当**遵守法律法规，遵守社会公德、商业道德，诚实守信，接受政府和社会公众的监督。	第五条　公司从事经营活动，必须遵守法律~~、行政法~~规，遵守社会公德、商业道德，诚实守信，接受政府和社会公众的监督~~，承担社会责任~~。 ~~公司的合法权益受法律保护，不受侵犯。~~	
第二十条　公司从事经营活动，应当充分考虑公司职工、消费者等利益相关者的利益以及生态环境保护等社会公共利益，承担社会责任。 **国家鼓励公司参与社会公益活动，公布社会责任报告。**	第五条　公司从事经营活动，~~必须遵守法律、行政法规，遵守社会公德、商业道德，诚实守信，接受政府和社会公众的监督，~~承担社会责任。 ~~公司的合法权益受法律保护，不受侵犯。~~	
第二十一条　公司股东应当遵守法律、行政法规和公司章程，依法行使股东权利，不得滥用股东权利损害公司或者其他股东的利益。 公司股东滥用股东权利给公司或者其他股东造成损失的，应当承担赔偿责任。	第二十条　公司股东应当遵守法律、行政法规和公司章程，依法行使股东权利，不得滥用股东权利损害公司或者其他股东的利益~~；不得滥用公司法人独立地位和股东有限责任损害公司债权人的利益~~。 公司股东滥用股东权利给公司或者其他股东造成损失的，应当~~依法~~承担赔偿责任。	

续表

2023 年《公司法》	2018 年《公司法》	司法解释 (司法解释中所指《公司法》系 2018 年《公司法》)
	公司股东滥用公司法人独立地位和股东有限责任,逃避债务,严重损害公司债权人利益的,应当对公司债务承担连带责任。	
第二十二条　公司的控股股东、实际控制人、董事、监事、高级管理人员不得利用关联关系损害公司利益。 违反前款规定,给公司造成损失的,应当承担赔偿责任。	第二十一条　公司的控股股东、实际控制人、董事、监事、高级管理人员不得利用其关联关系损害公司利益。 违反前款规定,给公司造成损失的,应当承担赔偿责任。	《最高人民法院关于适用〈中华人民共和国公司法〉若干问题的规定(五)》(2020 年修正) 第一条　关联交易损害公司利益,原告公司依据民法典第八十四条、公司法第二十一条规定请求控股股东、实际控制人、董事、监事、高级管理人员赔偿所造成的损失,被告仅以该交易已经履行了信息披露、经股东会或者股东大会同意等法律、行政法规或者公司章程规定的程序为由抗辩的,人民法院不予支持。 公司没有提起诉讼的,符合公司法第一百五十一条第一款规定条件的股东,可以依据公司法第一百五十一条第二款、第三款规定向人民法院提起诉讼。

续表

2023 年《公司法》	2018 年《公司法》	司法解释 （司法解释中所指《公司法》系 2018 年《公司法》）
第二十三条　公司股东滥用公司法人独立地位和股东有限责任，逃避债务，严重损害公司债权人利益的，应当对公司债务承担连带责任。 **股东利用其控制的两个以上公司实施前款规定行为的，各公司应当对任一公司的债务承担连带责任。** **只有一个股东的公司，股东**不能证明公司财产独立于股东自己的财产的，应当对公司债务承担连带责任。	第二十条　~~公司股东应当遵守法律、行政法规和公司章程，依法行使股东权利，不得滥用股东权利损害公司或者其他股东的利益；不得滥用公司法人独立地位和股东有限责任损害公司债权人的利益。~~ ~~公司股东滥用股东权利给公司或者其他股东造成损失的，应当依法承担赔偿责任。~~ 公司股东滥用公司法人独立地位和股东有限责任，逃避债务，严重损害公司债权人利益的，应当对公司债务承担连带责任。	
	第六十三条　一人有限责任公司的股东不能证明公司财产独立于股东自己的财产的，应当对公司债务承担连带责任。	
第二十四条　公司股东会、董事会、监事会召开会议和表决可以采用电子通信方式，公司章程另有规定的除外。		

续表

2023 年《公司法》	2018 年《公司法》	司法解释 (司法解释中所指《公司法》系 2018 年《公司法》)
第二十五条　公司股东会、董事会的决议内容违反法律、行政法规的无效。	第二十二条　公司股东会~~或者股东大会~~、董事会的决议内容违反法律、行政法规的无效。 股东会~~或者股东大会~~、董事会的会议召集程序、表决方式违反法律、行政法规或者公司章程,或者决议内容违反公司章程的,股东可以自决议作出之日起六十日内,请求人民法院撤销。 ~~股东依照前款规定提起诉讼的,人民法院可以应公司的请求,要求股东提供相应担保。~~ ~~公司根据股东会或者股东大会、董事会决议已办理变更登记的,人民法院宣告该决议无效或者撤销该决议后,公司应当向公司登记机关申请撤销变更登记。~~	《最高人民法院关于适用〈中华人民共和国公司法〉若干问题的规定(四)》(2020 年修正) 第一条　公司股东、董事、监事等请求确认股东会或者股东大会、董事会决议无效或者不成立的,人民法院应当依法予以受理。 第二条　依据民法典第八十五条、公司法第二十二条第二款请求撤销股东会或者股东大会、董事会决议的原告,应当在起诉时具有公司股东资格。 第三条　原告请求确认股东会或者股东大会、董事会决议不成立、无效或者撤销决议的案件,应当列公司为被告。对决议涉及的其他利害关系人,可以依法列为第三人。 一审法庭辩论终结前,其他有原告资格的人以相同的诉讼请求申请参加前款规定诉讼的,可以列为共同原告。 第四条　股东请求撤销股东会或者股东大会、董事会决议,符合民法典第八十五条、公司法第二十二条第二款规定的,人民法院应当予以支持,但会议召集程序或者表决方式仅有轻微瑕疵,且对决议未产生实质影响的,人民法院不予支持。
第二十六条　**公司**股东会、董事会的会议召集程序、表决方式违反法律、行政法规或者公司章程,或者决议内容违反公司章程的,股东自决议作出之日起六十日内,**可以**请求人民法院撤销。**但是,股东会、董事会的会议召集程序或者表决方式仅有轻微瑕疵,对决议未产生实质影响的除外。** **未被通知参加股东会会议的股东自知道或者应当知道股东会决议作出之日起六十日内,可以请求人民法院撤销;自决议作出之日起一年内没有行使撤销权的,撤销权消灭。**		

续表

2023年《公司法》	2018年《公司法》	司法解释 （司法解释中所指《公司法》系2018年《公司法》）
第二十七条　有下列情形之一的，公司股东会、董事会的决议不成立： **（一）未召开股东会、董事会会议作出决议；** **（二）股东会、董事会会议未对决议事项进行表决；** **（三）出席会议的人数或者所持表决权数未达到本法或者公司章程规定的人数或者所持表决权数；** **（四）同意决议事项的人数或者所持表决权数未达到本法或者公司章程规定的人数或者所持表决权数。**		《最高人民法院关于适用〈中华人民共和国公司法〉若干问题的规定（四）》（2020年修正） 第五条　股东会或者股东大会、董事会决议存在下列情形之一，当事人主张决议不成立的，人民法院应当予以支持： （一）公司未召开会议的，但依据公司法第三十七条第二款或者公司章程规定可以不召开股东会或者股东大会而直接作出决定，并由全体股东在决定文件上签名、盖章的除外； （二）会议未对决议事项进行表决的； （三）出席会议的人数或者股东所持表决权不符合公司法或者公司章程规定的； （四）会议的表决结果未达到公司法或者公司章程规定的通过比例的； （五）导致决议不成立的其他情形。
第二十八条　**公司股东会、董事会决议被人民法院宣告无效、撤销或者确认不成立的，公司应当向公司登记机关申请撤销根据该决议已办理的登记。** **股东会、董事会决议被人民法院宣告无效、撤销或者确认不成立的，公司根据该决议与善意相对人形成的民事法律关系不受影响。**	第二十二条　~~公司股东会或者股东大会、董事会的决议内容违反法律、行政法规的无效。~~ ~~股东会或者股东大会、董事会的会议召集程序、表决方式违反法律、行政法规或者公司章程，或者决议内容违反公司章程的，股东可以自决议作出之日起六十日内，请求人民法院撤销~~。	《最高人民法院关于适用〈中华人民共和国公司法〉若干问题的规定（四）》（2020年修正） 第六条　股东会或者股东大会、董事会决议被人民法院判决确认无效或者撤销的，公司依据该决议与善意相对人形成的民事法律关系不受影响。

续表

2023 年《公司法》	2018 年《公司法》	司法解释（司法解释中所指《公司法》系 2018 年《公司法》）
	股东依照前款规定提起诉讼的,人民法院可以应公司的请求,要求股东提供相应担保。 公司根据股东会或者股东大会、董事会决议已办理变更登记的,人民法院宣告该决议无效或者撤销该决议后,公司应当向公司登记机关申请撤销变更登记。	
第二章　公司登记	第二章　有限责任公司的设立和组织机构	
	第一节　设立	
第二十九条　设立公司,应当依法向公司登记机关申请设立登记。 法律、行政法规规定设立公司必须报经批准的,应当在公司登记前依法办理批准手续。	第六条　设立公司,应当依法向公司登记机关申请设立登记。符合本法规定的设立条件的,由公司登记机关分别登记为有限责任公司或者股份有限公司;不符合本法规定的设立条件的,不得登记为有限责任公司或者股份有限公司。 法律、行政法规规定设立公司必须报经批准的,应当在公司登记前依法办理批准手续。 公众可以向公司登记机关申请查询公司登记事项,公司登记机关应当提供查询服务。	

续表

2023 年《公司法》	2018 年《公司法》	司法解释 （司法解释中所指《公司法》系 2018 年《公司法》）
第三十条 **申请设立公司，应当提交设立**登记申请书、公司章程等文件，**提交的相关材料应当真实、合法和有效。** **申请材料不齐全或者不符合法定形式的，公司登记机关应当一次性告知需要补正的材料。**	第二十九条 ~~股东认足公司章程规定的出资后，由全体股东指定的代表或者共同委托的代理人~~向公司登记机关报送公司登记申请书、公司章程等文件，申请设立登记。	
第三十一条 **申请**设立公司，符合本法规定的设立条件的，由公司登记机关分别登记为有限责任公司或者股份有限公司；不符合本法规定的设立条件的，不得登记为有限责任公司或者股份有限公司。	第六条 设立公司，应~~当依法向公司登记机关申请设立登记。~~符合本法规定的设立条件的，由公司登记机关分别登记为有限责任公司或者股份有限公司；不符合本法规定的设立条件的，不得登记为有限责任公司或者股份有限公司。 ~~法律、行政法规规定设立公司必须报经批准的，应当在公司登记前依法办理批准手续。~~ ~~公众可以向公司登记机关申请查询公司登记事项，公司登记机关应当提供查询服务。~~	

续表

2023 年《公司法》	2018 年《公司法》	司法解释 (司法解释中所指《公司法》系 2018 年《公司法》)
第三十二条　公司登记事项包括: **(一)名称;** **(二)住所;** **(三)注册资本;** **(四)经营范围;** **(五)法定代表人的姓名;** **(六)有限责任公司股东、股份有限公司发起人的姓名或者名称。** **公司登记机关应当将前款规定的公司登记事项通过国家企业信用信息公示系统向社会公示。**	第六条　~~设立公司,应当依法向公司登记机关申请设立登记。符合本法规定的设立条件的,由公司登记机关分别登记为有限责任公司或者股份有限公司;不符合本法规定的设立条件的,不得登记为有限责任公司或者股份有限公司。~~ ~~法律、行政法规规定设立公司必须报经批准的,应当在公司登记前依法办理批准手续。~~ ~~公众可以向公司登记机关申请查询公司登记事项,~~公司登记机关应当提供查询服务。	
第三十三条　依法设立的公司,由公司登记机关发给公司营业执照。公司营业执照签发日期为公司成立日期。 公司营业执照应当载明公司的名称、住所、注册资本、经营范围、法定代表人姓名等事项。 **公司登记机关可以发给电子营业执照。电子营业执照与纸质营业执照具有同等法律效力。**	第七条　依法设立的公司,由公司登记机关发给公司营业执照。公司营业执照签发日期为公司成立日期。 公司营业执照应当载明公司的名称、住所、注册资本、经营范围、法定代表人姓名等事项。 ~~公司营业执照记载的事项发生变更的,公司应当依法办理变更登记,由公司登记机关换发营业执照。~~	
第三十四条　**公司**登记事项发生变更的,应当**依法**办理变更登记。 **公司登记事项未经登记或者未经变更登记,不得对抗善意相对人。**	~~第三十二条　有限责任公司应当置备股东名册,记载下列事项:~~ ~~(一)股东的姓名或者名称及住所;~~ ~~(二)股东的出资额;~~ ~~(三)出资证明书编号。~~	

续表

2023年《公司法》	2018年《公司法》	司法解释 （司法解释中所指《公司法》系2018年《公司法》）
	~~记载于股东名册的股东，可以依股东名册主张行使股东权利。~~ ~~公司应当将股东的姓名或者名称向公司登记机关登记；~~登记事项发生变更的，应当办理变更登记。未经登记或者变更登记的，不得对抗第三人。	
第三十五条　公司申请变更登记，应当向公司登记机关提交公司法定代表人签署的变更登记申请书、依法作出的变更决议或者决定等文件。 **公司变更登记事项涉及修改公司章程的，应当提交修改后的公司章程。** **公司变更法定代表人的，变更登记申请书由变更后的法定代表人签署。**		
第三十六条　公司营业执照记载的事项发生变更的，**公司办理变更登记后，**由公司登记机关换发营业执照。	第七条　~~依法设立的公司，由公司登记机关发给公司营业执照。公司营业执照签发日期为公司成立日期。~~ ~~公司营业执照应当载明公司的名称、住所、注册资本、经营范围、法定代表人姓名等事项。~~ 公司营业执照记载的事项发生变更的，公司应当依法办理变更登记，由公司登记机关换发营业执照。	

续表

2023 年《公司法》	2018 年《公司法》	司法解释 （司法解释中所指《公司法》系 2018 年《公司法》）
第三十七条　公司因解散、被宣告破产或者其他法定事由需要终止的，应当依法向公司登记机关申请注销登记，由公司登记机关公告公司终止。		
第三十八条　**公司**设立分公司，应当向公司登记机关申请登记，领取营业执照。	第十四条　公司~~可以设立分公司~~。设立分公司，应当向公司登记机关申请登记，领取营业执照。~~分公司不具有法人资格，其民事责任由公司承担~~。 ~~公司可以设立子公司，子公司具有法人资格，依法独立承担民事责任~~。	
第三十九条　虚报注册资本、提交虚假材料或者采取其他欺诈手段隐瞒重要事实取得公司**设立**登记的，**公司登记机关应当依照法律、行政法规的规定予以撤销。**	第一百九十八条　~~违反本法规定，~~虚报注册资本、提交虚假材料或者采取其他欺诈手段隐瞒重要事实取得公司登记的，由公司登记机关~~责令改正，对虚报注册资本的公司，处以虚报注册资本金额百分之五以上百分之十五以下的罚款；对提交虚假材料或者采取其他欺诈手段隐瞒重要事实的公司，处以五万元以上五十万元以下的罚款；情节严重的，~~撤销公司登记~~或者吊销营业执照~~。	
第四十条　公司应当按照规定通过国家企业信用信息公示系统公示下列事项： **（一）有限责任公司股东认缴和实缴的出资额、出资方式和出资日期，股份有限公司发起人认购的股份数；**		

续表

2023 年《公司法》	2018 年《公司法》	司法解释 （司法解释中所指《公司法》系 2018 年《公司法》）
（二）有限责任公司股东、股份有限公司发起人的股权、股份变更信息； **（三）行政许可取得、变更、注销等信息；** **（四）法律、行政法规规定的其他信息。** **公司应当确保前款公示信息真实、准确、完整。**		
第四十一条　公司登记机关应当优化公司登记办理流程，提高公司登记效率，加强信息化建设，推行网上办理等便捷方式，提升公司登记便利化水平。 **国务院市场监督管理部门根据本法和有关法律、行政法规的规定，制定公司登记注册的具体办法。**		
第三章　有限责任公司的设立和组织机构		
第一节　设立		
第四十二条　有限责任公司由**一个以上五十个以下**股东出资设立。	第二十四条　有限责任公司由<u>五十个以下</u>股东出资设立。	
第四十三条　有限责任公司设立时的股东可以签订设立协议，明确各自在公司设立过程中的权利和义务。		

续表

2023 年《公司法》	2018 年《公司法》	司法解释 (司法解释中所指《公司法》系 2018 年《公司法》)
第四十四条　有限责任公司设立时的股东为设立公司从事的民事活动,其法律后果由公司承受。 **公司未成立的,其法律后果由公司设立时的股东承受;设立时的股东为二人以上的,享有连带债权,承担连带债务。** **设立时的股东为设立公司以自己的名义从事民事活动产生的民事责任,第三人有权选择请求公司或者公司设立时的股东承担。** **设立时的股东因履行公司设立职责造成他人损害的,公司或者无过错的股东承担赔偿责任后,可以向有过错的股东追偿。**		《最高人民法院关于适用〈中华人民共和国公司法〉若干问题的规定(三)》(2020 年修正) 第二条　发起人为设立公司以自己名义对外签订合同,合同相对人请求该发起人承担合同责任的,人民法院应予支持;公司成立后合同相对人请求公司承担合同责任的,人民法院应予支持。 第三条　发起人以设立中公司名义对外签订合同,公司成立后合同相对人请求公司承担合同责任的,人民法院应予支持。 公司成立后有证据证明发起人利用设立中公司的名义为自己的利益与相对人签订合同,公司以此为由主张不承担合同责任的,人民法院应予支持,但相对人为善意的除外。 第四条　公司因故未成立,债权人请求全体或者部分发起人对设立公司行为所产生的费用和债务承担连带清偿责任的,人民法院应予支持。 部分发起人依照前款规定承担责任后,请求其他发起人分担的,人民法院应当判令其他发起人按照约定的责任承担比例分担责任;没有约定责任承担比例的,按照约定的出资比例分担责任;没有约定出资比例的,按照均等份额分担责任。 因部分发起人的过错导

续表

2023年《公司法》	2018年《公司法》	司法解释 （司法解释中所指《公司法》系2018年《公司法》）
		致公司未成立，其他发起人主张其承担设立行为所产生的费用和债务的，人民法院应当根据过错情况，确定过错一方的责任范围。 第五条　发起人因履行公司设立职责造成他人损害，公司成立后受害人请求公司承担侵权赔偿责任的，人民法院应予支持；公司未成立，受害人请求全体发起人承担连带赔偿责任的，人民法院应予支持。 公司或者无过错的发起人承担赔偿责任后，可以向有过错的发起人追偿。
第四十五条　设立有限责任公司，应当**由**股东共同制定公司章程。	第二十三条　设立有限责任公司，应当~~具备下列条件：~~ ~~（一）股东符合法定人数；~~ ~~（二）有符合公司章程规定的全体股东认缴的出资额；~~ ~~（三）~~股东共同制定公司章程； ~~（四）有公司名称，建立符合有限责任公司要求的组织机构；~~ ~~（五）有公司住所。~~	

续表

2023 年《公司法》	2018 年《公司法》	司法解释 (司法解释中所指《公司法》系 2018 年《公司法》)
第四十六条　有限责任公司章程应当载明下列事项: (一)公司名称和住所; (二)公司经营范围; (三)公司注册资本; (四)股东的姓名或者名称; (五)股东的出资额、出资方式和出资**日期**; (六)公司的机构及其产生办法、职权、议事规则; (七)公司法定代表人的**产生、变更办法**; (八)股东会认为需要规定的其他事项。 股东应当在公司章程上签名**或者**盖章。	第二十五条　有限责任公司章程应当载明下列事项: (一)公司名称和住所; (二)公司经营范围; (三)公司注册资本; (四)股东的姓名或者名称; (五)股东的出资方式、出资额和出资时间; (六)公司的机构及其产生办法、职权、议事规则; (七)公司法定代表人; (八)股东会会议认为需要规定的其他事项。 股东应当在公司章程上签名、盖章。	
第四十七条　有限责任公司的注册资本为在公司登记机关登记的全体股东认缴的出资额。**全体股东认缴的出资额由股东按照公司章程的规定自公司成立之日起五年内缴足。** 法律、行政法规以及国务院决定对有限责任公司注册资本实缴、注册资本最低限额、**股东出资期限**另有规定的,从其规定。	第二十六条　有限责任公司的注册资本为在公司登记机关登记的全体股东认缴的出资额。 法律、行政法规以及国务院决定对有限责任公司注册资本实缴、注册资本最低限额另有规定的,从其规定。	

续表

2023年《公司法》	2018年《公司法》	司法解释 （司法解释中所指《公司法》系2018年《公司法》）
第四十八条 股东可以用货币出资，也可以用实物、知识产权、土地使用权、**股权、债权**等可以用货币估价并可以依法转让的非货币财产作价出资；但是，法律、行政法规规定不得作为出资的财产除外。 对作为出资的非货币财产应当评估作价，核实财产，不得高估或者低估作价。法律、行政法规对评估作价有规定的，从其规定。	第二十七条 股东可以用货币出资，也可以用实物、知识产权、土地使用权等可以用货币估价并可以依法转让的非货币财产作价出资；但是，法律、行政法规规定不得作为出资的财产除外。 对作为出资的非货币财产应当评估作价，核实财产，不得高估或者低估作价。法律、行政法规对评估作价有规定的，从其规定。	《最高人民法院关于适用〈中华人民共和国公司法〉若干问题的规定（三）》（2020年修正） 第九条 出资人以非货币财产出资，未依法评估作价，公司、其他股东或者公司债权人请求认定出资人未履行出资义务的，人民法院应当委托具有合法资格的评估机构对该财产评估作价。评估确定的价额显著低于公司章程所定价额的，人民法院应当认定出资人未依法全面履行出资义务。
第四十九条 股东应当按期足额缴纳公司章程规定的各自所认缴的出资额。 股东以货币出资的，应当将货币出资足额存入有限责任公司在银行开设的账户；以非货币财产出资的，应当依法办理其财产权的转移手续。 **股东未按期足额缴纳出资的，**除应当向公司足额缴纳外，**还应当对给公司造成的损失承担赔偿责任。**	第二十八条 股东应当按期足额缴纳公司章程中规定的各自所认缴的出资额。股东以货币出资的，应当将货币出资足额存入有限责任公司在银行开设的账户；以非货币财产出资的，应当依法办理其财产权的转移手续。 股东不按照前款规定缴纳出资的，除应当向公司足额缴纳外，还应当向已按期足额缴纳出资的股东承担违约责任。	《最高人民法院关于适用〈中华人民共和国公司法〉若干问题的规定（三）》（2020年修正） 第七条 出资人以不享有处分权的财产出资，当事人之间对于出资行为效力产生争议的，人民法院可以参照民法典第三百一十一条的规定予以认定。 以贪污、受贿、侵占、挪用等违法犯罪所得的货币出资后取得股权的，对违法犯罪行为予以追究、处罚时，应当采取拍卖或者变卖的方式处置其股权。 第八条 出资人以划拨土地使用权出资，或者以设定权利负担的土地使用权出资，公司、其他股东或者公司债权人主张认定出资人未履行出资义务的，人民法院应当责令当事人在指定的合理期间内办理土地变更手续或

续表

2023 年《公司法》	2018 年《公司法》	司法解释 （司法解释中所指《公司法》系 2018 年《公司法》）
		者解除权利负担;逾期未办理或者未解除的,人民法院应当认定出资人未依法全面履行出资义务。 第十条　出资人以房屋、土地使用权或者需要办理权属登记的知识产权等财产出资,已经交付公司使用但未办理权属变更手续,公司、其他股东或者公司债权人主张认定出资人未履行出资义务的,人民法院应当责令当事人在指定的合理期间内办理权属变更手续;在前述期间内办理了权属变更手续的,人民法院应当认定其已经履行了出资义务;出资人主张自其实际交付财产给公司使用时享有相应股东权利的,人民法院应予支持。 出资人以前款规定的财产出资,已经办理权属变更手续但未交付给公司使用,公司或者其他股东主张其向公司交付、并在实际交付之前不享有相应股东权利的,人民法院应予支持。 第十一条　出资人以其他公司股权出资,符合下列条件的,人民法院应当认定出资人已履行出资义务: (一)出资的股权由出资人合法持有并依法可以转让; (二)出资的股权无权利瑕疵或者权利负担; (三)出资人已履行关于股权转让的法定手续; (四)出资的股权已依法进行了价值评估。 股权出资不符合前款第

续表

2023 年《公司法》	2018 年《公司法》	司法解释（司法解释中所指《公司法》系 2018 年《公司法》）
		(一)、(二)、(三)项的规定，公司、其他股东或者公司债权人请求认定出资人未履行出资义务的，人民法院应当责令该出资人在指定的合理期间内采取补正措施，以符合上述条件；逾期未补正的，人民法院应当认定其未依法全面履行出资义务。 股权出资不符合本条第一款第(四)项的规定，公司、其他股东或者公司债权人请求认定出资人未履行出资义务的，人民法院应当按照本规定第九条的规定处理。 第十三条　股东未履行或者未全面履行出资义务，公司或者其他股东请求其向公司依法全面履行出资义务的，人民法院应予支持。 公司债权人请求未履行或者未全面履行出资义务的股东在未出资本息范围内对公司债务不能清偿的部分承担补充赔偿责任的，人民法院应予支持；未履行或者未全面履行出资义务的股东已经承担上述责任，其他债权人提出相同请求的，人民法院不予支持。 股东在公司设立时未履行或者未全面履行出资义务，依照本条第一款或者第二款提起诉讼的原告，请求公司的发起人与被告股东承担连带责任的，人民法院应予支持；公司的发起人承担责任后，可以向被告股东追偿。 股东在公司增资时未履行或者未全面履行出资义务，

续表

2023 年《公司法》	2018 年《公司法》	司法解释（司法解释中所指《公司法》系 2018 年《公司法》）
		依照本条第一款或者第二款提起诉讼的原告,请求未尽公司法第一百四十七条第一款规定的义务而使出资未缴足的董事、高级管理人员承担相应责任的,人民法院应予支持;董事、高级管理人员承担责任后,可以向被告股东追偿。 第十九条　公司股东未履行或者未全面履行出资义务或者抽逃出资,公司或者其他股东请求其向公司全面履行出资义务或者返还出资,被告股东以诉讼时效为由进行抗辩的,人民法院不予支持。 公司债权人的债权未过诉讼时效期间,其依照本规定第十三条第二款、第十四条第二款的规定请求未履行或者未全面履行出资义务或者抽逃出资的股东承担赔偿责任,被告股东以出资义务或者返还出资义务超过诉讼时效期间为由进行抗辩的,人民法院不予支持。 第二十条　当事人之间对是否已履行出资义务发生争议,原告提供对股东履行出资义务产生合理怀疑证据的,被告股东应当就其已履行出资义务承担举证责任。
	第二十九条　股东认足公司章程规定的出资后,由全体股东指定的代表或者共同委托的代理人向公司登记机关报送公司登记申请书、公司章程等文件,申请设立登记。	

续表

2023年《公司法》	2018年《公司法》	司法解释 （司法解释中所指《公司法》系2018年《公司法》）
第五十条　有限责任公司**设立时，股东未按照公司章程规定实际缴纳出资，或者实际出资的**非货币财产的实际价额显著低于**所认缴的出资额的**，设立时的其他股东**与该股东在出资不足**的范围内承担连带责任。	第三十条　有限责任公司成立后，发现作为设立公司出资的非货币财产的实际价额显著低于公司章程所定价额的，~~应当由交付该出资的股东补足其差额；公司~~设立时的其他股东承担连带责任。	《最高人民法院关于适用〈中华人民共和国公司法〉若干问题的规定（三）》（2020年修正） 第十五条　出资人以符合法定条件的非货币财产出资后，因市场变化或者其他客观因素导致出资财产贬值，公司、其他股东或者公司债权人请求该出资人承担补足出资责任的，人民法院不予支持。但是，当事人另有约定的除外。
第五十一条　有限责任公司成立后，董事会应当对股东的出资情况进行核查，发现股东未按期足额缴纳公司章程规定的出资的，应当由公司向该股东发出书面催缴书，催缴出资。 **未及时履行前款规定的义务，给公司造成损失的，负有责任的董事应当承担赔偿责任。**		《最高人民法院关于适用〈中华人民共和国公司法〉若干问题的规定（三）》（2020年修正） 第十七条　有限责任公司的股东未履行出资义务或者抽逃全部出资，经公司催告缴纳或者返还，其在合理期间内仍未缴纳或者返还出资，公司以股东会决议解除该股东的股东资格，该股东请求确认该解除行为无效的，人民法院不予支持。 在前款规定的情形下，人民法院在判决时应当释明，公司应当及时办理法定减资程序或者由其他股东或者第三人缴纳相应的出资。在办理法定减资程序或者其他股东或者第三人缴纳相应的出资之前，公司债权人依照本规定第十三条或者第十四条请求相关当事人承担相应责任的，人民法院应予支持。
第五十二条　股东未按照公司章程规定的出资日期缴纳出资，公司依照前条第一款规定发出书面催缴书催缴出资的，可以载明缴纳出资的宽限期；宽限期自公司发出催缴书之日起，不得少于六十日。宽限期届满，股东仍未履行出资义务的，公司经董事会决议可以向该股东发出失权通知，通知应当以书面形式发出。自通知发出之日起，该股东丧失其未缴纳出资的股权。		

续表

2023 年《公司法》	2018 年《公司法》	司法解释 (司法解释中所指《公司法》系 2018 年《公司法》)
依照前款规定丧失的股权应当依法转让,或者相应减少注册资本并注销该股权;六个月内未转让或者注销的,由公司其他股东按照其出资比例足额缴纳相应出资。 股东对失权有异议的,应当自接到失权通知之日起三十日内,向人民法院提起诉讼。		
第五十三条　公司成立后,股东不得抽逃出资。 **违反前款规定的,股东应当返还抽逃的出资;给公司造成损失的,负有责任的董事、监事、高级管理人员应当与该股东承担连带赔偿责任。**	第三十五条　公司成立后,股东不得抽逃出资。	《最高人民法院关于适用〈中华人民共和国公司法〉若干问题的规定(三)》(2020 年修正) 第十二条　公司成立后,公司、股东或者公司债权人以相关股东的行为符合下列情形之一且损害公司权益为由,请求认定该股东抽逃出资的,人民法院应予支持: (一)制作虚假财务会计报表虚增利润进行分配; (二)通过虚构债权债务关系将其出资转出; (三)利用关联交易将出资转出; (四)其他未经法定程序将出资抽回的行为。 第十四条　股东抽逃出资,公司或者其他股东请求其向公司返还出资本息、协助抽逃出资的其他股东、董事、高级管理人员或者实际控制人对此承担连带责任的,人民法院应予支持。 公司债权人请求抽逃出资的股东在抽逃出资本息范

续表

2023 年《公司法》	2018 年《公司法》	司法解释 （司法解释中所指《公司法》系 2018 年《公司法》）
		围内对公司债务不能清偿的部分承担补充赔偿责任、协助抽逃出资的其他股东、董事、高级管理人员或者实际控制人对此承担连带责任的，人民法院应予支持；抽逃出资的股东已经承担上述责任，其他债权人提出相同请求的，人民法院不予支持。
第五十四条　公司不能清偿到期债务的，公司或者已到期债权的债权人有权要求已认缴出资但未届出资期限的股东提前缴纳出资。		《最高人民法院关于适用〈中华人民共和国公司法〉若干问题的规定（二）》（2020 年修正） 第二十二条　公司解散时，股东尚未缴纳的出资均应作为清算财产。股东尚未缴纳的出资，包括到期应缴未缴的出资，以及依照公司法第二十六条和第八十条的规定分期缴纳尚未届满缴纳期限的出资。 公司财产不足以清偿债务时，债权人主张未缴出资股东，以及公司设立时的其他股东或者发起人在未缴出资范围内对公司债务承担连带清偿责任的，人民法院应依法予以支持。
第五十五条　有限责任公司成立后，应当向股东签发出资证明书，**记载**下列事项： （一）公司名称； （二）公司成立日期； （三）公司注册资本； （四）股东的姓名或者名称、**认缴和实缴的出资额、出资方式**和出资日期；	第三十一条　有限责任公司成立后，应当向股东签发出资证明书。 出资证明书应当载明下列事项： （一）公司名称； （二）公司成立日期； （三）公司注册资本； （四）股东的姓名或者名称、缴纳的出资额和出资日期；	

续表

2023 年《公司法》	2018 年《公司法》	司法解释 (司法解释中所指《公司法》系 2018 年《公司法》)
(五)出资证明书的编号和核发日期。 出资证明书由**法定代表人签名,并**由公司盖章。	(五)出资证明书的编号和核发日期。 出资证明书由公司盖章。	
第五十六条　有限责任公司应当置备股东名册,记载下列事项: (一)股东的姓名或者名称及住所; (二)股东**认缴和实缴的出资额、出资方式和出资日期;** (三)出资证明书编号; **(四)取得和丧失股东资格的日期。** 记载于股东名册的股东,可以依股东名册主张行使股东权利。	第三十二条　有限责任公司应当置备股东名册,记载下列事项: (一)股东的姓名或者名称及住所; (二)股东的出资额; (三)出资证明书编号。 记载于股东名册的股东,可以依股东名册主张行使股东权利。 ~~公司应当将股东的姓名或者名称向公司登记机关登记;登记事项发生变更的,应当办理变更登记。未经登记或者变更登记的,不得对抗第三人。~~	《最高人民法院关于适用〈中华人民共和国公司法〉若干问题的规定(三)》(2020 年修正) 第二十四条　有限责任公司的实际出资人与名义出资人订立合同,约定由实际出资人出资并享有投资权益,以名义出资人为名义股东,实际出资人与名义股东对该合同效力发生争议的,如无法律规定的无效情形,人民法院应当认定该合同有效。 前款规定的实际出资人与名义股东因投资权益的归属发生争议,实际出资人以其实际履行了出资义务为由向名义股东主张权利的,人民法院应予支持。名义股东以公司股东名册记载、公司登记机关登记为由否认实际出资人权利的,人民法院不予支持。 实际出资人未经公司其他股东半数以上同意,请求公司变更股东、签发出资证明书、记载于股东名册、记载于公司章程并办理公司登记机关登记的,人民法院不予支持。 第二十五条　名义股东将登记于其名下的股权转让、质押或者以其他方式处分,实际出资人以其对于股权

续表

2023 年《公司法》	2018 年《公司法》	司法解释 （司法解释中所指《公司法》系 2018 年《公司法》）
		享有实际权利为由，请求认定处分股权行为无效的，人民法院可以参照民法典第三百一十一条的规定处理。 名义股东处分股权造成实际出资人损失，实际出资人请求名义股东承担赔偿责任的，人民法院应予支持。 第二十六条　公司债权人以登记于公司登记机关的股东未履行出资义务为由，请求其对公司债务不能清偿的部分在未出资本息范围内承担补充赔偿责任，股东以其仅为名义股东而非实际出资人为由进行抗辩的，人民法院不予支持。 名义股东根据前款规定承担赔偿责任后，向实际出资人追偿的，人民法院应予支持。 第二十七条　股权转让后尚未向公司登记机关办理变更登记，原股东将仍登记于其名下的股权转让、质押或者以其他方式处分，受让股东以其对于股权享有实际权利为由，请求认定处分股权行为无效的，人民法院可以参照民法典第三百一十一条的规定处理。 原股东处分股权造成受让股东损失，受让股东请求原股东承担赔偿责任、对于未及时办理变更登记有过错的董事、高级管理人员或者实际控制人承担相应责任的，人民法院应予支持；受让股东对于未及时办理变更登记也有过错的，可以适当减轻

续表

2023 年《公司法》	2018 年《公司法》	司法解释 （司法解释中所指《公司法》系 2018 年《公司法》）
		上述董事、高级管理人员或者实际控制人的责任。 第二十八条　冒用他人名义出资并将该他人作为股东在公司登记机关登记的，冒名登记行为人应当承担相应责任；公司、其他股东或者公司债权人以未履行出资义务为由，请求被冒名登记为股东的承担补足出资责任或者对公司债务不能清偿部分的赔偿责任的，人民法院不予支持。
第五十七条　股东有权查阅、复制公司章程、**股东名册**、股东会会议记录、董事会会议决议、监事会会议决议和财务会计报告。 股东可以要求查阅公司会计账簿、**会计凭证**。股东要求查阅公司会计账簿、**会计凭证**的，应当向公司提出书面请求，说明目的。公司有合理根据认为股东查阅会计账簿、**会计凭证**有不正当目的，可能损害公司合法利益的，可以拒绝提供查阅，并应当自股东提出书面请求之日起十五日内书面答复股东并说明理由。公司拒绝提供查阅的，**股东可以向人民法院提起诉讼**。 **股东查阅前款规定的材料，可以委托会计师事务所、律师事务所等中介机构进行。** **股东及其委托的会计师**	第三十三条　股东有权查阅、复制公司章程、股东会会议记录、董事会会议决议、监事会会议决议和财务会计报告。 股东可以要求查阅公司会计账簿。股东要求查阅公司会计账簿的，应当向公司提出书面请求，说明目的。公司有合理根据认为股东查阅会计账簿有不正当目的，可能损害公司合法利益的，可以拒绝提供查阅，并应当自股东提出书面请求之日起十五日内书面答复股东并说明理由。公司拒绝提供查阅的，<u>股东可以请求人民法院要求公司提供查阅</u>。	《最高人民法院关于适用〈中华人民共和国公司法〉若干问题的规定（四）》（2020 年修正） 第七条　股东依据公司法第三十三条、第九十七条或者公司章程的规定，起诉请求查阅或者复制公司特定文件材料的，人民法院应当依法予以受理。 公司有证据证明前款规定的原告在起诉时不具有公司股东资格的，人民法院应当驳回起诉，但原告有初步证据证明在持股期间其合法权益受到损害，请求依法查阅或者复制其持股期间的公司特定文件材料的除外。 第八条　有限责任公司有证据证明股东存在下列情形之一的，人民法院应当认定股东有公司法第三十三条第二款规定的“不正当目的”：

续表

2023 年《公司法》	2018 年《公司法》	司法解释 （司法解释中所指《公司法》系 2018 年《公司法》）
事务所、律师事务所等中介机构查阅、复制有关材料，应当遵守有关保护国家秘密、商业秘密、个人隐私、个人信息等法律、行政法规的规定。 **股东要求查阅、复制公司全资子公司相关材料的，适用前四款的规定。**		（一）股东自营或者为他人经营与公司主营业务有实质性竞争关系业务的，但公司章程另有规定或者全体股东另有约定的除外； （二）股东为了向他人通报有关信息查阅公司会计账簿，可能损害公司合法利益的； （三）股东在向公司提出查阅请求之日前的三年内，曾通过查阅公司会计账簿，向他人通报有关信息损害公司合法利益的； （四）股东有不正当目的的其他情形。 第九条 公司章程、股东之间的协议等实质性剥夺股东依据公司法第三十三条、第九十七条规定查阅或者复制公司文件材料的权利，公司以此为由拒绝股东查阅或者复制的，人民法院不予支持。 第十条 人民法院审理股东请求查阅或者复制公司特定文件材料的案件，对原告诉讼请求予以支持的，应当在判决中明确查阅或者复制公司特定文件材料的时间、地点和特定文件材料的名录。 股东~~依据人民法院生效判决~~查阅公司文件材料的，在该股东在场的情况下，可以由会计师、律师等依法或者依据执业行为规范负有保密义务的中介机构执业人员辅助进行。

续表

2023 年《公司法》	2018 年《公司法》	司法解释 （司法解释中所指《公司法》系 2018 年《公司法》）
		第十一条　股东行使知情权后泄露公司商业秘密导致公司合法利益受到损害，公司请求该股东赔偿相关损失的，人民法院应当予以支持。 根据本规定第十条辅助股东查阅公司文件材料的会计师、律师等泄露公司商业秘密导致公司合法利益受到损害，公司请求其赔偿相关损失的，人民法院应当予以支持。 第十二条　公司董事、高级管理人员等未依法履行职责，导致公司未依法制作或者保存公司法第三十三条、第九十七条规定的公司文件材料，给股东造成损失，股东依法请求负有相应责任的公司董事、高级管理人员承担民事赔偿责任的，人民法院应当予以支持。
第二节　组织机构	第二节　组织机构	
第五十八条　有限责任公司股东会由全体股东组成。股东会是公司的权力机构，依照本法行使职权。	第三十六条　有限责任公司股东会由全体股东组成。股东会是公司的权力机构，依照本法行使职权。	

续表

2023 年《公司法》	2018 年《公司法》	司法解释 （司法解释中所指《公司法》系 2018 年《公司法》）
第五十九条　股东会行使下列职权： （一）选举和更换**董事、监事**，决定有关董事、监事的报酬事项； （二）审议批准董事会的报告； （三）审议批准监事会的报告； （四）审议批准公司的利润分配方案和弥补亏损方案； （五）对公司增加或者减少注册资本作出决议； （六）对发行公司债券作出决议； （七）对公司合并、分立、解散、清算或者变更公司形式作出决议； （八）修改公司章程； （九）公司章程规定的其他职权。 **股东会可以授权董事会对发行公司债券作出决议。** 对**本条第一款**所列事项股东以书面形式一致表示同意的，可以不召开股东会会议，直接作出决定，并由全体股东在决定文件上签名**或者**盖章。	第三十七条　股东会行使下列职权： ~~（一）决定公司的经营方针和投资计划；~~ （二）选举和更换非由职工代表担任的董事、监事，决定有关董事、监事的报酬事项； （三）审议批准董事会的报告； （四）审议批准监事会或者监事的报告； ~~（五）审议批准公司的年度财务预算方案、决算方案；~~ （六）审议批准公司的利润分配方案和弥补亏损方案； （七）对公司增加或者减少注册资本作出决议； （八）对发行公司债券作出决议； （九）对公司合并、分立、解散、清算或者变更公司形式作出决议； （十）修改公司章程； （十一）公司章程规定的其他职权。 对前款所列事项股东以书面形式一致表示同意的，可以不召开股东会会议，直接作出决定，并由全体股东在决定文件上签名、盖章。	
第六十条　**只有一个股东的**有限责任公司不设股东会。股东作出**前条第一款**所列事项的决定时，应当采用书面形式，并由股东签名**或者盖章**后置备于公司。	第六十一条　一人有限责任公司不设股东会。股东作出本法第三十七条第一款所列决定时，应当采用书面形式，并由股东签名后置备于公司。	

续表

2023 年《公司法》	2018 年《公司法》	司法解释 (司法解释中所指《公司法》系 2018 年《公司法》)
第六十一条　首次股东会会议由出资最多的股东召集和主持,依照本法规定行使职权。	第三十八条　首次股东会会议由出资最多的股东召集和主持,依照本法规定行使职权。	
第六十二条　股东会会议分为定期会议和临时会议。 定期会议应当**按照**公司章程的规定按时召开。代表十分之一以上表决权的股东、三分之一以上的董事或者监事会提议召开临时会议的,应当召开临时会议。	第三十九条　股东会会议分为定期会议和临时会议。 定期会议应当依照公司章程的规定按时召开。代表十分之一以上表决权的股东,三分之一以上的董事,监事会~~或者不设监事会的公司的监事~~提议召开临时会议的,应当召开临时会议。	
第六十三条　股东会会议由董事会召集,董事长主持;董事长不能履行职务或者不履行职务的,由副董事长主持;副董事长不能履行职务或者不履行职务的,由**过半数**的董事共同推举一名董事主持。 董事会不能履行或者不履行召集股东会会议职责的,由监事会召集和主持;监事会不召集和主持的,代表十分之一以上表决权的股东可以自行召集和主持。	第四十条　~~有限责任公司设立董事会的,~~股东会会议由董事会召集,董事长主持;董事长不能履行职务或者不履行职务的,由副董事长主持;副董事长不能履行职务或者不履行职务的,由半数以上董事共同推举一名董事主持。 ~~有限责任公司不设董事会的,股东会会议由执行董事召集和主持。~~ 董事会~~或者执行董事~~不能履行或者不履行召集股东会会议职责的,由监事会~~或者不设监事会的公司的监事~~召集和主持;监事会~~或者监事~~不召集和主持的,代表十分之一以上表决权的股东可以自行召集和主持。	

续表

2023 年《公司法》	2018 年《公司法》	司法解释 （司法解释中所指《公司法》系 2018 年《公司法》）
第六十四条　召开股东会会议，应当于会议召开十五日前通知全体股东；但是，公司章程另有规定或者全体股东另有约定的除外。 股东会应当对所议事项的决定作成会议记录，出席会议的股东应当在会议记录上签名**或者盖章**。	第四十一条　召开股东会会议，应当于会议召开十五日前通知全体股东；但是，公司章程另有规定或者全体股东另有约定的除外。 股东会应当对所议事项的决定作成会议记录，出席会议的股东应当在会议记录上签名。	
第六十五条　股东会会议由股东按照出资比例行使表决权；但是，公司章程另有规定的除外。	第四十二条　股东会会议由股东按照出资比例行使表决权；但是，公司章程另有规定的除外。	
第六十六条　股东会的议事方式和表决程序，除本法有规定的外，由公司章程规定。 **股东会作出决议，应当经代表过半数表决权的股东通过。** 股东会作出修改公司章程、增加或者减少注册资本的决议，以及公司合并、分立、解散或者变更公司形式的决议，**应当**经代表三分之二以上表决权的股东通过。	第四十三条　股东会的议事方式和表决程序，除本法有规定的外，由公司章程规定。 股东会会议作出修改公司章程、增加或者减少注册资本的决议，以及公司合并、分立、解散或者变更公司形式的决议，必须经代表三分之二以上表决权的股东通过。	

续表

2023 年《公司法》	2018 年《公司法》	司法解释 (司法解释中所指《公司法》系 2018 年《公司法》)
第六十七条 **有限责任公司设董事会,本法第七十五条另有规定的除外。** **董事会行使下列职权:** (一)召集股东会会议,并向股东会报告工作; (二)执行股东会的决议; (三)决定公司的经营计划和投资方案; (四)制订公司的利润分配方案和弥补亏损方案; (五)制订公司增加或者减少注册资本以及发行公司债券的方案; (六)制订公司合并、分立、解散或者变更公司形式的方案; (七)决定公司内部管理机构的设置; (八)决定聘任或者解聘公司经理及其报酬事项,并根据经理的提名决定聘任或者解聘公司副经理、财务负责人及其报酬事项; (九)制定公司的基本管理制度; (十)公司章程规定**或者股东会授予的**其他职权。 **公司章程对董事会职权的限制不得对抗善意相对人。**	第四十六条 董事会对股东会负责,行使下列职权: (一)召集股东会会议,并向股东会报告工作; (二)执行股东会的决议; (三)决定公司的经营计划和投资方案; ~~(四)制订公司的年度财务预算方案、决算方案;~~ (五)制订公司的利润分配方案和弥补亏损方案; (六)制订公司增加或者减少注册资本以及发行公司债券的方案; (七)制订公司合并、分立、解散或者变更公司形式的方案; (八)决定公司内部管理机构的设置; (九)决定聘任或者解聘公司经理及其报酬事项,并根据经理的提名决定聘任或者解聘公司副经理、财务负责人及其报酬事项; (十)制定公司的基本管理制度; (十一)公司章程规定的其他职权。	

续表

2023 年《公司法》	2018 年《公司法》	司法解释 （司法解释中所指《公司法》系 2018 年《公司法》）
第六十八条　有限责任公司董事会成员为**三人以上**，其成员中可以有公司职工代表。**职工人数三百人以上的有限责任公司，除依法设监事会并有公司职工代表的外，其董事会成员中应当有公司职工代表**。董事会中的职工代表由公司职工通过职工代表大会、职工大会或者其他形式民主选举产生。 董事会设董事长一人，可以设副董事长。董事长、副董事长的产生办法由公司章程规定。	第四十四条　有限责任公司设董事会，其成员为三至十三人；~~但是，本法第五十条另有规定的除外。~~ ~~两个以上的国有企业或者两个以上的其他国有投资主体投资设立的有限责任公司，其董事会成员中应当有公司职工代表；其他有限责任公司~~董事会成员中可以有公司职工代表。董事会中的职工代表由公司职工通过职工代表大会、职工大会或者其他形式民主选举产生。 董事会设董事长一人，可以设副董事长。董事长、副董事长的产生办法由公司章程规定。	
第六十九条　有限责任公司可以按照公司章程的规定在董事会中设置由董事组成的审计委员会，行使本法规定的监事会的职权，不设监事会或者监事。公司董事会成员中的职工代表可以成为审计委员会成员。		

续表

2023 年《公司法》	2018 年《公司法》	司法解释 （司法解释中所指《公司法》系 2018 年《公司法》）
第七十条　董事任期由公司章程规定,但每届任期不得超过三年。董事任期届满,连选可以连任。 董事任期届满未及时改选,或者董事在任期内辞任导致董事会成员低于法定人数的,在改选出的董事就任前,原董事仍应当依照法律、行政法规和公司章程的规定,履行董事职务。 **董事辞任的,应当以书面形式通知公司,公司收到通知之日辞任生效,但存在前款规定情形的,董事应当继续履行职务。**	第四十五条　董事任期由公司章程规定,但每届任期不得超过三年。董事任期届满,连选可以连任。 董事任期届满未及时改选,或者董事在任期内辞职导致董事会成员低于法定人数的,在改选出的董事就任前,原董事仍应当依照法律、行政法规和公司章程的规定,履行董事职务。	《最高人民法院关于适用〈中华人民共和国公司法〉若干问题的规定（五）》(2020 年修正) 第三条　董事任期届满前被股东会或者股东大会有效决议解除职务,其主张解除不发生法律效力的,人民法院不予支持。 董事职务被解除后,因补偿与公司发生纠纷提起诉讼的,人民法院应当依据法律、行政法规、公司章程的规定或者合同的约定,综合考虑解除的原因、剩余任期、董事薪酬等因素,确定是否补偿以及补偿的合理数额。
第七十一条　股东会可以决议解任董事,决议作出之日解任生效。 **无正当理由,在任期届满前解任董事的,该董事可以要求公司予以赔偿。**		
第七十二条　董事会会议由董事长召集和主持;董事长不能履行职务或者不履行职务的,由副董事长召集和主持;副董事长不能履行职务或者不履行职务的,由**过半数**的董事共同推举一名董事召集和主持。	第四十七条　董事会会议由董事长召集和主持;董事长不能履行职务或者不履行职务的,由副董事长召集和主持;副董事长不能履行职务或者不履行职务的,由<u>半数以上</u>董事共同推举一名董事召集和主持。	

续表

2023 年《公司法》	2018 年《公司法》	司法解释 （司法解释中所指《公司法》系 2018 年《公司法》）
第七十三条　董事会的议事方式和表决程序，除本法有规定的外，由公司章程规定。 **董事会会议应当有过半数的董事出席方可举行。董事会作出决议，应当经全体董事的过半数通过。** 董事会决议的表决，**应当**一人一票。 董事会应当对所议事项的决定作成会议记录，出席会议的董事应当在会议记录上签名。	第四十八条　董事会的议事方式和表决程序，除本法有规定的外，由公司章程规定。 董事会应当对所议事项的决定作成会议记录，出席会议的董事应当在会议记录上签名。 董事会决议的表决，实行一人一票。	
第七十四条　有限责任公司可以设经理，由董事会决定聘任或者解聘。 经理对董事会负责，**根据公司章程的规定或者董事会的授权**行使职权。经理列席董事会会议。	第四十九条　有限责任公司可以设经理，由董事会决定聘任或者解聘。经理对董事会负责，行使~~下列~~职权~~：~~ ~~（一）主持公司的生产经营管理工作，组织实施董事会决议；~~ ~~（二）组织实施公司年度经营计划和投资方案；~~ ~~（三）拟订公司内部管理机构设置方案；~~ ~~（四）拟订公司的基本管理制度；~~ ~~（五）制定公司的具体规章；~~ ~~（六）提请聘任或者解聘公司副经理、财务负责人；~~ ~~（七）决定聘任或者解聘除应由董事会决定聘任或者解聘以外的负责管理人员；~~ ~~（八）董事会授予的其他职权。~~ ~~公司章程对经理职权另有规定的，从其规定。~~ 经理列席董事会会议。	

续表

2023 年《公司法》	2018 年《公司法》	司法解释（司法解释中所指《公司法》系 2018 年《公司法》）
第七十五条　**规模较小或者股东人数较少的**有限责任公司,可以不设董事会,**设一名董事,行使本法规定的董事会的职权。该**董事可以兼任公司经理。	第五十条　股东人数较少或者规模较小的有限责任公司,可以设一名执行董事,不设董事会。执行董事可以兼任公司经理。 执行董事的职权由公司章程规定。	
第七十六条　有限责任公司设监事会,**本法第六十九条、第八十三条另有规定的除外。** **监事会成员为三人以上。**监事会**成员**应当包括股东代表和适当比例的公司职工代表,其中职工代表的比例不得低于三分之一,具体比例由公司章程规定。监事会中的职工代表由公司职工通过职工代表大会、职工大会或者其他形式民主选举产生。 监事会设主席一人,由全体监事过半数选举产生。监事会主席召集和主持监事会会议;监事会主席不能履行职务或者不履行职务的,由**过半数的**监事共同推举一名监事召集和主持监事会会议。 董事、高级管理人员不得兼任监事。	第五十一条　有限责任公司设监事会,其成员不得少于三人。股东人数较少或者规模较小的有限责任公司,可以设一至二名监事,不设监事会。 监事会应当包括股东代表和适当比例的公司职工代表,其中职工代表的比例不得低于三分之一,具体比例由公司章程规定。监事会中的职工代表由公司职工通过职工代表大会、职工大会或者其他形式民主选举产生。 监事会设主席一人,由全体监事过半数选举产生。监事会主席召集和主持监事会会议;监事会主席不能履行职务或者不履行职务的,由半数以上监事共同推举一名监事召集和主持监事会会议。 董事、高级管理人员不得兼任监事。	

续表

2023 年《公司法》	2018 年《公司法》	司法解释 （司法解释中所指《公司法》系 2018 年《公司法》）
第七十七条　监事的任期每届为三年。监事任期届满，连选可以连任。 监事任期届满未及时改选，或者监事在任期内辞任导致监事会成员低于法定人数的，在改选出的监事就任前，原监事仍应当依照法律、行政法规和公司章程的规定，履行监事职务。	第五十二条　监事的任期每届为三年。监事任期届满，连选可以连任。 监事任期届满未及时改选，或者监事在任期内辞职导致监事会成员低于法定人数的，在改选出的监事就任前，原监事仍应当依照法律、行政法规和公司章程的规定，履行监事职务。	
第七十八条　监事会行使下列职权： （一）检查公司财务； （二）对董事、高级管理人员执行职务的行为进行监督，对违反法律、行政法规、公司章程或者股东会决议的董事、高级管理人员提出**解任**的建议； （三）当董事、高级管理人员的行为损害公司的利益时，要求董事、高级管理人员予以纠正； （四）提议召开临时股东会会议，在董事会不履行本法规定的召集和主持股东会会议职责时召集和主持股东会会议； （五）向股东会会议提出提案； （六）依照本法**第一百八十九条**的规定，对董事、高级管理人员提起诉讼； （七）公司章程规定的其他职权。	第五十三条　监事会~~、不设监事会的公司的监事~~行使下列职权： （一）检查公司财务； （二）对董事、高级管理人员执行公司职务的行为进行监督，对违反法律、行政法规、公司章程或者股东会决议的董事、高级管理人员提出罢免的建议； （三）当董事、高级管理人员的行为损害公司的利益时，要求董事、高级管理人员予以纠正； （四）提议召开临时股东会会议，在董事会不履行本法规定的召集和主持股东会会议职责时召集和主持股东会会议； （五）向股东会会议提出提案； （六）依照本法第一百五十一条的规定，对董事、高级管理人员提起诉讼； （七）公司章程规定的其他职权。	

续表

2023 年《公司法》	2018 年《公司法》	司法解释 （司法解释中所指《公司法》系 2018 年《公司法》）
第七十九条　监事可以列席董事会会议,并对董事会决议事项提出质询或者建议。 监事会发现公司经营情况异常,可以进行调查;必要时,可以聘请会计师事务所等协助其工作,费用由公司承担。	第五十四条　监事可以列席董事会会议,并对董事会决议事项提出质询或者建议。 监事会~~、不设监事会的公司的监事~~发现公司经营情况异常,可以进行调查;必要时,可以聘请会计师事务所等协助其工作,费用由公司承担。	
第八十条　监事会可以要求董事、高级管理人员提交执行职务的报告。 董事、高级管理人员应当如实向监事会提供有关情况和资料,不得妨碍监事会或者监事行使职权。	第一百五十条　~~股东会或者股东大会要求董事、监事、高级管理人员列席会议的,董事、监事、高级管理人员应当列席并接受股东的质询。~~ 董事、高级管理人员应当如实向监事会~~或者不设监事会的有限责任公司的监事~~提供有关情况和资料,不得妨碍监事会或者监事行使职权。	
第八十一条　监事会每年度至少召开一次会议,监事可以提议召开临时监事会会议。 监事会的议事方式和表决程序,除本法有规定的外,由公司章程规定。 监事会决议应当经**全体**监事的**过半数**通过。 **监事会决议的表决,应当一人一票。** 监事会应当对所议事项的决定作成会议记录,出席会议的监事应当在会议记录上签名。	第五十五条　监事会每年度至少召开一次会议,监事可以提议召开临时监事会会议。 监事会的议事方式和表决程序,除本法有规定的外,由公司章程规定。 监事会决议应当经半数以上监事通过。 监事会应当对所议事项的决定作成会议记录,出席会议的监事应当在会议记录上签名。	

续表

2023年《公司法》	2018年《公司法》	司法解释 （司法解释中所指《公司法》系2018年《公司法》）
第八十二条　监事会行使职权所必需的费用，由公司承担。	第五十六条　监事会、不设监事会的公司的监事行使职权所必需的费用，由公司承担。	
第八十三条　规模较小或者股东人数较少的有限责任公司，可以不设监事会，设一名监事，**行使本法规定的监事会的职权；经全体股东一致同意，也可以不设监事。**	第五十一条　有限责任公司设监事会，其成员不得少于三人。股东人数较少或者规模较小的有限责任公司，可以设一至二名监事，不设监事会。 监事会应当包括股东代表和适当比例的公司职工代表，其中职工代表的比例不得低于三分之一，具体比例由公司章程规定。监事会中的职工代表由公司职工通过职工代表大会、职工大会或者其他形式民主选举产生。 监事会设主席一人，由全体监事过半数选举产生。监事会主席召集和主持监事会会议；监事会主席不能履行职务或者不履行职务的，由半数以上监事共同推举一名监事召集和主持监事会会议。 董事、高级管理人员不得兼任监事。	
	第三节　一人有限责任公司的特别规定	
	第五十七条　一人有限责任公司的设立和组织机构，适用本节规定；本节没有规定的，适用本章第一节、第二节的规定。	

续表

2023 年《公司法》	2018 年《公司法》	司法解释（司法解释中所指《公司法》系 2018 年《公司法》）
	本法所称一人有限责任公司,是指只有一个自然人股东或者一个法人股东的有限责任公司。	
	第五十八条　一个自然人只能投资设立一个一人有限责任公司。该一人有限责任公司不能投资设立新的一人有限责任公司。	
	第五十九条　一人有限责任公司应当在公司登记中注明自然人独资或者法人独资,并在公司营业执照中载明。	
	第六十条　一人有限责任公司章程由股东制定。	
	第六十一条　一人有限责任公司不设股东会。股东作出本法第三十七条第一款所列决定时,应当采用书面形式,并由股东签名后置备于公司。	
	第六十二条　一人有限责任公司应当在每一会计年度终了时编制财务会计报告,并经会计师事务所审计。	
	第六十三条　一人有限责任公司的股东不能证明公司财产独立于股东自己的财产的,应当对公司债务承担连带责任。	

续表

2023 年《公司法》	2018 年《公司法》	司法解释 （司法解释中所指《公司法》系 2018 年《公司法》）
	第四节　国有独资公司的特别规定（见后）	
第四章　有限责任公司的股权转让	第三章　有限责任公司的股权转让	
第八十四条　有限责任公司的股东之间可以相互转让其全部或者部分股权。 股东向股东以外的人转让股权的，**应当将股权转让的数量、价格、支付方式和期限等事项书面通知其他股东，其他股东在同等条件下有优先购买权**。股东自接到书面通知之日起三十日内未答复的，**视为放弃优先购买权**。两个以上股东行使优先购买权的，协商确定各自的购买比例；协商不成的，按照转让时各自的出资比例行使优先购买权。 公司章程对股权转让另有规定的，从其规定。	第七十一条　有限责任公司的股东之间可以相互转让其全部或者部分股权。 股东向股东以外的人转让股权，~~应当经其他股东过半数同意~~。股东应就其~~股权转让~~事项书面通知其他股东~~征求同意~~，其他股东自接到书面通知之日起满三十日未答复的，视为同意转让。~~其他股东半数以上不同意转让的，不同意的股东应当购买该转让的股权；不购买的，视为同意转让。~~ ~~经股东同意转让的股权，~~在同等条件下，其他股东有优先购买权。两个以上股东主张行使优先购买权的，协商确定各自的购买比例；协商不成的，按照转让时各自的出资比例行使优先购买权。 公司章程对股权转让另有规定的，从其规定。	《最高人民法院关于适用〈中华人民共和国公司法〉若干问题的规定（四）》（2020 年修正） 第十七条　~~有限责任公司的股东向股东以外的人转让股权，应就其股权转让事项以书面或者其他能够确认收悉的合理方式通知其他股东征求同意。其他股东半数以上不同意转让，不同意的股东不购买的，人民法院应当认定视为同意转让。~~ ~~经股东同意转让的股权，~~其他股东主张转让股东应当向其以书面或者其他能够确认收悉的合理方式通知转让股权的同等条件的，人民法院应当予以支持。 ~~经股东同意转让的股权，~~在同等条件下，转让股东以外的其他股东主张优先购买的，人民法院应当予以支持，但转让股东依据本规定第二十条放弃转让的除外。 第十八条　人民法院在判断是否符合公司法第七十一条第三款及本规定所称的“同等条件”时，应当考虑转让股权的数量、价格、支付方式及期限等因素。

续表

2023年《公司法》	2018年《公司法》	司法解释（司法解释中所指《公司法》系2018年《公司法》）
		第十九条　有限责任公司的股东主张优先购买转让股权的,应当在收到通知后,在公司章程规定的行使期间内提出购买请求。公司章程没有规定行使期间或者规定不明确的,以通知确定的期间为准,通知确定的期间短于三十日或者未明确行使期间的,行使期间为三十日。 第二十条　有限责任公司的转让股东,在其他股东主张优先购买后又不同意转让股权的,对其他股东优先购买的主张,人民法院不予支持,但公司章程另有规定或者全体股东另有约定的除外。其他股东主张转让股东赔偿其损失合理的,人民法院应当予以支持。 第二十一条　有限责任公司的股东向股东以外的人转让股权,未就其股权转让事项征求其他股东意见,或者以欺诈、恶意串通等手段,损害其他股东优先购买权,其他股东主张按照同等条件购买该转让股权的,人民法院应当予以支持,但其他股东自知道或者应当知道行使优先购买权的同等条件之日起三十日内没有主张,或者自股权变更登记之日起超过一年的除外。 前款规定的其他股东仅提出确认股权转让合同及股权变动效力等请求,未同时主张按照同等条件购买转让股权的,人民法院不予支持,

续表

2023年《公司法》	2018年《公司法》	司法解释 （司法解释中所指《公司法》系2018年《公司法》）
		但其他股东非因自身原因导致无法行使优先购买权，请求损害赔偿的除外。 股东以外的股权受让人，因股东行使优先购买权而不能实现合同目的的，可以依法请求转让股东承担相应民事责任。
第八十五条　人民法院依照法律规定的强制执行程序转让股东的股权时，应当通知公司及全体股东，其他股东在同等条件下有优先购买权。其他股东自人民法院通知之日起满二十日不行使优先购买权的，视为放弃优先购买权。	第七十二条　人民法院依照法律规定的强制执行程序转让股东的股权时，应当通知公司及全体股东，其他股东在同等条件下有优先购买权。其他股东自人民法院通知之日起满二十日不行使优先购买权的，视为放弃优先购买权。	《最高人民法院关于适用〈中华人民共和国公司法〉若干问题的规定（四）》（2020年修正） 第二十二条　通过拍卖向股东以外的人转让有限责任公司股权的，适用公司法第七十一条第二款、第三款或者第七十二条规定的“书面通知”“通知”“同等条件”时，根据相关法律、司法解释确定。 在依法设立的产权交易场所转让有限责任公司国有股权的，适用公司法第七十一条第二款、第三款或者第七十二条规定的“书面通知”“通知”“同等条件”时，可以参照产权交易场所的交易规则。
第八十六条　股东转让股权的，应当书面通知公司，请求变更股东名册；需要办理变更登记的，并请求公司向公司登记机关办理变更登记。公司拒绝或者在合理期限内不予答复的，转让人、受让人可以依法向人民法院提起诉讼。 **股权转让的，受让人自记载于股东名册时起可以向公司主张行使股东权利。**		《最高人民法院关于适用〈中华人民共和国公司法〉若干问题的规定（三）》（2020年修正） 第二十一条　当事人向人民法院起诉请求确认其股东资格的，应当以公司为被告，与案件争议股权有利害关系的人作为第三人参加诉讼。 第二十二条　当事人之间对股权归属发生争议，一方

续表

2023 年《公司法》	2018 年《公司法》	司法解释 （司法解释中所指《公司法》系 2018 年《公司法》）
		请求人民法院确认其享有股权的，应当证明以下事实之一： （一）已经依法向公司出资或者认缴出资，且不违反法律法规强制性规定； （二）已经受让或者以其他形式继受公司股权，且不违反法律法规强制性规定。 第二十三条　当事人依法履行出资义务或者依法继受取得股权后，公司未根据公司法第三十一条、第三十二条的规定签发出资证明书、记载于股东名册并办理公司登记机关登记，当事人请求公司履行上述义务的，人民法院应予支持。
第八十七条　依照本法转让股权后，公司应当**及时**注销原股东的出资证明书，向新股东签发出资证明书，并相应修改公司章程和股东名册中有关股东及其出资额的记载。对公司章程的该项修改不需再由股东会表决。	第七十三条　依照本法第~~七十一条、第七十二条~~转让股权后，公司应当注销原股东的出资证明书，向新股东签发出资证明书，并相应修改公司章程和股东名册中有关股东及其出资额的记载。对公司章程的该项修改不需再由股东会表决。	
第八十八条　**股东转让已认缴出资但未届出资期限的股权的，由受让人承担缴纳该出资的义务；受让人未按期足额缴纳出资的，转让人对受让人未按期缴纳的出资承担补充责任。** **未按照公司章程规定的**		《最高人民法院关于适用〈中华人民共和国公司法〉若干问题的规定（三）》（2020 年修正） 第十八条　有限责任公司的股东未履行或者未全面履行出资义务即转让股权，受让人对此知道或者应当知

续表

2023年《公司法》	2018年《公司法》	司法解释（司法解释中所指《公司法》系2018年《公司法》）
出资日期缴纳出资或者作为出资的非货币财产的实际价额显著低于所认缴的出资额的股东转让股权的，转让人与受让人在出资不足的范围内承担连带责任；受让人不知道且不应当知道存在上述情形的，由转让人承担责任。		道，公司请求该股东履行出资义务、受让人对此承担连带责任的，人民法院应予支持；公司债权人依照本规定第十三条第二款向该股东提起诉讼，同时请求前述受让人对此承担连带责任的，人民法院应予支持。 受让人根据前款规定承担责任后，向该未履行或者未全面履行出资义务的股东追偿的，人民法院应予支持。但是，当事人另有约定的除外。
第八十九条　有下列情形之一的，对股东会该项决议投反对票的股东可以请求公司按照合理的价格收购其股权： （一）公司连续五年不向股东分配利润，而公司该五年连续盈利，并且符合本法规定的分配利润条件； （二）公司合并、分立、转让主要财产； （三）公司章程规定的营业期限届满或者章程规定的其他解散事由出现，股东会通过决议修改章程使公司存续。 自股东会决议作出之日起六十日内，股东与公司不能达成股权收购协议的，股东可以自股东会决议**作出**之日起九十日内向人民法院提起诉讼。 **公司的控股股东滥用股东权利，严重损害公司或者**	第七十四条　有下列情形之一的，对股东会该项决议投反对票的股东可以请求公司按照合理的价格收购其股权： （一）公司连续五年不向股东分配利润，而公司该五年连续盈利，并且符合本法规定的分配利润条件的； （二）公司合并、分立、转让主要财产的； （三）公司章程规定的营业期限届满或者章程规定的其他解散事由出现，股东会会议通过决议修改章程使公司存续的。 自股东会会议决议<u>通过之日起</u>六十日内，股东与公司不能达成股权收购协议的，股东可以自<u>股东会会议决议通过之日起</u>九十日内向人民法院提起诉讼。	《最高人民法院关于适用〈中华人民共和国公司法〉若干问题的规定（五）》（2020年修正） 第五条　人民法院审理涉及有限责任公司股东重大分歧案件时，应当注重调解。当事人协商一致以下列方式解决分歧，且不违反法律、行政法规的强制性规定的，人民法院应予支持： （一）公司回购部分股东股份； （二）其他股东受让部分股东股份； （三）他人受让部分股东股份； （四）公司减资； （五）公司分立； （六）其他能够解决分歧，恢复公司正常经营，避免公司解散的方式。

续表

2023年《公司法》	2018年《公司法》	司法解释 （司法解释中所指《公司法》系2018年《公司法》）
其他股东利益的，其他股东有权请求公司按照合理的价格收购其股权。 **公司因本条第一款、第三款规定的情形收购的本公司股权，应当在六个月内依法转让或者注销。**		
第九十条　自然人股东死亡后，其合法继承人可以继承股东资格；但是，公司章程另有规定的除外。	第七十五条　自然人股东死亡后，其合法继承人可以继承股东资格；但是，公司章程另有规定的除外。	《最高人民法院关于适用〈中华人民共和国公司法〉若干问题的规定（四）》（2020年修正） 第十六条　有限责任公司的自然人股东因继承发生变化时，其他股东主张依据公司法第七十一条第三款规定行使优先购买权的，人民法院不予支持，但公司章程另有规定或者全体股东另有约定的除外。
第五章　股份有限公司的设立和组织机构	第四章　股份有限公司的设立和组织机构	
第一节　设　立	第一节　设　立	
第九十一条　**设立股份有限公司**，可以采取发起设立或者募集设立的方式。 发起设立，是指由发起人认购**设立公司时**应发行的全部股份而设立公司。 募集设立，是指由发起人认购**设立公司时**应发行股份的一部分，其余股份**向特定对象募集**或者向社会公开募集而设立公司。	第七十七条　股份有限公司的设立，可以采取发起设立或者募集设立的方式。 发起设立，是指由发起人认购公司应发行的全部股份而设立公司。 募集设立，是指由发起人认购公司应发行股份的一部分，其余股份向社会公开募集或者向特定对象募集而设立公司。	

续表

2023 年《公司法》	2018 年《公司法》	司法解释 （司法解释中所指《公司法》系 2018 年《公司法》）
第九十二条　设立股份有限公司，应当有**一人以上二百人**以下为发起人，其中**应当**有半数以上的发起人在**中华人民共和国**境内有住所。	第七十八条　设立股份有限公司，应当有二人以上二百人以下为发起人，其中须有半数以上的发起人在中国境内有住所。	
第九十三条　股份有限公司发起人承担公司筹办事务。 发起人应当签订发起人协议，明确各自在公司设立过程中的权利和义务。	第七十九条　股份有限公司发起人承担公司筹办事务。 发起人应当签订发起人协议，明确各自在公司设立过程中的权利和义务。	
第九十四条　设立股份有限公司，应当**由发起人共同制订公司章程**。	第七十六条　设立股份有限公司，应当~~具备下列条件：~~ ~~（一）发起人符合法定人数；~~ ~~（二）有符合公司章程规定的全体发起人认购的股本总额或者募集的实收股本总额；~~ ~~（三）股份发行、筹办事项符合法律规定；~~ ~~（四）~~发起人制订公司章程~~，采用募集方式设立的经创立大会通过；~~ ~~（五）有公司名称，建立符合股份有限公司要求的组织机构；~~ ~~（六）有公司住所。~~	

续表

2023 年《公司法》	2018 年《公司法》	司法解释 (司法解释中所指《公司法》系 2018 年《公司法》)
第九十五条　股份有限公司章程应当载明下列事项: (一)公司名称和住所; (二)公司经营范围; (三)公司设立方式; (四)**公司注册资本、已发行的股份数和设立时发行的股份数,面额股的每股金额;** (五)**发行类别股的,每一类别股的股份数及其权利和义务;** (六)发起人的姓名或者名称、认购的股份数、出资方式; (七)董事会的组成、职权和议事规则; (八)公司法定代表人**的产生、变更办法;** (九)监事会的组成、职权和议事规则; (十)公司利润分配办法; (十一)公司的解散事由与清算办法; (十二)公司的通知和公告办法; (十三)**股东会**认为需要规定的其他事项。	第八十一条　股份有限公司章程应当载明下列事项: (一)公司名称和住所; (二)公司经营范围; (三)公司设立方式; (四)公司股份总数、每股金额和注册资本; (五)发起人的姓名或者名称、认购的股份数、出资方式~~和出资时间~~; (六)董事会的组成、职权和议事规则; (七)公司法定代表人; (八)监事会的组成、职权和议事规则; (九)公司利润分配办法; (十)公司的解散事由与清算办法; (十一)公司的通知和公告办法; (十二)股东大会会议认为需要规定的其他事项。	
第九十六条　股份有限公司的注册资本为在公司登记机关登记的**已发行股份的**股本总额。在发起人认购的股份缴足前,不得向他人募集股份。 法律、行政法规以及国务院决定对股份有限公司注册资本最低限额另有规定的,从其规定。	第八十条　股份有限公司~~采取发起设立方式设立~~的,注册资本为在公司登记机关登记的全体发起人认购的股本总额。在发起人认购的股份缴足前,不得向他人募集股份。 ~~股份有限公司采取募集方式设立的,注册资本为在公司登记机关登记的实收股本总额。~~	

续表

2023 年《公司法》	2018 年《公司法》	司法解释 （司法解释中所指《公司法》系 2018 年《公司法》）
	法律、行政法规以及国务院决定对股份有限公司~~注册资本实缴、~~注册资本最低限额另有规定的，从其规定。	
第九十七条　以发起设立方式设立股份有限公司的，发起人应当认足公司章程规定**的公司设立时应发行的股份**。 以募集设立方式设立股份有限公司的，发起人认购的股份不得少于**公司章程规定的公司设立时应发行**股份总数的百分之三十五；但是，法律、行政法规另有规定的，从其规定。	第八十三条　以发起设立方式设立股份有限公司的，发起人应当~~书面~~认足公司章程规定其认购的股份，~~并按照公司章程规定缴纳出资~~。以非货币财产出资的，应当依法办理其财产权的转移手续。 发起人不~~依照前款规定~~缴纳出资的，应当按照发起人协议承担违约责任。 ~~发起人认足公司章程规定的出资后，应当选举董事会和监事会，由董事会向公司登记机关报送公司章程以及法律、行政法规规定的其他文件，申请设立登记。~~ 第八十四条　以募集设立方式设立股份有限公司的，发起人认购的股份不得少于公司股份总数的百分之三十五；但是，法律、行政法规另有规定的，从其规定。	
第九十八条　**发起人应当在公司成立前按照其认购的股份全额缴纳股款。** **发起人的出资，适用本法第四十八条、第四十九条第二款关于有限责任公司股东出资的规定。**	第八十二条　发起人的出资~~方式~~，适用本法第~~二十七~~条的规定。	

续表

2023 年《公司法》	2018 年《公司法》	司法解释 (司法解释中所指《公司法》系 2018 年《公司法》)
第九十九条　**发起人不按照其认购的股份缴纳股款,或者**作为出资的非货币财产的实际价额显著低于**所认购的股份的,**其他发起人**与该发起人在出资不足的范围内**承担连带责任。	第九十三条　股份有限公司成立后,发起人未按照公司章程的规定缴足出资的,应当补缴;其他发起人承担连带责任。 股份有限公司成立后,发现作为设立公司出资的非货币财产的实际价额显著低于公司章程所定价额的,应当由交付该出资的发起人补足其差额;其他发起人承担连带责任。	
第一百条　发起人向社会公开募集股份,**应当**公告招股说明书,并制作认股书。认股书应当载明**本法第一百五十四条第二款、第三款**所列事项,由认股人填写认购的股**份**数、金额、住所,并签名**或者**盖章。认股人**应当**按照所认购股**份足额**缴纳股款。	第八十五条　发起人向社会公开募集股份,必须公告招股说明书,并制作认股书。认股书应当载明本法第八十六条所列事项,由认股人填写认购股数、金额、住所,并签名、盖章。认股人按照所认购股数缴纳股款。	
	第八十六条　招股说明书应当附有发起人制订的公司章程,并载明下列事项: (一)发起人认购的股份数; (二)每股的票面金额和发行价格; (三)无记名股票的发行总数; (四)募集资金的用途; (五)认股人的权利、义务; (六)本次募股的起止期限及逾期未募足时认股人可以撤回所认股份的说明。	

续表

2023年《公司法》	2018年《公司法》	司法解释（司法解释中所指《公司法》系2018年《公司法》）
	~~第八十八条 发起人向社会公开募集股份，应当同银行签订代收股款协议。~~ ~~代收股款的银行应当按照协议代收和保存股款，向缴纳股款的认股人出具收款单据，并负有向有关部门出具收款证明的义务。~~	
第一百零一条 **向社会公开募集股份**的股款缴足后，**应当**经依法设立的验资机构验资并出具证明。	第八十九条 发行股份的股款缴足后，必须经依法设立的验资机构验资并出具证明。~~发起人应当自股款缴足之日起三十日内主持召开公司创立大会。创立大会由发起人、认股人组成。~~	
第一百零二条 **股份有限公司应当制作股东名册并置备于公司。**股东名册应当记载下列事项： （一）股东的姓名或者名称及住所； （二）各股东所**认购的股份种类及股份数；** （三）**发行纸面形式的股票的**，股票的编号； （四）各股东取得股份的日期。	第一百三十条 公司发~~行记名股票的~~，应当置备股东名册，记载下列事项： （一）股东的姓名或者名称及住所； （二）各股东所持股份数； （三）各股东所持股票的编号； （四）各股东取得股份的日期。 ~~发行无记名股票的，公司应当记载其股票数量、编号及发行日期。~~	
第一百零三条 募集设立股份有限公司的发起人应当自公司设立时应发行股份的股款缴足之日起三十日内召开公司成立大会。发起人应当在成立大会召开十五日前将会议日期通知各认股人**或者予以公告。成立大会应**	第八十九条 ~~发行股份的股款缴足后，必须经依法设立的验资机构验资并出具证明。~~发起人应当自股款缴足之日起三十日内主持召开公司创立大会。~~创立大会由发起人、认股人组成。~~ ~~发行的股份超过招股说~~	

续表

2023年《公司法》	2018年《公司法》	司法解释 (司法解释中所指《公司法》系2018年《公司法》)
当有持有表决权过半数的认股人出席,方可举行。 **以发起设立方式设立股份有限公司成立大会的召开和表决程序由公司章程或者发起人协议规定。**	明书规定的截止期限尚未募足的,或者发行股份的股款缴足后,发起人在三十日内未召开创立大会的,认股人可以按照所缴股款并加算银行同期存款利息,要求发起人返还。 第九十条 发起人应当在创立大会召开十五日前将会议日期通知各认股人或者予以公告。创立大会应有代表股份总数过半数的发起人、认股人出席,方可举行。 创立大会行使下列职权: (一)审议发起人关于公司筹办情况的报告; (二)通过公司章程; (三)选举董事会成员; (四)选举监事会成员; (五)对公司的设立费用进行审核; (六)对发起人用于抵作股款的财产的作价进行审核; (七)发生不可抗力或者经营条件发生重大变化直接影响公司设立的,可以作出不设立公司的决议。 创立大会对前款所列事项作出决议,必须经出席会议的认股人所持表决权过半数通过。	
第一百零四条 公司成立大会行使下列职权: (一)审议发起人关于公司筹办情况的报告; (二)通过公司章程; **(三)选举董事、监事;** (四)对公司的设立费用进行审核; (五)对发起人**非货币财**	第九十条 发起人应当在创立大会召开十五日前将会议日期通知各认股人或者予以公告。创立大会应有代表股份总数过半数的发起人、认股人出席,方可举行。 创立大会行使下列职权: (一)审议发起人关于公司筹办情况的报告;	

续表

2023 年《公司法》	2018 年《公司法》	司法解释（司法解释中所指《公司法》系 2018 年《公司法》）
产出资的作价进行审核； （六）发生不可抗力或者经营条件发生重大变化直接影响公司设立的，可以作出不设立公司的决议。 **成立大会**对前款所列事项作出决议，应当经出席会议的认股人所持表决权过半数通过。	（二）通过公司章程； （三）选举董事会成员； （四）选举监事会成员； （五）对公司的设立费用进行审核； （六）对发起人用于抵作股款的财产的作价进行审核； （七）发生不可抗力或者经营条件发生重大变化直接影响公司设立的，可以作出不设立公司的决议。 创立大会对前款所列事项作出决议，必须经出席会议的认股人所持表决权过半数通过。	
第一百零五条　公司设立时应发行的股份未募足，或者发行股份的股款缴足后，发起人在三十日内未召开**成立大会**的，认股人可以按照所缴股款并加算银行同期存款利息，要求发起人返还。 发起人、认股人缴纳股款或者交付**非货币财产**出资后，除未按期募足股份、发起人未按期召开**成**立大会或者**成**立大会决议不设立公司的情形外，不得抽回其股本。	第八十九条　~~发行股份的股款缴足后，必须经依法设立的验资机构验资并出具证明。发起人应当自股款缴足之日起三十日内主持召开公司创立大会。创立大会由发起人、认股人组成。~~ 发行的股份超过招股说明书规定的截止期限尚未募足的，或者发行股份的股款缴足后，发起人在三十日内未召开创立大会的，认股人可以按照所缴股款并加算银行同期存款利息，要求发起人返还。 第九十一条　发起人、认股人缴纳股款或者交付抵作股款的出资后，除未按期募足股份、发起人未按期召开创立大会或者创立大会决议不设立公司的情形外，不得抽回其股本。	

续表

2023年《公司法》	2018年《公司法》	司法解释（司法解释中所指《公司法》系2018年《公司法》）
第一百零六条　董事会应当授权代表,于公司成立大会结束后三十日内向公司登记机关申请设立登记。	第九十二条　董事会应于创立大会结束后三十日内,向公司登记机关报送下列文件,申请设立登记: ~~(一)公司登记申请书;~~ ~~(二)创立大会的会议记录;~~ ~~(三)公司章程;~~ ~~(四)验资证明;~~ ~~(五)法定代表人、董事、监事的任职文件及其身份证明;~~ ~~(六)发起人的法人资格证明或者自然人身份证明;~~ ~~(七)公司住所证明。~~ ~~以募集方式设立股份有限公司公开发行股票的,还应当向公司登记机关报送国务院证券监督管理机构的核准文件。~~	
第一百零七条　本法第四十四条、第四十九条第三款、第五十一条、第五十二条、第五十三条的规定,适用于股份有限公司。		《最高人民法院关于适用〈中华人民共和国公司法〉若干问题的规定(三)》(2020年修正) 第六条　股份有限公司的认股人未按期缴纳所认股份的股款,经公司发起人催缴后在合理期间内仍未缴纳,公司发起人对该股份另行募集的,人民法院应当认定该募集行为有效。认股人延期缴纳股款给公司造成损失,公司请求该认股人承担赔偿责任的,人民法院应予支持。

续表

2023年《公司法》	2018年《公司法》	司法解释 （司法解释中所指《公司法》系2018年《公司法》）
	~~第九十三条 股份有限公司成立后，发起人未按照公司章程的规定缴足出资的，应当补缴；其他发起人承担连带责任。~~ ~~股份有限公司成立后，发现作为设立公司出资的非货币财产的实际价额显著低于公司章程所定价额的，应当由交付该出资的发起人补足其差额；其他发起人承担连带责任。~~	
	~~第九十四条 股份有限公司的发起人应当承担下列责任：~~ ~~（一）公司不能成立时，对设立行为所产生的债务和费用负连带责任；~~ ~~（二）公司不能成立时，对认股人已缴纳的股款，负返还股款并加算银行同期存款利息的连带责任；~~ ~~（三）在公司设立过程中，由于发起人的过失致使公司利益受到损害的，应当对公司承担赔偿责任。~~	
第一百零八条 有限责任公司变更为股份有限公司时，折合的实收股本总额不得高于公司净资产额。有限责任公司变更为股份有限公司，为增加**注册**资本公开发行股份时，应当依法办理。	第九十五条 有限责任公司变更为股份有限公司时，折合的实收股本总额不得高于公司净资产额。有限责任公司变更为股份有限公司，为增加资本公开发行股份时，应当依法办理。	

续表

2023年《公司法》	2018年《公司法》	司法解释 (司法解释中所指《公司法》系2018年《公司法》)
第一百零九条　股份有限公司应当将公司章程、股东名册、**股东会会议记录**、董事会会议记录、监事会会议记录、财务会计报告、**债券持有人名册**置备于本公司。	第九十六条　股份有限公司应当将公司章程、股东名册、~~公司债券存根~~、股东大会会议记录、董事会会议记录、监事会会议记录、财务会计报告置备于本公司。	
第一百一十条　股东有权查阅、**复制**公司章程、股东名册、**股东会**会议记录、董事会会议决议、监事会会议决议、财务会计报告,对公司的经营提出建议或者质询。 **连续一百八十日以上单独或者合计持有公司百分之三以上股份的股东要求查阅公司的会计账簿、会计凭证的,适用本法第五十七条第二款、第三款、第四款的规定。公司章程对持股比例有较低规定的,从其规定。** **股东要求查阅、复制公司全资子公司相关材料的,适用前两款的规定。** **上市公司股东查阅、复制相关材料的,应当遵守《中华人民共和国证券法》等法律、行政法规的规定。**	第九十七条　股东有权查阅公司章程、股东名册、~~公司债券存根~~、股东大会会议记录、董事会会议决议、监事会会议决议、财务会计报告,对公司的经营提出建议或者质询。	《最高人民法院关于适用〈中华人民共和国公司法〉若干问题的规定(四)》(2020年修正) 第七条　股东依据公司法第三十三条、第九十七条或者公司章程的规定,起诉请求查阅或者复制公司特定文件材料的,人民法院应当依法予以受理。 公司有证据证明前款规定的原告在起诉时不具有公司股东资格的,人民法院应当驳回起诉,但原告有初步证据证明在持股期间其合法权益受到损害,请求依法查阅或者复制其持股期间的公司特定文件材料的除外。 第九条　公司章程、股东之间的协议等实质性剥夺股东依据公司法第三十三条、第九十七条规定查阅或者复制公司文件材料的权利,公司以此为由拒绝股东查阅或者复制的,人民法院不予支持。 第十二条　公司董事、高级管理人员等未依法履行职责,导致公司未依法制作或者保存公司法第三十三条、第九十七条规定的公司文件材料,给股东造成损失,

续表

2023 年《公司法》	2018 年《公司法》	司法解释 （司法解释中所指《公司法》系 2018 年《公司法》）
		股东依法请求负有相应责任的公司董事、高级管理人员承担民事赔偿责任的，人民法院应当予以支持。
第二节 **股东会**	第二节 股东大会	
第一百一十一条 股份有限公司**股东会**由全体股东组成。**股东会**是公司的权力机构，依照本法行使职权。	第九十八条 股份有限公司股东大会由全体股东组成。股东大会是公司的权力机构，依照本法行使职权。	
第一百一十二条 本法**第五十九条第一款、第二款**关于有限责任公司股东会职权的规定，适用于股份有限公司**股东会**。 **本法第六十条关于只有一个股东的有限责任公司不设股东会的规定，适用于只有一个股东的股份有限公司。**	第九十九条 本法第三十七条第一款关于有限责任公司股东会职权的规定，适用于股份有限公司股东大会。	
第一百一十三条 **股东会**应当每年召开一次年会。有下列情形之一的，应当在两个月内召开临时**股东会会议**： （一）董事人数不足本法规定人数或者公司章程所定人数的三分之二时； （二）公司未弥补的亏损达**股本总额**三分之一时； （三）单独或者合计持有公司百分之十以上股份的股东请求时； （四）董事会认为必要时； （五）监事会提议召开时； （六）公司章程规定的其他情形。	第一百条 股东大会应当每年召开一次年会。有下列情形之一的，应当在两个月内召开临时股东大会： （一）董事人数不足本法规定人数或者公司章程所定人数的三分之二时； （二）公司未弥补的亏损达实收股本总额三分之一时； （三）单独或者合计持有公司百分之十以上股份的股东请求时； （四）董事会认为必要时； （五）监事会提议召开时； （六）公司章程规定的其他情形。	

续表

2023 年《公司法》	2018 年《公司法》	司法解释（司法解释中所指《公司法》系 2018 年《公司法》）
第一百一十四条　**股东会**会议由董事会召集,董事长主持;董事长不能履行职务或者不履行职务的,由副董事长主持;副董事长不能履行职务或者不履行职务的,由**过半数**的董事共同推举一名董事主持。 董事会不能履行或者不履行召集**股东会**会议职责的,监事会应当及时召集和主持;监事会不召集和主持的,连续九十日以上单独或者合计持有公司百分之十以上股份的股东可以自行召集和主持。 **单独或者合计持有公司百分之十以上股份的股东请求召开临时股东会会议的,董事会、监事会应当在收到请求之日起十日内作出是否召开临时股东会会议的决定,并书面答复股东。**	第一百零一条　股东大会会议由董事会召集,董事长主持;董事长不能履行职务或者不履行职务的,由副董事长主持;副董事长不能履行职务或者不履行职务的,由半数以上董事共同推举一名董事主持。 董事会不能履行或者不履行召集股东大会会议职责的,监事会应当及时召集和主持;监事会不召集和主持的,连续九十日以上单独或者合计持有公司百分之十以上股份的股东可以自行召集和主持。	
第一百一十五条　召开**股东会会议**,应当将会议召开的时间、地点和审议的事项于会议召开二十日前通知各股东;临时**股东会会议**应当于会议召开十五日前通知各股东。 单独或者合计持有公司**百分之一**以上股份的股东,可以在**股东会会议**召开十日前提出临时提案并书面提交董事会。**临时提案应当有明确议题和具体决议事项。**董事会应当在收到提案后二日内通知其他股东,并将该临	第一百零二条　召开股东大会会议,应当将会议召开的时间、地点和审议的事项于会议召开二十日前通知各股东;临时股东大会应当于会议召开十五日前通知各股东;发行无记名股票的,应当于会议召开三十日前公告会议召开的时间、地点和审议事项。 单独或者合计持有公司百分之三以上股份的股东,可以在股东大会召开十日前提出临时提案并书面提交董事会;董事会应当在收到提	

续表

2023 年《公司法》	2018 年《公司法》	司法解释（司法解释中所指《公司法》系 2018 年《公司法》）
时提案提交**股东会**审议；**但临时提案违反法律、行政法规或者公司章程的规定，或者不属于股东会职权范围的除外。公司不得提高提出临时提案股东的持股比例。** **公开发行股份的公司，应当以公告方式作出前两款规定的通知。** **股东会**不得对通知中未列明的事项作出决议。	案后二日内通知其他股东，并将该临时提案提交股东大会审议。临时提案的内容应当属于股东大会职权范围，并有明确议题和具体决议事项。 股东大会不得对前两款通知中未列明的事项作出决议。 ~~无记名股票持有人出席股东大会会议的，应当于会议召开五日前至股东大会闭会时将股票交存于公司。~~	
第一百一十六条　股东出席**股东会会议**，所持每一股份有一表决权，**类别股股东除外**。公司持有的本公司股份没有表决权。 **股东会**作出决议，**应当**经出席会议的股东所持表决权过半数通过。 **股东会**作出修改公司章程、增加或者减少注册资本的决议，以及公司合并、分立、解散或者变更公司形式的决议，应当经出席会议的股东所持表决权的三分之二以上通过。	第一百零三条　股东出席股东大会会议，所持每一股份有一表决权。~~但是，~~公司持有的本公司股份没有表决权。 股东大会作出决议，必须经出席会议的股东所持表决权过半数通过。~~但是，~~股东大会作出修改公司章程、增加或者减少注册资本的决议，以及公司合并、分立、解散或者变更公司形式的决议，必须经出席会议的股东所持表决权的三分之二以上通过。	
	~~第一百零四条　本法和公司章程规定公司转让、受让重大资产或者对外提供担保等事项必须经股东大会作出决议的，董事会应当及时召集股东大会会议，由股东大会就上述事项进行表决。~~	

续表

2023年《公司法》	2018年《公司法》	司法解释（司法解释中所指《公司法》系2018年《公司法》）
第一百一十七条　股东会选举董事、监事,可以按照公司章程的规定或者**股东会**的决议,实行累积投票制。 本法所称累积投票制,是指**股东会**选举董事或者监事时,每一股份拥有与应选董事或者监事人数相同的表决权,股东拥有的表决权可以集中使用。	第一百零五条　股东大会选举董事、监事,可以依照公司章程的规定或者股东大会的决议,实行累积投票制。 本法所称累积投票制,是指股东大会选举董事或者监事时,每一股份拥有与应选董事或者监事人数相同的表决权,股东拥有的表决权可以集中使用。	
第一百一十八条　股东委托代理人出席**股东会**会议的,**应当明确代理人代理的事项、权限和期限;**代理人应当向公司提交股东授权委托书,并在授权范围内行使表决权。	第一百零六条　股东可以委托代理人出席股东大会会议,代理人应当向公司提交股东授权委托书,并在授权范围内行使表决权。	
第一百一十九条　**股东会**应当对所议事项的决定作成会议记录,主持人、出席会议的董事应当在会议记录上签名。会议记录应当与出席股东的签名册及代理出席的委托书一并保存。	第一百零七条　股东大会应当对所议事项的决定作成会议记录,主持人、出席会议的董事应当在会议记录上签名。会议记录应当与出席股东的签名册及代理出席的委托书一并保存。	
第三节　董事会、经理	第三节　董事会、经理	
第一百二十条　股份有限公司设董事会,**本法第一百二十八条另有规定的除外。** **本法第六十七条、第六十八条第一款、第七十条、第七十一条的规定,适用于股份有限公司。**	第一百零八条　股份有限公司设董事会,~~其成员为五人至十九人。~~ ~~董事会成员中可以有公司职工代表。董事会中的职工代表由公司职工通过职工代表大会、职工大会或者其他形式民主选举产生。~~	《最高人民法院关于适用〈中华人民共和国公司法〉若干问题的规定(五)》(2020年修正) 第三条　董事任期届满前被股东会或者股东大会有效决议解除职务,其主张解除不发生法律效力的,人民法院不予支持。

续表

2023 年《公司法》	2018 年《公司法》	司法解释 （司法解释中所指《公司法》系 2018 年《公司法》）
	本法第四十五条关于有限责任公司董事任期的规定，适用于股份有限公司董事。 本法第四十六条关于有限责任公司董事会职权的规定，适用于股份有限公司董事会。	董事职务被解除后，因补偿与公司发生纠纷提起诉讼的，人民法院应当依据法律、行政法规、公司章程的规定或者合同的约定，综合考虑解除的原因、剩余任期、董事薪酬等因素，确定是否补偿以及补偿的合理数额。
第一百二十一条　股份有限公司可以按照公司章程的规定在董事会中设置由董事组成的审计委员会，行使本法规定的监事会的职权，不设监事会或者监事。 **审计委员会成员为三名以上，过半数成员不得在公司担任除董事以外的其他职务，且不得与公司存在任何可能影响其独立客观判断的关系。公司董事会成员中的职工代表可以成为审计委员会成员。** **审计委员会作出决议，应当经审计委员会成员的过半数通过。** **审计委员会决议的表决，应当一人一票。** **审计委员会的议事方式和表决程序，除本法有规定的外，由公司章程规定。** **公司可以按照公司章程的规定在董事会中设置其他委员会。**		

续表

2023年《公司法》	2018年《公司法》	司法解释 (司法解释中所指《公司法》系2018年《公司法》)
第一百二十二条 董事会设董事长一人,可以设副董事长。董事长和副董事长由董事会以全体董事的过半数选举产生。 董事长召集和主持董事会会议,检查董事会决议的实施情况。副董事长协助董事长工作,董事长不能履行职务或者不履行职务的,由副董事长履行职务;副董事长不能履行职务或者不履行职务的,由**过半数**的董事共同推举一名董事履行职务。	第一百零九条 董事会设董事长一人,可以设副董事长。董事长和副董事长由董事会以全体董事的过半数选举产生。 董事长召集和主持董事会会议,检查董事会决议的实施情况。副董事长协助董事长工作,董事长不能履行职务或者不履行职务的,由副董事长履行职务;副董事长不能履行职务或者不履行职务的,由半数以上董事共同推举一名董事履行职务。	
第一百二十三条 董事会每年度至少召开两次会议,每次会议应当于会议召开十日前通知全体董事和监事。 代表十分之一以上表决权的股东、三分之一以上董事或者监事会,可以提议召开**临时董事会会议**。董事长应当自接到提议后十日内,召集和主持董事会会议。 董事会召开临时会议,可以另定召集董事会的通知方式和通知时限。	第一百一十条 董事会每年度至少召开两次会议,每次会议应当于会议召开十日前通知全体董事和监事。 代表十分之一以上表决权的股东、三分之一以上董事或者监事会,可以提议召开董事会临时会议。董事长应当自接到提议后十日内,召集和主持董事会会议。 董事会召开临时会议,可以另定召集董事会的通知方式和通知时限。	

续表

2023 年《公司法》	2018 年《公司法》	司法解释 （司法解释中所指《公司法》系 2018 年《公司法》）
第一百二十四条　董事会会议应当有过半数的董事出席方可举行。董事会作出决议，**应当**经全体董事的过半数通过。 董事会决议的表决，**应当**一人一票。 董事会应当对所议事项的决定作成会议记录，出席会议的董事应当在会议记录上签名。	第一百一十一条　董事会会议应有过半数的董事出席方可举行。董事会作出决议，必须经全体董事的过半数通过。 董事会决议的表决，实行一人一票。	
	第一百一十二条　董事~~会会议，应由董事本人出席；董事因故不能出席，可以书面委托其他董事代为出席，委托书中应载明授权范围。~~ 董事会应当对会议所议事项的决定作成会议记录，出席会议的董事应当在会议记录上签名。 ~~董事应当对董事会的决议承担责任。董事会的决议违反法律、行政法规或者公司章程、股东大会决议，致使公司遭受严重损失的，参与决议的董事对公司负赔偿责任。但经证明在表决时曾表明异议并记载于会议记录的，该董事可以免除责任。~~	

续表

2023年《公司法》	2018年《公司法》	司法解释（司法解释中所指《公司法》系2018年《公司法》）
第一百二十五条　董事会会议,应当由董事本人出席;董事因故不能出席,可以书面委托其他董事代为出席,委托书应当载明授权范围。 董事应当对董事会的决议承担责任。董事会的决议违反法律、行政法规或者公司章程、**股东会**决议,**给**公司**造成**严重损失的,参与决议的董事对公司负赔偿责任;经证明在表决时曾表明异议并记载于会议记录的,该董事可以免除责任。	第一百一十二条　董事会会议,应由董事本人出席;董事因故不能出席,可以书面委托其他董事代为出席,委托书中应载明授权范围。 ~~董事会应当对会议所议事项的决定作成会议记录,出席会议的董事应当在会议记录上签名。~~ 董事应当对董事会的决议承担责任。董事会的决议违反法律、行政法规或者公司章程、股东大会决议,致使公司遭受严重损失的,参与决议的董事对公司负赔偿责任。但经证明在表决时曾表明异议并记载于会议记录的,该董事可以免除责任。	
第一百二十六条　股份有限公司设经理,由董事会决定聘任或者解聘。 **经理对董事会负责,根据公司章程的规定或者董事会的授权行使职权。经理列席董事会会议。**	第一百一十三条　股份有限公司设经理,由董事会决定聘任或者解聘。 ~~本法第四十九条关于有限责任公司经理职权的规定,适用于股份有限公司经理。~~	
第一百二十七条　公司董事会可以决定由董事会成员兼任经理。	第一百一十四条　公司董事会可以决定由董事会成员兼任经理。	
第一百二十八条　规模较小或者股东人数较少的股份有限公司,可以不设董事会,设一名董事,行使本法规定的董事会的职权。该董事可以兼任公司经理。		

续表

2023年《公司法》	2018年《公司法》	司法解释（司法解释中所指《公司法》系2018年《公司法》）
	~~第一百一十五条　公司不得直接或者通过子公司向董事、监事、高级管理人员提供借款。~~	
第一百二十九条　公司应当定期向股东披露董事、监事、高级管理人员从公司获得报酬的情况。	第一百一十六条　公司应当定期向股东披露董事、监事、高级管理人员从公司获得报酬的情况。	
第四节　监事会	第四节　监事会	
第一百三十条　股份有限公司设监事会，**本法第一百二十一条第一款、第一百三十三条另有规定的除外。** **监事会成员为三人以上。**监事会**成员**应当包括股东代表和适当比例的公司职工代表，其中职工代表的比例不得低于三分之一，具体比例由公司章程规定。监事会中的职工代表由公司职工通过职工代表大会、职工大会或者其他形式民主选举产生。 监事会设主席一人，可以设副主席。监事会主席和副主席由全体监事过半数选举产生。监事会主席召集和主持监事会会议；监事会主席不能履行职务或者不履行职务的，由监事会副主席召集和主持监事会会议；监事会副主席不能履行职务或者不履行职务的，由**过半数**的监事共同推举一名监事召集和主持监事会会议。 董事、高级管理人员不得兼任监事。	第一百一十七条　股份有限公司设监事会，<u>其成员不得少于三人。</u> 监事会应当包括股东代表和适当比例的公司职工代表，其中职工代表的比例不得低于三分之一，具体比例由公司章程规定。监事会中的职工代表由公司职工通过职工代表大会、职工大会或者其他形式民主选举产生。 监事会设主席一人，可以设副主席。监事会主席和副主席由全体监事过半数选举产生。监事会主席召集和主持监事会会议；监事会主席不能履行职务或者不履行职务的，由监事会副主席召集和主持监事会会议；监事会副主席不能履行职务或者不履行职务的，由<u>半数以上</u>监事共同推举一名监事召集和主持监事会会议。 董事、高级管理人员不得兼任监事。 本法第<u>五十二条</u>关于有限责任公司监事任期的规定，适用于股份有限公司监事。	

续表

2023 年《公司法》	2018 年《公司法》	司法解释 (司法解释中所指《公司法》系 2018 年《公司法》)
本法第**七十七条**关于有限责任公司监事任期的规定,适用于股份有限公司监事。		
第一百三十一条　本法**第七十八条至第八十条的规定**,适用于股份有限公司监事会。 监事会行使职权所必需的费用,由公司承担。	第一百一十八条　本法第五十三条、第五十四条关于有限责任公司监事会职权的规定,适用于股份有限公司监事会。 监事会行使职权所必需的费用,由公司承担。	
第一百三十二条　监事会每六个月至少召开一次会议。监事可以提议召开临时监事会会议。 监事会的议事方式和表决程序,除本法有规定的外,由公司章程规定。 监事会决议应当经**全体监事的过半数通过。** **监事会决议的表决,应当一人一票。** 监事会应当对所议事项的决定作成会议记录,出席会议的监事应当在会议记录上签名。	第一百一十九条　监事会每六个月至少召开一次会议。监事可以提议召开临时监事会会议。 监事会的议事方式和表决程序,除本法有规定的外,由公司章程规定。 监事会决议应当经半数以上监事通过。 监事会应当对所议事项的决定作成会议记录,出席会议的监事应当在会议记录上签名。	
第一百三十三条　规模较小或者股东人数较少的股份有限公司,可以不设监事会,设一名监事,行使本法规定的监事会的职权。		

续表

2023 年《公司法》	2018 年《公司法》	司法解释 (司法解释中所指《公司法》系 2018 年《公司法》)
第五节　上市公司组织机构的特别规定	第五节　上市公司组织机构的特别规定	
第一百三十四条　本法所称上市公司,是指其股票在证券交易所上市交易的股份有限公司。	第一百二十条　本法所称上市公司,是指其股票在证券交易所上市交易的股份有限公司。	
第一百三十五条　上市公司在一年内购买、出售重大资产或者**向他人提供担保的金额**超过公司资产总额百分之三十的,应当由**股东会**作出决议,并经出席会议的股东所持表决权的三分之二以上通过。	第一百二十一条　上市公司在一年内购买、出售重大资产或者担保金额超过公司资产总额百分之三十的,应当由股东大会作出决议,并经出席会议的股东所持表决权的三分之二以上通过。	
第一百三十六条　上市公司设独立董事,具体**管理**办法由**国务院证券监督管理机构**规定。 **上市公司的公司章程除载明本法第九十五条规定的事项外,还应当依照法律、行政法规的规定载明董事会专门委员会的组成、职权以及董事、监事、高级管理人员薪酬考核机制等事项。**	第一百二十二条　上市公司设独立董事,具体办法由国务院规定。	
第一百三十七条　上市公司在董事会中设置审计委员会的,董事会对下列事项作出决议前应当经审计委员会全体成员过半数通过: **(一)聘用、解聘承办公司审计业务的会计师事务所;**		

续表

2023 年《公司法》	2018 年《公司法》	司法解释 (司法解释中所指《公司法》系 2018 年《公司法》)
(二)聘任、解聘财务负责人; **(三)披露财务会计报告;** **(四)国务院证券监督管理机构规定的其他事项。**		
第一百三十八条　上市公司设董事会秘书,负责公司**股东会**和董事会会议的筹备、文件保管以及公司股东资料的管理,办理信息披露事务等事宜。	第一百二十三条　上市公司设董事会秘书,负责公司股东大会和董事会会议的筹备、文件保管以及公司股东资料的管理,办理信息披露事务等事宜。	
第一百三十九条　上市公司董事与董事会会议决议事项所涉及的企业**或者个人有关联关系的,该董事应当及时向董事会书面报告。有关联关系的董事**不得对该项决议行使表决权,也不得代理其他董事行使表决权。该董事会会议由过半数的无关联关系董事出席即可举行,董事会会议所作决议须经无关联关系董事过半数通过。出席董事会**会议**的无关联关系董事人数不足三人的,应当将该事项提交上市公司**股东会**审议。	第一百二十四条　上市公司董事与董事会会议决议事项所涉及的企业有关联关系的,不得对该项决议行使表决权,也不得代理其他董事行使表决权。该董事会会议由过半数的无关联关系董事出席即可举行,董事会会议所作决议须经无关联关系董事过半数通过。出席董事会的无关联关系董事人数不足三人的,应将该事项提交上市公司股东大会审议。	
第一百四十条　上市公司应当依法披露股东、实际控制人的信息,相关信息应当真实、准确、完整。 **禁止违反法律、行政法规的规定代持上市公司股票。**		

续表

2023 年《公司法》	2018 年《公司法》	司法解释（司法解释中所指《公司法》系 2018 年《公司法》）
第一百四十一条　上市公司控股子公司不得取得该上市公司的股份。 **上市公司控股子公司因公司合并、质权行使等原因持有上市公司股份的，不得行使所持股份对应的表决权，并应当及时处分相关上市公司股份。**		
第六章　股份有限公司的股份发行和转让	第五章　股份有限公司的股份发行和转让	
第一节　股份发行	第一节　股份发行	
第一百四十二条　公司的资本划分为股份。**公司的全部股份，根据公司章程的规定择一采用面额股或者无面额股。采用面额股的，每一股的金额相等。** **公司可以根据公司章程的规定将已发行的面额股全部转换为无面额股或者将无面额股全部转换为面额股。** **采用无面额股的，应当将发行股份所得股款的二分之一以上计入注册资本。**	第一百二十五条　股份有限公司的资本划分为股份，每一股的金额相等。 ~~公司的股份采取股票的形式。股票是公司签发的证明股东所持股份的凭证。~~	
第一百四十三条　股份的发行，实行公平、公正的原则，同类别的每一股份应当具有同等权利。 同次发行的同类别股份，每股的发行条件和价格应当相同；**认购人**所认购的股份，每股应当支付相同价额。	第一百四十三条　股份的发行，实行公平、公正的原则，同种类的每一股份应当具有同等权利。 同次发行的同种类股票，每股的发行条件和价格应当相同；任何单位或者个人所认购的股份，每股应当支付相同价额。	

续表

2023 年《公司法》	2018 年《公司法》	司法解释 (司法解释中所指《公司法》系 2018 年《公司法》)
第一百四十四条　公司可以按照公司章程的规定发行下列与普通股权利不同的类别股: **(一)优先或者劣后分配利润或者剩余财产的股份;** **(二)每一股的表决权数多于或者少于普通股的股份;** **(三)转让须经公司同意等转让受限的股份;** **(四)国务院规定的其他类别股。** **公开发行股份的公司不得发行前款第二项、第三项规定的类别股;公开发行前已发行的除外。** **公司发行本条第一款第二项规定的类别股的,对于监事或者审计委员会成员的选举和更换,类别股与普通股每一股的表决权数相同。**	第一百三十一条　国务院~~可以对公司发行本法规定以外的其他种类的股份,另行作出~~规定。	
第一百四十五条　发行类别股的公司,应当在公司章程中载明以下事项: **(一)类别股分配利润或者剩余财产的顺序;** **(二)类别股的表决权数;** **(三)类别股的转让限制;** **(四)保护中小股东权益的措施;** **(五)股东会认为需要规定的其他事项。**		

续表

2023年《公司法》	2018年《公司法》	司法解释 （司法解释中所指《公司法》系2018年《公司法》）
第一百四十六条　发行类别股的公司，有本法第一百一十六条第三款规定的事项等可能影响类别股股东权利的，除应当依照第一百一十六条第三款的规定经股东会决议外，还应当经出席类别股股东会议的股东所持表决权的三分之二以上通过。 **公司章程可以对需经类别股股东会议决议的其他事项作出规定。**		
第一百四十七条　公司的股份采取股票的形式。股票是公司签发的证明股东所持股份的凭证。 **公司发行的股票，应当为记名股票。**	第一百二十五条　~~股份有限公司的资本划分为股份，每一股的金额相等。~~ 公司的股份采取股票的形式。股票是公司签发的证明股东所持股份的凭证。 第一百二十九条　公司发行的股票，~~可以为记名股票，~~也可以为无记名股票。 ~~公司向发起人、法人发行的股票，应当为记名股票，并应当记载该发起人、法人的名称或者姓名，不得另立户名或者以代表人姓名记名。~~	
第一百四十八条　**面额股股票的**发行价格可以按票面金额，也可以超过票面金额，但不得低于票面金额。	第一百二十七条　股票发行价格可以按票面金额，也可以超过票面金额，但不得低于票面金额。	

续表

2023 年《公司法》	2018 年《公司法》	司法解释 (司法解释中所指《公司法》系 2018 年《公司法》)
第一百四十九条　股票采用纸面形式或者国务院证券监督管理机构规定的其他形式。 **股票采用纸面形式的,**应当载明下列主要事项: (一)公司名称; (二)公司成立日期**或者股票发行的时间;** (三)股票种类、票面金额及代表的股份数,**发行无面额股的,股票代表的股份数。** **股票采用纸面形式的,还应当载明**股票的编号,由法定代表人签名,公司盖章。 **发起人股票采用纸面形式的,**应当标明发起人股票字样。	第一百二十八条　股票采用纸面形式或者国务院证券监督管理机构规定的其他形式。 股票应当载明下列主要事项: (一)公司名称; (二)公司成立日期; (三)股票种类、票面金额及代表的股份数; (四)股票的编号。 股票由法定代表人签名,公司盖章。 发起人的股票,应当标明发起人股票字样。	
	~~第一百三十条　公司发行记名股票的,应当置备股东名册,记载下列事项:~~ ~~(一)股东的姓名或者名称及住所;~~ ~~(二)各股东所持股份数;~~ ~~(三)各股东所持股票的编号;~~ ~~(四)各股东取得股份的日期。~~ ~~发行无记名股票的,公司应当记载其股票数量、编号及发行日期。~~	
	~~第一百三十一条　国务院可以对公司发行本法规定以外的其他种类的股份,另行作出规定。~~	

续表

2023 年《公司法》	2018 年《公司法》	司法解释（司法解释中所指《公司法》系 2018 年《公司法》）
第一百五十条　股份有限公司成立后，即向股东正式交付股票。公司成立前不得向股东交付股票。	第一百三十二条　股份有限公司成立后，即向股东正式交付股票。公司成立前不得向股东交付股票。	
第一百五十一条　公司发行新股，**股东会**应当对下列事项作出决议： （一）新股种类及数额； （二）新股发行价格； （三）新股发行的起止日期； （四）向原有股东发行新股的种类及数额； **（五）发行无面额股的，新股发行所得股款计入注册资本的金额。** **公司发行新股，可以根据公司经营情况和财务状况，确定其作价方案。**	第一百三十三条　公司发行新股，股东大会应当对下列事项作出决议： （一）新股种类及数额； （二）新股发行价格； （三）新股发行的起止日期； （四）向原有股东发行新股的种类及数额。	
第一百五十二条　公司章程或者股东会可以授权董事会在三年内决定发行不超过已发行股份百分之五十的股份。但以非货币财产作价出资的应当经股东会决议。 **董事会依照前款规定决定发行股份导致公司注册资本、已发行股份数发生变化的，对公司章程该项记载事项的修改不需再由股东会表决。**		
第一百五十三条　公司章程或者股东会授权董事会决定发行新股的，董事会决议应当经全体董事三分之二以上通过。		

续表

2023 年《公司法》	2018 年《公司法》	司法解释 （司法解释中所指《公司法》系 2018 年《公司法》）
第一百五十四条　公司向社会公开募集股份**，应当经国务院证券监督管理机构注册，公告招股说明书。** 招股说明书应当附有公司章程，并载明下列事项： **（一）发行的股份总数；** **（二）面额股的**票面金额和发行价格**或者无面额股的发行价格；** （三）募集资金的用途； （四）认股人的权利和义务； **（五）股份种类及其权利和义务；** （六）本次募股的起止**日期**及逾期未募足时认股人可以撤回所认股份的说明。 **公司设立时发行股份的，还应当载明发起人认购的股份数。**	第八十五条　~~发起人~~向社会公开募集股份，~~必须公告招股说明书，并制作认股书。认股书应当载明本法第八十六条所列事项，由认股人填写认购股数、金额、住所，并签名、盖章。认股人按照所认购股数缴纳股款。~~ 第一百三十四条　公司经国务院证券监督管理机构~~核准公开发行新股时，必须~~公告新股招股说明书~~和财务会计报告，并制作认股书。~~ ~~本法第八十七条、第八十八条的规定适用于公司公开发行新股。~~ 第八十六条　招股说明书应当附有~~发起人制订的~~公司章程，并载明下列事项： ~~（一）发起人认购的股份数；~~ ~~（二）每股的~~票面金额和发行价格； ~~（三）无记名股票的发行总数；~~ （四）募集资金的用途； （五）认股人的权利、义务； （六）本次募股的起止期限及逾期未募足时认股人可以撤回所认股份的说明。	
第一百五十五条　**公司**向社会公开募集股份，应当由依法设立的证券公司承销，签订承销协议。	第八十七条　发起人向社会公开募集股份，应当由依法设立的证券公司承销，签订承销协议。	

续表

2023 年《公司法》	2018 年《公司法》	司法解释 （司法解释中所指《公司法》系 2018 年《公司法》）
第一百五十六条　公司向社会公开募集股份，应当同银行签订代收股款协议。 代收股款的银行应当按照协议代收和保存股款，向缴纳股款的认股人出具收款单据，并负有向有关部门出具收款证明的义务。 公司发行**股份**募足股款后**，应予公告。**	第八十八条　发起人向社会公开募集股份，应当同银行签订代收股款协议。 代收股款的银行应当按照协议代收和保存股款，向缴纳股款的认股人出具收款单据，并负有向有关部门出具收款证明的义务。 第一百三十六条　公司发行新股募足股款后，~~必须向公司登记机关办理变更登记，~~并公告。	
第二节　股份转让	第二节　股份转让	
第一百五十七条　**股份有限公司的**股东持有的股份可以**向其他股东转让，也可以向股东以外的人转让；公司章程对股份转让有限制的，其转让按照公司章程的规定进行。**	第一百三十七条　股东持有的股份可以依法转让。	
第一百五十八条　股东转让其股份，应当在依法设立的证券交易场所进行或者按照国务院规定的其他方式进行。	第一百三十八条　股东转让其股份，应当在依法设立的证券交易场所进行或者按照国务院规定的其他方式进行。	

续表

2023 年《公司法》	2018 年《公司法》	司法解释 (司法解释中所指《公司法》系 2018 年《公司法》)
第一百五十九条 **股票的转让**,由股东以背书方式或者法律、行政法规规定的其他方式**进行**;转让后由公司将受让人的姓名或者名称及住所记载于股东名册。 **股东会会议**召开前二十日内或者公司决定分配股利的基准日前五日内,不得**变更股东名册。法律、行政法规或者国务院证券监督管理机构**对上市公司股东名册变更另有规定的,从其规定。	第一百三十九条 ~~记名~~股票,由股东以背书方式或者法律、行政法规规定的其他方式转让;转让后由公司将受让人的姓名或者名称及住所记载于股东名册。 股东大会召开前二十日内或者公司决定分配股利的基准日前五日内,不得进行前款规定的股东名册的变更登记。~~但是,~~法律对上市公司股东名册变更登记另有规定的,从其规定。	
	~~第一百四十条 无记名股票的转让,由股东将该股票交付给受让人后即发生转让的效力。~~	
第一百六十条 公司公开发行股份前已发行的股份,自公司股票在证券交易所上市交易之日起一年内不得转让。**法律、行政法规或者国务院证券监督管理机构对上市公司的股东、实际控制人转让其所持有的本公司股份另有规定的,从其规定。** 公司董事、监事、高级管理人员应当向公司申报所持有的本公司的股份及其变动情况,在**就任时确定的**任职期间每年转让的股份不得超过其所持有本公司股份总数的百分之二十五;所持本公司股份自公司股票上市交易之日起一年内不得转让。上述人员离职后半年内,不得转让其所持有的本公司股份。公司章程可以对公司董	第一百四十一条 ~~发起人持有的本公司股份,自公司成立之日起~~一年内不得转让。公司公开发行股份前已发行的股份,自公司股票在证券交易所上市交易之日起一年内不得转让。 公司董事、监事、高级管理人员应当向公司申报所持有的本公司的股份及其变动情况,在任职期间每年转让的股份不得超过其所持有本公司股份总数的百分之二十五;所持本公司股份自公司股票上市交易之日起一年内不得转让。上述人员离职后半年内,不得转让其所持有的本公司股份。公司章程可以对公司董事、监事、高级管理人员转让其所持有的本公司股份作出其他限制性规定。	

续表

2023 年《公司法》	2018 年《公司法》	司法解释 (司法解释中所指《公司法》系 2018 年《公司法》)
事、监事、高级管理人员转让其所持有的本公司股份作出其他限制性规定。 **股份在法律、行政法规规定的限制转让期限内出质的,质权人不得在限制转让期限内行使质权。**		
第一百六十一条　有下列情形之一的,对股东会该项决议投反对票的股东可以请求公司按照合理的价格收购其股份,公开发行股份的公司除外: **(一)公司连续五年不向股东分配利润,而公司该五年连续盈利,并且符合本法规定的分配利润条件;** **(二)公司转让主要财产;** **(三)公司章程规定的营业期限届满或者章程规定的其他解散事由出现,股东会通过决议修改章程使公司存续。** **自股东会决议作出之日起六十日内,股东与公司不能达成股份收购协议的,股东可以自股东会决议作出之日起九十日内向人民法院提起诉讼。** **公司因本条第一款规定的情形收购的本公司股份,应当在六个月内依法转让或者注销。**		

续表

2023 年《公司法》	2018 年《公司法》	司法解释 (司法解释中所指《公司法》系 2018 年《公司法》)
第一百六十二条　公司不得收购本公司股份。但是,有下列情形之一的除外: (一)减少公司注册资本; (二)与持有本公司股份的其他公司合并; (三)将股份用于员工持股计划或者股权激励; (四)股东因对**股东会**作出的公司合并、分立决议持异议,要求公司收购其股份; (五)将股份用于转换公司发行的可转换为股票的公司债券; (六)上市公司为维护公司价值及股东权益所必需。 公司因前款第**一**项、第**二**项规定的情形收购本公司股份的,应当经**股东会**决议;公司因前款第**三**项、第**五**项、第**六**项规定的情形收购本公司股份的,可以按照公司章程或者**股东会**的授权,经三分之二以上董事出席的董事会会议决议。 公司依照本条第一款规定收购本公司股份后,属于第**一**项情形的,应当自收购之日起十日内注销;属于第**二**项、第**四**项情形的,应当在六个月内转让或者注销;属于第**三**项、第**五**项、第**六**项情形的,公司合计持有的本公司股份数不得超过本公司已发行股份总数的百分之十,并应当在三年内转让或者注销。	第一百四十二条　公司不得收购本公司股份。但是,有下列情形之一的除外: (一)减少公司注册资本; (二)与持有本公司股份的其他公司合并; (三)将股份用于员工持股计划或者股权激励; (四)股东因对股东大会作出的公司合并、分立决议持异议,要求公司收购其股份; (五)将股份用于转换上市公司发行的可转换为股票的公司债券; (六)上市公司为维护公司价值及股东权益所必需。 公司因前款第(一)项、第(二)项规定的情形收购本公司股份的,应当经股东大会决议;公司因前款第(三)项、第(五)项、第(六)项规定的情形收购本公司股份的,可以依照公司章程的规定或者股东大会的授权,经三分之二以上董事出席的董事会会议决议。 公司依照本条第一款规定收购本公司股份后,属于第(一)项情形的,应当自收购之日起十日内注销;属于第(二)项、第(四)项情形的,应当在六个月内转让或者注销;属于第(三)项、第(五)项、第(六)项情形的,公司合计持有的本公司股份数不得超过本公司已发行股份总额的百分之十,并应当	

续表

2023 年《公司法》	2018 年《公司法》	司法解释 （司法解释中所指《公司法》系 2018 年《公司法》）
上市公司收购本公司股份的，应当依照《中华人民共和国证券法》的规定履行信息披露义务。上市公司因本条第一款第**三**项、第**五**项、第**六**项规定的情形收购本公司股份的，应当通过公开的集中交易方式进行。 公司不得接受本公司的股**份**作为**质权**的标的。	在三年内转让或者注销。 上市公司收购本公司股份的，应当依照《中华人民共和国证券法》的规定履行信息披露义务。上市公司因本条第一款第（三）项、第（五）项、第（六）项规定的情形收购本公司股份的，应当通过公开的集中交易方式进行。 公司不得接受本公司的股票作为质押权的标的。	
第一百六十三条　公司不得为他人取得本公司或者其母公司的股份提供赠与、借款、担保以及其他财务资助，公司实施员工持股计划的除外。 **为公司利益，经股东会决议，或者董事会按照公司章程或者股东会的授权作出决议，公司可以为他人取得本公司或者其母公司的股份提供财务资助，但财务资助的累计总额不得超过已发行股本总额的百分之十。董事会作出决议应当经全体董事的三分之二以上通过。** **违反前两款规定，给公司造成损失的，负有责任的董事、监事、高级管理人员应当承担赔偿责任。**		

续表

2023年《公司法》	2018年《公司法》	司法解释 （司法解释中所指《公司法》系2018年《公司法》）
第一百六十四条　股票被盗、遗失或者灭失，股东可以依照《中华人民共和国民事诉讼法》规定的公示催告程序，请求人民法院宣告该股票失效。人民法院宣告该股票失效后，股东可以向公司申请补发股票。	第一百四十三条　~~记名~~股票被盗、遗失或者灭失，股东可以依照《中华人民共和国民事诉讼法》规定的公示催告程序，请求人民法院宣告该股票失效。人民法院宣告该股票失效后，股东可以向公司申请补发股票。	
第一百六十五条　上市公司的股票，依照有关法律、行政法规及证券交易所交易规则上市交易。	第一百四十四条　上市公司的股票，依照有关法律、行政法规及证券交易所交易规则上市交易。	
第一百六十六条　上市公司应当依照法律、行政法规的规定**披露相关信息**。	第一百四十五条　上市公司必须依照法律、行政法规的规定，~~公开其财务状况、经营情况及重大诉讼，在每会计年度内半年公布一次财务会计报告~~。	
第一百六十七条　自然人股东死亡后，其合法继承人可以继承股东资格；但是，股份转让受限的股份有限公司的章程另有规定的除外。		

续表

2023 年《公司法》	2018 年《公司法》	司法解释 (司法解释中所指《公司法》系 2018 年《公司法》)
第七章 国家出资公司组织机构的特别规定	第四节 国有独资公司的特别规定	
第一百六十八条 国家出资公司的组织机构,适用**本章规定**;本章没有规定的,**适用本法其他规定。** 本法所称**国家出资公司,是指国家出资的国有独资公司、国有资本控股公司,包括国家出资的有限责任公司、股份有限公司。**	第六十四条 国有独资公司的设立和组织机构,适用本节规定;本节没有规定的,适用本章第一节、第二节的规定。 本法所称国有独资公司,是指国家单独出资、由国务院或者地方人民政府授权本级人民政府国有资产监督管理机构履行出资人职责的有限责任公司。	
第一百六十九条 国家出资公司,由国务院或者地方人民政府分别代表国家依法履行出资人职责,享有出资人权益。国务院或者地方人民政府可以授权国有资产监督管理机构或者其他部门、机构代表本级人民政府对国家出资公司履行出资人职责。 **代表本级人民政府履行出资人职责的机构、部门,以下统称为履行出资人职责的机构。**		
第一百七十条 国家出资公司中中国共产党的组织,按照中国共产党章程的规定发挥领导作用,研究讨论公司重大经营管理事项,支持公司的组织机构依法行使职权。		

续表

2023年《公司法》	2018年《公司法》	司法解释 (司法解释中所指《公司法》系2018年《公司法》)
第一百七十一条 国有独资公司章程**由履行出资人职责的机构制定。**	第六十五条 国有独资公司章程由国有资产监督管理机构制定~~,或者由董事会制订国有资产监督管理机构批准。~~	
第一百七十二条 国有独资公司不设股东会,**由履行出资人职责的机构**行使股东会职权。**履行出资人职责的机构**可以授权公司董事会行使股东会的部分职权,但**公司章程的制定和修改,公司的合并、分立、解散、申请破产,增加或者减少注册资本,分配利润,应当由履行出资人职责的机构决定。**	第六十六条 国有独资公司不设股东会,由国有资产监督管理机构行使股东会职权。国有资产监督管理机构可以授权公司董事会行使股东会的部分职权,~~决定公司的重大事项,~~但公司的合并、分立、解散、增加或者减少注册资本和~~发行公司债券~~,必须由国有资产监督管理机构决定;~~其中,重要的国有独资公司合并、分立、解散、申请破产的,应当由国有资产监督管理机构审核后,报本级人民政府批准。~~ ~~前款所称重要的国有独资公司,按照国务院的规定确定。~~	
第一百七十三条 国有独资公司**的董事会依照本法规定行使职权。** **国有独资公司的董事会成员中,应当过半数为外部董事,并**应当有公司职工代表。 董事会成员由**履行出资人职责的机构委派**;但是,董事会成员中的职工代表由公司职工代表大会选举产生。 董事会设董事长一人,可以设副董事长。董事长、副董事长由**履行出资人职责的机构**从董事会成员中指定。	第六十七条 国有独资公司设董事会,依照本法第四十六条、第六十六条的规定行使职权。~~董事每届任期不得超过三年。~~董事会成员中应当有公司职工代表。 董事会成员由国有资产监督管理机构委派;但是,董事会成员中的职工代表由公司职工代表大会选举产生。 董事会设董事长一人,可以设副董事长。董事长、副董事长由国有资产监督管理机构从董事会成员中指定。	

续表

2023年《公司法》	2018年《公司法》	司法解释（司法解释中所指《公司法》系2018年《公司法》）
第一百七十四条　国有独资公司的经理由董事会聘任或者解聘。 经**履行出资人职责的机构同意，**董事会成员可以兼任经理。	第六十八条　国有独资公司设经理，由董事会聘任或者解聘。~~经理依照本法第四十九条规定行使职权。~~ 经国有资产监督管理机构同意，董事会成员可以兼任经理。	
第一百七十五条　国有独资公司的**董事、高级管理人员，未经履行出资人职责的机构同意，**不得在其他有限责任公司、股份有限公司或者其他经济组织兼职。	第六十九条　国有独资公司的~~董事长、副董事长、~~董事、高级管理人员，未经国有资产监督管理机构同意，不得在其他有限责任公司、股份有限公司或者其他经济组织兼职。	
第一百七十六条　国有独资公司在董事会中设置由董事组成的审计委员会行使本法规定的监事会职权的，不设监事会或者监事。	~~第七十条　国有独资公司监事会成员不得少于五人，其中职工代表的比例不得低于三分之一，具体比例由公司章程规定。~~ ~~监事会成员由国有资产监督管理机构委派；但是，监事会成员中的职工代表由公司职工代表大会选举产生。监事会主席由国有资产监督管理机构从监事会成员中指定。~~ ~~监事会行使本法第五十三条第（一）项至第（三）项规定的职权和国务院规定的其他职权。~~	
第一百七十七条　国家出资公司应当依法建立健全内部监督管理和风险控制制度，加强内部合规管理。		

续表

2023 年《公司法》	2018 年《公司法》	司法解释 （司法解释中所指《公司法》系 2018 年《公司法》）
第八章 公司董事、监事、高级管理人员的资格和义务	第六章 公司董事、监事、高级管理人员的资格和义务	
第一百七十八条 有下列情形之一的，不得担任公司的董事、监事、高级管理人员： （一）无民事行为能力或者限制民事行为能力； （二）因贪污、贿赂、侵占财产、挪用财产或者破坏社会主义市场经济秩序，被判处刑罚，或者因犯罪被剥夺政治权利，执行期满未逾五年，**被宣告缓刑的，自缓刑考验期满之日起未逾二年；** （三）担任破产清算的公司、企业的董事或者厂长、经理，对该公司、企业的破产负有个人责任的，自该公司、企业破产清算完结之日起未逾三年； （四）担任因违法被吊销营业执照、责令关闭的公司、企业的法定代表人，并负有个人责任的，自该公司、企业被吊销营业执照、**责令关闭之日**起未逾三年； （五）个人因所负数额较大债务到期未清偿**被人民法院列为失信被执行人。** 违反前款规定选举、委派董事、监事或者聘任高级管理人员的，该选举、委派或者聘任无效。 董事、监事、高级管理人员在任职期间出现本条第一款所列情形的，公司应当解除其职务。	第一百四十六条 有下列情形之一的，不得担任公司的董事、监事、高级管理人员： （一）无民事行为能力或者限制民事行为能力； （二）因贪污、贿赂、侵占财产、挪用财产或者破坏社会主义市场经济秩序，被判处刑罚，执行期满未逾五年，或者因犯罪被剥夺政治权利，执行期满未逾五年； （三）担任破产清算的公司、企业的董事或者厂长、经理，对该公司、企业的破产负有个人责任的，自该公司、企业破产清算完结之日起未逾三年； （四）担任因违法被吊销营业执照、责令关闭的公司、企业的法定代表人，并负有个人责任的，自该公司、企业被吊销营业执照之日起未逾三年； （五）个人所负数额较大的债务到期未清偿。 ~~公司~~违反前款规定选举、委派董事、监事或者聘任高级管理人员的，该选举、委派或者聘任无效。 董事、监事、高级管理人员在任职期间出现本条第一款所列情形的，公司应当解除其职务。	

续表

2023年《公司法》	2018年《公司法》	司法解释 （司法解释中所指《公司法》系2018年《公司法》）
第一百七十九条　董事、监事、高级管理人员应当遵守法律、行政法规和公司章程。	第一百四十七条　董事、监事、高级管理人员应当遵守法律、行政法规和公司章程，对公司负有忠实义务和勤勉义务。 董事、监事、高级管理人员不得利用职权收受贿赂或者其他非法收入，不得侵占公司的财产。	
第一百八十条　**董事、监事、高级管理人员对公司**负有忠实义务，**应当采取措施避免自身利益与公司利益冲突**，不得利用职权**牟取不正当利益**。 **董事、监事、高级管理人员对公司**负有勤勉义务，**执行职务应当为公司的最大利益尽到管理者通常应有的合理注意。** **公司的控股股东、实际控制人不担任公司董事但实际执行公司事务的，适用前两款规定。**	第一百四十七条　董事、监事、高级管理人员应当遵守法律、行政法规和公司章程，对公司负有忠实义务和勤勉义务。 董事、监事、高级管理人员不得利用职权收受贿赂或者其他非法收入，不得侵占公司的财产。	

续表

2023 年《公司法》	2018 年《公司法》	司法解释 (司法解释中所指《公司法》系 2018 年《公司法》)
第一百八十一条　董事、监事、高级管理人员不得有下列行为: (一)侵占公司财产、挪用公司资金; (二)将公司资金以其个人名义或者以其他个人名义开立账户存储; (三)**利用职权贿赂**或者收受其他非法收入; (四)接受他人与公司交易的佣金归为己有; (五)擅自披露公司秘密; (六)违反对公司忠实义务的其他行为。	第一百四十七条　董事、监事、高级管理人员应当遵守法律、行政法规和公司章程,对公司负有忠实义务和勤勉义务。 董事、监事、高级管理人员不得利用职权收受贿赂或者其他非法收入,不得侵占公司的财产。 第一百四十八条　董事、高级管理人员不得有下列行为: (一)挪用公司资金; (二)将公司资金以其个人名义或者以其他个人名义开立账户存储; ~~(三)违反公司章程的规定,未经股东会、股东大会或者董事会同意,将公司资金借贷给他人或者以公司财产为他人提供担保;~~ (四)~~违反公司章程的规定或者未经股东会、股东大会同意,~~与本公司订立合同或者进行交易; ~~(五)未经股东会或者股东大会同意,~~利用职务便利为自己或者他人谋取属于公司的商业机会~~,自营或者为他人经营与所任职公司同类的业务;~~ (六)接受他人与公司交易的佣金归为己有; (七)擅自披露公司秘密; (八)违反对公司忠实义务的其他行为。 ~~董事、高级管理人员违反前款规定所得的收入应当归公司所有。~~	
第一百八十二条　**董事、监事、高级管理人员,直接或者间接与**本公司订立合同或者进行交易,**应当就与订立合同或者进行交易有关的事项向董事会或者股东会报告,并按照公司章程的规定经董事会或者股东会决议通过。** **董事、监事、高级管理人员的近亲属,董事、监事、高级管理人员或者其近亲属直接或者间接控制的企业,以及与董事、监事、高级管理人员有其他关联关系的关联人,与公司订立合同或者进行交易,适用前款规定。**		

续表

2023年《公司法》	2018年《公司法》	司法解释 （司法解释中所指《公司法》系2018年《公司法》）
第一百八十三条　**董事、监事、高级管理人员，不得**利用职务便利为自己或者他人谋取属于公司的商业机会。**但是，有下列情形之一的除外：** **（一）向董事会或者股东会报告，并按照公司章程的规定经董事会或者股东会决议通过；** **（二）根据法律、行政法规或者公司章程的规定，公司不能利用该商业机会。**		
第一百八十四条　**董事、监事、高级管理人员未向董事会或者股东会报告，并按照公司章程的规定经董事会或者股东会决议通过，不得**自营或者为他人经营与其任职公司同类的业务。		
第一百八十五条　董事会对本法第一百八十二条至第一百八十四条规定的事项决议时，关联董事不得参与表决，其表决权不计入表决权总数。出席董事会会议的无关联关系董事人数不足三人的，应当将该事项提交股东会审议。		
第一百八十六条　**董事、监事、高级管理人员违反本法第一百八十一条至第一百八十四条规定所得的**收入应当归公司所有。	第一百四十八条第一款（见前，略） 董事、高级管理人员违反前款规定所得的收入应当归公司所有。	

续表

2023 年《公司法》	2018 年《公司法》	司法解释 (司法解释中所指《公司法》系 2018 年《公司法》)
第一百八十七条　股东会要求董事、监事、高级管理人员列席会议的,董事、监事、高级管理人员应当列席并接受股东的质询。	第一百五十条　股东会~~或者股东大会~~要求董事、监事、高级管理人员列席会议的,董事、监事、高级管理人员应当列席并接受股东的质询。 ~~董事、高级管理人员应当如实向监事会或者不设监事会的有限责任公司的监事提供有关情况和资料,不得妨碍监事会或者监事行使职权。~~	
第一百八十八条　董事、监事、高级管理人员执行职务违反法律、行政法规或者公司章程的规定,给公司造成损失的,应当承担赔偿责任。	第一百四十九条　董事、监事、高级管理人员执行~~公司~~职务时违反法律、行政法规或者公司章程的规定,给公司造成损失的,应当承担赔偿责任。	
第一百八十九条　董事、高级管理人员有**前条**规定的情形的,有限责任公司的股东、股份有限公司连续一百八十日以上单独或者合计持有公司百分之一以上股份的股东,可以书面请求监事会向人民法院提起诉讼;监事有前条规定的情形的,前述股东可以书面请求董事会向人民法院提起诉讼。 监事会或者董事会收到前款规定的股东书面请求后拒绝提起诉讼,或者自收到请求之日起三十日内未提起诉讼,或者情况紧急、不立即提起诉讼将会使公司利益受到难以弥补的损害的,前款规定的股东有权为公司利益	第一百五十一条　董事、高级管理人员有本法第一百四十九条规定的情形的,有限责任公司的股东、股份有限公司连续一百八十日以上单独或者合计持有公司百分之一以上股份的股东,可以书面请求监事会~~或者不设监事会的有限责任公司的监事~~向人民法院提起诉讼;监事有本法第一百四十九条规定的情形的,前述股东可以书面请求董事会~~或者不设董事会的有限责任公司的执行董事~~向人民法院提起诉讼。 监事会~~、不设监事会的有限责任公司的监事,~~或者董事会~~、执行董事~~收到前款	《最高人民法院关于适用〈中华人民共和国公司法〉若干问题的规定(一)》(2014 年修正) 第四条　公司法第一百五十一条规定的 180 日以上连续持股期间,应为股东向人民法院提起诉讼时,已期满的持股时间;规定的合计持有公司百分之一以上股份,是指两个以上股东持股份额的合计。 《最高人民法院关于适用〈中华人民共和国公司法〉若干问题的规定(二)》(2020 年修正) 第二十三条　清算组成员从事清算事务时,违反法律、行政法规或者公司章程给

续表

2023 年《公司法》	2018 年《公司法》	司法解释 （司法解释中所指《公司法》系 2018 年《公司法》）
以自己的名义直接向人民法院提起诉讼。 他人侵犯公司合法权益，给公司造成损失的，本条第一款规定的股东可以依照前两款的规定向人民法院提起诉讼。 **公司全资子公司的董事、监事、高级管理人员有前条规定情形，或者他人侵犯公司全资子公司合法权益造成损失的，有限责任公司的股东、股份有限公司连续一百八十日以上单独或者合计持有公司百分之一以上股份的股东，可以依照前三款规定书面请求全资子公司的监事会、董事会向人民法院提起诉讼或者以自己的名义直接向人民法院提起诉讼。**	规定的股东书面请求后拒绝提起诉讼，或者自收到请求之日起三十日内未提起诉讼，或者情况紧急、不立即提起诉讼将会使公司利益受到难以弥补的损害的，前款规定的股东有权为了公司的利益以自己的名义直接向人民法院提起诉讼。 他人侵犯公司合法权益，给公司造成损失的，本条第一款规定的股东可以依照前两款的规定向人民法院提起诉讼。	公司或者债权人造成损失，公司或者债权人主张其承担赔偿责任的，人民法院应依法予以支持。 有限责任公司的股东、股份有限公司连续一百八十日以上单独或者合计持有公司百分之一以上股份的股东，依据公司法第一百五十一条第三款的规定，以清算组成员有前款所述行为为由向人民法院提起诉讼的，人民法院应予受理。 公司已经清算完毕注销，上述股东参照公司法第一百五十一条第三款的规定，直接以清算组成员为被告、其他股东为第三人向人民法院提起诉讼的，人民法院应予受理。 《最高人民法院关于适用〈中华人民共和国公司法〉若干问题的规定（四）》（2020 年修正） 第二十三条　监事会或者不设监事会的有限责任公司的监事依据公司法第一百五十一条第一款规定对董事、高级管理人员提起诉讼的，应当列公司为原告，依法由监事会主席或者不设监事会的有限责任公司的监事代表公司进行诉讼。 董事会或者不设董事会的有限责任公司的执行董事依据公司法第一百五十一条第一款规定对监事提起诉讼的，或者依据公司法第一百五十一条第三款规定对他人提起诉讼的，应当列公司为原

续表

2023年《公司法》	2018年《公司法》	司法解释（司法解释中所指《公司法》系2018年《公司法》）
		告,依法由董事长或者执行董事代表公司进行诉讼。 第二十四条　符合公司法第一百五十一条第一款规定条件的股东,依据公司法第一百五十一条第二款、第三款规定,直接对董事、监事、高级管理人员或者他人提起诉讼的,应当列公司为第三人参加诉讼。 一审法庭辩论终结前,符合公司法第一百五十一条第一款规定条件的其他股东,以相同的诉讼请求申请参加诉讼的,应当列为共同原告。 第二十五条　股东依据公司法第一百五十一条第二款、第三款规定直接提起诉讼的案件,胜诉利益归属于公司。股东请求被告直接向其承担民事责任的,人民法院不予支持。 第二十六条　股东依据公司法第一百五十一条第二款、第三款规定直接提起诉讼的案件,其诉讼请求部分或者全部得到人民法院支持的,公司应当承担股东因参加诉讼支付的合理费用。 《最高人民法院关于适用〈中华人民共和国公司法〉若干问题的规定（五）》(2020年修正) 第一条　关联交易损害公司利益,原告公司依据民法典第八十四条、公司法第二十一条规定请求控股股东、实际控制人、董事、监事、高级管理人员赔偿所造成的

续表

2023 年《公司法》	2018 年《公司法》	司法解释 （司法解释中所指《公司法》系 2018 年《公司法》）
		损失，被告仅以该交易已经履行了信息披露、经股东会或者股东大会同意等法律、行政法规或者公司章程规定的程序为由抗辩的，人民法院不予支持。 公司没有提起诉讼的，符合公司法第一百五十一条第一款规定条件的股东，可以依据公司法第一百五十一条第二款、第三款规定向人民法院提起诉讼。 第二条 关联交易合同存在无效、可撤销或者对公司不发生效力的情形，公司没有起诉合同相对方的，符合公司法第一百五十一条第一款规定条件的股东，可以依据公司法第一百五十一条第二款、第三款规定向人民法院提起诉讼。
第一百九十条 董事、高级管理人员违反法律、行政法规或者公司章程的规定，损害股东利益的，股东可以向人民法院提起诉讼。	第一百五十二条 董事、高级管理人员违反法律、行政法规或者公司章程的规定，损害股东利益的，股东可以向人民法院提起诉讼。	
第一百九十一条 董事、高级管理人员执行职务，给他人造成损害的，公司应当承担赔偿责任；董事、高级管理人员存在故意或者重大过失的，也应当承担赔偿责任。		

续表

2023年《公司法》	2018年《公司法》	司法解释（司法解释中所指《公司法》系2018年《公司法》）
第一百九十二条　公司的控股股东、实际控制人指示董事、高级管理人员从事损害公司或者股东利益的行为的，与该董事、高级管理人员承担连带责任。		
第一百九十三条　公司可以在董事任职期间为董事因执行公司职务承担的赔偿责任投保责任保险。 **公司为董事投保责任保险或者续保后，董事会应当向股东会报告责任保险的投保金额、承保范围及保险费率等内容。**		
第九章　公司债券	第七章　公司债券	
第一百九十四条　本法所称公司债券，是指公司发行的约定**按期**还本付息的有价证券。 **公司债券可以公开发行，也可以非公开发行。** 公司债券**的发行和交易**应当符合《中华人民共和国证券法》**等法律、行政法规的规定。**	第一百五十三条　本法所称公司债券，是指公司依照法定程序发行、约定在一定期限还本付息的有价证券。 公司发行公司债券应当符合《中华人民共和国证券法》规定的发行条件。	

续表

2023 年《公司法》	2018 年《公司法》	司法解释（司法解释中所指《公司法》系 2018 年《公司法》）
第一百九十五条 **公开**发行公司债券，**应当**经**国务院证券监督管理机构注册**，公告公司债券募集办法。 公司债券募集办法应当载明下列主要事项： （一）公司名称； （二）债券募集资金的用途； （三）债券总额和债券的票面金额； （四）债券利率的确定方式； （五）还本付息的期限和方式； （六）债券担保情况； （七）债券的发行价格、发行的起止日期； （八）公司净资产额； （九）已发行的尚未到期的公司债券总额； （十）公司债券的承销机构。	第一百五十四条 发行公司债券的申请经国务院授权的部门核准后，应当公告公司债券募集办法。 公司债券募集办法中应当载明下列主要事项： （一）公司名称； （二）债券募集资金的用途； （三）债券总额和债券的票面金额； （四）债券利率的确定方式； （五）还本付息的期限和方式； （六）债券担保情况； （七）债券的发行价格、发行的起止日期； （八）公司净资产额； （九）已发行的尚未到期的公司债券总额； （十）公司债券的承销机构。	
第一百九十六条 公司以**纸面形式**发行公司债券的，**应当**在债券上载明公司名称、债券票面金额、利率、偿还期限等事项，并由法定代表人签名，公司盖章。	第一百五十五条 公司以实物券方式发行公司债券的，必须在债券上载明公司名称、债券票面金额、利率、偿还期限等事项，并由法定代表人签名，公司盖章。	
第一百九十七条 公司债券**应当**为记名债券。	第一百五十六条 公司债券，可以为记名债券，也可以为无记名债券。	

续表

2023年《公司法》	2018年《公司法》	司法解释 （司法解释中所指《公司法》系2018年《公司法》）
第一百九十八条　公司发行公司债券应当置备公司债券**持有人名册**。 发行公司债券的,应当在公司债券**持有人名册**上载明下列事项: （一）债券持有人的姓名或者名称及住所; （二）债券持有人取得债券的日期及债券的编号; （三）债券总额,债券的票面金额、利率、还本付息的期限和方式; （四）债券的发行日期。	第一百五十七条　公司发行公司债券应当置备公司债券存根簿。 发行~~记名~~公司债券的,应当在公司债券存根簿上载明下列事项: （一）债券持有人的姓名或者名称及住所; （二）债券持有人取得债券的日期及债券的编号; （三）债券总额,债券的票面金额、利率、还本付息的期限和方式; （四）债券的发行日期。 ~~发行无记名公司债券的,应当在公司债券存根簿上载明债券总额、利率、偿还期限和方式、发行日期及债券的编号。~~	
第一百九十九条　公司债券的登记结算机构应当建立债券登记、存管、付息、兑付等相关制度。	第一百五十八条　~~记名~~公司债券的登记结算机构应当建立债券登记、存管、付息、兑付等相关制度。	
第二百条　公司债券可以转让,转让价格由转让人与受让人约定。 公司债券的**转让应当符合法律、行政法规的规定**。	第一百五十九条　公司债券可以转让,转让价格由转让人与受让人约定。 公司债券~~在证券交易所上市交易的,~~按照证券交易所的交易规则转让。	

续表

2023 年《公司法》	2018 年《公司法》	司法解释 （司法解释中所指《公司法》系 2018 年《公司法》）
第二百零一条　公司债券由债券持有人以背书方式或者法律、行政法规规定的其他方式转让；转让后由公司将受让人的姓名或者名称及住所记载于公司债券**持有人名册**。	第一百六十条　记名公司债券，由债券持有人以背书方式或者法律、行政法规规定的其他方式转让；转让后由公司将受让人的姓名或者名称及住所记载于公司债券存根簿。 ~~无记名公司债券的转让，由债券持有人将该债券交付给受让人后即发生转让的效力。~~	
第二百零二条　**股份有限公司经股东会决议，或者经公司章程、股东会授权由董事会决议**，可以发行可转换为股票的公司债券，并规定具体的转换办法。上市公司发行可转换为股票的公司债券，应当**经**国务院证券监督管理机构**注册**。 发行可转换为股票的公司债券，应当在债券上标明可转换公司债券字样，并在公司债券**持有人名册**上载明可转换公司债券的数额。	第一百六十一条　上市公司经股东大会决议可以发行可转换为股票的公司债券，并在公司债券募集办法中规定具体的转换办法。上市公司发行可转换为股票的公司债券，应当报国务院证券监督管理机构核准。 发行可转换为股票的公司债券，应当在债券上标明可转换公司债券字样，并在公司债券存根簿上载明可转换公司债券的数额。	
第二百零三条　发行可转换为股票的公司债券的，公司应当按照其转换办法向债券持有人换发股票，但债券持有人对转换股票或者不转换股票有选择权。**法律、行政法规另有规定的除外。**	第一百六十二条　发行可转换为股票的公司债券的，公司应当按照其转换办法向债券持有人换发股票，但债券持有人对转换股票或者不转换股票有选择权。	

续表

2023 年《公司法》	2018 年《公司法》	司法解释 (司法解释中所指《公司法》系 2018 年《公司法》)
第二百零四条　公开发行公司债券的,应当为同期债券持有人设立债券持有人会议,并在债券募集办法中对债券持有人会议的召集程序、会议规则和其他重要事项作出规定。债券持有人会议可以对与债券持有人有利害关系的事项作出决议。 除公司债券募集办法另有约定外,债券持有人会议决议对同期全体债券持有人发生效力。		
第二百零五条　公开发行公司债券的,发行人应当为债券持有人聘请债券受托管理人,由其为债券持有人办理受领清偿、债权保全、与债券相关的诉讼以及参与债务人破产程序等事项。		
第二百零六条　债券受托管理人应当勤勉尽责,公正履行受托管理职责,不得损害债券持有人利益。 受托管理人与债券持有人存在利益冲突可能损害债券持有人利益的,债券持有人会议可以决议变更债券受托管理人。 债券受托管理人违反法律、行政法规或者债券持有人会议决议,损害债券持有人利益的,应当承担赔偿责任。		

续表

2023年《公司法》	2018年《公司法》	司法解释（司法解释中所指《公司法》系2018年《公司法》）
第十章 公司财务、会计	第八章 公司财务、会计	
第二百零七条 公司应当依照法律、行政法规和国务院财政部门的规定建立本公司的财务、会计制度。	第一百六十三条 公司应当依照法律、行政法规和国务院财政部门的规定建立本公司的财务、会计制度。	
第二百零八条 公司应当在每一会计年度终了时编制财务会计报告，并依法经会计师事务所审计。 财务会计报告应当依照法律、行政法规和国务院财政部门的规定制作。	第一百六十四条 公司应当在每一会计年度终了时编制财务会计报告，并依法经会计师事务所审计。 财务会计报告应当依照法律、行政法规和国务院财政部门的规定制作。	
第二百零九条 有限责任公司应当**按照**公司章程规定的期限将财务会计报告送交各股东。 股份有限公司的财务会计报告应当在召开股东会年会的二十日前置备于本公司，供股东查阅；公开发行**股份**的股份有限公司**应当**公告其财务会计报告。	第一百六十五条 有限责任公司应当依照公司章程规定的期限将财务会计报告送交各股东。 股份有限公司的财务会计报告应当在召开股东大会年会的二十日前置备于本公司，供股东查阅；公开发行股票的股份有限公司必须公告其财务会计报告。	

续表

2023 年《公司法》	2018 年《公司法》	司法解释 (司法解释中所指《公司法》系 2018 年《公司法》)
第二百一十条　公司分配当年税后利润时,应当提取利润的百分之十列入公司法定公积金。公司法定公积金累计额为公司注册资本的百分之五十以上的,可以不再提取。 公司的法定公积金不足以弥补以前年度亏损的,在依照前款规定提取法定公积金之前,应当先用当年利润弥补亏损。 公司从税后利润中提取法定公积金后,经股东会决议,还可以从税后利润中提取任意公积金。 公司弥补亏损和提取公积金后所余税后利润,有限责任公司**按照股东实缴的出资比例分配利润,全体股东约定不按照出资比例分配利润的除外**;股份有限公司按照股东所持有的股份比例分配利润,**公司章程另有规定的除外**。 公司持有的本公司股份不得分配利润。	第一百六十六条　公司分配当年税后利润时,应当提取利润的百分之十列入公司法定公积金。公司法定公积金累计额为公司注册资本的百分之五十以上的,可以不再提取。 公司的法定公积金不足以弥补以前年度亏损的,在依照前款规定提取法定公积金之前,应当先用当年利润弥补亏损。 公司从税后利润中提取法定公积金后,经股东会或者股东大会决议,还可以从税后利润中提取任意公积金。 公司弥补亏损和提取公积金后所余税后利润,有限责任公司~~依照本法第三十四条的规定~~分配;股份有限公司按照股东持有的股份比例分配,但股份有限公司章程规定不按持股比例分配的除外。 ~~股东会、股东大会或者董事会~~违反前款规定,在公司弥补亏损和提取法定公积金之前向股东分配利润的,股东~~必须~~将违反规定分配的利润退还公司。 公司持有的本公司股份不得分配利润。	《最高人民法院关于适用〈中华人民共和国公司法〉若干问题的规定(四)》(2020 年修正) 第十三条　股东请求公司分配利润案件,应当列公司为被告。 一审法庭辩论终结前,其他股东基于同一分配方案请求分配利润并申请参加诉讼的,应当列为共同原告。 第十四条　股东提交载明具体分配方案的股东会或者股东大会的有效决议,请求公司分配利润,公司拒绝分配利润且其关于无法执行决议的抗辩理由不成立的,人民法院应当判决公司按照决议载明的具体分配方案向股东分配利润。 第十五条　股东未提交载明具体分配方案的股东会或者股东大会决议,请求公司分配利润的,人民法院应当驳回其诉讼请求,但违反法律规定滥用股东权利导致公司不分配利润,给其他股东造成损失的除外。
第二百一十一条　**公司**违反本法规定向股东分配利润的,股东**应当**将违反规定分配的利润退还公司;**给公司造成损失的,股东及负有责任的董事、监事、高级管理人员应当承担赔偿责任**。		

续表

2023 年《公司法》	2018 年《公司法》	司法解释 （司法解释中所指《公司法》系 2018 年《公司法》）
第二百一十二条　股东会作出分配利润的决议的，董事会应当在股东会决议作出之日起六个月内进行分配。		《最高人民法院关于适用〈中华人民共和国公司法〉若干问题的规定（五）》（2020 年修正） 第四条　<u>分配利润的股东会或者股东大会决议作出后，公司应当在决议载明的时间内完成利润分配。决议没有载明时间的，以公司章程规定的为准。</u>~~决议、章程中均未规定时间或者时间超过一年的，公司应当自决议作出之日起一年内完成利润分配。~~ ~~决议中载明的利润分配完成时间超过公司章程规定时间的，股东可以依据民法典第八十五条、公司法第二十二条第二款规定请求人民法院撤销决议中关于该时间的规定。~~
第二百一十三条　公司以超过股票票面金额的发行价格发行股份所得的溢价款、**发行无面额股所得股款未计入注册资本的金额**以及国务院财政部门规定列入资本公积金的其他项目，应当列为公司资本公积金。	第一百六十七条　~~股份有限~~公司以超过股票票面金额的发行价格发行股份所得的溢价款以及国务院财政部门规定列入资本公积金的其他收入，应当列为公司资本公积金。	

续表

2023年《公司法》	2018年《公司法》	司法解释 (司法解释中所指《公司法》系2018年《公司法》)
第二百一十四条　公司的公积金用于弥补公司的亏损、扩大公司生产经营或者转为增加公司**注册**资本。 公积金弥补公司亏损,应当先使用任意公积金和法定公积金;**仍不能弥补的,可以按照规定使用资本公积金**。 法定公积金转为**增加注册**资本时,所留存的该项公积金不得少于转增前公司注册资本的百分之二十五。	第一百六十八条　公司的公积金用于弥补公司的亏损、扩大公司生产经营或者转为增加公司资本。但是,资本公积金不得用于弥补公司的亏损。 法定公积金转为资本时,所留存的该项公积金不得少于转增前公司注册资本的百分之二十五。	
第二百一十五条　公司聘用、解聘承办公司审计业务的会计师事务所,按照公司章程的规定,由股东会、董事会或者**监事会**决定。 公司股东会、董事会或者**监事会**就解聘会计师事务所进行表决时,应当允许会计师事务所陈述意见。	第一百六十九条　公司聘用、解聘承办公司审计业务的会计师事务所,依照公司章程的规定,由股东会、~~股东大会~~或者董事会决定。 公司股东会、~~股东大会~~或者董事会就解聘会计师事务所进行表决时,应当允许会计师事务所陈述意见。	
第二百一十六条　公司应当向聘用的会计师事务所提供真实、完整的会计凭证、会计账簿、财务会计报告及其他会计资料,不得拒绝、隐匿、谎报。	第一百七十条　公司应当向聘用的会计师事务所提供真实、完整的会计凭证、会计账簿、财务会计报告及其他会计资料,不得拒绝、隐匿、谎报。	
第二百一十七条　公司除法定的会计账簿外,不得另立会计账簿。 对公司资**金**,不得以任何个人名义开立账户存储。	第一百七十一条　公司除法定的会计账簿外,不得另立会计账簿。 对公司资产,不得以任何个人名义开立账户存储。	

续表

2023 年《公司法》	2018 年《公司法》	司法解释 （司法解释中所指《公司法》系 2018 年《公司法》）
第十一章 公司合并、分立、增资、减资	第九章 公司合并、分立、增资、减资	
第二百一十八条 公司合并可以采取吸收合并或者新设合并。 一个公司吸收其他公司为吸收合并，被吸收的公司解散。两个以上公司合并设立一个新的公司为新设合并，合并各方解散。	第一百七十二条 公司合并可以采取吸收合并或者新设合并。 一个公司吸收其他公司为吸收合并，被吸收的公司解散。两个以上公司合并设立一个新的公司为新设合并，合并各方解散。	
第二百一十九条 公司与其持股百分之九十以上的公司合并，被合并的公司不需经股东会决议，但应当通知其他股东，其他股东有权请求公司按照合理的价格收购其股权或者股份。 **公司合并支付的价款不超过本公司净资产百分之十的，可以不经股东会决议；但是，公司章程另有规定的除外。** **公司依照前两款规定合并不经股东会决议的，应当经董事会决议。**		
第二百二十条 公司合并，应当由合并各方签订合并协议，并编制资产负债表及财产清单。公司应当自作出合并决议之日起十日内通知债权人，并于三十日内在报纸上**或者国家企业信用信息公示系统公告**。债权人自接到通知之日起三十日内，未接到通知的自公告之日起四十五日内，可以要求公司清偿债务或者提供相应的担保。	第一百七十三条 公司合并，应当由合并各方签订合并协议，并编制资产负债表及财产清单。公司应当自作出合并决议之日起十日内通知债权人，并于三十日内在报纸上公告。债权人自接到通知书之日起三十日内，未接到通知书的自公告之日起四十五日内，可以要求公司清偿债务或者提供相应的担保。	

续表

2023年《公司法》	2018年《公司法》	司法解释（司法解释中所指《公司法》系2018年《公司法》）
第二百二十一条　公司合并时,合并各方的债权、债务,应当由合并后存续的公司或者新设的公司承继。	第一百七十四条　公司合并时,合并各方的债权、债务,应当由合并后存续的公司或者新设的公司承继。	
第二百二十二条　公司分立,其财产作相应的分割。 公司分立,应当编制资产负债表及财产清单。公司应当自作出分立决议之日起十日内通知债权人,并于三十日内在报纸上**或者国家企业信用信息公示系统公告**。	第一百七十五条　公司分立,其财产作相应的分割。 公司分立,应当编制资产负债表及财产清单。公司应当自作出分立决议之日起十日内通知债权人,并于三十日内在报纸上公告。	
第二百二十三条　公司分立前的债务由分立后的公司承担连带责任。但是,公司在分立前与债权人就债务清偿达成的书面协议另有约定的除外。	第一百七十六条　公司分立前的债务由分立后的公司承担连带责任。但是,公司在分立前与债权人就债务清偿达成的书面协议另有约定的除外。	
第二百二十四条　公司减少注册资本,**应当**编制资产负债表及财产清单。 公司应当自**股东会**作出减少注册资本决议之日起十日内通知债权人,并于三十日内在报纸上**或者国家企业信用信息公示系统**公告。债权人自接到通知之日起三十日内,未接到通知的自公告之日起四十五日内,有权要求公司清偿债务或者提供相应的担保。 **公司减少注册资本,应当按照股东出资或者持有股份的比例相应减少出资额或者股份,法律另有规定、有限责任公司全体股东另有约定或者股份有限公司章程另有规定的除外。**	第一百七十七条　公司需要减少注册资本时,必须编制资产负债表及财产清单。 公司应当自作出减少注册资本决议之日起十日内通知债权人,并于三十日内在报纸上公告。债权人自接到通知书之日起三十日内,未接到通知书的自公告之日起四十五日内,有权要求公司清偿债务或者提供相应的担保。	

续表

2023 年《公司法》	2018 年《公司法》	司法解释 （司法解释中所指《公司法》系 2018 年《公司法》）
第二百二十五条　公司依照本法第二百一十四条第二款的规定弥补亏损后，仍有亏损的，可以减少注册资本弥补亏损。减少注册资本弥补亏损的，公司不得向股东分配，也不得免除股东缴纳出资或者股款的义务。 **依照前款规定减少注册资本的，不适用前条第二款的规定，但应当自股东会作出减少注册资本决议之日起三十日内在报纸上或者国家企业信用信息公示系统公告。** **公司依照前两款的规定减少注册资本后，在法定公积金和任意公积金累计额达到公司注册资本百分之五十前，不得分配利润。**		
第二百二十六条　违反本法规定减少注册资本的，股东应当退还其收到的资金，减免股东出资的应当恢复原状；给公司造成损失的，股东及负有责任的董事、监事、高级管理人员应当承担赔偿责任。		

续表

2023 年《公司法》	2018 年《公司法》	司法解释 (司法解释中所指《公司法》系 2018 年《公司法》)
第二百二十七条　**有限责任**公司增加**注册**资本时,股东**在同等条件下**有权优先按照实缴的出资比例认缴出资。但是,全体股东约定不按照出资比例优先认缴出资的除外。 **股份有限公司为增加注册资本发行新股时,股东不享有优先认购权,公司章程另有规定或者股东会决议决定股东享有优先认购权的除外。**	第三十四条　股东按照实缴的出资比例分取红利;公司新增资本时,股东有权优先按照实缴的出资比例认缴出资。但是,全体股东约定不按照出资比例分取红利或者不按照出资比例优先认缴出资的除外。	
第二百二十八条　有限责任公司增加注册资本时,股东认缴新增资本的出资,依照本法设立有限责任公司缴纳出资的有关规定执行。 股份有限公司为增加注册资本发行新股时,股东认购新股,依照本法设立股份有限公司缴纳股款的有关规定执行。	第一百七十八条　有限责任公司增加注册资本时,股东认缴新增资本的出资,依照本法设立有限责任公司缴纳出资的有关规定执行。 股份有限公司为增加注册资本发行新股时,股东认购新股,依照本法设立股份有限公司缴纳股款的有关规定执行。	
	~~第一百七十九条　公司合并或者分立,登记事项发生变更的,应当依法向公司登记机关办理变更登记;公司解散的,应当依法办理公司注销登记;设立新公司的,应当依法办理公司设立登记。~~ ~~公司增加或者减少注册资本,应当依法向公司登记机关办理变更登记。~~	

续表

2023年《公司法》	2018年《公司法》	司法解释（司法解释中所指《公司法》系2018年《公司法》）
第十二章 公司解散和清算	第十章 公司解散和清算	
第二百二十九条 公司因下列原因解散： （一）公司章程规定的营业期限届满或者公司章程规定的其他解散事由出现； （二）股东会决议解散； （三）因公司合并或者分立需要解散； （四）依法被吊销营业执照、责令关闭或者被撤销； （五）人民法院依照本法**第二百三十一条**的规定予以解散。 **公司出现前款规定的解散事由，应当在十日内将解散事由通过国家企业信用信息公示系统予以公示。**	第一百八十条 公司因下列原因解散： （一）公司章程规定的营业期限届满或者公司章程规定的其他解散事由出现； （二）股东会~~或者股东大会~~决议解散； （三）因公司合并或者分立需要解散； （四）依法被吊销营业执照、责令关闭或者被撤销； （五）人民法院依照本法第一百八十二条的规定予以解散。	
第二百三十条 公司有**前条第一款第一项、第二项情形，且尚未向股东分配财产的**，可以通过修改公司章程**或者经股东会决议**而存续。 依照前款规定修改公司章程**或者经股东会决议**，有限责任公司须经持有三分之二以上表决权的股东通过，股份有限公司须经出席股东会会议的股东所持表决权的三分之二以上通过。	第一百八十一条 公司有本法第一百八十条第（一）项情形的，可以通过修改公司章程而存续。 依照前款规定修改公司章程，有限责任公司须经持有三分之二以上表决权的股东通过，股份有限公司须经出席股东大会会议的股东所持表决权的三分之二以上通过。	

续表

2023 年《公司法》	2018 年《公司法》	司法解释 (司法解释中所指《公司法》系 2018 年《公司法》)
第二百三十一条　公司经营管理发生严重困难,继续存续会使股东利益受到重大损失,通过其他途径不能解决的,持有公司百分之十以上表决权的股东,可以请求人民法院解散公司。	第一百八十二条　公司经营管理发生严重困难,继续存续会使股东利益受到重大损失,通过其他途径不能解决的,持有公司~~全部股东~~表决权百分之十以上的股东,可以请求人民法院解散公司。	《最高人民法院关于适用〈中华人民共和国公司法〉若干问题的规定(二)》(2020 年修正) 第一条　单独或者合计持有公司全部股东表决权百分之十以上的股东,以下列事由之一提起解散公司诉讼,并符合公司法第一百八十二条规定的,人民法院应予受理: (一)公司持续两年以上无法召开股东会或者股东大会,公司经营管理发生严重困难的; (二)股东表决时无法达到法定或者公司章程规定的比例,持续两年以上不能做出有效的股东会或者股东大会决议,公司经营管理发生严重困难的; (三)公司董事长期冲突,且无法通过股东会或者股东大会解决,公司经营管理发生严重困难的; (四)经营管理发生其他严重困难,公司继续存续会使股东利益受到重大损失的情形。 股东以知情权、利润分配请求权等权益受到损害,或者公司亏损、财产不足以偿还全部债务,以及公司被吊销企业法人营业执照未进行清算等为由,提起解散公司诉讼的,人民法院不予受理。

续表

2023 年《公司法》	2018 年《公司法》	司法解释（司法解释中所指《公司法》系 2018 年《公司法》）
		第三条　股东提起解散公司诉讼时，向人民法院申请财产保全或者证据保全的，在股东提供担保且不影响公司正常经营的情形下，人民法院可予以保全。 第四条　股东提起解散公司诉讼应当以公司为被告。 原告以其他股东为被告一并提起诉讼的，人民法院应当告知原告将其他股东变更为第三人；原告坚持不予变更的，人民法院应当驳回原告对其他股东的起诉。 原告提起解散公司诉讼应当告知其他股东，或者由人民法院通知其参加诉讼。其他股东或者有关利害关系人申请以共同原告或者第三人身份参加诉讼的，人民法院应予准许。 第五条　人民法院审理解散公司诉讼案件，应当注重调解。当事人协商同意由公司或者股东收购股份，或者以减资等方式使公司存续，且不违反法律、行政法规强制性规定的，人民法院应予支持。当事人不能协商一致使公司存续的，人民法院应当及时判决。 经人民法院调解公司收购原告股份的，公司应当自调解书生效之日起六个月内将股份转让或者注销。股份转让或者注销之前，原告不得以公司收购其股份为由对抗公司债权人。

续表

2023 年《公司法》	2018 年《公司法》	司法解释 (司法解释中所指《公司法》系 2018 年《公司法》)
		第六条　人民法院关于解散公司诉讼作出的判决,对公司全体股东具有法律约束力。 人民法院判决驳回解散公司诉讼请求后,提起该诉讼的股东或者其他股东又以同一事实和理由提起解散公司诉讼的,人民法院不予受理。 第二十四条　解散公司诉讼案件和公司清算案件由公司住所地人民法院管辖。公司住所地是指公司主要办事机构所在地。公司办事机构所在地不明确的,由其注册地人民法院管辖。 基层人民法院管辖县、县级市或者区的公司登记机关核准登记公司的解散诉讼案件和公司清算案件;中级人民法院管辖地区、地级市以上的公司登记机关核准登记公司的解散诉讼案件和公司清算案件。 《最高人民法院关于适用〈中华人民共和国公司法〉若干问题的规定(五)》(2020 年修正) 第五条　人民法院审理涉及有限责任公司股东重大分歧案件时,应当注重调解。当事人协商一致以下列方式解决分歧,且不违反法律、行政法规的强制性规定的,人民法院应予支持: (一)公司回购部分股东股份; (二)其他股东受让部分股东股份;

续表

2023 年《公司法》	2018 年《公司法》	司法解释 （司法解释中所指《公司法》系 2018 年《公司法》）
		（三）他人受让部分股东股份； （四）公司减资； （五）公司分立； （六）其他能够解决分歧，恢复公司正常经营，避免公司解散的方式。
第二百三十二条　公司因本法**第二百二十九条**第一款第一项、第二项、第四项、第五项规定而解散的，**应当清算。董事为公司清算义务人**，应当在解散事由出现之日起十五日内**组成**清算组**进**行清算。 **清算组由董事组成，但是公司章程另有规定或者股东会决议另选他人的除外。** **清算义务人未及时履行清算义务，给公司或者债权人造成损失的，应当承担赔偿责任。**	第一百八十三条　公司因本法第一百八十条第（一）项、第（二）项、第（四）项、第（五）项规定而解散的，应当在解散事由出现之日起十五日内~~成立~~清算组，开始清算。~~有限责任公司的清算组由股东组成，股份有限公司的清算组由董事或者股东大会确定的人员组成。~~逾期不成立清算组进行清算的，债权人可以申请人民法院指定有关人员组成清算组进行清算。人民法院应当受理该申请，并及时组织清算组进行清算。	《最高人民法院关于适用〈中华人民共和国公司法〉若干问题的规定（二）》（2020 年修正） 第二条　股东提起解散公司诉讼，同时又申请人民法院对公司进行清算的，人民法院对其提出的清算申请不予受理。人民法院可以告知原告，在人民法院判决解散公司后，依据民法典第七十条、公司法第一百八十三条和本规定第七条的规定，自行组织清算或者另行申请人民法院对公司进行清算。
第二百三十三条　**公司依照前条第一款的规定应当清算**，逾期不成立清算组进行清算**或者成立清算组后不清算**的，**利害关系人**可以申请人民法院指定有关人员组成清算组进行清算。人民法院应当受理该申请，并及时组织清算组进行清算。 **公司因本法第二百二十九条第一款第四项的规定而解散的，作出吊销营业执照、责令关闭或者撤销决定的部门或者公司登记机关，**可以申请人民法院指定有关人员组成清算组进行清算。	第一百八十三条　公司因本法第一百八十条第（一）项、第（二）项、第（四）项、第（五）项规定而解散的，应当在解散事由出现之日起十五日内~~成立~~清算组，开始清算。~~有限责任公司的清算组由股东组成，股份有限公司的清算组由董事或者股东大会确定的人员组成。~~逾期不成立清算组进行清算的，债权人可以申请人民法院指定有关人员组成清算组进行清算。人民法院应当受理该申请，并及时组织清算组进行清算。	《最高人民法院关于适用〈中华人民共和国公司法〉若干问题的规定（二）》（2020 年修正） 第七条　公司应当依照民法典第七十条、公司法第一百八十三条的规定，在解散事由出现之日起十五日内成立清算组，开始自行清算。 有下列情形之一，债权人、公司股东、董事或其他利害关系人申请人民法院指定清算组进行清算的，人民法院应予受理： （一）公司解散逾期不成立清算组进行清算的；

续表

2023年《公司法》	2018年《公司法》	司法解释 (司法解释中所指《公司法》系2018年《公司法》)
		(二)虽然成立清算组但故意拖延清算的; (三)违法清算可能严重损害债权人或者股东利益的。 第八条　人民法院受理公司清算案件,应当及时指定有关人员组成清算组。 清算组成员可以从下列人员或者机构中产生: (一)公司股东、董事、监事、高级管理人员; (二)依法设立的律师事务所、会计师事务所、破产清算事务所等社会中介机构; (三)依法设立的律师事务所、会计师事务所、破产清算事务所等社会中介机构中具备相关专业知识并取得执业资格的人员。 第九条　人民法院指定的清算组成员有下列情形之一的,人民法院可以根据债权人、公司股东、董事或其他利害关系人的申请,或者依职权更换清算组成员: (一)有违反法律或者行政法规的行为; (二)丧失执业能力或者民事行为能力; (三)有严重损害公司或者债权人利益的行为。

续表

2023 年《公司法》	2018 年《公司法》	司法解释 （司法解释中所指《公司法》系 2018 年《公司法》）
第二百三十四条　清算组在清算期间行使下列职权： （一）清理公司财产，分别编制资产负债表和财产清单； （二）通知、公告债权人； （三）处理与清算有关的公司未了结的业务； （四）清缴所欠税款以及清算过程中产生的税款； （五）清理债权、债务； （六）**分配**公司清偿债务后的剩余财产； （七）代表公司参与民事诉讼活动。	第一百八十四条　清算组在清算期间行使下列职权： （一）清理公司财产，分别编制资产负债表和财产清单； （二）通知、公告债权人； （三）处理与清算有关的公司未了结的业务； （四）清缴所欠税款以及清算过程中产生的税款； （五）清理债权、债务； （六）~~处理~~公司清偿债务后的剩余财产； （七）代表公司参与民事诉讼活动。	《最高人民法院关于适用〈中华人民共和国公司法〉若干问题的规定（二）》（2020 年修正） 第七条　公司应当依照民法典第七十条、公司法第一百八十三条的规定，在解散事由出现之日起十五日内成立清算组，开始自行清算。 有下列情形之一，债权人、公司股东、董事或其他利害关系人申请人民法院指定清算组进行清算的，人民法院应予受理： （一）公司解散逾期不成立清算组进行清算的； （二）虽然成立清算组但故意拖延清算的； （三）违法清算可能严重损害债权人或者股东利益的。 第十条　公司依法清算结束并办理注销登记前，有关公司的民事诉讼，应当以公司的名义进行。 公司成立清算组的，由清算组负责人代表公司参加诉讼；尚未成立清算组的，由原法定代表人代表公司参加诉讼。

续表

2023 年《公司法》	2018 年《公司法》	司法解释 （司法解释中所指《公司法》系 2018 年《公司法》）
第二百三十五条　清算组应当自成立之日起十日内通知债权人,并于六十日内在报纸上**或者国家企业信用信息公示系统**公告。债权人应当自接到通知之日起三十日内,未接到通知的自公告之日起四十五日内,向清算组申报其债权。 债权人申报债权,应当说明债权的有关事项,并提供证明材料。清算组应当对债权进行登记。 在申报债权期间,清算组不得对债权人进行清偿。	第一百八十五条　清算组应当自成立之日起十日内通知债权人,并于六十日内在报纸上公告。债权人应当自接到通知书之日起三十日内,未接到通知书的自公告之日起四十五日内,向清算组申报其债权。 债权人申报债权,应当说明债权的有关事项,并提供证明材料。清算组应当对债权进行登记。 在申报债权期间,清算组不得对债权人进行清偿。	《最高人民法院关于适用〈中华人民共和国公司法〉若干问题的规定(二)》(2020 年修正) 第十一条　公司清算时,清算组应当按照公司法第一百八十五条的规定,将公司解散清算事宜书面通知全体已知债权人,并根据公司规模和营业地域范围在全国或者公司注册登记地省级有影响的报纸上进行公告。 清算组未按照前款规定履行通知和公告义务,导致债权人未及时申报债权而未获清偿,债权人主张清算组成员对因此造成的损失承担赔偿责任的,人民法院应依法予以支持。 第十二条　公司清算时,债权人对清算组核定的债权有异议的,可以要求清算组重新核定。清算组不予重新核定,或者债权人对重新核定的债权仍有异议,债权人以公司为被告向人民法院提起诉讼请求确认的,人民法院应予受理。 第十三条　债权人在规定的期限内未申报债权,在公司清算程序终结前补充申报的,清算组应予登记。 公司清算程序终结,是指清算报告经股东会、股东大会或者人民法院确认完毕。 第十四条　债权人补充申报的债权,可以在公司尚未分配财产中依法清偿。公

续表

2023 年《公司法》	2018 年《公司法》	司法解释 (司法解释中所指《公司法》系 2018 年《公司法》)
		司尚未分配财产不能全额清偿,债权人主张股东以其在剩余财产分配中已经取得的财产予以清偿的,人民法院应予支持;但债权人因重大过错未在规定期限内申报债权的除外。 债权人或者清算组,以公司尚未分配财产和股东在剩余财产分配中已经取得的财产,不能全额清偿补充申报的债权为由,向人民法院提出破产清算申请的,人民法院不予受理。
第二百三十六条 清算组在清理公司财产、编制资产负债表和财产清单后,应当制**订**清算方案,并报**股东会**或者人民法院确认。 公司财产在分别支付清算费用、职工的工资、社会保险费用和法定补偿金,缴纳所欠税款,清偿公司债务后的剩余财产,有限责任公司按照股东的出资比例分配,股份有限公司按照股东持有的股份比例分配。 清算期间,公司存续,但不得开展与清算无关的经营活动。公司财产在未依照前款规定清偿前,不得分配给股东。	第一百八十六条 清算组在清理公司财产、编制资产负债表和财产清单后,应当制定清算方案,并报股东会~~、股东大会~~或者人民法院确认。 公司财产在分别支付清算费用、职工的工资、社会保险费用和法定补偿金,缴纳所欠税款,清偿公司债务后的剩余财产,有限责任公司按照股东的出资比例分配,股份有限公司按照股东持有的股份比例分配。 清算期间,公司存续,但不得开展与清算无关的经营活动。公司财产在未依照前款规定清偿前,不得分配给股东。	

续表

2023 年《公司法》	2018 年《公司法》	司法解释 (司法解释中所指《公司法》系 2018 年《公司法》)
第二百三十七条　清算组在清理公司财产、编制资产负债表和财产清单后,发现公司财产不足清偿债务的,应当依法向人民法院申请**破产清算**。 **人民法院受理破产申请后,**清算组应当将清算事务移交给人民法院**指定的破产管理人**。	第一百八十七条　清算组在清理公司财产、编制资产负债表和财产清单后,发现公司财产不足清偿债务的,应当依法向人民法院申请宣告破产。 公司经人民法院裁定宣告破产后,清算组应当将清算事务移交给人民法院。	《最高人民法院关于适用〈中华人民共和国公司法〉若干问题的规定(二)》(2020 年修正) 第十七条　人民法院指定的清算组在清理公司财产、编制资产负债表和财产清单时,发现公司财产不足清偿债务的,可以与债权人协商制作有关债务清偿方案。 债务清偿方案经全体债权人确认且不损害其他利害关系人利益的,人民法院可依清算组的申请裁定予以认可。清算组依据该清偿方案清偿债务后,应当向人民法院申请裁定终结清算程序。 债权人对债务清偿方案不予确认或者人民法院不予认可的,清算组应当依法向人民法院申请宣告破产。
第二百三十八条　清算组成员**履行清算职责,负有忠实义务和勤勉义务**。 清算组成员**怠于履行清算职责,给公司造成损失的,应当承担赔偿责任**;因故意或者重大过失给债权人造成损失的,应当承担赔偿责任。	第一百八十九条　清算组成员应当忠于职守,依法履行清算义务。 ~~清算组成员不得利用职权收受贿赂或者其他非法收入,不得侵占公司财产。~~ 清算组成员因故意或者重大过失给公司或者债权人造成损失的,应当承担赔偿责任。	《最高人民法院关于适用〈中华人民共和国公司法〉若干问题的规定(二)》(2020 年修正) 第十八条　有限责任公司的股东、股份有限公司的董事和控股股东未在法定期限内成立清算组开始清算,导致公司财产贬值、流失、毁损或者灭失,债权人主张其在造成损失范围内对公司债务承担赔偿责任的,人民法院应依法予以支持。 有限责任公司的股东、股份有限公司的董事和控股

续表

2023 年《公司法》	2018 年《公司法》	司法解释 （司法解释中所指《公司法》系 2018 年《公司法》）
		股东因怠于履行义务，导致公司主要财产、账册、重要文件等灭失，无法进行清算，债权人主张其对公司债务承担连带清偿责任的，人民法院应依法予以支持。 上述情形系实际控制人原因造成，债权人主张实际控制人对公司债务承担相应民事责任的，人民法院应依法予以支持。
第二百三十九条　公司清算结束后，清算组应当制作清算报告，报**股东会**或者人民法院确认，并报送公司登记机关，申请注销公司登记。	第一百八十八条　公司清算结束后，清算组应当制作清算报告，报股东会~~、股东大会~~或者人民法院确认，并报送公司登记机关，申请注销公司登记~~，公告公司终止~~。	《最高人民法院关于适用〈中华人民共和国公司法〉若干问题的规定（二）》（2020 年修正） 第十五条　公司自行清算的，清算方案应当报股东会或者股东大会决议确认；人民法院组织清算的，清算方案应当报人民法院确认。未经确认的清算方案，清算组不得执行。 执行未经确认的清算方案给公司或者债权人造成损失，公司、股东、董事、公司其他利害关系人或者债权人主张清算组成员承担赔偿责任的，人民法院应依法予以支持。 第十六条　人民法院组织清算的，清算组应当自成立之日起六个月内清算完毕。 因特殊情况无法在六个月内完成清算的，清算组应当向人民法院申请延长。

续表

2023年《公司法》	2018年《公司法》	司法解释 (司法解释中所指《公司法》系2018年《公司法》)
		第十九条　有限责任公司的股东、股份有限公司的董事和控股股东,以及公司的实际控制人在公司解散后,恶意处置公司财产给债权人造成损失,或者未经依法清算,以虚假的清算报告骗取公司登记机关办理法人注销登记,债权人主张其对公司债务承担相应赔偿责任的,人民法院应依法予以支持。 第二十条　公司解散应当在依法清算完毕后,申请办理注销登记。公司未经清算即办理注销登记,导致公司无法进行清算,债权人主张有限责任公司的股东、股份有限公司的董事和控股股东,以及公司的实际控制人对公司债务承担清偿责任的,人民法院应依法予以支持。 公司未经依法清算即办理注销登记,股东或者第三人在公司登记机关办理注销登记时承诺对公司债务承担责任,债权人主张其对公司债务承担相应民事责任的,人民法院应依法予以支持。

续表

2023 年《公司法》	2018 年《公司法》	司法解释 （司法解释中所指《公司法》系 2018 年《公司法》）
第二百四十条　公司在存续期间未产生债务，或者已清偿全部债务的，经全体股东承诺，可以按照规定通过简易程序注销公司登记。 **通过简易程序注销公司登记，应当通过国家企业信用信息公示系统予以公告，公告期限不少于二十日。公告期限届满后，未有异议的，公司可以在二十日内向公司登记机关申请注销公司登记。** **公司通过简易程序注销公司登记，股东对本条第一款规定的内容承诺不实的，应当对注销登记前的债务承担连带责任。**		
第二百四十一条　公司被吊销营业执照、责令关闭或者被撤销，满三年未向公司登记机关申请注销公司登记的，公司登记机关可以通过国家企业信用信息公示系统予以公告，公告期限不少于六十日。公告期限届满后，未有异议的，公司登记机关可以注销公司登记。 **依照前款规定注销公司登记的，原公司股东、清算义务人的责任不受影响。**		
第二百四十二条　公司被依法宣告破产的，依照有关企业破产的法律实施破产清算。	第一百九十条　公司被依法宣告破产的，依照有关企业破产的法律实施破产清算。	

续表

2023 年《公司法》	2018 年《公司法》	司法解释 （司法解释中所指《公司法》系 2018 年《公司法》）
第十三章 外国公司的分支机构	第十一章 外国公司的分支机构	
第二百四十三条 本法所称外国公司,是指依照外国法律在**中华人民共和国**境外设立的公司。	第一百九十一条 本法所称外国公司是指依照外国法律在中国境外设立的公司。	
第二百四十四条 外国公司在**中华人民共和国**境内设立分支机构,**应当**向中国主管机关提出申请,并提交其公司章程、所属国的公司登记证书等有关文件,经批准后,向公司登记机关依法办理登记,领取营业执照。 外国公司分支机构的审批办法由国务院另行规定。	第一百九十二条 外国公司在中国境内设立分支机构,必须向中国主管机关提出申请,并提交其公司章程、所属国的公司登记证书等有关文件,经批准后,向公司登记机关依法办理登记,领取营业执照。 外国公司分支机构的审批办法由国务院另行规定。	
第二百四十五条 外国公司在**中华人民共和国**境内设立分支机构,**应当**在**中华人民共和国**境内指定负责该分支机构的代表人或者代理人,并向该分支机构拨付与其所从事的经营活动相适应的资金。 对外国公司分支机构的经营资金需要规定最低限额的,由国务院另行规定。	第一百九十三条 外国公司在中国境内设立分支机构,必须在中国境内指定负责该分支机构的代表人或者代理人,并向该分支机构拨付与其所从事的经营活动相适应的资金。 对外国公司分支机构的经营资金需要规定最低限额的,由国务院另行规定。	
第二百四十六条 外国公司的分支机构应当在其名称中标明该外国公司的国籍及责任形式。 外国公司的分支机构应当在本机构中置备该外国公司章程。	第一百九十四条 外国公司的分支机构应当在其名称中标明该外国公司的国籍及责任形式。 外国公司的分支机构应当在本机构中置备该外国公司章程。	

续表

2023年《公司法》	2018年《公司法》	司法解释 （司法解释中所指《公司法》系2018年《公司法》）
第二百四十七条　外国公司在**中华人民共和国**境内设立的分支机构不具有中国法人资格。 外国公司对其分支机构在**中华人民共和国**境内进行经营活动承担民事责任。	第一百九十五条　外国公司在中国境内设立的分支机构不具有中国法人资格。 外国公司对其分支机构在中国境内进行经营活动承担民事责任。	
第二百四十八条　经批准设立的外国公司分支机构，在**中华人民共和国**境内从事业务活动，**应当**遵守中国的法律，不得损害中国的社会公共利益，其合法权益受中国法律保护。	第一百九十六条　经批准设立的外国公司分支机构，在中国境内从事业务活动，<u>必须</u>遵守中国的法律，不得损害中国的社会公共利益，其合法权益受中国法律保护。	
第二百四十九条　外国公司撤销其在**中华人民共和国**境内的分支机构时，**应当**依法清偿债务，依照本法有关公司清算程序的规定进行清算。未清偿债务之前，不得将其分支机构的财产转移至**中华人民共和国**境外。	第一百九十七条　外国公司撤销其在中国境内的分支机构时，<u>必须</u>依法清偿债务，依照本法有关公司清算程序的规定进行清算。未清偿债务之前，不得将其分支机构的财产移至中国境外。	
第十四章　法律责任	<u>第十二章</u>　法律责任	
第二百五十条　违反本法规定，虚报注册资本、提交虚假材料或者采取其他欺诈手段隐瞒重要事实取得公司登记的，由公司登记机关责令改正，对虚报注册资本的公司，处以虚报注册资本金额百分之五以上百分之十五以下的罚款；对提交虚假材料或者采取其他欺诈手段隐	第一百九十八条　违反本法规定，虚报注册资本、提交虚假材料或者采取其他欺诈手段隐瞒重要事实取得公司登记的，由公司登记机关责令改正，对虚报注册资本的公司，处以虚报注册资本金额百分之五以上百分之十五以下的罚款；对提交虚假材料或者采取其他欺诈手段	

续表

2023 年《公司法》	2018 年《公司法》	司法解释（司法解释中所指《公司法》系 2018 年《公司法》）
瞒重要事实的公司,**处以五万元以上二百万元以下的罚款**;情节严重的,**吊销营业执照;对直接负责的主管人员和其他直接责任人员处以三万元以上三十万元以下的罚款**。	隐瞒重要事实的公司,处以五万元以上五十万元以下的罚款;情节严重的,撤销公司登记或者吊销营业执照。	
第二百五十一条　公司未依照本法第四十条规定公示有关信息或者不如实公示有关信息的,由公司登记机关责令改正,可以处以一万元以上五万元以下的罚款。情节严重的,处以五万元以上二十万元以下的罚款;对直接负责的主管人员和其他直接责任人员处以一万元以上十万元以下的罚款。		
第二百五十二条　公司的发起人、股东虚假出资,未交付或者未按期交付作为出资的货币或者非货币财产的,由公司登记机关责令改正,**可以处以五万元以上二十万元以下的罚款;情节严重的,**处以虚假出资**或者未出资**金额百分之五以上百分之十五以下的罚款;**对直接负责的主管人员和其他直接责任人员处以一万元以上十万元以下的罚款。**	第一百九十九条　公司的发起人、股东虚假出资,未交付或者未按期交付作为出资的货币或者非货币财产的,由公司登记机关责令改正,处以虚假出资金额百分之五以上百分之十五以下的罚款。	

续表

2023年《公司法》	2018年《公司法》	司法解释 （司法解释中所指《公司法》系2018年《公司法》）
第二百五十三条 公司的发起人、股东在公司成立后,抽逃其出资的,由公司登记机关责令改正,处以所抽逃出资金额百分之五以上百分之十五以下的罚款;**对直接负责的主管人员和其他直接责任人员处以三万元以上三十万元以下的罚款。**	第二百条 公司的发起人、股东在公司成立后,抽逃其出资的,由公司登记机关责令改正,处以所抽逃出资金额百分之五以上百分之十五以下的罚款。	
第二百五十四条 有下列行为之一的,由县级以上人民政府财政部门**依照《中华人民共和国会计法》**等法律、**行政法规的规定处罚:** **(一)在法定的会计账簿以外另立会计账簿;** **(二)提供存在虚假记载或者隐瞒重要事实的财务会计报告。**	第二百零一条 ~~公司违反本法规定,~~在法定的会计账簿以外另立会计账簿的,由县级以上人民政府财政部门~~责令改正,处以五万元以上五十万元以下的罚款。~~	
	第二百零二条 ~~公司在依法向有关主管部门~~提供的财务会计报告等材料上作虚假记载或者隐瞒重要事实的,~~由有关主管部门对直接负责的主管人员和其他直接责任人员处以三万元以上三十万元以下的罚款。~~	
	~~第二百零三条 公司不依照本法规定提取法定公积金的,由县级以上人民政府财政部门责令如数补足应当提取的金额,可以对公司处以二十万元以下的罚款。~~	

续表

2023 年《公司法》	2018 年《公司法》	司法解释 (司法解释中所指《公司法》系 2018 年《公司法》)
第二百五十五条　公司在合并、分立、减少注册资本或者进行清算时,不依照本法规定通知或者公告债权人的,由公司登记机关责令改正,对公司处以一万元以上十万元以下的罚款。	第二百零四条　公司在合并、分立、减少注册资本或者进行清算时,不依照本法规定通知或者公告债权人的,由公司登记机关责令改正,对公司处以一万元以上十万元以下的罚款。	
第二百五十六条　公司在进行清算时,隐匿财产,对资产负债表或者财产清单作虚假记载,或者在未清偿债务前分配公司财产的,由公司登记机关责令改正,对公司处以隐匿财产或者未清偿债务前分配公司财产金额百分之五以上百分之十以下的罚款;对直接负责的主管人员和其他直接责任人员处以一万元以上十万元以下的罚款。	公司在进行清算时,隐匿财产,对资产负债表或者财产清单作虚假记载或者在未清偿债务前分配公司财产的,由公司登记机关责令改正,对公司处以隐匿财产或者未清偿债务前分配公司财产金额百分之五以上百分之十以下的罚款;对直接负责的主管人员和其他直接责任人员处以一万元以上十万元以下的罚款。	
	~~第二百零五条　公司在清算期间开展与清算无关的经营活动的,由公司登记机关予以警告,没收违法所得。~~	
	~~第二百零六条　清算组不依照本法规定向公司登记机关报送清算报告,或者报送清算报告隐瞒重要事实或者有重大遗漏的,由公司登记机关责令改正。~~ ~~清算组成员利用职权徇私舞弊、谋取非法收入或者侵占公司财产的,由公司登记机关责令退还公司财产,没收违法所得,并可以处以违法所得一倍以上五倍以下的罚款。~~	

续表

2023 年《公司法》	2018 年《公司法》	司法解释 （司法解释中所指《公司法》系 2018 年《公司法》）
第二百五十七条　承担资产评估、验资或者验证的机构提供虚假材料**或者提供有重大遗漏的报告的，由有关部门依照《中华人民共和国资产评估法》、《中华人民共和国注册会计师法》等法律、行政法规的规定处罚。** 承担资产评估、验资或者验证的机构因其出具的评估结果、验资或者验证证明不实，给公司债权人造成损失的，除能够证明自己没有过错的外，在其评估或者证明不实的金额范围内承担赔偿责任。	第二百零七条　承担资产评估、验资或者验证的机构提供虚假材料的，~~由公司登记机关没收违法所得，处以违法所得一倍以上五倍以下的罚款，并可以由有关主管部门依法责令该机构停业、吊销直接责任人员的资格证书，吊销营业执照。~~ ~~承担资产评估、验资或者验证的机构因过失提供有重大遗漏的报告的，由公司登记机关责令改正，情节较重的，处以所得收入一倍以上五倍以下的罚款，并可以由有关主管部门依法责令该机构停业、吊销直接责任人员的资格证书，吊销营业执照。~~ 承担资产评估、验资或者验证的机构因其出具的评估结果、验资或者验证证明不实，给公司债权人造成损失的，除能够证明自己没有过错的外，在其评估或者证明不实的金额范围内承担赔偿责任。	
第二百五十八条　公司登记机关**违反法律、行政法规规定未履行职责或者履行职责不当的，对负有责任的领导人员和直接责任人员**依法给予**政务**处分。	第二百零八条　公司登记机关对不符合本法规定条件的登记申请予以登记，或者对符合本法规定条件的登记申请不予登记的，对直接负责的主管人员和其他直接责任人员，依法给予行政处分。	

续表

2023 年《公司法》	2018 年《公司法》	司法解释 (司法解释中所指《公司法》系 2018 年《公司法》)
	~~第二百零九条　公司登记机关的上级部门强令公司登记机关对不符合本法规定条件的登记申请予以登记,或者对符合本法规定条件的登记申请不予登记的,或者对违法登记进行包庇的,对直接负责的主管人员和其他直接责任人员依法给予行政处分。~~	
第二百五十九条　未依法登记为有限责任公司或者股份有限公司,而冒用有限责任公司或者股份有限公司名义的,或者未依法登记为有限责任公司或者股份有限公司的分公司,而冒用有限责任公司或者股份有限公司的分公司名义的,由公司登记机关责令改正或者予以取缔,可以并处十万元以下的罚款。	第二百一十条　未依法登记为有限责任公司或者股份有限公司,而冒用有限责任公司或者股份有限公司名义的,或者未依法登记为有限责任公司或者股份有限公司的分公司,而冒用有限责任公司或者股份有限公司的分公司名义的,由公司登记机关责令改正或者予以取缔,可以并处十万元以下的罚款。	
第二百六十条　公司成立后无正当理由超过六个月未开业的,或者开业后自行停业连续六个月以上的,公司登记机关**可以**吊销营业执照,**但公司依法办理歇业的除外**。 公司登记事项发生变更时,未依照本法规定办理有关变更登记的,由公司登记机关责令限期登记;逾期不登记的,处以一万元以上十万元以下的罚款。	第二百一十一条　公司成立后无正当理由超过六个月未开业的,或者开业后自行停业连续六个月以上的,~~可以~~由公司登记机关吊销营业执照。 公司登记事项发生变更时,未依照本法规定办理有关变更登记的,由公司登记机关责令限期登记;逾期不登记的,处以一万元以上十万元以下的罚款。	

续表

2023 年《公司法》	2018 年《公司法》	司法解释 （司法解释中所指《公司法》系 2018 年《公司法》）
第二百六十一条　外国公司违反本法规定，擅自在**中华人民共和国**境内设立分支机构的，由公司登记机关责令改正或者关闭，可以并处五万元以上二十万元以下的罚款。	第二百一十二条　外国公司违反本法规定，擅自在中国境内设立分支机构的，由公司登记机关责令改正或者关闭，可以并处五万元以上二十万元以下的罚款。	
第二百六十二条　利用公司名义从事危害国家安全、社会公共利益的严重违法行为的，吊销营业执照。	第二百一十三条　利用公司名义从事危害国家安全、社会公共利益的严重违法行为的，吊销营业执照。	
第二百六十三条　公司违反本法规定，应当承担民事赔偿责任和缴纳罚款、罚金的，其财产不足以支付时，先承担民事赔偿责任。	第二百一十四条　公司违反本法规定，应当承担民事赔偿责任和缴纳罚款、罚金的，其财产不足以支付时，先承担民事赔偿责任。	
第二百六十四条　违反本法规定，构成犯罪的，依法追究刑事责任。	第二百一十五条　违反本法规定，构成犯罪的，依法追究刑事责任。	
第十五章　附　　则	第十三章　附　　则	
第二百六十五条　本法下列用语的含义： （一）高级管理人员，是指公司的经理、副经理、财务负责人，上市公司董事会秘书和公司章程规定的其他人员。 （二）控股股东，是指其出资额占有限责任公司资本总额**超过**百分之五十或者其持有的股份占股份有限公司股本总额**超过**百分之五十的股东；出资额或者持有股份	第二百一十六条　本法下列用语的含义： （一）高级管理人员，是指公司的经理、副经理、财务负责人，上市公司董事会秘书和公司章程规定的其他人员。 （二）控股股东，是指其出资额占有限责任公司资本总额百分之五十~~以上~~或者其持有的股份占股份有限公司股本总额百分之五十~~以上~~的股东；出资额或者持有股份	

续表

<table>
<tr><th>2023 年《公司法》</th><th>2018 年《公司法》</th><th>司法解释
(司法解释中所指《公司法》系 2018 年《公司法》)</th></tr>
<tr><td>的比例虽然低于百分之五十,但依其出资额或者持有的股份所享有的表决权已足以对股东会的决议产生重大影响的股东。
(三)实际控制人,是指通过投资关系、协议或者其他安排,能够实际支配公司行为的人。
(四)关联关系,是指公司控股股东、实际控制人、董事、监事、高级管理人员与其直接或者间接控制的企业之间的关系,以及可能导致公司利益转移的其他关系。但是,国家控股的企业之间不仅因为同受国家控股而具有关联关系。</td><td>的比例虽然<u>不足</u>百分之五十,但依其出资额或者持有的股份所享有的表决权已足以对股东会<s>、股东大会</s>的决议产生重大影响的股东。
(三)实际控制人,是指<s>虽不是公司的股东,但</s>通过投资关系、协议或者其他安排,能够实际支配公司行为的人。
(四)关联关系,是指公司控股股东、实际控制人、董事、监事、高级管理人员与其直接或者间接控制的企业之间的关系,以及可能导致公司利益转移的其他关系。但是,国家控股的企业之间不仅因为同受国家控股而具有关联关系。</td><td></td></tr>
<tr><td></td><td><s>第二百一十七条 外商投资的有限责任公司和股份有限公司适用本法;有关外商投资的法律另有规定的,适用其规定。</s></td><td></td></tr>
<tr><td>第二百六十六条 本法自 2024 年 7 月 1 日起施行。
本法施行前已登记设立的公司,出资期限超过本法规定的期限的,除法律、行政法规或者国务院另有规定外,应当逐步调整至本法规定的期限以内;对于出资期限、出资额明显异常的,公司登记机关可以依法要求其及时调整。具体实施办法由国务院规定。</td><td><u>第二百一十八条 本法自 2006 年 1 月 1 日起施行。</u></td><td></td></tr>
</table>